政治学与公共管理研究方法基础

Fundamentals of Research Methods in Political Science and Public Administration

杨立华 等著

图书在版编目(CIP)数据

政治学与公共管理研究方法基础/杨立华等著.—北京：北京大学出版社，2023.8
21世纪公共管理学规划教材
ISBN 978-7-301-34387-6

Ⅰ.①政⋯ Ⅱ.①杨⋯ Ⅲ.①政治学—高等学校—教材 ②公共管理—高等学校—教材 Ⅳ.①D0②D035-0

中国国家版本馆 CIP 数据核字(2023)第 168777 号

书　　　名	政治学与公共管理研究方法基础 ZHENGZHIXUE YU GONGGONG GUANLI YANJIU FANGFA JICHU
著作责任者	杨立华　等著
责任编辑	梁　路
标准书号	ISBN 978-7-301-34387-6
出版发行	北京大学出版社
地　　　址	北京市海淀区成府路 205 号　100871
网　　　址	http://www.pup.cn
新浪微博	@北京大学出版社　　@未名社科-北大图书
微信公众号	北京大学出版社　北大出版社社科图书
电子邮箱	编辑部 ss@pup.cn　　总编室 zpup@pup.cn
电　　　话	邮购部 010-62752015　　发行部 010-62750672 编辑部 010-62765016
印　刷　者	天津中印联印务有限公司
经　销　者	新华书店
	730 毫米×980 毫米　16 开本　33.5 印张　680 千字 2023 年 8 月第 1 版　2023 年 8 月第 1 次印刷
定　　　价	89.00 元

未经许可，不得以任何方式复制或抄袭本书之部分或全部内容。
版权所有，侵权必究
举报电话：010-62752024　电子邮箱：fd@pup.cn
图书如有印装质量问题，请与出版部联系，电话：010-62756370

谨以此书献给所有为中国政治学与公共管理学的蓬勃发展而不懈努力的学生和研究者们!

序　言

一、缘　起

工欲善其事,必先利其器;不以规矩,不能成方圆。在 2004 年准备出国留学的时候,我的导师周志忍教授告诉我:"到国外读书,你要好好学习研究方法!"研究方法非常重要,对研究方法的探讨在学术研究以及学科知识积累中也始终处于核心地位。[①] 没有好的、可靠的研究方法,就不会有好的、可靠的研究。

在国外的几年,无论是在以定量研究见长的印第安纳大学,还是在以定性研究闻名的亚利桑那州立大学,我都将研究方法作为自己的主要研究方向之一。回国后,也一直在高校开设研究方法的课程。

应该说,我的兴趣点一直在基础理论创新,聚焦于如何才能建立起更加自由、公平、民本、有效、健康和可持续的国家及社会治理制度和机制。而选择教授研究方法,主要有两个原因:一是研究方法教育当时在中国还相对落后,也很少有合适的师资来教授这门课,我勉为其难接下这个任务;二是,研究方法确实非常重要,也非常复杂,而教授研究方法的课可以帮助甚至逼迫我去继续学习和探讨研究方法的相关内容。如果前一个原因还可看作"公心"的话,后一个原因就是我的"私心"。

十年之前,我和《中国行政管理》杂志开始合作,为其筹写一系列讨论研究方法的稿件。那时起,我就在规划自己的一本研究方法教材。在这十年中,书稿经过了反复修改和校对,我也请很多学生提了不同的修改意见,期望其既能够更加符合老师的教学需要,又能满足学生的学习需求。但由于本书及其姊妹篇《政治学与公共管理研究方法·常用具体方法》(待出版)和《政治学与公共管理研究方法·方法论》(待出版)内容体量庞大、校对任务艰巨,可能仍然存在一些不当之处,也请各位读者批评指正,不吝赐教。

研究方法的知识点很多,方法类型也很杂。编者精力和能力有限,再加上许

[①] 〔美〕斯蒂芬·范埃弗拉:《政治学研究方法指南》,陈琪译,北京大学出版社 2006 年版,第 8 页。

多研究方法非常精深,需要更为专业的学者来阐释,所以就在多年不断了解和沟通的基础上,邀请了对不同研究方法学有专长的学界朋友和老师来共同撰写本书。非常感激他们的慷慨支持!

二、获取知识的多元途径和科学方法的多元主义

我们讲科学研究方法,是希望通过对科学方法的学习和训练帮助学生和研究者产生真正的知识。事实上,除了通过权威、传统和习俗、大众与媒体信息等途径获得已有的知识外,产生新知识的方法有四种:直觉、经验、逻辑推理(包括反思)、科学研究。现在全国上下好像到处都在讲方法。一方面,这说明我们从以前不太注重科学研究方法到开始比较重视研究方法,是一种进步。另一方面,有些人把某些研究方法当成科学研究方法的全部,容易导致研究方法使用上的偏颇;更普遍的情况则是,有些人偏好某些研究方法,未能真正以开放的胸怀拥抱其他方法,甚至把除科学研究方法之外的直觉、经验、推理和反思都排斥在了可产生真正知识的途径之外。可事实上,在人类发展的历史上,直觉、经验、推理、反思等都是人类获取知识的重要的来源。爱因斯坦就曾明确指出:"我相信直觉和灵感。"[①]

因此,在这里,我要首先说明的是,虽然本书所讲的主要是科学研究方法,但我们并不排斥其他获取知识的途径,而且在事实上,其他获取知识的途径不仅为科学研究提供了最初的知识和理解,也在研究问题确定、研究设计、研究实施以及研究分析汇报等不同环节发挥着非常重要的作用。这是读者首先要清楚的,也是本书及其姊妹篇所主张的获取知识的多元途径。

在科学研究方法内部,本书及其姊妹篇也主张一种明确的科学方法的多元主义。我们并不认为特定方法具有必然或绝对的优势,每种方法都有其优缺点,都有各自适合解决的问题。从理论上来讲,若假定不同的研究方法适合研究具有不同特点的问题,而且特定的一个或者一组研究方法是研究某一特定问题的最优方法,那么我们在研究中遇到特定的问题时就应该寻找最优的方法来研究。但实际的情况是,尽管寻找和追求最优是我们的理想,但由于研究者的偏好、能力、资源和机遇等不同,遇到特定问题时究竟选择什么样的研究方法并不是由问题的特殊要求和方法的特殊优势全然决定的,而是经常受到研究者自身条件的影响。

而且,有时同样的问题也需要用不同的方法,从不同侧面和角度进行研究,以获得对问题更全面、更深入的理解。这就要求不同研究方法之间相互尊重、相互

[①] 陆珊年、徐兰编:《爱因斯坦名言录》,中国少年儿童出版社2003年版,第64页。

借鉴、相互配合使用。

问题研究的不同阶段以及研究问题的不同目的也经常需要使用不同的方法。例如,对于一个新出现的问题,进行初步的案例研究可能就是合适的;如果我们想弄清楚两个研究变量之间精确的量化关系,某种类型的定量研究方法可能就比案例研究更为合适。

总之,研究者不可能掌握所有的研究方法,但是多学习、多了解、多掌握一些研究方法,多一些选择,对于应对复杂多样的研究问题总是好的,而且也能帮助我们消除一些偏见,促进不同方法以及采用不同研究方法的学者之间的沟通和交流,进而有利于问题的更好解决和科学的发展。

兵在精不在多。除了尽可能多地了解不同的研究方法之外,我们还必须精通或熟练掌握一些必需的方法。这就要求我们首先对多种方法保持开放的态度,否则就无法接触到最适合自己且自己最感兴趣的方法。这也就是为什么,我不仅呼吁方法的多元主义,而且也在尽可能地实践这种多元主义,把一些常用的方法编入本书中。这对于深入研究各种方法来说显然是不够的,但却可以帮助读者初步建立一个比较多元和系统的方法体系,初步了解方法的多样性。

科学方法的发展本身也是无限的。本书及其姊妹篇讨论了较多当下主流的研究方法,但绝不意味着已经涵盖了所有的方法或所有所谓重要的方法,也绝不意味着在未来不会出现更多、更好的研究方法。例如,大社会科学和大科学研究法、广义产品研究法、产品-制度分析框架等就具有进一步发展的潜力。更何况,科学研究几乎每时每刻都在进行着,而科学研究方法和科学本身就是在这样的探索中不断前进的。巴甫洛夫曾经指出:"科学是随着研究方法所获得的成就而前进的。研究方法每前进一步,我们就更提高一步,随之在我们面前也就开拓了一个充满着种种新鲜事物的更辽阔的远景。"[1]天文学家拉普拉斯也说过:"认识一位天才的研究方法,对于科学的进步……并不比发现本身有更少用处。"[2]

因此,坚持方法论的多元主义,就要同时坚持方法论的开放主义、包容主义、发展主义和无限主义,我们不仅要了解和学习本书及其姊妹篇已经涵盖的各种方法,也要了解和学习其没有涵盖的方法,以及法伊尔阿本德(Paul Feyerabend,也译为费耶阿本德)所说的任何方法论和方法的"可以想象得到的任何变种"[3]。

本书所主张的方法论多元主义是温和的多元主义,绝不是法伊尔阿本德的极

---

[1] 〔苏联〕巴甫洛夫:《巴甫洛夫选集》,吴生林等译,科学出版社1955年版,第49页。
[2] 〔法〕拉普拉斯:《宇宙体系论》,李珩译,上海译文出版社1978年版,第445页。
[3] 〔美〕保罗·法伊尔阿本德:《反对方法:无政府主义知识论纲要》,周昌忠译,上海译文出版社2007年版,第2页。

端的方法论多元主义。首先，法伊尔阿本德走得太远了，以至于混淆了科学和宗教、神话。本书认为，科学有局限性，甚至有错误，但科学的基本原则或目标是追求并尊重事实和真理，是产生知识、理论和思想。宗教和神话却不是，它们可能背离事实和真理，并限制人们对事实和真理的探讨。在这一区分下，如果有时宗教和神话可以帮助我们增进对事实和真理的了解，那么在科学中为宗教和神话留有一席之地也是合理的、有益的。但如简单或极端地将科学和宗教、神话等同起来，不仅不符合人类进步和发展的事实，也不利于科学的进一步发展。而且，"事实"虽然可能如法伊尔阿本德所说"已被按某些方式对待"[①]，但是事实就是事实，它首先是独立存在于科学家或研究者思想和观察之外的东西。虽然科学家在观察和认识到它们的时候使用了自己的"思想"或者"某些方式"，但这并不代表事实本身不存在，也不意味着科学家可以任意地去理解和"思想化"事实。科学的本质目的和科学家进行科学研究的本质目的是一致的，就是尊重并且探求事实。人类自身存在局限性，科学研究方法和过程也同样存在局限性，虽然我们一时还不能完全认识事实，但是我们的目标是不断地逼近事实，不断地提高我们的认识，不断地推动科学的发展，而不是一开始就放弃、抛弃、任意"思想化"或"处理"事实。因此，和法伊尔阿本德所主张的"思想化的事实"不同，本书认为，事实是"思想可以不断逼近的独立的事实"。

其次，法伊尔阿本德的方法论多元主义认为什么方法都行，都无所谓。本书却认为，在特定的时空背景下，就针对特定研究问题和研究者来说，有些方法常常会优于其他方法。问题和方法本身的性质和特点常常决定了特定时空与情形下的问题和方法之间的相对最优或较优配对，且由于对问题的认知、设定以及对方法的认识和应用等都还受到特定资源条件与研究者的知识、素质、经验、偏好等多种因素的影响，问题、方法与研究者之间的配对情况也因此极其复杂。除了问题与研究者之间的配对差异之外，有些方法具有更好的问题和研究者适应性，有些方法则不然。法伊尔阿本德走到了绝对相对主义的境地，实际上就是否定了不同方法之间的差异性，走向了以相对主义为伪装的绝对主义和极端主义，这不符合科学研究和发展的事实。

三、使用研究方法的目的是产生新知识、新理论和新思想

过去我们搞研究不太讲方法，好像所谓研究就是多看些书，然后根据自己的

---

① 〔美〕保罗·法伊尔阿本德：《反对方法：无政府主义知识论纲要》，周昌忠译，上海译文出版社 2007 年版，第 3 页。

想法和逻辑综合归纳,再提出些新的东西就行了。最近,大家逐渐注意到这是个问题,要搞研究不讲方法不行。一时间大家都在谈论方法的重要性,无论是否真的懂,都会觉得方法是很重要的。这自然是好事,推动着我国的科学研究尤其是社会科学研究逐渐向注重方法和较为科学的方向转变。但在这个过程中也产生了另外一个问题:很多人把关注的重点放到有没有方法以及方法是不是真实有效的问题上去了,把方法本身当成了研究的目标,而忽视了研究真正的目的。

那么,研究的真正目的是什么呢?是产生新的知识、理论和思想,而不是显示方法的"高超"和"华美"。当然,如果研究本身的目的是产生有关方法的新的知识、理论和思想,那是另当别论的;但这样的研究,也仍然必须以产生新的有关方法的知识、理论和思想为目的,而不是以产生这些有关方法的知识、理论和思想的方法为目标。在研究中使用方法必须以有效、准确、快捷地帮助人们获得新的知识、理论和思想为目的,要让方法为知识、理论和思想的创新与生产服务,而不能让知识、理论和思想成为方法的奴隶。

另外,方法使用的效果也必须以是否促进了知识、理论和思想的创新与发展为标准来衡量。也就是说,方法使用的科学性和有效性是科学研究方法使用的基本标准,而不是衡量研究价值的最终标准。科学研究方法使用的最终评判必须以是否帮助产生了有效的知识、理论和思想为标准。这一标准在事实上将方法的使用从"为方法而方法"的陷阱中拯救了出来,有利于引导研究方法更好地、更切实地为新知识、理论和思想的产生而服务。

四、想象力比方法重要

我在《有限制度设计:一种中道制度设计观》一文的结论部分曾说[①]:

> 我也要强调,除了各种各样的方法之外,正如米尔斯所说"社会学的想象力"一样,政治学、公共管理学、制度学、制度分析、有限制度设计学都需要自己的想象力。作为一种我们感到自己需要的特定的心智品质,想象力可以帮助我们运用信息、发展理性来清晰地概括出周边世界正在发生着什么,我们自己又会遭遇到什么,并使我们有能力把握历史,把握人生,把握两者在社会当中的关联。因此,我认为,学科和科学研究的想象力,即使不能被视为远比方法重要,也最起码和方法同样重要。而

---

① 杨立华:《有限制度设计:一种中道制度设计观》,载俞可平主编:《北大政治学评论》(第4辑),商务印书馆2018年版,第98—99页。

事实上,我也确实相信,想象力远比方法重要。爱因斯坦就曾经明确指出"想象力远重于知识;知识是有限的,想象力却拥抱整个世界"(Imagination is more important than knowledge. Knowledge is limited. Imagination encircles the world)。如果把爱因斯坦的话改一下,这里我也可以说:"想象力远重于方法;方法是有限的,想象力却拥抱整个世界。"(Imagination is more important than methods. Methods are limited. Imagination embraces the world.)

我们把这段话放在这里是合适的,尤其是在读者即将对不同的科学方法进行系统学习的时候。它提醒我们,不要因为方法就放弃了或者忘记了想象力。具体来说,为什么说想象力远重于方法,有如下几个理由:

第一,想象力能使死的研究方法活起来。

方法是死的,需要研究者来选择和使用。没有哪一种研究方法能够无微不至和准确明白地告诉研究者所有的信息,也不会主动跑到研究者面前告诉他应该使用哪一种研究方法。如果没有研究者的想象力,这些沉默不语的方法就不能被调动起来,不可能活起来,不可能和研究者进行对话交流,也就不可能进入研究过程。

第二,想象力能填补方法的空白和滞后。

没有完美无缺的方法,也没有能事无巨细地照顾到实际研究中所有情况的方法。这时就需要借助想象力来填补空隙,解决未知,否则,任何方法的使用都将在现实操作中漏洞百出,错误连连,使得研究在总体上变得不科学、不可行、不可取,也就失去了方法的功用。

第三,想象力能助力研究方法使用的全过程。

研究的整个过程,从问题确定、研究设计、具体方法选择、不同方法的配合使用、资料收集、资料分析、实际研究过程到研究汇报、研究发表等环节,都是科学、规范的过程,有一定的章法可循;同时也是艺术的过程,需要研究者的主动性、想象力和创造性。如果没有想象力的支撑,所有的规范、程序和标准等,都可能变得要么模糊不清、混乱不堪,要么僵化机械、了无生气,从而使得整个研究变得不可行,或变得机械呆板,毫无价值和意义。

第四,想象力能助力知识、理论和思想的创新和生产。

科学研究的目的是探求未知世界,需要研究者发挥想象力来寻求新问题和新知识,或者通过对旧问题的新研究产生新知识,而没有了想象力,研究者就无法找到新问题,无法找到解决问题的新途径,自然也无法提出新的知识、理论和思想。爱因斯坦曾经指出:"提出一个问题往往比解决一个问题更重要,因为解决一个问题也许是一个数学上的或实验上的技能问题而已,而提出新的问题、新的可能性,从新的角度去看旧的问题,却需要有创造性的想象力,而且标志着科学的真正进步。"①

第五,想象力催生灵感。

科学研究离不开灵感。爱因斯坦说:"我相信直觉和灵感。"②马克斯·韦伯(Max Weber)也指出,虽然"灵感在科学领域所起的作用……肯定不比现代企业家决断实际问题时所起的作用更大,但也不比它在艺术领域的作用更小"③。可是,灵感并不总是可以轻易获得的。所以,韦伯指出,"想法的来去行踪不定,并非随叫随到。的确,最佳想法的光临,如伊赫林所描述的,是发生在沙发上燃一支雪茄之时,或像赫尔姆霍兹以科学的精确性谈论自己的情况那样,是出现在一条缓缓上行的街道的漫步之中,如此等等"④。可是,想象力却往往能够帮助我们邂逅和捕捉灵感。所以,拥有了想象力,我们就会大大增加邂逅灵感的机会,催生真正的具有创新意义的科学研究。

五、科学的精神比方法和想象力更重要

前面讲了方法的重要性,讲了坚持方法的多元主义的重要性,也讲了想象力的重要性。基于多年的科研和教学实践,再加上对我国社会和科研状态的持久性观察和思考,本书认为,固然我们的研究相对而言还缺少方法,方法课教育刻不容缓,亟待加强,但是,我国科研界更加缺乏的其实是真正的、纯粹的科学精神。方法的教育固然艰难,但假以时日,定会不断提高和改进;可依赖于研究者自身境界、良心、追求以及社会传统和环境形塑的科学精神却不是单单靠加强研究方法教育就能解决的。

所有的方法都是工具,而使用方法的是人。方法再好、再科学、再有效,最后也有很大空间是留给研究者自己行动和掌控的。而这些空间就给了投机取巧者可乘之机。不论在方法的汇报上、学术的规范上做出多么详细和完备的规定,也不论设计多少种社会机制来制约和监督学术不规范问题,如果没有研究者基于纯粹科学精神的主动配合,仍像是沙上建楼,不堪一击。

---

① 陆珊年、徐兰编:《爱因斯坦名言录》,中国少年儿童出版社2003年版,第67页。
② 同上书,第64页。
③ 〔德〕马克斯·韦伯:《学术与政治:韦伯的两篇演说》,冯克利译,生活·读书·新知三联书店1998年版,第25页。
④ 同上书,第10—11页。

那到底什么是真正的、纯粹的科学精神呢？马克斯·韦伯曾经在《以政治为业》中将政治家分为两类："为政治而生的人"和"依赖政治而生的人"。① 借鉴他的说法，在学术方面也可以将研究者分为两类："为学术而生的人"和"依赖学术而生的人"。科学的精神首先需要有更多的为学术而生的人，而不能仅仅存在那些依赖学术而生的人——他们把学术看作谋生的手段。为学术而生的人则不一样，他们怀揣着探寻真理和为科学献身的赤子之心，为真理和科学而活，也是为真理和科学来到人世的。他们自然也要谋生，但是和依赖学术而生的人不一样，他们是"通过谋生来探究学术"。这也就是说，为学术而生的人把真理、科学和学术看作人生最高的追求和无上的价值，即"发自内心地献身于学科，献身于使他因自己所服务的主题而达到高贵和尊严的学科"②，并坚守这种追求和价值。这就是真正的、纯粹的科学精神的第一要义。

其次，真正的、纯粹的科学精神还包含着对于真理、科学和学术的天然的、不由自主的热情、迷狂和坚贞。韦伯曾说："没有这种被所有局外人所嘲讽的独特的迷狂，没有这份热情，坚信'你生之前悠悠千载已逝，未来还会有千年沉寂的期待'——这全看你能否判断成功，没有这些东西，这个人便不会有科学的志向，他也不该再做下去了。"③

最后，真正的、纯粹的科学精神也意味着为了学术可以做出别人无法忍受的牺牲，可以为此忍受常人无法忍受的孤独、寂寞和痛苦。学术道路绝不会是坦途。在这个过程中，既有生命的磨难、谋生的艰辛，也有学术研究的辛苦和体制不健全带来的阻碍。在这种情况下，只有为学术而生的人，具有真正的、纯粹的科学精神的人才能够忍受各种逆境，才能"不为五斗米折腰"，坚守真理、科学和学术的最后阵地，奋勇前进、越战越勇。

以上几点只是科学精神的部分内容，而不是全部。从研究者自身来说，拥有这样的精神是值得赞赏的；但是，从社会和国家的角度来说，则不能仅仅寄希望于研究者个人的追求，必须尽可能创造良好的学术环境和条件，让研究者可以更好地发挥科学研究的天赋，更加专心致志地献身于真理、科学和学术事业。

虽然不可能所有人都具有科学精神，但是我仍然期望能有更多的人具有更多一点这样的科学精神。多一些这样的精神，我们的科学研究就会多一分正气、多一分力量、多一分前途。至少要有对真理、科学和学术高度的敬畏心，如果连最起

---

① 〔德〕马克斯·韦伯：《学术与政治：韦伯的两篇演说》，冯克利译，生活·读书·新知三联书店1998年版，第51页。

② 同上书，第25页。

③ 同上书，第24页。

码的敬畏心都没有,那一切就都无从谈起!

总之,就科学研究而言,无论从哪个方面来看,科学精神都是第一位的。没有科学精神,想象力再丰富也没用;没有科学精神,也不会有知识、理论和思想的创新;没有科学精神,所谓的科学研究方法也就失去了意义,会变成"一项表演事业"[1]。从这个意义上来看,科学精神,想象力,知识、理论和思想,方法的重要性可以做如下排序:

科学精神>想象力>知识、理论和思想>方法

还需要指出的是,在讲到科学研究的伦理道德问题时,人们经常会提到学术规范、学术道德和学术精神(科学规范、科学道德和科学精神)等。单从学术的角度而言,没有科学精神自然很难谈论真正的学术道德,没有学术精神和学术道德也很难期望研究者能自觉而严格地遵守学术规范。从这个意义上来讲,也是科学精神先于学术道德,学术道德又先于学术规范。

六、干中学和知行合一

爱因斯坦曾经指出:"如果你们想要从物理学家那里发现有关他们所用方法的任何东西,我劝你们就得严格遵守这样一条原则:不要听他们的言论,而要注意他们的行动。"[2]我们可以把他的话转化为:研究不是写出来的,而是"研究"出来的。光是熟练掌握各种研究方法,是不能够成为一个伟大的研究者的。一个整天只知道忙于钻研究方法而不付诸实践的人是不会有真正的研究的,研究方法充其量是一粒研究的种子而不是研究本身。

所以,学习研究方法绝不能像赵括一样,只会纸上谈兵,而不进行实际操练。俗话也说,光说不练假把式。学习者不仅要学习各种方法,而且要实际操作和使用这些方法,再通过实际的操作进一步学习,也就是大家经常说的"干中学"。行胜于言,只有知行合一,才能真正学懂方法、会用方法。学方法的根本目的不在于知道方法,而在于恰当使用这些方法,在于进行真实的、具有创新性的科学研究。

既然是方法,就是给人以指导和操作的。如果不实际操作这些方法,就不可能真正地懂这些方法;即使偶尔觉得懂了,也只是一知半解;即使偶然觉得全弄懂了,过一段时间可能又糊涂了。另外,再细致的方法也会有它涵盖不到的方面,这就需要从实际中去体会、去理解、去把握、去学习。大家都有这样的感觉,亲身体

---

[1] 〔德〕马克斯·韦伯:《学术与政治:韦伯的两篇演说》,冯克利译,生活·读书·新知三联书店1998年版,第26—27页。

[2] 陆珊年、徐兰编:《爱因斯坦名言录》,中国少年儿童出版社2003年版,第65页。

验的事情总是对自己影响深刻,甚至终生难忘。在学习方法方面,道理也是一样的。所以,学习研究方法,必须边学、边练、边使用,要在干中学、学中干,真正做到知行合一,这样才能把科学研究方法学好、用好。

朱光潜在《谈美》一书中谈到"创造与格律"时也指出:"格律是死方法,全赖人能活用。善用格律者好比打网球,打到娴熟时虽无心于球规而自合于球规,在不识球规者看,球手好像纵横如意,略无迁就规范的痕迹;在识球规者看,他却处处循规蹈矩。姜白石说得好:'文以文而工,不以文而妙。'工在格律而妙在精髓风骨。"[1]这里的格律,也可以看作是研究的一些基本规范、方法和格式。自然,他所说的道理,也可以应用到对研究方法的使用上。

七、研究需要写出来

"论文是研究出来的,而不是写出来的。"这是什么意思?这是说,如果没有真正的研究,就不会有论文;我们不要期望自己不去做真正的研究,就能坐在电脑前面凭空写出论文来。无论何种研究成果——论文、著作、报告等,都必须有真实的研究过程,必须是研究结果的汇报。没有真实的研究,就不会有真正的研究成果。不做真正的研究,怎么可能写出论文、发表论文呢?在这种情况下,就只能编造、抄袭。反过来,如果真正做了研究,写论文也相对容易,把研究目的、问题、设计、过程、结果、价值等一一真实地汇报出来,就是一篇文章。研究汇报的逻辑基本上就是实际研究的逻辑,在认真做了研究的基础上,研究成果汇总是相对容易的。

在认真研究的基础上,要想写出好的研究汇报,也有很多技巧。好的研究如果没有好的表达,也会影响人们对研究的理解、认识及其传播,影响研究作用的发挥。要学习研究方法,必须要有清晰通顺的研究表达。

综合起来,我认为一个好的研究必然是真正纯粹的科学精神、丰富深邃的想象力、真实重要的研究问题、严谨有效的研究方法、真实科学的研究过程、创新重要的研究发现和清晰通顺的研究表达的综合结果。

八、本书概况

(一)本书与姊妹篇

本书最初设计有七编:"科学研究概论""研究设计、研究计划书与研究伦理"

---

[1] 朱光潜:《谈美》,安徽教育出版社1997年版,第124页。

"概念、逻辑、测量与资料收集和分析基础""基础研究方法综论""常见典型具体研究方法分论""方法论或研究范式意义上的常用方法""研究汇报",共41章,是一个完整的体系。出版时考虑到学时和学生使用情况,我们对书稿进行了调整和拆分。调整和拆分的最重要考虑有两个:一是尽量减少每本书的体量,提高其阅读友好度;二是在保证整个体系完整的前提下,让每本书都能独立使用。在综合考虑之后,我们将原来的一、二、三、四、七编共十六章合编为一本书,命名为《政治学与公共管理研究方法基础》;第五编的十六章单独编为第二本书,拟命名为《政治学与公共管理研究方法·常用具体方法》;第六编的九章单独编为第三本书,拟命名为《政治学与公共管理研究方法·方法论》。

(二) 整体特点

本书及其姊妹篇的整体特点可以概括为如下七点。

第一,全面性和系统性。本书及其姊妹篇首先从全面和系统的角度,对社会科学研究中使用的方法进行了系统分类,然后对多种常见的研究方法进行介绍,帮助学生对研究方法有一个较为全面、系统和多元的认识,避免只讲单一方法或少数几种方法可能造成的弊端。当然,由于研究方法本身的多元性和不断发展,本书及其姊妹篇对方法的介绍也不可能是完备的。

第二,整体贯通性。在对方法的介绍和分析上,本书及其姊妹篇力图贯通读者对定性和定量两种实证研究方法的认识与理解,在某种程度上也力图贯通读者对整个规范(或理论)和实证研究的认识与理解。这不论在国内外研究方法教材中还是其他专门介绍研究方法的著作中都是具有一定开创性的。它有利于读者从整体、系统和根本的意义上来理解什么是研究方法以及各种方法之间的关系,而且有利于研究者进行更为规范和科学的研究。

第三,较强的研究性。本书不是对现有研究方法基础知识的直接加工汇报,而是体现了较强的研究性。本书有不少独特的和开创性的新提法、新观点和新研究,而且部分内容已在学术期刊上发表。

第四,全新的教材体例。主流的社会研究方法教材大都先介绍研究的基本要素,再介绍资料收集方法,之后介绍资料分析方法,最后介绍研究写作与汇报或其他内容。[1] 这种安排的好处是从研究过程的角度介绍了研究的一般流程,但是其

---

[1] 例如,〔美〕艾尔·巴比:《社会研究方法》(第13版),邱泽奇译,清华大学出版社2020年版;〔美〕劳伦斯·纽曼:《社会研究方法:定性和定量的取向》(第五版),郝大海译,中国人民大学出版社2007年版;〔美〕伯克·约翰逊、拉里·克里斯滕森:《教育研究:定量、定性和混合方法》(第4版),马健生等译,重庆大学出版社2015年版;袁方主编:《社会研究方法教程》(重排本),北京大学出版社2013年版;等等。

对研究方法的多样性和系统性关注不足,容易使读者产生研究方法偏误,导致读者直接将书中讲到的方法看作是研究方法的全部或是最重要的研究方法,不利于形成对研究方法的整体性或系统性认识。为了弥补这一传统教材叙述方法的不足,本书及其姊妹篇采用了全新的体例。本书的第一、二、三、五编基本上涵盖了主流方法类教材所强调的主要内容,但从新的角度进行了介绍,而且增加了其他方法类教材较少介绍的"概念界定和逻辑选择"。本书第四编就规范研究、定性实证研究、定量实证研究和混合研究四种基础研究方法进行了系统介绍,以帮助学生树立起系统的研究方法体系,为后续更为具体和深入的学习奠定基础。《政治学与公共管理研究方法·常用具体方法》介绍政治学与公共管理常用的一些典型的具体研究方法,《政治学与公共管理研究方法·方法论》介绍政治学与公共管理方法论或研究范式意义上的一些常用方法。这三本书从三个层次上对研究方法进行了系统介绍,还解决了数据收集的问题。不同层次或类型的方法所要求的数据收集和分析方法可能是不一样的,而且也不是所有研究方法都需要收集数据和进行数据分析。

第五,章节体例和分析框架的一致性。编前设有本编提要,章前设本章要点,章末设关键术语、思考题、延伸阅读、经典举例等,并在书末附有关键术语解释汇编,尽量保证了体例的一致性,方便学生阅读和对比反思。

第六,坚持科学马克思主义的正确指导,尽量凸显教材的中国特色,并有意识地强调研究方法和中国传统文化、传统研究方法和现实情境等的有机连接。这在本书及其姊妹篇各章的主体内容以及扩展知识、经典举例、参考文献等部分都有体现。

第七,补充扩展知识等延伸内容,增加教材的趣味性,拓宽学生阅读视野。

(三) 本书结构安排

本书共计五编、十六章。

第一编为"科学研究概论",介绍了科学研究的基本概念、内涵、分类、方法论哲学、发展路径、一般目的、理论建构、变量及变量间关系、因果机制等,帮助学生入门,并对科学研究有初步的了解。

第二编为"研究设计、研究计划书与研究伦理",介绍了正式开展实际和具体的科学研究之前需要准备的研究设计、研究计划书以及科学研究应遵循的伦理道德准则。研究设计和研究计划书是研究者进行科学研究的关键准备工作,也可以视为正式研究的起点;研究伦理则作为约束研究者与研究本身的道德规范,贯穿研究设计、研究计划与研究的全过程。

第三编为"概念、逻辑、测量与资料收集和分析基础",旨在对概念建构、研究逻辑、定性与定量资料的收集与分析等进行介绍,以帮助研究者打好科学研究的基础。和一般的教材不同,本书增加了一章"概念界定与逻辑选择",以强调其重要性和基础性,特别是对于规范研究而言。

第四编为"基础研究方法综论"。本书认为,从整体而言,社会科学的基础研究方法可以分为:规范研究、实证研究和混合研究三类,实证研究又可分为定性实证研究和定量实证研究。本编旨在通过对社会科学常用的几类研究方法进行概述,使研究者对此有较为清晰的认识和了解。

第五编为"研究汇报",旨在对研究汇报或科学论文的写作结构进行介绍,为研究者的研究写作提供一定的指导。

(四)作者说明

本书及其姊妹篇由杨立华教授策划、主持编写,经过了反复多次的整体性修改、完善。张莹协助完成了三本书前期的统稿及校对工作;李凯林协助进行了大量的沟通工作,北京航空航天大学的马琪副教授负责二章内容的写作,而且对部分章节的写作也进行了指导。虽然在撰写本书及其姊妹篇之前,我做出了系统规划和指导,并深度参与了大多数章节的整体写作,但在全书的统稿和校对中仍耗费了巨大的心力。统稿和校对的主要工作包括:一是对部分章节进行了补充,保证每章框架和内容的完整性;二是对内容进行了全面修改和优化,对问题较多的章节进行了系统修改,乃至重新撰写;三是对不同章节的写作风格进行了统一,以保证全书逻辑的统一和表达的通顺;四是根据教学过程中学生提出的问题和修改意见等,进一步做出修改;五是对全书所涉及的概念等进行了重新核实与修订,以确保论述的严谨性与科学性;六是对全书的表述、图表、文献等进行了修订和统一规范;等等。本书各章具体分工如下:

第一章　杨立华、张莹;

第二章　张莹、杨立华、刘浩然;

第三章　张莹、杨立华、刘鹏;

第四章　张莹、杨立华、何裕捷;

第五章　张长东、李雪纯、杨立华;

第六章　杨立华、李凯林、张莹;

第七章　杨立华、李凯林、张莹;

第八章　张莹、唐权、杨立华;

第九章　张智涵、杨立华、张莹;

第十章　马琪、杨立华;

第十一章　马琪、杨立华;

第十二章　周强、杨立华、张耀之；

第十三章　杨立华、何元增、李雪纯；

第十四章　严洁、杨立华；

第十五章　杨立华、李凯林；

第十六章　杨立华、李智、徐璐琳、张莹；

全书由杨立华统稿。

此外,北京大学政府管理学院硕士研究生王思禹、王肖和美同学协助梳理了部分章节的经典举例;博士研究生何裕捷和硕士研究生吴昱晨对全书各章的参考文献格式等进行了统一调整,并辅助解决了一些其他的技术性问题;吴昱晨还对很多章节的文字和格式错误提出了修改建议。在此对他们的辛勤付出表示最真诚的感谢!

九、如何使用本书

托马斯·库恩(Thomas Kuhn)在《科学革命的结构》(The Structure of Scientific Revolutions)中明确指出:已有的科学成就"被记录在经典著作中,更近期的则被记录在教科书中。每一代新的科学家都从中学会如何从事这一行业。然而,这些书的目的不可避免地是说服和教育;从这些书中所获得的科学观根本不符合产生这些书的科学事业,正如同一个国家的文化形象不可能从一本旅游小册子或语言教科书中得到一样。本书要力图表明,我们在一些基本方面已经被教科书误导了"[①]。虽然我们做了诸般努力试图降低这方面的影响,但本书及其姊妹篇也会不可避免地扮演说服和教育的角色,也将无可逃脱地在某些方面误导阅读这些书的新的科学研究者,但我希望新的科学研究者能够自己多加辩驳,和我们共同降低本书及其姊妹篇可能产生的"误导"。同时,也希望读者朋友能够提出修改意见,不断完善和修正本书。

费孝通先生在《乡土中国》一书的"重刊序言"也曾经明确说道:"我当时在大学里讲课……我是一面探索一面讲的,所讲的观点完全是讨论性的,……因而离开所想反映的实际,常常不免有相当大的距离,不是失之片面,就是走了样。我敢于在讲台上把自己知道不成熟的想法,和盘托出在青年人的面前,那是因为我认为这是比较好的教育方法。我并不认为教师的任务是在传授已有的知识,这些学生们自己可以从书本上去学习,而主要在引导学生敢于向未知的领域进军。作为教师的人就得带个头。至于攻关的结果是否得到了可靠的知识,那是另一个问

---

① 〔美〕托马斯·库恩:《科学革命的结构》,金吾伦、胡新和译,北京大学出版社2003年版,第1页。

题。实际上在新闻的领域中,这样要求也是不切实际的。"[①]虽然,本书也是费孝通先生所说的"学生们自己可以……去学习"的"书本",我们所探讨的也是研究方法而不是具体的"课题",但本书也是"一面探索一面讲的",我们的目的也是"引导学生敢于向未知的领域进军",只是想"带个头"。希望读者朋友们不要把本书及其姊妹篇所讲的东西看成绝对正确的"标准",其中很多内容也是探索性的,而且科学本身就是永远走在探索的路上的。如果有了这样的认识,就不会迷信书本,而是敢于和乐于对书中的说法进行讨论和辩驳,从而降低书本可能的"误导"效果,从其中获得一些有益的养料。

本书及其姊妹篇总体体量较大。本书主要是有关研究方法的基础性或综论性内容,《政治学与公共管理研究方法·常用具体方法》是对各种常见的具体研究方法的详细介绍,《政治学与公共管理研究方法·方法论》是对方法论或研究范式意义上的常用方法的详细介绍,因此读者、学生或者教师可以根据各自的需求进行选择。有些学校的研究方法基础类课程分两个学期开设,教师可以在第一学期集中讲授本书,在第二学期选择讲授另外两本书中的内容。对一般读者、学生或研究者而言,则可以根据自己的需求,先阅读本书的内容,再根据自己的偏好和需要选择其余两本书中不同的章节学习;或者可以直接选择其余两本书中自己感兴趣的部分进行学习。

本书及其姊妹篇也可以分本科生和研究生两个阶段使用。例如,在本科生阶段,主要讲本书的内容,在研究生阶段主要学习另外两本书的内容。就研究生阶段,如是两学期的课,则可以一学期学习一本;如果只安排一学期的课,则可以根据老师或学生的实际需要选择一本书进行学习,或者选择两本书中某些章节进行学习。

可以选择不同的办法学习本书及其姊妹篇的内容。例如,可以在讲完研究设计和方法的整体体系之后,直接讲本书第十六章中研究汇报的内容,这样学生可以及早准备最后课程学术论文的写作,即让学生在研究之前就知道该怎么写论文。也可考虑把本书第十六章的内容放到最后讲,甚至姊妹篇的所有内容都讲完之后再讲,这样也比较符合整体逻辑。究竟哪种安排更好,则需要老师和学生根据实际情况具体判断和决定。

同样地,《政治学与公共管理研究方法·方法论》中的方法都涉及方法论或研究范式意义上的方法,大多教科书对这些方法一般只是简略提及,而且往往安排在介绍各种基础研究方法和具体研究方法之前。这在逻辑上也是合理的,毕竟

---

① 费孝通:《乡土中国》,北京大学出版社2012年版,第3—4页。

从不同方法的层次划分来说，这些方法是最高层次的方法论或研究范式，自然应该放在最前面。但为了帮助读者构建更多这些方法论或研究范式的内容，我们对其中的每一种方法论或者研究范式都单独设章进行了介绍。这么做的理由主要有三个：其一，本书（基础本）第一章对科学研究进行分类时已经提及科学研究方法的不同层次，因此不会给读者造成这些方法论或研究范式是最后一层次研究方法的困惑。其二，虽然这些方法论或研究范式意义上的方法在方法论体系中处于最高层次，但从学习研究方法的实用性目的以及帮助读者建构系统的方法体系的角度而言，读者首先应该重点掌握和了解的是各种基础研究方法，故此将其安排在基础本之外，以突出基础研究方法的中心地位。其三，方法论或研究范式意义上的方法处在研究方法体系的最顶端，它们不仅影响各种基础研究方法和具体研究方法，同时离不开其支持。因此，将方法论安排在基础性研究方法和具体研究方法之后，不仅比较好讲，而且可以使读者能更好地理解和使用这些方法。但是，就姊妹篇中的方法究竟放在哪里讲，也可以有不同的方法，全赖老师和学生的思维习惯或偏好，并无一定之规。希望读者朋友们根据自己的实际偏好和需求等多多探索，并最终找到最适合自己的办法。

最后重申一下，虽然研究方法非常重要，但科学精神、想象力和知识与理论等远比方法本身重要。我们在学习方法、掌握方法的同时，也必须加强我们的科学精神和想象力，让它们成为方法的双翼，帮助方法真正起飞，真正为探求真理和解决实际科学问题服务，真正为知识、理论和思想的创新服务。

中国政治学与公共管理的希望寄托在大家的身上！在世界范围的政治学与公共管理领域做出更大贡献的希望也寄托在大家身上！

让我们一起努力吧！

杨立华

2022年9月6日

目 录

第一编 科学研究概论

第一章 科学研究的重要性、定义和分类   3
    一、导 言   3
    二、科学研究的重要性   3
    三、科学研究的定义   10
    四、科学研究的方法体系及其分类   14

第二章 科学研究的方法论哲学和发展路径   31
    一、导 言   31
    二、影响科学发展的方法论哲学的主要流派   32
    三、科学研究的发展路径   37

第三章 科学研究的一般目的和理论建构   54
    一、导 言   54
    二、科学研究的一般目的   55
    三、科学研究的理论建构   56

第四章 研究中的变量、变量间关系与因果关系   81
    一、导 言   81
    二、科学研究中的变量和变量间关系   82
    三、变量间因果关系的重要类型   87
    四、探索因果关系的方法   91
    五、因果关系解释中的潜在错误   95
    六、因果推断   98

第五章　因果机制　110
　一、导　言　110
　二、因果机制的含义　111
　三、因果机制的起源　113
　四、因果机制分析需处理的难题　115
　五、作为微观基础的因果机制　116
　六、作为过程追踪的因果机制　123

第二编　研究设计、研究计划书与研究伦理

第六章　研究设计　131
　一、导　言　131
　二、研究设计的定义、目的和作用　132
　三、研究设计的类型和一般流程　132
　四、研究问题、变量、框架、假定和假设　136
　五、研究对象限定、三种变异控制和抽样方法　150
　六、研究方法选择　163
　七、研究效度　165

第七章　研究计划书　177
　一、导　言　177
　二、研究计划书的作用　178
　三、研究计划书的常见类型　180
　四、研究计划书的主要任务和与研究成果的关系　182
　五、研究计划书的主要内容　185
　六、研究计划书撰写应注意的其他问题　195

第八章　研究伦理　202
　一、导　言　202
　二、研究伦理的概念　202
　三、研究伦理的起源和发展　204
　四、遵循研究伦理的必要性　206
　五、研究伦理的判断标准和指导原则　208

六、研究伦理的层次及其具体行为规范　　211
　　七、研究伦理的管理方法　　220

第三编　概念、逻辑、测量与资料收集和分析基础

第九章　概念界定与逻辑选择　　229
　　一、导　言　　229
　　二、概念与概念界定　　230
　　三、逻辑与逻辑选择　　244

第十章　定性与定量测量基础　　261
　　一、导　言　　261
　　二、测量的定义、要素和特征　　261
　　三、测量的类型　　265
　　四、测量的程序及方法　　268
　　五、测量的信度和效度　　275
　　六、测量中应注意的其他问题　　279

第十一章　定性与定量资料收集和分析基础　　284
　　一、导　言　　284
　　二、定性资料和定量资料的基本形式和特点　　285
　　三、定性资料和定量资料的收集方式　　286
　　四、定性资料分析与定量资料分析的异同　　287
　　五、定性资料分析的基础流程和方法　　288
　　六、定量资料分析的基础流程和方法　　296

第四编　基础研究方法综论

第十二章　规范研究　　313
　　一、导　言　　313
　　二、定义、特点和优劣势　　313
　　三、起源和发展　　316
　　四、适用范围与条件　　317

五、类型　　　　　　　　　　　　　　　　　318
　　六、研究设计及有效性　　　　　　　　　　　320
　　七、操作流程　　　　　　　　　　　　　　　321
　　八、质量评价和保证　　　　　　　　　　　　322
　　九、使用中应注意的问题　　　　　　　　　　323
　　十、形式规范研究介绍　　　　　　　　　　　324

第十三章　定性实证研究　　　　　　　　　　　341
　　一、导　言　　　　　　　　　　　　　　　　341
　　二、定义、特点和优劣势　　　　　　　　　　342
　　三、定性研究的起源、发展和理论基础　　　　349
　　四、适用范围与条件　　　　　　　　　　　　351
　　五、定性研究的类型　　　　　　　　　　　　352
　　六、研究设计及有效性　　　　　　　　　　　362
　　七、操作流程　　　　　　　　　　　　　　　365
　　八、质量评价和保证　　　　　　　　　　　　368
　　九、使用中应注意的问题　　　　　　　　　　369

第十四章　定量实证研究　　　　　　　　　　　375
　　一、导　言　　　　　　　　　　　　　　　　375
　　二、定义、特点和优劣势　　　　　　　　　　375
　　三、起源与发展　　　　　　　　　　　　　　379
　　四、适用范围与条件　　　　　　　　　　　　383
　　五、分类　　　　　　　　　　　　　　　　　384
　　六、常用的统计分析方法　　　　　　　　　　387
　　七、研究设计与操作流程　　　　　　　　　　411
　　八、质量保证　　　　　　　　　　　　　　　412
　　九、使用中应注意的其他问题　　　　　　　　419

第十五章　混合研究　　　　　　　　　　　　　429
　　一、导　言　　　　　　　　　　　　　　　　429
　　二、定义、特点和优劣势　　　　　　　　　　430
　　三、混合研究方法的起源、发展和理论基础　　433
　　四、混合研究方法的适用条件　　　　　　　　437

五、混合研究的类型　　438
　　六、定性和定量混合实证研究的设计策略和有效性　　443
　　七、定性和定量混合实证研究的操作流程　　447
　　八、定性和定量混合实证研究的质量保证　　451
　　九、使用中应注意的问题　　452

第五编　研究汇报

第十六章　研究汇报　　459
　　一、导　言　　459
　　二、研究汇报的含义和要素　　460
　　三、研究汇报的形式　　461
　　四、研究汇报的类型　　462
　　五、研究汇报的基础结构　　463
　　六、研究汇报的基本写作步骤　　480
　　七、写作质量评价标准　　483
　　八、研究汇报中的研究伦理　　484

关键术语解释汇编　　489

后　记　　509

第一编　科学研究概论

【本编提要】

本编对科学研究的基本概念、内涵、分类、方法论哲学、发展路径、一般目的、理论建构、变量及变量间关系、因果机制等进行了介绍，以引导学生实现对研究方法的入门，并对科学研究有一个初步的了解。本编有五章，分别是：

第一章　科学研究的重要性、定义和分类
第二章　科学研究的方法论哲学和发展路径
第三章　科学研究的一般目的和理论建构
第四章　研究中的变量、变量间关系与因果关系
第五章　因果机制

第一章 科学研究的重要性、定义和分类

本章要点

- 科学研究的重要性；
- 科学及科学研究的定义；
- 科学研究方法的层次；
- 科学研究的类型。

一、导 言

科学研究的一个重要的组成部分便是方法。没有方法的支撑或者方法不严谨，都可能导致科学研究或学科的科学性无法得到保证。一般认为，20世纪以来，社会科学的发展呈现出两个明显的趋势：(1)从描述到解释，即从注重对社会现象或社会事实的客观描述到强调对现象或事实的系统性解释；(2)从特殊到一般，即社会科学借鉴了自然科学，研究的关注点从个别社会现象的特殊性逐渐转移到社会现象的普遍或一般规律。[1] 在此发展趋势下，研究方法对于社会科学研究的重要性更是日益凸显。

但是，即便在当今我国社会科学研究方法已经取得长足进步的情况下，还是有些对于研究方法的偏见，而这些偏见都源于对科学研究方法的不了解。因此，本章将对科学研究的重要性、定义、方法体系及其分类等进行简要介绍，为后面的深入学习提供一些必要的基础。

二、科学研究的重要性

我们为什么要通过科学研究来获取知识、建构理论、认识世界？换句话说，为什么科学研究是达成这些目的的有效且可靠的途径？这些问题事实上强调的就

---

[1] 袁方主编：《社会研究方法教程》(重排本)，北京大学出版社2013年版，第12页。

是科学研究的重要性。而要理解科学研究的重要性,首先需要了解一下人们获取知识的途径。

（一）获取知识的途径

一般而言,权威、传统与习俗、大众与媒体信息、直觉、经验与常识、逻辑推理、科学研究等都是人们日常获取知识的重要途径。[①]

1. 权威

人们对于新知识的接受程度通常与传播者的个人地位有关[②],越是权威的传播者所传播的知识越易为人们所接受,这就使得权威本身成了人们获取知识的一种途径。例如,某营养学专家认为喝牛奶能让小孩长高,这话就比一个普通高中生说,更容易让人相信。但是,通过权威或专家所获得的知识也有可能是虚假的,而且过度依赖权威或专家也会导致人们丧失独立思考的能力。

> **扩展知识**
>
> **伽利略比萨斜塔实验**
>
> 在16世纪末,人们普遍接受以亚里士多德为代表的古希腊学者关于自由落体的观点,即物体的下落速度和其自身重量成正比。亚里士多德无疑是那个时代最大的权威,因此人们自然认可他的观点;而且,这个观点似乎又得到了个人经验和观察的印证,例如叶子的坠落速度总是比石头慢,所以人们对此更是深信不疑。但是,伽利略却对此提出了质疑,并进行了著名的比萨斜塔实验。1589年,伽利略在比萨斜塔塔顶同时抛下一个重100磅和一个重1磅的铁球,两个铁球几乎同时落地。伽利略的比萨斜塔实验推翻了亚里士多德的"权威观点"。
>
> ——李景文编著:《伽利略传》,河南文艺出版社2016年版,第44—49页。
>
> 亚里士多德作为权威提供了关于自由落体的论断,但是这个论断在后来被伽利略证明是错误的。因此,通过专家或权威获取的信息和知识并不一定都是正确的。

2. 传统与习俗

人们都处在一定的社会文化环境中,而传统与习俗正是某一社会文化环境中

[①] 〔美〕艾尔·巴比:《社会研究方法》(第13版),邱泽奇译,清华大学出版社2020年版,第5页;〔美〕劳伦斯·纽曼《社会研究方法:定性和定量的取向》(第7版),郝大海等译,中国人民大学出版社2021年版,第4—9页。

[②] 〔美〕艾尔·巴比:《社会研究方法》(第13版),邱泽奇译,清华大学出版社2020年版,第5页。

根深蒂固的一部分知识体系①,因此传统与习俗也是人们获取知识的一种途径。例如,我国古人将一年分成了二十四个节气,对应气候的变化,人们掌握了二十四节气的传统知识,也就相应地掌握了部分有关中国气候的知识。从传统与习俗获取知识有利有弊:一方面,传统与习俗的累积性和传承性可以增加获取知识的便利程度,避免重复及无谓的研究;另一方面,传统与习俗也可能造成思维定势。

总之,在获取知识方面,权威以及传统与习俗均具有两面性,它们既可能是研究的起点,也有可能造成误导。②

3. 大众与媒体信息③

与他人沟通和交流以及接收媒体信息也是获取知识的常用途径。孔子说的"三人行,必有我师焉"就是强调通过与他人交流或向他人学习来获取知识的重要性。当然,孔子这里所说的"三人"既有可能是"权威专家",也有可能是"一般大众",而后者则是这里所说的"大众"途径。特别地,在当今世界,随着信息技术的发展,尤其是以互联网、手机等为代表的新媒体的快速发展,使得人们通过媒体获取知识的成本和难度大大降低。但是,不论是通过大众还是媒体获取知识,都可能导致偏见和误解,产生认识上的偏差。④ 具体而言,从媒体获取知识的局限性主要包含两方面:一是,媒体中的知识混杂,既包括真实的信息,也包含了误导性的或错误的信息,经常难以分辨;二是,媒体为了吸引眼球,也可能会故意歪曲事实,片面夸大某些社会问题,从而造成认识的片面性或偏见。

4. 直觉

当我们对某件事情没有经过严密的逻辑推理和思考,就快速做出了判断或形成了某种观点,这种判断和观点就调动了人的直觉。直觉,顾名思义就是人的直观感觉,是未经逻辑推理而形成的观点或认知事物的能力。⑤ 第六感、顿悟与灵光乍现等,都属于直觉的表现形式。直觉既是一种心理状态,也是一种人脑的思维方式,更是一种获取知识的重要途径。直觉在获取知识,尤其是创造性活动方面具有独特的优势:一方面,直觉所具有的迅捷性、直接性特征,可以帮助人们快速做出判断,节省时间成本;另一方面,直觉所具有的灵活性、自由性和想象力,常

---

① 〔美〕艾尔·巴比:《社会研究方法》(第 13 版),邱泽奇译,清华大学出版社 2020 年版,第 5 页。
② 同上书,第 6 页。
③ 〔美〕劳伦斯·纽曼:《社会研究方法:定性和定量的取向》(第 7 版),郝大海等译,中国人民大学出版社 2021 年版,第 7 页。
④ 同上。
⑤ 周治金、赵晓川、刘昌:《直觉研究述评》,《心理科学进展》2005 年第 6 期,第 745 页。

常能够激发创造性思维从而带来富有创新性和创造性的预见。① 例如,哲学家的"顿悟"往往能得到珍贵的假说,这些假说虽未经过经验证实,却可能是独立于经验的真理或成为科学研究中的"先验原则"。② 楼宇烈也指出,直觉思维在中国传统思维中扮演着非常重要的角色。③ 事实上,人们常说的"大胆假设,小心求证"中的"大胆假设"也经常来源于个人的直觉思维。但是,直觉的直接性、自由性、灵活性也带来了偶然性和不可靠性。直觉无法提供证据,也就无法确定真伪。因此,在大胆假设和猜想后,还需要严格、合乎规范的科学验证来判断直觉的真伪,从而促进知识的积累和认识的进步。

5. 经验与常识

经验一般是指个人通过实践、日常观察等途径所积累的技能和认知;常识则通常不仅是前人经验的积累,也曾获得个人经验的验证,并因此往往被认为是广为人知且被普遍接受的知识。④ 例如,"冰冻三尺,非一日之寒"就既有个人经验的成分,也具有常识的成分,因为它累积了很多人的个人经验。通过经验与常识获取知识的途径常被称为"经验主义"(empiricism)。经验主义的代表人物洛克就认为,所有的知识本质上都来源于经验⑤;而且,经验主义强调只有个人经历过的事情才是真实有效的。

从科学研究的角度来分析,经验的积累常常依赖归纳逻辑。一般而言,归纳是与演绎相对的一种思维方式或逻辑推理方法,它强调由一系列的事实或从许多个别事物中概括出一般性的概念、原则、原理和结论等。简单而言,归纳法又可以分为完全归纳和不完全归纳两种。⑥ 完全归纳是基于研究对象的全体或总体而得出一般性结论;不完全归纳是基于全体或总体的部分而得出推断性结论,包括简单枚举、概率计算等方法。但是,人们基于经验与尝试而进行的归纳常常是不严谨的,也不太规范和科学。例如,人们经常看到飞得较低的蜻蜓之后往往会刮风或下雨,便将二者联系起来,总结出了"蜻蜓低飞,不风即雨"的谚语,这就是基于归纳的经验总结。经验具有合理的成分,但也常常并不完全可信。这是因为:一方面,个人经验和观察可能会存在过度简化、以偏概全、间歇性观察等问题;另一方面,未来的情况与过去的经验可能存在差别。大卫·休谟(David Hume)就

---

① 张媛媛、高文金:《创造力与直觉》,《理论界》2006年第5期,第111—112页。
② 袁方主编:《社会研究方法教程》(重排本),北京大学出版社2013年版,第9页。
③ 楼宇烈:《中国文化的根本精神》,中华书局2016年版,第17—18页。
④ 袁方主编:《社会研究方法教程》(重排本),北京大学出版社2013年版,第8页。
⑤ 〔英〕洛克:《人类理解论》(上册),关文运译,商务印书馆1959年版,前言第1—4页。
⑥ 夏年喜:《现代西方"归纳问题"研究综述》,《哲学动态》1996年第6期,第22页。

曾提出过归纳难题(problem of induction):即使一些事情在过去重复发生,也并不能保证一定会再次出现,基于过去经验的推理是"或然性"的,因为未来不一定符合过去。[①] 波普尔对于"证伪"问题的强调,实际上也呼应了休谟的归纳难题,这部分内容将在本书第二章进行介绍。

扩展知识

孔子东游,见两小儿辩斗,问其故。
一儿曰:"我以日始出时去人近,而日中时远也。"
一儿以日初出远,而日中时近也。
一儿曰:"日初出大如车盖,及日中则如盘盂,此不为远者小而近者大乎?"
一儿曰:"日初出沧沧凉凉,及其日中如探汤,此不为近者热而远者凉乎?"
孔子不能决也。
两小儿笑曰:"孰为汝多知乎?"

——《列子·汤问》

在这个故事中,一儿依据视觉经验做出判断,一儿依据感官经验做出判断,似乎都有一定的合理性,但却都是错误的。随着现代天文科学的发展,我们对日地距离有了更为精确的认知:太阳与地球之间一天中的距离虽然有着微小变化——早上稍近,中午稍远;但两者之差仅相当于日地距离的约1/2300,几乎可以忽略不计。

所以,简单运用生活经验所做出的解释,可能是不准确的,甚至是错误的;相对而言,科学研究则可更为有效地避免个人经验和观察中的不确定性和偏差,从而有效促进知识的积累和发展,而这也正是科学研究的意义所在。

6. 逻辑推理

逻辑推理是一种在思考的基础上,通过逻辑演绎、推理获取知识的途径。所谓逻辑指的是思维的规律、规则、程序方法等;所谓推理就是从一个或几个已知判断或前提推出新的判断或结论的思维过程;所谓演绎指从前提命题出发,运用逻辑规则,导出另外的命题或结论的过程,是一种由一般原理推演出特殊结论或特殊情况的思维方式或逻辑推理方法。一般而言,如果演绎的前提是正确的,演绎规则是正确的,则其演绎结论也必然是正确的,因此演绎是一种确实性推理。逻辑推理的认识论基础是理性主义(rationalism)。理性主义认为,如果推理的前提

---

① 〔英〕休谟:《人类理智研究》(纪念版),吕大吉译,商务印书馆2017年版,第28—30页。

和过程是正确的,其推理结果就是正确、有效的知识。① 事实上,逻辑推理不仅是人们日常获得知识的重要手段,也被广泛应用于科学研究过程中。例如,在规范研究中,严密的逻辑推理不仅是分析过程合理性的重要支撑,也是研究结论正确性的关键前提;在实证研究中,在研究假设形成、研究结果分析等各阶段,也都会用到逻辑推理的方法。但是,逻辑推理也存在缺陷,尤其在非科学研究的一般逻辑推理中更是如此。特别地,逻辑推理大都以无须检验的假定或"公理"为前提,而假定和"公理"都是超验的,无法证明其真实性②,因此,一旦前提假定和"公理"是错误的或被证明是错误的,逻辑推理所得出的知识的真实性也就无从谈起。

7. 科学研究

在书籍、电视、广播或新闻等当中,我们经常会看到或听到的一个词就是"研究表明",这里的"研究"通常指的就是"科学研究"。可见,"科学研究"作为一种获取知识的有效途径,早已深入我们的日常生活,并获得了人们的普遍认可。事实上,即使不从事科学研究,我们所接收到的信息和知识,有很多也都源自科学研究的结果。例如,我们现在知道物体的下落速度与其质量无关,而是受到万有引力的影响。我们对这个知识的获取,既有可能来自对牛顿万有引力定律的理解,也有可能来自对伽利略比萨斜塔实验结果的理解,但二者都属于科学研究的范畴。

当然,科学研究也并非完全独立于其他求知途径之外的"新事物",它也常常需要借助逻辑推理和经验观察等来获得可靠的研究结论。因此,科学研究和其他获取知识的途径相区别的关键在于:科学研究不仅有一套被研究者所普遍遵循的科学研究程序,而且内含严谨的科学态度,并因此保障了人们从其获取的知识的可靠性。③

(二)科学研究的重要性

和其他获取知识的途径相比,科学研究的重要性主要表现在如下几个方面④:

---

① 〔美〕拉里·克里斯滕森、伯克·约翰逊、莉萨·特纳:《研究方法、设计与分析》(第11版),赵迎春译,商务印书馆2018年版,第5页。
② 袁方主编:《社会研究方法教程》(重排本),北京大学出版社2013年版,第9页。
③ 同上。
④ 参考〔加拿大〕基思·斯坦诺维奇:《对"伪心理学"说不》,窦东徽、刘肖岑译,人民邮电出版社2012年版,第12—13页;袁方主编:《社会研究方法教程》(重排本),北京大学出版社2013年版,第10页;〔美〕劳伦斯·纽曼:《社会研究入门:如何理解我们的日常社会生活》(第3版),刘佳昕译,九州出版社2021年版,第11页;陈晓萍、沈伟主编:《组织与管理研究的实证方法》(第三版),北京大学出版社2018年版,第20页。

第一,科学研究是获取知识最重要的途径。虽然科学研究是上面所指出的人类获取知识的七种主要途径之一,但无疑是最为重要的途径。因为,一个显而易见的事实是,人们通过科学研究产生了大量的远超其他途径的知识,这在现代社会表现得尤为突出。

第二,科学研究有助于产生公共的、可检验的知识。基思·斯坦诺维奇指出:"从某种特殊意义上说,科学知识是公共性的……即科学知识并不单纯存在于特定个体的头脑之中。"[1]他还指出:"公共性的、可检验的知识,指的是我们可以将研究发现递交给科学团体,团体中的任何人都能对其进行重复检验、批评或扩展。"[2]显然,从科学研究得到的知识,和人们单纯通过权威、直觉、个人经验、个人逻辑推理等方式得到的、常带有个人性、难以重复检验的知识是不同的。

第三,科学研究有助于产生更为可靠的知识。和其他知识获取途径不同,科学研究既包含着一套被普遍遵循的严谨的科学研究程序,也内含严谨的科学态度。无论是规范、实证还是混合研究,严谨的科学研究程序保证了研究结果的可重复性,并且排除或者控制了其他无关因素对于研究结论的影响,使得认知摆脱了成见与混乱,从而增强了知识的可靠性。同时,科学的态度要求研究者在进行科学研究时必须具备较高的专业学科素养,遵守基本的学术伦理规范,遵循严谨的研究程序与科学严格的研究标准,而且要富有创新性和创造力等,所有这些也都有助于提高所获取知识的有效性和可信性。[3] 总之,与其他知识获取途径相比,科学研究的重要性突出体现在其能够系统地、有效地消除在其他认识途径中经常存在的偏见、误差等,提高了获取知识的可靠性、客观性、真实性。[4]

第四,科学研究有助于产生更为系统的知识。从其他途径获取的知识经常是零碎的、松散的甚至是相互矛盾和冲突的,而科学研究具有累积性、规模性、系统性等特点,所以通过其更有助于产生更为整体和系统的知识。

第五,科学研究有助于解决更为复杂的问题,产生更为复杂的知识。无论是上面提到的哪种知识获取途径,往往由于其非公共性(如传统和习俗往往局限于特定区域)、非累积性、非系统性和非可重复检验性等特征,使得其经常无法解决更为复杂的科学问题,也很难产生复杂的知识体系。但是,科学研究的特性则有助于人类解决其他知识途径无法解决的更为复杂的科学问题,同时产生更为复杂

---

[1] 〔加拿大〕基思·斯坦诺维奇:《对"伪心理学"说不》,窦东徽、刘肖岑译,人民邮电出版社2012年版,第12页。
[2] 同上书,第12—13页。
[3] 〔美〕劳伦斯·纽曼:《社会研究入门:如何理解我们的日常社会生活》(第3版),刘佳昕译,九州出版社2021年版,第11页。
[4] 袁方主编:《社会研究方法教程》(重排本),北京大学出版社2013年版,第10页。

的知识。

第六,科学研究有助于人类更为主动地探索未知领域,更为主动地积累新知识。无论是上面提到的哪种知识获取途径,在大多数情况下都是人类对所面临问题被动回应的产物。科学研究却不一样,它虽然也是问题驱动的,但却往往是人类主动探索未知领域的行为,也是人类更为主动地追求知识积累和探求真理的过程。

科学研究是重要的,但也不是万能的。没有哪种知识获取途径可以取代其他知识获取途径,科学研究也是如此。也就是说,科学研究并不排斥直觉、经验与常识、逻辑推理等知识获取途径,"相反,它是一套程序,使直觉和想象在人类智力允许的范围内尽可能地变得富有成果和创造性"①。而且,不论是在日常生活中,还是在科学研究的过程中,也都可能需要借助其他手段来更为有效地获取知识。

三、科学研究的定义

(一) 科学的定义

在了解什么是科学研究之前,首先需要了解什么是科学。天文学、物理学、化学、生物学等学科,在现代被自然地归到科学的范畴,也就是我们所熟知的自然科学;政治学、公共管理学、社会学、经济学等学科,在现代也常被冠以"科学"之名,并被统称为社会科学。那究竟什么是科学?不同的机构和学者给出了不同的定义。

《韦氏新世界大辞典》认为:"科学是从确定研究对象的性质和规律这一目的出发,通过观察、调查和实验而得到的系统的知识。"②显然,这个定义既强调了科学的目的,也强调了实证科学的重要性,但却忽视了规范科学。

《辞海》给出的解释是:科学是"运用范畴、定理、定律等思维形式反映现实世界各种现象的本质和规律的知识体系"③。显然,这个定义既强调了科学的目的,也强调了规范科学的重要性,但却忽视了实证科学。

艾尔·巴比(Earl R. Babbie)将科学界定为学习和理解我们周围事物的方

---

① 〔美〕托德·多纳、肯尼斯·赫文:《社会科学研究:从思维开始》(原书第 11 版),潘磊等译,重庆大学出版社 2020 年版,第 9 页。
② 《韦氏新世界大辞典》,"科学"词条。转引自袁方主编:《社会研究方法教程》(重排本),北京大学出版社 2013 年版,第 4 页。
③ 夏征农、陈至立主编:《辞海》(第六版 彩图本),上海辞书出版社 2009 年版,第 1234 页,"科学"词条。

法:"与其他学习和理解我们周围事物的方法相比,科学有一些特殊的地方。它是一项有意识的、有准备的、缜密的任务。"①这个定义着重科学的有意识性、准备性和缜密性。

伯克·约翰逊(Burke Johnson)和拉里·克里斯滕森(Larry Christensen)认为:科学是"一种生成知识的途径。它高度重视实证数据,遵循因有用而随时间流传下来的某些规范和实践"②。这又主要强调了科学的实证特性及实用主义价值观念。

基思·斯坦诺维奇(Keith E. Stanovich)指出:"科学知识是公共性的,即不单独存在于特定个体的头脑之中。从某种意义上说,科学知识在没有提交给科学团体、接受他人批评和验证之前是根本不存在的,所以科学必须以一种能够让其他科学家尝试相同实验并获得相同结果的方式呈现给科学团体,通过可重复性来实现其公共可检验的理念。"③他同时界定了科学相互关联的三个重要特征:"(1)应用系统的实证主义;(2)产生公共知识;(3)验证可解决的问题。"④可见,这一定义不仅强调了科学的实证性,也强调了科学产生的知识的公共性和可检验性。

托德·多纳(Todd Donovan)和肯尼斯·赫文(Kenneth Hoover)则将科学视作一种探索和观察的模式,"是一种思考和提出问题的过程",其最终的目的是寻找事物或现象之间的关系。⑤ 这个定义不仅强调了科学的目的,也强调了思考和提出问题在科学过程中的重要性,还强调了科学的两种模式——探索和观察。

劳伦斯·纽曼(W. Lawrence Neuman)则用科学指代"产生知识的体系与由此体系所得到的知识",并且认为科学"整合了关于世界的假设、累积的知识、对知识的取向以及很多特定的程序、技术和工具"⑥。这个定义不仅强调了知识的重要性,而且强调了科学的程序、技术和工具。

阿诺·巴特查里亚(Anol Bhattacherjee)将科学定义为:"在任何领域中,通过

---

① 〔美〕艾尔·巴比:《社会研究方法》(第13版),邱泽奇译,清华大学出版社2020年版,第2页。
② 〔美〕伯克·约翰逊、拉里·克里斯滕森:《教育研究:定量、定性和混合方法》(第4版),马健生等译,重庆大学出版社2015年版,第15页。
③ 〔加拿大〕基思·斯坦诺维奇:《对"伪心理学"说不》,窦东徽、刘肖岑译,人民邮电出版社2012年版,第12页。
④ 同上书,第10页。
⑤ 〔美〕托德·多纳、肯尼斯·赫文:《社会科学研究:从思维开始》(原书第11版),潘磊等译,重庆大学出版社2020年版,第3页。
⑥ 〔美〕劳伦斯·纽曼:《社会研究方法:定性和定量的取向》(第7版),郝大海译,中国人民大学出版社2021年版,第10页。

'科学方法'获得的系统知识和有组织的知识体系。"①这个定义不仅强调了科学方法的重要性,也强调了系统性知识在科学中的核心地位。

李怀祖认为,科学是指反映客观规律的分科的或者综合性的知识体系,"从研究方法论的视角,科学则被看作是一种求知方式(method of inquiring)"②。这个定义则强调了知识的重要性,并把科学看作是一种求知方式。

徐淑英、仲为国认为:"科学的目标是追求真理,解释并且预测自然或社会现象。从科学方法中得到的真理既包含逻辑,也包含证据,逻辑与证据两者是相辅相成的,缺一不可。"③这个定义不仅强调了科学追求真理的目标,强调了科学的解释和预测功能,也强调了逻辑和观察对于科学的重要性,但是却忽视了科学的部分"描述"功能。

综合上述不同定义,本书将科学界定为:人类有意识地运用严谨的研究方法,在严密的逻辑推理或充分的数据资料分析等的基础之上,遵循严格的研究程序,累积和发现公共性知识或普遍真理(包括本质和规律等)的一种求知途径,以描述、解释并预测自然或社会现象及不同现象间的关系。一般而言,这些公共性知识或普遍真理不仅需要具有可检验性、可证伪性、普遍性等特征,也需要得到公众的认可。

(二)科学研究的定义

关于科学研究的定义,学术界也有很多讨论。科学研究的英文为 scientific research,而 research 中的"re"表示"反复","search"表示"探索"。因此,从词义上来看,科学研究就是指"对科学知识或科学的反复探索"④。

劳伦斯·纽曼将研究概括为"一种找出问题答案的途径",并强调社会研究的目的是"了解关于社会的新知识,或是谨慎地记录我们对于社会的猜测、预感、理论、信念,或是为了更好地理解社会是如何运转的"⑤。这里主要强调了科学研究的目的,即获取知识、找出问题的答案。

---

① Anol Bhattacherjee, *Social Science Research: Principles, Methods, and Practices*, University of South Florida, 2012, p. 1.
② 李怀祖编著:《管理研究方法论》(第3版),西安交通大学出版社2017年版,第3页。
③ 陈晓萍、沈伟主编:《组织与管理研究的实证方法》(第三版),北京大学出版社2018年版,第19页。
④ 宋健主编:《现代科学技术基础知识(干部选读)》,科学出版社、中共中央党校出版社1994年版,第7页。
⑤ 〔美〕劳伦斯·纽曼:《社会研究入门:如何理解我们的日常社会生活》(第3版),刘佳昕译,九州出版社2021年版,第2页。

宋健等人将科学研究界定为:"创造知识和整理、修改知识,以及开拓知识新用途的探索工作。创造知识是创新、发现、发明,是探索未知的问题;整理知识是对已经产生的知识进行分析整理、鉴别和运用,是知识的规范化、系统化,是知识的继承问题。"①这个定义同样着重于科学研究的目的。

袁方将科学研究定义为"以系统的、实证性的方法获取知识"②。这个定义主要强调了科学研究过程中方法的重要性,但似乎又将科学研究局限在实证研究的范围内。

徐淑英、仲为国将科学研究过程定义为:"对自然或社会现象做系统性的、受到控制的、实证的和批判的调查,它可以始于理论,也可以终于理论。"③相比于其他的定义,该定义突出了理论的重要性,指出理论对科学研究有着重要的指导意义,且理论与科学研究二者密不可分。但该定义也将科学研究局限在了实证研究领域。

通过上述定义不难发现,科学研究具有以下特点:第一,科学研究是有计划、有目的的探索和创造的过程,是一项智力性劳动;第二,科学研究是运用科学的方法探究未知的事物或现象,揭示其客观规律的过程,这些方法既可能是形式研究等规范的方法,也可能是观察、调查和实验等实证性研究方法,还有可能是使用不同于规范和实证研究方法的混合研究方法,并不单纯局限于一些定义所强调的实证研究方法;第三,科学研究的内涵包含整理、继承已有的知识,以及在此基础上创造新理论、新技术、开辟知识新的应用领域两部分。

综合以上分析,本书将"科学研究"界定为:**从待理解和认识的自然现象/问题或社会现象/问题出发,人类有意识地运用严谨的研究方法,在严密的逻辑推理或充分的数据资料分析等的基础之上,遵循严格的程序,累积和发现公共性知识或普遍真理(包括本质和规律等)的一种求知过程,其目的在于描述、解释并预测自然或社会现象及不同现象间的关系。**可见,"科学研究"的概念和"科学"的概念密切相关。"狭义"的科学概念更强调"科学研究"的结果,而"广义"的科学概念则不仅包括"科学研究"的结果,也包括其过程。相对而言,"科学研究"主要关注获取"科学"知识和推动"科学"发展的复杂过程,亦即"对科学知识或科学的反复探索"。

---

① 宋健主编:《现代科学技术基础知识(干部选读)》,科学出版社、中共中央党校出版社1994年版,第7页。
② 袁方主编:《社会研究方法教程》(重排本),北京大学出版社2013年版,第4页。
③ 陈晓萍、沈伟主编:《组织与管理研究的实证方法》(第三版),北京大学出版社2018年版,第23页。

四、科学研究的方法体系及其分类

（一）科学研究的方法体系

在具体进入对科学研究方法的不同类型的探讨之前，首先需要对科学方法的层次体系有所了解。一般而言，整个科学研究方法体系至少可以划分为四个层次。

首先，方法论（methodology）与研究范式（research paradigm）层次。这一层次的方法指导或影响所有下面层次的方法。如实证主义研究、诠释主义研究、批判主义研究，自然主义、逻辑实证主义等一些影响科学发展的方法论哲学的主要流派，以及现象学研究方法、民族志、符号互动论等，就属于这一层次。

其次，比方法论等更具体一些的大类研究方法（general-category research methods），有时也被称为研究方式（research modes）[①]、研究途径（research approaches）、研究路径（research paths），这些类型之内又包含了多种具体的研究方式。规范研究、实证研究、混合研究等就属于这一层次，这也是本书后面要重点讨论的基础研究方法（basic research methods）。

再次，大类研究方法之下的各种具体研究方法（concrete research methods）。实验研究、问卷实验研究、社会调查研究、案例研究等就属于这一层次。

最后，数据分析方法，这些方法是最为工具性的方法。例如，相关分析、多元线性回归分析等。

当然，如进一步划分，也可以把整个科学研究方法体系划分为五层、六层、七层等。例如，在方法论与研究范式层次的内部，又可进一步地划分出认识论层次、方法论层次、范式层次等；在社会调查研究下面，又可分为观察、访谈和问卷法等不同类型，而这些类型之下又包括不同的子类型。

（二）科学研究方法的不同分类

科学研究可以采用多种分类方式。如果按照理想类型或典型[②]的模式来划分，当前学界比较通行的主要有六种分类方法：按照研究范式或取向（或方法论、路径等）分类、按照对研究对象的影响分类、按照研究资料或数据类型分类、按照研究主要推理方式分类、按照研究问题的性质分类、按照研究功能或目的分类。

---

① 风笑天：《社会研究方法》（第五版），中国人民大学出版社2018年版，第8—10页。
② 〔德〕马克斯·韦伯：《社会科学方法论》，李秋零、田薇译，中国人民大学出版社1999年版，第32页。

其中,第一个维度是从方法论或研究方式层次对科学研究方法的分类,其余五个维度则是从大类研究方法或研究方式的层次对科学研究方法的分类。下面,我们对这些研究方法分类进行初步介绍。

1. 按照研究范式或取向分类

依据研究范式的不同,社会科学研究可划分为批判主义研究(criticism research)、诠释主义研究(interpretivism research)和实证主义研究(positivism research)三种类型。一般认为,这三种研究类型的划分肇始于尤尔根·哈贝马斯(Jürgen Habermas)。他认为,除了实证主义,科学探究还可以区分为三种路径:批判取向的科学路径(critically-oriented science)、历史-诠释科学的科学路径(historical-hermeneutic science)、经验-分析的科学路径(empirical-analytic science)。① 布莱恩·费伊则基于哈贝马斯的研究,进一步将社会科学研究分为:批判社会科学(critical social science)、诠释社会科学(interpretive social science)和实证社会科学(positivist social science)三种类型。② 杰·怀特也提出三种不同的研究模式,即批判性研究(critical research)、诠释性研究(interpretive research)和实证性研究(empirical research)。③

(1) 批判主义研究

批判主义研究,也叫批判性研究,是指基于自我反思的逻辑,以启蒙和解放为导向,并致力于实现改造社会现实的规范研究类型。批判主义研究通过批判研究来实现解放(emancipation)的目的。

(2) 诠释主义研究

诠释主义研究,也叫诠释性研究,有时在我国也被翻译为释义主义或释义性研究,是一种旨在提高人类对于社会场景中的行动者的语言和行动的理解的研究类型,其目标是发展一种更加全面的对于社会关系的理解。④ 应该说,诠释主义研究和西方社会主要诠释和解释《圣经》条文具体含义的诠释学(hermeneutics)的

---

① Jürgen Habermas, *Knowledge and Human Interest*, trans. Jeremy J. Shapiro, Beacon Press, 1971, p. 308.
② Brian Fay, *Social Theory and Political Practice*, George Allen & Unwin, Ltd., 1975, p. 13.
③ Jay D. White, *Taking Language Seriously: The Narrative Foundations of Public Administration Research* Georgetown University Press, 1999, p. 43.尽管"empirical research"在过去也经常被翻译为"经验研究",以区分于"positivism research"(实证主义研究),但现在二者只是传统的不同,在本质上并无多大区别。而且"empirical research"现在也常常被翻译为"实证研究",故为简化起见,本书将"positivism research"和"empirical research"都统一翻译为"实证研究",不作严格区分。
④ Jay D. White, *Taking Language Seriously: The Narrative Foundations of Public Administration Research* Georgetown University Press, 1999, p. 43.

传统密切相关。"Hermeneutics"一词在我国有"诠释学""解释学""阐释学""释义学"等多种译法,它的词根"hermes"源自希腊语"έρμήνευω",意思是"了解"。一般认为,"hermeneutics"一词作为学术用语诞生于德国,其字面意思是"把隐晦的转换为易懂的"。基于此,哈贝马斯把历史-诠释(the approach of historical-hermeneutic science)作为一种独立的科学研究路径提了出来。但是,在后来英译的过程中,"hermeneutics"一词又往往被翻译成诠释、释义、阐释(interpret)或理解(understand),并因此在英文中进一步产生了诠释社会科学(interpretive social science)和诠释性研究的说法,在我国也有人曾把其分别翻译为解释社会科学或解释性研究。在本书中,虽然我们认为"释义的"或许更能体现"interpretive"的意义,但为了更好地体现这种研究范式或取向和主要强调对《圣经》条文的具体诠释与理解的传统诠释学的联系,我们把"hermeneutics"翻译为"诠释学",同时把"interpretive"翻译为学界使用较多的"诠释的",把"interpretive social science"翻译为"诠释社会科学",把"interpretive research"翻译为"诠释性研究",把"interpretivism research"翻译为"诠释主义研究"。同时需要说明的是,之所以不将"interpretive"翻译为"解释的"是因为"解释"这一概念在中文中不仅使用非常广泛,容易引起歧义,而且,其也常常被看作实证主义研究的一个重要功能,如把"interpretive"翻译为"解释的",则容易与实证主义所强调的"解释"的意义混淆。

(3)实证主义研究

实证主义研究,也就是我们后面所说的实证研究或实证性研究,是当今社会科学研究中的常用类型,它的主要逻辑是描述、解释和预测社会事件与结果,并最终达到控制社会事件的目的。[①] 实证主义取向的研究认为,科学研究就是通过寻求解释性(explanatory)的因果关系以发现规律,并实现对现象的预测和控制。因此,在《公共行政研究的叙事基础》(*Taking Language Seriously: The Narrative Foundations of Public Administration Research*)一书中,怀特就用解释性研究(explanatory research)来指称实证主义的研究路径。[②] 表1.1展示了批判主义、诠释主义和实证主义三种研究取向的对比。

表1.1 批判主义研究、诠释主义研究和实证主义研究的对比

	批判主义研究	诠释主义研究	实证主义研究
哲学传统	当代批判理论和弗洛伊德的精神分析	语言分析哲学、解释学、现象学等	实证主义

[①] 马骏、叶娟丽:《西方公共行政学理论前沿》,中国社会科学出版社2004年版,第16页。
[②] 〔美〕杰·D. 怀特:《公共行政研究的叙事基础》,胡辉华译,中央编译出版社2011年版,第44页。

（续表）

	批判主义研究	诠释主义研究	实证主义研究
科学路径	批判取向	历史-诠释	经验-分析
知识旨趣	解放性认知旨趣	实践的认知旨趣	技术的认知旨趣
逻辑结构	自我反思	诠释循环	演绎、归纳
推理形式	批判性推理	诠释性推理	工具性推理
有效性标准	理论与实践之间的关系	沟通中的互相理解和自我理解	遵守公认的方法论准则
研究目的	揭露虚假意识，改变个体的信仰和价值，实现人的解放和自由发展，改造社会现实	增进对社会环境中的行动者的信念、意义、感受和态度的理解	通过发现变量间的因果关系实现控制自然、社会事件的目的
代表人物	卡尔·马克思	马克斯·韦伯	埃米尔·涂尔干

资料来源：Jürgen Habermas, *Knowledge and Human Interest*, trans. by Jeremy J. Shapiro, Boston: Beacon Press, 1971, p. 308; Jay D. White, *Taking Language Seriously: The Narrative Foundations of Public Administration Research*, Washington DC: Georgetown University Press, 1999, p. 43。

当然，和以上所讲的三种具有严格逻辑性的划分类型不同，这一种划分类型主要是基于研究传统和实际研究情形而总结出来的实用性的或现实版的划分类型。因此，一方面，其优点是揭示了社会科学研究中的三个重要的传统，有利于我们理解这些传统，并在批判继承和发扬这些传统的基础上，更好地推动科学研究前进；另一方面，按照研究传统路径或取向划分的三种研究类型之间，虽然本身也具有从自我反思、诠释循环到演绎、归纳的逻辑结构，也具有从批判性推理、诠释性推理到工具性推理的推理形式转变过程，但这三种类型并未能涵盖从研究路径或取向划分的所有可能的研究类型，而这也就为未来进一步开拓新的研究路径或取向留下了空间。

2. 按照对研究对象的影响分类

按照研究是否对研究对象有影响，可以把研究划分为非介入性研究和介入性研究两种类型。非介入性研究（unobtrusive research）是一种在不影响研究对象的情况下进行研究的方法[①]，包括文献综述或基于文献的研究、内容分析法、历史比

[①] 〔美〕艾尔·巴比：《社会研究方法》（第13版），邱泽奇译，清华大学出版社2020年版，第260页。

较分析或比较历史分析、二次分析法(secondary analysis)、既有统计数据分析法(analyzing existing data)、非参与观察法等。非介入研究方法既有可能是规范的,也有可能是实证的,甚至是混合的;既有可能是定性的,也有可能是定量的,甚至是混合的。

介入性研究(obtrusive research)则是一种在影响研究对象的情况下进行的研究。一般而言,这种研究主要是实证研究。常见的类型有实验与准实验研究、问卷实验法、社会调查法等。当然,如果从定性和定量研究的角度来看,其既可能是定性的,也有可能是定量的,甚至是混合的。

3. 按照研究资料或数据类型分类

按照研究资料或数据类型的不同,首先可以将研究划分为不使用研究资料或数据的研究和使用研究资料或数据的研究。虽然确实也存在完全不使用任何资料或数据的纯粹推理性的研究,但大多数研究还是使用研究资料或数据的研究,无论其资料是何种资料。就使用的资料而言,又可分为规范资料、实证资料和混合资料,故而也可将这些方法划分为基于规范资料的研究(或规范资料研究)、基于实证资料的研究(或实证资料研究)、基于混合资料的研究(或混合资料研究)三种类型;也可以把资料划分为定性和定量两种类型,把研究划分为定性研究、定量研究、定性定量混合研究三种类型。(见图1.1)

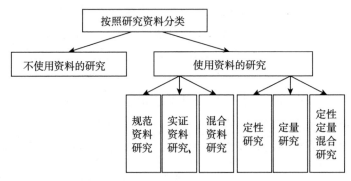

图1.1 按照研究资料类型对研究的分类

4. 按照研究主要推理方式分类

按照研究的主要推理方式进行分类,大致可以将研究分为规范研究(或理论研究)、实证研究(或经验研究)以及混合研究三大类。

如进一步地划分,规范研究又可划分为价值规范研究和科学规范研究两种。价值规范研究之下又可划分为共享价值规范研究或特殊价值规范研究两种主要类型;在科学规范研究之下又可划分为一般规范研究、特殊规范研究和严格形式化的规范研究(形式规范研究或形式研究)三种主要类型。实证研究可分为定性实证研究和定量实证研究两种主要类型,也可以分为非介入性实证研究和介入性实证研究两种类型。混合研究包括规范研究的混合、实证研究的混合以及规范和实证研究的混合三种主要类型。(见图1.2)

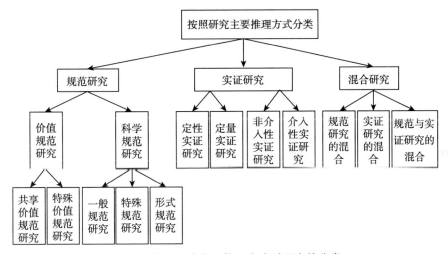

图1.2 按照研究主要推理方式对研究的分类

(1)规范研究

规范研究(normative research)是一种不介入具体实证数据,以一定的价值规范标准(价值规范研究)或公理、公认的科学规则(科学规范研究)等为出发点,以一定的假定或"前置设定"作为基础,在分析时依据事物的内在联系,通过理论、逻辑的演绎推理等来推导结论,判断现实状态和理想状态符合与否、寻求改善措施的研究类型。一般而言,这种研究更有利于基于现有理论、知识、公理、定理、常识和基本事实等提出与以往研究不同的开创性或颠覆性的新主张、新观点、新思想、新范式等,也更有利于基于已有理论、知识、公理、定理、常识等做出新推论或新研究(包括预测)。简言之,就是其更有利于"创新"和"推论"。如果从广义的角度来讲,规范研究又可分为价值规范研究(value normative research)或道德规范研究(moral normative research)和科学规范研究(scientific normative research)两种。价值(道德)规范研究往往基于一些基本的价值(道德)立场或前提,而且依赖特定"价值判断"(value judgement)或"道德判断"(moral judgement)的"价值规范"或"道德规范"。这样的研究往往需要解答**应当是什么**的问题,而实证研究或经验研究需要解答的是"**是什么**"的问题。①

科学规范研究往往基于一些公理或科学的知识或理论前提,而且主要依赖于某种特定的、严密的逻辑推理方式、方法、规则或程序等("科学规范")进行研究。我们这里主要强调的是作为科学研究方法的规范研究,所以这里的"规范研究"则主要是指"科学规范研究";即使规范研究涉及价值或道德分析与判断,抑或直接就是纯粹的价值或道德规范分析,也必须讲求科学规范的、特定的、严密的逻辑推理方式、方法、规则、程序和形式化方法等。而且,好的价值或道德规范研究,除了最初的或者必要的价值或道德立场、前提、判断之外,其他的分析或研究也往往是遵循"科学规范"的。故而,价值规范研究和科学规范研究的主要区别就在于:价值规范研究的前提或判断标准往往是特定的价值或道德立场,而科学规范研究的前提或判断标准则是公理或科学的知识和理论等;至于两者的分析方式、方法、规则或程序则是基本一致的。下面重点介绍科学规范研究的三种基本类型:一般规范研究、特殊规范研究和形式规范研究。

首先,一般规范研究是指依赖系统的逻辑推理、思辨或反思等方式所进行的研究,主要包括理论取向和现实取向两种形式。我国古代的儒家、道家、法家等的一些理论性分析,如果从科学研究的角度来讲,就近似一种理论取向的一般规范研究;现在我们经常看到的一些具有严密逻辑推理、思辨和反思等色彩的宏大的理论性研究,也属于这种类型。而一些缺乏真正的实验、实地调研和可靠数据,仅仅依靠研究者自身思考、反思、逻辑推理演绎等的"问题—现状—原因—对策"式研究,则近似一些现实取向的一般规范研究。这种研究的科学性往往不强,研究价值也值得怀疑,很难将其界定为"科学研究";应用性研究色彩较强,也常常为很多人所采用,能在实际问题的认识和解决中发挥一定的作用。

其次,特殊规范研究相对于一般规范研究而言,虽然仍然是不介入具体实证数据的、主要依赖演绎的研究方法,但在研究对象、研究内容、具体方法、研究程序等方面往往都更为具体化或特殊化,从而形成了自己特定或特殊的规范研究形式,故被称为特殊规范研究。例如,一些批判研究或批判主义研究、诠释主义研究、现象学研究、制度研究等,在不涉及依靠现实数据的实证研究的层面以及纯粹基于价值分析的情况下(如纯粹基于反思和思辨的现象学方法,不包括需要倾听当事人或承受者的心理体验等的实证性现象学方法),都带有很浓的特殊规范研究的色彩。

最后,形式规范研究,又被称为形式理论研究,简称形式研究。和前面两种类

---

① 〔美〕罗伯特·A.达尔、布鲁斯·斯泰恩布里克纳:《现代政治分析》(第六版),吴勇译,中国人民大学出版社2012年版,第168—169页。

型的规范研究不同,这种研究依赖更为严格和严密的形式方法,具有特定的严格的逻辑推理形式,从而具有更强的科学性、逻辑性、精确性和有效性。例如,相对而言,我们现在经常使用的数学建模、博弈论分析等方法就属于形式规范研究。关于这一研究类型,我们将在本书第十二章"规范研究"部分详细介绍。

(2)实证研究

和规范研究不同,实证研究是基于或依赖各种现实数据资料或经验并同时使用归纳或演绎方法进行的研究,因此也常被称为"经验研究"。一般而言,这种研究更有利于基于现实或经验材料发现以前未知的新事实、新规律、新趋势(包括预测)等,也更有利于对基于现有研究得出的各种假设性理论进行检验(包括证实或证伪)。简言之,就是其更有利于进行"发现"或"检验"。在实证研究内部,又可以从不同维度对其进行进一步的划分。首先,任何事物乃至数据资料等都具有"质"(含义、类型、特征等较为粗疏、模糊甚至大概的属性化表示)和"量"(程度、多少、大小等更具体、细分和精确的数量化表示)两个方面,因此在科学研究中,尤其在社会科学研究中,又常将实证研究划分为定性实证研究和定量实证研究两种类型。其次,按照研究是否影响研究对象的情况将实证研究划分为两种类型:非介入性实证研究和介入性实证研究。另外,需要说明的是,混合研究也可以是非介入性研究和介入性研究的混合,但混合研究最初讲得比较多的是定性研究和定量研究的混合,在理解了这一混合研究后也就比较容易理解非介入性研究和介入性研究的混合,故后面不再进行专门讨论。

定性实证研究(qualitative empirical research),也常被简称为定性研究、质性研究、质的研究或质化研究(qualitative research),是主要依赖定性化或属性化数据资料(或经验)进行研究的一种实证研究方法。与定量研究一样(见表1.2),定性研究也是一种基于或依赖各种现实数据资料(或经验)进行的研究,因此它首先也是一种"实证研究"或"经验研究",但是一种更强调"人文主义"的实证主义;和定量研究主要依靠可以更具体、细分和精确的数量化数据资料进行研究不同,它主要依靠较为粗疏、模糊甚至大概的属性化数据进行研究。因此,与定量研究相比,除了数据的定性化或属性化(Ⅰ)之外,定性研究往往更多地依赖归纳逻辑(Ⅱ),研究的人文主义传统(Ⅲ),自然环境而非人工控制环境中的研究(Ⅳ),实地研究方式(Ⅴ),参与和非参与式观察、深度和开放式访谈、实物收集等数据收集方法(Ⅵ),研究者个人的独特体验、能力、经验、价值判断及带有科学精神的人文关怀等(或研究者本身也是研究工具)(Ⅶ),文字描述和阐释(Ⅷ),研究者对研究对象或问题的内在规定性、含义、属性、特征、意义、隐喻、象征等的深描和独特理解(Ⅸ),研究者与研究对象之间的持续性互动甚至相互理解(Ⅹ),研究者的主观性判断(Ⅺ),对研究问题、过程和结果等的持续开放性(Ⅻ),并最终期待能从特殊或典型情境中归纳出带有一般性或多少带有一般性,或最起码具有某种重要独特性的研究结论(XIII),更有利于深入理解社会现象(XIV),有利于进行理论建构(XV)。当然,如根据不同的划分维度,亦可将定性研究进一步划分为各种不同的种类。这些我们将在本书第十三章"定性实证研究"部分进行详细介绍。

表1.2 定量研究与定性研究的比较

		定性研究	定量研究
相同点	资料依赖	数据资料	数据资料
	研究属性	实证研究	实证研究
不同点	数据类型(Ⅰ)	定性化或属性化数据	定量化或数量化数据
	逻辑过程(Ⅱ)	归纳法	演绎法和归纳法的交错使用
	研究传统(Ⅲ)	人文主义	科学主义
	研究环境(Ⅳ)	自然环境	自然或人工控制环境
	研究方式(Ⅴ)	实地研究	实验、调查
	资料收集方式(Ⅵ)	参与和非参与式观察、深度和开放式访谈、实物收集等	量表、问卷、结构观察等
	研究者角色(Ⅶ)	研究者个人的独特体验、能力、经验、价值判断、人文关怀等	研究者价值中立并排除研究者个人的主观影响
	分析方法(Ⅷ)	文字描述和阐释	统计分析
	对研究对象的描述(Ⅸ)	内在规定性、含义、属性、特征、意义、隐喻、象征等的深描和独特理解	数量关系的客观观察、描述、计算、统计和解释
	与研究对象的关系(Ⅹ)	持续性互动	相互独立
	研究的整体特征(Ⅺ)	主观	客观
	研究问题、过程和结果的特征(Ⅻ)	持续开放性	一致性、客观性、严谨性和严密性
	研究结论的特征(XIII)	相对一般性、重要独特性	更具一般性
	研究目标(XIV)	深入理解社会现象	确定变量间的相关关系和因果关系
	理论功能(XV)	理论建构	理论检验

资料来源:参考陈向明:《质的研究方法与社会科学研究》,教育科学出版社2000年版,第12页;风笑天:《社会研究方法》(第五版),中国人民大学出版社2018年版,第13页,作者自制。

第一章 科学研究的重要性、定义和分类

定量实证研究(quantitative empirical research),也常被简称为定量研究或量化研究(quantitative research),是主要依赖定量化数据资料或经验进行研究的一种实证研究方法。与定性研究一样,定量研究也是一种基于或依赖各种现实数据资料或经验的研究,因此它也首先是一种"实证研究"或"经验研究"。但和定性研究主要依靠属性化数据进行研究不同,它主要依靠的是定量化或数量化数据资料进行研究。因此,与定性研究相比,除了数据的定量化或数量化之外(Ⅰ),定量研究往往更多地依赖演绎和归纳逻辑的交错使用①(Ⅱ),研究的科学主义传统(Ⅲ),自然环境(如基于观察的定量研究)和人工控制环境(如基于实验的定量研究)交错使用的研究(Ⅳ),实验和调查方法(Ⅴ),量表、问卷、结构观察等数据收集方法(Ⅵ),研究者的价值中立并尽量排除研究者个人的主观影响(Ⅶ),统计分析(Ⅷ),对研究对象或问题的数量关系的客观观察、描述、计算、统计和解释(Ⅸ),研究者和研究对象之间的相互独立性(Ⅹ),研究者的客观判断(Ⅺ),研究问题、过程和结果的一致性、客观性、严谨性和严密性(Ⅻ),并期待最终能够从数量相对较多的个案数据(就研究的具体变量而言,而不是研究的具体领域、地域而言,如可以研究一个城市的多个人的受教育水平,则这里指的是有关个人的受教育水平这一变量的个案数据)中总结归纳出更具一般性的研究结论(ⅩⅢ),并更有利于确定变量间的相关关系和因果关系(ⅩⅣ),且有利于进行理论检验(ⅩⅤ)。自然,就定量研究自身而言,它也可以根据不同的维度划分为很多种更为具体的类型。这些我们将在本书第十四章"定量实证研究"部分进行详细介绍。

此外,定性和定量研究方法的划分也不是绝对的,而是相对的。首先,如果将绝对和纯粹的定性和定量置于两端,则中间其实是一个从绝对定性最后到绝对定量的连续谱,自然也具有各种中间类型。其次,由于定性和定量数据在特定的条件下,通过特定的方式又都是可以相互转换的,因此而言,某些定性和定量研究的内容事实上在特定的条件下也是可以相互转换的。再次,就任何的实际研究而言,或者从其他角度划分的研究类型而言,很多研究都同时具有某些定性或定量研究的特征或成分,因此很难说其就是完全的定性和定量研究。最后,实际中的很多研究是有意识地将定量和定性混合的研究,而这些研究自然会同时使用定性和定量方法,并同时具有定性和定量研究的特征。

---

① 一般而言,纯统计学方法、定量研究中基于现有研究或理论提出的研究假设等,大多遵循演绎逻辑;但是,描述性统计分析、应用性研究使用的统计方法、从统计分析到统计结论或理论性总结、大数据方法等,一般遵循归纳逻辑。有关这一现象的解释,在华莱士(Walter L. Wallace)所提出的"科学环"中有所体现(参见本书第三章)。

(3) 混合研究

所谓混合研究(mixed research),就是相对于其他较为纯粹类型的研究来说,按照某些特定规则,同时使用了两种或两种以上类型研究方法的研究。例如,就一项规范研究而言,它可能同时使用了两种或两种以上不同具体规范方法(如批判研究和博弈分析)的研究,这样的研究就是规范研究内部的混合,可以简称"规范研究的混合";也可能同时使用了两种或两种以上不同具体实证方法(如定性和定量,乃至更具体的深入访谈和问卷调查)的研究,这样的研究就是实证研究内部的混合,可以简称"实证研究的混合";也可能同时使用了两种或两种以上不同规范和实证方法的研究(如先采用规范研究进行理论建构,然后使用实证研究进行理论检验),这样的研究就是"规范研究和实证研究的混合"。当然,这些不同类型的混合研究,也可以根据不同的维度划分为很多种更为具体的类型。这些我们将在本书第十五章"混合研究"部分进行详细介绍。

由于不同的研究方法都有其优势和劣势,也有其适宜研究的不同类型问题,这就为配合或混合使用各种不同类型的方法,以更好地解决问题或解决更为复杂的问题提供了可能。但是,混合方法本身也有其自身的问题,有其优势和劣势。

5. 按照研究问题的性质分类

根据研究内容问题的性质的不同,可将科学研究划分为基础性研究(basic research)、应用性研究(applied research)和应用基础研究(applied basic research)三类。①

基础性研究指的是那些侧重于建立或验证理论、增进特定的自然和社会世界基本知识的研究。② 这类研究力图描述、理解和解释自然和社会世界(或其中某一部分)是如何运转和相互联系的,各种事物或现象又是如何发生、发展和变化的。它不以任何专门的应用为目的,而是具有明显的理论倾向,侧重于发现事物或现象的基本原理和运作规律。基础性研究大都聚焦于探索现象之间的因果关系,解释现象的本质,揭示事物运动的规律,或者提出和验证各种设想、理论或定律。研究结果通常具有一般的或普遍的正确性,成果通常表现为一般的原则、理论或规律。③

---

① 〔美〕劳伦斯·纽曼:《社会研究方法:定性和定量的取向》(第7版),郝大海译,中国人民大学出版社2021年版,第25—27页;李大东、何鸣元:《从应用基础研究到应用研究》,《世界科技研究与发展》1998年第2期,第18—20页。

② 〔美〕劳伦斯·纽曼:《社会研究方法:定性和定量的取向》(第7版),郝大海译,中国人民大学出版社2021年版,第25页。

③ Uma Sekaran and Roger Bougie, *Research Methods For Business: A Skill Building Approach*, Wiley, 2016, p. 7.

第一章　科学研究的重要性、定义和分类

应用性研究指的是那些侧重于现实自然和社会问题、提出特定的对策和政策的研究,包括自然和社会状况研究、问题研究、对策和政策研究、影响评估研究等。① 此类研究的思维逻辑是"理论—经验—对策",通常采用描述性的方法,关注自然和社会现实问题,为解决实际问题提供科学依据。研究结果一般针对具体的领域、问题或情况,影响的范围相对有限。

应用基础研究,顾名思义,兼具基础性和应用性,是指针对特定领域的问题或目标,以获取应用原理性知识成果为目的的独创性研究。② 应用基础研究有两个关键要素:一是研究方向比较明确;二是其研究成果能够产生应用或工作技术等方面的重大突破,即能够在较短时间内转换为实际应用成果。同时,应用性研究中的理论研究部分也归属于应用基础研究。

基础性研究与应用性研究可用于研究同一种自然或社会现象,二者的主要区别体现在研究目的:基础性研究是为了认识现象,获取关于现象和事实的基本原理知识,不考虑直接的应用。③ 也正是因为基础性研究没有特定的应用目标,所以在研究过程中,研究者对其成果的实际应用前景如何并不清楚。与之相反,应用性研究在获得知识的过程中具有特定的应用目的,这种应用目的或是发展基础研究成果、确定其可能用途,或是为达到具体的、预定的目标确定应采取的新的方法和途径。两者的具体区别详见表1.3。

表1.3　基础性研究与应用性研究的比较

	基础性研究	应用性研究
研究评价者	基础性研究本身就令人满足,并由其他的科学家来评价	研究是工作的一部分,由科学界之外的赞助者来评价
研究者的自主性	研究者有极大的自由来选择研究的问题和主题	研究问题被"严格限制"在赞助者的需要之内
评价标准与规范	对于研究的判断是根据绝对严谨的科学规范,并追求最高的学术标准	学术的严谨与标准取决于研究结果的用处;研究可能是"草率简陋"的,也可能符合很高的学术标准

---

① 〔美〕劳伦斯·纽曼:《社会研究方法:定性和定量的取向》(第7版),郝大海译,中国人民大学出版社2021年版,第26页。
② 计承宜:《关于应用基础研究概念的剖析》,《中国科学基金》1991年第1期,第47页。
③ Peter H. Rossi, James D. Wright and Sonia R. Wright, "The Theory and Practice of Applied Social Research," *Evaluation Quarterly*, Vol. 2, No. 2, 1978, pp. 171–191.

(续表)

	基础性研究	应用性研究
研究的主要关切	主要关心的是研究设计的内在逻辑与严谨程度	主要关心的是能够把研究发现类推到赞助者感兴趣的领域
驱动目标	驱动目标是希望能对基本理论和知识有所贡献	驱动目标是使研究结果有实际的回报或获得采纳
成功标准	成功在于研究结果被刊登在学术期刊上,并对其他研究者产生影响	成功在于研究结果被赞助者用到决策制定中

资料来源:改编自〔美〕劳伦斯·纽曼:《社会研究方法:定性和定量的取向》(第7版),郝大海译,中国人民大学出版社2021年版,第27页。

6. 按照研究功能或目的分类

按照科学研究的不同功能或目的,研究者也经常将研究划分为三种类型:探索性研究、描述性研究和解释性研究。[①] 一般而言,从探索性研究到描述性研究,再到解释性研究,研究者对研究领域的了解程度、研究目标的清晰程度逐渐提高。

(1)探索性研究

探索性研究(exploratory research)就是研究者对一个大家尚不熟悉的领域进行探索和研究,目的是希望对该领域有所了解,为日后更为周密、深入的研究提供基础和方向。[②] 探索性研究通常作为自然和社会研究系统的第一步,也是至关重要的一步而存在。探索性研究鲜少会得到确证性答案,这类研究只能回答"是什么",而且研究过程也很难执行,因为几乎没有任何可供遵循的先导性知识,只能由研究者自己摸索。[③] 整个研究过程随时可能发生改变,所以需要研究者具有创造性的想法,并且灵活地做出调整,只有这样才能在探索性研究中得到更多有用的信息。适用探索性研究的情况是:某些研究问题缺乏前人研究经验,研究者对各变量之间的关系也不大清楚,又缺乏理论根据,这种情况下进行精细的研究,会出现顾此失彼或以偏概全的问题,并且浪费时间、经费与人力等。参与式观察、无结构式访谈、查阅文献、个案分析等各种具体的数据收集和研究方法都属于探索性研究中可能用到的方法。

---

① 〔美〕劳伦斯·纽曼:《社会研究方法:定性和定量的取向》(第7版),郝大海译,中国人民大学出版社2021年版,第35—37页。
② 同上书,第36页。
③ 〔美〕艾尔·巴比:《社会研究方法》(第13版),邱泽奇译,清华大学出版社2020年版,第83页。

第一章 科学研究的重要性、定义和分类

（2）描述性研究

描述性研究（descriptive research），也称叙述性研究，以客观准确地描述总体或现象的特征或全貌为目的，其任务是收集资料、发现情况、提供信息，从杂乱的现象中描述出主要的规律和特征，其研究的重点不在于理解为什么会存在这样的规律、特征或分布状况，而是对此进行准确的概括。[①] 描述性研究一般是有计划、有目的、有方向和有较详细提纲的研究。在现实的研究情境中，描述性研究的资料收集方法主要采用以封闭式问题为主的问卷调查方法，并采用描述性统计方法处理资料数据，得出以数字为主的各种结果，将其推论到总体，即用研究的样本资料说明总体的情况。一般而言，描述性研究具有以下优点：

① 描述性研究只需要有初步的设想，不需要有明确的假设，所以研究者不受研究假设的影响，完全可以在实际研究过程中，逐步完善之前的设想；

② 其适用的范围较广，不仅适用于应用性研究课题，而且适用于基础性的研究课题；

③ 可以全面、准确地描述研究对象，除提供有关现实的资料外，还能够分析自然或社会现象的属性及其相互关系，发现一些新的现象和问题。

（3）解释性研究

解释性研究（explanatory research），也称因果性研究、释因性研究，顾名思义，就是阐释自然或社会现象的原因，预测事物的发展趋势或后果，发掘现象之间的因果关系，从而对现象的产生和变化的原因进行解释的研究。[②] 这类研究主要用来探索某种假设与条件因素之间的因果关系，研究前需要先建立假设，并通过假设来检验逻辑。因此，在进行解释性研究前，研究者需要先建立起研究的理论框架，提出明确的研究假设，并结合这些研究假设建构因果模型。当然，因果模型和因果关系的建构较为复杂，存在一因一果、一因多果、多因一果、多因多果等多种情况。但是，无论哪种情况，都主要通过以下三种方式来建立：

① 根据某些理论和实际经验列出现象的原因或结果，来建立多因一果或者一因多果模型；

② 通过对自变量、因变量与其他变量之间关系的深入分析，来建立因果模型；

③ 通过对变量间作用机制的深入分析，来建立因果模型。

在解释性研究中，当建立了因果模型后，就可以根据因果模型来设计研究，并

---

① 〔美〕劳伦斯·纽曼：《社会研究入门：如何理解我们的日常社会生活》（第3版），刘佳昕译，九州出版社2021年版，第20页。

② 同上。

通过收集相关资料和数据对模型进行验证。而且,解释性研究多用于对理论的检验。

(三)研究分类的理想性、实际研究的交叉性和本书的安排

上述六种分类维度下的不同方法的划分还有两个最基本的特点:第一个是理想性,也就是说所有这六种分类维度之下划分的类型都是相对而言的理想性的划分,实际的方法并没有那么明显的区分;第二个是交叉性,这不仅是说这六种分类维度划分下的不同方法在其内部有可能存在相互交叉、重叠的情况,而且就是这六种分类维度也存在跨划分类型或划分标准的交叉性,例如,规范研究、实证研究、混合研究的划分既可能和基础性研究、应用性研究、应用基础研究的划分有交叉,与探索性研究、描述性研究和解释性研究的划分有交叉,也与批判主义研究、诠释主义研究和实证主义研究的划分有交叉。这种不同分类标准和根据其分类标准而划分的各种不同方法类型出现的原因是,它们各自适应了对科学研究理解和实践的需要,也都有各自的独特优势和作用。总之,所有从不同维度出发的对研究类型的划分都是相对而言的,不能绝对化;没有任何一种维度的划分可以解决人们认识研究方法类型的所有问题,所以多种分类方法的并存不仅是现实合理的,而且是有益的。

由于本书是关于研究方法的基本教材,因此在后面的介绍中,将按照主要推理方式划分的不同研究类型展开,并把这些类型看作是研究方法的基础类型(有的书将其看作研究方式①)。这主要表现在本书第四编"基础研究方法综论",主要讨论四种基础研究方法,即规范研究、定性实证研究、定量实证研究、混合研究。

关键术语

逻辑	推理	演绎	归纳
科学	科学研究	批判主义研究	诠释主义研究
实证主义研究	非介入性研究	介入性研究	规范研究
价值规范研究	科学规范研究	实证研究	定性实证研究
定量实证研究	混合研究	基础性研究	应用性研究
应用基础研究	探索性研究	描述性研究	解释性研究

---

① 风笑天:《社会研究方法》(第五版),中国人民大学出版社2018年版,第10页。

思考题

1. 人们获取知识的主要途径有哪些?
2. 相对于其他知识获取途径,科学研究的重要性表现在哪些方面?
3. 什么是科学?什么是科学研究?
4. 可以从哪些维度出发对科学研究进行分类?从这些维度出发划分的科学研究的主要类型又有哪些?
5. 规范研究、实证研究和混合研究的区别是什么?
6. 定性研究和定量研究的相同点和不同点分别是什么?
7. 为什么说定性和定量研究类型的划分是相对的,而不是绝对的?

延伸阅读

陈晓萍、沈伟主编:《组织与管理研究的实证方法》(第三版),北京大学出版社2018年版,第一章。

〔法〕迪尔凯姆:《社会学研究方法论》,胡伟译,华夏出版社1988年版。

〔加拿大〕基思·斯坦诺维奇:《对"伪心理学"说不》,窦东徽、刘肖岑译,人民邮电出版社2012年版。

〔德〕马克斯·韦伯:《社会科学方法论》,李秋零、田薇译,中国人民大学出版社1999年版。

袁方主编:《社会研究方法教程》(重排本),北京大学出版社2013年版,第一章。

经典举例

〔英〕达尔文:《物种起源》,周建人等译,商务印书馆1995年版。

查尔斯·罗伯特·达尔文(Charles Robert Darwin, 1809—1882)是英国著名生物学家、博物学家和进化论的奠基人。达尔文于1859年发表了科学巨著《物种起源》。在书中,达尔文基于古生物学、生物学、地理学等领域翔实的研究资料,通过归纳总结,并在严密的逻辑推理的基础上,第一次提出了进化论的思想。进化论认为,自然界的生物不是由神创造的,也不是一成不变的,而是经由遗传、变异、自然选择的过程,由低级到高级逐步发展变化的。而且,这种变化是不断地自然斗争的结果,也就是我们所熟知的"物竞天择,适者生存"。

全书共十五章,大致包含了三个部分的内容。在第一部分,达尔文在对变异(包括家养状况和自然状况下的变异)、生存斗争、自然选择等方面进行介绍的基础上,系统性提出自然选择学说。第二部分则对自然选择学说可能面临的质疑和挑战进行了解释。在最后一个部分,达尔文进一步论证了进化论思想,利用进化论解释了地质记录、地质演替、地理分布、胚胎发育等方面的生物学现象。

进化论的提出对科学进程的发展起到了深远的影响。它推翻了"神创论""目的论"和"物种不变论",并对生物的起源和发展进行了规律性的解释,引起了生物学,甚至整个人类思想的重大革命,凸显了科学研究的巨大作用。

第二章 科学研究的方法论哲学和发展路径

本章要点

- 方法论自然主义、早期实证主义、实用主义、逻辑实证主义、结构主义、后实证主义等在科学发展问题上的核心观点；
- 波普尔的"证伪"思想以及"猜想与反驳"方法；
- 库恩的"范式"概念以及"科学革命"思想；
- 拉卡托斯的"科学研究纲领方法论"思想；
- 法伊尔阿本德的"无政府主义知识论"的核心内涵。

一、导　言

任何学科和方法背后都有其理论或哲学思想作为支撑，科学研究方法自然也不例外。因此，学习科学研究方法也绕不开方法论背后的哲学基础，即科学哲学。了解一点科学哲学，不仅可以帮助我们更好地理解科学和科学研究、理解科学研究的方法和其背后的更深层的逻辑或理论解释，而且也有助于我们自身更好地应用方法、进行实际的科学研究和理论创新，或者进行方法论和方法方面的研究和创新。

科学哲学关注科学本身的意义、方法、结构与知识增长等方面的哲学解释。虽然它源远流长，但其作为一个独立学科存在的历史并不长。一般而言，现代科学哲学讨论的话题，大都可以追溯到近代经验论和唯理论的分野，甚至可以从古希腊时期的哲学观点中找到影子。例如，以培根、洛克等为代表的英国经验论者重视经验的作用，重视归纳的方法；经过休谟的扬弃，后来发展为以孔德和密尔为代表的实证主义。而以笛卡尔和斯宾诺莎等为代表的欧陆唯理论者则重视人类理性的作用，重视演绎的方法，并经过休谟的否定以及康德的修正发展至今。可以说，这两条主线贯穿着科学哲学的发展过程，其在本体论、认识论与方法论等诸多领域都存在着不少分歧。但是，也恰是这些分歧进一步催生了方法论的自然主义、实证主义、结构主义、实用主义等不同的科学哲学流派，并对科学及科学研究方法的发展和演变起了重要作用。本章将对影响科学发展的方法论哲学的几个主要流派进行简要介绍,并对几种有关科学发展路径的学说及其代表性人物和观点进行说明。

当然,也必须指出的是:无论是方法论哲学,还是有关科学发展路径的学说,这里都只是简单介绍了一些主要的流派或学说,并不是完备的;而且,它们必然会不断发展和演变,不仅为人类持续推动科学研究的发展不断地提供新的方法论哲学或新的对科学发展路径理解的学说,而且为研究者们进行科学研究的创造和创新提供无限可能。

二、影响科学发展的方法论哲学的主要流派

社会学家涂尔干(Émile Durkheim)指出:"一门科学的产生,必须有它的特殊对象,以及研究这种对象的特殊方法。如果一门科学没有它自己专门的研究对象,就没有必要也不可能产生和发展;如果没有自己专门的研究方法,这门科学至少可以说还未真正建立起来,或者说只能依附其他学科。"[①]这就是说,任何科学的建立需要有自己的研究对象和研究方法。但是,研究者们基于对科学研究对象及研究方法的不同认识,却形成了不同的哲学流派。每一个流派都基于对本体论、认识论和方法论的不同观点发展、演变而来,其中,"'本体论'是关于'世界是什么'的讨论或假设,'认识论'是关于'人能否认识世界'的讨论或假设,而'方法论'则讨论'人如何认识世界'的方法"[②]。下面我们将按照时间顺序对影响科学发展的方法论哲学的流派进行简要介绍。[③]

(一)方法论自然主义

肇始于文艺复兴时期的方法论自然主义是影响科学发展的最早的哲学流派,在这一时期,"科学研究与经院哲学的诠释在方法论上分家"是摆在研究者面前的关键问题。[④] 伽利略的方法论自然主义(methodological naturalism)思想弥合了二者之间的分歧。方法论自然主义者大都认为现实世界的发展及演变顺应着自

---

① 〔法〕迪尔凯姆:《社会学研究方法论》,胡伟译,华夏出版社1988年版,第2页。
② 罗胜强、姜嬿:《管理学问卷调查研究方法》,重庆大学出版社2014年版,第4页。
③ 以下内容主要参考罗胜强、姜嬿:《管理学问卷调查研究方法》,重庆大学出版社2014年版,第4—6页;〔美〕艾尔·巴比:《社会研究方法》,邱泽奇译,清华大学出版社2020年版,第53—59、294—295页;袁方主编:《社会研究方法教程》(重排本),北京大学出版社2013年版,第24—30页。
④ 蔡仲:《方法论自然主义能消除科学与宗教之间的冲突吗?》,《自然辩证法研究》2010年第5期,第75页。

然规律,且这种自然规律是可以被认识和理解的。① 基于此,方法论自然主义区分了科学和宗教,并划定了科学研究的边界,认为科学研究对象只能是自然社会中的存在,而不涉及形而上的超自然存在以及终极真理,如上帝就不属于科学研究对象。也就是说,在方法论自然主义看来,科学家不仅"应该相信那些显示出来的现象"②,而且应该"自然地"进行观察、"自然地"收集资料,并"自然地"报告"现实"③。

社会科学研究中的方法论自然主义起始于 20 世纪三四十年代的"芝加哥学派"。其最早且最著名的一个研究就是怀特(William Foote Whyte)1943 年出版的《街角社会:一个意大利人贫民区的社会结构》(Street Corner Society: The Social Sturcture of an Italian Slum)。方法论自然主义为界定社会科学的研究范围起了积极的作用,也是定性研究的一个古老传统。④

(二) 早期实证主义

实证主义是影响社会科学及科学研究方法的核心哲学流派之一,"不仅在理论上对'什么是科学'作了系统论述,而且在方法论、研究程序、研究方法上也作了具体规范性的要求"⑤。实证主义的哲学基础是自然主义精神。在实证主义研究者看来,社会科学与自然科学并不存在本质上的差别,自然科学的研究方法同样可以应用于社会科学之中,通过可重复性的观察、经验概括等方式得出研究结论。⑥ 实证主义哲学先后经历了以孔德为代表的早期实证主义(也被称为经典实证主义)、以维也纳学派为代表的逻辑实证主义、以波普尔为代表的后实证主义三个发展阶段。⑦

法国哲学家孔德(Auguste Comte)是早期实证主义的代表性人物,也是实证主义哲学与社会学的奠基人。在孔德提出社会学的概念与实证精神之前,社会现象与社会本身更多地被视为一种"既成事实",宗教信仰与形而上的哲学范式是解

---

① 蔡仲:《方法论自然主义能消除科学与宗教之间的冲突吗?》,《自然辩证法研究》2010 年第 5 期,第 75 页。
② 〔美〕拉里·克里斯滕森、伯克·约翰逊、莉萨·特纳:《研究方法、设计与分析》(第 11 版),赵迎春译,商务印书馆 2018 年版,第 9 页。
③ 〔美〕艾尔·巴比:《社会研究方法》(第 13 版),邱泽奇译,清华大学出版社 2020 年版,第 294 页。
④ 同上。
⑤ 〔美〕沃野:《论实证主义及其方法论的变化和发展》,《学术研究》1998 年第 7 期,第 32 页。
⑥ 阙祥才:《实证主义研究方法的历史演变》,《求索》2016 年第 4 期,第 71 页。
⑦ 同上。

释社会变迁的线索和钥匙。① 1838年,他在《实证哲学教程》(*The Positive Philosophy*)中正式提出了"社会学"概念,并系统阐述了社会学的研究对象、目标与意义,将观察、实验、比较、历史分析等方法引入了社会科学研究中,确立了实证主义的研究取向。② 孔德将社会独立于宗教与哲学之外,以科学的实证方法,而非信仰和哲学逻辑来理解与解释社会现实。③ 所谓"实证",与信仰、哲学等相比,意味着真实性、有用性、确定性与准确性。④ 实证精神的核心内涵,即"对自然界和人类社会作审慎缜密的考察,以实证的真实的事实为依据,找出其发展规律"⑤。

孔德将社会的演变分为神学、形而上学与实证三个发展阶段。⑥ 在实证阶段,科学与科学研究的任务并非给出自然和社会现象产生的终极原因,而是基于经验事实揭示自然与社会现象"是什么"及其背后的规律或法则。⑦ 从科学发展的角度来看,如果说方法论的自然主义区分了科学与宗教,那么实证主义则是将自然科学的研究方法应用于社会科学研究中,在社会学中实现了对宗教与形而上的哲学观念的"祛魅"过程。

(三)实用主义

19世纪70年代,美国哲学家皮尔斯(Charles Sanders Peirce)开创了实用主义(pragmatism)哲学,经由詹姆士(William James)、杜威(John Dewey)等的发展,成为20世纪影响美国科学研究及科学方法的重要哲学流派。⑧ "Pragmatism"一词由希腊语"πράγμα"(行动)衍生而来。可见,实用主义哲学在产生之初就与行动密不可分。在方法论上,实用主义者将科学研究视为指导未来行动的实际工具,而非对问题的终极解答。⑨

实用主义哲学强调知识和观念的"有用性",詹姆士在《实用主义:某些旧思想方法的新名称》(*Pragmatism: A New Name for Some Old Ways of Thinking*)中指

---

① 〔美〕艾尔·巴比:《社会研究方法》(第13版),邱泽奇译,清华大学出版社2020年版,第53页。
② 袁方主编:《社会研究方法教程》(重排本),北京大学出版社2013年版,第25页。
③ 〔美〕艾尔·巴比:《社会研究方法》(第13版),邱泽奇译,清华大学出版社2020年版,第54页。
④ 〔法〕奥古斯特·孔德:《论实证精神》,黄建华译,商务印书馆1996年版,出版说明第1页。
⑤ 同上书,出版说明第2页。
⑥ 〔英〕伯特兰·罗素:《哲学简史》,伯庸译,台海出版社2017年版,第310页。
⑦ 〔美〕沃野:《论实证主义及其方法论的变化和发展》,《学术研究》1998年第7期,第33页。
⑧ 罗胜强、姜嬿:《管理学问卷调查研究方法》,重庆大学出版社2014年版,第6页。
⑨ 〔英〕伯特兰·罗素:《哲学简史》,伯庸译,台海出版社2017年版,第315页。

出,"一个观念,只要我们相信它对我们的生活是有益的,那么它就是'真的'"①。同样地,在科学研究及科学方法上,实用主义并不认为存在唯一的适用方法或绝对标准,"实用主义愿意采纳任何东西,既遵从逻辑,也遵从感觉,并且重视最卑微、最具个人性质的经验。要是神秘经验有实际的效果,它也愿意重视神秘经验"②,实用主义者接受或拒绝某一命题或真理的关键在于其所能带来的实际利益或实际价值。

（四）逻辑实证主义

伴随着西方哲学与社会科学研究中的"语言学转向"(linguistic turn),实证主义哲学也从经典实证主义逐渐过渡到逻辑实证主义的新形态。③ 逻辑实证主义(logical empiricism),也叫逻辑经验主义,最早见于第一次世界大战期间,兴起于20世纪30年代到50年代,包括以石里克(Moritz Schlick)为代表的维也纳学派,以及以赖欣巴哈(Hans Reichenbach)为代表的柏林学派。

逻辑实证主义与早期实证主义在认识论上都坚持经验主义原则,即主张"知识来自对可感现象界的认识,任何知识的产生都应完全归于可证实的经验",二者的主要区别在于逻辑实证主义在经验主义认识论之外,同时强调了对"概念意义的逻辑分析"④。所谓逻辑分析,是指在科学研究过程中所提出的命题或假设在逻辑上具有可观察性,能够被经验事实所证实。⑤ 有学者总结了方法论上逻辑实证主义的四个特点:①注重"科学语言的逻辑分析";②坚持经验主义认识论;③注重归纳方法;④强调科学研究与科学方法在获取知识上的逻辑性与客观性的统一。⑥ 虽然逻辑实证主义在哲学上的影响力日渐式微,但逻辑与实证两种方法至今仍然对科学研究与科学方法产生着深刻影响。⑦

（五）结构主义

严格意义上来说,结构主义(structuralism)并不是一个统一的哲学派别,而更

---

① 〔美〕威廉·詹姆士:《实用主义:某些旧思想方法的新名称》,李步楼译,商务印书馆2011年版,第44页。
② 同上书,第47页。
③ 阙祥才:《实证主义研究方法的历史演变》,《求索》2016年第4期,第73页。
④ 〔美〕沃野:《论实证主义及其方法论的变化和发展》,《学术研究》1998年第7期,第34页。
⑤ 同上。
⑥ 阙祥才:《实证主义研究方法的历史演变》,《求索》2016年第4期,第73—74页。
⑦ 罗胜强、姜嬿:《管理学问卷调查研究方法》,重庆大学出版社2014年版,第5页。

像是一种研究方法。结构主义首先兴起于语言学领域,索绪尔(Ferdinand de Saussure)的《普通语言学教程》(Cours de linguistique générale)被视为语言学的"哥白尼革命"①,其中所提到的共识性(synchronic)与历时性(diachronic)原则、语言(langue)与言语(parole)等观点深刻影响着现代语言学的发展,并奠定了结构主义方法论的基础,此后经过列维—斯特劳斯(Claude Levi-Strauss)的发展逐渐在人文学科中产生影响。② 自20世纪50年代起,学者基于对方法论的共识形成了一股结构主义的哲学思潮,广泛影响着西方人文及社会科学,尤其是文化学、心理学、语言学及社会学研究的发展。③

结构主义的认识论基础与实证主义存在明显差别。结构主义认为,经由感官所了解到的自然和社会现象只是表面的,而非真实的事实,隐藏在表面现象背后的深层次结构才是科学家应该了解的真实知识。④ 语言学家瑞克森·吉布森将结构主义方法论的基本原则及主要特征归结为以下五个方面⑤:

一是,强调研究对象的整体性(wholeness)。结构主义研究者认为自然和社会现象都是复杂的统一体,因此无法片面地对某一部分或某个方面进行解释,对于部分的理解需要放在整体中进行。⑥

二是,注重关系(relationship)。这种关系既包括研究中整体与部分的关系,也包括研究对象与外部世界的关系性。

三是,对主体的消解(decentering the subject)。对主体的消解基于结构主义对整体性及关系性的强调。结构主义认为,在社会科学研究中,研究者对"人"的本质的探索并不是通过直接研究人类自身,而是研究"与人类有种种关系总和的整体"⑦。正如马克思认为的,"人的本质是一切社会关系的总和"⑧。因此,结构主义研究更加关注基于人及其关系所组成的整体,整体一旦建立,人在研究中的主体性意义便让位于整体。

四是,强调结构的自我调节(self-regulation)与自适应。自我调节是指系统内

---

① R. H. Robins, *A Short History of Linguistics*, Longman, 1997, p. 220.
② 熊兵:《美国结构主义语言学:回顾与反思》,《外语与外语教学》2003年第8期,第50页。
③ 〔美〕沃野:《结构主义及其方法论》,《学术研究》1996年第12期,第35—40页。
④ 罗胜强、姜嬿:《管理学问卷调查研究方法》,重庆大学出版社2014年版,第5页。
⑤ Rex Gibson, *Structuralism and Education*, Hodder and Stoughton, 1984. 转引自:Eric Hoyle, "Structuralism and Education by Rex Gibson," *British Journal of Educational Studies*, Vol. 33, No. 2, 1985, p. 183.
⑥ 罗胜强、姜嬿:《管理学问卷调查研究方法》,重庆大学出版社2014年版,第5页。
⑦ 〔美〕沃野:《结构主义及其方法论》,《学术研究》1996年第12期,第36页。
⑧ 《马克思恩格斯选集》(第一卷),人民出版社1995年版,第56页。原文为:"费尔巴哈把宗教的本质归结于人的本质。但是,人的本质不是单个人所固有的抽象物,在其现实性上,它是一切社会关系的总和。"

部各因子之间所进行的转换、调整与适应,以保证结构内部的连续与稳定。①

五是,注重结构的动态性与转换(transformation)。结构主义者并不认为结构是静态的、一成不变的,而是由不同的转换机制组合而成的动态机制。皮亚杰(Jean Piaget)认为,"一切已知的结构,从最初级的数学群结构,到决定亲属关系的结构等,都是一些转换系统"②。

(六)后实证主义

20世纪70年代中期,在社会科学领域掀起了定性与定量研究方法的争论,这挑战了当时以调查和统计分析方法为主的实证主义研究范式。③ 后实证主义(post positivism)哲学思想正是基于对早期实证主义和逻辑实证主义的反思,以及"人文主义"研究立场对于社会科学带来的挑战发展而来。④

后实证主义避免了对经验主义原则的过分强调,正如杰弗里·C.亚历山大(Jeffrey C. Alexander)指出的,"全部科学发展是一个双轮的过程,既为经验的论证亦为理论的论证所推动"⑤。总体而言,在方法论意义上,后实证主义具有四个关键特征:注重"经验环境与形而上学的双向互动";摆脱了片面注重某类研究方法的成见,定性与定量相结合的混合研究方法以及多元研究方法成为新的发展趋势;价值中立原则受到挑战;不仅强调科学知识的"可证实性",更强调其"可证伪性"(falsifiability)。⑥ 可证伪性由卡尔·波普尔(Karl R. Popper)提出,已经成为现代科学研究中检验理论可靠性的重要标准。⑦ 后实证主义的方法论奠定了现代科学的基础。

三、科学研究的发展路径

在了解了一些方法论哲学的基本流派之后,还应该对科学研究的发展和演变的基本路径有所了解。古希腊哲学家亚里士多德在《工具论》中对于命题的和知

---

① 〔美〕沃野:《结构主义及其方法论》,《学术研究》1996年第12期,第37页。
② 〔瑞士〕皮亚杰:《结构主义》,倪连生、王琳译,商务印书馆2006年版,第12页。
③ 〔美〕沃野:《论实证主义及其方法论的变化和发展》,《学术研究》1998年第7期,第36页。
④ 罗胜强、姜嬿:《管理学问卷调查研究方法》,重庆大学出版社2014年版,第5页。
⑤ 〔美〕杰弗里·C.亚历山大:《社会学的理论逻辑》(第一卷),于晓等译,商务印书馆2008年版,第39页。
⑥ 阙祥才:《实证主义研究方法的历史演变》,《求索》2016年第4期,第75—76页。
⑦ 罗胜强、姜嬿:《管理学问卷调查研究方法》,重庆大学出版社2014年版,第6页。

识的"真""伪""对""错"等的判断,以及对于认识和原则的思考,其实已经包含了部分科学研究发展路径的思想。① 培根在《新工具》中提出的感觉的验证原则和思维活动的循进原则,也对科学研究的认识原则和方法论发展起到了重要的启发作用。② 但准确地说,科学研究的发展路径问题实际上源于实证主义者和后实证主义者对于"证实"的争论。以石里克等为代表的逻辑实证主义者秉持着实证主义思想的"证实原则",认为科学研究的发展依靠经验对于既有理论的不断证实。但是,这一解释的致命问题是:如果经验对于理论只是起到不断证实的作用,那么新的知识就不会产生,科学的发展更无从谈起。因此,波普尔基于此提出了"猜想与反驳"的思想以及著名的证伪原则。此后,历史主义的代表人物库恩、拉卡托斯(Imre Lakatos)、法伊尔阿本德等,也都从各自的角度出发,讨论了知识增长机制和科学研究的发展路径问题。本部分将对波普尔、库恩、拉卡托斯、法伊尔阿本德四人对科学研究发展路径的不同回答,进行简单介绍。

(一)波普尔的"证伪"和"猜想与反驳"

波普尔的科学发展路径思想是建立在其证伪思想的基础之上的。所谓"证伪"(falsification)是和"证实"相对的,简单而言,就是"在逻辑上有可能验证理论的错误"的意思。证伪思想既是波普尔对于科学分界问题和归纳问题的回答,也是其知识增长和科学研究发展路径思想的基础。波普尔将证伪推崇到了极高的地位,认为"衡量一种理论的科学地位的标准是它的可证伪性或可反驳性或可验证性"③。

波普尔不仅将证伪看作一种科学方法,也将其视作一种批判性的科学态度。例如,他指出:"我们不能证明我们的理论,但我们能理性地批判它们,并尝试性地采纳那些似乎最经得起我们批判并有最大解释力的理论。"④因此,波普尔始终坚持应该把"批判态度"看作"科学态度"⑤,而这也是其思想同时被称为"批判理性主义"(critical rationalism)的一个重要理由。

---

① 〔古希腊〕亚里士多德:《工具论》,余纪元等译,中国人民大学出版社2003年版。
② 〔英〕培根:《新工具》,许宝骙译,商务印书馆1984年版,序言第2页。
③ 〔英〕卡尔·波普尔:《猜想与反驳——科学知识的增长》,傅季重等译,上海译文出版社1986年版,第52页。
④ 〔英〕卡尔·波普尔:《客观知识:一个进化论的研究》,舒炜光等译,上海译文出版社2015年版,第299页。
⑤ 〔英〕卡尔·波普尔:《猜想与反驳——科学知识的增长》,傅季重等译,上海译文出版社1986年版,第71页。

> **扩展知识**
>
> ### "天下乌鸦一般黑"
>
> "天下乌鸦一般黑"是中国人耳熟能详的成语。曹雪芹在《红楼梦》第五十七回中写道:"这更奇了,天下乌鸦一般黑,岂有两样的。"按照字面意思理解,"天下乌鸦一般黑"就是说世界上所有乌鸦的羽毛都是黑色的,不会出现例外的情况。其中包含的论断是,乌鸦都是黑色的。依照波普尔的证伪思想,要证明"所有乌鸦都是黑色的",即使有数万只黑色乌鸦佐证,也不能保证这一基于证实的结论就一定是正确的;但是要证伪它,则只需要一只其他颜色的乌鸦就足够了。
>
> "天下乌鸦一般黑"的重要启示是:
> (1)我们不知道的事情往往比知道的事情更有意义;
> (2)任何学术探索,包括科学研究,都存在错误的可能。

基于证伪思想,波普尔指出,虽然"科学必须增长,也可以说,科学必须进步"[①];但是,科学的增长或发展"并不是指观察的积累,而是指不断推翻一种科学理论、由另一种更好的或者更合乎要求的理论取代之"[②]。也就是说,对波普尔而言,科学的发展建立在对原有理论的推翻与取代的基础上。

波普尔认为,科学进步有三个要求:"简单性要求""独立性要求"和"可检验性要求"[③]。科学进步的过程,就是问题越来越深刻、不断进步的过程。因为,"一种科学理论,一种解释性理论,只不过是解决一个科学问题的一种尝试,也就是解决一个与发现一种解释有关或有联系的问题"[④]。

波普尔提出,既然科学的进步是从一个问题到另一个问题的过程,即"知识的成长是借助于猜想与反驳,从老问题到新问题的发展"[⑤];那么,科学发展的过程,也即猜想与反驳的过程,就可以被简单描述为这样一个过程:对一个初始问题或理论提出试探性的假设或猜想,之后试探性地解决问题,接着通过排除错误,解决

---

① 〔英〕卡尔·波普尔:《猜想与反驳——科学知识的增长》,傅季重等译,上海译文出版社1986年版,第308页。
② 同上。
③ 同上书,第334—336页。
④ 同上书,第317页。
⑤ 〔英〕卡尔·波普尔:《客观知识:一个进化论的研究》,舒炜光等译,上海译文出版社2015年版,第292页。

原来的问题,最后提出新的问题。如果用 P1(Problem 1)表示问题,TT(Tentative Theory)表示试探性解决(猜想),EE(Elimination of Error)表示排除错误(反驳),P2(Problem 2)表示新问题,则猜想与反驳的四阶段可以表示为图 2.1:

图 2.1 猜想与反驳四阶段式(1)

也可以表示为图 2.2:

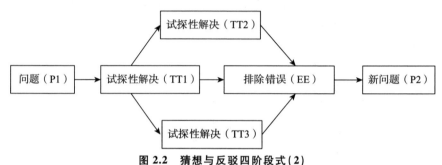

图 2.2 猜想与反驳四阶段式(2)

资料来源:李露亮:《科学哲学基本问题与经典文本解读》,中山大学出版社 2009 年版,第 114 页。

关于知识与科学理论增长的路径,波普尔也吸纳了达尔文的进化论思想。他认为,从发生学上说,"理论,至少一些基本的理论或期望,总是首先出现的;它们总是先于观察;观察和实验检验的基本作用在于显示我们的一些理论是假的,从而激发我们去提出更好的理论"①。知识和科学理论在产生之后,其增长就类似于自然选择过程的结果:"我们的知识时时刻刻由那些假说组成,这些假说迄今在它们的生存斗争中幸存下来,由此显示它们的(比较的)适应性;竞争性的斗争淘汰那些不适应的假说。"②

最后,对于科学发展的动力来源问题,波普尔也把知识的进化与人的进化结合起来,认为都源自优胜劣汰、适者生存。他指出:"科学批判常常以我们的理论的灭亡代替我们的灭亡,在我们的错误理念导致我们自己被消除之前把错误理念消除掉。"③可见,理论和人的生存息息相关,如果理论不进化,就会影响到人类自身的生存。

---

① 〔英〕卡尔·波普尔:《客观知识:一个进化论的研究》,舒炜光等译,上海译文出版社 2015 年版,第 291 页。
② 同上书,第 295 页。
③ 同上。

总之,波普尔对于科学理论增长机制的论述在诸多领域具有解释力,但其将证伪绝对化,这也为库恩的"范式"和"科学革命"的思想提供了空间。

(二) 库恩的"范式"和"科学革命"思想

正如"证伪"之于波普尔,"范式"(paradigm)的概念在库恩的思想体系中也占据着举足轻重的地位。在《科学革命的结构》一书中,库恩赋予了范式两种意义:"一方面,它代表着一个特定共同体的成员所共有的信念、价值、技术等等构成的整体。另一方面,它指谓着那个整体的一种元素,即具体的谜题解答;把它们当作模型和范例,可以取代明确的规则以作为常规科学中其他谜题解答的基础。"① 前一种意义的范式使用得较多,也更接近于我们通常所接受的范式概念,即"范式是一个成熟的科学共同体在某段时间内所认可的研究方法、问题领域和解题标准的源头活水"②;后一种意义的范式使用得较少,可以理解为一个范式就是一个公认的模型或模式,任意范例原则上都可用来代替这个范式,同时范式也很少重复,类似于判例法中的一个公认的判例一样③。可见,在库恩那里,范式的概念既可以很大,也可以很小;既可以是宏观的,也可以是微观的。这就使这一概念不仅具有较广的适用性和包容性,也使其具有了很大的可变性和模糊性。而这也是这一概念后来受到诸多批评的一个重要原因。

基于范式的概念,库恩将科学发展的过程描绘为新范式替换旧范式的过程,并将其称为"科学革命"。科学革命指"科学发展中的非累积性事件,其中旧范式全部或部分地为一个与其完全不能并立的崭新范式所取代"④。库恩还认为,科学革命的过程往往会表现为四个阶段。(见图 2.3)某一学科或科学理论刚出现的时候,也即"前科学阶段",因为其成熟程度不够,对于同一问题的各种解释方式都会出现。但是,随着科学发展,这些解释方式最终被一个范式所取代,并且这个范式得到了科学共同体的认可,标志着该学科或理论的成熟。此时,这一范式不断地解释着该领域内的各种问题,扮演着"解谜"的角色,这就是常规科学阶段。在常规科学阶段,可能也会出现既有范式无法解释的反常现象,但还在相对可接受的范围之内。可是,随着常规科学的发展,各种反常现象也会越来越多,这使既有范式的解释力不断受到严峻挑战,从而陷入了深深的范式危机中。此时,

---

① 〔美〕托马斯·库恩:《科学革命的结构》(第四版),金吾伦、胡新和译,北京大学出版社 2012 年版,第 147 页。
② 同上书,第 88 页。
③ 同上书,第 19 页。
④ 同上书,第 79 页。

"在一套规则指导下进行的游戏,无意中产生了某些新东西,为了消化这些新东西就需要尽心制作另一套规则"①,即需要新的解释方式来结束这一危机。于是,各种竞争性解释纷纷登场,直到一个新范式出现,并被共同体所接受。而这也就是科学革命的阶段。当然,科学家接受新范式也有两个条件:"首先,新范式必须看来能解决一些用其他方式难以解决的著名的和广为人知的问题。其次,新范式必须能保留大部分科学通过旧范式所获取的具体解题能力。"②而当新范式取代旧范式后,科学又进入了一个新的常规科学阶段。总之,这一过程周而复始,"一种范式通过革命向另一种范式的过渡,便是成熟科学通常的发展模式"③。

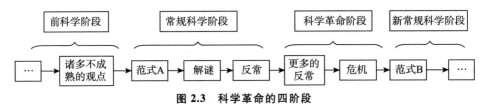

图 2.3 科学革命的四阶段

对于库恩的科学革命思想的理解,还需要注意以下几点:

首先,反常的出现并不等于进入了科学革命的阶段,因为这时"不存在无反例的研究"④。同时,"对于一个科学理论来说,极为成功绝不是完全的成功"⑤。一个范式很难对所有的问题都具有解释力。这也是知识和科学理论需要靠科学革命实现范式转换来获得进步的动力来源。

其次,危机的结束只有依靠新的范式出现才能实现,"一个科学理论,一旦达到范式的地位,要宣布它无效,就必须有另一个合适的候选者取代它的地位才行"⑥。

最后,竞争着的范式的支持者之间,难以完全沟通观点,这可以被描述为革命前后的常规科学传统之间的"不可通约性",体现在标准或科学的定义、词语的含义等方面的不同,甚至"竞争着的范式的支持者在不同的世界中从事他们的事业"⑦。

当然,库恩在后期的著作中对科学革命的态度趋于缓和,认为科学革命的出现并不否认科学家在常规科学时期所做出的贡献,因为"革命仅仅是科学进步的

---

① 〔美〕托马斯·库恩:《科学革命的结构》(第四版),金吾伦、胡新和译,北京大学出版社 2012 年版,第 44 页。
② 同上书,第 141 页。
③ 同上书,第 10 页。
④ 同上书,第 68 页。
⑤ 同上书,第 58 页。
⑥ 同上书,第 67 页。
⑦ 同上书,第 124—126 页。

两个相互补充的方面之一"①。而且,他把科学革命的研究与常规科学时期遵循科学传统的"收敛式研究"之间的矛盾称为"必要的张力",认为"科学传统的革命转换,相对来说还是罕见的,收敛式研究的持久时期正是革命转换所必不可少的准备"②。

通过提出"范式"和"科学革命"的思想,库恩也巧妙地回应了波普尔的证伪原则。库恩认为,证伪"是一个随后而来的分离的过程,这个过程也同样可称为证实,因为它存在于一个新范式对于旧范式的胜利中"③。简单来说,证伪了前一个理论其实相当于证实了后一个理论。这就既避免了波普尔将证伪绝对化的倾向,又将证伪思想纳入了其科学革命的思想之中。

总之,库恩的范式和科学革命的思想极具解释力。在其问世之后,各学科纷纷寻找本学科的主流范式,并用科学革命的思想来概括其学科发展。根据库恩的思想,科学理论若想得到发展,首先学科自身要成熟,而成熟的标志就是有一个得到科学共同体承认的范式。之后才是通过科学革命,实现范式转换,进而实现科学理论的发展。但是,库恩却悲观地认为,社会科学在第一步,即各部分中要完全取得所谓的范式,"至今还是一个悬而未决的问题"④。可是,即便如此,库恩的范式和科学革命的思想也对诸多社会科学,包括政治学与公共管理学,具有深刻的影响。

当然,库恩的范式和科学革命的思想在社会科学当中使用的有限性也应该得到关注,且这些有限性主要体现在如下三个方面:

第一,社会科学存在大量的不同学派,甚至对于某一个具体问题都会存在大量不同的解释并存的现象。而库恩却认为,"在发展成熟的科学中没有(我现在应该说很少)竞争着的派别"⑤。除非在科学革命阶段,否则总是一个范式居于统治地位。

第二,社会科学不同学派之间不具备泾渭分明的不可通约性。库恩认为,"相继范式之间的差异是必然的和不可调和的"⑥;但是,在社会科学的理论之间,甚至是前后相继的理论之间,存在大量的"可通约性"。例如,在学术会议上,持不

---

① 〔美〕托马斯·库恩:《必要的张力——科学的传统和变革论文选》,范岱年、纪树立译,北京大学出版社 2004 年版,第 224 页。
② 同上。
③ 〔美〕托马斯·库恩:《科学革命的结构》(第四版),金吾伦、胡新和译,北京大学出版社 2012 年版,第 123 页。
④ 同上书,第 12 页。
⑤ 同上书,第 175 页。
⑥ 同上书,第 88 页。

同见解的学者之间可以相互讨论、相互借鉴,因此大家的知识结构和话语体系不存在根本性的区别。

第三,社会科学对原有理论的态度相对宽容。库恩指出,"在整个专业共同体都已改宗后,那些继续抗争下去的人事实上已不再是科学家了"①。当然,这在自然科学领域尤为突出。例如,当日心说取得全面胜利之后,再顽固坚持地心说的人就会被视为宗教狂热分子,而不是"科学家"。但是,在社会科学界,即使出现这样的情况,也只能说是不同学者之间持有的立场和观点等不同,或者其分属于不同的学派,很难就此毅然决然地称其"不再是科学家"。

(三)拉卡托斯的"科学研究纲领方法论"

如果说波普尔将证伪思想绝对化了,而库恩的科学革命思想只是科学发展中的特殊时期,那么拉卡托斯的"科学研究纲领"(scientific research programmes)思想对于科学发展过程和其动力机制的描述则要温和一些。不过,拉卡托斯对于波普尔以及库恩观点的反对却是旗帜鲜明的。在《科学研究纲领方法论》(*The Methodology of Scientific Research Programmes*)一书的开篇,拉卡托斯就尖锐地指出:"无论是波普尔的判决性试验还是库恩的科学革命其实都是神话:通常发生的情况是进步的研究纲领取代退化的研究纲领。"②区分一个科学的或进步的纲领与伪科学的或退化的纲领,"不在于有的纲领尚未遭到反驳,而其他的纲领已经遭到反驳"③。令人钦佩的所有研究纲领的共同特点是:"它们都预测了新颖的事实,这些事实要么是先前的或竞争的纲领所梦想不到的,要么是实际上与先前的或竞争的纲领相矛盾的"④,"在一个进步的研究纲领中,理论导致发现迄今不为人们所知的新颖事实。相反,在退化的研究纲领中,理论只是为了适应已知的事实才构造出来"⑤。

拉卡托斯创造了大量的新颖概念来表达其思想,如作为相互联系着的理论体系的"科学研究纲领"、由最基本的理论构成的"硬核"、由许多"辅助假说"构成的"保护带"、保卫硬核的反面启示规则——反面启发法、改善和发展理论的正面启示规则——正面启发法等。(见图 2.4)拉卡托斯还认为,评价任何理论,除了评

---

① 〔美〕托马斯·库恩:《科学革命的结构》(第四版),金吾伦、胡新和译,北京大学出版社 2012 年版,第 133 页。
② 〔英〕伊姆雷·拉卡托斯:《科学研究纲领方法论》,兰征译,上海译文出版社 2016 年版,导言第 8 页。
③ 同上书,导言第 6 页。
④ 同上书,导言第 6—7 页。
⑤ 同上书,导言第 7 页。

价其硬核、两类启示规则外,还必须同其辅助假说、初始条件等一起评价,尤其必须同其先行理论一起评价,因为理论从本质上来说是从先行理论和初始条件等逐渐发展而来的,因此要评价理论就必须评价一系列理论,而不是一个孤立的理论。概括起来,除了初始条件之外,科学研究纲领一般由四个相互联系的部分构成:硬核、保护带、两类方法论规则——"一些规则告诉我们要避免哪些研究道路(反面启发法),另一些告诉我们要寻找哪些道路(正面启发法)"①。硬核的不同决定了科学研究纲领的不同。"一切科学研究纲领都在其'硬核'上有明显区别"②,硬核也体现了该纲领最核心、最关键的部分。例如,牛顿力学作为科学研究纲领,牛顿三大定律和万有引力定律就构成了其硬核。拉卡托斯同意库恩关于反常的观点,认为"即使进步最快的、最一贯的研究纲领,也只能慢慢地消化它们的'反证据':反常是永远不会完全消除的"③。因为反常的存在,科学家需要保护纲领的硬核不被破坏,因此需要发明一系列的"辅助假说",这些辅助假说围绕着硬核形成了一个保护带。④ 同时,还要运用作为解题手段的正面或反面启发法,通过技术手段来消除反常带来的挑战,甚至将反常转化为肯定的依据。⑤ 其中,反面启发法规定纲领的"硬核","根据纲领的支持者的方法论决定,这一硬核是不可反驳的";正面启发法"包括一组部分明确表达出来的建议或暗示,以说明如何改变、发展研究纲领的'可反驳的变体',如何更改、完善'可反驳'的保护带"⑥。例如,在计算天体运行时出现了计算值与观测值不一致的情况,可以由大量的解释方法来应对,如地球大气的折射现象对于观察的影响、光线在空间中传播可能遭受的"扭曲",甚至可能是未知天体的引力对观测天体的运行产生了"扰动"等。

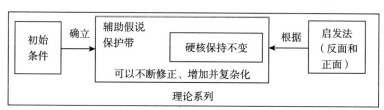

图 2.4 拉卡托斯"科学研究纲领"思想

资料来源:根据〔英〕伊姆雷·拉卡托斯:《科学研究纲领方法论》,兰征译,上海译文出版社 2016 年版,第 152—162 页内容绘制。

---

① 〔英〕伊姆雷·拉卡托斯:《科学研究纲领方法论》,兰征译,上海译文出版社 2016 年版,第 55 页。
② 同上书,第 56 页。
③ 同上书,第 58 页。
④ 同上书,第 56 页。
⑤ 同上书,导言第 6 页。
⑥ 同上书,第 58—59 页。

知识与科学理论的发展依靠的是不断出现的反常情况一再地挑战纲领的保护带,"正是这一辅助假说保护带,必须在检验中首当其冲,调整,再调整,甚至全部被替换,以保卫因而硬化了的内核"①,直到这些辅助假说不足以解释反常情况的出现,这时纲领的硬核才会直接面对挑战,落后的科学研究纲领才会被先进的科学研究纲领所取代。但是,也必须指出,"所有的纲领永远都是在大量的反常中成长的"②。

拉卡托斯的理论建立在对自然科学史的分析基础上,较少涉及社会科学领域。但是,至少可以从以下四点来考察科学研究纲领思想在社会科学领域的适用性问题。

第一,在社会科学中,学科的"硬核"往往难以统一或者持续。在自然科学中,硬核一般较为明显,并且容易被共同体所接受;但是,在社会科学中,硬核在各个学科中很难得到统一,并且即使短时期内达成一致,也难以长久成立。

第二,在社会科学中,科学与非科学的分界问题更加模糊。在自然科学领域,拉卡托斯认为,"科学与伪科学的分界问题不是一个书斋哲学家的伪问题的原因:它有着重大的伦理意义和政治意义"③。例如,人种等问题在很多国家都属于涉及"政治正确"的问题。但是,在社会科学领域,科学分界问题的模糊性就不言而喻了,很多时候甚至很难区分哪些是科学,哪些是非科学的,尤其对一些具有建构色彩的理论更是如此。

第三,对珍爱的社会科学理论持怀疑态度不那么容易。与前面谈及库恩思想的适用性的第三点相类似,拉卡托斯认为,"事实上,科学行为的标志是甚至对自己最珍爱的理论也持某种怀疑态度。盲目虔信一个理论不是理智的美德,而是理智的罪过"④。在社会科学领域内,要完全做到这一点也经常面临困难,尤其当很多社会科学理论和文化传统、价值认同等相关联时,就更是如此。

第四,在社会科学中,要使用精致证伪主义的科学判断标准经常存在困难。拉卡托斯将波普尔的证伪思想称为"朴素的证伪主义",认为在"精致的证伪主义"下,一个理论"只有当它确证其经验内容已超过其前者(或竞争者)时,即只有当它导致新事实的发现时,才是'可接受的'或'科学的'"⑤。在自然科学领域内,这种说法或许是可以接受的,但是在社会科学领域内,要做到这一点则经常存

---

① 〔英〕伊姆雷·拉卡托斯:《科学研究纲领方法论》,兰征译,上海译文出版社2016年版,第56页。
② 同上书,导言第8页。
③ 同上书,导言第9页。
④ 同上书,导言第1页。
⑤ 同上书,第150页。

在困难。因为,自然科学的"绝对性"更强一些,而社会科学的"相对性"更强一些。例如,对物理学来说,一般不会存在"中国的物理学"或"美国的物理学"这种区分。物理学的"硬核"在不同的国家中也经常是普遍适用的。但是,在社会科学领域,如政治学与公共管理,就有可能出现随着国家的不同理论也有所不同的情况;或者,在一个国家某个政治学或公共管理理论是以一种方式呈现,但在另一个国家却以另外一种方式呈现。只要两种理论在方法论上没有严重缺陷,人们可能都会说它们是"科学"的。

(四)法伊尔阿本德的"无政府主义知识论"

科学的发展在本质上属于认识论层面的问题。波普尔、库恩和拉卡托斯三人对于该问题的探讨,虽然有诸多分歧,但都有着一个共同的基础——理性主义。其实,不仅是这三位科学哲学家,整个西方学术界自苏格拉底以来,尤其是文艺复兴和启蒙运动之后,理性主义就一直在人们的思维方式中占据着主导地位。可是,就在人们自然地顺着理性主义的路径理解科学研究时,法伊尔阿本德的"无政府主义知识论"(anarchistic theory of knowledge),尤其是其反对方法和告别理性的思想,无疑搅动了主流科学哲学界的一池春水。

首先,法伊尔阿本德的思想是反对理性主义的。一般认为,理性主义的科学研究方法"包括一些固定不变的和必须绝对遵守的原则,它们指导科学事业的进步"[①]。但是,正是对规则的理性遵守,可能对科学进步产生阻碍作用。在科学的发展过程中,如果掺入过多的理性因素便可能导致新想法的夭折。正所谓带有合乎理性目的的做法,导致了结果的无目的性。法伊尔阿本德指出,"认为科学能够并且应当按照固定的普适的法则进行的思想,既不切实际,又是有害的"[②],而"一切方法论,甚至最明白不过的方法论都有其局限性"[③]。因此,如果科学家墨守成规,就很难获得理论的突破。科学史上许多重大的发现都是因为科学家打破了既有的理论和方法的条框限制而产生的。正所谓无理性目的的做法,导致了结果的合目的性。科学研究应当是无政府主义者的事业,"只有一条原理,它在一切境况下和人类发展的一切阶段上都可加以维护。这条原理就是:怎么都行"[④]。

其次,法伊尔阿本德也反对科学的"君临一切"地位。在他看来,"科学是人

---

① 〔美〕保罗·法伊尔阿本德:《反对方法:无政府主义知识论纲要》,周昌忠译,上海译文出版社2007年版,第1页。
② 同上书,第271页。
③ 同上书,第11页。
④ 同上书,第6页。

已经发展起来的众多思想形态的一种,但并不是最好的一种"①。法伊尔阿本德不仅把科学从"神坛"上拉了下来,认为"科学并不比任何别的生活形式具有更大的权威"②,还尖锐地斥责"科学是最新、最富有侵略性、最教条的宗教机构"③。对于科学理论的进步,宗教曾经迫害过支持日心说的布鲁诺,极权也曾杀害过支持孟德尔遗传学说的科学家。而当今的科学事业,已经是打着所谓"科学"的大旗,行着"科学沙文主义"的行径,"坚认占有唯一正确方法和唯一可接受结果的科学是一种意识形态"④。而科学之所以君临一切"是因为它的实践者未能理解、也不愿宽容不同的思想体系"⑤。

法伊尔阿本德对此开出的"药方"就是"无政府主义知识论"思想。无政府主义知识论包含两个关键词:一是"方法论多元主义",即否定存在唯一的方法论,主张什么方法都可以使用;二是"理论增生",即理论本身及其来源可以是多元的,不必拘泥于既有理论。无论是方法还是理论,在事实上都很难完全占据统治地位,难以与已知事实全部一致。法伊尔阿本德经常举的例子就是科学与神话的解释力。"科学同神话的距离,比起科学哲学打算承认的来,要切近得多。"⑥古代的学说与"原始"的神话之所以被现代人讥讽,是"它们的科学内容还不为人所知";而随着时间的推移,"今天的知识可能变成明天的童话,而最可笑的神话最终可能转变成科学的最坚实构件"⑦。

而且,法伊尔阿本德的"理论增生"思想实际上就是他对于知识和科学理论发展机制与路径的认识。他认为那种主张理论和知识出自同一个源头、按照同一个发展模式的"齐一性"原则是有害的。"理论的增生是对科学有益的,而齐一性则损害科学的判断能力。齐一性还危害个人的自由发展。"⑧而理论发展的理想状态就是"互不相容的各种可取理论的海洋"⑨。多种理论和多种解释方式可以有不同的来源,既可以出自科学,也可以出自神话、童话,甚至臆想。在库恩和拉卡托斯那里,对同一个问题的不同解释很难并存,即使同时存在,也会相互竞争,

---

① 〔美〕保罗·法伊尔阿本德:《反对方法:无政府主义知识论纲要》,周昌忠译,上海译文出版社 2007 年版,第 271 页。
② 同上书,第 276 页。
③ 同上书,第 271 页。
④ 同上书,第 284 页。
⑤ 同上书,第 276 页。
⑥ 同上书,第 271 页。
⑦ 同上书,第 29 页。
⑧ 同上书,第 12 页。
⑨ 同上书,第 8 页。

直至一方胜出。但法伊尔阿本德认为,不同的理论和解释方式可以从不同维度和不同方面来解释同一个问题,都具有解释力。

但是,需要注意的是,"政治无政府主义的标志是反对既有的事物秩序——反对国家、它的制度以及支持和美化这些制度的意识形态"①。"无政府主义知识论"不同于怀疑论,也不同于政治无政府主义。怀疑论者认为一切观点都一样好或一样坏,而认识论无政府主义者"毫不反悔地为最陈腐或最荒诞不经的陈述辩护"。政治无政府主义者想要取消某种生活,但认识论无政府主义者则可能想捍卫它,因为"他不会永久地忠于或永久地嫌弃任何制度或任何意识形态"②。另外,"怎么都行"不意味着什么都不用做,那是"懒惰的无政府主义者的观点";"怎么都行"也不意味着工作量的减少,相反"它主要意味着科学家不得不考察他们的职业的所有因素,而不只是那些被哲学家与建设性科学家所认为的特征化的科学研究"③。

总之,法伊尔阿本德反对理性、反对方法、反对科学沙文主义。他的思想将非理性主义和相对主义发展到了极致,其"怎么都行"的原则其实最终就是"没有原则",致使他对各种不同理论观点的接受尺度极大,这在西方科学哲学界引起了巨大的反响。对其观点的态度,也存在着严重的两极分化:有人为其欢呼,有人则斥其荒谬。正因为如此,法伊尔阿本德也被称为西方第一流科学哲学家中间的"一头迷途羔羊"。但是,即便如此,他的思想对于理解社会科学理论的进步也有着重要的借鉴意义。

一方面,实现了对科学的"祛魅"。法伊尔阿本德认为"现在,西方科学已经像传统的传染病那样影响了整个世界,许许多多人将其带来的(精神与物质)产品视为理所当然的"④。可事实上,科学只是我们认识世界的诸多工具中的一种而已。正是因为现代社会对科学和理性的过分追捧,导致了科学沙文主义的出现。对社会科学来说,大量的理论依托于科学研究实现进步,这一点无可厚非。但是,也不能忽略哲学和其他人文学科在其中的重要作用。所以,就此而论,法伊尔阿本德的"无政府主义知识论"对科学的正本清源工作,如同哈贝马斯对作为意识形态的技术与科学的批判一样,有异曲同工之妙。例如,哈贝马斯也曾指出,

---

① 〔美〕保罗·法伊尔阿本德:《反对方法:无政府主义知识论纲要》,周昌忠译,上海译文出版社2007年版,第163页。
② 同上书,第165—166页。
③ 〔美〕保罗·费耶阿本德:《告别理性》,陈健等译,江苏人民出版社2021年版,第296页。
④ 同上书,第310页。

"当技术和科学渗透到社会的各种制度从而使各种制度本身发生变化的时候,旧的合法性就失去了它的效力"①。总之,如果科学掌握了全部的话语权,则其不仅是孤独的,而且是危险的。

另一方面,其提出的"理论增生"的观点也有利于指导社会科学不断进步。与自然科学理论不同,由于研究对象极其复杂,单一的社会科学理论在很多时候都不能彻底解决一个问题的所有方面,很多理论往往只能解决一个问题的局部或某个方面;同时,要在社会科学领域内达成学科"范式"和"硬核",对于学科共同体来说,也经常困难重重。所有这些,都使得通过"理论增生"来推动社会科学的发展不仅合理,而且必要。例如,就对资本主义产生这一经典问题的研究来说,马克思从生产力和生产关系的角度进行解释,其解释力固然科学,但却并不是唯一的;韦伯也从新教伦理的角度进行了解释,虽然其解释有局限性,却仍然富有启发意义。总之,通过理论增生的方式,很多研究都可以为社会科学研究的发展不断添砖加瓦,并最终逐步展示出对某个问题研究的理论的"全谱系"。

关键术语

方法论自然主义　　实证主义　　　实用主义　　　逻辑实证主义
结构主义　　　　　后实证主义　　证伪　　　　　范式
科学研究纲领　　　无政府主义知识论

思考题

1. 请比较自然主义、逻辑实证主义、结构主义、后实证主义和实用主义在科学发展问题上的观点。
2. 什么是波普尔的"证伪"思想?
3. 什么是库恩所说的"范式"?请举出政治学与公共管理学中范式变迁的例子。
4. 什么是拉卡托斯的"科学革命纲领"?
5. 法伊尔阿本德的"无政府主义知识论"思想对于理解社会科学理论的进步有何借鉴意义?

---

① 〔德〕尤尔根·哈贝马斯:《作为"意识形态"的技术与科学》,李黎、郭官义译,学林出版社 1999 年版,第 39 页。

📖 延伸阅读

〔美〕保罗·法伊尔阿本德:《反对方法:无政府主义知识论纲要》,周昌忠译,上海译文出版社 2007 年版。

〔美〕保罗·费耶阿本德:《告别理性》,陈健等译,江苏人民出版社 2002 年版。

〔法〕迪尔凯姆:《社会学研究方法论》,胡伟译,华夏出版社 1988 年版。

〔英〕卡尔·波普尔:《猜想与反驳——科学知识的增长》,傅季重等译,上海译文出版社 1986 年版。

〔英〕卡尔·波普尔:《客观知识:一个进化论的研究》,舒炜光等译,上海译文出版社 2015 年版。

〔美〕托马斯·库恩:《科学革命的结构》(第四版),金吾伦、胡新和译,北京大学出版社 2012 年版。

〔美〕托马斯·库恩:《必要的张力——科学的传统和变革论文选》,范岱年、纪树立译,北京大学出版社 2004 年版。

〔英〕伊姆雷·拉卡托斯:《科学研究纲领方法论》,兰征译,上海译文出版社 2016 年版。

经典举例

(一)〔美〕文森特·奥斯特罗姆:《美国公共行政的思想危机》,毛寿龙译,上海三联书店 **1999 年版**。

文森特·奥斯特罗姆(Vincent A. Ostrom)是美国著名的政治学家、政治经济学家,著有《美国公共行政的思想危机》(*The Intellectual Crisis in American Public-Administration*)、《复合共和制的政治理论》(*The Political Theory of a Compound Republic*)等书。《美国公共行政的思想危机》出版于 1973 年。在这本书中,奥斯特罗姆尖锐地指出了美国公共行政领域所面临的思想危机。

1. 主要内容

文森特·奥斯特罗姆对美国公共行政学思想危机的考察是基于其对于美国公共行政学的思想基础、存在的问题的分析,并据此提出了解决方案。全书共分为七章。在第一章中,作者详细地阐述了自 20 世纪 30 年代以来,公共行政研究持续面临的危机,并将其归结为"范式危机"。在第二章和第三章,作者对以威尔逊、韦伯、古立克、西蒙等为代表的美国公共行政的主流思想进行了回顾与反思,并对当代政治经济学家对公共行政问题的研究进行了梳理。在第四章和第五章中,通过对汉密尔顿和麦迪逊《联邦党人文集》以及托克维尔《论美国的民主》中民主制行政理论的分析,作者指出,美国公共行政学以及公共行政实践的发展,应重新发现民主制行政的价值,在官僚制行政的基础上引入民主制行政理论与实践。第六章分析了美国政府持续不断的宪法危机背后的深层次制度原因。最后,文森特·奥斯特罗姆指出,从官僚制公共行政向民主制公共行政的转型是美国公共行政"哥白尼革命式"的转折点。

2. 以"范式"为研究视角反思美国公共行政的思想危机

在该书第一章第二节,奥斯特罗姆较为系统地阐发了库恩的范式思想,在将"范式"作为全书研究视角的情况下,他将公共行政学所面临的问题归结为"范式危机",认为"过去一代的时间里盛行于公共行政领域的危机意识起源于传统公共行政理论所内涵的范式的不足"。他将传统公共行政范式归结为"威尔逊范式",又称官僚制行政范式。他认为,虽然通过放松传统范式的某些原则可以部分地缓和危机,但若想彻底解决美国公共行政的思想危机,就必须寻找替代方案,而这个替代方案就是"民主行政范式"。

全书系统地比较了官僚制行政与民主制行政两种范式,并对其在美国公共行政中的适用性展开了讨论。传统官僚制行政范式强调命令统一、权力的单中心与政治行政的二分,这对"高度集权化的单中心决策结构的行政体制有意义",对于"理解和改革法国、普鲁士或者其他具有类似结构特色的政治体制可能是适当的",但这并不意味着传统官僚制行政范式的普遍适用性。美国的行政体制是多中心的,具有"管辖交叠"与"权力分散"的特点,因此与其高度复杂的民主决策结构相适应的应当是民主制行政范式。因此,从官僚制行政向民主制行政的范式转化是必要的。

(二)〔美〕戴维·奥斯本、特德·盖布勒:《改革政府:企业家精神如何改革着公共部门》,周敦仁等译,上海译文出版社 2006 年版。

20 世纪 90 年代,奥斯本(David Osborne)和盖布勒(Ted Gaebler)围绕"如何使政府高效运转"这一问题,对美国政府展开了深入调查,出版了《改革政府:企业家精神如何改革着公共部门》(*Reinventing Government: How the Entrepreneurial Spirit Is Transforming the Public Sector*)一书,引起了广泛关注。

1. 主要内容

严格推崇"理性和效率"的传统官僚主义难以在复杂多变、任务繁复的环境下提供高质量的公共服务,并由此产生了一系列弊端。基于此,作者主张用企业家精神来改造政府,并提出了改革政府的十条原则:

(1) 起催化作用的政府:掌舵而不是划桨。
(2) 社区拥有的政府:授权而不是服务。
(3) 竞争性政府:把竞争机制注入提供服务中去。
(4) 有使命感的政府:改变照章办事的组织。
(5) 讲究效果的政府:按效果而不是按投入拨款。
(6) 受顾客驱使的政府:满足顾客的需要,不是官僚政治的需要。
(7) 有事业心的政府:有收益而不浪费。
(8) 有预见的政府:预防而不是治疗。
(9) 分权的政府:从等级制到参与和协作。
(10) 以市场为导向的政府:通过市场力量进行变革。

2. 以"范式"和"科学研究纲领论"思想反思官僚主义

概括起来,奥斯本和盖布勒主张:"改变驱使政府行动的基本激励机制","把官僚机构改造成企业化机构","乐于少花钱多办事"并提供符合民众需要的、让民众满意的服务。如果用库恩的"范式"思想来理解这本书的观点,就是要用"企业家行为"替代"传统官僚主义行为",而非用"企业"来替代"政府"。虽然经常有人将这本书看作美国公共行政学从"传统公共管理范式""新公共行政学范式"向"新公共管理范式"转变的一个突出标志,但事实上,这种转变并不是彻底的范式革命或改革。正如书中所言:"很少美国人会真的要求政府像一个企业家那样行事……在官僚主义行为和企业家行为之间是一个巨大的连续体,政府肯定可以在这个区域内调整自己的位置。"

或许用拉卡托斯的"科学研究纲领"思想来理解这本书中的某些理论诉求和发展更为确切。例如,从"硬核"和"保护带"的观点来考虑的话,即使这本书中提出要用企业家精神改革政府,其仍然没有否定"政府管理"这个"硬核";因此,问题不在于批评甚至反对"政府管理",而是应当改变政府管理的工作体制和激励精神,而这种对工作体制和激励精神的改革则更应该视作对传统政府管理理论的保护带的修正。

当然,无论从"范式"还是从"科学研究纲领"的角度出发进行的分析,都是不严谨的,只是一种带有一定启发意义的解读,仅供读者参考。

第三章 科学研究的一般目的和理论建构

本章要点

- 科学研究的三个一般目的及理论建构的重要性；
- 理论的三个层次；
- 理论的五个主要构成要素；
- 理论和研究的关系；
- 理论建构、评估和检验的方式与过程；
- 理论创新的四种主要方法。

一、导　言

在了解科学研究的定义、分类、方法论哲学和发展路径之后，一个重要的问题就是了解科学研究的目的。所谓科学研究的目的，也就是要问科学研究究竟是为什么的问题。回答这个问题，不仅关系到为什么要进行科学研究，而且关系到如何进行科学研究，以及如何评价科学研究等。当然，从本质上讲，所谓科学研究也都是人的或者人类的科学研究，因此，从这个意义上来说，所谓科学研究的目的首先也都是在为人和人类的目的之下的，这是科学研究最为根本性的目的，也是一个不证自明的目的。但是，在这个目的之下，科学研究的具体目的又有哪些呢？这就是本章所要回答的问题。这个问题的回答和理论建构紧密联系在一起，或者说，科学研究的最重要的目的也都可以大致归结为理论建构，因此，在简单介绍科学研究的目的之后，本章又着重讨论了有关理论建构的各个方面的问题。

希望通过本章的学习，不仅能够帮助读者认清科学研究的主要目的，而且能够帮助读者认识到理论建构在科学研究中的重要性，使读者在今后的研究过程中的每个环节都记得理论建构的重要性。不要仅仅关注了科学研究的科学设计和科学过程，忽视了科学研究最重要的目的——理论建构。这不仅会导致研究失焦，也会导致"唯方法主义"（只求方法的所谓科学与精巧，忽视了科学研究在新知识产生和理论建构方面的重要性）的泛滥。

二、科学研究的一般目的

科学研究的目的除了最根本的目的外,不同的科学研究还往往会有非常具体的目的。这些非常具体的目的在不同的研究那里,会有所不同,而且经常五花八门。例如,有的研究是为了解决一个特定的理论问题,有的研究可能是为了解决一个实际的问题。在这里,我们不对这些非常具体的目的进行探讨。我们所要探讨的是,在科学研究的为人或为人类的根本目的之下,相对次一个层次的一般性目的。

围绕着这样的目的,陈晓萍等人指出"科学的目标是追求真理,解释并预测自然或社会现象"[①]。但是,研究者又是怎样利用科学研究描述、解释和预测自然或社会现象的产生、发展与变化,又如何通过科学研究追求真理?显然,要做到这些,也还必须有所凭借,而这个"凭借"其实也就是我们在这里强调的科学研究的一般目的。这个一般目的是什么呢?其实就是"探求知识"。科学研究所要探求的知识,既包括探索未知的知识,又涵盖了验证不确定的知识和扩展已有的知识两个方面,因此,我们也可以将这三点看作科学的三个一般目的。

(一) 探索未知的知识

人类要在自然和社会世界中生存下去,就有必要了解自然、社会以及自己的行为等,对这些的了解也就是人类对未知事物或未知知识的探索。当然,人类,尤其是研究者也常常会出于对某些事物的"好奇"而选择对其进行探索,或者仅仅是为了发展一个新的理论而对一些未知的事物或领域进行探索。总之,无论出于何种动机,人类的这些探索未知事物、领域的行为,都会促成人类对未知知识的探索。

(二) 验证不确定的知识

本书第一章指出,除了科学研究之外,人类也可以通过权威、传统和习俗、大众与媒体信息、直觉、个人经验与常识、逻辑推理等方式获得知识。但是,在很多情况下,人类通过这些途径获得的知识是不太确定的,甚至会出现错误或偏离客观现实的情况。在这种情况下,就需要通过科学研究来对这些不确定的知识进行验证,以使不确定的知识变为确定性的可靠的知识,从而提高人类认识世界的能力。

---

① 陈晓萍、沈伟主编:《组织与管理研究的实证方法》(第三版),北京大学出版社2018年版,第19页。

(三) 扩展已有的知识

科学研究的过程也可以看作是一个不断扩大可靠知识的过程。在这个理解的基础上,我们也发现:除了探索未知的知识、验证不确定的知识之外,人类常常也会以已有的知识(或理论)为基础,通过科学研究来获得新的知识;或者通过科学研究,加深人类对已有知识的新认识;或者通过科学研究,将已有知识的范围延伸扩展到更广泛的领域。所有这些,也都可以视为科学研究的第三个一般目的,也即扩展已有知识的目的。

但是,无论是探索未知的知识、验证不确定的知识,还是扩展已有的知识,在本质上其实都是要产生新的知识,或者从科学研究的一般性要求来说,就是要产生新理论,或者也可以说是要进行理论建构。① 因此,所谓科学研究的一般目的,如果归结到一点的话,也就是要进行理论建构。

三、科学研究的理论建构

(一) 理论的定义和层次

1. 定义

对于"理论"(theory)的概念,不同的机构和学者给出了不同的定义。

我国《现代汉语词典》的定义是:"人们由实践概括出来的关于自然界和社会的知识的有系统的结论。"②这里强调了理论的实践性、知识性、系统性。

根据《美国传统辞典》,"理论是一组陈述或定律,被用来解释一系列现象或事实,尤其指经过反复检验的并被广泛接受的,可用来对自然现象作出预测的陈述"③。这里强调了理论包含陈述或定律,强调了理论的解释功能、可检验性,以及对于自然现象的预测,但是没有包括社会现象。

美国社会学家罗伯特·金·默顿(Robert King Merton)将理论定义为"逻辑上相互联系的一组命题,从这些命题中可以推导出经验的一致性"④。这里特别突出了理论中包含逻辑上相关联的命题和理论实证上的一致性,但是忽视了规范

---

① 〔美〕伯克·约翰逊、拉里·克里斯滕森:《教育研究:定量、定性和混合方法》(第4版),马健生等译,重庆大学出版社2015年版,第20页。
② 中国社会科学院语言研究所词典编辑室编:《现代汉语词典》(第7版),商务印书馆2016年版,第799页。
③ *The American Heritage Dictionary*, Houghton Mifflin Company, 2012, p. 1805.
④ 〔美〕罗伯特·K. 默顿:《社会理论和社会结构》,唐少杰等译,译林出版社2008年版,第50页。

性理论的可能性。

艾尔·巴比认为"理论是对与生活某一方面有关的事实与规律的系统性解释"①。这里强调了理论的对象包括事实和规律。

塞缪尔·巴卡拉克认为:"理论是一个概念或者变量系统,通过命题将概念相互联系起来,而通过假设将变量联系起来。"②这里强调了理论是概念或变量系统,强调了理论包括概念、假设、变量、命题等。

美国社会学家乔纳森·特纳(Jonathan H. Turner)认为:"理论是一个提出观念的过程,这些观念能够使我们清楚解释事件如何以及为什么发生。"③这里强调了理论的观念性以及解释功能。

斯蒂芬·范埃弗拉(Stephen Van Evera)认为:"理论是对同一类现象发生的原因或导致的结果进行描述和解释的一般性陈述,它由因果规律或假设、解释以及前提条件几部分组成。"④这里强调了理论的描述、解释功能,强调了理论因果规律、假设、解释、前提条件等构成要素。

可见,由于不同的学者往往强调理论的不同方面,因而给出的定义也不尽相同。综合以上这些定义,本书认为:**理论是人类基于实践或研究而产生的逻辑上相互联系的一组系统性的、可检验的知识性陈述或命题,以描述、解释并预测自然或社会事实、现象、规律等**。理论的基本要素包括概念、变量、变量之间的机制或原理、命题和假设、边界条件等。

2. 层次

一般来说,理论可以被划分为三个层次:宏观理论、微观理论和中观理论。⑤

宏观理论(grand theory),又称宏大理论或一般性理论,是一个高度复杂的、极其抽象和系统的知识体系,通常以所有自然或社会现象及行为作为研究对象,并据此给出一个高度概括的解释与分析框架。⑥ 宏观理论所解决的大都是世界的本质及其基本运行规律等较为庞大的问题。在自然科学领域中爱因斯坦的相对论、牛顿的力学理论、达尔文的进化论,以及社会科学中的马克思主义、帕森斯的

---

① 〔美〕艾尔·巴比:《社会研究方法》(第十一版),邱泽奇译,华夏出版社 2018 年版,第 12 页。
② Samuel B. Bacharach, "Organizational Theories: Some Criteria for Evaluation," *Academy of Management Review*, Vol. 14, No. 4, 1989, pp. 496-515.
③ 〔美〕乔纳森·H. 特纳:《社会学理论的结构》,吴曲辉等译,浙江人民出版社 1987 年版,第 6 页。
④ 〔美〕斯蒂芬·范埃弗拉:《政治学研究方法指南》,陈琪译,北京大学出版社 2006 年版,第 8 页。
⑤ 陈晓萍、沈伟主编:《组织与管理研究的实证方法》(第三版),北京大学出版社 2018 年版,第 74—75 页;风笑天:《社会研究方法》(第五版),中国人民大学出版社 2018 年版,第 22—23 页。
⑥ 风笑天:《社会研究方法》(第五版),中国人民大学出版社 2018 年版,第 23 页。

结构功能主义以及中国古代的阴阳理论都属于宏大理论。①

微观理论(trivial theory),又称细微理论,也被默顿称为"操作性假设"②。微观理论较为具象,一般聚焦于几个有限的概念,"由一组陈述若干概念之间关系,并在逻辑上相互联系的命题所构成",这些命题大部分能够通过经验研究证实或证伪。③ 一个描述两个概念或变量之间关系的命题,就可以构成一个简单的微观理论。

中观理论(middle range theory),也被称为中层理论,是介于宏观理论与微观理论中间的理论体系④,以某一类社会现象、行为或群体为研究对象,基于一种相对具体的分析框架,以期"解释具有一定复杂程度的现象背后的规律"⑤。在社会科学领域中,埃莉诺·奥斯特罗姆(Elinor Ostrom)在《公共事务的治理之道》(*Governing the Commons*)中所提出的公共池塘资源治理的自治模型、塞缪尔·斯托弗(Samuel A. Stouffer)所提出的相对剥夺(relative deprivation)理论等都属于中层理论。对理论的三个层次进行比较(见表3.1)后不难发现,在理论的适用范围上,不同于宏观理论的全面性,也有别于微观理论的聚焦性,中层理论是以特定类型或范围的现象作为研究对象,据此提出比较具体化的理论研究框架。

表3.1 理论的三层次比较

	宏观理论	微观理论	中观理论
抽象程度	较高	较低	适中
全面性	较高	较低	适中
研究目的	阐述世界的本质及其基本运行规律	解释有限的现象或对象的发展变化	阐释具有一定程度复杂性的现象的本质及其规律

资料来源:根据陈晓萍、沈伟主编:《组织与管理研究的实证方法》(第三版),北京大学出版社2018年版,第75—77页内容由作者自制。

一般地,在一项具体研究中,科学研究者通常仅能掌握有限的变量及变量间关系。因此,大多数的社会研究往往期望获得的不是较为抽象的宏观理论,而是相对具象、简单的微观理论,或是中观理论。⑥ 当然,需要指出的是:以上对理论

---

① 陈晓萍、沈伟主编:《组织与管理研究的实证方法》(第三版),北京大学出版社2018年版,第75页。
② 〔美〕罗伯特·金·默顿:《论理论社会学》,何凡兴等译,华夏出版社1990年版,第54页。
③ 风笑天:《社会研究方法》(第五版),中国人民大学出版社2018年版,第23页。
④ 〔美〕罗伯特·金·默顿:《论理论社会学》,何凡兴等译,华夏出版社1990年版,第54页。
⑤ 陈晓萍、沈伟主编:《组织与管理研究的实证方法》(第三版),北京大学出版社2018年版,第75页。
⑥ 风笑天:《社会研究方法》(第五版),中国人民大学出版社2018年版,第23页。

的宏观、中观和微观的划分,都是相对而言的,并非绝对的标准。而且,研究者一般将其划分为三个层次,也是相对简单的划分;事实上,各种理论之间也可以有更为复杂的诸如四层次、五层次等的划分。读者也可以自己进行尝试性分析。

(二) 理论的构成要素

虽然各种理论在具体含义和层次上不尽相同,但它们都由一些基本的要素构成。这些要素包括:概念、变量、变量之间的机制或原理、命题与假设、边界条件。[①]

1. 概念

概念(concept)是对客观现象或事物的主观抽象,它是研究者在经验观察过程中,从相似的某类事物中归纳、提炼的共同属性。[②] 例如,《现代汉语词典》将"研究生"界定为"大学本科毕业(或具有同等学力)后经过考试录取,在高等学校或科学研究机构学习、研究的学生。一般分为硕士研究生、博士研究生两级。有时特指硕士研究生"[③]。这一概念就是在提炼、总结不同高校、不同地域研究生的共同属性的基础上,抽象后的结果。在表现形式上,概念通常以字词或词组出现,因此概念也被视为"表达某种思想的字或者符号"[④]。一个完整的概念由名词、内涵、指标和外延四个部分组成。其中,内涵可存在若干维度,各个维度共同导致或构成了对应的名词,这些维度则需要通过指标来进行测量。

对概念的清晰化界定是理论建构的第一步,研究者们正是根据理论所建构的概念来认识其指代的经验现象,并理解理论。概念对于理论的贡献程度受以下三个因素制约:一是概念所描述的现象需要获得经验内容的支持;二是概念的精确程度;三是概念与所建构的理论之间,以及理论所包含的其他概念之间具有相关性,换句话说,该概念是理论解释中不可或缺的一部分。[⑤] 对于概念界定的具体介绍,详见本书第九章。

2. 变量

变量(variable),或称为变项,是对概念内涵操作化和具体化的产物。变量,

[①] 陈晓萍、沈伟主编:《组织与管理研究的实证方法》(第三版),北京大学出版社2018年版,第70页。

[②] 袁方主编:《社会研究方法教程》(重排本),北京大学出版社2013年版,第56页。

[③] 中国社会科学院语言研究所词典编辑室:《现代汉语词典》(第7版),商务印书馆2016年版,第1507页。

[④] Jarol B. Manheim and Richard C. Rich, *Empirical Political Analysis: Research Methods in Political Science*, Longman, 1991, p. 22.

[⑤] 风笑天:《社会研究方法》(第五版),中国人民大学出版社2018年版,第26页。

顾名思义,即变化的量,"是具有一个以上不同取值(不同的子范畴、不同的属性,或不同的亚概念)的概念"①。至于只有一个固定值的概念,则称为常量。举例而言,"性别"这一变量就包括了"男性"与"女性"两个不同的子范畴;"受教育水平"这一变量就可以分为"小学及以下""初中""高中""大学本科或专科""硕士研究生""博士研究生"六个不同子范畴。

在科学研究中常常使用变量语言及变量思维来描述或解释研究现象之间的关系。变量的使用是为了观测概念,亦是为了通过探寻变量间的关系,更便利地研究不同概念间的关系。将概念具体化为可以测量的变量,并说明不同变量以及变量的不同属性(属性就是事物的本性或特征②)之间的逻辑关系,是建构理论的关键环节。

3. 变量之间的机制或原理

在科学研究中,能够产生新的理论贡献是学术界一直以来的期望,这就要求研究者对变量的选择及其关系做出理论说明。在建立理论的过程中,变量之间并不是孤立的、割裂的,而是存在着某种逻辑关系,一般情况下存在以下三种关系来解释变量间的机制或原理:

① 直接关系,即那些用箭头把两个概念直接连在一起的图所表示的关系,如 $X \to Y$,这表示变量 X 与变量 Y 之间存在着直接效应。

② 间接关系(中介关系),即包含中介链的关系。比如变量 X 对变量 Y 的效应被认为是通过一个中间变量 Z 来产生的,我们就把变量 Z 称为中介变量,它们之间的关系表示为 $X \to Z \to Y$。

③ 调节关系,指的是自变量和因变量的因果关系机制中包含有调节变量的关系。需要注意的是,调节变量调节的是一个关系,而不是一个变量,如果用图形表示,调节变量调节的是 $X \to Y$ 中间的"$\to$"。

对于变量及变量间关系的具体介绍,详见第四章。

4. 命题与假设

命题(proposition)是"对于一个概念的特征或多个概念间关系的陈述"③。例如,"受教育水平更高的人相较于文化水平较低的人群,其文化消费更多"所描述的即"受教育水平"与"文化消费"两个概念间的关系。命题的主要类型有公理、定理、假设、经验概括等。(见表 3.2)

---

① 风笑天:《社会研究方法》(第五版),中国人民大学出版社 2018 年版,第 27 页。
② 〔美〕艾尔·巴比:《社会研究方法》(第 13 版),邱泽奇译,清华大学出版社 2020 版,第 12 页。
③ 风笑天:《社会研究方法》(第五版),中国人民大学出版社 2018 年版,第 29 页。

表 3.2　命题的不同类型

类型	形成方式	特点	能够直接检验
公理	由定义或假定而为真	高度抽象	无须检验
定理	由公理演绎而来	抽象程度介于公理与假设之间	部分可以
假设	来自演绎或经验	抽象程度较低、可被经验数据证实或证伪	可以
经验概括	通过经验观察或经验资料归纳而来	经验色彩较强、抽象程度较低	可以

资料来源：改编自袁方主编：《社会研究方法教程》(重排本)，北京大学出版社 2013 年版，第 59 页。

假设是命题的一种特殊形式，也是社会科学研究中最为常用的命题形式。《韦氏词典》将假设(hypothesis)定义为为了得到逻辑的或经验的结论并加以检验而做的尝试性假说……假设通常是试探性的(也可以理解为实验性的)，是为了被检验的目的而提出的严格的假说或建议。从这个角度来说，研究者通过提出待检验的假设，在抽象理论与经验事实之间建立了联结。

在大多数的社会科学研究中，由于研究者的主要目的大都可以归结为解释或说明不同变量之间的关系(研究者往往更关心因果关系)，因而，提出和检验有关变量间关系的假设成为科学研究和理论建构中不可或缺的环节。[①] 一般而言，假设有以下三种陈述方式[②]：

条件式陈述(conditional statement)：其表达形式为"如果 x，则 y"，其中 x 代表前提或先决条件，y 为结果。这种方式通常表示两个变量之间存在因果关系，但有时也指代相关关系。

差异式陈述(differential statement)：其表达形式为"A 组与 B 组在变量 x 上无(或有)差异"。在统计学中，无差异假设即"零假设"或"虚无假设"。

函数式陈述(functional statement)：其数学表达式为 $y = f(x)$，即 y 是 x 的某种函数。它说明，如果变量 x 发生变化，则 y 也相应发生变化，反之亦然。函数式陈述在自然科学研究中较为常见。而社会现象具有复杂性与关联性，一个社会现象的发展与变化常常与多个因素或变量存在关联，因此社会科学研究中往往无法

[①] 风笑天：《社会研究方法》(第五版)，中国人民大学出版社 2018 年版，第 30 页。

[②] 袁方主编：《社会研究方法教程》(重排本)，北京大学出版社 2013 年版，第 60 页；风笑天：《社会研究方法》(第五版)，中国人民大学出版社 2018 年版，第 30 页。

做到自然科学的精确性。函数式陈述在很多社会科学研究中常常以"本研究的目的在于探讨 x 与 y 之间的关系"的说法来替代。但近年来,社会科学的定量研究中,函数式陈述也越来越常见。

5. 边界条件

很少存在普遍的通用理论。换句话说,理论都有其适用的范围或条件,一旦超过这些条件所设定的边界范围,理论的解释力就会大打折扣,甚至产生错误。① 这就要求研究者在理论建构和应用之前,对理论的边界条件或适用范围进行预先假定或说明。一般地,学者通过明确人物(who)、地点(where)和时间(when)三种情境来确定理论的边界条件,这些要素在设定了可泛化性边界的同时,构成了理论的范围。② 例如,在理论解释与预测的过程中我们可能会思考:用装配线工人样本建立的工作满意度的模型能否适用于知识型员工? 在西方社会环境中建立的社会福利制度能否应用于中国? 在我国计划经济时代所建立的激励机制能否适用于市场经济时代? 如此等等。

需要注意的是,尽管研究者期望明确所有可能的边界约束,但这在实际研究中难以实现,因此明确核心命题的边界条件尤为重要。③ 因为只有符合实际情境的理论才是好的理论。情境化是一个"好"理论的必备条件,改进一个理论的效用的途径是理解它适用的情境条件。如果不结合实际情境选择合适的理论或者对理论进行适应性改进,盲目移植其他理论很可能适得其反。

(三) 理论与研究的关系

理论知识的积淀与发展,涉及两个紧密联系的方面:理论与研究,二者相辅相成,互相促进。一方面,现有的科学理论知识为人们奠定了认识与了解世界的一般框架,也引导着研究者去探讨和深入研究新的具体问题;另一方面,正如前面所指出的,研究的目的也是要产生新的理论。

1. 研究的逻辑

美国社会学家华莱士提出了实证研究的逻辑模型,也被称为实证研究的"科学环",并被广泛应用。在该模型中,用方框代表了研究中的五个信息组件:理论、假设、经验观察、经验主义归纳、接受或拒绝假设的决定。他用椭圆代表研究过程中的六种不同方法:(1) 逻辑演绎;(2) 操作化方法,例如研究设计与计划,概念界

---

① 陈晓萍、沈伟主编:《组织与管理研究的实证方法》(第三版),北京大学出版社 2018 年版,第 73 页。
② David A. Whetten, "What Constitutes a Theoretical Contribution?" *Academy of Management Review*, Vol. 4, No. 14, 1989, p. 492.
③ Ibid.

定、具体化和操作化,确定测量方法、抽样范围和方法等;(3)测量、样本总结和参数估计,即观察记录及整理、资料分级与分类、数据统计及分析;(4)检验假设的方法,例如常见的统计检验方法;(5)逻辑推理,如统计推论;(6)形成概念、命题和理论的方法。在图3.1中,华莱士从两个视角对实证研究的"科学环"进行解释:一是,"科学环"的左侧代表理论知识的建构过程,即通过归纳法,由"经验观察—经验主义归纳—理论"的路线显示;右侧代表理论应用阶段,即通过演绎法,以"理论—假设—经验观察"的路线显示。二是,"科学环"的上半部分代表运用归纳和演绎等逻辑方法的理论研究过程,下半部分代表运用研究方法从事的经验研究过程。

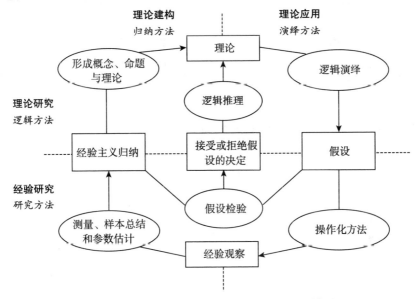

图3.1 "科学环"——实证社会研究的逻辑模型

注:信息组件用矩形表示,方法学控制用椭圆形表示,信息转化用箭头表示。

资料来源:Walter L. Wallace, *The Logic of Science in Sociology*, Aldine Atherton, 1971, p. 18。

通过华莱士的"科学环"不难发现:理论和经验研究二者相互作用,在提出科学的研究问题后,研究者可以选择以理论或者经验观察为切入点开展研究:一是,从理论出发,基于对理论的逻辑演绎形成研究假设,再通过经验观察进行假设检验,决定支持、反对、建议修改理论或提出新理论;二是,从经验观察着手,通过描述和解释他们所观察到的事实,形成经验概括并上升为理论。一个具体的社会科学研究需要完整地走完"科学环"的上半部分或下半部分,从这个角度来说,理论和经验研究是"科学环"的永恒循环中相对独立的两个环节:一方面,理论促使研究者开展经验研究,对理论观点进行证实或证伪,并根据研究结论决定接受、拒绝或修改完善科学理论;另一方面,基于经验观察和经验数据得出的结论常常能够促进现有理论的完善以及产生新的理论观点。① 正是在这种循环中,科学知识不断积累与螺旋上升。

2. 理论对研究的作用

具体而言,理论对于研究(规范和实证的,抑或理论或经验的)的作用可以归结为以下三个方面②:

第一,在研究问题的产生以及研究的准备阶段,理论为研究提供背景知识、研究视角与概念框架。 在对华莱士的"科学环"介绍中已经提到,研究问题可以来源于显性的经验观察,也可以直接来源于理论。对于从经验观察出发的社会科学研究而言,理论基础也是重要的,理论可以帮助研究者思考如何提出同时具有理论与现实意义的研究问题,提供分析问题的理论视角、概念或理论框架,或决定在研究过程中与何种理论进行对话。

第二,在科学研究设计与实施阶段,理论可以指导研究的方向。 研究者可以依据现有的理论及相关研究提出待检验的假设,并据此决定所需要收集的经验资料。需要注意的是,即使是相同的研究对象或研究问题,当采用不同的理论切入点进行研究时,其所需要的经验证据与所得出的结论也不尽相同。不同的理论分析视角可以帮助人们获得关于研究对象和问题的更为全面的认知。

第三,在资料分析与得出研究结论的阶段,理论能够为研究结果提供合理的解释。 具体而言,研究者在对变量间关系的机制、原理以及主要研究结论进行解释说明的过程中,需要与现有理论(尤其是经典理论)进行对话,而非自说自话。

总的来说,理论对于研究有着重要的引导作用,并且贯穿于研究的全过程中。一方面,理论可以为研究提供分析视角、理论框架和分析基础,为研究结论寻求合理的理论解释;另一方面,在与现有理论进行对话的过程中,研究本身也可能产生新的理论贡献与价值,从而增加研究本身的理论意义。也正因如此,"一项研究越是为系统的理论所指引,它的结果就越可能对知识的发展和进一步的累积做出贡献"③。

---

① 风笑天:《社会研究方法》(第五版),中国人民大学出版社2018年版,第32页。
② 本小节内容主要参考风笑天:《社会研究方法》(第五版),中国人民大学出版社2018年版,第34—35页。
③ 风笑天:《社会研究方法》(第五版),中国人民大学出版社2018年版,第35页。

3. 经验研究的理论功能

本书第一章指出,科学研究既有规范研究,也有实证研究、规范和实证的混合研究。这里的规范研究,也就是很多人常说的理论研究;实证研究,也就是很多人所说的经验研究。前面指出,社会科学中的理论与经验研究二者是相互促进的:一方面,理论为经验研究提供理论背景与指导;另一方面,经验研究的发现也能够为理论服务,并促进理论的完善与发展。经验研究的理论功能,已经远远超出了检验理论假设、证实或证伪理论等被动的理论服务功能,而是扮演着主动的角色,推动着理论的发展。① 默顿将经验研究的四种理论功能归结为引出理论(理论偶发模式)、重整理论(理论的重整)、调整理论(形成新的理论兴趣中心)、澄清理论(概念的澄清)。② 赖特·米尔斯等在《社会学与社会组织》一书中则将其归结为开创理论、重整理论、扭转理论和廓清理论。③ 需要特别指出的是,两者的区分并不存在本质差异,而是由翻译原因产生,在本章中延续了赖特·米尔斯等的划分。

(1) 开创理论

在经验研究中,开创新的理论常常带有"偶发机遇性"的成分,即"由于机遇或睿智,发现了原先并未寻求的有效结果"④。换句话说,在经验研究过程中,研究者偶然间发现的、不同寻常却对解释研究总体有着重要意义的资料,为创造新的理论提供了重要条件。默顿指出了在"理论偶发模式"中两个至关重要的特点或要素:一是,所观察到的现象是异乎寻常的,这种异乎寻常可能是与研究者的个人经验或常识相悖,也可能是与研究者预设的假设不符。但不论哪种情况,这种异乎寻常都意味着现有的理论难以提供合理的解释,促使研究者进一步探索。二是,这种异乎寻常的经验事实对于解释总体具有重要意义,这一要素保证了所开创新理论的普遍性。因为,经验研究中异乎寻常的现象可能是由于小概率事件、研究者的主观因素或误差所导致的,而科学研究所追求的是具有普遍意义的理论。这也就需要研究者将误差、小概率事件等无关乎全局的异常现象与有关全局的偶发性机遇区别对待。⑤

---

① 〔美〕赖特·米尔斯、塔尔考特·帕森斯等:《社会学与社会组织》,何维凌、黄晓京译,浙江人民出版社1986年版,第62页。
② 〔美〕罗伯特·金·默顿:《论理论社会学》,何凡兴等译,华夏出版社1990年版,第204页。
③ 〔美〕赖特·米尔斯、塔尔考特·帕森斯等:《社会学与社会组织》,何维凌、黄晓京译,浙江人民出版社1986年版,第62页。
④ 〔美〕罗伯特·金·默顿:《论理论社会学》,何凡兴等译,华夏出版社1990年版,第204页。
⑤ 同上书,第204—205页。

扩展知识

"霍桑实验"与开创理论

霍桑实验是一项自 1924 年开始在西方电气公司（Western Electric）位于伊利诺伊州西塞罗的霍桑工厂中实施的研究。其研究的最初目的是检验工厂的不同照明强度（劳动条件）对于工人的生产效率的影响。在研究过程中设置了实验组和控制组，实验组设定了不同的光照强度，而控制组的光照强度保持恒定。当实验开始后，出现了意想不到的结果：当实验组照明强度提高时，两组的工人生产效率均上升；而当实验组照明亮度下降时，两组工人的生产效率仍在继续提高。

这一意想不到的结果促使哈佛大学埃尔顿·梅奥教授加入该项研究，他对研究进行了再设计与优化，包括改变工作时限，改变个体和小组工作，以及激励计划等。① 最终，研究得出结论，"群体的社会准则或规范是决定工人个体工作行为的关键要素"②。在这一实验中，通过前期异乎寻常的实验结果，研究者也发现了对管理学有着重要影响的"霍桑效应"（Hawthrone effect）：在田野实验中，当被研究者感觉到自己被观察或研究时，会产生刻意改变自己行为的倾向。

——〔美〕斯蒂芬·P. 罗宾斯、戴维·A. 德森佐、亨利·穆恩：《管理学原理》（第 6 版），毛蕴诗主译，中国人民大学出版社 2008 年版，第 31—32 页。

霍桑实验可以被视为经验研究促进理论开创的典型案例。研究者所关注的原本是共产工作环境对于工人效率的影响，却在研究中偶然发现了异乎寻常且原来并未寻求的有效结果，并得到了对管理学以及行为科学研究具有重要影响的"霍桑效应"。与此同时，异乎寻常的结果，也促进了研究者的进一步探索，发现了群体的社会准则或行为规范对其工作表现的影响。

(2) 重整理论

如果说开创理论聚焦于"迫切要求解决的明显的矛盾"，那么重整理论则致力于发现"迄今被忽略的相关事实，这些事实要求扩展概念系统"③。换句话说，重整理论的核心并不在于提出一个完全脱离现有理论基础的崭新理论，而是对现有理论体系和概念体系的重新整合与改造。我们在理论的构成要素部分已经指

---

① Elton Mayo, *The Human Problems of an Industrial Civilization*, Routledge, 2003, pp. 71-133.
② 〔美〕斯蒂芬·P. 罗宾斯、戴维·A. 德森佐、亨利·穆恩：《管理学原理》（第 6 版），毛蕴诗主译，中国人民大学出版社 2008 年版，第 32 页。
③ 〔美〕罗伯特·金·默顿：《论理论社会学》，何凡兴等译，华夏出版社 1990 年版，第 210 页。

出,社会科学的理论一般都有其适用的"边界条件",这也就意味着理论存在着一定的相对性,主要适用于现实生活中的某类现象。① 因此,当在经验研究中发现"异乎寻常,并非未曾预期,也并非和现存理论不相容",而只是被现有理论或研究忽略或未曾充分考虑的经验发现时,就促使研究者改变现有的理论概念体系,重整理论,以提升理论的解释能力。② 重整理论可以提出新的研究变量与现有的研究相结合、扩展概念系统来实现。

(3) 扭转理论

扭转理论的关键特征是,经验研究中新的研究技术与方法的应用促成新的理论兴趣中心。③ 随着科学技术的发展和社会的进步,在社会科学研究中出现了许多新的研究方法与研究技术,例如问卷调查法、焦点小组法、内容分析、模拟分析、大数据研究法、计算机辅助技术以及新的统计技术与统计软件等。这些新技术与新方法极大地提高了研究者获取新的数据资料和经验事实与探索社会现象的能力。④ 与此同时,这些新的、原有研究中无法触及的经验资料,可能会促使研究者提出新的假说,进而产生新的理论兴趣点,加快了某些领域的研究进度;缺乏充分关注的其他理论领域可能因此停滞不前,进而使得研究者的注意力及理论兴趣中心发生扭转。⑤

(4) 廓清理论

经验研究的廓清理论功能即促使核心概念的澄清。清晰的概念是理论建构的基础和前提,并促使相关领域的研究者针对同一概念或社会现象形成共识。大量研究事实证明,经验研究中的操作化需要促使概念的澄清,但在实际研究过程中,很多研究者陷入了方法经验主义(methodological empiricism)的误区:将注意力更多集中在研究方法的选择以及因果关系的建构上,而忽视了研究中变量合理性的分析以及概念的清晰化。⑥ 这导致不同研究者在探究变量间因果关系机制后,并未对变量背后的概念本身达成一致,使得经验研究结论无法成功转换为理论的共识,并在一定程度上阻碍了社会科学理论的累积与发展。

不论是理论研究还是经验研究,都需要对核心概念进行澄清。正如默顿所

---

① 风笑天:《社会研究方法》(第五版),中国人民大学出版社2018年版,第36页。
② [美]赖特·米尔斯、塔尔考特·帕森斯等:《社会学与社会组织》,何维凌、黄晓京译,浙江人民出版社1986年版,第68页。
③ 同上书,第73页。
④ 风笑天:《社会研究方法》(第五版),中国人民大学出版社2018年版,第36页。
⑤ [美]罗伯特·金·默顿:《论理论社会学》,何凡兴等译,华夏出版社1990年版,第215页。
⑥ [美]赖特·米尔斯、塔尔考特·帕森斯等:《社会学与社会组织》,何维凌、黄晓京译,浙江人民出版社1986年版,第77页。

强调的,"概念,亦即变量,必须充分明确地加以定义,以保证研究的进行"①。在经验研究中,澄清概念需要研究者明确概念的内涵与外延、维度与层次,并在此基础上将概念或研究变量转换为清晰、可观察的指标,这也是概念的操作化过程。②

(四) 理论的建构、评估与检验

1. 理论的建构及其方式

理论建构(theory construction/building)是指研究者采用规范、实证或混合研究方法等,经由逻辑推理或经验概括,有步骤地设计和建立一个新的理论,并系统、逻辑地解释说明变量之间、命题之间关系的过程。③ 虽然理论建构的过程并不一定是连续且环环相扣的,但艾尔·巴比认为应大致经历以下五个步骤④:

第一,详细说明主题。

第二,详细说明理论关注的现象范围。理论将运用于所有人的社会生活,还是仅仅运用于美国,甚或只是运用于年轻人,或其他什么。

第三,详细说明主要概念和变量。

第四,找出关于变量间关系的既存知识(定理或命题)。

第五,从这些命题逻辑地推论至你们正在考察的特定主题上。

其中,研究主题即研究问题以及研究的核心关切;理论关注的现象范围即廓清理论的适用范围和边界条件;概念、变量和变量间关系都是构成理论的关键要素,已经在前面进行了讨论;从命题逻辑地推论至研究主题的过程,也是理论建构的关键步骤和核心环节。一般地,社会科学研究中的理论建构方式可以分为两类:演绎式理论建构(deductive theory construction)和归纳式理论建构(inductive theory construction)。⑤

(1) 演绎式理论建构

演绎,简单来说就是从一般到特殊的过程,即"将笼统的、一般性的原则推演

---

① 〔美〕罗伯特·金·默顿:《论理论社会学》,何凡兴等译,华夏出版社1990年版,第219页。
② 风笑天:《社会研究方法》(第五版),中国人民大学出版社2018年版,第36页。
③ 曹堂哲:《公共管理研究方法——基于公共管理问题类型学的新体系》,北京大学出版社2014年版,第92页。
④ 〔美〕艾尔·巴比:《社会研究方法》(第13版),邱泽奇译,清华大学出版社2020年版,第71页。
⑤ 本节内容主要参考〔美〕艾尔·巴比:《社会研究方法》(第13版),邱泽奇译,清华大学出版社2020年版,第71—73页;陈晓萍、沈伟主编:《组织与管理研究的实证方法》(第三版),北京大学出版社2018年版,第87—88页。

到具体的事例"①。演绎式理论建构则是研究者从所希望检验的一般性理论开始,使用逻辑推理、形式分析等规范研究方法,以检验处于一般性理论之下的特殊性理论和命题的过程。就理论建构的过程而言,演绎式理论建构的第一步是确定研究主题以及研究问题;第二步是围绕研究问题,整理现有的相关理论与研究。这意味着演绎式理论建构一方面需要研究者梳理自己的想法,另一方面也需要积极与现有理论与文献进行对话。②

演绎式理论建构主要基于现有的理论,通过对理论的回顾与分析发现以往理论中存在的不足与空白,并在此基础上通过提出新的概念与命题,产生新的理论贡献。因此,演绎式理论建构的关键和核心在于严密的逻辑推理,其对于经验数据的依赖程度较低,且"并不要求理论与数据之间的不断匹配与调适"③。

(2) 归纳式理论建构

归纳是通过对一组相似事件的总结,从中发现具有一般性规律的过程。④ 归纳式理论建构则是研究者以经验观察为起点,通过一组具体的观测结果和经验数据,从中推论出具有普遍意义的理论发现的过程。在社会科学研究中,由格拉泽和斯特劳斯创立的扎根理论(grounded theory)是一种典型的归纳式理论建构方法。⑤ 归纳取向的研究者通常不预先确定具体问题和研究假设,也不拘泥于对研究现象的描述和解释,而是在经验数据的收集、整理与分析的过程中自下而上归纳形成概念和类属,并进一步在概念和类属间建立联系以形成理论。

简单来说,归纳式理论建构一般需要经历"经验—经验概括—理论"三个阶段。⑥ 从观察到经验概括需要用到"度量、测定与分析的方法",由经验概括形成理论则需要使用"形成概念建立命题、理论的方法"。经验归纳与统计概括是常用的两种归纳方式。⑦ 其中,经验归纳较为常见的是扎根理论、定性实地研究等⑧,统计概括则多借助于统计分析方法。

与演绎式理论建构依赖于逻辑推理不同的是,经验式理论建构主要依赖于数据资料,并将经验数据视为产生与发展理论的唯一来源,这里的数据既包括定量

---

① 陈晓萍、沈伟主编:《组织与管理研究的实证方法》(第三版),北京大学出版社2018年版,第87页。
② 〔美〕艾尔·巴比:《社会研究方法》(第13版),邱泽奇译,清华大学出版社2020年版,第71页。
③ 陈晓萍、沈伟主编:《组织与管理研究的实证方法》(第三版),北京大学出版社2018年版,第87页。
④ 同上。
⑤ Barney Glaser and Anselm Strauss, *The Discovery of Grounded Theory: Strategies for Qualitative Research*, Aldine Transaction, 1967.
⑥ 袁方主编:《社会研究方法教程》(重排本),北京大学出版社2013年版,第73—79页。
⑦ 曹堂哲:《公共管理研究方法——基于公共管理问题类型学的新体系》,北京大学出版社2014年版,第92页。
⑧ 〔美〕艾尔·巴比:《社会研究方法》(第13版),邱泽奇译,清华大学出版社2020年版,第73页。

数据,也包括访谈资料、观察、档案等定性数据。① 必须注意的是,社会现实是复杂多样的,研究者在实际研究实施过程中往往无法进行穷尽式的、全面的观察,因此,由归纳式理论建构所得出的结论可能会在现实中遭到排斥与挑战。②

> **扩展知识**
>
> **"黑天鹅"的意义**
>
> 在澳大利亚被发现之前,17世纪的欧洲人普遍相信天鹅都是白色的。因为"所有天鹅都是白色的"这一命题在欧洲被大量的经验观察数据所证实。直到澳大利亚被发现,并在澳大利亚大陆发现了黑天鹅的存在,这一经过欧洲数百万次观察归纳而来的理论命题被打破。
>
> 此后,黑天鹅也常被指代在人们的常识或通常性预期之外,会产生较大冲击性,并在事后可以被解释或预测的事件。
>
> 澳大利亚黑天鹅的发现,恰恰证明了经验观察与归纳在获取知识以及建构理论上具有一定的局限性与脆弱性。"黑天鹅"事件的发生极有可能对基于归纳主义原则所建立的理论造成冲击。因此,在理论建构的过程中,单纯依赖于归纳推理或演绎推理都具有一定的缺陷。

(3) 演绎与归纳相结合的理论建构

无论是演绎式还是归纳式理论建构,都在社会科学研究的发展过程中起到重要作用。与此同时,二者并不是截然分开的,而是在理论建构过程中相互交织、彼此促进的。演绎取向的研究者并不单纯依靠对现有理论及实证研究的缜密逻辑推理来形成新的理论贡献,在研究问题的提出、概念界定及建立命题及假设阶段,也常常受益于经验观察、常识等③;相应地,归纳取向的研究者也并非单纯基于经验数据,在确定命题、假设以及变量间关系的机制与原理,以及从经验概括上升为理论的过程中,也常常需要研究者进行缜密的逻辑推理与演绎。

正因如此,研究者常常将演绎式与归纳式理论建构有机结合起来,形成"假设演绎法"(hypothetico deductivism method)的理论建构方式。假设演绎法,也叫假说演绎法,其原理和精神最早见于亚里士多德的归纳—演绎法④,后经由莱布尼

---

① 陈晓萍、沈伟主编:《组织与管理研究的实证方法》(第三版),北京大学出版社2018年版,第87页。
② 风笑天:《社会研究方法》(第五版),中国人民大学出版社2018年版,第33页。
③ 陈晓萍、沈伟主编:《组织与管理研究的实证方法》(第三版),北京大学出版社2018年版,第88页。
④ 周昌忠:《西方科学方法论史》,上海人民出版社1986年版,第153页。

茨、笛卡尔等人进一步发展,并被现代经验主义研究者从一种"科学发现"的方法改造为"科学确证"的方法。① 现代经验主义者认为,由猜想得出的假设本身缺乏经验基础,据此演绎得出的推论也是脆弱且充满挑战的,因此,根据假设演绎发展而来的推论,需要被经验观察与经验事实进一步证实,以对假设进一步确证。② 正如惠更斯(Christiaan Huyghens)所言:"原理是由它们引出的结论来检验的;……当用假定的原理论证了的东西与观察中的实验所产生的现象完全一致时;……这是对我探究成功的强有力的确证。"③

在理论建构的过程中,风笑天认为假设演绎法一般包括四个步骤:"①观察一种现象或一组完整的事件。②对观察的结果进行概括,试图形成一种能够解释所观察的现象的理论。③从这种概括出的理论出发,推演出具有逻辑性的某种结论。④用具体的材料来检验这种理论。若理论为检验所证实,那么我们就可以得出结论说,我们获得了能够解释这种现象的知识(当然,这种通常只能作为一种'或然性的解释',而非完全肯定的解释);若理论不能为我们的检验所证实,我们就得回过头来修改原始的理论,并进行新的检验。"④

简单来说,假设演绎法经历了"经验观察—经验概括—逻辑推演—检验"的过程。从经验观察到经验概括利用了归纳的逻辑,即归纳一般规律和理论的过程;从逻辑推演到检验利用的是演绎的逻辑,即从一般性规律和理论推演到新的经验事实的过程。⑤ 可见,这一过程在事实上,有一些我们所说的规范和实证混合研究的味道。

2. 理论评估及其标准

在理论建构完成后,还要进行理论评估。理论评估(theory evaluation)是研究者对理论解释水平和适用性的分析。伯克·约翰逊和拉里·克里斯滕森提出了一套评估理论解释水平的标准。(见表3.3)

表3.3 如何评估一套理论的解释水平

评估标准
1. 该理论或解释是否逻辑严密且连贯?
2. 是否清晰且简约?

---

① 顿新国:《理论确证的假说—演绎模型及其问题》,《哲学动态》2008年第8期,第61页。
② 同上。
③ 〔荷〕克·惠更斯:《论光》,刘岚华译,武汉出版社1993年版,序言第Ⅷ页。
④ 风笑天:《社会研究方法》(第五版),中国人民大学出版社2018年版,第34页。
⑤ 同上。

(续表)

评估标准
3. 是否与可获得的数据相符合?
4. 是否提出可验证的假设?
5. 基于理论的预测是否得到了验证和支持?
6. 是否经受得住研究者为了发现问题或找出错误而进行的多次尝试?
7. 是否比其他竞争性的或对立性的理论或解释更有效?
8. 是否具有良好的概括性,能应用到不止一个地方、情境或人?
9. 实践者能否用它来控制或影响世界的事物?

资料来源:〔美〕伯克·约翰逊、拉里·克里斯滕森:《教育研究:定量、定性和混合方法》(第4版),马健生等译,重庆大学出版社2015年版,第20页。

3. 理论的检验及其过程

一个新理论的建构并不意味着理论发展的完成。因为仅仅依靠理论的解释并不能保证其正确性,需要通过逻辑推理与经验检验,对理论解释及理论发现进行验证,以排除虚假的解释。[①] 社会科学理论的发展是在"观察、解释、进一步的观察、对解释的进一步修正……"[②]的循环往复中实现的。其中,进一步的观察以及对解释的修正就需要依靠理论检验来实现。理论检验(theory testing),也叫理论验证,是研究者以现有的理论为起点,依靠逻辑推理与经验推演,对理论进行操作化,形成可检验的研究假设,并选择适当的研究方法检验理论的正确性及其解释力的过程。下面将对理论检验的方法与步骤进行说明。

(1) 理论检验的方式

综合学者的研究,本章将理论检验的方法归纳为以下三类:逻辑判定(logical decision)、逻辑推演(logical deduction)与经验推演(empirical deduction)。前两种为规范等方法,经验推演也就是经验或实证的方法。[③]

逻辑判定是指研究者通过归谬法、反证法、选言推理等逻辑分析方法来判定理论发现正确性的过程,带有前验性质。[④] 理论检验中的逻辑判定应重点关注的是:"作为发现的过程是否违反逻辑,非逻辑过程是允许的,而违反逻辑的错误

[①] 申仲英、萧子健主编:《自然辩证法新论》(修订版),陕西人民出版社2000年版,第197页。
[②] 风笑天:《社会研究方法》(第五版),中国人民大学出版社2018年版,第37页。
[③] 袁方主编:《社会研究方法教程》(重排本),北京大学出版社2013年版,第79—82页;申仲英、萧子健主编:《自然辩证法新论》(修订版),陕西人民出版社2000年版,第197—199页。
[④] 申仲英、萧子健主编:《自然辩证法新论》(修订版),陕西人民出版社2000年版,第197—198页。

则是不允许的;发现中是否蕴含着逻辑悖论,包含悖论的逻辑发现不可能自洽;推论过程中是否出现与已确认的事实或理论有明显逻辑矛盾的乱接,如果出现这种环节而又不能证明先前确认的事实或理论有错误,那么新的发现就难以被接受。"①

逻辑推演是指研究者基于演绎的逻辑,从抽象的公理或理论出发,推导出定义或理论命题并加以检验的过程。② 逻辑推演可进一步分为命题逻辑推演与定义逻辑推演两种形式。(见表3.4)命题逻辑推演是由"公理推演出定理(或理论假设)"的方法,常见于几何学、数学等自然科学领域。③ 命题逻辑推演的特点是,公理与定理位于同一抽象层次,经验观察、定理与公理之间具有一致性的逻辑关系,经由严格命题推演得出的理论假设如果被证实,即可直接证实理论。④ 命题逻辑推演的缺点是,定理和理论假设的抽象程度较高,在实际的社会科学研究中,直接获得经验检验的证实或证伪可能存在一定的困难。因此,社会科学研究者也提出了定义逻辑推演的理论检验方法。定义逻辑推演是由抽象程度较高的公理或理论推演出较为具体化的理论命题的过程。⑤ 这些理论命题的抽象程度较低,可以直接应用于理论检验,且对于研究方案的设计以及经验数据的收集具有较强的指导意义。

表3.4 命题逻辑推演与定义逻辑推演的比较

	命题逻辑推演	定义逻辑推演
定义	由公理推演出定理(或理论假设)的方法	由抽象程度较高的公理或理论推演出较为具体化的理论命题的过程
特点	公理与定理位于同一抽象层次,经验观察、定理与公理之间具有一致性的逻辑关系,经由严格命题推演得出的理论假设如果被证实,即可直接证实理论	理论命题的抽象程度较低,可以直接应用于理论检验,且对于研究方案的设计以及经验数据的收集具有较强的指导意义
抽象程度	较高	较低

资料来源:根据袁方主编:《社会研究方法教程》(重排本),北京大学出版社2013年版,第79—81页内容整理。

---

① 申仲英、萧子健主编:《自然辩证法新论》(修订版),陕西人民出版社2000年版,第198页。
② 袁方主编:《社会研究方法教程》(重排本),北京大学出版社2013年版,第79—80页。
③ 同上书,第79页。
④ 曹堂哲:《公共管理研究方法——基于公共管理问题类型学的新体系》,北京大学出版社2014年版,第98页。
⑤ 袁方主编:《社会研究方法教程》(重排本),北京大学出版社2013年版,第80页。

经验推演即"把理论假设中的概念与经验变量和指标联系起来,然后在经验层次上建立工作假设"①的过程。科学哲学家们提出了衡量理论建构充分性的标准,包括经验可测性(empirical testability)②、可验证性(verifiability)③、可证实性(confirmability)④以及可证伪性⑤等。要实现这些标准,需要对理论中的关键定义及操作化进行说明,以便接受经验事实的检验。然而,对于社会科学理论而言,许多概念(诸如治理效果、员工满意度、领导能力等)是无法被直接观测的,因此需要找到可观察的变量作为不可观察的概念的替代,这个替代可以是单一的指标,也可以是由多个可观察的指标所构成的指数或指标体系。⑥ 经验推演的过程大致经历"概念—变量—指标"抽象化程度逐渐降低的三个阶段,并通过构建可操作化的指标,使得理论可以在实践中被检验。⑦

总体而言,逻辑判定法是在"逻辑可能世界中"检验并判定理论的,接受或拒绝命题的依据为是否符合逻辑。⑧ 而逻辑推演与经验推演是在现实世界中检验理论,二者最终都需要形成可检验的假设,并通过经验验证。研究者可以通过逻辑判定法"充分判定一个命题为假,但不足以肯定一个命题为真",因为理论最终需要应用并服务于现实世界,经由逻辑判定为真的命题还需要经过经验验证,才能判断其正确性。⑨ 如果逻辑判定为真,而经由逻辑或经验推演并验证后为假的命题,依然无法通过检验。因此,在实际的理论检验过程中,几种检验方式往往是结合使用的。

(2) 理论检验的步骤

一般而言,理论检验应包括六个环节(见图3.2)⑩:

---

① 袁方主编:《社会研究方法教程》(重排本),北京大学出版社2013年版,第85—86页。
② Karl R. Popper, *The Logic of Scientific Discovery*, Harper & Row, 1959, pp. 16-17.
③ Robert R. Sterling, "On Theory Construction and Verification," *The Accounting Review*, Vol. 45, No. 3, 1970, pp. 444-457.
④ J. T. Clark, "The Philosophy of Science and the History of Science," in Marshall Clayett, ed., *Critical Problems in the History of Science*, University of Wisconsin Press, 1969, pp. 103-140.
⑤ [英]卡尔·波普尔:《猜想与反驳——科学知识的增长》,傅季重等译,上海译文出版社2015年版。
⑥ Marie A. Hughes, R. Leon Price and Daniel W. Marrs, "Linking Theory Construction and Theory Testing: Models with Multiple Indicators of Latent Variables," *Academy of Management Review*, Vol. 11, No. 1, 1986, p. 128.
⑦ 袁方主编:《社会研究方法教程》(重排本),北京大学出版社2013年版,第82—83页。
⑧ 申仲英、萧子健主编:《自然辩证法新论》(修订版),陕西人民出版社2000年版,第198页。
⑨ 同上。
⑩ 参考袁方主编:《社会研究方法教程》(重排本),北京大学出版社2013年版,第85—86页;风笑天:《社会研究方法》(第五版),中国人民大学出版社2018年版,第40—41页。

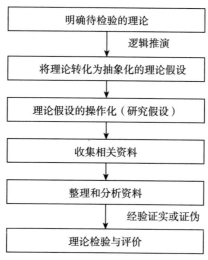

图 3.2 理论检验的步骤

① 明确待检验的理论:这是理论检验的起点和基础。研究者在明确研究问题,选择适合的理论分析框架后,即可确定有待检验的一个或多个理论。

② 将理论转化为抽象化的理论假设:理论假设是基于演绎的逻辑从理论中推导出的概念化命题,这些命题较为抽象且无法被直接观测。"由一个理论推导出的可检验的理论命题越多,则理论的可检验性就越大。如果在研究中被证实的理论命题越多,则这一理论的真实程度和可信度就越高。"[①]

③ 理论假设的操作化:在明确理论假设后,就需要基于经验推演将抽象的理论假设转化为具体的、可观察的研究假设(也称为工作假设)。这一过程也是概念的操作化过程,即将理论概念转换为变量及可测量的指标体系。基于变量思维重整理论假设,使之操作化为陈述两个或多个变量间关系的待检验的研究假设。随后,基于待检验的研究假设,设计研究实施方案,明确研究方法、研究对象、研究实施的区域、层级等。

④ 收集相关资料:根据研究设计及实施方案,研究者对理论及假设检验所需要的经验数据资料进行收集。

⑤ 整理和分析资料:在这一阶段将所收集的经验资料进行整理、归类,并将其与研究假设、理论假设进行比较,分析它们之间的契合程度。在这一阶段研究者应特别注意两个问题:一是,研究者在资料分析的过程中应考虑三个层次递进的问题,即所收集的资料对研究假设、对待检验的理论假设和理论本身,以及对一

[①] 袁方主编:《社会研究方法教程》(重排本),北京大学出版社 2013 年版,第 86 页。

般性理论的支持程度,而不应仅止步于研究假设或理论假设本身;二是,对经验资料的分析并不局限于统计分析,也需要研究者的逻辑推理能力、想象力及理论分析能力。

⑥ 理论检验与评价:研究者需要根据假设检验结果,评价理论的有效性。当研究假设被证伪时,研究者应深入解释原始理论的局限性,说明其适用范围与边界,并探讨理论改进及发展的方向;当研究假设被证实时,研究者应说明研究假设、理论假设及待检验理论之间的关系,利用新的经验事实补充并完善原有理论。①

需要说明的是,正如演绎式理论建构和归纳式理论建构二者往往是相辅相成、彼此促进的关系,在实际的社会科学研究与理论的发展过程中,理论建构与理论检验也不是分割的,二者相互作用。理论的建构需要明确理论的有效性及适用范围,对于理论检验提出了要求;同时,理论检验的结果也为理论建构和发展指明了方向。

(五)理论的创新

理论的创新意味着理论产生了新的知识积累和科学贡献。可以通过实证和理论两个维度来判断一个理论的科学贡献。一项理论的实证贡献,主要是看该理论被经验数据支持的程度。换句话说,当其他条件相同时,一项理论所获得的经验数据支持越多,其实证贡献越大。② 理论贡献则需要在与其他理论的比较中发现。受到瓦格纳和伯杰的启发,陈晓萍等人提出了四种发展和创新理论的方法,分别是:深化、繁殖、竞争和整合。③

1. 理论深化

理论深化(theory elaboration)是指研究者在现有理论(T1)的基础之上,通过增加有效变量、细化理论作用机制等方式,发展出新理论(T2),使得现有理论更加全面、严谨、精确与充分,并获得更多的经验数据支持与更好的预测能力。④ 研究者通常利用两种方式实现理论创新与深化:一是,在现有理论(T1)中新增调节

---

① 曹堂哲:《公共管理研究方法——基于公共管理问题类型学的新体系》,北京大学出版社 2014 年版,第 101 页。
② Arthur L. Stinchcombe, *Constructing Social Theories*, Harcourt, Brace & World, Inc., 1968, pp. 17–22.
③ David G. Wagner and Joseph Berger, "Do Sociological Theories Grow?" *American Journal of Sociology*, Vol. 90, No. 4, 1985, pp. 697–728;陈晓萍、沈伟主编:《组织与管理研究的实证方法》(第三版),北京大学出版社 2018 年版,第 81—84 页。
④ David G. Wagner and Joseph Berger, "Do Sociological Theories Grow?" *American Journal of Sociology*, Vol. 90, No. 4, 1985, pp. 697–728.

变量,并说明在不同的条件下,自变量与因变量之间的作用是如何变化的;二是,在现有理论(T1)中的变量中新增中介变量,说明变量之间的作用机制。①

2. 理论繁殖

理论繁殖(theory proliferation)是指研究者借鉴其他领域中某个理论的观点,并将其适用于一个新的领域。例如,将社会心理学领域的剥夺理论应用于公共管理学领域,就可以被归类于理论繁殖。理论繁殖与理论深化二者的区别在于,理论繁殖改变了理论的适用领域或适用对象,而没有更新理论的基本思想或假设;理论深化并没有改变理论应用范畴,而是针对同一范畴中的相同对象,对原有理论进行了细化与发展。② 需要注意的是,理论繁殖并不等于对某一理论的完全照搬,可能在此过程中对原有理论进行"扬弃"或者借鉴其中的部分观点。

3. 理论竞争

理论竞争(theory competition)是指针对同一类现象或问题,研究者提出与原有的理论(T1)存在本质差异的新理论(T2)进行解释与预测。③ 新理论与原有理论的矛盾程度可能存在差异,在某些情况下,新的理论解释只是部分挑战或颠覆了以往的理论假设,但"在高度竞争的理论建构中,新的理论很可能采用完全不同的角度或者假定,以此来挑战原有理论的角度和假定的不足,新的理论可能对于相同的现象做出与原有理论截然不同的预测,并替代原有的理论"④。理论深化与理论竞争的区别在于,深化继承了原有理论假设及其基本观点,而竞争则对原有理论假说提出了挑战甚至颠覆,但不论是理论深化还是理论竞争,新理论与原有理论都针对相同的研究领域及对象。

4. 理论整合

理论整合(theory integration)意味着"在两个或两个以上已经建立起来的理论的基础上创造一个新的理论模型"⑤。在理论整合阶段,研究者可以采用深化、竞争或繁殖的方法来进行。深化的整合意味着研究者在吸收借鉴多个理论的基础上,通过在原有理论中增加控制变量、调节变量或中介变量的方式,实现理论的深化与发展。繁殖的整合通过发展适用于其他领域的理论以拓宽理论的应用范围。竞争的整合则是通过考察两个或多个存在冲突或竞争的理论,在此基础上吸收、

---

① 陈晓萍、沈伟主编:《组织与管理研究的实证方法》(第三版),北京大学出版社2018年版,第81页。
② 同上书,第82页。
③ David G. Wagner and Joseph Berger, "Do Sociological Theories Grow?" *American Journal of Sociology*, Vol. 90, No. 4, 1985, pp. 697-728.
④ 陈晓萍、沈伟主编:《组织与管理研究的实证方法》(第三版),北京大学出版社2018年版,第83页。
⑤ 同上书,第83—84页。

借鉴从而整合成一个更加缜密、完备的理论。

以上四种方式并非互相排斥或截然分离的,而是学者将自己的研究观点与现有文献和理论进行对话的手段。研究者可以根据需要,在理论建构过程中灵活选择理论创新的一种或多种方法。

关键术语

理论	宏观理论	微观理论	中观理论
概念	变量	命题	假设
条件式陈述	差异式陈述	函数式陈述	开创理论
重整理论	扭转理论	廓清理论	理论建构
演绎	演绎式理论建构	归纳	假设演绎法
理论评估	理论检验	逻辑判定	逻辑推演
经验推演	理论深化	理论繁殖	理论竞争
理论整合			

思考题

1. 科学研究的一般目的是什么?
2. 科学理论一般可分为几个层次?
3. 请结合华莱士的"科学环",说明理论与研究之间的关系。
4. 理论的主要构成要素是什么?
5. 进行理论建构的方式有哪些?它们之间存在着何种区别与联系?
6. 请结合你所熟悉的政治学或公共管理学研究,说明理论检验的方法和实施步骤。
7. 理论创新的实现途径有哪些?它们之间存在着何种区别与联系?

延伸阅读

Arthur L. Stinchcombe, *Constructing Social Theories*, University of Chicago Press, 1968.

Jarol B. Manheim and Richard C. Rich, *Empirical Political Analysis: Research Methods in Political Science*, Taylor & Francis, 1994.

Robert King Merton, *Social Theory and Social Structure*, Free Press, 1968.

陈晓萍、沈伟主编:《组织与管理研究的实证方法》(第三版),北京大学出版社 2018 年版,第三章。

〔美〕罗伯特·金·默顿:《论理论社会学》,何凡兴等译,华夏出版社 1990 年版。

袁方主编:《社会研究方法教程》(重排本),北京大学出版社 2013 年版,第四章。

经典举例

〔德〕马克斯·韦伯:《新教伦理与资本主义精神》,阎克文译,上海人民出版社 2018 年版。

在这本书的开篇,韦伯指出资本主义萌芽在世界多处发生,但只有在欧洲,尤其是新教国家才得以快速发展;同时,资本家以新教徒居多。由此,他提出一个猜想:新教改革后的基督教为资本主义发展提供了一种内在的价值伦理逻辑,正是这种伦理逻辑在资本主义发展初期促进其发展。在书中,韦伯进行了**归纳式理论建构**,大体遵照"宗教教义—新教伦理—资本主义发展"的思路展开论述,又细分为两部分:其一为世俗禁欲主义的宗教基础,其二是世俗禁欲主义对资本主义的影响。在书的末尾,他又简单涉及宗教伦理在资本主义框架建构后的衰落,并让位于理性功利主义。

1. 现世禁欲主义的宗教基础

不同于中世纪教会所宣扬的人只有在禁欲、苦行中才能获得赎罪,路德提出"天职观",认为劳动是上帝的安排,做好本职工作,让上帝满意,就可以达到赎罪的目的。这打破了教会对宗教解释权的垄断,让信众与上帝进行直接沟通,让信众不再依附教会而成为自由的个体,只有在自由劳动的基础上才有可能实现精确的劳动和筹划,自由劳动为理性的工作安排提供可能。加之体现信仰的方式是勤勉工作,所以要求每个人都做好自己的工作,这成为伦理建构的第一步。但路德主张的局限性在于,教导人们接受当前的、上帝赋予的工作,安于现状,这体现了他社会保守主义的传统思想。安于本分只能最大程度地维护社会稳定,而其推动社会发展的过程是缓慢的。

在此基础上,加尔文又提出较为激进的"先定论"观点。他认为上帝预先选择了他的子民,选民会受到上帝的恩宠和佑护。这就带来一个问题:如何确定自己是否为上帝的选民?按照加尔文的说法,选民是上帝预先选择的,如被选定就应该带有自信,信心不足者不配拥有选民资格。加尔文自身作为上帝旨意的传递者,拥有选民身份,普通民众为了确认自己的恩宠状态则投入紧张的世俗工作中,通过在工作中的德行，增加上帝的荣光。工作的德行表现在创造财富的多寡，因此选民应该尽可能多地创造财富。选民以创造财富为天职，获取财富是劳动的结果，因此受到神的祝福，具有财富合法性。但是，财富也是上帝所赋予的，个人使用财富应该遵循神的旨意，坚持善行，杜绝挥霍财产贪图自由享乐。加尔文认为，选民应该"依照上帝的旨意，合理、系统地安排整体道德生活的戒律，持久的自我控制，来达到和上帝合一的状态"。这种约束性质的伦理取向构成在世俗生活中的禁欲主义倾向，逐步内化成新教徒的精神气质，让他们的尘世行为都具有理性的出发点。而理性的出发点后来发展成为理性逐利的资本主义精神。

2. 禁欲主义与生产实践

世俗禁欲主义对资本主义的影响，主要体现在资本主义兴起的阶段。"天职观""先定论"培养资本家和职业工人，资本家以追求财富为终极目标，工人以劳动为天职，建立起理性的生产秩序。在生产环节，无论是资本家还是工人，都自愿接受资本与劳动的分工。工作无分贵贱，都是上帝的旨意，因此工人都能够专注于工作而淡化阶级差异，从而使资本与劳动结合起来，理性的经济组织随之出现。在分配环节，人们以增加上帝荣光为目的，按照各自的职务领取酬劳，分配不均不会引发阶级矛盾。

财富节俭意识与禁欲伦理有利于资本积累，将资本投入扩大再生产，发挥资本的最大效能。资本主义生产关系被宗教伦理合法化，人们秉承共同的宗教情怀，遵循上帝的分工安排，各司其职，淡化雇佣、剥削等阶级对立概念。基于统一的新教伦理价值观，资本家与工人形成主体和谐的氛围，资本主义社会得以稳定发展。

通过上述论证，韦伯证实了构成近代资本主义精神的诸多要素来源于新教的世俗禁欲主义。新教伦理影响世俗道德的发展走向，从而助力了近代资本主义经济秩序的诞生。新教禁欲伦理孕育出的理性主义超越了技术、制度，以伦理感召引导人类的经济行为，从而塑造了西方近代资本主义文明。

新教影响下的世俗禁欲精神是资本主义发展初期的伦理动因，但在资本主义发展壮大后，原来的宗教根基却趋于萎缩。禁欲主义不再是为了获取上帝的救赎，不是为了证明上帝的选民身份，而变为纯粹理性的逐利行为。随着工业化的推进，人们"除魅"意识增强，理性化增进。原本的宗教价值观已经衰落，并被"程式化"，以目的理性为行为特征的功利主义不知不觉深入了由宗教伦理构筑的"劳动—价值"框架，如今只剩下理性的劳动了。当天职观念转化成经济冲动，甚至于逐渐感受不到了，人们也就不会再为这种天职观念寻找理由辩护了。由此，资产阶级的经济伦理形成了，如韦伯引用富兰克林的文章所形容的那种理性逐利精神，取代了中世纪以来一直占主导地位的宗教概念。

第四章 研究中的变量、变量间关系与因果关系

本章要点

- 变量的概念以及分类；
- 变量间相关关系、因果关系和虚无关系的内涵；
- 变量间因果关系的不同类型；
- 新休谟方法和反事实方法,以及二者的区别；
- 因果关系解释中潜在的错误；
- 因果推断的内涵、层次、准则。

一、导 言

变量不是定量实证研究所特有的语言。事实上,不论是在定性实证研究、混合研究,还是规范研究中,都需要变量思维。因此,厘清研究中的变量与变量间的关系,是研究者分解研究问题、开展研究并建构理论的关键前提。一般而言,变量间的关系主要包括相关关系、因果关系和虚无关系三类。而在研究中,我们大都希望所研究的变量间具有真实联系,即相关关系和因果关系,尤其是因果关系,而不太关注虚无关系。

在早期研究,尤其是统计学研究中,相关性分析一度占据重要地位,且因果关系曾被简化为相关关系的特例。在这一时期,研究因果关系被视为一项带有强烈主观色彩、违背数据优先原则,且永不可证的无意义之举。在此背景下,不仅相关性分析占据研究尤其是统计学研究的主流,而且任何涉及因果关系的研究被忽视,甚至被敌视。[①] 秉持数据优先原则,相关性分析强调科学应以客观性为基础,并应完全依据数据与实验做出推断,拒绝任何主观观点。而因果关系分析需要研

[①] 〔美〕朱迪·珀尔、达纳·麦肯齐:《为什么:关于因果关系的新科学》,江生、于华译,中信出版社2019年版,第41—51页。

究者发挥主观能动性,并做出主观判断①,不然研究者就将无法解释各类"虚假相关"(spurious correlation,也译作伪相关)现象背后的原因,只能被迫接受数据给出的伪相关结论,但这无疑是不合理的。②

近年来,研究者们逐渐意识到,相关性分析并不能解决更深层次的问题。它不仅无法给出事物关联背后的原因解释,也无法解答事物演变会遵循何种机制,更无法回答特定因素带来的影响效应如何。因此,越来越多的研究者开始从相关性分析转向更多地关注因果关系分析,并逐渐推动传统的统计推断(statistical inference)向因果推断(causal inference)转变。因果推断不仅能够识别因果关系(causality/causation/causal relationship)和因果效应(causal effect),而且能够帮助研究者解决"为什么"的问题。③ 需要指出的是,因果推断不是任何特定研究方法的附属物,它是一种研究思维,是研究者探究事物之间深层次联系的过程。而且,虽然进行因果推断允许研究者发挥主观能动性,鼓励研究者大胆推测、小心求证;但是,因果推断过程本身必须非常严谨,必须是可重复的、能让人信服的。所有这些,都是研究者在进行研究时必须高度重视的。

基于上述内容,本章将在概要介绍科学研究中的变量与变量间关系的基础上,聚焦于变量间的因果关系,并将对因果关系的类型、探索因果关系的方法、因果关系解释中的潜在谬误、因果推断等相关重要问题依次进行简要说明。

二、科学研究中的变量和变量间关系

（一）变量的定义和分类

1. 定义

在科学研究中,变量与变量间关系是形成研究假定、假设和界定理论的关键影响因素。变量的含义,顾名思义就是"变化的量";变量也称变项,是概念的一种类型,是通过对概念的具体化转化而来的。粗略来讲,也可以将变量视为具有一个以上不同取值的概念,而对于那些只有一个固定取值的概念,则可叫作常量(constant)。至于变量和概念,以及我们前面讲到效度时提到的构念三者之间的关系,我们将在本书第九章进行详细分析。

变量的不同取值和不同类别就是变量的属性。艾尔·巴比指出,在社会科学

---

① 〔美〕朱迪·珀尔、达纳·麦肯齐:《为什么:关于因果关系的新科学》,江生、于华译,中信出版社2019年版,第67页。

② 同上书,第48页。

③ 苗旺、刘春辰、耿直:《因果推断的统计方法》,《中国科学:数学》2018年第12期,第1753页。

的研究和理论建构中,"变量和属性都代表了社会概念。变量包括了一组相关的属性(类别、值)"①。例如,在研究中,如将性别作为变量,那么男性和女性就是性别的不同属性。再比如,我们经常会被问到对于某些政策的态度。这时,个体对于该政策的态度就是变量,而非常支持、比较支持、中立、比较不支持、非常不支持等选项就是属性。

2. 变量的分类

变量存在多种分类方式。例如,根据变量自身属性、数据测量尺度、变量间关系的不同,可以相应地把变量划分为不同的类型。(见表4.1)这三种分类方式并不是互斥的,一个变量可以同时具有不同的"身份"。

表4.1 变量的种类

分类标准	种类	概念或特征	举例
变量自身属性	客观事实变量	客观存在的变量,可以直接测量	收入、年龄
	心理测量变量	不能够直接测量	态度、人格
数据测量尺度	定类变量	仅具有完备性和排他性特征	性别、党派
	定序变量	体现变量属性的逻辑顺序	社会阶级的高低、满意度
	定距变量	属性"距离"具有测量意义,可加减	温度
	定比变量	具备上述三个变量特征;建立在现实基础之上,可乘除运算	选课的数量
变量间关系	自变量	因果推论或研究假设中的原因和先行变量	个人收入水平影响个人消费水平中的个人收入水平
	因变量	因果推论或研究假设中的结果变量	个人收入水平影响个人消费水平中的个人消费水平
	控制变量	研究中的先行变量,但并不是本研究中想要研究的变量	个人收入水平影响个人消费水平,控制物价水平、储蓄观
	调节变量	影响自变量和因变量关系的方向、强度的定性或定量的变量	社会发展水平、现代科技水平对民主活动参与意愿和参与水平间关系的调节
	中介变量	介于自变量和因变量之间的变量,是因果推论解释中作为中间现象的变量	个人职业通过影响收入水平从而影响个人消费水平

---

① 〔美〕艾尔·巴比:《社会研究方法》(第13版),邱泽奇译,清华大学出版社2020年版,第12页。

（1）依据变量自身属性的划分

如从变量自身属性划分，一般可将变量划分为客观事实变量和心理测量变量两类。

客观事实变量（objective facts variable）是指客观存在的，可以直接进行测量的变量。例如，地区经济社会发展指标（GDP、人口数）、人的自然属性（姓名、性别、年龄、出生地）、客观拥有的事物（收入、住房、汽车）等变量，都是客观事实变量。

心理测量变量（mental measurement variable）则是指个人心理层面的，不能够直接进行测量的变量。例如，态度（对教师教学的满意程度）、观点（读研是否对以后的工作有帮助）、人格、性格、智力水平等都是心理测量变量。

（2）依据数据测量尺度的划分

根据数据测量尺度的不同，又可将变量划分为定类变量、定序变量、定距变量和定比变量四类。

定类变量（nominal scale variable），有些时候也被称为称名变量，是对事物、个案或研究对象进行类别划分的变量。在所有四种类型的变量中，定类变量的测量层次最低（见图4.1），它的数据表现为"类别"，只能对事物等进行分类，也可以用数字代码表示，且使用时必须满足完备性（类别穷尽）和排他性（互斥）两个特征，但不存在不同取值的大小、优劣之分，在数学上只有是（相等"="）或非（不相等"≠"）的特征。（见表4.2）例如，性别、宗教派别、政治党派、出生地等都是定类变量。

图4.1 四种变量的测量层次关系

表4.2 四种变量之间的比较

变量类型	数据表现	具体特征	绝对零点	数学特征
定类变量	类别（可用数字代码）	完备性、排他性、无大小和优劣之分	无	=,≠

(续表)

变量类型	数据表现	具体特征	绝对零点	数学特征
定序变量	分类、排序	未测量出类别间的准确差值	无	=, ≠ >, <
定距变量	分类、排序、可以加减	测量出类别间的准确差值	无	=, ≠ >, < +, −
定比变量	分类、排序、可以加减乘除	不仅测量出类别间的准确差值,而且有绝对零点	有	=, ≠ >, < +, − ×, ÷

定序变量(ordinal scale variable)是对事物、个案或研究对象进行等级次序排列的变量。在四种类型的变量中,定序变量的精确性要比定类变量高,不仅能够给事物分类,而且能够按照属性给各个类别排列逻辑顺序,但它并未测量出类别间的准确差值,因此在数学上除了定类变量的特征外,只多具有了大于(>)或小于(<)的特征。例如,社会阶级的高低、对政府的分层的满意度等都是定序变量。

定距变量(interval scale variable),有些时候也被称为间距变量,是描述事物、个案或研究对象等的变量的取值具有"距离"特征的变量。在四种类型的变量中,它对事物等的属性的刻画又比定序变量更加精确了一些,它的数据不仅能够给事物分类,能够给各个类别按照属性排列逻辑顺序,而且测量出了类别间的准确差值。它的数值不仅具有定类和定序变量的特征,而且具有前两者所没有的加(+)或减(−)的数学特征。但是,它没有绝对零点。例如,以温度变量为例,50℃和80℃代表事物两种不同的属性,也可以进行加减运算;但是,其零点是随意定下的,温度的0℃并不意味着没有温度。因此,定距变量并不能进行乘(×)和除(÷)运算。

定比变量(ratio scale variable),有些时候也被称为比值变量,它具有定类、定序和定距变量的所有特征,且具有一个真正实在意义上的绝对零点(表示真正没有)。因此,定比变量不仅可以加减,也可以乘除。例如,年龄、上课的时间、选课的数量等变量就是定比变量。当然,在一般的研究中,人们很少严格区分定距与定比测量,除非需要计算比值才会这么做。

（3）依据变量间关系的划分

根据在因果关系中所处的不同位置,变量也可以被划分为自变量(independent variable)、因变量(dependent variable)、控制变量(control variable)、调节变量(moderating variable)和中介变量(mediating variable)等。自变量是研究者关注的影响因变量的决定性因素,是因果推论或研究假设中的原因和先行变量。因变量是因果推论和研究假设中的结果变量。控制变量也是研究中的先行变量,但并不是本研究中想要研究的变量,由于无法消除其对于因变量的影响,因此被作为控制变量纳入分析。调节变量也称条件变量,是影响自变量和因变量关系的方向、强度的定性或定量的变量。中介变量是介于自变量和因变量之间的变量,是因果推论解释中作为中间现象的变量。本书第六章会对于这五种变量做进一步分析,在下面讨论不同因果关系类型时也会对与各种变量相关的含义做进一步介绍,故在此不再赘述。

（二）变量间关系的类型

变量间关系是指两个或以上变量间的关联性质,这种关系可能是相关关系、因果关系、虚无关系。①

1. 相关关系

一般认为,当一个变量的取值"随着"另一个变量取值的变化而同步发生改变,就可认为这两个变量之间存在相关关系(correlation)。相关关系有强有弱,有正有负。在统计学中,两个随机变量 X 和 Y 之间的相关关系常用相关系数(correlation coefficient) ρ_{XY} 或 γ_{XY} 来表示,且 ρ_{XY} 的值介于 -1 到 1 之间。相关系数的绝对值越大,则表明两个变量之间的相关关系越强烈。相关系数为 0,则表示两个变量之间不存在相关关系。相关关系为正,叫正相关(positive correlation),表示两个变量取值的变化方向相同,即一个变量取值增加,另一变量的值同步上升。例如,随着学习注意力的提高,学习效率也相应越高。相关关系为负,叫负相关(negative correlation),表示两个变量取值变化方向相反,即一个变量取值的增加,伴随着另一个变量取值的减少。例如,随着娱乐活动投入时间的增多,学习成绩降低。

在相关关系中,一般无法区分谁是原因变量(causal variable),谁是结果变量(outcome variable)。两个变量可能同时和第三个变量有关而产生了相关关系,也可能互为因果。

---

① 袁方主编:《社会研究方法教程》(重排本),北京大学出版社 2013 年版,第 57 页。

2. 因果关系

在科学研究中,研究者最关心的多是因果关系。① 当一个变量的变化"引起"或"导致"另一个变量的变化时,即二者相互依存时②,就形成了某种因果关系。一般地,研究者把那种引起其他变量变化的变量叫作"自变量",常用 x 表示;而把那种由于其他变量的变化而导致的自身发生变化的变量叫作"因变量",常用 y 来表示。

通常认为,具有因果关系的两个变量需要同时满足三个条件:(1)原因必须先于结果;(2)原因必须与结果有关;(3)除了原因之外,找不到其他合理的解释,即不是其他因素导致的结果。③ 其实,变量间因果关系强调的就是,因变量的变化"是并且仅是"由自变量的变化而导致的。例如,假设工业排放和环境污染之间存在因果关系,在确定二者间因果关系成立之前必须明确的是:(1)工业排放的时间在环境污染发生之前;(2)工业排放能够影响环境质量;(3)除了工业排放,没有或者很少有影响环境质量的其他变量。在满足这三个条件以后,才能说明工业排放导致了环境污染,或说工业排放是环境污染的原因。

3. 虚无关系

虚无关系(emptiness)意味着两个变量之间不存在真实的联系,即从一个变量的变化,无法预估到另一个变量的规律性变化。如果用相关系数来表达,虚无关系意味着两个变量之间的相关系数为 0 或不显著。由变量间的虚无关系,衍生出了统计检验中的虚无假设,也称为零假设(null hypothesis)。虚无假设一般是希望在假设检验中被拒绝的假设。对虚无假设的否定意味着对命题或假设中变量间关系的证实。④

三、变量间因果关系的重要类型

因果关系,简单来说就是事件 A 的发生导致了事件 B 的发生。最常见的因果关系是一因一果,此外也存在一因多果、一果多因、多因多果的情况。虽然在科学研究中,也经常存在多个自变量和一个因变量、多个自变量和多个因变量的情

---

① 〔美〕艾尔·巴比:《社会研究方法》(第 13 版),邱泽奇译,清华大学出版社 2020 年版,第 14 页。
② 〔法〕E. 迪尔凯姆:《社会学方法的准则》,狄玉明译,商务印书馆 2007 年版,第 138—139 页。
③ 袁方主编:《社会研究方法教程》(重排本),北京大学出版社 2013 年版,第 58 页。
④ 同上。

况,但是由于简单的理论一般只有一个自变量和一个因变量①,即一因一果,所以科学研究经常率先考察两个变量之间的因果关系②。或者,也可以权宜性地说,所谓科学研究,也就是要探索因变量和自变量之间的因果关系。例如,我们要研究公民的受教育程度是否会影响公民的政治活动参与意愿,实际上就是在考察自变量"公民的受教育程度"(x)和因变量"公民的政治活动参与意愿"(y)两个变量之间的因果关系。此外,一般来说,要理解因果关系,还必须分清以下几种重要的因果关系类型。

(一)直接因果关系

直接因果关系(direct causality)是指一个因素对另一个因素直接发生作用。例如,父母的收入直接影响子女的受教育机会(见图4.2),其间的因果关系就是直接因果关系。

图 4.2　直接因果关系示例

(二)间接因果关系

间接因果关系(indirect causality)是指一个因素对另一个因素的影响是通过第三个(中间或中介)因素实现的。例如,个人职业与个人消费水平之间的关系,就是间接因果关系。因为个人职业的不同可能并不会直接影响到个人消费水平,而是通过影响"个人收入水平"(中间或中介因素;如转换成变量,则是中介变量)进而影响消费水平。(见图4.3)

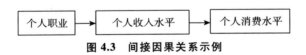

图 4.3　间接因果关系示例

(三)直接和间接因果关系

直接和间接因果关系(direct and indirect causality)是指一个因素可以通过直接和间接的双重路径对另一个因素发生影响。例如,个人收入水平与个人消费水

---

① 〔美〕劳伦斯·纽曼:《社会研究方法:定性和定量的取向》(第五版),郝大海译,中国人民大学出版社2007年版,第195页。
② 〔美〕珍妮特·M.博克斯-史蒂芬斯迈埃尔、亨利·E.布雷迪、大卫·科利尔编:《牛津政治学研究方法手册》(上),臧雷振、傅琼译,人民出版社2020年版,第216页。

平之间的关系就具有直接和间接因果关系。因为,不仅个人收入水平本身会影响个人消费水平,而且个人收入水平会通过影响个人选择的定居城市进而影响个人消费水平。(见图 4.4)

图 4.4 直接和间接因果关系示例

(四)受到调节的因果关系

受到调节的因果关系(moderated causality)指一个因素对另一个因素的影响受其他因素的调节作用的影响(其他因素的加入改变了原有关系的方向、强度等)。例如,个人的民主活动参与意愿会影响到他的民主活动参与程度,这是直接因果关系。但是,个人民主活动参与意愿对个人民主活动参与程度的影响也会受到个人民主观念、社会发展水平、现代科技水平以及其他一些因素的调节。具体而言,个人民主观念的提升会相应提升个人民主活动参与程度,社会发展水平的提高会创造更好的民主参与氛围,现代科技水平的发展会降低个人民主活动参与的难度所有这些都会对个人民主活动参与意愿对于个人民主活动参与程度的影响起调节作用。(见图 4.5)

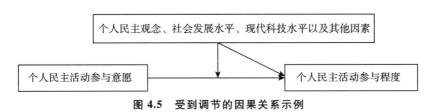

图 4.5 受到调节的因果关系示例

(五)多重因果关系

前面提到,在科学研究中最常见的因果关系是 因 果,此外也存在 因多果、一果多因、多因多果的情况。多重因果关系(multiple causality)就是一果多因,即不同的原因影响同一结果的情况。① 例如,个人受教育水平会影响个人收入,

---

① 〔美〕加里·金、罗伯特·基欧汉、悉尼·维巴:《社会科学中的研究设计》,陈硕译,格致出版社、上海人民出版社 2014 年版,第 84 页。

但同等学历的人的收入也会存在差异。这就意味着,还有其他因素,也就是其他"因"影响了个人收入的"果"。具体而言,个人工作经验、职务、所在行业、工作城市等都会影响个人收入,共同构成了个人收入的多重原因。(见图4.6)

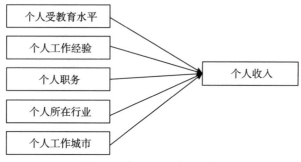

图 4.6 多重因果关系示例

总之,在科学研究中,研究者所关注的问题和研究对象往往是复杂的,会受到多重因素的共同影响。这也就是约翰·密尔所说的"原因多样化"(plurality of causes)。① 而且,在多重因果关系中,研究者需要对每个自变量对应的因果关系和命题都提出反事实条件,而这就对理解真实的因果关系提出了更高的挑战。②

(六) 对称与非对称因果关系

"对称"与"非对称"的因果关系(symmetric and asymmetric causality)主要关注自变量增减相同单位,是否会导致同样的因果效应。斯坦利·利伯森对此进行了详细的说明。他指出,在保持其他条件不变的情况下,当自变量(X)增减同样的数值,对于因变量(Y)造成的增加或减少幅度是对称的或者可逆的,二者之间就具有对称的因果关系;反之,则是非对称因果关系。③

需要特别注意的是,对称效应并不是说 X 取值每增加或减少一个单位,X 的取值变化都是相同的或等比例的,而是当 X 的取值由 X_1 变回原值(假设为 X_0)时,对 Y 取值所造成的变化也会随之消失,恢复到 X_0 对应的初始值 Y_0。举例来说,假设学习投入时长增加了 1 小时,小明的英语成绩由 75 分提升至 80 分;当学习时长缩减 1 小时至原来水平时,小明的成绩并没有回落至 75 分,就是非对称的

---

① John Stuart Mill, et al., *A System of Logic, Ratiocinative and Inductive: Being a Connected View of the Principles of Evidence and the Methods of Scientific Investigation*, University of Toronto Press, 1974.

② 〔美〕加里·金、罗伯特·基欧汉、悉尼·维巴:《社会科学中的研究设计》,陈硕译,格致出版社、上海人民出版社 2014 年版,第 86 页。

③ Stanley Lieberson, *Making It Count: The Improvement of Social Research and Theory*, University of California Press, 1985, pp. 63-64.

因果关系。而且,对称与非对称的因果关系并不能用来定义因果,但需要在因果推论的过程中加以考虑。①

四、探索因果关系的方法

休谟在《人类理智研究》(*An Enquiry Concerning Human Understanding*)一书中,对"原因"进行了如下界定:

> 原因是一种由另一种对象随之而来的对象,并且在所有类似于第一种对象的地方,都有类似于第二种的对象随之而来。换句话说,如果第一个对象不存在,第二个对象也一定不存在。②

这里,休谟提到了两种寻找因果关系的方法:第一,在所有相似的情境中寻找恒常结合的原因和结果,即新休谟方法(Neo-Humean approach)。第二,通过假设没有原因的情况下结果是否发生来判定因果关系,即反事实方法(counterfactual approach)。以下将分别对这两种方法进行介绍。

(一) 新休谟方法

休谟将判定因果关系的重点放在寻找原因与结果之间恒常联系的规律性。一般认为,对于因果关系的定义是:"'当且仅当 X 是 Y 的充分条件时,X 是 Y 的一个原因',也就是说,原因必须总是而且一定导致结果。"③与此同时,针对某一些原因并不是结果的充分条件,但在与其他条件相结合的基础上,仍然能够引发结果的情况,则又可提出另外一个定义,即"当且仅当 X 是 Y 的必要条件时,X 是 Y 的原因。该定义认为,结果的发生必须有原因出现,可只有这个原因又不足以引起结果"④。举例而言,森林中未熄灭的烟头(人为火源)是引发火灾的一个必要条件,但它并不是一个充分条件,因为未熄灭的烟头只有在天气干燥的时候才能引发森林火灾,在下雨或湿度较高的天气下并不会造成火灾。所以,未熄灭的烟头与天气干燥相结合,共同构成了森林火灾的原因。

---

① 〔美〕加里·金、罗伯特·基欧汉、悉尼·维巴:《社会科学中的研究设计》,陈硕译,格致出版社、上海人民出版社 2014 年版,第 87—88 页。
② 〔英〕休谟:《人类理智研究》(纪念版),吕大吉译,商务印书馆 2017 年版,第 68 页。
③ 〔美〕珍妮特·M. 博克斯-史蒂芬斯迈埃尔、亨利·E. 布雷迪、大卫·科利尔编:《牛津政治学研究方法手册》(上),臧雷振、傅琼译,人民出版社 2020 年版,第 216 页。
④ 同上。

基于此,约翰·麦基(John Mackie)提出了判定因果关系的 INUS 条件(an *insufficient but necessary* part of a condition which itself *unnecessary* but *sufficient* for the result):"原因是条件不充分(I)但必要(N)的一部分,而条件对结果而言是不必要(U)但完全充分的(S)。"① 简而言之,**原因是结果的充分条件组中的一个必要组成部分**。仍然以森林火灾为例,人为火源和天气干燥共同构成了引发森林火灾的充分条件,人为火源是充分条件组中的一个必要部分。但是,并不是每一次的森林火灾都是由人为火源而引起的,所以这个条件组是充分但非必要的。雷电火灾也是造成森林灾害的重要原因之一,因为雷暴天气形成的连续电流接触地面点燃具备燃烧条件的可燃物,也可引发火灾。在这种情况下,雷暴天气和可燃物共同构成了引发森林火灾的充分但非必要条件。因此,人为火源、干燥天气、雷暴天气、可燃物都是森林火灾的 INUS 条件。

由于社会生活本身就具有高度复杂性,因此新休谟方法和 INUS 条件对于政治学与公共管理研究者识别因果关系具有重要价值。相比较而言,休谟和新休谟方法所追求的都是原因和结果"似定律"般的恒常结合。而 INUS 条件则意味着:一方面,这种恒常结合可能存在多种不同的原因组情况,因而原因和结果之间可能是概率性的;另一方面,原因组的存在意味着原因可能是多重的,也就是说,并发因果关系(conjunctural causation)是可能的。②

(二) 反事实方法

反事实方法是探索因果关系的另一重要分析路径。反事实,顾名思义,是与实际存在的事实相反。研究者在使用反事实方法探究因果关系时,往往会提出这样的问题:在最相似的情况下,如果原因不出现,是否会产生同样的结果? 反事实分析所期望的是,如果推定的原因不存在,那么相应的结果也一定不会存在。

美国哲学家大卫·刘易斯(David Lewis)对判定因果关系的反事实路径进行了系统的阐述。③ 他指出,首先假设推定的原因和其结果均已发生,则第一个反事实陈述是:如果推定的原因发生,那么结果发生。需要注意的是,反事实方法通过假设如果结论正确则第一个反事实陈述正确,实际上将包含正确前提的推论纳

---

① J. L. Mackie, "Causes and Conditions," *American Philosophical Quarterly*, Vol. 2, No. 4, 1965, p. 245.
② Ibid., p. 217.
③ David Lewis, "Causation," *Journal of Philosophy*, Vol. 70, No. 17, 1973, pp. 556–567.

入其中。① 进而,在此基础上可考虑第二个反事实陈述:如果推定的原因没有发生,那么结果也不会发生。如果两个陈述均正确,则认为推定的原因和结果之间存在因果关系。

举例来说,辛亥革命推翻了中国两千多年的封建制度。这里,辛亥革命是推定的原因,中国两千多年的封建制度被推翻是结果。如果没有发生辛亥革命,那么中国存续两千多年的封建制度能否被推翻?在这个问题中,反事实论述没有意义,因为历史无法被推倒重来。但是,研究者可以通过确定最相似的情境与之进行比较,通过确定在另外一个情况相似的案例中,没有发生推定的原因,结果是否会发生,来判断推定的原因和结果之间是否存在真实的因果关系。具体来说,可以选择一个与当时中国的政治制度、历史现实等均相似的某一历史阶段的国家作为案例,且在这个国家并没有发生类似于辛亥革命的事件,看是否会发生封建制度被推翻的结果。如果发生了,则说明辛亥革命与中国封建制度被推翻之间并不存在真实的因果关系。当然,在实际研究中,确定相似的情境需要考虑的因素比上面的例子要复杂得多。

(三)新休谟方法与反事实方法的比较

作为确定变量间因果关系的两种重要途径,新休谟方法和反事实方法在因果关系确立的基础、关键问题、确定因果关系的工具等方面都存在着一定的差异。(见表4.3)

表 4.3 新休谟方法与反事实方法的比较

	新休谟方法	反事实方法
因果关系确立的基础	大量相似情境事件	单一事件
关键问题	确定似定律的关系	确定可能情境的相似性
确定因果关系的工具	共变法	求异法

资料来源:根据〔美〕珍妮特·M.博克斯-史蒂芬斯迈埃尔、亨利·E.布雷迪、大卫·科利尔编:《牛津政治学研究方法手册》(上),臧雷振、傅琼译,人民出版社2020年版,第225—232页内容整理。

---

① 〔美〕珍妮特·M.博克斯-史蒂芬斯迈埃尔、亨利·E.布雷迪、大卫·科利尔编:《牛津政治学研究方法手册》(上),臧雷振、傅琼译,人民出版社2020年版,第217页。

首先,就因果关系确立的基础而言,新休谟方法追求似定律的因果关系,适用于事件的恒常结合,以证明因果推断的合理性,这就需要在大量具有相似情境的事件中寻找原因和结果的普遍联系。反事实方法则提供了建立因果关系的全新视角,它并不需要观察与寻找普遍的因果关系。在有充足证据证明在最相似的情况下,推定原因不存在,结果就不会发生的基础之上,反事实方法仅依靠单一事件即可确定原因与结果之间的因果联系。①

其次,就研究中的关键问题而言,休谟法和新休谟方法的关键问题都是确定相似情境下的原因与结果之间的似定律关系。反事实方法则是通过寻找与已发生事实境况相似的情境下推定原因和结果是否存在不同结果,来确定因果关系。反事实方法的关键问题是确定与已发生事实的最相似情况,这自然地促进了实验法的产生和发展。

最后,就确定因果关系的工具而言,休谟法与反事实方法也存在着明显差异。休谟法和新休谟方法的基本逻辑与密尔所提出的"共变法"(method of concomitant variation)相同。共变法认为,如果某个现象随着另一个现象的变动而变动,那么这两者之间存在因果关系,或者二者同时与第三种现象相关。② 反事实方法确定因果关系的工具则是密尔的"求异法"(method of difference),它认为"如果被研究对象在一种情况下发生了,而另一种情况下没有发生,两种情况下只有一个因素不同,其余因素均相同,那么两种情况中唯一不同的因素是结果或者原因,或者是影响被研究对象的原因中不可缺少的一部分"③。

(四)因果关系的问题清单

表4.4展示了基于新休谟方法和反事实方法的因果关系"问题清单",这些问题可以帮助研究者确定现象或变量之间是否存在真实的因果关系。新休谟方法提出的问题的关注点在于探求结果产生的原因,反事实方法的问题则关注想象中推定原因不发生情况下的结果。总之,使用这个问题清单,可以帮助读者或研究者更好地理解基于新休谟方法和反事实方法的因果关系判定。

---

① 〔美〕珍妮特·M.博克斯-史蒂芬斯迈埃尔、亨利·E.布雷迪、大卫·科利尔编:《牛津政治学研究方法手册》(上),臧雷振、傅琼译,人民出版社2020年版,第223页。

② John Stuart Mill, et al., *A System of Logic, Ratiocinative and Inductive: Being a Connected View of the Principles of Evidence and the Methods of Scientific Investigation*, University of Toronto Press, 1974, p. 398.

③ Ibid., p. 391.

表 4.4　因果关系的问题清单

一般问题(general issues)

什么是"原因"(C)事件？什么是"结果"(E)事件？

C 导致 E 的确切因果陈述是什么？

"C 不发生,会发生什么"的相应反事实陈述是什么？

什么是因果领域(causal field)？原因运行的环境或情境是什么？

是否存在一个物理或社会现象或两种现象的结合？

如果人类主动性发挥作用的话,其发挥什么作用？

如果社会结构发挥作用的话,其发挥什么作用？

因果关系是确定性的还是概率性的？

新休谟方法

原因和结果之间存在恒常结合(相关性)吗？

原因是必要的、充分的还是 INUS 的？

其他可能的原因(对立的解释)是什么？

控制其他原因后,还存在恒常结合吗？

原因先于结果吗？在何种意义上？

反事实方法

原因和结果之间存在单一联系吗？

你能描述 C 导致 E 但 C 不发生的最可能的境况吗？这两种境况如何相似？

你真的能观察到这个世界上的任何情况吗(或至少平均而言与之接近的情况)？再一次提问:这两种境况如何相似？

在最可能的境况中,C 不发生的话 E 发生吗？

是否存在 E 发生但 C 不发生的情况？什么因素干预 C 导致 E？我们可以从 C 导致 E 中了解什么？

资料来源:〔美〕珍妮特·M.博克斯-史蒂芬斯迈埃尔、亨利·E.布雷迪、大卫·科利尔编:《牛津政治学研究方法手册》(上),臧雷振、傅琼译,人民出版社 2020 年版,第 234 页。

五、因果关系解释中的潜在错误

在进行因果关系推论时,研究者还应注意避免逻辑错误。这些错误可能发生在不同的时间阶段,但从表面上看,这些错误的解释很容易被当作是合理的。具体来说,在因果关系解释中主要存在五种潜在错误:同义反复、目的论、层次谬误、简化论和虚假相关。①

(一) 同义反复

同义反复(tautology),即循环论证,通俗来讲,同义反复意味着"某人好像是在说一些新的东西,但实际却是重复已说过的话"②。因果推论中的同义反复通常无法被验证。③ 例如,和平主义者反对用战争、武装冲突等暴力手段解决分歧,而是提倡不同组织、不同地区、不同国家之间的沟通、对话与合作。如果说"某个人是和平主义者,因为他认为应避免战争",这看起来似乎是因果陈述,但实际上不是因果解释。这种"避免战争"态度是把人看作和平主义者的理由,但并不是造成他是和平主义者的原因。最简单的同义反复就是"富人的财富很多"。

(二) 目的论

目的论(teleology)是指以因果推论的最终目的作为逻辑起点。目的论无法被经验验证,因为它违背了因果关系中原因发生在结果之前的时间顺序要求,且缺乏真实的自变量。④ 举例而言,成为学生会主席是小明的使命,所以在学生投票的过程中,他受到了同学们的广泛支持。在这个例子中,成为学生会主席是未来的时间,而学生投票选小明发生在过去。这种论述是因果倒置的,且"使命"这种虚幻的概念无法在现实生活中被观察。

(三) 层次谬误

层次谬误(ecological fallacy)也被称为区位谬误、区群谬误、体系谬误等⑤,是由于研究者将不对称的因果分析单位错误配对造成的⑥。层次谬误通常发生在

---

① 〔美〕劳伦斯·纽曼:《社会研究方法:定性和定量的取向》(第五版),郝大海译,中国人民大学出版社 2007 年版,第 169—175 页。
② 同上书,第 170 页。
③ 同上。
④ 同上书,第 171 页。
⑤ 风笑天:《社会研究方法》(第五版),中国人民大学出版社 2018 年版,第 75 页。
⑥ 〔美〕劳伦斯·纽曼:《社会研究方法:定性和定量的取向》(第五版),郝大海译,中国人民大学出版社 2007 年版,第 171 页。

研究者将较大层次或范围的研究结论应用于较小的分析单位上。① 例如，如果研究者收集了较大群体（如组织、城市、省份、国家等）的数据资料，然后根据这些资料做出关于个体行为的结论，那么就是犯了层次谬误的错误。例如，A 班同学的平均数学成绩位列年级第一，小明来自 A 班，那么他的数学成绩就好。这个论断就是犯了层次谬误的错误。

（四）简化论

简化论（reductionism），也叫不对等谬论（fallacy of nonequivalence），是指"用具体的、低层级的归纳，来看待和解释所有事物"②。简化论也是一种分析层次的错误配对，与层次谬误用较大群体的数据资料分析个体的行为相反的是，简化论是研究者期望用较为容易获得的个人层次的数据去解释更高层次的宏观事件。③ 例如，我们想研究为什么发生鸦片战争，如果只是说因为 1839 年林则徐虎门销烟激怒了英国政府，那么这就犯了简化论的错误。此处提到的层次谬误和简化论问题，后面我们在第六章讨论分析单位时还会再次进行强调。

（五）虚假相关

虚假相关（spuriousness），是指两个变量间看似具有因果关系，但实际上这种关系并非真实的。当发现两个变量有所关联时便认定它们具有因果关系，就很可能犯虚假相关的错误。在介绍虚假关系时，有必要区分因果关系和相关关系。具有因果关系的两个变量应该相关，但相关却不一定意味着因果。在虚假关系中，两个变量之间可能存在着相关性，但隐藏的第三变量才是因变量实际的原因。④ 例如，头发长短与美容消费额之间的关系，头发长的人比头发短的人在美容上的支出金额更多。但这实际上忽略了隐藏的第三变量——性别。长头发的人群更多是女性，而男性通常是短发，造成美容消费差别的并不是头发长短，而是性别变量的影响。因为忽略了性别，导致了头发长度与美容消费金额二者的虚假相关关系。

---

① 〔美〕艾尔·巴比：《社会研究方法》（第 13 版），邱泽奇译，清华大学出版社 2020 年版，第 94 页。
② 同上。
③ 〔美〕劳伦斯·纽曼：《社会研究方法：定性和定量的取向》（第五版），郝大海译，中国人民大学出版社 2007 年版，第 172 页。
④ 同上书，第 174 页。

六、因果推断

前面提到的新休谟方法和反事实方法两种方法,能够对变量间的因果关系形成初步的判断,但却不能准确回答因果关系发生作用的机制如何,也不能回答原因对结果究竟产生了多大的影响,亦即不能正确估计因果效应究竟有多大。也就是说,因果关系判断关注的只是因果关系是否成立,而因果机制分析(causal mechanism analysis)进一步回答了"因"如何影响到"果"[1],因果效应估计(estimation of causal effect)则回答了原因究竟对结果产生了多大的影响。换言之,因果机制是由"因"到"果"的一系列过程[2],因果效应则是在因果关系判断和因果机制分析的基础上,进一步描述因果影响的大小。因此,在确定因果关系之外,对因果机制进行分析,对因果效应进行估计,也是至关重要的。否则,也很难说真正理解了因果关系。

对于因果机制的判断是一项兼具经验性与科学性的工作,首先研究者需要从自身经验出发,对研究客体间的关系及其运作方式做出初步判断[3],判断的准确程度很大程度上取决于研究者的个人经验与思维能力。然后,研究者还要再通过科学的研究方法,对这种判断进行客观检验。总之,作为鉴别真假因果关系的重要方法[4],探究因果机制需要研究者深入了解相关研究领域,并借助科学方法建构对事物的准确认知,最后总结为理论机制。可是,我们如何形成对因果机制的初步判断和识别呢?对这个问题,将在下一章进行重点说明。

在确定因果关系、识别因果机制的基础上,进一步估计因果效应是因果推断的核心。所谓因果推断,又叫因果推理,是基于反事实推理(counterfactual reasoning)思想,以因果知识为基础,利用试验性研究数据或观察数据,挖掘研究变量间

---

[1] James Heckman, "Econometric Causality," *International Statistical Review*, Vol. 76, No. 1, 2008, pp. 1-27; Paul R. Rosenbaum, "Choice as an Alternative to Control in Observational Studies," *Statistical Science*, Vol. 14, No. 3, 1999, pp. 259-304.

[2] 叶成城、唐世平:《基于因果机制的案例选择方法》,《世界经济与政治》2019年第10期,第22—47、157页。

[3] 〔美〕朱迪·珀尔、达纳·麦肯齐:《为什么:关于因果关系的新科学》,江生、于华译,中信出版社2019年版,第67页。

[4] Stuart S. Glennan, "Mechanisms and the Nature of Causation," *Erkenntnis*, Vol. 44, No. 1, 1996, pp. 49-71.

的因果关系,进而估计因果效应的方法。① 具体而言,因果效应是指在处理变量(D,也可以理解为研究中的自变量X)影响下因变量(Y)的变化量。举例而言,如果我们关注职场性别不平等,研究问题为"性别对于个人收入的影响"。此时,处理变量为性别,取值1代表男性,0代表女性。如此,则被研究对象i的因果效应(τ),可用公式表示如下:

$$\tau_i = Y_i(1) - Y_i(0)$$

但是,在现实生活中,对于任意一个被研究对象i来说,他(她)不可能既是男性,又是女性,我们只能观察到$Y_i(1)$或$Y_i(0)$中的一种情况。换句话说,我们只能观察到两种潜在结果的其中之一,反事实推理中的两种状态并不能同时被直接观察到。保罗·霍兰(Paul W. Holland)将其归结为"因果推断的根本性问题"②。因此,因果推断本质上是基于已有的观察数据对因果效应的估计,并非直接计算得出的真实的、确定性的因果效应,这也是"推断"的具体意涵。

下面,我们将对因果推断的层次、因果效应估计的常见偏差、因果推断的准则等依次进行简单介绍,以帮助读者形成一些有关因果推断的入门性知识。

扩展知识

珀尔和麦肯齐的因果推断引擎

珀尔和麦肯齐在《为什么:关于因果关系的新科学》一书中提出了基于因果知识和数据分析来回答目标问题的因果推断引擎(见图4.7),并对它的工作机制和原理进行了较为详细的论述③:

因果推断引擎是一种问题处理机器,它接收三种不同的输入——假设、问题和数据,并能够产生三种输出。第一种输出是"是/否判断",用于判定在现有的因果模型下,假设我们拥有完美的、无限的数据,那么给定的问题在理论上是否有解。如果答案为"是",则接下来推断引擎会生成一个被估计量。这是一个数学公式,可以被理解为一种能从任何假设数据中生成答案的方法,只要这些数据是可获取的。最后,在推断引擎接收到数据输入后,它将用上述方法生成一个问题答案的实际估计值,并给出对该估计值的不确定性大小的统计估计。这种不确定性反映了样本数据集的代表性以及可能存在的测量误差或数据缺失。

---

① 苗旺、刘春辰、耿直:《因果推断的统计方法》,《中国科学:数学》2018年第12期,第1753页。
② Paul W. Holland, "Statistics and Causal Inference," *Journal of the American Statistical Association*, Vol. 81, No. 396, 1986, pp. 945–960.
③ 〔美〕朱迪·珀尔、达纳·麦肯齐:《为什么:关于因果关系的新科学》,江生、于华译,中信出版社2019年版,导言第XVIII—XIX页。

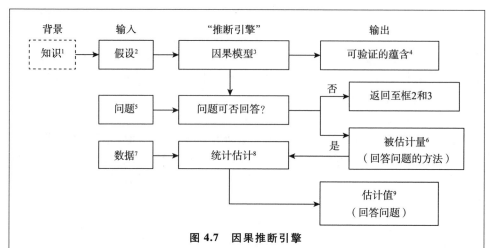

图 4.7　因果推断引擎

注:"因果推断引擎"能够将数据与因果知识相结合生成目标问题的答案。虚线框不是引擎的组成部分,但它是建构引擎的必要基础。箭头也可以从方框 4 和 9 指向方框 1,但在这里为简化进行了省略。

因果推断引擎(发动机的核心部分,这里可以理解为启动因果推断的核心蓝图)能够为研究者理解因果推断工具的机制和原理提供较为清晰、直观的认识。但需要注意的是,因果推断需要基于学者对于相关理论、研究及对研究问题的理解等构成的知识背景形成初步的研究假设,因为因果推断工具的应用也必须依赖知识基础和知识输入。因此,因果推断引擎只是一种问题处理机器。对于研究者而言,在学会具体的方法与工具之前,还应了解因果推断的层次、因果效应的估计偏差、因果推断的准则与常用方法等基础理论知识,以保证对于因果推断工具的正确理解与应用。

(一) 因果推断的层次

珀尔和麦肯齐认为在判断因果关系的过程中,研究者应具备三个层次的认知能力:发现自然或社会现象中规律的观察能力(seeing),预测改变自然或社会环境的可能结果,并根据期望结果做出相应行为的行动能力(doing),以及掌握进行干预、使用工具的知识理论的想象能力(imagining)。① 认知能力的三个层次分别对应着因果推断的三个层次。

---

① 〔美〕朱迪·珀尔、达纳·麦肯齐:《为什么:关于因果关系的新科学》,江生、于华译,中信出版社 2019 年版,第 6 页。

1. 观察

观察是因果推断和因果关系之梯的第一层次,需要回答的典型问题是:"如果我观察到……会怎样?"[①]这就要求研究者基于观察到的数据做出预测,发现事物或变量之间潜在的因果关系。传统的统计推断方法就是根据对经验数据的观察、收集和分析给出答案。

2. 干预

干预在被动的观察基础上更进一步,涉及研究者对被研究对象的主动干预以改变其自然状态。在干预的过程中,研究者需要回答两个问题:一是"如果我们实施……行动,将会怎样?"这涉及我们对于干预结果的初步预判。二是"怎么做?",即我们如何实施干预行动。这需要研究者在正式干预之前,在心理层面充分预演,并提前建构一个因果模型。[②] 这个因果模型可以是因果图、数学模型,也可以是一组假设。

3. 反事实

反事实位于因果推断的第三层次。对于反事实的概念与原理已经在前面的小节进行了论述。反事实因果推断的核心在于将现实中观察到的现象和与之相反的无法观察到的现象相比较,需要回答的两个典型问题是"假如我当时做……会怎样"和"为什么"。[③] 反事实推理是确定变量间因果关系的重要途径。

因果推断的三个层次也被珀尔称为"因果关系之梯"[④]。这三个阶梯由低到高,对于研究者的要求也逐级提高。观察对应着发现客观现实和规律的观察能力;干预对应着基于对干预后果的预判做出相关行为的行动能力;反事实则需要想象无法被观察的反事实世界,依托想象力。

(二) 因果效应估计的常见偏差

因果效应估计中常见的偏差[⑤],主要有以下三种:

1. 混淆偏差

混淆偏差(confusion bias)指解释变量 X 与被解释变量 Y 共同受到其他变量

[①] 〔美〕朱迪·珀尔、达纳·麦肯齐:《为什么:关于因果关系的新科学》,江生、于华译,中信出版社2019年版,第7页。

[②] 同上书,第11页。

[③] 同上书,第14页。

[④] 同上书,第7页。

[⑤] 统计估计中估计值与真实值之间的系统性离差。

影响,导致 X 与 Y 存在相关关系但并非因果关系。① 混淆偏差的典型是"辛普森悖论"(Simpson's paradox)②:在分析变量 A 与变量 B 的相关性时,如果依据变量 Z 对 A、B 分层并进行相关性分析,最终结论与不分层时的相关性分析结论相反。"辛普森悖论"不仅存在于理论层面,还存在于现实生活中。例如,比克尔等分析了加利福尼亚大学伯克利分校的学生录取是否存在性别歧视的问题,结果发现男性录取率总体上高于女性;但是,当分专业统计时,男性录取率反而低于女性。③ 具体原因就是:专业选择、录取率共同受到性别的影响(见图 4.8),女性由于社会化及群体偏好等原因,在专业倾向上有别于男性,导致部分专业女性录取率高于男性,但鉴于女性偏好专业存在竞争较为激烈、录取人数较少等问题,导致男性总体录取率高于女性。聚合数据与分层数据的结论相悖,原因在于混淆偏差——"专业"与"录取率"共同受到"性别"的影响。

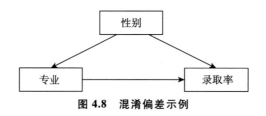

图 4.8 混淆偏差示例

2. 过度控制偏差

如果解释变量对被解释变量的影响不仅存在直接路径,还通过中介变量间接影响被解释变量,一旦控制中介变量,将削弱解释变量的影响效应,从而产生过度控制偏差(excessive control bias)。④ 比如,在研究温度与死亡率的关系(图 4.9)时控制"溺水死亡人数",可能会产生过度控制误差。因为温度升高引起死亡率上升可能同时存在直接影响路径与间接影响路径。一方面,温度升高可能直接导致热射病(严重中暑)发病率上升,提升死亡率;另一方面,出于避暑降温考虑,温度上升也会诱使游泳人数增加,导致溺亡人数增多。如果把"溺水死亡人数"加以控制,将低估温度上升对死亡率的作用。⑤

---

① 〔加拿大〕邱嘉平:《因果推断实用计量方法》,上海财经大学出版社 2020 年版,第 9 页。
② 〔美〕朱迪·珀尔、达纳·麦肯齐:《为什么:关于因果关系的新科学》,江生、于华译,中信出版社 2019 年版,第 184—186 页。
③ P. J. Bickel, et al., "Sex Bias in Graduate Admissions: Data from Berkeley," *Science*, Vol. 187, No. 4175, 1975, pp. 398-404.
④ 〔加拿大〕邱嘉平:《因果推断实用计量方法》,上海财经大学出版社 2020 年版,第 10 页。
⑤ 改编自〔美〕艾尔·巴比:《社会研究方法》(第 13 版),邱泽奇译,清华大学出版社 2020 年版,第 88 页。

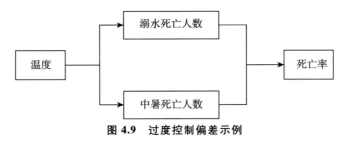

图 4.9 过度控制偏差示例

3. 对撞偏差

对撞偏差(collision bias)也称内生选择偏差。要理解对撞偏差,首先需要理解对撞变量的概念。对撞变量指由两个互不相关变量(A 与 B)产生的结果变量(C)。对撞偏差是指,对撞变量的存在导致原本互不相关的变量产生虚假的相关性。① 举例来说,假定存在两种互不相关的疾病甲(A)和乙(B),如果两者同时发作将会加重病情,此时患者必须住院;如果只有一种疾病发作,则患者无须住院。② (变量关系见图 10)假定我们对住院的患者进行研究,会发现患者同时患有甲和乙两种疾病,从而误认为两种疾病间存在"相关关系",然而事实上两种疾病的产生并不存在关联性,是相互独立的过程,这就是对撞偏差。③ 对撞偏差产生伪相关是有条件的,只有当对撞变量 C 取特定值时,变量 A 与变量 B 才可能出现"虚假相关"。在图 4.10 的示例中,只有满足"住院"条件,才能推测病人同时患有疾病甲与疾病乙;如果条件设定是"不住院",则是否患有疾病甲与疾病乙是无法推断的,此时变量 A 与变量 B 不存在相关性。

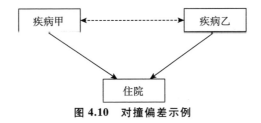

图 4.10 对撞偏差示例

(三) 因果推断的准则

1. 因果推断的障碍

因果推断的实质是在消除或控制其他影响因素的情况下,识别变量 X 与变量

---

① 〔加拿大〕邱嘉平:《因果推断实用计量方法》,上海财经大学出版社 2020 年版,第 10 页。
② 〔美〕朱迪·珀尔、达纳·麦肯齐:《为什么:关于因果关系的新科学》,江生、于华译,中信出版社 2019 年版,第 172 页。
③ 同上。

Y 间的因果关系,并估计其因果效应。混杂因子作为因果路径中的干扰因素,是因果推断的主要障碍。混杂的最基本形式是混淆偏差①,如图 4.11 所示。我们想要研究 X 与 Y 间的关系,但 Z 作为混杂因子,在分析"$X{\rightarrow}Y$"的因果路径时产生了干扰。

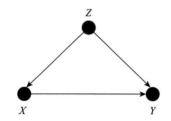

图 4.11　混杂的最基本形式图示

为准确估计因果效应,我们需要消除混杂因子,方法共有两种:①随机实验。随机化处理可以让混杂因子失效,同时不引入新的混杂因子。②统计调整。测量混杂因子并进行统计调整,也可以消除混杂因子的影响。相比而言,随机实验是最优选择,方式较为简单,便于操作。但随机实验受到诸多限制,比如出于道德或伦理原因,有些实验无法开展,譬如为研究吸烟对健康的影响,要求一部分被试吸烟、一部分不吸烟是不符合道德的;再比如,可能存在志愿者招募困难,实验难以进行。此时就需要采用统计调整的方式消除混杂因子进行因果推断。

2. 后门准则与前门准则

在"$X{\rightarrow}Y$"的因果路径上可能存在诸多因素的影响,但并非所有因素都会干扰因果效应估计。只需遵循"后门准则"(back-door criterion)或"前门准则"(front-door criterion)消除混杂因子,即可达到准确估计"$X{\rightarrow}Y$"因果效应的目的。但是,要说明"后门准则"与"前门准则",首先需要建构有向无环图(directed acyclic graph,DAG),即描述变量相互关系的影响路径图,也称为因果图。DAG 可以帮助研究者梳理各变量间的关系。比如,年龄、传染病与死亡率的关系可描述为图 4.12。传染病(X)可能导致死亡率(Y)上升,同时年龄(Z)因素的影响也不容忽视。相比于年轻者,年长者感染的概率会更高,死亡率也更高。图 4.12 以有向无环图的形式描述了三者的关系,我们将以图 4.12 为基础进一步说明何为"后门准则"和"前门准则"。

---

① 〔美〕朱迪·珀尔、达纳·麦肯齐:《为什么:关于因果关系的新科学》,江生、于华译,中信出版社 2019 年版,第 115 页。

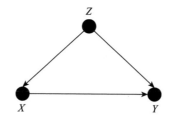

图 4.12 年龄、传染病与死亡率关系的因果图

（1）后门准则

后门路径（back-door path）指处于 X 与 Y 之间、在 DAG 中以指向 X 的箭头为开始的路径。该路径同时满足两个条件：一是要将解释变量（X）与被解释变量（Y）连接起来；二是会影响到 X，而不是受到 X 影响，即指向 X，而不是由 X 指向它。① 后门准则指，如果截断了"$X→Y$"的所有后门路径，就可以对"$X→Y$"的因果效应做出准确估计。② 在图 4.12 中，后门路径为"$X←Z→Y$"。"$X→Y$"称为前门路径（front-door path），这时控制变量 Z 就可以准确识别 X 与 Y 之间的凶果关系。因为路径"$X←Z→Y$"满足后门路径的所有要求：①将 X 与 Y 连接起来；②该路径可以影响到 X。并且，"$X←Z→Y$"也是唯一的后门路径，所以控制变量 Z 即可满足后门准则，做出"$X→Y$"的准确因果推断。

（2）前门准则

后门准则的应用依旧存在局限性。如果后门路径变量不可观测，我们将无法堵住后门路径，也无法准确估计"$X→Y$"的因果效应。为解决这一难题，须借助前门准则。③ 我们将图 4.12 拓展为图 4.13，增加变量 M（严重症状）和变量 C（抵抗力）。患传染病（X）不会直接导致死亡率（Y）上升，而是通过引发严重症状（M）危及患者生命，提升死亡率。抵抗力（C）与年龄（Z）类似，会同时影响患传染病的概率与死亡率，不同之处在于抵抗力是不可观测的变量（图中表示为空心），即我们无法准确测得个体的抵抗力。此时，后门路径包括"$X←Z→Y$"和"$X←C→Y$"，控制后门变量 C、Z 即可阻断所有后门路径。但问题在于 C 不可观测，我们无法使用后门准则完全剔除混杂因子的干扰，也就无法做出关于"$X→Y$"的准确因果推断。

---

① 〔美〕朱迪·珀尔、达纳·麦肯齐：《为什么：关于因果关系的新科学》，江生、于华译，中信出版社 2019 年版，第 135 页。

② 同上书，第 133—135 页。

③ 同上书，第 199 页。

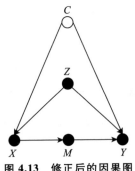

图 4.13　修正后的因果图

在后门准则失效的情况下,我们可以利用前门路径"$X→M→Y$"准确估计"$X→Y$"的因果效应。大致过程如下:①估计 X 对 M 的平均因果效应,由于"$X→M$"之间不存在后门路径,无须做后门调整即可准确估计"$X→M$"的平均因果效应。②估计"$M→Y$"的平均因果效应,为此需截断所有后门路径,包括"$M←X←Z←Y$"和"$M←X←C→Y$",具体方式可以通过控制可观测变量 X 实现。③结合①②阶段的估计结果,间接估计出"$X→Y$"的因果效应。因此,在后门路径存在不可观测变量的情况下,可以利用前门准则控制混杂因子,分阶段估计得出变量间的因果效应。①

总之,前门准则与后门准则表明,要识别"$X→Y$"的因果关系,我们不需要控制所有潜在变量,只需要切断后门路径变量或利用前门路径变量分阶段消除混杂因子的影响,即可实现对"$X→Y$"因果效应的准确估计。

当然,我们这里也只是介绍了因果推断的两个最基本准则,至于因果推断的一些具体方法,包括匹配[matching,如倾向得分匹配(propensity score matching,PSM)]、回归(regression)、面板数据(panel data)与双重差分(differences-in-differences,DID)、断点回归(regression discontinuity design,RDD)、工具变量(instrumental variable,IV)、合成控制(synthetic control method,SCM)等,由于涉及较为复杂的统计学等知识,这里就不具体介绍了。

关键术语

变量　　　　　　　客观事实变量　　　　心理测量变量　　　　定类变量
定序变量　　　　　定距变量　　　　　　定比变量　　　　　　自变量

---

① 〔美〕朱迪·珀尔、达纳·麦肯齐:《为什么:关于因果关系的新科学》,江生、于华译,中信出版社 2019 年版,第 206 页。

第四章　研究中的变量、变量间关系与因果关系

因变量　　　　　控制变量　　　　　调节变量　　　　　中介变量
相关关系　　　　因果关系　　　　　虚无关系　　　　　直接因果关系
间接因果关系　　直接和间接因果关系　　受到调节的因果关系
多重因果关系　　对称与非对称因果关系　　　　　　　新休谟方法
INUS 条件　　　　反事实方法　　　　同义反复　　　　　目的论
层次谬误　　　　简化论　　　　　　虚假相关　　　　　因果推断
混淆偏差　　　　过度控制偏差　　　对撞偏差　　　　　有向无环图

思考题

1. 什么是变量？变量和概念的区别和联系是什么？
2. 定类、定序、定距、定比四种变量的联系和区别是什么？
3. 自变量、因变量、中介变量、调节变量和控制变量之间的相互关系是什么？
4. 相关关系和因果关系的联系和区别是什么？
5. 变量间因果关系的主要类型有哪些？
6. 探索因果关系的新休谟方法与反事实方法有哪些方面的不同？
7. 因果关系解释中常见的潜在错误有哪些？请举例说明。
8. 因果效应估计中一般存在哪几类偏差？如何避免这些偏差？
9. 因果推断中的前门准则和后门准则各指什么？

延伸阅读

John Stuart Mill, et al., *A System of Logic, Ratiocinative and Inductive: Being a Connected View of the Principles of Evidence and the Methods of Scientific Investigation*, University of Toronto Press, 1974.

Paul W. Holland, "Statistics and Causal Inference," *Journal of the American Statistical Association*, Vol. 81, No. 396, 1986, pp. 945-960.

〔加拿大〕邱嘉平:《因果推断实用计量方法》,上海财经大学出版社 2020 年版。

〔英〕约翰·斯图亚特·穆勒:《逻辑体系》,郭武军、杨航译,上海交通大学出版社 2014 年版。

〔美〕朱迪·珀尔、达纳·麦肯齐:《为什么:关于因果关系的新科学》,江生、于华译,中信出版社 2019 年版。

经典举例

〔美〕罗伯特·帕特南:《独自打保龄》,刘波等译,中国政法大学出版社 2018 年版。

1. 作者简介

罗伯特·D.帕特南(Robert D. Putnam)是当代美国著名政治学家。曾在密歇根大学任教,1979 年至 2018 年在哈佛大学肯尼迪政府学院任教。于 2006 年荣获美国政治学界最高奖——斯凯特奖(Skytte Prize),2013 年被时任美国总统奥巴马授予国家人文勋章(National Humanities Medal),2018 年获得国际政治科学协会颁发的卡尔·多伊奇奖(Karl Deutsch Award)。其代表作《使民主运转起来:现代意大利的公民传统》(Making Democracy Work: Civic Tradition in Modern Italy)和《独自打保龄:美国社区的衰落与复兴》(Bowling Alone: The Collapse and Revival of American Community)都是过去半个世纪被引用最多的社会科学著作。1993 年出版的《使民主运转起来》奠定了帕特南在西方学术界的权威性地位,他也因此被誉为是与托克维尔、帕雷托和韦伯等齐名的学术大家。

2. 研究背景与研究问题

在《独自打保龄》中,帕特南考察了美国社会生活的变化,并从中透视了民主制度的运作现实情况。他认为,"民主质量的好坏或民主制度的绩效,可以从公民社会的状况得到解释,如果某一个社会的民主运转出了问题,从根本上说,那一定是公民社会(公民意识、公民组织、公民行为等,总之是公民生活)发生了变化"[①]。自 20 世纪后三分之一的时间开始,美国人参与公民社会的热情逐渐衰减,帕特南用"独自打保龄"来概括美国人的生活状态,并将"社会资本"的概念引入对美国公民生活变化的分析中。

在这本书中,帕特南所关注的问题是:为什么近年来美国公民参与社会生活的意愿和社会资本呈现出衰落趋势?这会对美国的社会生活和民主制度产生怎样的影响?应该怎么办?书中第二部分从不同维度探讨了美国公民参与和社会资本的发展趋势,第三部分回答了为什么的问题,第四部分讨论了这种变化所带来的影响,第五部分回答了怎么办的问题。

3. 研究中的变量与变量间关系

帕特南用社会资本理论研究美国公民参与社会生活意愿衰落的趋势,并将

[①] 〔美〕罗伯特·帕特南:《独自打保龄》,刘波等译,中国政法大学出版社 2018 年版,导读第 2 页。

"社会资本"作为因变量。他首先界定了社会资本的概念,即"社会上个人之间的相互联系——社会关系网络和由此产生的互利互惠和互相信赖的规范"。在厘清概念后,他从政治参与、公民参与、宗教参与、工作联系、非正式社会联系、利他主义、志愿活动和慈善活动,互惠、诚实与信任、小型团体、社会运动与网络8个维度对于社会资本进行了全面的分析。

在自变量的考量上,由于社会资本是个宽泛的概念,并有着多种不同的表达方式,帕特南并没有遵循常见的一因一果的研究方式,而是考察了多个自变量对于因变量的影响。这些自变量主要包括时间与金钱压力、流动性与扩张、科技与大众传媒、代际更替4个自变量,并对它们影响因变量的强弱进行了大致估计。

4. 潜在原因的限定方法

在推断造成美国社会资本衰落的原因时,帕特南并不假设只有一个主要原因。由于社会生活是复杂多变的,所考察的社会趋势包含了多种不同维度,因此帕特南将研究任务限定在找到造成这一现象的不同原因,并评估不同原因的重要程度上。他根据前人的研究确定了13条可能的原因,并基于以下四个问题进行了反复检查:(1)提出的这一解释因素是否与社会资本和公民参与相互关联?(2)这一关联是虚假的吗?(3)所提出的解释因素是否发生了相应的变化?(4)所提出的解释因素是否有可能是公民参与的结果,而非原因?

帕特南通过第一个问题筛除了与因变量无关的潜在自变量,通过问题二筛除了虚假相关的潜在自变量,通过问题三使用密尔的共变法筛选出可能的原因,并通过问题四排除了因果倒置的情况。经过四个问题的筛选,帕特南最终锁定了造成美国社会资本衰落的潜在原因,将自变量的目标进行了有效限定。

第五章　因果机制[*]

本章要点

- 因果关系与因果机制的区别；
- 因果机制的含义；
- 因果机制分析需处理的难题；
- 作为微观基础的因果机制分析的基本方法；
- 作为过程追踪的因果机制分析的基本方法。

一、导　言

在《社会科学中的研究设计》中，金（Gary King）、基欧汉（Robert O. Keohane）和维巴（Sidney Verba）对科学研究提出了四项基本要求，分别是：以推论为研究目的；采用公开的研究程序；结论是不确定的；研究内容是关于方法的。[①] 和其他已有的研究一样，这不仅为社会科学研究方法的运用与发展提供了方法论依据，而且在方法论层面指出：社会科学研究的目标应该是探索描述性或因果性推论，即强调知识积累的"因果性"。我们知道，社会科学领域的几乎所有有价值的理论都是建立在对现象之间深刻细致的理解或观察之上的；而因果关系为理论建构提供了分析工具。因此，因果关系不仅是社会科学研究的重要方法，更是一种哲学层面的思维方式。

当前，社会科学尤其是政治学与公共管理学的研究，逐渐开始强调从寻求"因果关系"到"因果机制"（causal mechanism）的转变。一般而言，因果关系研究的是

---

[*] 本章部分内容改编自张长东：《社会科学中的因果机制：微观基础和过程追踪》，《公共管理评论》2018 年第 1 期，第 10—21 页。"扩展知识""关键术语""思考题""经典举例"等由李雪纯、杨立华添加；同时，杨立华对全章内容进行了修改，李雪纯亦帮助修改了"本章要点""导言""覆盖律模型与因果性理论"等的部分内容。

[①] 〔美〕加里·金、罗伯特·基欧汉、悉尼·维巴：《社会科学中的研究设计》，陈硕译，格致出版社、上海人民出版社 2014 年版，第 6—7 页。

什么因素导致或影响另一因素发生什么样的变化;因果机制则研究某一因素如何影响另一因素。探讨因果机制有助于研究者在研究因果关系时更进一步,得以探察因果性之究竟,厘清隐于各种结构原因与其影响后果之间的中介因素。总之,从方法论意义上的倡导,到具体的研究尤其是实证研究中的应用和发展,因果机制的重要性逐渐凸显,并成为衡量好的社会科学研究的主要标准之一。当然,要进行因果机制的分析,首先就必须了解因果机制,必须明确因果机制的定义、起源、需处理的难题和具体类型等问题。近年来,国内学界也开始重视因果机制的讨论,并出现了一些介绍因果机制的文献。[①] 本章除对因果机制进行总体介绍外,将结合具体的理论,重点阐释两种主要的因果机制:作为微观基础的因果机制和作为过程追踪(process-tracing)的因果机制,以帮助读者对因果机制有较为具体的了解。

作为微观基础的因果机制通过降低分析层次,强调行动者的重要性,连接宏观结构与行动者,以解释宏观现象。这一机制分析产生的原因在于:虽然以理性选择为代表的因果机制理论一开始寻求普遍性规律,但是人们逐渐意识到,其优势在于建构一定范围内适用的因果机制,而不在于寻求普遍性规律。作为过程追踪的因果机制通过在原因和结果之间找到中介变量,以建构因果链。虽然过程追踪强调时间的重要性,但它同样可以在分析中纳入行动者,并能强调因果关系的双向性。但整体而言,这种方法更注重对具体个案的深度把握和行动者之间的互动,因此其适用范围相对更小。

二、因果机制的含义

(一) 因果关系与因果机制的区别

在探究因果机制的内涵之前,应该首先区分两个相近的概念:因果关系和因果机制。

简单而言,因果关系主要回答"是什么"的问题,即什么因素(X)导致或影响另一因素(Y)发生什么样的变化(正向的、负向的或曲线形的)。例如:在"一个国家的经济不平等状况是否会影响该国民主化的可能性"这个问题中,国家的经济不平等状况就是X,民主化的可能性就是Y。对于传统的实证主义而言,这个因果

[①] 例如,刘骥、张玲、陈子恪:《社会科学为什么要找因果机制——一种打开黑箱、强调能动的方法论尝试》,《公共行政评论》2011 年第 4 期,第 50—84 页;左才:《政治学研究中的因果关系:四种不同的理解视角》,《国外理论动态》2017 年第 1 期,第 24—31 页;蒋建忠:《社会科学研究中的因果机制:内涵、作用与挖掘》,《前沿》2016 年第 7 期,第 17—29 页。

关系建立在 X 和 Y 总是同时发生或概率意义上的相关关系之上。在这个例子中，如果二者之间有因果关系，就意味着国家的经济不平等和其民主化的可能性是同时发生的，或者在概率上存在着相关性。

此外，因果关系分析中还经常存在这样一些问题：表面上的时间顺序（时间顺序上在前的不一定是原因，在后的不一定是结果）、虚假因果（存在一个前置变量同时影响 X 和 Y）、多因多果（不同的原因造成同样的结果，同样的原因造成不同的结果）、(两个自变量间的)互动效应（interactive effect）、单向因果关系（无法处理内生性问题）等。而且，即使在实验方法中，研究者可以通过人为的控制和试验，辨析出 X 对 Y 是否产生影响，但这些问题也无法得到有效解决。

> **扩展知识**
>
> ### 因果关系分析的谬误：表面上的时间顺序及错误的自变量与因变量确定
>
> 在判断因果关系时，不能简单根据时间顺序来判断因和果，因为时间上的先后顺序并不必然代表因果顺序。简单来说，时间上先发生的不一定是因，后发生的不一定是果。
>
> "圣诞节购物潮"的例子经常被用来说明这种情况。在西方圣诞节前，通常会出现一个购物潮，购物的人熙熙攘攘地挤满了商店和购物中心；而在圣诞节过后，此购物大潮却戛然而止。从时间上看，购物潮在前，圣诞节在后，如果有人按照表面上的时间顺序来判断因果关系，就会错将"购物潮"当成原因，把"圣诞节"当成结果，进而得出"购物潮"导致"圣诞节"的荒谬结论。显然，这一因果推断是错误的！购物潮出现的"实际原因"是"人们为了欢度圣诞节而纷纷购物"。也就是说，在这一个例子中：真正的自变量是"人们要过圣诞节的意愿"，中间变量是"人们的购物行为"，因变量是"购物潮"。而如把"购物潮"当成"自变量"，把"圣诞节"当成"因变量"，并通过其先后顺序来确定因果关系，自然就会闹出笑话。

因果机制的研究则主要回答"怎么样"的问题，即 X 如何影响 Y。因果机制分析解决这一问题的主要方法是降低分析层次，打开因果关系的黑箱，并寻求其微观基础，而这也就是后面将要重点讲到的作为微观基础的因果机制。另外，因果机制分析也放弃了寻求普遍规律的使命，而转向注重寻求不同类型的个案集合的不同因果规律，从而试图在普遍性和特殊性之间寻求一个平衡点。简言之，因果机制力图阐述因果关系的发生原因和作用机制;或者说,其重点集中在分析解释变量变化是如何导致被解释变量变化的过程之上。

(二) 因果机制的定义

借用约翰·吉尔林的归纳①,因果机制可以被定义为:

① 一个结果被制造的路径或过程;
② 因果现象的微观层次解释(微观基础);
③ 难以观察的原因;
④ 容易观察的原因;
⑤ 一个依靠背景因素才有效的(有限的或中层理论的)解释;
⑥ 一个普遍性理论;
⑦ 一个预设了概率性,或者高度偶然性的、因果关系的解释;
⑧ 一个建立在呈现了规律性的常规性的解释;
⑨ 一种基于定性或个案资料的分析工具;
⑩ 以数学化的形式模型展示的理论。

由于这些定义经常彼此相互对立[如③和④,⑤和⑥,⑦和⑧,⑨和⑩],故而很难提出一个有高度共识的因果机制的定义。因此,因果机制也受到了一些严厉的批评。例如,有人(包括吉尔林)质疑因果机制和理论到底是否存在实质性的区别。有人质疑因果机制是否只存在于微观层面。首先,对第一个质疑而言,我们认为,因果机制和理论之间的关系实际是相对的,而非绝对的:一方面,当一个因果机制处于一个更高分析层次的理论之下时,它自然就是理论之下的因果机制;另一方面,由于因果机制本身也具有理论性,当其本身被看作一个理论的时候,它也可以为或者说也需要其他更低层次的因果机制来支撑。其次,对第二个质疑而言,由于理论和因果机制都是相对的,我们自然也认为因果机制不只存在于微观层面,它也可能存在于相对中观,甚至宏观的层面。

三、因果机制的起源

(一) 覆盖律模型与因果性理论

描述、解释和预测是社会科学研究的三个目标。因此,探究变量间的因果效

---

① John Gerring, "Causal Mechanism: Yes, But..." *Comparative Political Studies*, Vol. 43, No. 11, 2010, pp. 1500−1501.

应是社会科学的核心任务之一,它不仅能够对社会现象进行解释,还能通过归纳对社会现象进行预测。一般认为,亨普尔(Carl Gustav Hempel)的覆盖律模型(covering law model)和萨尔蒙(Wesley Salmon)的因果性理论代表了科学哲学中的两种解释倾向,且这两种倾向之间的竞争为因果机制分析的发展创造了某些可能。

逻辑经验主义的主要代表亨普尔的覆盖律解释模型曾被誉为"科学解释的标准模型",反映了经验主义的解释倾向。覆盖律模型的基本思想是:解释是一种演绎或统计论证,以对一个或多个经过经验验证的一般规律或一组描述特定事实的陈述为前提,以对解释对象的描述为结论。简言之,覆盖律模型认为,解释就是基于一系列前提演绎推导出一个结论,将现象的发生与出现归结于普适定律或统计定律。覆盖律模型能够为科学解释提供系统的逻辑分析框架和方法论基础,但也存在一些问题。这一模型无法解释说明项与被说明项之间的相关性,也不能说明解释模型的不对称问题。因此,如今的覆盖律模型已不再是科学解释的共识标准。[1]

在批判以亨普尔为代表的覆盖律解释的基础上,迈克尔·斯克雷文(Michael Scriven)等人强调科学解释与因果机制之间的关系,从而构成了萨尔蒙所说的科学解释研究中的解释性的因果理论,并反映了科学哲学中实在论的解释倾向。实在论者主张:科学研究的任务就在于找出经验上可证实的关于因果机制的理论和假设,以揭示现象发生的因果过程与作用机制。而萨尔蒙的因果性理论在实在论传统中尤具影响力。这一理论认为,科学研究的任务就是探索世界的因果机制,观察并打开"黑箱",揭示其内部机制。这一理论还认为:科学解释需要提供因果机制,而且因果性优先于解释;同时,由于有些因果并不依赖于某一定律,因此因果性要比定律更基本。可见,在这一点上,这一理论与亨普尔的覆盖律模型的观点是相反的。因为亨普尔的覆盖律模型认为,科学解释中必须包括定律,定律在逻辑上优先于解释,有了相关定律后才能做出相应解释。

(二)默顿的中层理论

因果机制分析在某种意义上还受到默顿对中层理论(theories of middle range)的强调的影响。默顿将中层理论定义为"既非日常研究中广泛涉及的微观但必要的工作假设,也不是尽一切系统化努力而发展出来的用以解释所能观察到的社会行为、社会组织和社会变迁的一致性统一理论,而是指介于这两者之间的

---

[1] 刘骥、张玲、陈子恪:《社会科学为什么要找因果机制——一种打开黑箱、强调能动的方法论尝试》,《公共行政评论》2011年第4期,第50—84页。

理论"①。可见,中层理论"涉及的是范围有限的社会现象"。它即使涉及抽象,这些抽象也必须与观察到的资料密切相关,且可以被经验检验。② 于是,通过中层理论的中介作用,研究者就既可以往下创立和推导出能够接受经验检验的实证假设,也可以通过较长时期的积累最终往上形成宏大理论。显然,这也为进一步探讨因果机制分析提供了借鉴或启发。

四、因果机制分析需处理的难题

因果机制分析在应用过程中经常面临很多难题。例如,一方面,因果机制需要把叙述和分析(或阐释)有机结合起来,否则容易变成单纯的描述;但另一方面,结合了分析和叙述两种方法的分析性叙事(analytical narrative)③在具体研究中,又容易出现扭曲历史来适应理论的问题④。原因在于:作为叙述的研究强调实证资料的丰富性、环境因素的复杂性和内在效度的精确性,而作为分析的模型却强调简洁和严格的预设,其内在冲突很难调和。这也意味着,要把过程追踪(本章后面要讲到的作为过程追踪的因果机制以及叙述分析所强调的具体研究方法)和微观机制(micromechanism)结合起来确实面临困境,而这也显示了因果机制分析的局限性。

内生性是因果机制需要处理的另外一个难题。例如,米格代尔(Joel S. Migdal)等人提出的国家社会相互形塑(state-society mutual transformation)理论强调:既要摆脱社会中心论的经济社会结构对国家的单向决定论,也要摆脱国家中心论对社会结构单向影响的观点,因为这两类观点的背后往往都是静态的比较结构分析法;国家在形塑社会的过程中也会被社会所改变。⑤ 但要分析这样的相互形塑,就需要我们不仅运用过程追踪的方法,而且要同时跳出路径依赖,将不同的因果机制融合在同一个问题之下。其难度显然不亚于要建构一个内生性的制度变迁理论,故而这方面的很多重要尝试都不很成功。⑥

---

① 〔美〕罗伯特·K. 默顿:《社会理论和社会结构》,唐少杰等译,译林出版社2015年版,第59页。
② 同上书,第60页。
③ Robert Bates, et al., *Analytic Narratives*, Princeton University Press, 1998.
④ Jon Elster, "Rational Choice History: A Case of Excessive Ambition," *American Political Science Review*, Vol. 94, No. 3, 2000, pp. 685-695.
⑤ Joel Migdal, et al., eds., *State Power and Social Forces: Domination and Transformation in the Third World*, Cambridge University Press, 1994.
⑥ Ling Chen, "Preferences, Institutions and Politics: Re-Interrogating the Theoretical Lessons of Developmental Economies," *New Political Economy*, Vol. 13, No. 1, 2008, pp. 89-102.

五、作为微观基础的因果机制

一般认为,结构-行动者(structure-agency)问题是社会科学研究中的一个核心挑战,因此,好的社会科学研究需要能有效连接结构和行动者。这就为因果机制分析,提供了发挥功能的空间。例如,赫德斯特洛姆和斯威德伯格就基于此提出了三种不同类型的因果机制。(见图 5.1)他们指出,如果说一个理论旨在解释两个宏观现象之间的关系,那么我们需要提供三个机制:宏观结构如何影响行动者的利益和可选择的策略(情境机制)、行动者如何选择行动或者博弈(行动形成机制)、个体行动如何影响宏观结构(转换机制)。①

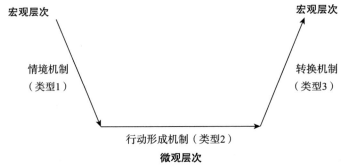

图 5.1 社会机制的类型

而且,与因果机制相关的一个方法论基础是分析层次。因为,从某种意义上来说,因果机制是相对于特定的具体理论而言的;对于某个分析层次的特定具体理论而言,其背后都存在更低层次的因果机制,且一直可以到个体层面。表 5.1 以民主化分析为例进行了说明。

表 5.1 分析层次(以民主化分析为例)

分析层次/理论	经济不平等和民主化的影响因素
国际体系	国际联系、国际影响力、资产流动性
国家	国家能力、经济发展水平、不平等状况、族群结构、宗教
社会群体/团体	阶级、阶级联盟、精英和大众
个体	政治精英、普通民众

---

① Peter Hedström and Richard Swedberg, "Social Mechanisms," *Acta Sociologica*, Vol. 39, No. 3, 1996, pp. 281-308.

此外,理性选择理论(rational choice theory)强调寻找宏观现象的微观基础(micro-foundation),即通过找出行动者(可以是非个人的集体),界定其利益和偏好以及可选择的策略(在情境机制作用下),进行成本收益分析,然后选择最佳策略。这些行动者行为的集合则构成了宏观现象,或者其博弈结果影响宏观结构。虽然理性选择分析曾试图基于人类的普遍理性寻求普遍性规律,但是后来人们发现,基于理性选择的理论不能成为普适性规律,只能是(只适用于特定环境的)因果机制。造成这一现象的最主要原因是:理性选择理论都是建立在非常严格苛刻的预设之上的,一旦这些预设不成立,理论也就失去了解释力。[1]

下面,我们将通过三个例子来阐释以理性选择作为微观基础的因果机制分析的基本方法。

(一)情境机制——界定行动者并界定其利益和策略选择

理性选择理论的首要任务是如何界定行动者,并界定其利益和策略选择。因为在绝大多数情况下,行动者都是集体行动者,而非个体行动者,且界定不同的行动者本身对问题的回答会产生直接影响。迈克尔·科佩奇曾将民主化理论界定行动者的方式归纳为两个流派:第一个是位置流派(position school),即将行动者对不同政体形式对其带来的预期利益进行排序,并根据这些预期收益将行动者划分为强硬派(支持现状及威权派)、温和派、反对派、中间派等。第二个流派是经济流派(economic school)。他们从行动者的经济资源出发,将其划分为穷人和富人(精英)两类,或者划分为穷人、富人和中产阶级三类,并且指出,每类人都试图最大化其经济利益,且不同政体对其经济利益的影响不同(主要通过再分配政策)。[2] 下面,我们将以最近十几年来发展较快的经济流派为例,介绍和讨论作为民主化的微观基础的因果机制。

阿西莫格鲁和罗宾逊关于民主化和再分配的著作是经济流派的代表性研究。从唐斯(Anthony Downs)的中位选民理论出发,阿西莫格鲁和罗宾逊认为:① 低度不平等社会不存在再分配压力,无所谓精英和大众,也无所谓对民主偏好与否;② 中度不平等社会区分了精英和大众,但再分配压力较小,所以精英可以容忍民主化;③ 高度不平等社会区分了精英和大众,但作为中位选民的大众的

---

[1] Peter Hedström and Richard Swedberg, *Social Mechanisms: An Analytical Approach to Social Theory*, Cambridge University Press, 1998.

[2] Michael Coppedge, *Democratization and Research Methods*, Cambridge University Press, 2012.

再分配压力很大,所以精英无法容忍民主化。①

然而,阿西莫格鲁和罗宾逊对精英和大众的政体偏好的理论预设过于简单,因此又被很多研究所修正。例如,鲍什加入了一个前置(条件)变量,提出资产流动性能削弱不平等条件下大众对再分配的偏好,因为他们知道如果征税过高,精英们可能选择携带资本离开。② 而斯莱特等则加入了制度变量作为中介变量,认为绝大多数发展中国家缺乏有效的税收机构征收累进税,所以富人无须担心再分配压力。而且,斯莱特等因此推翻了民主化的再分配机制,建立了民主化和民主崩溃的国家能力因果机制,并进一步通过实证分析对其进行了验证。③

(二) 行动形成机制——基于可信承诺的因果机制

理性选择之所以能成为政治学与公共管理研究中因果机制分析的核心要素,除了其聚焦于重要且易于分析的行动者及其成本收益计算之外,更为关键的是其提出了几个根本性的、往往难以观察的问题。例如,人类合作中存在的可信承诺问题(以及由此带来的合作问题/集体行动困境)、社会选择中存在的阿罗不可能定理等。而且,从这些根本问题出发,又衍生出了一系列需要研究的政治生活中的其他重要问题,如制度安排对解决这些问题的必要性、制度安排对经济社会的影响等。下面将以可信承诺为例展开讨论。

首先,因为人类的很多行为都是基于其对无法观察的未来预期的判断,而人类的未来预期又会受到其他人的行动的影响,因此,在一般情况下,理性人(此处假定其自利且追求利益最大化)在集体行动中就会采取机会主义策略,即违背承诺,以获得自身利益最大化。因而,也就使得理性人的承诺在集体行动中变得不可信。这一点在囚徒困境模型中体现得尤为明显:即使囚徒之间可以通过事先沟通达成协议,在单独受审的时候,他们依然会选择"背叛行为"作为自己的最佳策略。

其次,很多基于理性选择的因果机制都建立在可信承诺的基础之上。例如,研究者指出,第三方监督是最好的解决可信承诺问题的制度性方案:一个独立、公正、能力很强的第三方,可以监督交易双方的履约情况,并且惩罚违约者。然而,在现实生活中,一个第三方很难同时具备独立、公正和能力强大这三个要素,且建

---

① Daron Acemoglu and James A. Robinson, *Economic Origins of Dictatorship and Democracy*, Cambridge University Press, 2005.
② Carles Boix, *Democracy and Redistribution*, Cambridge University Press, 2003.
③ Dan Slater, et al., "Economic Origins of Democratic Breakdown? The Redistributive Model and the Post-colonial State," *Perspectives on Politics*, Vol. 12, No. 2, 2014, pp. 353-374.

第五章 因果机制

成和维持这样的一个第三方的成本也可能很高。而且,一个更为深层的悖论是:当国家在和个体或社会组织打交道的时候,很难找到一个第三方来监督和制约作为主权者的国家。制度主义经济学对经济发展的一个主要理论贡献就是其分析了国家该如何做出不掠夺个体的可信承诺,以获得公民的合作(投资),从而实现资本积累,并促进经济增长。例如,诺斯和温加斯特关于宪政和工业化的研究①、钱颖一和温加斯特关于市场维护型联邦制对经济增长的作用的研究②,就是如此。概括起来,这些研究背后的因果机制都是:如何通过降低分析层次,将国家拆分为横向分权的权力结构或纵向分权的权力结构,并通过其内部的分权制衡机制来约束国家的掠夺性权力,进而为民众提供可信承诺。但是,爱泼斯坦却从逻辑和实证上拒绝了宪政和工业化关系的理论。他认为,即使在英国,工业化发展和宪政之间的因果关系也并不存在。③ 而且,市场维护型财政联邦制理论也缺乏普适性,或者说只是经济增长的一种机制,因为其成功运作依赖于一些背景性条件——该理论所隐含的五个严格预设都能成立。④ 可是,第三代联邦主义学者却将这些预设推翻,认为在发展中国家这些预设几乎都不具备,从而将联邦制的负面效果展现了出来。他们的研究指出:联邦政府不为州政府承担最终债务的威胁并非可信承诺⑤,且会导致产生预算软约束问题;而预算软约束问题又会导致产生共用资源(或公共池塘)使用问题,致使州政府倾向于过度借贷,可能最终造成债务过高,并导致经济停滞乃至崩溃。⑥

最后,可信承诺的缺乏也影响政治进程。例如,斯沃力克认为,威权政治区别于民主政治的最关键点就是,在缺乏独立第三方监督的情况下,统治者和其追随

---

① Douglass C. North and Barry R. Weingast, "Constitutions and Commitment: The Evolution of Institutions Governing Public Choice in Seventeenth-Century England," *The Journal of Economic History*, Vol. 49, No. 4, 1989, pp. 803-832.

② Yingyi Quian and Barry R. Weingast, "Federalism as a Commitment to Reserving Market Incentives," *Journal of Economic Perspectives*, Vol. 11, No. 4, 1997, pp. 83-92.

③ Stephan R. Epstein, *Freedom and Growth: The Rise of States and Markets in Europe, 1300-1750*, Routledge, 2000.

④ 关于市场维护型财政联邦制在中国的适用性问题的讨论,可参阅张长东:《论制度主义视角下的市场维护型财政联邦主义》,《浙江社会科学》2014年第2期,第25—32页。

⑤ 财政联邦制所依赖的因果机制是通过地方政府对中央政府的掠夺性权力的制约,以及地方政府竞争形成的对地方政府权力的制约,从而形成限制国家掠夺性权力的可信承诺。然而,第三代财政联邦理论也是通过可信承诺这一机制从内部来找第二代财政联邦制理论的内在逻辑缺陷。

⑥ Jonathan Rodden, *Hamilton's Paradox: The Promise and Peril of Fiscal Federalism*, Cambridge University Press, 2006.

者之间无法达成可信承诺。① 这也就意味着:统治者给予追随者的承诺是不可信的,因为他可以随时收回;同样,追随者效忠的承诺也是不可信的,因为他可能怀有异心,图谋篡位。在这种情况之下,统治者往往会选择虽削弱国家能力但能保护自身权力的策略:权力(尤其是暴力机构)分设和重叠设置以互相监督制衡、清洗异己、任人唯亲等等。当然,也存在另外一个解决方案,即设立一些权力分享的制度,如政党或者议会,提供可信承诺。② 但是,这些制度性安排是否能提供可信承诺也是一个问题。③

总之,正是因为对可信承诺这一非常核心但却无法直接观察问题的深入剖析,使得基于其建构的因果机制区别于那些"只是描述了或者定义了一个事件,而非解释一个事件"的研究或分析,获得学界的较多关注。当然,正如前文所述,基于可信承诺的分析也存在各种逻辑和实证上的不足,但至少提供了进一步分析的基础。

(三) 连接宏观—微观—宏观的机制

另外一种因果机制的分析方法是从关键行动者面临的主要问题和挑战出发,考察分析结构性因素和制度性因素如何影响其行为策略选择。一个经典的例子是列维(Margaret Levi)对税收制度的研究。不同于 20 世纪 80 年代中期以国家回归(bringing the state back in)学派为代表的强调结构性因素对政治的影响的研究,列维呼吁"把人带回来"(bringing the people back in)④,并强调解释宏观结构的微观基础。税收体制受结构性因素(如战争威胁、生产关系等)和制度性因素

---

① 米格代尔在 1988 年就深刻讨论了这个问题,参见 Joel Migdal, *Strong Societies and Weak States: State-society Relations and State Capabilities in the Third World*, Princeton University Press, 1998。亦可参见 Dan Slater, "Iron Cage in an Iron Fist: Authoritarian Institutions and the Personalization of Power in Malaysia," *Comparative Politics*, Vol. 36, No. 1, 2003, pp. 81-101。

② Milan W. Svolik, *The Politics of Authoritarian Rule*, Cambridge University Press, 2012.

③ Dan Slater, "Iron Cage in an Iron Fist: Authoritarian Institutions and the Personalization of Power in Malaysia," *Comparative Politics*, Vol. 36, No. 1, 2003, pp. 81-101.

④ 与列维类似,格迪斯和米格代尔也通过把行动者带入分析而提出了类似的分析框架。米格代尔提出了上层的"生存政治"和下层政府与地方强人的"相互妥协"两大机制,并认为这两大机制使得多数第三世界国家能力低下。国家往往是由谋求权力的个人(政治精英)所构成,如果强化国家能力的做法会削弱个人权力或者影响其利益,那么掌权者就不会去做;反之亦然。参见〔美〕乔尔·S.米格代尔:《强社会与弱国家:第三世界国家的国家社会关系及国家能力》,张长东等译,江苏人民出版社 2009 年版。格迪斯认为:政客会最大化权力而非税收收入,且政治制度比社会结构更重要;政客们在采取何种策略应对内外挑战时,也会考虑如何在国内也促进自身的利益,而这在不同的制度下,又会对改革策略的选取造成不同的影响。参见 Barbara Geddes, *Politician's Dilemma: Building State Capacity in Latin America*, University of California Press, 1994。

的影响,但这些因素具体是通过影响统治者(和主要社会群体之间)的交易成本、讨价还价能力和贴现率而起作用。统治者会尝试用意识形态和暴力等方式来增强纳税人缴纳税金的意愿,但这两种方式成本都很高,且效果也不一定很好。为此,统治者需要纳税人一定程度的资源遵从。列维在此基础上提出了纳税人的准志愿服从(quasi-voluntary compliance)的理论。该理论认为,当纳税人相信①统治者会遵守协议,且②其他人也会遵守协议时,他们认为纳税是公平的,会准自愿地纳税;但并非自愿纳税,因为不纳税可能受到严厉惩罚。为此,列维在分析中纳入了多个因果机制,而且都可以由此推出一些可以通过实证验证的具体命题。①(见图5.2)

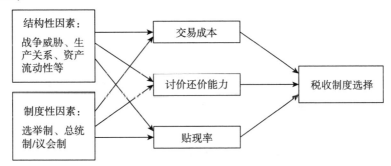

图 5.2 税收制度选择的三个机制:从宏观到微观再到宏观

(四)微观基础理论的应用难点

理性选择和以理性选择为基础的博弈分析,为政治学与公共管理学研究的微观机制分析提供了较好的理论基础。但是,将理性选择作为因果机制微观基础的理论,也存在诸多实质性困难,使得这些微观机制及建立在微观机制上的"普遍性理论"的适用范围往往受限;而且,虽然博弈论等分析工具为因果机制提供了非常重要的逻辑内洽的分析,但却又建立在非常严格的预设基础之上,且这些预设条件有时非常严苛,以至于基于博弈论的解释经常会有循环论证的嫌疑。概括起来,以理性选择作为微观基础的因果机制分析所面临的主要困境有以下三个②:

1. 如何界定行动者

第一个困难是如何界定行动者。皮尔逊(Paul Pierson)认为,运用博弈论的

---

① Margaret Levi, *Of Rule and Revenue*, University of California Press, 1989.
② 参考〔美〕保罗·皮尔逊:《时间中的政治:历史、制度与社会分析》,黎汉基、黄佩璇译,江苏人民出版社 2014 年版,第 72—73 页,有修改。

理性选择理论往往预设比较凝聚的、高度整合的复合行动者,同时预设这些行动者数量很少,且各自的策略选择也很少。① 然而,群体行动者的凝聚力(coherence)是一个变量,总是存在被分解为更小群体行动者的可能性。当然,这并不意味着我们必须无限地分解行动者,直到个体层面;可问题的关键在于,我们必须根据研究话题,在简化问题分析和不牺牲重要因素之间找到一个平衡。

2. 如何界定博弈的收益矩阵

第二个困难是如何界定博弈的收益矩阵(payoff matrix),及其背后更深刻的行动者偏好、利益和策略选择。这些收益矩阵往往是由结构性因素或制度性因素所决定的。但是,除了在多重均衡的条件之外②,在其他大多数情况下,收益矩阵本身就决定了行动者的最优策略选择。换句话说,行动者本身是没有能动性的,其行为是由结构或制度决定的。用皮尔逊的术语来讲,就是在因果链中,博弈论所能提供的解释是一个非常接近于其结果本身的因果链③,所以其解释价值非常有限。因此,重要的研究应该聚焦于从结构和制度出发界定收益矩阵,而非预设受益矩阵。但是,要做到这一点,经常又是非常困难的。

3. 不能中断次序和压缩时间

第三个困难是次序不能中断和时间不能压缩。虽然动态博弈强调行动的先后顺序,但其次序不能中断,也不能压缩时间,这就使得其基本上忽略了博弈过程中背景环境的变化及其对行动者的影响。④ 这些问题的存在,使得博弈理论分析需要和其他方法,尤其是和研究宏观历史的比较历史方法相结合,才能获得更好的理论解释力。譬如,在分析精英斗争如何导致民主转型时,就需要将其放在比较的、历史的背景下,来界定精英群体的划分及其利益,并找出其和社会群体的可能联盟。⑤ 但是,这又往往需要我们跳出简单的比较静态分析,转而用过程追踪的方法来寻求因果机制。

---

① 参考〔美〕保罗·皮尔逊:《时间中的政治:历史、制度与社会分析》,黎汉基、黄佩璇译,江苏人民出版社 2014 年版,第 3 页。
② 理性选择本身往往对多重均衡的选择也缺乏解释力。
③ 从因果链角度而言,这也说明理性选择是合适的"因果机制"。
④ 〔美〕保罗·皮尔逊:《时间中的政治:历史、制度与社会分析》,黎汉基、黄佩璇译,江苏人民出版社 2014 年版,第 73 页。
⑤ 类似观点参见 Nicholas Pedriana, "Rational Choice, Structural Context, and Increasing Returns: A Strategy for Analytic Narrative in Historical Sociology," *Sociological Methods & Research*, Vol. 33, No. 3, 2005, pp. 349-382。

六、作为过程追踪的因果机制

因果机制建构的另一个主要方法是通过在原因和结果之间找到中介变量,建构因果链。但是,这并非适用于任何分析。例如,皮尔逊认为:"当政治行动具有多重后果,而主要的长期结果是意向性行动的副产品(而非其主要焦点时),或出于间接的意向性行动策略时,因果链论述通常是有前途的。""通常是当主要的制度结果、政策结果或组织结果,在时间上与关键的政治选择的起点存在一定距离时,才采用因果链论述。"①

而且,在每个因果链的节点,都存在偶然性或者概率性。因此,如果偶然性过强或概率过小,则会导致因果链的解释力不够的问题。此外,关键节点(critical juncture)、事件发生的时机和顺序(timing and sequence)、路径依赖(path dependence)等概念和思路,也对我们理解因果关系有很大的帮助。但是,需要注意的是,它们本身并非因果机制,且需要更具体或更低层次的因果机制来支撑。下面,我们将结合国家建构(state-building)理论来讨论过程追踪的因果机制的运用。②

例如,布鲁尔、蒂利、曼等人提出了国家建构的结构性解释,即所谓军事—财政模型。这一模型的基本观点是:战争和为战争提供必需的人力、物力、财力资源是统治者面临的最严峻的挑战。那些成功动员或获取资源并有效组织战争的统治者生存了下来,甚至征服和兼并了其他国家,获得了更多的资源;那些未能有效动员资源的统治者在战争中被更强大的对手战胜,因此失去了政权,其国家也被吞并。③ 军事—财政国家建构理论的后续发展则主要强调:战争对不同国家的国家建构的影响是不同的,受到其他因素作为中介变量的影响。其中非常重要的一个因素就是行动者,包括统治者、不同的精英群体乃至民众等。因此,通过把行动者纳入分析,又为国家建构理论的解释提供了许多不同的因果机制。例如,通过将统治者纳入分析,就会发现:有的统治者做出了很多努力,但有的却无所作为;

---

① 〔美〕保罗·皮尔逊:《时间中的政治:历史、制度与社会分析》,黎汉基、黄佩璇译,江苏人民出版社2014年版,第105页。

② 亦可参见朱天飚的论文《定性研究:从实证到解析》中对和文凯著作的分析讨论,尤其是过程追踪和比较结构分析的差异。本节下面四段话和图则摘自张长东的另外一篇文章,略有删减。参见张长东:《比较政治学视角下的国家理论发展》,《北大政治学评论》2018年第1期,第197—234页。

③ John Brewer, *The Sinews of Power: War, Money, and the English State, 1688–1783*, Routledge, 1989; Charles Tilly, *Coercion, Capital, And European States, AD 990–1990*, Basil Blackwell, 1990; Michael Mann, *The Sources of Social Power*, Cambridge University Press, 1986.

有的统治者建立了强大的国家并吞并邻国乃至建立海外殖民地,但有的统治者却社稷不保。还有,虽然很多时候,统治者会在类似结构压力下选择类似的行为,或者会模仿成功案例,但是他们的选择在很多时候还受到国际和国内结构之外的因素的影响。① 而在这些因素中,被重点研究的则是精英的意识形态、精英间的关系、宗教信条等。此外,已有的政治制度,如行政体制和代议制机构等,也会起一定作用。

此外,借助历史制度主义的强调时机和事件发生顺序的分析视角,艾特曼提出,战争发生的时机是关键性因素。针对1450年前发生的战争(主要发生在欧洲南部和西部),他指出:当时的国王可获得的技术资源(受过教育且可充任官员的职业化人士、法律观念和可借贷资金等)都非常有限,因此国王需要和贵族(只有他们受过教会的教育)合作以获得人力资源,需要和为数很少的金融家及商人合作以借贷战争所需资金,并最终通过战争导致家产制国家的出现,因为只有在家产制国家,官位才可以被出售、继承、转卖。针对1450年后的战争(主要发生在日耳曼地区和北欧),他指出:因为当时大学的发展,国王可以直接利用受过大学教育的人来充实听命于他本人的官僚体系;与此同时,因为资本主义商业的发展,借贷机会也大大增加,所以国王无须完全借助于需要讨价还价的税收来为战争筹资,从而获得了更大的自主性,因此也就形成了官僚制国家。②

虽然赛勒和维勒尔也认同军事—财政国家的逻辑,但是,他们认为:经济精英们是否支持国家建立强大的税收机构取决于其自身的经济利益,且其经济利益反过来又受资金市场的影响,从而解释了为何类似的地缘政治会造成不同的国家建构结果。如果借钱给统治者的经济精英本身是净放贷者(其从信贷市场的借出多于借入),那么他们就希望国家采取节约的财政政策(以防止通胀带来的货币贬值),并建立有效的税收机制;反之,如果借钱给统治者的经济精英本身是净借贷者(其借入高于借出),那么他们则希望国家采取不负责任的财政政策,且建立无力的税收机构。③

于是,基于上述选择性的文献回顾,我们可以将现代国家建构的因果链条简

---

① Mark Dincecco, "The Rise of Effective States in Europe," *The Journal of Economic History*, Vol. 75, No. 3, 2015, pp. 901-918.

② Thomas Ertman, *Birth of the Leviathan: Building States and Regimes in Medieval and Early Modern Europe*, Cambridge University Press, 1997.

③ Ryan Saylor and Nicholas C. Wheeler, "Paying for War and Building States: The Coalitional Politics of Debt Servicing and Tax Institutions," *World Politics*, Vol. 69, No. 2, 2017, pp. 366-408.

单地梳理出来。(见图5.3)当然,这里的每一个节点都有很多偶然性,且蕴含着更为具体的微观选择基础,并最终会影响国家建构的结果。

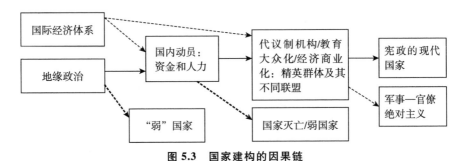

图 5.3 国家建构的因果链

注:──→表示正向因果关示;╍╍▶表示缺乏此条件时,会有负向因果关系;------→表示存在正负不明(即或正或负)的因果关系。

关键术语

因果关系　　　　　因果机制覆盖律模型　　　　中层理论
现代国家建构　　　理性选择理论

思考题

1. 什么是因果机制?因果机制与因果关系有何区别?
2. 因果机制的应用过程中面临着哪些困难?
3. 如何从宏观现象的微观基础出发建构因果机制?
4. 试举例说明如何通过过程追踪法建构因果机制。

延伸阅读

Peter Hedström and Richard Swedberg, *Social Mechanisms: An Analytical Approach to Social Theory*, Cambridge University Press, 1998.

〔丹麦〕德里克·比奇、拉斯穆斯·布伦·佩德森:《过程追踪法:基本原理与指导方针》,汪卫华译,格致出版社、上海人民出版社 2020 年版。

〔美〕乔恩·埃尔斯特:《解释社会行为:社会科学的机制视角》,刘骥等译,重庆大学出版社 2019 年版。

经典举例

〔美〕托马斯·埃特曼:《利维坦的诞生:中世纪及现代早期欧洲的国家与政权建设》,郭台辉译,上海人民出版社 2010 年版。

《利维坦的诞生:中世纪及现代早期欧洲的国家与政权建设》(Birth of the Leviathan: Building States and Regimes in Medieval and Early Modern Europe)一书主要指向并回答了三个问题:(1)为什么欧洲国家在相似的政治处境中,政治发展的道路会大不一样?(2)看似强盛的法国拥有强大的中央政府和军事实力,为什么不堪一击?(3)英国凭借什么样的制度实现了自由和强国的完美统一?

作者托马斯·埃特曼采用比较历史分析法,收集和分析了多个国家的历史资料,力图建构一个具有普遍解释力的理论框架,以解释欧洲早期的国家建构的多样性。埃特曼按照绝对主义与宪政主义二分法和韦伯的家产制与官僚制二分法将欧洲的领土国家归为四类。这四类欧洲现代早期的国家形态就是这本书的被解释变量。三个核心解释变量是:在国家形成之后的最初几个世纪地方政府的组织工作;持续不断的地缘政治竞争之初的时间选择;强大的代议机构对行政管理和财政制度的独立影响。

以英国为例。英国走向官僚宪政主义国家是多种因素共同作用的结果,是牵一发而动全身的系统工程。(见图 5.4)面对早期地缘政治竞争过程中形成的制度安排和世袭制倾向,强大的议会扭转了英国的发展路径,使之走向官僚制。参与式地方政府也促进了英国的分权共治,有利于宪政发展。通过对三个核心解释变量的描述并结合其他因素的影响,可以窥见埃特曼在解释变量与被解释变量之间建构的因果关系。

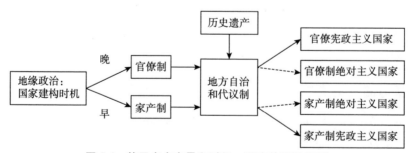

图 5.4 基于中介变量和时机—顺序的因果机制

注:虚线箭头意味着缺乏地方自治和强大代议制遗产,实线箭头意味着存在此类遗产。

1. 早期地缘政治竞争影响

埃特曼认为,卷入地缘政治竞争过早导致国家基础结构的早熟,但这种早熟很可能是"不健康的"(如法国),只有通过某种矫正才能使国家走上"健康的"轨道(如英国);相反,卷入地缘政治竞争较晚,可能导致国家基础结构的超速发展(如德国),也可能导致国家基础结构的建构为时已晚(如波兰和匈牙利)。

英国早在11世纪起就受到地缘政治竞争的长期影响,战争较为频繁。双方交火,强者为王。在持续不断的地缘政治竞争的压力下,单凭统治者的才能难以实现军事实力的迅速提升。为了增强国家的军事实力,统治者不得不建立更大规模的、更为职业化的行政管理体系和财政机构以使国家的运转更为高效,支持战争的财务人力的调配更加有力。

早期的国家建构活动是一把双刃剑。为了回应地缘政治竞争的压力,英国很早就进行扩张、分化基础结构,这导致国家基础结构的早熟,使其自身的制度安排难以更替,也使得后来议会的改革进程十分漫长。但也不应忽视,由于英国较早面临地缘政治的压力,议会与王权得以在冲突中相互制衡,王权限制了倾向家产制的贵族,贵族和其他阶层限制倾向专制的王权。议会与王权的拉锯有利于矫正过于早熟的国家基础结构。

2. 强大议会的影响

早期的国家建构使得实质性的国家机构根深蒂固,以法国为代表的一些拉丁欧洲国家在残留的军事压力下走向了世袭之路,而同样在1450年之前就开始面对地缘政治竞争压力的英国却扭转了路径,发展出官僚制。其中非常重要的一个原因便是英国存在一种强有力的国家代议制度,强大的议会限制了国家机构的世袭制倾向。

英国之所以会出现强有力的议会,与议会形成的基础密切相关。英国以领土为基础的"两院制"议会明显区别于拉丁欧洲的以身份团体为基础的"三院制"议会。"三院制"议会中,每一个议院都代表一个社会阶层或组织团体,因而各个议院都有自己的利益诉求。议院与议院之间难以协调利益,进而难以把议会整合成一个利益共同体来共同对抗王室的权力。这样的议会无疑是软弱、松散的。而英国的"两院制"议会则以领土为基础,不同等级、阶层的成员混杂在上下两院中,一起协商,基于共同利益来抵抗王室的压力。同时议会也是地方政府组织机构利益保护的一种延伸。种种因素的影响下,英国的议会发展得强大而有力。

3. 参与式的地方政府的影响

由于几乎不受黑暗时代罗马国家不成功的国家建构的历史遗留的影响,英国出现以领土整合为基础的地方政府。王国由更小、更规范的领土单位组成。各领土单位中的成年男子在地方官员的帮助下参与自治,逐渐形成了地方自治的传统。这种自治传统有利于为代议制发挥基础性的作用,使得这个国家战胜了持续几个世纪的职务私有化势力，并最终取得了战争的胜利。

4. 财政制度与经济发展的影响

在战争过程中，有的国家为了广泛动员国内资源而逐渐建立起高度集权的财政税收制度。而英国的商业发展十分迅猛，频繁的贸易能为英国的政府运作与对外战争提供强大的资金支持。英国不需要完全依赖土地税，而是可以抽取商业税和搜刮殖民地的财富。大量的商业税收有利于英国在持续不断的军事压力中避免绝对主义，并且建立起完全以市场为基础的公共财政体系支持代议制政府的运转。

5. 历史遗产的影响

英国处在罗马帝国和神圣罗马帝国统治的边缘地带，受原帝国历史遗留的影响较小，没有形成典型的自上而下的罗马统治方式；罗马人撤退之后，列国并存，遗留部落之风，逐渐形成地方自治的传统；威廉征服英伦但并未扫清英伦古风，反而加以利用，这种思路甚至延续到亨利二世的司法改革，因而英国逐渐形成了地方自治与中央集权相互促进的趋势。贵族与约翰王的《大宪章》、以地方利益为依归的两院制议会都是在这种政治遗产格局中生发出来的。议会（尤其是下院）对地方利益的坚决持守在制度上逐渐转化为对国王财政的公共监督。国王与议会之间形成了一种相对默契的合作关系，国王既不能离开议会，否则军费没有着落；也不能摧毁议会，否则地方无人管理。这种合作关系构成了宪政主义的内在运作机制。

政治上，帝国原先的扩张激起了英国的地方保护主义和精英团体的自治；帝国收缩后地方精英势力相应扩张，能够制衡王权，有利于发展出强大而独立的代议制机构，促使宪政主义政权出现。法律上，罗马法传统对英国的影响很小，因而13世纪的统治者还将法律视作习俗法而非人造规则。这种法律需要经过共同体的协商得出对习俗的认可，因而议会有机会参与到立法过程中并一步步夺取立法权，从而进一步巩固议会权力，限制王权。

总之，英国走向官僚宪政主义是一个漫长而复杂的过程，正如蒂利所言，其发展路径与逻辑是必然性与偶然性相结合的一种意外后果。在英国的发展道路中，我们可以清晰地看到早期地缘政治竞争、强大代议制机构和参与式地方政府的影响。但在这些因素之外，还有诸多经济、政治、文化、军事因素共同促成英国的利维坦建设。在多方面的共同作用下，英国最终走向了官僚宪政主义。

第二编　研究设计、研究计划书与研究伦理

【本编提要】

本编旨在对正式开展实际和具体的科学研究之前需要进行的研究设计、撰写的研究计划书、科学研究所应遵循的必要的伦理道德准则进行介绍。本编旨在回答三个问题：如何将自己的研究兴趣转化为研究问题并提出切实可行的研究设计？怎样撰写研究计划书？研究者在进行研究时应遵循哪些研究伦理？本编主要包括三章内容，分别是：

第六章　研究设计

第七章　研究计划书

第八章　研究伦理

第六章 研究设计

本章要点

- 研究设计的不同类型;
- 研究设计的一般流程;
- 好的研究问题应该满足的几个标准;
- 研究设计经常涉及的五种变量及其变量关系图;
- 研究框架、概念框架、理论框架和分析框架的区别;
- 假定与假设的区别;
- 研究假设的基本类型与好假设的标准;
- 研究对象具体限定的六要素;
- 研究设计必须考虑的三种重要变异控制;
- 一些最基本的抽样方法和策略;
- 影响具体研究方法选择的因素;
- 不同研究效度、主要威胁因素及其解决方法。

一、导　言

研究设计(research design)是科学研究的基础与统领。好的研究设计是科学和艺术的高度结合。完善的研究设计是一项科学研究能够顺利进行的前提条件,因为研究设计不仅关乎整个研究的规划与进度,也关系着研究的质量。缺少严谨的研究设计,研究就没有了统领,研究的科学性也会随之大打折扣。

本章旨在通过对各种研究设计的整合性介绍,以从整体上阐明研究设计的定义、目的、作用,介绍研究设计的类型、研究设计的一般流程和一些重点的内容等问题,期望能为研究者提供一个初步的且具有操作性的整体性研究设计指南或参考。

二、研究设计的定义、目的和作用

（一）定义

艾尔·巴比指出，"研究设计包括了一系列的决定：研究题目、研究总体、研究方法、研究目的"，并且，研究设计需要研究者"收缩视野，专注于具体的研究项目"[1]。仇立平对此做了更为细致的描述，认为"研究设计是指对研究课题的意义、目的、性质、研究方式、研究设想、研究过程和研究方法的详细说明，是按照研究课题的目的和任务，预先制订研究方案和计划"[2]。

结合以上的定义，我们认为，研究设计是为了实现研究目的，而对研究课题的研究背景和意义、主要科学问题、主要内容、主要目标、总体研究方案、具体研究设计和方法、预期研究成果以及有关研究有效性、研究可行性、研究特色和创新之处、进度和经费预算安排等研究全过程的多方面内容，进行详细梳理、说明或规划，旨在制订一项研究的计划、方案、蓝图或指南，保证研究的可行性、有效性和科学性。

（二）目的和作用

研究设计涉及多个目的，但最重要的目的是六个：①明确研究问题；②理顺研究思路；③确定可行、有效的研究方案；④选择合适的研究方法及资料收集和分析方法；⑤制定具体和可操作的研究流程；⑥保证研究的有效性和科学性。

研究设计的作用也多种多样，但最重要的有这样几种作用：①帮助进一步明确研究目的；②帮助进一步明确、聚焦和清晰化研究问题、内容和目标；③帮助清晰说明研究方案和计划；④帮助制定具体研究流程；⑤帮助进一步考察和落实研究的可行性；⑥帮助进一步明确研究的特色、创新和预期成果；⑦帮助对研究的具体进度、经费安排等进行更好的规划；⑧帮助说明或解决其他与研究相关的问题。

三、研究设计的类型和一般流程

（一）研究设计的类型

根据第一章按照研究方法的类型对科学研究的分类，也可以将研究设计划分

---

[1] 〔美〕艾尔·巴比：《社会研究方法》（第13版），邱泽奇译，清华大学出版社2020年版，第105页。
[2] 仇立平：《社会研究方法》（第2版），重庆大学出版社2015年版，第102页。

为规范研究设计、实证研究设计、混合研究设计三种类型。

规范研究设计对应不同的具体规范研究类型,较强调一般逻辑选择与逻辑正确性、特殊方法选择与方法使用正确性、形式方法选择和形式正确性等方面。

实证研究的研究设计则比较关注清晰的变量和变量间关系、研究假设、有效性等方面的内容,以更好地研究和检验变量间的关系。对于定性和定量两种不同类型的研究,人们常常主张应有不同的研究设计方法。但是,也有人认为,定性和定量研究之间的差别只是风格上的不同,二者之间在本质上存在着统一的逻辑;不论是定性还是定量研究,其研究质量的保证都依赖相同的推论逻辑[1],只不过在定量研究方法的讨论中,这种逻辑往往被解释得很清楚,并被标准化。不论如何,在设计研究的过程中,所有的定性和定量研究人员都能从更明确地关注这一逻辑中获益。[2] 事实上,孔德也曾说过,逻辑一致性的优势今后必然转到实证精神方面[3];波普尔也指出,科学研究的可接受性并不取决于任何真理代用品之类的东西,而是取决于检验的严格性[4]。因此,在本章,我们主要考虑以实验、半实验设计为主的实证研究设计程序,以期能同时对定性和定量研究设计有所帮助。

混合研究设计则包括规范研究的混合设计、实证研究的混合设计以及规范研究和实证研究的混合设计,但不管是哪一种混合研究的设计,都要遵循相应的研究设计策略。

(二)研究设计的一般流程

无论是规范研究设计、实证研究设计,还是混合研究设计,都具有一定的流程。三种不同类型的研究设计往往会有相对不同的设计过程,而且同一类型下的不同具体研究的设计也千差万别;但是,不同类型之间的研究设计也具有一定的共通性,而这就是研究设计的一般流程。(见图 6.1)具体来说,无论是规范研究设计、实证研究设计,还是混合研究设计,一般都首先涉及以下七步:

① 弄清"研究背景和意义"。这里的背景不仅包括现实背景,也包括理论背景;这里的意义不仅包括理论意义,也包括现实意义。

② 明确"主要科学问题"。提出具体、明确的主要科学问题,是任何类型的研

---

[1] 〔美〕加里·金、罗伯特·基欧汉、悉尼·维巴:《社会科学中的研究设计》,陈硕译,格致出版社、上海人民出版社 2014 年版,第 103 页。

[2] Gary King, Robert O. Keohane and Sidney Verba, *Designing Social Inquiry: Scientific Inference in Qualitative Research*, Princeton University Press, 1994, p. 3.

[3] 〔法〕奥古斯特·孔德:《论实证精神》,黄建华译,译林出版社 2011 年版,第 18—19 页。

[4] 〔英〕卡尔·波普尔:《猜想与反驳——科学知识的增长》,傅季重等译,上海译文出版社 1986 年版,第 390 页。

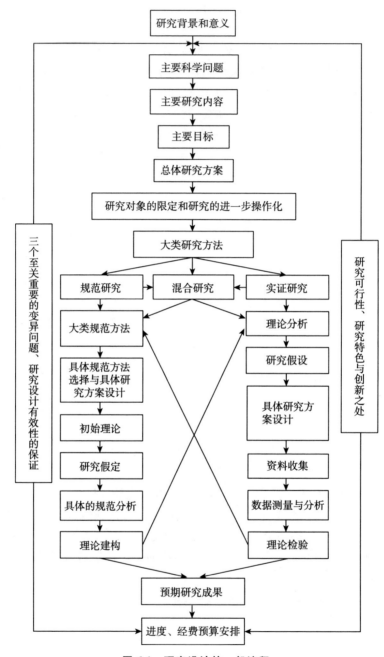

图 6.1 研究设计的一般流程

究在明确研究背景和意义后,必须进一步明确回答的问题。

③ 厘清"主要研究内容"。所谓主要研究内容,就是回答主要科学问题需要对应完成的主要具体任务。

④ 明确"主要目标",即弄清楚研究究竟要达成或实现的主要目的是什么。

⑤ 规划"研究总体方案",即在具体问题、主要内容、主要目标确定之后,先从整体或宏观的视角上来划定研究该怎么进行,明确研究的大致思路和方案。

⑥ 推动"研究对象的限定和研究的进一步操作化"。即通过对研究对象的进一步限定,明确研究问题,并提高研究问题和问题研究的可操作化程度。

⑦ 确定"大类研究方法",也就是要选择究竟要进行规范研究、实证研究,还是规范和实证相混合的研究。对这些大类研究类型的选择不同,其后部分的研究设计也不同。

在完成以上七步之后,如果选择进行规范研究,则一般需要继续完成如下六步:

⑧ 确定"人类规范研究方法",即确定规范研究之下的其他"大类的规范研究方法",例如一般规范研究、特殊规范研究、形式规范研究等。

⑨ 确定"具体规范方法选择"并进行具体研究方案(或更聚焦的研究方案)设计,即在确定了"大类规范研究方法"之后,进一步确定具体的规范研究方法(例如选择博弈理论方法作为具体的形式规范方法),并进行基于这一具体规范研究方法的具体研究方案设计。

⑩ 阐明"初始理论"。

⑪ 确定"研究假定"。

⑫ 展开"具体的规范分析"。

⑬ 确定"理论建构"的方法。

前面所讲的七步之后,如果选择进行实证研究,则一般需要继续完成如下六步:

⑧ 展开基于演绎的"理论分析"。目的是为研究展开具体的理论分析,或确定研究框架、理论框架、概念框架等,为后面提出研究假设奠定基础。

⑨ 确定具体的"研究假设"。

⑩ 确定"具体研究设计方案(包括具体研究设计方法、研究方法等)"。这是实证研究设计的关键部分之一,包括基于对"三个至关重要的变异问题"的深入分析而进行的整体研究区域和具体研究对象等的选择、具体研究方法和技术路线等的详细说明等。

⑪ 确定"资料收集"方法。

⑫ 确定"数据测量与分析"方法。

⑬ 确定"理论检验"的方法。

在前七步之后，如果选择进行规范和实证相结合的混合研究，则一般需要把以上所讲的规范和实证的不同路径依据特定的规则进行混合展开。如不考虑嵌套等的状况，只考虑先后次序，则要么先规范再实证，要么先实证再规范，但都需要综合考虑两种大类方法的不同组合。至于各种混合的具体方法则将在本书第十五章"混合研究"部分进行具体介绍。

完成基于规范研究、实证研究和混合研究的不同具体研究设计后，还需要考虑两部分：一是"预期研究成果"；二是确定"研究进度、经费预算安排"等。

此外，就以上介绍的研究设计框架，还必须说明四点：

① 以上所有研究设计的每个部分，实际上都要考虑三个至关重要的变异问题，同时需要时刻注意保证研究设计的有效性、研究的可行性（包括物质技术条件、人力条件、研究基础、资料可及性、研究者能力、时间等多种因素）以及研究特色与创新之处。

② 以上过程只是一般过程，并不意味着所有实际研究设计都会涉及所有步骤；当然，有些研究设计可能会跳过某些步骤，但一般而言，如按以上步骤逐个进行，则可以帮助研究者把研究设计做得更好、更细致、更清晰、更科学。

③ 上述的各个步骤的先后顺序也不一定都是完全确定的。有些时候，根据实际情况的需要，其先后顺序也可能会有所调整。

④ 通常来说，学生的平时作业和毕业论文研究设计或开题报告也要遵循这个一般过程。特别地，好的毕业论文的研究设计往往不仅需要遵循以上研究过程，而且其整体结构的前三到四个部分也比较符合本书第十六章将要强调的论文的"ITMRDC"结构（introduction-theory-methods-result-discussion-conclusion）框架或格式的前三个部分，即分别强调研究背景和意义并提出明确的研究问题，进行概念界定和文献综述，阐述基础理论和理论框架，进而进行具体研究设计并阐述具体研究方法、提出具体研究方案。总之，好的毕业论文的研究设计做完了常常也就相当于较好地完成了毕业论文的前三到四章的内容。

在整体性介绍了以上研究设计的一般流程之后，下面将对这一流程中所涉及的一些重点内容依次进行介绍。

四、研究问题、变量、框架、假定和假设

（一）研究问题

1. 问题提出的四种途径

任何研究都是关于科学问题的研究，因此问题的提出既是一项研究的正式起

始,也是一项研究设计的最重要工作。提出研究问题不仅可以明确研究对象、目的和目标等,而且是明确研究方向、限定研究边界、制订研究计划、实际实施研究等的第一步或前提。一般来说,研究问题可以通过以下四种途径产生。

(1) 现实敏感性

现实敏感性主要是指个人基于对现实的观察与思考,而产生的对科学问题的敏锐感觉、快速反应。"研究者需要善于从每时每刻发生的、司空见惯的,甚至是熟视无睹的现象中发现需要研究的问题。"[1]现实中,很多研究问题都基于研究者个人对现实的观察和思考,所谓"世事洞明皆学问,人情练达即文章"。对于有心人来说,任何社会现象都可能成为自己研究的问题。而且,很多时候,对现实的观察、体悟和思考越深入,从现实出发提出的问题也可能越有研究的价值。

(2) 学术敏感性

学术敏感性是指个人基于对学术的高度专注和热情而产生的对学术问题的敏锐捕捉、快速反应。"怀疑是思考的起点,思考过程是怀疑的理性化过程,最后形成问题。"[2]现实中,也有很多研究问题经常基于研究者个人对学术的专著和热情。而且,只有对某一或某一类问题始终保持高度专注和持久的热情,才能对问题进行深刻的思考和分析,才能够提出更富有洞见的理论、猜测或假设等,也才能提出更富有价值的问题。

(3) 阅读文献

阅读文献不仅能够帮助研究者了解特定研究领域的经典问题和研究,追踪特定研究领域的前沿和热点问题及研究,而且可以激发研究者的思考和灵感,并帮助研究者提出新的、有价值的研究问题。大量的学术专著和学术论文可以帮助我们发现和探索特定的研究问题。[3] 当然,"学而不思则罔,思而不学则殆"。阅读也只有和思考结合起来,才能取得更好的效果。

(4) 同行交流

同行交流是思想碰撞的过程。陈晓萍等也强调提出问题要深度思考、多与他人交流。[4] 与同行交流既包括与其他研究者的交流、与同事的交流,也包括与晚辈的交流、与学生的交流、与一般大众(对特定的问题而言,他们也可能就是同行)的交流。总之,研究者之间的相互交流、相互讨论、相互启发、相互诘难等,不仅可以促进研究者对原有问题认识的深入,也可以帮助他们发现新的问题、视角、

---

[1] 仇立平:《社会研究方法》(第2版),重庆大学出版社2015年版,第84页。
[2] 同上书,第80页。
[3] 风笑天:《社会研究方法》(第五版),中国人民大学出版社2018年版,第47页。
[4] 陈晓萍、沈伟主编:《组织与管理研究的实证方法》(第三版),北京大学出版社2018年版,第51页。

方法、思路和观点等,而所有这些也都有助于研究者提出研究问题。

当然,以上这些途径既可能单独起作用,也常常配合使用。例如,基于现实敏感性最初提出的问题,也常常需要通过学术敏感性来考察,需要借助阅读文献及与同行交流等进一步核实、明确化;基于学术敏感性最初提出的问题,也常常需要通过现实敏感性来进行检验,同样需要借助阅读文献及与同行交流、思想碰撞等进一步核实、明确化。

2. 好问题的八个标准

可什么是好的研究问题呢?一般而言,研究问题需要满足八个标准:真实、重要、善意、明确、聚焦、有趣、可操作、简洁。

扩展知识

有一次,苏格拉底的一位门生匆匆忙忙地跑来找苏格拉底,边喘气边兴奋地说:"告诉您一件事,您绝对想不到……"

"等一下,"苏格拉底毫不留情地制止他,"你告诉我的话,用三个筛子过滤过了吗?"他的学生察觉情况不妙,不解地摇了摇头。

苏格拉底继续说:"你要告诉别人一件事时,至少应该用三个筛子过滤一遍!第一个筛子叫作真实,你要告诉我的事是真实的吗?"

"我是从街上听来的,大家都这么说,我也不知道是不是真的。"

"那就应该用你的第二个筛子去检查,如果不是真的,至少也应该是善意的。你要告诉我的事是善意的吗?"

"不,正好相反。"他的学生羞愧地低下头来。

苏格拉底继续问道:"那么我们再用第三个筛子检查看看。你这么急着要告诉我的事,是重要的吗?"

"并不是很重要……"

苏格拉底打断了他的话:"既然这个消息并不重要,又不是出自善意,更不知道它是真是假,你又何必说呢?说了也只会造成我们两个人的困扰罢了。"

——陆子杰编:《活着就要学点哲学》,中国华侨出版社2013年版,第175页。

苏格拉底的"三个筛子"其实也启发我们,在研究问题的选择中,也应该考虑真实、重要和善意这三个标准;或者说,这三个标准也应该是好问题的三个标准。

第六章 研究设计

（1）真实

研究问题真实是科学研究问题最基础的标准。这也就是说,科学研究必须研究真问题,而不是假问题、虚拟或虚构的问题。特别地,按照波普尔的标准来说,也必须是可以被证伪的问题。

（2）重要

研究问题也应该是在理论和现实两个方面重要的问题。不重要的问题不仅缺乏研究价值,而且是对研究者和研究资源的浪费。当然,研究问题的重要性也是相对而言的,一般很难有一个绝对的标准。

（3）善意

研究问题应该是善意的,这是指研究问题、整个研究的价值导向及其可能的研究结果,应该是有益于人类或整个人类社会的,而不是有危害的,或有恶意诱导性的问题。而这一点不仅涉及如何选择好的问题,也涉及本书第八章所要介绍的研究伦理等问题。

（4）明确

研究问题的指向必须明确,不能含糊其词,更不能有歧义。例如,就大学的学科建设这个研究问题可能涉及的具体"问题领域"（指研究问题所在的一个大的地方、区域,非研究问题本身）,首先就需要明确是什么样的大学,理工类的还是人文类的,专业性的还是综合性的。只有别人对你的问题提不出类似的异议,一个研究问题才算明确。而且,如果从研究变量的角度来说,则明确的问题不仅要求研究问题所涉及的所有变量都是清晰和可操作化的,而且其变量间的关系指向也应是相对明确的。

（5）聚焦

聚焦是指研究问题需要集中在某个点,不能太宽泛。例如,就公务员这一宽泛的研究问题领域而言,要提出具体的研究问题,就首先需要聚焦到是哪一类公务员的什么问题。例如,若假定是基层（"基层"是被清晰界定了的）公务员的问题,则又需要问是考核问题,还是晋升问题等。如果确定了是晋升问题,则需要进一步问是晋升问题中的职位问题,还是职级问题。如确定了是职位问题,则可能又要问是什么职位。总之,聚焦就是要层层剥开问题的外壳,最终找到最核心的问题。

（6）有趣

这是指研究问题令人觉得"有味道""发人深省""引人思考",且有一种想解决、想了解的天然冲动、想法和热情。有趣也是分层级的,粗略来说,可分为"真实的有趣"和"理解的有趣"两种。真实的有趣是指研究问题本身是有价值的,且也只有有价值的研究问题才是真正有趣的研究问题。理解的有趣是相对研究者和其他人对问题的理解而言的。而且,这种理解的有趣,一般来说,又可以分为两个角度:首先是研究者自己觉得有趣,这样研究者才有动机和持续的热情去研究这一问题;其次是别人,包括学界同行、实务工作者、读者甚至学生的导师等觉得有趣,这样才能引起别人的关注,促进研究者之间的交流,进而得到别人的理解和帮助,更顺利地推进研究。虽然理解的有趣对研究本身而言至关重要,但它却不是判断好问题的绝对标准,需要根据实际情况具体斟酌使用,绝不能因噎废食而忽视了研究真问题和重要的问题。

(7) 可操作

这是指提出的问题适合研究,存在研究的可能性。当然这种可能性不仅要考虑问题本身的因素,还需要考虑研究者自身的能力、时间、精力等,以及研究的成本。

(8) 简洁

所谓简洁就是要简明扼要,而不要啰哩啰嗦。简洁不仅可以帮助读者、听众等更好地理解研究者所提出的问题,而且可以帮助研究者进一步明确、聚焦、操作化研究问题,从而避免因为问题过于啰嗦而导致的各种问题。一般而言,如果从变量角度考虑问题,简洁的研究问题不仅字数少,而且从较少的字数往往可以相对明确地看出研究问题的自变量和因变量等。例如,就大学本科一年级学生"期末复习时间投入对期末考试成绩的影响"这个研究问题,不仅相对简洁,而且明确了"自变量"(期末复习时间)和"因变量"(期末考试成绩)。

3. 问题选择的两种过程

一般而言,问题的选择或聚焦如从思维的过程来考虑,又可以分为扩散型和漏斗型两种主要的过程。扩散型过程是从小到大的过程,而漏斗型过程是从大到小的过程。

(1) 扩散型问题选择

扩散型问题选择是从小到大、从窄到宽、从具体到一般,往往指从对一个现象的局部、零星的认识入手,逐步向上层级思考,并最终形成比较一般性的研究问题的过程。在这一过程中,一般而言,研究问题的选择是一个不断抽象、一般化和理论化的过程。扩散型问题选择其实也是保证一项严谨的科学研究的外部效度的过程。在从具体到一般的过程中,需要仔细思考研究结论所处的情境界限[①],并力求用严谨的研究设计将具体的研究结论一般化。例如,一个研究者对海淀区政

[①] 陈晓萍、沈伟主编:《组织与管理研究的实证方法》(第三版),北京大学出版社 2018 年版,第131页。

府绩效与财政支出的关系感兴趣,认为海淀区的政府绩效与它的财政支出相关,那么他还需要进一步思考:北京市的政府绩效和财政支出是不是也具有相关性?全国各个地区的省、市、县的政府绩效和财政支出是不是也具有相关性?从海淀区的问题入手,最后形成政府绩效与财政支出相关这个一般性的研究问题的过程,就采用了扩散型问题选择。

(2)漏斗型问题选择

漏斗型问题选择是从大到小、从宽到窄,从一般到具体,往往指从一个复杂的现象领域(或问题域)入手,逐步明确和清晰化问题,排除各种干扰和无关因素,并最终找到具体、特定研究问题的过程。也就是化大为小,化抽象为具体的过程。[1] 在这一过程中,一般而言,研究问题的选择是一个不断特定化、具体化和操作化的过程。往往先从一个问题域入手,再到相对具体的问题丛(即事实上有很多需要研究的问题,形成了一个丛林状态),再到更具体的问题集(即比问题丛小一些,但仍然包含多个问题),最终才到自己具体的研究问题。例如,一个研究者对高校学生政治参与意愿感兴趣,那么就要进一步思考几个问题:①是什么类型的高校:理工类、人文类还是综合类高校?专科类高校还是本科院校?②高校的地理位置怎么样:是沿海高校还是内陆高校?是东部高校还是西部高校?是地处一线城市的高校,还是三、四线城市的高校?③什么样的高校学生:是文科生、理科生还是工科生?是本科生还是研究生?④政治参与意愿指什么:是选举权还是被选举权?这样,将研究问题不断地特定化、具体化的过程就是漏斗型问题选择。

在实际的研究问题选择过程中,以上两种路径都是经常遇到的:第一种路径从具体到抽象,重点解决研究的一般性、外部效度和理论贡献等问题;第二种路径从宽泛到具体,重点解决研究的具体化、明确性、构念效度、内部效度以及可行性、可操作性等问题。如果说,第一种路径是一个从"平庸"到"卓越"的过程,是一个不断深化或升华、"化腐朽为神奇"的过程;那么,第二种路径则是一个不断精练或精确、"吹尽狂沙始到金"的过程。而且,事实上,在很多实际研究问题的选择过程中,这两种方式经常还会不断交错配合使用,以不断优化和确定研究问题。这也就是说,问题选择的过程往往不是一个简单的线性过程,而是一个复杂的多样态过程。

同时,也要注意,在提问过程中,还经常需要进行"差异式提问",即通过考虑在不同情况和不同情形下的差异性,进一步明确或聚焦研究问题。例如,可从考虑为什么 A 成功、B 不成功,A 强、B 弱的角度,聚焦探讨导致这些差异性的原因

---

[1] 刘军强:《写作是门手艺》,广西师范大学出版社 2020 年版,第 57 页。

或机制等问题。这样的思维实际也就是比较思维,而比较思维是一切研究的基础,贯穿几乎所有研究的全过程。

(二) 变量确定和变量关系图

1. 无论定性研究还是定量研究,规范研究还是实证研究都需要变量思维

人们往往认为只有定量实证研究需要变量思维,而定性实证研究不需要;或者,即使认为定性实证研究也需要变量思维,但是规范研究就不需要。但事实上,这两种观点都是错误的。规范和实证研究,或者更细化的哪种规范和哪种实证研究,都需要变量思维;或者说,即使某些类型的研究不需要确定明确的变量关系,但是通过变量思维,则不仅可以帮助研究者明确研究问题、研究内容和研究目标等,而且可以帮助研究者优化和改进整个研究设计和实际研究过程。以杨立华的一篇一般规范性论文《开辟公共管理研究的文明路径:新时代的新任务》[①]为例,这篇论文虽然没有明确的变量关系,但是从其结构安排"一、导言:文明是解决'中国公共管理学贫困'之钥;二、发展公共管理研究文明路径的必要性;三、公共管理研究文明路径的内涵、基本特点和对研究者的新要求;四、公共管理研究文明路径的七个子路径;五、结语"可以看出:研究隐含的主要自变量是"公共管理研究的文明路径构建行为或其七个子路径"、主要因变量是"中国公共管理学的更好发展",主要中介变量是"文明路径构建的水平"。如此,则可以更好地理解这篇论文。当然,如果这种理解发生在研究设计和研究实际操作过程中,则可以帮助研究者优化研究设计和实际研究过程。因此,本书中有关变量及其关系问题的讨论,或许有时是主要从定量研究的角度来探讨的,但其思维同样部分地适用于其他研究类型。

2. 变量确定和变量关系图

如果我们明确了变量思维的重要性,那么从更具操作性的角度来说,也可以明确地说,所谓科学研究在很大程度上就是探讨变量之间的关系尤其是因果关系的研究。而且,在一个完整的研究设计中,尤其是实证研究设计中,除了自变量与因变量之外,还可能涉及控制变量、调节变量和中介变量。而所谓"变量",粗浅地来说,就是"变化的量",也就是一个具体的要么可以分类、分等级来离散表示,要么可以连续表示的数,它代表了研究对象的某一类具体特征。下面,我们对研究设计中所涉及的一些主要变量依次进行介绍。

---

① 杨立华:《开辟公共管理研究的文明路径:新时代的新任务》,《中国行政管理》2021年第9期,第94—101页。

自变量操纵或测量用于解释的变量,是研究的先行变量,也是因果推论或研究假设中的原因。例如,温度对作物生长速度有什么样的影响？这里温度就是自变量,也是在研究中进行测量和操纵的变量,是研究假设中的原因。

因变量又称为结果变量,即因果推论或研究假设中的结果。例如,温度对作物生长速度有什么样的影响？作物生长速度就是结果变量,是需要观察结果的变量。

控制变量也是研究中的先行变量,但不是本研究中想要研究的变量,也无法消除其对于因变量的影响,因此需要将其作为控制变量纳入分析。例如,温度对作物生长速度有什么样的影响？在这里,土壤肥力就是需要被控制的变量,因为作物生长速度在不同的土壤肥力的状态下会有所不同。

调节变量也称为条件变量,是影响自变量和因变量关系的方向、强度等的定性或定量的变量。用数学语言描述则是：如果变量 X 与变量 Y 的关系是变量 Z 的函数,则 Z 就被称为 X 和 Y 关系的调节变量。① 例如,温度对作物生长速度有什么样的影响？在这里,水分就可以作为调节变量,因为在温度变量一样的情况下,水分的多少可以调节温度对作物生长速度的影响。

中介变量是介于自变量和因变量之间的变量,是因果理论解释中作为中间现象的变量。中介变量有两个关键条件：①X 和 Y 之间存在因果关系；②M 是这个因果关系中间的媒介,M 受到 X 的影响之后,再影响 Y,因此传递了 X 的作用。② 于是,M 就被看作 X 和 Y 之间关系的中介变量。例如,教室的温度会影响学生的学习效率,可事实上教室的温度本身并不会直接影响学习效率,而是通过影响学生的学习状态进而影响其学习效率,因此在这里,学生的学习状态就是中介变量。

再举例而言,如果一项研究关注"地方政府决策对政府绩效的影响"这一问题,则其自变量是地方政府的决策,因变量为政府绩效。同时,由于政府决策还会通过政府官员的执行进而对政府绩效造成影响,因而政府官员的执行行为就是本研究的中介变量。而政府官员的目标导向可能会影响政府决策与政府绩效的关系强弱,因而可将其作为调节变量。此外,除了政府决策可能影响政府绩效外,社会组织等的支持同样会通过对政府官员的执行行为的影响进而对政府绩效造成影响,但社会组织等的支持并非本研究关注的重点,因此为了降低测量误差,可将社会组织的支持作为控制变量纳入分析。综上,对"地方政府决策对于政府绩效的影响"这一研究问题而言,可将其变量间关系用图 6.2 表示。

---

① 陈晓萍、沈伟主编：《组织与管理研究的实证方法》（第三版）,北京大学出版社 2018 年版,第 495 页。

② 同上书,第 506 页。

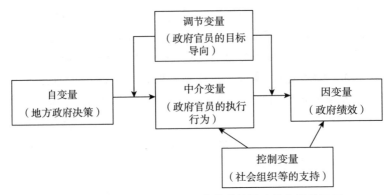

图 6.2　地方政府决策对于政府绩效的影响的变量关系图

资料来源:陈晓萍、沈伟主编:《组织与管理研究的实证方法》(第三版),北京大学出版社 2018 年版,第 59 页,有改动。

此外,在研究变量确定和变量关系图建构的过程中,还需要重点考虑如下两个问题:

① 分散的自变量或因变量的相对整合。一般而言,为了明确研究问题,在研究的变量思维考察和变量设计过程中,无论研究在实质上有几个分散的自变量或因变量,都应该或力争能将它们从整体上概括为一个自变量或因变量;有时即使在真实的变量设计上做不到,也要力争用文字把其描述出来。如此,则不仅可以帮助研究者进一步明确研究问题,而且有助于突出研究中心,优化研究设计和实际研究过程。

② 注意中介变量的多路径性和多方向性。有些时候,研究中涉及的中介变量,可能不是一个路径或方向,而是多个路径或方向,这时就需要研究者注意其多路径性和多方向性。例如,对"居民受教育程度对居民健康水平的影响"这一研究问题而言,如假定居民受教育程度越高,其健康水平就越高,且居民受教育程度对健康水平的影响是通过影响居民健康行为(如抽烟、喝酒、体育锻炼等行为)来实现的,则居民受教育程度为自变量,居民健康水平为因变量,居民健康行为为中介变量。其变量关系图如图 6.3 所示。

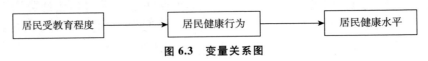

图 6.3　变量关系图

此时的变量关系图中就存在中介变量的多路径和多向性问题。因为,在纳入考虑范围的居民健康行为中,抽烟、喝酒为消极的健康行为,体育锻炼为积极的健康行为。消极的健康行为与积极的健康行为对居民受教育程度与居民健康水平之间的中介作用是不同的,因此应有所区别。于是,修正后的变量关系图如图6.4所示。

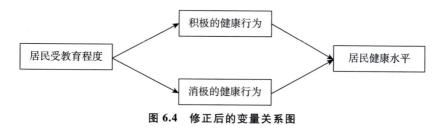

图6.4 修正后的变量关系图

(三) 研究的四种框架:研究、概念、理论和分析框架

除了明确研究问题、确定研究变量之外,研究设计还必须要有框架思维。框架思维不仅可以帮助研究者明确和具体化研究问题、核心概念、核心关系和核心过程,而且可以作为一个约束框定研究者的研究范围,以避免研究者在研究过程中出现偏离研究问题、替换研究概念、偏离核心关系和核心过程等现象。

一般而言,在研究设计和实际研究中,经常涉及的框架有这样四类:研究框架(research framework)、概念框架(conceptual framework)、理论框架(theoretical framework)和分析框架(analytical framework)。这几类框架虽然有一定的相似性,但其目的和侧重点各有不同。(见表6.1)理解它们,对研究设计和实际研究而言都是很有价值的。

表6.1 研究框架、概念框架、理论框架和分析框架的区别

	主要组成部分	目的	不同侧重点
研究框架	思路、概念、理论、变量、方法、技术等	直观展示研究内容	系统逻辑
概念框架	概念	理清概念间关系	概念逻辑
理论框架	理论、变量	明确变量间理论关系	理论逻辑
分析框架	思路、方法、技术等	展示研究思路和技术路线等	分析逻辑

研究框架是一个比较宽泛的概念,往往展现一项研究的总体思路和系统逻辑。相对来说,研究框架比较系统且整体,经常可能涉及研究或研究设计中所有的核心内容,其目的在于直观地展示研究内容。

概念框架是一个相对浅近的概念,主要是对理论分析、理论建构或检验过程中所涉及的相关概念及概念间关系的梳理和展示,侧重点是概念间的逻辑关系。

当然，如果这些概念间的关系深刻地反映了概念间的理论性关系，则这种框架和下面的理论框架就会趋同。

理论框架是侧重于分析研究中所涉及的各种核心要素在理论层面的关系的框架。一般而言，理论框架展示了一项研究的理论研究思路和有关理论建构或检验的基本设想。具体而言，如果理论框架所涉及的各核心要素都是研究的核心变量，则这一框架就展现了研究的各变量之间的理论关系。

分析框架是侧重于描述分析逻辑或分析方法间关系的框架。如果这些分析方法主要涉及的是分析思路等，则这一框架是相对较宏观的；如果这些分析方法涉及较为具体的分析方法、技术路线，甚至数据处理方法等，则这种框架相对具体且微观。

（四）假定和假设

1. 假定

假定（assumption）是研究中为了排除某些从属因素的干扰，而对相关研究因素进行的限定。这些被限定的因素在事实上可能并不是限定后所展示的相对明确或狭窄的情况，而是比较复杂的情况；这些限定只是为了研究的方便，或为了研究特定情况下的问题，而做出的权宜性限定，这就为更为清晰、方便、有逻辑地解决问题提供了方便。假定的内容是研究者根据具体研究的要求、自己的经验和理论分析等提出的，它本身在研究中是后面进一步分析的出发点，不需要进一步检验，这是其和假设不同的地方。例如，经济学中的经济人假定、理性人假定以及完全竞争市场假定等，都是如此；博弈分析中关于博弈各方的假定、各方行动策略的假定、收益矩阵的假定等也是如此。事实上，很多规范分析，尤其是形式化的规范分析，都经常依赖假定，这也是其研究设计中必须高度注意和详细说明的问题。

当然，好的假定也不是随便就可以任意"假定"的，其不仅要有利于研究的展开、问题的解决和理论创新等，而且必须尽可能地符合最普遍的情形、最典型的情形或一些特殊情形等，从而最大限度地保证理论推理分析的普遍性、独特性和外部有效性等。

另外，在中文中，也有研究者将"assumption"翻译为"假设"，这就使得其往往容易和"hypothesis"的翻译"假设"混淆。所以，我们主张将"assumption"翻译为"假定"，而把"hypothesis"翻译为"假设"；前者用"定"表示了其只是一个平台或新的分析出发点，后者用"设"表明其是需要在研究中检验和验证的，这样就可以将二者很好地区分开来了。

2. 假设

(1) 假设的含义和功能

假设(hypothesis)是研究者提出的试验性假说,是研究者根据已有的事实、理论、相关知识等对研究自变量和因变量之间的关系进行推测性判断①而形成的陈述②或命题。和不用检验的假定不同,假设是要在研究的基础上进行检验的③,未经验证的假设不能够确定其正确性,也不能够直接被当作正确的知识或结论使用。例如,在《专家学者参与型治理:荒漠化及其他集体行动困境问题解决的新模型》一书中,作者在第二章进行博弈分析时,就根据分析需要提出了各种假定,包括关于博弈者数目的假定、不同博弈者策略的假定、博弈者信息或知识充分程度的假定等等。尽管在中文版翻译的时候,翻译者也将这些假定(assumption)翻译成了"假设",但这些实际上是不需要进一步检验的,只是作为后面博弈分析的限定性前提而提出的,故而只是"假定"。而其整个研究的假设(hypothesis)则是:"当学者参与型治理被应用于解决集体行动困境时,与非学者参与型治理相比,公地悲剧的程度会相对降低。"④亦即,专家学者参与型治理能够降低公地悲剧的程度。而这也是全书后来通过博弈规范研究以及混合实证研究来共同检验的命题。

假设的功能主要表现在这样三个方面⑤:①指导研究。由于假设无论正确与否,都是需要进行检验的,因而其可以对整个研究起指导作用。②连接理论概念和实证数据。由于假设的陈述涉及因变量和自变量之间的关系,且是需要被检验的,而变量本身是理论概念,检验则需要实证数据,如此假设就将理论概念和实证数据连接在一起了。③探索新的理论性知识。由于假设是理论性的,且带有创新性,无论其在研究中最终被证明为对还是错,都会对现有的新的理论知识有所补充。

(2) 假设的类型

根据假设的形式,一般可以将假设划分为条件假设、差异假设⑥和函数性假设三种类型。

---

① 李志、潘丽霞主编:《社会科学研究方法导论》,重庆大学出版社 2012 年版,第 52 页。
② 陈晓萍、沈伟主编:《组织与管理研究的实证方法》(第三版),北京大学出版社 2018 年版,第 138 页。
③ 仇立平:《社会研究方法》(第 2 版),重庆大学出版社 2015 年版,第 109 页。
④ 杨立华:《专家学者参与型治理:荒漠化及其他集体行动困境问题解决的新模型》,郑薇、杨佳丽、张云译,北京大学出版社 2015 年版,第 10、67 页。
⑤ 仇立平:《社会研究方法》(第 2 版),重庆大学出版社 2015 年版,第 113—114 页。
⑥ 同上书,第 112 页。

① 条件假设。条件假设一般采用"如果……,那么……"的形式。条件假设在生活中也很常见,一般来说,条件假设"那么"部分的因变量随着"如果"部分的自变量的改变而改变。例如,"如果提高公务员的工资,那么就有助于减少公务员的腐败"就属于条件假设。

② 差异假设。一般而言,差异假设的基本形式是:a 与 b 不同,则 c 与 d 不同;a 与 b 相同,则 c 与 d 相同;a 大于 b,则 c 大于 d。例如,"中国和美国的国情不同,则中国和美国所采取的国家治理体制不同"就属于差异假设。

③ 函数性假设。函数性假设的标准形式是 $a=f(b)$。其中,a 是研究的因变量,b 是研究的自变量,f 表示 a 和 b 之间的函数关系。相对而言,函数性假设是三类假设中最严格和最精确的,其目的是对所要研究的问题建立数学模型,对变量的测量提出了很高的要求,因此使用最复杂。例如,如果我们研究政府财政收入和政府税收之间的关系,就可以把政府财政收入看作政府税收的函数,即政府财政收入 $=f($政府税收$)$。当然,这里 f 的具体形式还要根据具体的研究问题确定。

(3) 好假设的标准

好的研究假设一般具有以下几个特点:可证伪性、重要性、可操作性、繁衍性、简洁、有趣。①

第一,可证伪性。

理论的可检验性在很大程度上就是指理论的可证伪性。波普尔曾指出,"科学中的可接受性并不取决于任何真理代用品之类的东西,而是取决于检验的严格"②。研究假设作为理论建构的重要一环,其可证伪性也直接影响着理论建构的有效性。可证伪性意味着研究者通过使用可供验证的和可测量的语言对研究课题和研究假设中概念的特征、性质做出界定。总之,假设不必是正确的,但必须是能够被检验的、可证伪的。③

第二,重要性。

研究假设的重要性又包含理论上的重要性④和实践上的重要性两个方面。

理论上的重要性是指研究者要在现有理论研究基础之上对已有的理论进行

---

① 陈晓萍、沈伟主编:《组织与管理研究的实证方法》(第三版),北京大学出版社 2018 年版,第 141—142 页。

② 〔英〕卡尔·波普尔:《猜想与反驳——科学知识的增长》,傅季重等译,中国美术学院出版社 2016 年版,第 356—357 页。

③ 陈晓萍、沈伟主编:《组织与管理研究的实证方法》(第三版),北京大学出版社 2018 年版,第 127 页。

④ 同上书,第 141 页。

改进,或者提出以往理论没有研究过的新假设。当然,假设在理论上的重要性不仅与研究问题本身有关,也有可能与研究者自身的专业和研究背景等相关。例如,就"顾客满意度会影响某类产品的销售量"这样一个假设来说,其或许对从事企业研究的某些学者而言是重要的,但是对从事政治学与公共管理专业的研究者来说,可能就没有那么重要了。

实践上的重要性是指研究问题的现实意义及其实践价值,所要研究的问题应当对人类、国家和(国际或国内)社会有一定现实意义和价值。当然,我们也需要认识到,有些研究在实践上的重要性可能并不是立竿见影的,而需要从更长的时期,或从对未来的潜在影响来判断其重要性。例如,有学者指出,虽然牛顿的三大定律在发现之初并没有对实践产生巨大的即时影响,但却对后来的人类生活起到了不可估量的作用。①

第三,可操作性。

可操作性是指研究假设在实际研究过程中能够依据特定研究程序的发展②被一些可观测的项目说明、测量③和检验。其中,是否能够用一些可观测的项目来进行具体的说明是对假设中的概念进行测量的前提,而对假设中的概念的测量又是整个假设可以被检验的前提。就可操作性的这三个方面的目的来说,也是互为前提的。

第四,繁衍性。

假设的繁衍性是指"从一个假设可以推演出很多具体的假设"④。这里的"推演",主要是指假设可以被进一步研究和推广。比如说,针对"A 市空气质量比 B 市空气质量好"这样一个问题,如果提出的假设是:"因为 A 市环保工作比 B 市环保工作做得好,所以 A 市空气质量比 B 市空气质量好"。那么这个假设就不具备繁衍性,因为没办法将这个假设推演到其他的城市或者类似的情况中去。但是,如果提出这样一个假设"环保工作成效影响城市空气质量",相对于前面一个假设,这个假设就更具繁衍性,因为也可以把这个假设推演到其他的城市中去。

第五,简洁。

假设的简洁性主要表现在两个方面:一是,假设本身涉及的概念要素或变量

---

① 陈晓萍、沈伟主编:《组织与管理研究的实证方法》(第三版),北京大学出版社 2018 年版,第 141 页。
② 〔美〕艾尔·巴比:《社会研究方法》(第 11 版),邱泽奇译,华夏出版社 2018 年版,第 134 页。
③ David Silverman, *Doing Qualitative Research: A Practical Handbook*, Sage, 2008, p. 134.
④ 陈晓萍、沈伟主编:《组织与管理研究的实证方法》(第三版),北京大学出版社 2018 年版,第 142 页。

不能太多,以免假设失焦。具体而言,就是要求研究者根据研究的核心自变量和因变量来提出假设,而不要把影响因变量的其他无关变量纳入假设,更不要把无关的因变量纳入假设。因此,提出假设的过程,同时也是研究者剥离次要影响因素和影响对象的过程。总之,一个好的假设,研究者只需要考虑研究的核心自变量和核心因变量,否则提出的假设就不仅会失焦,而且很难保证研究的外部效度。二是,假设的语言表达要尽量简洁,以免影响研究者自己对研究重点的把握和对研究问题的深刻理解,以及影响读者对假设的理解和认同。

第六,有趣。

假设的有趣性是指假设不仅应对研究者而言是有趣的,也更应该考虑到读者。研究者觉得假设有趣,自然就更有动力去研究、检验;读者觉得有趣,自然也就更有动力去阅读、思考,甚至能引发出后续很多的其他相关研究。就对读者有趣而言,如果某个假设读者看到后觉得自己也可以提出来,但是却没有任何价值和新意,他自然不会觉得有趣;如果某个假设读者看到后不仅觉得很有价值,而且会觉得为什么他自己就没有首先想到,他也应该会想到这一点,那么这个假设就会让读者认为有趣得多;如果某个假设读者读到后不仅认为很有价值,而且认为自己是无论如何也提不出的[①],从而产生一种迫切想要去继续了解的巨大兴趣和热情,那这个假设对读者而言也就是最为有趣的假设。

五、研究对象限定、三种变异控制和抽样方法

如果说上面所讨论的研究问题、变量、框架、假定和假设等问题,涉及的都是研究问题的具体化、变量化、理论化、假定化和假设化等问题,一句话,也就是研究问题"是什么"的问题的话,这里所要讨论的研究对象限定、三种变异控制和抽样方法,则是在明确了研究问题"是什么"之后,要回答通过研究什么来解决研究问题的问题,也就是要回答"研究什么",或更具体来说"研究对象是什么"的问题。"研究什么"的问题,实际上也就是研究设计中人们最为关注的研究和研究设计的"具体化"问题,也是巴比所说的"收缩视野,专注于具体的研究项目"[②]的核心问题,而这个问题也是很多研究者往往较为"狭义地"理解的"研究设计"的核心问题。

[①] 陈晓萍、沈伟主编:《组织与管理研究的实证方法》(第三版),北京大学出版社 2018 年版,第 142 页。

[②] 〔美〕艾尔·巴比:《社会研究方法》(第 11 版),邱泽奇译,华夏出版社 2018 年版,第 105 页。

（一）研究对象限定

研究设计过程不仅是研究问题的明确和聚焦过程，也是最初的研究设想逐步落地、落实的过程。而研究对象的限定，不仅可以帮助研究者明确和聚焦研究问题，而且可以帮助研究者展开更为具体的研究设计，从而为研究设想的逐步落地和落实奠定基础。具体而言，可以从以下几个方面对研究对象进行限定：分析单位（analysis unit）、时间维度（time dimension）、研究区域（research area）、研究层次（research level）以及研究尺度（research scale）等。[①] 这些也可以叫作研究对象具体限定的五要素。

1. 分析单位

分析单位也常被称为研究单位，指的是界定不同研究所描述、分析的对象时，用来对其进行区分和比较的标准量。就社会科学而言，研究单位既可以是个体、群体、组织、国家等，也可以是具体事实、事件、行为等。例如，在研究"个人的吸烟行为"时，分析单位就是"个人"；在研究"家庭收入"时，就是"家庭"；在研究"县GDP增长"时，就是"县"。同样地，在研究"建筑物的坚固程度"时，分析单位就是"建筑物"；在研究"社会冲突事件"时，分析单位就是"冲突事件"；在研究"面对面交谈对人们之间的感情增进的影响"时，分析单位就是"面对面交谈"；如此等等。

如果把从某一个分析单位得到的结论，用到解释另一个分析单位的问题时，就会发生"区位谬误"（ecological fallacy）和简化论（reductionism）两种错误。[②] 所谓"区位谬误"就是用比个体大的群体、集合或体系（区位）等得到的结论，来解释比群体、集合或体系等小的个体的情况，亦即"假定以区位为单位得到的结果也可以在区位的个体中获得证实"[③]。例如，我们不能用某个学校的好坏（分析单位为组织——"学校"）来整体性评价个体学生的好坏（分析单位为个体——"学生"）。因为整体不等于个体，即使整体好，也可能个体坏，或者相反。所谓"简化论"就是"用具体的、低层级的归纳，来看待和解释所有事物"[④]。例如，和上面的

[①] 〔美〕艾尔·巴比：《社会研究方法》（第13版），邱泽奇译，清华大学出版社2020年版，第88—100页；风笑天：《社会研究方法》（第五版），中国人民大学出版社2018年版，第71—76页；仇立平：《社会研究方法》（第2版），重庆大学出版社2015年版，第114—122页。

[②] 〔美〕艾尔·巴比：《社会研究方法》（第13版），邱泽奇译，清华大学出版社2020年版，第93—94页。

[③] 同上书，第93页。

[④] 同上书，第94页。

例子相似,我们同样不能用个体学生成绩的好坏来整体性地评价某个学校的好坏,因为个体学生并不能代表整个学校。

2. 时间维度

时间维度是指所研究对象的时间限定在哪个阶段。对于同一个问题,用不同时间段的数据进行分析得出的结论是不同的。在前面章节讨论因果关系时,我们也提到时间顺序在因果关系中的重要作用。就研究设计中的时间维度而言,研究者可以选择截面研究和历时研究两种研究形式。截面研究是"对一个代表某一时间点的研究总体的样本或截面的观察"①,比如说人口普查就是描述某个时间点的人口总数。历时研究则是一种跨时段的研究方法,例如研究中国在不同时期的市场政策就是一项历时研究。历时研究可以分析研究内容的历史发展,并预测其未来走向。同时,就历时研究而言,选择不同的时间段也意味着不同的研究。例如,选择研究1995年到2005年的阶段,就和选择2006年到2016年的阶段是不同的研究,即使研究问题相同。总而言之,研究时间维度的选择非常重要,需要切合研究问题,并有足够的针对性和指向性。

3. 研究区域

研究区域是指研究者所研究问题的区域限定在什么地方。比如,研究经济增长对就业的促进作用,是研究东部地区还是西部地区,是研究河南还是河北,抑或其他哪些典型的省份或区域。选择的区域不同,不仅意味着研究的不同,而且可能影响研究的有效性。因此,区域的选择不仅要明确、具体,而且要考虑研究的内部和外部效度等问题。

4. 研究层次

很多研究问题不仅涉及不同的区域分布,还经常会被划分为不同的层次。研究层次就是指研究者的研究问题属于哪个层次。例如,研究经济增长对就业的促进作用,是以县为分析单位还是以市、省甚至全国为分析单位。分析单位不同,其研究的层级也就不同。经常地,在社会科学(尤其是政治学与公共管理)研究问题中,不仅有个体、群体的不同层次,也有乡、县、区/市、省、全国/中央、国际、全世界等不同的层次。即使是同样的研究问题,如果其层次不同,也意味着不同的研究。

---

① 〔美〕艾尔·巴比:《社会研究方法》(第13版),邱泽奇译,清华大学出版社2020年版,第96页。

5. 研究尺度

尺度主要指研究特定的空间和时间等范围的大小,也即时空等范围。通常而言,它既与时间和空间等范围有关,也与研究层次和级别①等有关。例如,如果一个研究的研究层次在"省"的层次上,另一个研究在"县"的层次上,那么从空间尺度来看,前者的空间尺度一般大于后者的空间尺度。因此,研究尺度的大小,不仅影响着研究的具体限定,与研究的有效性、研究的困难程度等密切相关。例如,就很多社会科学的实地研究而言,其空间尺度和时间尺度等越大,其研究的难度也就越大,所要花费的时间和其他成本也就会越高。而且,对研究设计而言,还存在着不同尺度之间的推演的问题,而这实际上不仅涉及研究对象的同质性问题,也涉及不同尺度的通约性问题,以及研究的外部效度即外部效度检验问题。例如,在《专家学者参与型治理》一书中,作者不仅通过选择更多的案例来扩大案例的覆盖面,而且通过选择了村、区/市的案例来考察从县的尺度所得出的结论在村这一更小尺度的效度(尺度下推,scale down)及在区/市这一更大尺度的效度(尺度上推,scale up)。② 当然,在不同尺度具有同质性的情况下,不同尺度之间的推演可能就仅仅是一个外部效度的检验问题;但是如果不同尺度不具有同质性,则这种推演所面临的挑战就更大。此时,向下推演可能更需要考虑特定情况的适应性,向上推演则需要考虑不同尺度之间是否可以聚合或者相对聚合的问题。

此外,除了时间和空间尺度之外,事实上也还有其他各种类型的类似的尺度,例如人口尺度、文化尺度等。例如,在《专家学者参与型治理》一书中,为了检验从中国的尺度上得出的结论在跨文化背景的有效性,作者也选择了 6 个大洲 13 国家的 15 个案例进行研究,这些研究实际上就从单一的文化尺度扩展到了多文化尺度的问题。

把以上五个方面结合起来,就可以帮助研究者把自己的研究对象限定得相对明确和具体了。还是以《专家学者参与型治理》一书为例,围绕着"专家学者参与型治理是否能够降低公地悲剧的程度"这一科学问题,作者也对其研究对象进行了具体限定。从表 6.2 中可以看出,这不仅有效限定了研究对象,也更好地增强了研究设计的科学性和有效性。

---

① Jianguo Wu, "Scale and Scaling: A Cross-disciplinary Perspective," in Jianguo Wu and Richard Hobbs, eds., *Key Topics in Landscape Ecology*, Cambridge University Press, 2007, p. 116.

② 杨立华:《专家学者参与型治理:荒漠化及其他集体行动困境问题解决的新模型》,郑薇、杨佳丽、张云译,北京大学出版社 2015 年版,第 67、214—222 页。

表 6.2　研究对象的具体限定

限定要素	定义	《专家学者参与型治理》一书对研究对象的限定	
		第一步研究（内部效度保证）	第二步研究（外部效度检验）
分析单位	研究中对研究对象进行区分和比较的标准量	个体（专家学者）	个体（专家学者）
时间维度	研究对象的时间限定在哪个阶段	2006.6.26—2008.12.12（问卷调查）；2007.6.6—2007.7.31（访谈）	公元 221—2007 年（历时研究）
研究区域	研究问题的区域限定在什么地方	甘肃、宁夏七县/县级市（中卫、景泰、民勤、临泽、金塔、瓜州、敦煌）	覆盖范围变化的新疆、宁夏、内蒙古五县/旗（和田、盐池、伊金霍洛、敖汉、奈曼）
研究层次	研究问题属于哪个层次	县	村、区/市、省/州、国家
研究尺度	研究特定的空间和时间等范围的大小	空间尺度：县域；时间尺度：2006.6—2008.12；文化尺度：中国	空间尺度：村、区/市、省/州、国家、全球；时间尺度：221—2007 年；文化尺度：中国及其他东亚国家，中亚、欧美、非洲等国家以及印度

（二）三种变异控制

为了提高研究结论的可靠性和科学性，研究中还需要考虑三种变异：系统变异（systematic variance）、外生变异（extraneous variance）以及误差变异（error variance）。①

系统变异是指由于自变量变化而引起的因变量的变化幅度，这是研究及其假设检验重点关注的变异，也是确定因果关系的核心；外生变异是除自变量之外其他各种本研究不特别关注的可能因素（外生变量）所导致的因变量的变化幅度，它会影响研究者认识自变量对因变量导致的系统变异；误差变异是各种除自变

---

① 陈晓萍、沈伟主编：《组织与管理研究的实证方法》（第三版），北京大学出版社 2018 年版，第 122—127 页。

量、外生变量之外的随机因素所导致的因变量的变化幅度,它和外生变异一样,也会影响研究者认识所关心的系统变异。基于变异量分割(partition)的思路,为了最大限度地避免这些变异对于研究科学性和严谨性的影响,研究需要做到最大化系统变异、控制外生变异、最小化误差变异。①

1. 最大化系统变异

要在研究中确定自变量和因变量之间的关系,需要研究者通过研究设计实现自变量对因变量影响的最大化,这就是最大化系统变异。要最大化系统变异,则因变量(X)和自变量(Y)都必须是有差异的。在选定特定问题的背景下,因变量和自变量越是能够考虑到各种相关情况,则自变量对因变量的影响也就越大。否则,如果选择的自变量都是同量性的(即自变量取值没有变化),或者因变量都是同量的(即因变量取值没有变化),那么我们就无法解释它们二者之间的关系。从统计的角度来说,如果两组数据都是一个点,那么无论如何我们也不能判断或者模拟出二者之间的关系来。例如,要研究特定人群的身高和体重的关系,就应该考虑到这种人群的各种身高的情况和各种体重的情况,如此才能确定身高对体重的最大影响,否则这个研究就总是有偏的。再如,如果要研究补课对特定学生群体的学习成绩有没有影响,要是选取的学生都是基础比较好的,甚至都是尖子生,那么要得到补课对特定学生的学习成绩的影响的可能性就非常小。总之,系统变异在因变量的变异中所占的比重越大,说明研究中自变量的影响越明显,研究者也就越有可能发现支持研究假设的证据。

除了各种具体的方法之外,要做到最大化系统变异,可以大致从两个方面入手:首先,必须选择一个具体而明确的研究问题,确定其具体而明确的自变量和因变量。问题和变量越明确和具体,也就越容易确定因变量对自变量的变异。其次,在特定的明确问题以及自变量和因变量的背景下,要尽量设计周全,考虑到自变量和因变量的所有情况,这样也可以帮助研究者最大程度地实现系统变异。举例来说,在《专家学者参与型治理》一书中,作者就从这两个方面进行了考虑。特别地,除了提出具体和明确的研究问题之外,在第一阶段的七县研究中,作者不仅考虑了专家学者参与的不同程度,也考虑了不同的公地悲剧解决程度,即不同的荒漠化治理绩效。在选择县域时,既有专家学者参与度很高的,也有很低的;既有治理效果很好的,也有很差的。②

---

① 陈晓萍、沈伟主编:《组织与管理研究的实证方法》(第三版),北京大学出版社2018年版,第123页。
② 杨立华:《专家学者参与型治理:荒漠化及其他集体行动困境问题解决的新模型》,郑薇、杨佳丽、张云译,北京大学出版社2015年版。

2. 控制外生变异

外生变异会系统地影响研究者感兴趣的因变量,同时也可能影响研究中的自变量(从而成为研究假设的潜在替代解释),但却与研究目的无关。因此,我们需要对这类可能对因变量造成影响的外生变量实现有效控制,将其效应最小化、抵消或者将其与自变量的效应进行隔离。一般而言,要控制外生变异,主要有两种方法:一类是纳入法,一类是非纳入法。

首先,就纳入法而言,又主要可分为两种:一种是纳入外生变量成为研究变量,进行同时研究;一种是纳入外生变量成为研究中的控制变量,并通过统计分析等排除控制变量的影响。就第一种方法而言,例如,当研究公务员工作满意度对其工作绩效的影响时,为了排除公务员个体能力的干扰,可以将公务员工作满意度和个体能力同时纳入研究模型进行研究,并通过分析其主效应和交互效应等区分两种因素对公务员绩效的影响。[①] 就第二种方法而言,例如,要研究身高(H)对体重(W)的影响,由于我们无法排除年龄(A)、性别(S)、饮食结构(B)、民族(E)等多种因素的影响,这时我们就可以同时测量这些外生变量,并把它们作为控制变量放到模型中,在进行统计分析时排除这些变量的效应。此时,如果假定它们之间的关系是线性的,则这种关系可以用以下公式简单表示:

$$W = a + bH + cA + dS + eB + fN + \varepsilon \qquad (6-1)$$

其中 a 为常数,b、c、d、e、f 是系数,ε 是残差,H 是研究变量,A、S、B、N 则是控制变量。但是,同时测量这些外生变量和重要研究变量,也会导致控制变量使用不当的问题,可能会给统计分析带来难度或很多错误[②],这也是在研究设计中需要特别注意的。

其次,就非纳入法而言,常用的也有三种:一是同质研究对象或样本根除法(elimination);二是随机分配法(random assignment);三是配对法(matching)。[③] 所谓同质研究对象或样本根除法,就是通过选择外生变量都相同的研究对象或样本进行研究,从而自然地根除外生变量对因变量的影响。例如,就身高对体重的影响这一研究问题而言,现假定要研究的问题为"20岁中国汉族男性的身高与体重间的关系"。显然,在这个问题中,所选定的年龄范围为20岁,性别为男性,人种为中国汉族。于是,这个研究范围的选定就排除了年龄、性别、民族等对于体重的影响,从而可以认为在这个研究中,年龄、性别、民族就是使用根除法控制的变量;

---

① 参见陈晓萍、沈伟主编:《组织与管理研究的实证方法》(第三版),北京大学出版社2018年版,第125页。
② 同上书,第125—126页。
③ 同上书,第125页。

相反，在这个研究问题中，对体重会产生影响的非因变量为饮食结构，它被放在了研究中，因此也可以将其视为通过纳入式控制而设计的控制变量。于是，上面的公式就变成了如下公式：

$$W = a + bH + eB + \varepsilon' \qquad (6-2)$$

所谓随机分配法，就是通过随机分配研究对象到研究组或实验组（有自变量或自变量改变）和控制组（无自变量或自变量改变），使两组之间的外生变量效应相互抵消的方式，来实现对外生变量影响的控制。仍以公式（6-1）为例，如果现在我们研究的不是身高（H）对体重（W）的影响，而是营养（N）对体重的影响，那么营养就变成了自变量，公式（6-1）右边的其他变量则变成了外生变量。此时，如果假定有足够多的研究者可以进行科学的随机分配，那么就可以把这些研究者随机分配为两组，且在此时不用再考虑其他外生变量对因变量的影响，只要我们考虑两组的营养的不同如何导致了体重的不同，通过对比分析，就可以大致确定营养和体重之间的因果关系。

所谓配对法，就是通过将外生变量配对处理，以创造对等研究条件来控制外生变量的方法。① 还以公式（6-1）为例，如果现在我们研究的不是身高对体重的影响，而是研究性别（S）对体重的影响，于是身高、年龄、饮食结构、民族等则成了外生变量。现在假定，如果我们可以找到两个具有相同这些外生变量的个体，一个为男性，一个为女性，这时我们就可以既不使用根除法，也不使用随机分配法，而是通过两组的配对对比，就可以看出性别对体重的影响了。当然，这样的简单对比在统计意义上是不具有充分有效性的，但是这种方法在进行探索性研究、实验设计、研究设计时，还是有一定的价值和意义的。

3. 最小化误差变异

尽管误差变异是由随机因素导致的，不会像外生变量那样导致研究的系统性偏误，但由于测量误差、无法控制的未知因素等的影响，误差变异仍然会影响系统变异，即研究者对因变量和自变量之间的关系的判断，所以在研究中，也必须尽量将误差变异最小化。② 那么，如何来实现误差变异的最小化呢？由于误差变异是由随机因素导致的，这也就启示我们可以从降低导致误差变异的随机因素的角度来考虑如何降低误差变异。经常导致误差变异的随机因素主要来自两个方面：一个是研究对象的差异，一个是测量误差。于是，降低误差变异的主要方法也就有两个：降低研究对象的差异，降低测量误差。

---

① 参见陈晓萍、沈伟主编：《组织与管理研究的实证方法》（第三版），北京大学出版社2018年版，第125页。

② 同上书，第126页。

要降低研究对象的差异,往往需要在保证了自变量的最大的变异的同时,尽量减少其他研究对象的个体差异对因变量的影响,这也就是说要在除自变量之外,尽量选择在其他方面同质的对象进行研究。这就有点像在讨论外生变异的控制时所提到的第一种方法:同质研究对象或样本的根除法。但是,与上面的根除法所强调的对我们已知的某些外生变异的同质化控制不同,这里主要强调的是对某些我们知道,甚至是不知道的随机因素的控制。

要降低测量误差,则不仅需要考虑测量者及其使用的测量工具、测量方法的问题,也需要考虑测量情境的问题。① 我们将在第十章"定性与定量测量基础"部分进行系统说明。

同时,需要说明的是,在实际的研究操作过程中,研究者往往难以区分误差变异和外生变异,这就使得二者常常共同表现为统计分析中的"残差"(residual)。② 还以上面提到的有关身高对体重影响的这个研究问题为例,如果现在假定,我们没有纳入所有其他的控制变量,且只有一个自变量身高(H)对体重产生影响,则这个公式就变成了如下形式:

$$W = a + bH + \varepsilon'' \tag{6-3}$$

在这个公式中,ε'' 所表示的残差实际上就既包括了由年龄、性别、饮食结构、人种等外生变量所产生的外生变异,也包括了误差变异。当然,如果我们假定,除了上面所列举的年龄等外生变量所导致的外生变异外,不存在任何其他的外生变量影响因变量体重,那么公式(6-1)中的 ε 就可以看作是单纯的误差变异了。因此,对于公式(6-1)而言:最大化系统变异,就是要最大化身高(H)的变异;控制外生变异,就是要控制年龄(A)、性别(S)、饮食结构(D)、民族(E)所产生的变异;最小化误差变异,就是要最小化 ε。

(三) 抽样方法

以上所讨论的从五个方面对研究对象的具体限定、对三个至关重要的变异问题的控制,实际上考虑的问题都是如何选择具体研究对象的问题。如果说,五个方面的限定是从对研究对象的"大范围确定的角度"来宏观性地限定研究对象,三个重要的变异控制是从"如何控制变量变异的角度"出发来限定研究对象的话,那么这里所要讲的"抽样方法"则是从"样本和总体关系"的角度来限定研究对象。因此,抽样也是研究设计的重要内容,它不仅决定了研究的具体研究对象,

---

① 陈晓萍、沈伟主编:《组织与管理研究的实证方法》(第三版),北京大学出版社 2018 年版,第 126—127 页。

② 同上书,第 126 页。

而且影响着研究的各种有效性等诸多方面。

在研究中需要进行抽样和考虑抽样方法的基本逻辑是：由于受到时间、经费、自然的可能性等诸多限制，很多研究无法考虑总体，需要以总体中的部分要素或个体（样本）为基础①，这就使得样本本身是否可以反映总体以及对样本的研究是否可以推出对总体的认识成了关键，所以抽样方法成了关键。这里，所谓要素（element）就是研究所要"收集信息的单位和进行分析的基础"②；所谓总体（population）就是研究对象的全部要素、个体、个案或研究对象的集合；所谓样本（sample）就是从总体中选择的部分个体或要素的集合；所谓抽样（sampling）就是从研究总体（study population）中选择部分个体或要素作为样本的过程；而抽样时用到的"总体要素的列表或准则表"就是抽样框（sampling frame）。例如，当我们从北京大学在校学生的总体中抽取样本时，单个的学生就是要素，全体在校学生就是总体，从总体中抽取部分要具体研究的学生的过程就是抽样，抽取的特定的学生的集合就是样本，抽样时使用的全部在校学生的花名册就是抽样框。此外，抽样时所使用的基本单位是抽样单位（sampling unit）。当抽样的单位和最终要研究的要素、个体、个案或研究对象重合时，抽样单位就和要素单位一样。但抽样单位也可以和要素单位不一样。例如，在上面的例子中，如果抽取学生是先按照班级来抽取，此时的抽样单位就是班级，而不是个体的学生。

抽样的基本过程包括：界定总体、制定抽样框、决定抽样方案、实际抽取样本、评估样本质量五个环节。③ 当然，界定正确和清晰的总体，是进行正确、科学、合理抽样的前提。下面将主要介绍抽样的一些基本方法，并将简单介绍样本规模、代表性和抽样误差问题。

1. 抽样方法的不同类型

目前，学界已经发明了多种抽样方法和技术可以供研究者使用。大致来讲，这些抽样方法又可以分为两大类：非概率抽样和概率抽样。

所谓非概率抽样（nonprobability sampling）指的是，研究者基于现有理论、主观判断、实际情形等抽取样本的方法。这种抽样方法无法精确估计样本抽样误差，也就是无法精确说明其统计值在多大程度上符合总体情况。常见的非概率抽样方法包括：方便/偶遇抽样（convenience sampling/accidental sampling）、目标或效标/判断抽样（judgement sampling/purposive sampling）、滚雪球抽样（snowball sampling）、配额/定额抽样（quota sampling）、选择线人或知情人（selecting informants

---

① 〔美〕加里·T. 亨利：《实用抽样方法》，沈崇麟译，重庆大学出版社2008年版，第1—8页。
② 〔美〕艾尔·巴比：《社会研究方法》（第13版），邱泽奇译，清华大学出版社2020年版，第120页。
③ 风笑天：《社会研究方法》（第五版），中国人民大学出版社2018年版，第123—125页。

sampling)、典型案例抽样(typical case sampling)、关键案例抽样(crucial case sampling)、最相似案例抽样(most-similar cases sampling)、最大变异案例抽样(most-different cases sampling)、极端案例抽样(extreme case sampling)、负面案例抽样(negative case sampling)、空间抽样(spatial sampling)等。由于这些抽样方法在不同的研究方法书中都有较多的介绍，而且也都比较好理解，所以，本书不对其一一进行详细介绍，而是将操作方法和具体的举例进行了简单对比和整理，具体参见表6.3。

表6.3 常用的非概率抽样方法

抽样类型	操作方法	举例
方便/偶遇抽样	研究样本为方便找到的人或志愿者	在学校寻找愿意参与心理学研究的被试；在街道拐角或其他场所拦下路人做访问；在某个机构有熟人，便选取该机构作为样本
目标或效标/判断抽样	研究者在明确总体特征的前提下，根据对研究总体的判断进行抽样	寻找特定专业的学生研究其就业状况
滚雪球抽样	要求每一个自愿参与者都识别一个或者多个满足特征的人参与研究	要研究留学生的时候，只认识一个留学生，然后通过这个留学生去寻找更多的留学生样本
配额/定额抽样	研究者事先明确总体的比例构成或者组群特征，比如男女比例、年龄分布、受教育程度等，之后再根据分配的样本数额抽样	先将美国公民分为男性和女性，或白人、西班牙裔、美国印第安人和其他少数族裔等，再根据分配的样本数额进行抽样
选择线人或知情人	选择本身处在不易被接触的研究群体之内的人作为样本	通过寻找在某个部落中可能认识或可能较好接触的人，并通过其研究某部落的文化
典型案例抽样	列出典型的或平均水平的标准，然后找一个或几个满足这样的标准的案例进行研究	抽取中等学习水平的学生，进行阅读测试训练
关键案例抽样	这种案例一般被用来做深度研究，可以特别好地支撑原先被证明的论点，或大家都知道这些案例特别重要	抽取社会影响较大的案例作为分析的样本
最相似案例抽样	选取较小范围的案例，选取条件非常相似的个案	研究发展中国家的经济发展模式，需选取经济水平相似的国家

(续表)

抽样类型	操作方法	举例
最大变异案例抽样	有目的地选择较大范围的案例,选取条件很不相似的案例,这样可以把在一维或者多维方向上的所有案例类型都包含在内	抽取成绩最好和最差的同学,分析时间投入和学习方法,从而评估其智力水平
极端案例抽样	识别出某些特征的极端或者极点,然后仅仅选择这些极端情况的案例	抽取问题青年研究青少年的心理问题
负面案例抽样	有目的地选择那些被认为可以证明研究者的预期不能成立的案例	选取平时不怎么学习的学生作为毕业班的抽样样本
空间抽样	针对一个变动的总体进行抽样,如游行的队伍、集会。同一时间对整个总体进行抽样,防止其进行太大的变化	在集会地点对参加集会的人员进行抽样

资料来源:〔美〕艾尔·巴比:《社会研究方法》(第13版),邱泽奇译,清华大学出版社2020年版,第114—116页;〔美〕约翰·吉尔林:《案例研究:原理与实践》,黄海涛、刘丰、孙芳露译,重庆大学出版社2017年版,第65—111页;风笑天:《社会研究方法》(第五版),中国人民大学出版社2018年版,第71—76页;仇立平:《社会研究方法》(第2版),重庆大学出版社2015年版,第146—172页。

所谓概率抽样(probability sampling)指的是,按照概率理论和随机抽样原则抽取样本的方法。在理论上按照这一方法抽取样本时,样本中的每个个体都有一个事先已知的非零概率被抽中,因此也就可以更好地从样本来判断总体的情况,即使样本很多时候并不一定和总体完全一致。而且,和非概率抽样不同的是,要进行概率抽样,还必须有抽样框①,否则就无法确定概率,也就无法进行概率抽样。常用的概率抽样方法有:简单随机抽样(simple random sampling,又叫单纯或纯随机抽样)、系统抽样(systematic sampling,又叫等距抽样、机械抽样)、分层抽样(stratified sampling)、整群抽样(cluster sampling)、按概率比例/PPS抽样(probability proportionate to size sampling)、多阶抽样(multistage sampling)、多重抽样(multiple sampling)等。同样地,由于这些抽样方法在不同的研究方法书中都有介绍,也都比较好理解,所以本书也不再对其一一进行详细介绍,而是将其操作方法和具体的举例进行简单对比和整理,具体参见表6.4。

---

① 〔美〕艾尔·巴比:《社会研究方法》(第13版),邱泽奇译,清华大学出版社2020年版,第128页。

表 6.4 常用的概率抽样方法

抽样类型	操作方法	举例
简单随机抽样	按照每个样本被抽取的概率是相等的方法任意抽取样本	最简单的抽签和抓阄
系统抽样	在确定总体以后,以确定的抽样间距等距抽取相应的样本,比如抽取1,5,9,13……(中间的间距是4)	将样本进行统一编号,选取编号尾数为0的作为样本
分层抽样	将总体分为互斥的组或层,在每组或层中按照简单随机抽样方法进行样本的抽取和选择	总体50人,男性30人,女性20人,比例为3∶2;如果要抽取10人为样本,那么10人中的男女比例也应是3∶2
整群抽样	随机抽取的是一个群,而不是每一个个体	随机抽取一个学校的不同班级
按概率比例/PPS抽样	概率与元素的规模大小成比例的抽样,单位的规模越大,抽到的概率就越大	对50所学校的全体学生进行抽样,对于不同规模的学校抽取与其规模相匹配概率或比例的样本
多阶抽样	将总体分为若干小的群体作为第一阶抽样单元,然后抽取第一阶抽样单元作为第二阶抽样单元,以此类推	先选定抽取某个省作为第一阶抽样单元,然后抽取该省下属的市,再抽取选中市里的县,以此类推
多重抽样	对总体进行一次以上的抽样:第一次抽取的样本单元是辅助信息,样本量比较大;然后,在辅助信息的基础上,继续抽一个样本量较小的样本;以此类推	先对全校男生进行一次抽取作为样本,然后在所有男生中间再次进行抽样,选取更小的样本

资料来源:〔美〕艾尔·巴比:《社会研究方法》(第13版),邱泽奇译,清华大学出版社2020年版,第110—145页;〔美〕伯克·约翰逊、拉里·克里斯滕森:《教育研究:定量、定性和混合方法》(第4版),马健生等译,重庆大学出版社2015年版,第200—226页。

2. 样本的规模、代表性和误差

样本规模(sample size)又称为样本容量,指的是样本中所包括的要素、个体或个案的多少。总体的规模、总体的异质性程度、从样本推断总体的精确性要求、抽样方法、研究经费、研究者的人力和时间、研究对象的情况(例如有些调查对象拒绝作答)等都会影响样本的规模。[①] 一般而言,研究总体越大、总体的异质性程

---

① 风笑天:《社会研究方法》(第五版),中国人民大学出版社2018年版,第147—149页。

度越高、从样本推断总体的精确性要求越高,则样本规模也应越大,因为这样才能保证一定的研究精度或有效性。而且,在同样的精度要求下,不同抽样方法要求的样本规模也不一样,需要研究者根据给定的计算样本规模的公式进行计算。① 另外,就从纯粹数学分析的角度来讲,也对样本规模具有一定的要求。例如,一般来说,只有当样本规模超过 30 时,无论总体的分布如何,其平均数的抽样分布才能接近于正态分布。不同的抽样方法也往往有不同的样本规模的计算方法。需要注意的是,数学与统计学上样本规模的计算方法并不能决定样本的规模,我们也不能仅仅依靠计算得来的样本规模决定取样目标。② 本书第十四章还会对此有进一步的讨论。

所谓样本代表性(representativeness),虽然没有科学和精确的定义,但是大致上可以理解为样本对总体的代表性程度。一般而言,由于抽样的目的是从样本推断或研究总体的情况,那么当"样本的各种集合特征"越接近于"总体的集合特征"③,样本的代表性也就越好。

所谓抽样误差(sampling error)指的是"样本统计量和总体参数之间的数值差异"④。对任何抽样而言,抽样误差越小,自然样本代表性越好,样本越好。但是,除非总体是完全同质性的,即任何一个个体或个案的特征都和总体的集合特征一致,否则抽样都不可避免地存在误差。影响抽样误差的因素很多:总体的规模、总体的异质性或分布方差、抽样方法、样本规模等。一般而言,总体的规模越大、总体异质性程度越高、抽样方式越不合理、样本规模越小等,都会导致抽样误差越大。如果就前面所讨论过的内部效度和外部效度来看,所谓内部效度也可以看作是样本自身的效度,所谓外部效度则是从样本推断总体的效度。样本代表性越好,抽样误差越小,自然其外部效度也就越好。

六、研究方法选择

在明确了研究对象,并对研究对象从多个方面进行限定和选择之后,一般而言,研究设计所面临的下一个重要问题就是研究方法的选择问题。当然,要选择研究方法,首先要知道具体有哪些方法。本书第一章介绍的规范、实证、混合研究

---

① 袁方主编:《社会研究方法教程》(重排本),北京大学出版社 2013 年版,第 169 页。
② 陈晓萍、沈伟主编:《组织与管理研究的实证方法》(第三版),北京大学出版社 2018 年版,第 209 页。
③ 〔美〕艾尔·巴比:《社会研究方法》(第 13 版),邱泽奇译,清华大学出版社 2020 年版,第 119 页。
④ 〔美〕拉里·克里斯滕森、伯克·约翰逊、莉萨·特纳:《研究方法设计与分析》(第 11 版),赵迎春译,商务印书馆 2021 年版,第 134 页。

等都是相对大类的研究方法;在这些研究方法之下,还有更为具体的各种层次的研究方法。故可以说,研究方法也是一个系统体系,不仅有不同的种类,还有不同层次,而且其间存在不同的包含关系。对这些方法的选择不仅存在于研究对象确定之前,也存在于研究对象确定之后。

一般而言,除了方法论或研究范式意义上的方法之外,在研究对象确定之前要选择的方法,往往是较大类的方法,比如规范研究、实证研究,或是规范和实证的混合研究;在研究对象确定之后要选择的方法,则往往是相对具体的研究方法。当然,也必须指出,有些时候,研究方法的选择本身也会影响研究对象的选择,或者研究对象的具体选择本身也影响研究方法的选择。

在这里,我们假定这些情况都存在,而且因为本书后面在讨论各种具体方法时都会适当讨论其具体使用条件、范围以及优劣势等,故在这里暂不讨论各种具体的方法的选择,仅从大的方面对研究方法的选择提出一些原则性的指导。一般而言,由于每一种研究方法都有自己的优缺点,故严格来说,不同研究方法之间没有绝对的优劣之分。因此,在研究设计中,研究者往往可以从以下三个方面出发,考虑如何选择合适的研究方法。

(一) 以问题本身为导向

问题本身的性质会影响甚至决定研究方法的选择。例如,在实证研究方法领域曾有过比较激烈的定性和定量范式之争,但随着实用主义的兴起,由此带来的范式之争的缓解使得大多数研究者开始不再拘泥于某一种研究方法,而开始"以研究问题为主宰"①,以适合研究为选择研究方法的主要依据。一般来说,就特定的研究问题而言,在理论上总存在最适合或者相对比较适合研究该问题的研究方法。故此,在可能的情况下,研究者应该依据问题本身的性质和特点来选择最适合研究该问题的方法。例如,学界一般认为,如就实证研究方法的两种类型来看,定性研究方法相对适合研究探索类问题,而定量研究方法则相对适合研究解释类或确证类的问题;同时,如果一个问题过于复杂,在政治学与公共管理等社会科学的研究中,则往往适合采用定性和定量相混合的实证研究方法。如果要进行更系统性的理论原创,则在早期可能更适合采用规范研究的方法。总之,以问题本身为导向,是选择适合研究方法的第一个原则,也是最为重要的原则。

---

① 〔美〕阿巴斯·塔沙克里、查尔斯·特德莱:《混合方法论:定性方法和定量方法的结合》,唐海华译,重庆大学出版社 2010 年版,第 19 页。

（二）以研究条件为基础

研究方法的选择还受到特定研究条件的影响，故此也必须从研究条件出发，选择最适合特定研究条件的方法。研究条件既包括研究设备、研究资金等物资上的条件，也包括研究人员等人力资源条件。一般而言，如物资较丰富、人力资源较充足，自然可以选择需要依赖丰富物资和人力资源条件开展的研究方法；而如物资较匮乏、人力资源不足，就应该选择适合特定物资和人力资源状况的研究方法。同时，需要注意的是，和研究问题本身不同，研究条件是可以变化的。例如，如果通过一定的努力使研究条件变得更好了，且确实依据这些新的条件进行研究会更符合研究问题本身的性质和特点，也有利于更好地解决问题和做出更高质量的研究，自然也就可以进一步选择基于这些条件的研究方法，以使研究做得更好、更快和更顺利。

（三）以研究者的方法技能为依据

虽然研究要以问题本身为导向，以研究条件为基础，但最后还要以研究者本身的方法技能为依据，选择合适的研究方法。例如，即使一项研究非常适合使用定量研究方法，但倘若研究者本人缺乏必要的定量研究方法技能，这时就需要慎重考虑。如果继续使用定量研究这一不擅长的方法，可能会出现方法的误用与错用，从而使得研究本身也失去了价值和意义。要解决这一问题，可从两个方面入手：一是研究者尽可能地掌握更多的研究方法，使自己的方法工具箱有更多的工具，这样研究者就拥有更多的选择，能够根据研究问题本身的性质和特点以及特定研究条件的要求，选择最适合该问题的研究方法。二是加强研究者之间的合作或组建研究团队。虽然从理论上来讲，一个研究者可以掌握各种适合研究不同问题的方法，但在事实上，没有研究者能够掌握所有适合不同研究问题的性质和特点以及不同研究条件要求的方法。因此就需要通过加强研究者之间的合作或组建研究团队的方式来解决这一问题。这种方法对于需要同时使用多种研究方法的问题而言，尤为重要。

七、研究效度

任何研究和研究设计都必须考虑研究效度问题，即研究有效性问题，也就是研究能够真实反映研究对象及其问题的程度。事实上，无论是规范或实证研究，还是实证研究中的定性或定量研究，从研究设计的角度而言，都需要考虑构念效度、内部效度和外部效度三个重要的效度问题。而且，对于定量实证研究而言，研究者还经常强调统计效度问题;而对于定性研究而言,又常常需要考虑描述型效度、解释型效度、理论型效度、评价型效度四个关键效度,以及反身性效度、反讽效度、新实用主义效度、根状效度和情境化效度等[①],这些效度将在本书第十三章中进行介绍。此外,对于混合研究而言,又需要考虑其混合效度、转换效度等,这些效度也将在本书第十五章中进行介绍。总之,在研究中,存在一个系统的效度体系,这是研究者首先需要了解的。因为本章主要考虑研究设计问题,故在这里重点介绍各种研究和研究设计都应当或者必须考虑的构念效度、内部效度和外部效度三种效度,同时会讨论一般研究者在介绍以上三种效度时经常会讨论的定量实证研究的统计结论效度问题。因此,这里将重点讨论构念效度、内部效度、外部效度和统计结论效度四种效度。(见表6.5)

表6.5 研究设计中的效度问题

效度	含义	有效性的保证	举例
构念效度	构念表达、描述或测量的准确性	精确定义构念内涵,明确理论结构;选择合适的测量方式;控制测量误差	在不同层次上,用不同方法明确研究设计中涉及的构念,从而界定所要研究的构念
内部效度	结论在特定研究对象内的真实性	统计测量中控制混淆变量;控制外部环境;保证研究的可重复性	通过设置对照组和进行前测、后测的方式,研究课程讲授对学生成绩的影响
外部效度	结论在特定研究对象外的推广性	抽样的科学性;样本的代表性;环境的非特殊性	通过选取不同地区、不同层级、不同规模的案例保证结果的外部效度,或对外部效度进行检验
统计结论效度	推论的正确性	避免拒绝正确的零假设(Ⅰ类错误);避免接受错误的零假设(Ⅱ类错误)	为保证统计结论效度增大样本容量、缩小被试样本的差异度

资料来源:根据陈晓萍、沈伟主编:《组织与管理研究的实证方法》(第三版),北京大学出版社2018年版,第127—132页整理。

(一)构念效度

构念效度(construct validity)是指一个构念(其与"概念"等的区别和联系,将在本书第九章进行介绍)能够正确反映其所要表达、描述或测量对象内容和特征

---

① 陈向明:《质的研究方法与社会科学研究》,教育科学出版社2000年版,第391—396页。

的程度，或者也可以定义为一个构念表达、描述和测量的准确性。具体来说，对于规范研究而言，构念效度主要是指一个构念能正确反映其所要表达或描述对象的内容和特征的程度；而对实证研究，尤其是定量研究而言，则构念效度不仅指构念能正确反映其所要表达或描述对象的内容和特征的程度，而且尤其指构念的测量内容和其所表达或描述内容（构念的内涵和定义）的一致性。任何研究都是基于构念或概念展开的，构念就像建造房屋的砖块或者原材料。如果这些砖块或原材料都有问题，建造的房屋自然也会有问题，因此构念效度是研究和研究设计首先需要考虑的效度。特别地，对于要明确测量变量间因果关系的定量实证研究而言，如果构念效度不足，就无法正确进行因果关系的确定；有时即使据此确定了所谓的因果关系，也是错误的。

影响构念效度的因素，或导致构念效度的误差，既有可能来自理论层面，例如构念定义不清、表达不充分等；也有可能来自构念的操作化构成，例如用于测量构念的指标不能"充分、完整地反映构念的理论内涵"；也有可能来自构念测量的实际操作过程[①]，例如测量工具本身有问题、测量方法不正确等。这里，我们把所有这些因素都叫作构念效度的威胁因素（threats）。表6.6总结了一些常见的影响构念效度的威胁因素，研究者需要在正确理解这些威胁因素及其解决方法的基础上，在研究设计中想方设法通过各种途径排除和降低这些威胁因素，以提高研究的构念效度，进而提高整个研究的效度。

表6.6 构念效度的威胁因素及其解决方法

威胁因素	解决方法举例
构念解释不充分（inadequate explication of construct）：对构念解释不充分可能导致对操作和构念之间关系的错误推论	重新规划构念；力求定义精确化，合理化。例如阅读更多的文献
构念混淆（construct confounding）：操作通常涉及多个构念，但未能描述所有构念，可能导致不完整的构念推论	明确研究涉及的其他构念，界定所要研究的构念。例如，明确研究主体公务员的范围
单操作偏差（mono-operation bias）：单一操作可能导致构念代表不足，测量无关构念，使推论复杂化	每一个构念使用多种实验操作。例如，从不同的角度解释公务员的具体含义

[①] 陈晓萍、沈伟主编：《组织与管理研究的实证方法》（第三版），北京大学出版社2018年版，第127页。

（续表）

威胁因素	解决方法举例
单方法偏差（mono-method bias）：当所有操作使用相同方法测量实际研究的构念（如自我报告）时，这些测量之间本身就具有了联系，或者成了彼此的一部分	每一项实验操作使用多种方法。例如，用访谈、文献等方法解释公务员的含义
混淆构念和构念层次（confounding construct with levels of construct）：最能代表研究操作的构念的推论可能无法描述实际研究的构念的有限层次	在多层次上进行构念操作。例如，在国家层面、部门层面以及个人层面解释公务员的含义
干预敏感因子结构（treatment sensitive factorial structure）：测量结构可能会因干预（影响自变量和因变量关系的实验或操作措施、方法等）而改变，但如果总是使用相同的评分，这种改变可能会被隐藏	使用不同的操作进行结构测量。例如，通过访谈不同的群体研究公务员
反应性自我报告变化（reactive self-report change）：自我报告可能会受到参与者处于干预状态的动机的影响，这种动机在分配任务后可能会发生变化	使用不同的参照组保证结果稳定。例如，找更多的参与者进行实验
对实验情境的反应性（reactivity to the experimental situation）：参与者的反应不仅反映了干预和测量，还反映了参与者对实验情境的感知，这些感知是实际测试的干预结构的一部分	避免提供预期结果的线索；规范或减少参与者的相互作用。例如，在不告知的情况下进行实验
实验者的期望（experimenter expectancy）：实验者对结果的预期会影响参与者的反应，这些期望也会是实际测试的干预结构的一部分	使用更多实验者；减少实验和参与者的联系；采用屏蔽程序。例如，采取各种保密措施
新奇性和破坏性效应（novelty and disruption effect）：参与者可能对新奇的创新反应异常，而对干扰他们常规工作的人异常反感，这些反应也一定会被作为干预结构描述的一部分	尽量不干扰被试者原有的生活和工作状态，以免产生反感。例如，采用隐蔽式观察和参与式观察
补偿均衡（compensatory equalization）效应：当干预提供了人们想要的物品或服务时，管理者、行政人员或选民等可能会向未接受干预的人提供这些补偿性物品或服务，这些行为也必须作为干预结构描述的一部分	在实际实验操作之前，提前对被试者进行访谈以减少这一影响

(续表)

威胁因素	解决方法举例
补偿竞争(compensatory rivalry)效应：未接受干预的参与者可能会被激励来证明他们能做得和接受干预的人一样好，而这种补偿竞争效应也必须被作为干预结构描述的一部分	使用非结构访谈和直接观察的方法有助于发现这些影响
怨恨性情绪低落(resentful demoralization)：未接受人们想要的干预的参与者可能有怨恨情绪或情绪低落，致使他们的反应可能比其他情况更消极，因此这种怨恨性情绪低落也必须被包含在干预结构描述中	注重实验操作中的伦理问题；设置控制组。例如，实验的时候多观察几组被试者
干预扩散(treatment diffusion)：参与者可能从他们未被分配的条件中获得服务，这使得对这两种条件的结构描述更加困难	尽量减少对各种情况的共同影响（例如，针对每种情况使用不同的干预），并将每种情况下的参与者与其他情况下的参与者隔离开来（例如，使用地理上不同的单元）；当这不可行时，则同时测量它们

资料来源：William R. Shadish, Thomas D. Cook and Donald T. Campbell, *Experimental and Quasi-Experimental Designs for Generalized Causal Inference*, Houghton Mifflin, 2002, pp. 64—73。

（二）内部效度

内部效度(internal validity)是指基于特定研究对象而得出的结论本身符合特定对象实际情况的程度；而对探求精确因果性关系的定量研究而言，则是基于特定研究对象得出的变量（或构念）间因果关系的推论符合特定研究对象实际情况的程度，也即其因果关系推论对特定对象本身而言的可信度。[①] 可以想象，如果一个研究得出的结论或因果推论本身就其做出这一结论或推论的特定研究对象（例如从一个班级考察的学生的学习投入和学习成绩之间的关系）来说无效，那么我们更不能用其得到的关于"学生的学习投入和学习成绩之间的关系"的结论来解释其他研究对象的类似问题了（例如，用其解释"其他班级"的学生的学习投入和学习成绩之间的关系）。因此，内部效度是任何一个研究在确定了构念效度之后，必须高度关注的第二类重要效度。

[①] 陈晓萍、沈伟主编：《组织与管理研究的实证方法》（第三版），北京大学出版社2018年版，第130页。

影响内部效度的威胁因素也很多(详见表 6.7),所以研究者在进行研究设计时,需要高度关注这些威胁因素,并尽可能采取多种方法来排除这些威胁因素,从而提高研究的内部效度,进而提高整个研究的效度。

表 6.7 内部效度的威胁因素及其解决方法

威胁因素	解决方法举例
时间顺序模糊(ambiguous temporal precedence):不同变量发生的时间顺序模糊,分不清谁先谁后,谁导致了谁	明确变量间关系,以及事情发展的先后顺序。例如,成绩好和遵守纪律之间谁是因谁是果的问题,应该是遵守纪律在前,成绩好在后,所以遵守纪律是因
选择(selection):被试者特征的差异,可能会导致观察结果的差异。例如,测量某种教学方式是否有效,选取的学生的初始成绩并不相同,很难确定最后成绩是否为教学方式产生的效果	志愿者和选择的被试者采用不同的实验操作。例如,对不同水平的被试者进行不同的实验刺激
历史(history,偶然事件):在两次观测期间会发生一些特殊事件,它们会影响研究结果。例如,有关反对酒后驾驶的广告的宣传效能的研究,会测量宣传活动前后因酒驾被捕的人数,如果宣传期间刚好发起打击酒后驾驶行为,就会影响其内部效度	相同的情境下选择控制组。例如,一组实行实验刺激,一组不实行实验刺激
成熟(maturation)效应:指年龄、疲劳、传递等的效应。例如,在长期实验中,学生的成熟可能是年龄增长的效果,并不是由于某种教育;长时间实验产生的疲劳或者对实验越来越熟悉等也会影响实验结果,并形成传递效应(carryover effect)	设置相同年龄、成长状态的控制组,确保长期趋势不受影响
回归(regression):按极端分数来挑选参与者的时候,再测结果往往更接近于平均值。例如,把阅读成绩很差的学生选出来做特殊阅读训练,即使这个训练没有效果,他们的再测成绩也会比先前的好	创建一个大的极端分数的群体,然后从中随机分配不同的实验操作;在几个平均的时间点进行选择,增加选择的可靠性
损耗(mortality,实验失败率):一个研究中的个别实验组少了不同数量的参与者。例如,一些参与者在实验过程中放弃实验	做好实验前测工作和背景环境调查。例如,不同的人在不同的环境下进行测量,即使没有实验刺激,被试者的差异也会产生后测的结果差异

(续表)

威胁因素	解决方法举例
测试(testing)关联:在实验之前进行相关度比较高的前测实验。例如,复读生比应届生考得好,不是因为聪明,而是因为熟练	所罗门四组实验。例如,有的同学接受前测,有的不接受前测,看前测结果是否会造成影响
仪器(instrumentation):测量的仪器可能会随着时间和条件变化,进而影响实验操作的结果。例如,弹簧的弹性、尺子的长度等	避免在一个实验中换仪器;如果要换也需要把仪器进行校准(统一测量标准)
内部效度威胁效果的叠加和互动效应(additive and interactive effect of threat to internal validity):不同的威胁之间可能是同步发生的。例如,选择威胁和仪器威胁同时出现,可能导致不等价的实验组在实际测量时又出现更大的误差	综合使用上述提高效度的方法

资料来源:William R. Shadish, Thomas D. Cook and Donald T. Campbell, *Experimental and Quasi-Experimental Designs for Generalized Causal Inference*, Houghton Mifflin, 2002, pp.54-63。

(三) 外部效度

外部效度(external validity)是指将从特定研究对象得出的研究结论推广到具有不同分析单位、时间维度、研究区域、研究层次、研究尺度等的其他研究对象的可信度。要考虑外部效度的原因是,很多研究往往都是基于总体中的部分样本而得到的,因此也需要就此样本得出的结论来判断其在样本之外的可信度。可见,如果一项研究使用的研究样本、测量手段等有较大的特殊性,其结论就很有可能无法在其他情境中得到重复。

判断一个研究结论的外部效度的基本标准有:①是否对原初样本完整描述,以便对照比较其他样本;②报告中是否针对类推问题检查了可能的威胁;③样本在理论上的变异是否够大,使研究结论能够推广到更大的范围;④研究者是否对该研究类推的合理范围和界限进行界定;⑤该发现是否与前人研究有关并相符;⑥是否借用其他研究,以评估该研究发现的重要性。[1] 影响研究外部效度的威胁因素也有很多,详见表6.8。研究者在进行研究设计时,需要从这些方面入手,认真逐一排除这些外部效度的威胁因素,从而提高研究的外部效度,进而提高整个

---

[1] 〔美〕M.B.迈尔斯、A.M.休伯曼:《质性资料的分析:方法与实践》,张芬芬译,重庆大学出版社2008年版,第395页。

研究的效度。例如,在《专家学者参与型治理》一书中,作者就通过分析单位、时间维度、研究区域、研究层次、研究尺度等的扩展分析,检验了从原初七县得出的结论的外部有效性。①

表6.8 外部效度的威胁因素及其解决方法

威胁因素	解决方法举例
因果关系和分析单位的相互作用(interaction of the causal relationship with units):样本不具有代表性,如果选择的被试群体只是某些特定的、具有某些特殊性的分析单位(例如白人男性),它们就不具有代表性,因而基于它们得出的结论,也就无法推广到其他群体(例如女性)	注重被试群体选择的合理性和代表性。例如,注意性别、种族等特征的局限性
干预变异的因果关系的相互作用(interaction of the causal relationship over treatment variance):当一种干预和其他干预同时进行,或者仅仅部分干预被使用时,由于不同干预之间的相互影响,一种被发现的干预的变异效果可能与该干预的其他变异不一致	合理控制操作变量,合理控制每一个操作可能造成的影响,避免操作间相互影响。例如,测试时尽量客观公正,不掺杂奖惩和情感
因果关系与结果的相互作用(interaction of the causal relationship with outcomes):由于一项干预产生的结果可能是多样的,如果人们仅仅从一种观察结果中发现的效应来理解因果关系,可能认为效应是不成功的(例如,对癌症要素的有效性,一般人往往直接是从总生存率来判断的,而不会考虑生活质量、5年无转移生存率);或有些时候,也可能把不是真正由干预导致的结果看作干预的结果,从而推出因果关系(例如,安慰剂效应)	充分了解各种可能结果;合理控制操作变量,并对实验结果进行原因分析。例如,没有服用真的药剂而是安慰剂的时候,也会感觉好很多
因果关系与环境的相互作用(interaction of the causal relationship with settings):环境会影响因果关系,即在一种环境中发现的因果关系在另一种环境下可能不成立(例如,一项有关吸毒者的项目发现的因果关系在农村成立,在城市就不成立,因为城市更容易获得毒品);还有一种特别的情况——霍桑效应,即当研究对象意识到自己被观察(处在被观察的环境下)时可能会改变自己的行为倾向,产生预期结果,从而导致并不真实存在的因果关系	通过改变环境设置和分析每个环境中的因果关系来解决。例如,同时分析城市和农村的因果关系情况

---

① 杨立华:《专家学者参与型治理:荒漠化及其他集体行动困境问题解决的新模型》,郑薇、杨佳丽、张云译,北京大学出版社2015年版,第204—279页。

(续表)

威胁因素	解决方法举例
中介的情境依赖（context-dependent mediation）效应：在一种情境下起作用的中介，在另一种情境下可能不会起作用。例如，一项对非营利性医院的新医疗保险项目的研究发现，该项目在非营利性医院通过降低中层管理者职位来降低医院成本；但这一解释，在营利性医院可能就不适用，因为它可以通过减少患者服务来实现成本的降低	识别多种情境下的中介变量及其效应

资料来源：William R. Shadish, Thomas D. Cook and Donald T. Campbell, *Experimental and Quasi-Experimental Designs for Generalized Causal Inference*, Houghton Mifflin, 2002, pp. 83-92；陈晓萍、沈伟主编：《组织与管理研究的实证方法》（第三版），北京大学出版社 2018 年版，第 151 页。

（四）统计结论效度

统计结论效度（statistical conclusion validity）指通过统计检验对假设关系进行解释的可信度。在实证研究中，统计检验的本质是基于一定的概率，对基于样本得出的变量间关系做出泛化的推论。[①] 一般而言，研究者在做出统计决策时存在四种可能性：接受正确的零假设、拒绝错误的零假设、拒绝正确的零假设（去真，即 Ⅰ 类错误）和接受错误的零假设（存伪，即 Ⅱ 类错误）。"前两种情况属于正确的结论，后两种情况属于研究者做出的错误决策，直接影响到研究的统计结论效度。"[②]

统计结论效度的威胁因素主要有低统计效力、违反统计检验的假定、钓鱼、测量的不可靠性、范围的限制、操作实施的不可靠性、实验中的外部变异、单位的异质性、效果大小的不准确估计等。（详见表 6.9）研究者在进行研究设计时，也需要认真考虑这些威胁因素，并尽量通过多种可能的方法排除这些威胁因素，从而提高研究的统计结论效度，进而提高整个实证研究的效度。

表 6.9 统计结论效度的威胁因素及其解决方法

威胁因素	解决方法举例
低统计效力（low statistical power）：实验操作与结果之间不存在显著关系	采用随机抽样；注意研究层级；测量协变量；扩大样本规模；选取代表性的样本

---

① 陈晓萍、沈伟主编：《组织与管理研究的实证方法》（第三版），北京大学出版社 2018 年版，第 128 页。
② 同上。

（续表）

威胁因素	解决方法举例
违反统计检验的假定（violated assumption of statistical test）：违反统计检验假定，可能会导致高估或低估影响的大小和意义	统计补救措施和相关电脑程序的发展，避免Ⅰ类错误和Ⅱ类错误的发生
钓鱼和误识率问题（fishing and the error rate problem）：为了得到想要的结果和统计的显著性进行重复测试，这时如果不纠正测试次数，就可能会人为夸大统计的显著性	确保研究的可重复性；不为了结果寻求数据
测量的不可靠性（unreliability of measures）：测量误差削弱了两个变量之间的关系，增强或减弱了三个或更多变量之间的关系	增加测量的次数；提高测量的质量；使用特殊的观测技术
变量取值范围的限制（restriction of range）：变量的取值范围较小（比如只有两个值，连续变量被简化为二分或三分变量，或受到地板或天花板效应的影响），致使不能正确估计它与其他变量之间的关系	增加对变量的取值，同时要避免将连续变量二分、三分等
操作实施的不可靠性（unreliability of treatment implementation）：如果拟以标准化方式实施的干预仅对部分受试者部分实施，则与完全实施相比，其效果可能被低估。例如，问卷并没有被如实填写	对所有受试者实施全部干预或操作；探讨所有受试者的所有变化
实验环境中的外部变异（extraneous variance in the experimental setting）：实验环境的某些特征可能会扩大误差，使干预影响的检测更加困难	控制外部变异、无关变量等；创造情境让受访者不关注无关变量；测量无法规避的无关变量等
单位的异质性（heterogeneity of units）：结果变量条件下的单位的变化性的增加会增加误差变异，从而使得关系的检测更加困难	提高研究对象的同质性，但会影响外部效度以及变量的取值范围；测量被试者的相关特征作为阻断因素或协变量等
效应大小的不准确估计（inaccurate effect size estimation）：一些系统的统计高估或低估了效果的大小	最大化统计效力；注意分辨效应的规模；使用准实验分析，同时注意更大的效应是否能在重要的条件之下成立

资料来源：William R. Shadish, Thomas D. Cook and Donald T. Campbell, *Experimental and Quasi-Experimental Designs for Generalized Causal Inference*, Houghton Mifflin, 2002, pp. 42–52。

关键术语

研究设计	研究框架	概念框架	理论框架
分析框架	假定	假设	分析单位
时间维度	研究区域	研究层次	研究尺度
系统变异	外生变异	误差变异	要素
总体	样本	抽样	抽样框
抽样单位	非概率抽样	概率抽样	样本规模
样本代表性	抽样误差	构念效度	内部效度
外部效度	统计结论效度		

思考题

1. 研究设计的一般流程是什么？
2. 应如何设计研究假设？
3. 确定两个变量是因果关系需要考虑哪些因素？
4. 应当如何提出研究的假设？
5. 为什么在研究设计中要特别注意三个变异性问题？
6. 实际操作中应当如何保证研究的有效性？

延伸阅读

David Silverman, *Doing Qualitative Research: A Practical Handbook*, Sage, 2008.

Gary King, Robert O. Keohane and Sidney Verba, *Designing Social Inquiry: Scientific Inference in Qualitative Research*, Princeton University Press, 1994.

Jianguo Wu, "Scale and Scaling: A Cross-disciplinary Perspective," in Jianguo Wu and Richard Hobbs, eds., *Key Topics in Landscape Ecology*, Cambridge University Press, 2007.

John Creswell, *Research Design: Qualitative & Quantitative Approaches*, Sage, 1994.

William R. Shadish, Thomas D. Cook and Donald T. Campbell, *Experimental and Quasi-Experimental Designs for Generalized Causal Inference*, Houghton Mifflin, 2002, chapter 2,3.

陈晓萍、沈伟主编：《组织与管理研究的实证方法》(第三版)，北京大学出版社2018年版，第1—5章。

〔美〕加里·金、罗伯特·基欧汉、悉尼·维巴:《社会科学中的研究设计》,陈硕译,格致出版社、上海人民出版社2014年版。

经典举例

杨立华:《专家学者参与型治理:荒漠化及其他集体行动困境问题解决的新模型》,郑薇、杨佳丽、张云译,北京大学出版社2015年版。

区别于诺贝尔经济学奖获得者科斯、奥斯特罗姆等强调的政府(中央集权或强制)、私有化和自治模型,这本书提出了解决集体行动困境的新模型——专家学者参与型或知识驱动型治理模型,系统探讨了专家学者参与治理的六种角色、有效参与治理的七项制度设计原则,并在诺斯、拉坦等的制度研究基础上,发展了知识驱动型制度变迁理论;最后,与林德布罗姆所强调的知识指导型社会(苏联体制)和偏好引导型社会(美国体制)不同,这本书提出了适应儒家传统和中国特殊情境的第三种人道主义社会模型——知识驱动型社会,并总结了其五项基本制度设计原则。

这本书正文共六章,其中前三章涉及研究设计。除正文外,还有九项附录,具有和正文同样的篇幅和重要性。

第一章"学者参与型治理":解决集体行动困境的一种替代性方案,开门见山地提出研究问题,界定相关名词术语,明确了研究问题和研究目的。并在此基础上,提出研究的基本假设:当学者参与型治理被应用于解决集体行动困境时,与非学者参与型治理相比,公地悲剧的程度会降低。研究假设既有较高的理论价值和现实意义,也具有现实的可操作性。

第二章"学者参与的四种主要角色:基于博弈理论的分析",基于多种博弈理论分析,从规范分析的角度,论证了专家参与行动角色和功能。

第三章"研究学者参与型治理的产品——制度分析框架",不仅提出了产品—制度(PIA)分析框架,并在框架指导下,详细介绍了该书的两阶段实证研究设计方案:第一阶段在中国西北七县展开,通过随机抽样调查($N=1974$)、深度访谈($N=78$)和观察法,探讨专家学者在荒漠化治理中的参与程度、不同角色、影响要素和成功机制;第二阶段基于文献荟萃分析,通过扩展研究层次、空间与时间尺度、文化背景、问题领域等,考察43个案例,以检验第一阶段研究结果的可扩展性。

第七章 研究计划书

本章要点
- 研究计划书的作用;
- 研究计划书的常见类型;
- 研究计划书的任务和与研究成果的关系;
- 研究计划书的主要内容。

一、导　言

第六章讲了如何进行研究设计,研究者如果将自己进行研究设计的思路和流程等写下来就是研究计划书(research proposal)。说到底,研究计划书是一项研究的规划、蓝图和说明书,它不仅是一项研究的正式起点,是一项研究正式开始前的准备工作,是对研究过程和方法等的详细规定,是对研究具体内容和规划的总体呈现和概括,还是整个研究过程的指导书,统领和贯穿整个研究过程。① 尽管不是所有的研究都有非常正式的研究计划书,但是有正式的研究计划书是进行很多研究的前提。

特别地,研究计划书还是大学生完成毕业论文开题报告、研究者提交项目计划书或申请书的前提,因为它们事实上都是研究计划书。如果不知道怎么写研究计划书,接下来的研究工作就无法正常开展,因此,研究计划书是非常重要的。

总之,研究计划书是很多正式和大型研究的必要前提。研究者通过撰写研究计划书不仅可以更好地进行研究设计,而且可以将自己的研究思路和研究设计明确地传达给相关评审专家或者其他读者。

---

① Lawrence Locke, *Proposals That Work: A Guide for Planning Dissertations and Grant Proposals*, Sage, 2007;范伟达:《社会调查研究方法》,复旦大学出版社 2010 年版,第 112—113 页。

二、研究计划书的作用

研究计划书不仅可以帮助研究者进行研究设计,还有其他作用,下面将对计划、管理、沟通、获得认可、获取资源、合约六个方面对研究计划书的作用进行介绍。这些作用也可以看作是研究计划的目的。

(一) 计划

任何研究在正式开始之前,都需要研究者对其进行严谨和科学的研究设计,而研究计划书就是体现研究设计完备性的重要书面文件,体现着研究者的前期准备情况。一个研究者如果说自己进行了研究设计,但是又没有把这个设计写下来,形成研究计划书,那么其研究设计肯定是不彻底和不完整的。因此,撰写计划书不仅是把研究者的研究设计写下来,而且其本身就是在进行研究设计。因为,一份好的研究计划书不仅要明确研究对象、研究问题和研究过程等,还要综合考虑研究的信度、效度以及实际开展过程中可能遇到的各种问题及其解决方案。因此,撰写研究计划书可以帮助研究者把研究设计做得更科学、更有效、更可行,甚至更便捷、更经济。

> **扩展知识**
>
> "凡事豫则立,不豫则废。言前定则不跲,事前定则不困,行前定则不疚,道前定则不穷。"
>
> ——《礼记·中庸》
>
> 《礼记·中庸》中这段话的大致意思是:做任何事情,事前有准备就常会成功,没有准备就常会失败。说话有准备,就不会词穷理屈或站不住脚;行事有准备,就不会遭遇困难或挫折;行事前有准备,就不会做出令人后悔的事。
>
> 事实上,研究计划书也是在做研究之前的准备,一个好的研究计划书可以使研究更成功。

(二) 管理

研究是一个复杂的过程,不仅需要进行研究设计,也需要通过撰写研究计划书来更好地管理研究的整个过程。上一章所讲的所有研究设计的内容也就是研究计划书的内容,而这些内容也就是研究实施的内容,也是需要管理的内容。如此,通过撰写研究计划书,就可以更好地对研究实施的全过程进行管理,并进而提高研究实施效率和效果等。例如,从研究所需时间的角度来说,任何研究事实上都需要花费时间,也可能都有研究时限。对高校学生来说,由于他们的在读年限是有限的,因此要通过合格的毕业论文拿到毕业证,也需要对自己毕业论文的研究时限进行设计和管理。同理,其他一些研究也是有时间要求的,如果不能对研究时间进行有效管理,也会导致研究无法实施。因此,撰写研究计划书,是加强研究实施过程管理的重要手段。

(三)沟通

研究的目的之一是产生公共的知识,既然是作为公共的知识,就是大家都认可或对大家都有用的知识,也是需要大家相互之间沟通的知识。作为产生公共知识的研究在正式实施之前也需要和他人进行沟通。一般而言,这样的沟通越充分,研究后产生的知识就越具有公共性。可是,如何才能在研究实施前更好地和他人进行沟通呢?一个非常重要的方法就是撰写书面的研究计划书。因为我们知道,在和他人进行复杂问题的沟通时,有书面的材料往往要比没有书面的材料能使沟通更顺畅、更有效和更深入。因此,撰写研究计划书也可以起到沟通的作用。这在学生通过撰写毕业论文研究开题报告,导师以及其他老师进行沟通,研究者通过撰写项目申请书,项目管理者或资助方以及项目评审专家进行沟通中都体现得非常明显。很多项目的申请并没有当面的沟通,而主要依赖研究者的项目申请书。这时,研究者的项目获得通过或者获得资助的可能性,就直接取决于其计划书的清晰性和完整性。①

(四)获得认可

一项研究是否重要、有价值和可行,不仅需要获得研究者自己的认可,在很多时候也需要获得其他方面的认可。例如,高校学生的毕业论文研究选题和设计需要获得导师和其他专家的认可,项目申请人计划的研究及其设计需要获得项目资助方和评审专家等的认可。如果不能获得认可,这些研究及其设计即使再好,可能都无法正常实施。可怎么才能获得认可呢?一个重要的方法就是撰写研究计划书。因此,研究计划书的另一个重要的作用就是作为获得其他方面认可的重要依据。

---

① 〔美〕劳伦斯·F. 洛柯等:《如何撰写研究计划书》(第5版),朱光明、李英武译,重庆大学出版社2009年版,第3页。

（五）获取资源

很多研究都是复杂的工程,要完成这些研究不仅需要良好的研究选题和研究设计,而且需要资料、人力、物力、财力等的资源支撑。但是,具体需要什么样的资源以及多少资源,又需要研究者提前进行设计或规划,这样才能更好地获得这些资源,并更好地实施研究。如果资源不足,则研究可能就无法正常开展。因此,通过撰写研究计划书明确研究过程中可能需要的各种资源,可以帮助研究者更好地获得研究所需的资源。

（六）合约

在研究过程中,除了要与他人进行沟通以及获得他人的认可和资源支持之外,有很多时候也需要和别人达成某些约定,甚至正式的协议、协定、合约或合同。例如,学生的毕业论文开题报告就是学生和导师以及答辩委员会专家之间的协定或合约,一旦通过,学生就要按照这个协定或合约来执行。如果中途换了研究议题,进行了其他重大调整,很多学校都会要求学生重新开题,或者最起码要重新获得导师和其他专家的认可。一项项目申请计划书也是一样,一旦获得对方批准或资助,就算是研究者和批准者或资助者之间达成了协定[①],研究者必须按照申请计划书严格执行,否则就算违背了协定或合约,需要承担相应的后果。总之,作为合约的研究计划书,无论具体是什么,一经合约双方确定,除非是细节性的问题以及双方事先约定的其他事项,一般不能够做出重大修改。如果因为某种特殊原因确实需要进行修改,则需要重新提交相关人员审核,审核通过以后才能做出重大改动。

三、研究计划书的常见类型

任何研究都需要研究计划书,但是不同的研究需要不同类型的研究计划书。一般来说,研究计划书可以按照研究的类型和用途两种方法进行分类。(见图7.1)

[①] 〔美〕劳伦斯·F. 洛柯等:《如何撰写研究计划书》(第5版),朱光明、李英武译,重庆大学出版社2009年版,第4页。

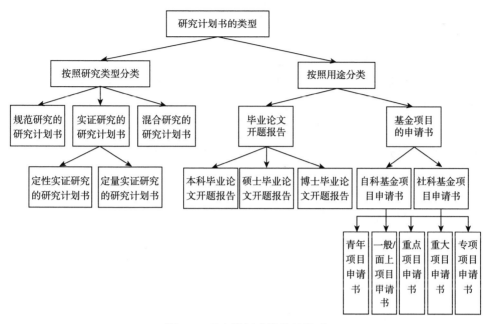

图 7.1　研究计划书的常见类型

（一）按照研究类型分类

根据第一章对研究的分类以及第六章对研究设计的分类，以研究类型作为分类依据，研究计划书可以分为规范研究的研究计划书、实证研究的研究计划书（又可分为定性实证研究的研究计划书、定量实证研究的研究计划书）、混合研究的研究计划书等。规范研究的研究计划书与规范研究设计相对应，实证研究的研究计划书与实证研究设计相对应，混合研究的研究计划书与混合研究设计相对应。同样地，定性实证研究的研究计划书与定性实证研究设计相对应，定量实证研究的研究计划书和定量实证研究相对应。

（二）按照用途分类

按照用途分类，常见的研究计划书又大致可以分为毕业论文开题报告和基金项目的申请书等。毕业论文开题报告是一个研究者独立主持研究工作的开始，也是其为获得学位正式实施一项独立研究的开端。毕业论文的开题报告本质上来说是研究计划书的一种，因此其任务、内容等也都与研究计划书一致。但具体的写作格式则需要按照学校、研究所或者实验室的具体规定执行。如更进一步划分,毕业论文开题报告也可以分为本科毕业论文开题报告、硕士毕业论文开题报告、博士毕业论文开题报告等。

撰写基金项目的申请书是研究者从事科研必经的阶段,基金项目申请书的撰写直接关系到项目能否立项,相关的资金支持能否到位,是科研活动中至关重要的一环。目前,我国的基金项目可分为自然科学基金项目、社会科学基金项目等,其下又可分为青年项目、一般/面上项目、重点项目、重大项目、专项项目等。依据这些基金项目的不同,自然也有不同的项目申请书。当然,在实际的申请中,各种项目申请书可能有不同的特殊要求,也可能大同小异,但在本质上都是研究计划书的变形。

还需要特别指出的是,以上所提到的这些研究计划书的类型也都是一些常见的研究计划书的类型,并非全部研究计划书的类型。

四、研究计划书的主要任务和与研究成果的关系

(一) 主要任务

劳伦斯·洛柯(Lawrence F. Locke)等认为,一份完整的研究计划书应当承担向他人介绍研究、说明研究目的、阐明研究的理论基础、提出研究问题或假设、指明适用范围和局限、提供定义、讨论研究问题的背景、说明研究程序、提供补充材料等九项任务。[①] 但这些任务和他们后面所讨论的研究计划书的内容不太一致。然而,在我们看来,所谓研究计划要完成的主要任务实际上应该和研究计划书的主要内容是一致的,因为研究计划书的任务的完成必须通过其内容来体现。因此,与洛柯等的观点不同,我们认为,研究计划的主要任务,也可以从研究计划书的主要内容来进行说明。所以,研究计划书包含介绍研究背景和意义的任务,则研究计划的内容也就应该包括研究背景和意义的部分;研究计划书中包含说明研究议题的任务,那么研究计划书也应该包括研究议题部分。因此,与下面将要详细讨论的研究计划书的主要内容相一致,我们认为,研究计划书的主要任务也包括13项,而且有些主要任务下面还有不同的子任务。(见表7.1)

---

① 〔美〕劳伦斯·F. 洛柯等:《如何撰写研究计划书》(第5版),朱光明、李英武译,重庆大学出版社2009年版,第7页。

表 7.1　研究计划书的主要任务

主要任务	具体子任务
1. 确定研究题目	—
2. 说明研究背景与意义	2.1 说明研究背景,包括现实背景、理论背景
	2.2 说明研究意义,包括现实意义、理论意义
3. 说明研究议题	3.1 说明研究问题
	3.2 说明研究主要内容
	3.3 说明研究目标
	3.4 说明研究变量及其关系
	3.5 说明研究假定或假设
	3.6 说明拟解决的关键科学问题
4. 阐释研究相关理论	4.1 进行概念界定
	4.2 进行文献综述
	4.3 说明理论基础
	4.4 说明研究框架或理论模型
5. 说明研究方案	5.1 说明研究总体设计
	5.2 说明研究方法和技术路线
	5.3 说明资料收集方式、方法
	5.4 说明变量测量方式、方法
	5.5 说明资料分析方式、方法
	5.6 说明研究有效性
	5.7 说明研究可行性
6. 说明研究独特性和局限性	6.1 说明研究特色之处
	6.2 说明研究可能的贡献
	6.3 说明研究创新之处
	6.4 说明研究的适用范围
	6.5 说明研究的局限性
7. 说明研究计划安排和预期研究成果	7.1 说明研究计划安排
	7.2 说明预期研究成果

(续表)

主要任务	具体子任务
8. 说明研究基础与条件	8.1 说明研究基础 8.2 说明研究条件
9. 说明研究团队	—
10. 说明经费预算	—
11. 说明其他相关事项	—
12. 说明参考文献	—
13. 说明其他补充材料(附录)	—

(二) 与研究成果的关系

任何研究的最终目的都是产生新的知识和理论贡献,而这些贡献往往通过一定的研究成果展现出来。就现代社会科学而言,研究成果的展现方式有毕业论文、专著、研究报告等多种形式。因此,撰写研究计划书也常常需要为这些形式的成果服务。虽然,研究成果的形式很多,但其基本的形式是研究论文,甚至成形的20万字左右的博士论文也常常只是一篇大论文,一部专著有时也是一篇大论文。为此,探讨研究计划书和论文之间的关系就显得非常重要。洛柯等通过一张表(表7.2)展示了如何将研究计划书的内容转变成一般论文的内容,进而转变成期刊论文的过程。

表7.2 从计划书到论文

部分(或章或节)	研究计划书	一般的论文结构	准备发表的论文
1	导论 目的 理论基础 问题或假设 (界定/边界、定义) (是否放在分开的章节中)	导论 目的 理论基础 问题或假设 (界定/边界、定义) (是否放在分开的章节中)	导论 目的 理论基础 问题或假设 (界定/边界、定义) (是否放在分开的章节中)
2	完整的文献综述	完整的文献综述	完整的文献综述
3	方法	方法	可能独立为发表文章 I

(续表)

部分（或章或节）	研究计划书	一般的论文结构	准备发表的论文
4	—	结果	可能独立为发表文章 Ⅱ
5	—	讨论和结论	可能独立为发表文章 Ⅲ
6	参考文献	参考文献	参考文献
7	附录（包括部分或所有的在增补材料中提供的信息）	附录（包括部分或所有的在增补材料中提供的信息）	附录（包括完整的文献综述或者部分或所有的在增补材料中提供的信息）

资料来源：〔美〕劳伦斯·F. 洛柯等：《如何撰写研究计划书》（第5版），朱光明、李英武译，重庆大学出版社2009年版，第21—22页，略有修改。

表7.2中，部分1是整个研究的概括。后面的几个部分都是潜在的可以发表的论文，分别代表了研究的各个部分，包括文献综述、研究设计、方法和研究发现。这些部分，"只要最后的修改并增加一些参考文献，就能很快地变成期刊文章的格式并投稿发表"①。而且，一篇研究报告可能发表一篇或多篇论文，每篇论文的材料也有可能来自研究计划书的不同部分。至于具体的数目则取决于研究计划书本身、论文的性质和发表渠道等。②

五、研究计划书的主要内容

艾尔·巴比认为虽然不同的基金项目或者相关机构对研究计划书有不同的要求，但是总的来说，一个完整的研究计划书应当包括议题或目的、文献回顾、研究对象、测量、资料收集方法、分析、时间表以及经费八个基本要素或部分。③ 本章从研究计划书整体结构安排和尽量完备的角度出发，认为一个比较完整的研究计划书主要包括13个部分的主要内容。（见表7.3）

---

① 〔美〕劳伦斯·F. 洛柯等：《如何撰写研究计划书》（第5版），朱光明、李英武译，重庆大学出版社2009年版，第21页。
② 同上书，第21—22页。
③ 〔美〕艾尔·巴比：《社会研究方法》（第13版），邱泽奇译，清华大学出版社2020年版，第106—107页。

表 7.3 研究计划书的主要内容

主要内容	具体内容
1. 题目	—
2. 研究背景与意义	2.1 研究背景:现实背景、理论背景
	2.2 研究意义:现实意义、理论意义
3. 研究议题部分	3.1 研究问题
	3.2 研究主要内容
	3.3 研究目标
	3.4 研究变量及其关系
	3.5 研究假定或假设
	3.6 拟解决的关键科学问题
4. 研究理论阐释部分	4.1 概念界定
	4.2 文献综述
	4.3 理论基础
	4.4 研究框架或理论模型
5. 研究方案部分	5.1 研究总体设计
	5.2 研究方法和技术路线
	5.3 资料收集
	5.4 变量测量
	5.5 资料分析
	5.6 有效性分析
	5.7 可行性分析
6. 研究独特性和局限性说明部分	6.1 研究特色
	6.2 研究贡献
	6.3 研究创新
	6.4 适用范围
	6.5 局限性
7. 研究计划安排和预期研究成果	7.1 研究计划安排
	7.2 预期研究成果

（续表）

主要内容	具体内容
8. 研究基础与条件	8.1 研究基础
	8.2 研究条件
9. 研究团队	—
10. 经费预算	—
11. 其他需要说明的事项	—
12. 参考文献	—
13. 附录	—

（一）题目

所有的研究计划书都需要一个非常正式的题目。这些题目有些是研究者自己拟的,也有些可能是别人已经拟好的,需要研究者根据这一题目来撰写相应的研究计划书。例如,有很多基金项目就有特定的选题,目前中国国家自然科学基金的一些应急项目、专项项目、重点项目、重大项目的题目就经常是给定的,国家社会科学基金的一些重大招标项目和重大专项项目的题目也是给定的。给定的题目,有些可以适当微调,以展现研究设计者或申请者自己的研究思路和特色;有些是不允许的,这需要研究者根据实际情况具体解决。在大多数情况下,研究者在撰写研究计划书的时候需要自己拟定题目。学生的毕业论文选题是如此,国家自然科学基金的青年项目、面上项目以及国家社会科学基金的青年和一般项目也是如此。当需要自己拟题的时候,研究计划书的题目最好做到:能吸引人,引起其他读者的兴趣和共鸣;能够反映研究者自己的核心研究问题、方法和理论取向等;题目尽可能具体,能比较清楚地展现研究的自变量和因变量。这样就可以更好地指导研究者撰写更加明确具体和中心突出的研究计划书。

（二）研究背景与意义

任何研究都不是凭空产生的。因此,要撰写研究计划书,除了有题目之外,第一个要考虑的就是说明研究的背景及其意义。说明研究的背景和意义,实际上就在为研究者提出自己的具体议题说明理由,所以,在有些项目申请书中,也会把这部分叫作"立项依据"。这样的理由,从大的方面来讲,又主要包括现实的和理论的两个方面。故此,研究背景包括现实背景和理论背景两个小部分,研究意义包括现实意义和理论意义两个小部分。但是,究竟是先说现实的部分还是理论的部分,这却没有一定之规,全看实际的需要和作者的偏好。当然,在大多数情况下,因为我们的研究主要是解决理论问题,并产生理论贡献,所以很多研究计划书都是先从理论贡献和意义说起的。此外,也有很多研究者在这里会讲研究的目的。在很多情况下,研究者实际上很难区分什么是研究目的,什么是研究意义,所以在本章我们主要采用研究意义的说法,但同时也包含对研究目的进行说明的含义。

(三)研究议题部分

如果说,研究背景和意义是研究计划书前面的导言或者铺垫的话,这一部分就是要重点说明研究者要研究什么问题。提出研究问题是任何研究计划书的最重要内容之一。事实上,在多年的教学实践中我们也发现,高校学生的毕业论文开题报告事实上要解决的第一个最重要的问题就是研究什么。如果这个问题解决不好,题就开不好;若开题开得不好,有些时候即使通过了开题答辩,但进入实际研究和写作过程,还得返工重新思考研究问题。所以,提出好的和可行的研究问题是任何研究计划书的第一个关键。

在实际的研究计划书中,为了把研究问题说清楚,这一部分的内容除了明确具体的研究问题之外,还需要说明研究主要内容、研究目标、研究变量及其关系、研究假定或假设、拟解决的关键科学问题等。所谓研究主要内容,就是围绕研究问题要解决的研究的主要任务,也可以看作是对研究问题的进一步具体化和分解。所谓研究目标就是通过研究要达成什么样的理论的和现实的目标,这往往又和研究问题、研究主要内容相呼应,可以看作是研究问题和主要内容的理论和现实的结果性表现。而且,为了进一步地明确研究问题,研究者还常常在这一部分明确列出研究变量,并画出清晰的变量关系图。变量关系图不仅可以帮助研究者明确研究问题,而且可以为研究者进一步进行研究设计提供更加明确的指导。同时,对规范研究来说,还有必要说明研究假定;而对实证研究来说,如果是验证性的,则又需要提出研究假设。此外,为了更深入地阐释自己的问题,有些研究计划书还会列出研究者要研究或拟解决的关键科学问题。所谓关键科学问题,就是在研究者要研究的问题中那些最重要的和关键的核心问题,这些问题的解决不仅是研究的主要任务,决定研究的成败,也往往决定着研究贡献或创新的大小。

(四)研究理论阐释部分

任何研究都要进行理论对话。即使声称是采用扎根理论进行的整体性研究设计,也离不开扎根理论以及进行扎根研究之后最终的理论提炼与对话。因此,在研究设计中对于研究议题相关的理论进行系统阐释,不仅是研究设计的需要,而且是研究本身的需要。在研究设计中涉及理论的部分很多,比如前面提到的理论背景和理论意义就是研究计划书中比较偏重理论的部分,除此之外,在很多研究设计中还有非常集中进行理论阐释的部分。这一部分常包括有概念界定、文献综述、理论基础、研究框架或理论模型等。概念界定就是要对研究涉及的核心概念进行清晰界定。由于概念是形成理论的材料和基础,故而概念界定事实上也是重要的理论工作。一般而言,一个好的概念界定还应该满足三个条件:**一是明确性**。定义应当明确限定研究内容,明确区分"此事物"与"彼事物",准确定位到研究问题,"词义要具有唯一性"。① **二是专业性**。定义不仅要准确表述意义,还需要使用专业性的术语。**三是具体性**。定义应当具体,而不是笼统地指向某一类事物。对于可能与常规认识不一致的地方,需要具体说明。任何研究问题都必然和现有的知识以及前人的研究存在一定的继承关系。② 文献综述就是要对研究者所要研究的议题的最切近和相关的已有文献、研究和理论进行总结和评述,以分析已有研究已完成的工作、已有贡献及其不足、矛盾之处等,以明确本研究的切入点和可以贡献的地方。做好文献综述既能为自己的研究提供较强的理论支撑,又能避免不必要的重复努力。③ 文献综述一般要经历选择主题、文献搜索、展开论证、文献研究、文献批评、综述撰写等多个步骤。④ 而且,在进行文献综述时必须注意三点:一是不能把文献综述写成流水账,没有总结、归纳、比较、分析和评述;二是没有围绕核心研究问题选择最贴近的文献进行综述,而是把相关和不相关的文献都放在一起,变成了大杂烩;三是文献质量不高,不仅遗漏关键、核心和重要文献,而且往往纳入文献的有效性和质量不过关。虽然理论基础部分并不是所有研究或研究设计都明确需要,但是在需要基于已有的理论对研究的问题继续推进时,明确阐述相关理论基础就是必要的了。而且,在阐述理论基础时要特别注意的是,相关理论必须是研究确实使用的,不能把很多无关的或没有实际作用的理论也堆砌进来。研究框架(也包括概念框架和理论框架)为研究提供总体思路、系统逻辑或者概念性的或理论的逻辑,也可以看作是研究更为具体的理论指导图,其往往又和研究的变量关系图相呼应。理论模型则是先发展理论,再进一步分析或实证检验的研究的必要组成部分。总之,理论性阐述是学术型研究计划书的重要组成部分,除了在研究背景和意义部分以及独立的研究理论阐释部分之

---

① 〔美〕劳伦斯·F.洛柯等:《如何撰写研究计划书》(第5版),朱光明、李英武译,重庆大学出版社2009年版,第121页。

② 同上书,第15—16页。

③ 〔美〕肯尼斯·S.博登斯、布鲁斯·B.阿博特:《研究设计与方法》(第6版),袁军等译,上海人民出版社2008年版,第61—62页。

④ 〔美〕劳伦斯·马奇、布伦达·麦克沃伊:《怎样做文献综述——六步走向成功》,陈静、肖思汉译,上海教育出版社2011年版,第3—4页。

外,还会在其他地方(包括后面所要讲到的研究方案部分、研究特色和贡献说明部分等)有所涉及。

(五)研究方案部分

从研究设计的角度来说,研究方案部分也可以说是除研究问题之外,研究设计书中最为重要的部分。在很多时候或很多人看来,研究设计主要就是如何设计研究方案。研究方案部分包括的具体内容和要素主要有研究总体设计、研究方法和技术路线、资料收集、变量测量、资料分析等五个子部分,而且在讨论这五个子部分的时候,又都会涉及研究有效性分析以及可行性分析。当然,有时候,也会在这一大部分单独对研究有效性和可行性等进行分析,如此则这一大部分实际上包含的子部分就变成了七个。所谓研究总体设计即包括第六章提到的"研究总体方案"规划、"研究对象的限定和进一步操作化"和"大类研究方法"等内容。所谓研究方法和技术路线则是对研究所要使用的方法及其技术路线进行详细阐述。所谓资料收集是在上述的方法及其技术路线下对如何进行资料收集进行详细说明。所谓变量测量则主要讨论在实证研究中如何使用收集到的资料对研究的核心变量进行具体衡量或测量。测量既可以是定性的,也可以是定量的。所谓资料分析则主要讨论采用何种方法或技术手段对收集到的资料进行分析,以帮助解决研究问题。所谓有效性分析则不仅涉及几乎所有研究都需要考虑的构念效度、内部效度、外部效度等,还包括定量研究所要讨论的统计效度以及定性研究所要讨论的描述型效度等(详见第十三章)。所谓可行性分析则是就研究是否可行进行讨论。此处的可行性又包括研究设计的可行性、方法使用的可行性、资料获取的可行性、测量和分析的可行性、研究基础和条件的可行性、研究者及其团队的可行性等多个方面。

(六)研究独特性和局限性说明部分

在很多研究计划书中,还需要对研究的独特性和局限性进行说明。这些独特性主要包括研究可能的贡献、研究的特色和创新之处。所谓研究可能的贡献是说,如果研究得到完成预期可能做出的贡献,贡献可能体现在问题解决、研究视角、理论发展、方法或技术的使用和发展、社会实践或政策等方面。总之,既可能有学术和理论方面的贡献,也可能有实践和政策方面的贡献。所谓研究特色是说研究相对于已有或其他的研究来说的独特之处,这些独特之处也可能表现在问题解决思路、研究视角、理论发展、方法或技术、社会实践或政策等多个方面。所谓创新则是关注研究相对于已有的或其他研究来说有哪些创新,创新的方面也可以表现在问题解决思路、研究视角、理论发展、方法或技术、社会实践或政策等多个方面。特色和创新强调的侧重点不同:特色强调的重点在独特性、区别性和差异性等方面,而创新强调的重点在独创性、先进性和新颖性等方面。但是,二者往往很难完全区分开来。所以,在有些研究计划书中,也会将特色和创新之处放在一起。

每一项研究成果都不可能是普遍适用和完美无缺的。研究计划书中所讲的有限性也和研究的有限性一样,主要强调研究的适用范围和局限性。对于政治学与公共管理领域来说,适用范围主要是指研究结果可推广的范围。抽样研究或者案例分析的研究结果能否推广到总体或者更大的范围中去,对于划定研究成果的适用范围具有重要意义。研究局限性主要是指研究的限制条件或限定性的不足。例如,一项研究并不能控制所有的因素,那么研究者在研究开展的过程中就需要慎重考虑这一点,并确保在限定范围内获得的资料是有效的,同时也要适时且客观地指出这些局限。

(七) 研究计划安排和预期研究成果

研究计划安排是对整个研究内容和时间进度的规划。计划安排不仅要明确在不同的时间段完成什么样的工作,还需要说明研究过程中的阶段性成果。计划安排要根据实际情况进行设计,既不能刻意拖延时间,亦不可脱离实际、过度提前。计划安排完成后研究者应严格遵照执行,至少不能落后于计划进度太久。因此,不仅"每一阶段所分配的时间要合适,还要留一点余地"[①]。确定研究计划安排最明显的好处是敦促研究者和所有参与人员按照预定计划时间开展研究工作,督促成员坚持不懈地完成研究目标。此外,研究计划安排还应包括雇用研究人员、订购设备物资、启动设备物资、接洽其他院校机构人员、获得研究被试、积累数据、分析数据和撰写研究报告等阶段的时间安排。

预期研究成果就是研究如果完成后预期能够取得什么样的研究成果。这些研究成果既包括研究过程中的研究成果,也就是常说的初期成果、中期成果等,也包括研究最终完成后的成果,也就是常说的最终成果。而且,研究成果的形式也可能多种多样。例如,作为研究计划书的毕业论文开题报告,其最终成果就是学生的毕业论文。而对很多项目计划书来说,成果的形式可能是专著、论文集、系列论文、研究报告等,也有可能是这些形式的不同组合。但究竟是什么成果形式,必须实事求是地进行规划,而且有些时候也需要根据项目批准方或资助方的要求来进行规划。

---

① 风笑天:《社会研究方法》(第五版),中国人民大学出版社 2018 年版,第 82 页。

(八)研究基础与条件

在研究计划书中撰写研究基础和条件不仅有助于研究者明确其研究具有什么样的研究基础、积累和条件,以更好地进行研究设计、规划和更好地实施研究,而且有助于他人(包括评审专家、项目资助方等)评估研究计划的可行性、顺利完成的可能性等。一般而言,研究基础包括研究者已有的理论和方法储备、已经进行过的相关研究及研究成绩等。研究条件则包括物质条件和资源条件。物质条件又包括研究基地、研究实验室、研究设备、研究工具等方面的情况;资源条件则包括已有的资金情况、研究实施所需要的社会关系情况等。

(九)研究团队

有些研究计划书的完成人可能就是一个人。例如,学生的毕业论文开题报告就需要学生在导师的指导下独立完成。虽然在这个过程中学生也可以寻求多方面的帮助,但这些人都不是真正的研究成员。但是,对很多研究项目,尤其是大型研究项目而言,一个人往往很难完成计划书所设计的研究任务,这时就需要有一个研究团队来支撑研究计划的实施。因此,也需要在研究计划书中就研究团队的情况进行说明,以帮助研究者和评审专家评估研究的可行性和实施的可能性等。对研究团队情况进行说明的内容经常包括团队成员的人数、任职机构、年龄结构、职称职务、教育背景、工作经验、研究方向、相关的研究成果和研究经历、主要承担的研究任务、在本项目上可以投入的时间和精力等。

(十)经费预算

经费是一项研究的经济支撑和基础,即使一项很小的研究也可能需要一定的花费。这些花费有些是研究者可以自费承担的,有些则需要向有关机构提交经费预算申请。例如,就是学生的毕业论文研究,如果花费较大,也可能需要向有关机构(比如学校的特定机构等)寻求资助,而对很多大型研究项目来说则更是如此。"如果要申请研究经费,必须提供经费计划,注明经费的用途。"① 而要提供经费计划,说明经费用途,则需要做经费预算。经费预算虽然不是研究计划的一部分,却是申请资助的核心要素。经费预算一方面要保证研究能够正常进行;另一方面又要确保不虚假申请,不套取科研经费。一般来讲,经费预算中需要注明经费的用途。经费预算内容也很多。例如,按照 2021 年国家自然科学基金的经费预算申请表来看,除了被用作机构管理费(包括现有仪器设备、房屋、水、电、气、暖的消

---

① 〔美〕艾尔·巴比:《社会研究方法》(第 13 版),邱泽奇译,清华大学出版社 2020 年版,第 107 页。

耗,有关管理费用,绩效支出等)的科研间接经费之外,其他用于科研的直接经费的主要内容则包括九种之多(见表7.4),研究者需要对各项支出的主要用途和测算理由等内容进行详细说明(见表7.5)。

表7.4 国家自然科学基金项目预算表(定额补助)(2021年)

项目申请号/项目批准号： 项目负责人： 金额单位:万元

序号	科目名称	金额
1	一、项目直接费用	
2	1. 设备费	
3	（1）设备购置费	
4	（2）设备试制费	
5	（3）设备改造与租赁费	
6	2. 材料费	
7	3. 测试化验加工费	
8	4. 燃料动力费	
9	5. 差旅/会议/国际合作与交流费	
10	6. 出版/文献/信息传播/知识产权事务费	
11	7. 劳务费	
12	8. 专家咨询费	
13	9. 其他支出	
14	二、自筹资金	

表7.5 国家自然科学基金预算说明书(定额补助)(2021年)

(请按《国家自然科学基金项目预算表编制说明》中的要求,对各项支出的主要用途和测算理由及合作研究外拨资金、单价≥10万元的设备费等内容进行详细说明,可根据需要另加附页。)

资料来源:国家自然科学基金委员会网站,https://isisn.nsfc.gov.cn/egrantweb/proposal/enter###,下载日期:2021年2月15日。

自 2022 年开始,国家自然科学基金又对预算表进行了大幅度简化,项目直接费用主要包括设备费、业务费和劳务费三项。(见表 7.6)同时,对预算说明书也进行了相应调整。(见表 7.7)

表 7.6　国家自然科学基金预算制项目预算表(2022 年)

项目申请号：　　　　　　　　项目申请人：　　　　　　　　金额单位:万元

序号	科目名称	金额
1	一、基金资助项目直接费用合计	
2	1. 设备费	
3	其中:设备购置费	
4	2. 业务费	
5	3. 劳务费	
6	二、其他来源资金	
7	三、合计	

注:请按照项目研究实际需要合理填写各科目预算金额。

表 7.7　国家自然科学基金预算说明书(2022 年)

(请按照《国家自然科学基金项目申请书预算表编制说明》等的有关要求,按照政策相符性、目标相关性和经济合理性原则,实事求是编制项目预算。填报时,直接费用应按设备费、业务费、劳务费三个类别填报,每个类别结合科研任务按支出用途进行说明。对单价≥50 万元的设备详细说明,对单价<50 万元的设备费用分类说明,对合作研究单位资质及资金外拨情况、自筹资金进行必要说明。)

资料来源:国家自然科学基金委员会网站,https://isisn.nsfc.gov.cn/egrantweb/proposal/enter###,下载日期:2022 年 2 月 14 日。

(十一) 其他需要说明的事项

除了上面的内容之外,很多研究计划书还需要对其他事项进行说明。这些事项在不同的研究计划书中可能有不同需要,乃至不同要求(例如项目资助方的要求),研究者需要根据实际情况进行处理。

（十二）参考文献

研究计划书也是正式研究的一部分，所以也必须遵循严格的学术规范。这些学术规范和正式学术规范的要求完全一致，例如必须具有原创性、不能抄袭等，我们将在本书第八章进行详细说明。这里主要强调研究计划书也需要有参考文献，并必须严格遵循相关的格式。而且，不管是哪一种格式要求，所有参考文献的书写格式都必须统一、完整且精确。

（十三）附录

在研究计划书撰写的过程中，很多材料可能是保证研究计划书完整性、真实性或使其更有说服力、竞争力的支撑性材料，但却不适宜放到研究计划书的正文中，以免喧宾夺主、冲淡主题，或者占据过多篇幅，影响阅读等。这些材料可以放到研究计划书的附录（appendix）中。这些材料包括各种证明材料（如相关身份证信息、证书或证明材料等）、辅助材料（如初步设计的调查问卷、访谈提纲、预研究中整理的部分支持材料、被试知情同意书等）等。

六、研究计划书撰写应注意的其他问题

除了以上内容之外，在研究计划书撰写过程中，也还有很多其他问题需要注意。这些问题在不同类型的研究计划书撰写中可能有所不同，但如下三点是很多研究计划书都必须注意的。

（一）客观陈述

研究计划书的主要目的是向他人阐明研究对象的固有属性和研究将采用的具体研究设计和方法等，故不应该带有研究者的主观偏见。特别地，研究者应对自己的研究的意义和价值进行客观陈述，不能为了获得他人肯定、同意或获取经费资助，而无限度地夸大研究的重要性。而且，研究计划书也应该尽量实事求是，坚持高度严谨的科学精神，不能将研究变成谋求其他利益或实现其他目的的工具。

（二）使用专业用语

在研究计划书的撰写过程中还应当使用专业术语。由于研究计划书具有较强的专业性，在研究计划书的撰写中使用专业化语言不仅具有更高的精确性，而且有利于在同类研究中保持术语的一致性，便于与同行进行交流和沟通。

（三）遵守写作规范

任何文本性的研究都有其写作规范,研究计划书也不例外。虽然不同领域或者不同基金项目对研究计划书的具体要求可能不尽相同,但是都有其特定写作规范。因此,在研究计划书撰写的过程中,从计划书的结构安排到字号、行距等文本格式的安排,都应该严格遵循相应的写作规范。

关键术语

研究计划书　　　　研究计划安排　　　经费预算

思考题

1. 如果研究者自己就可以把研究计划想清楚,为什么还需要撰写研究计划书?
2. 研究计划书的任务和研究计划书的内容之间是什么关系?
3. 研究计划书和一些基于研究计划书发表的论文之间有什么关系?
4. 研究计划书的主要内容有哪些?

延伸阅读

David Madsen, *Successful Dissertations and Theses: A Guide to Graduate Student Research from Proposal to Completion*, Jossey-Bass, 1992, pp. 51-80.

David Sternberg, *How to Complete and Survive a Doctoral Dissertation*, St. Martin's Griffin, 1980, pp. 72-107.

Lawrence Locke, *Proposals That Work: A Guide for Planning Dissertations and Grant Proposals*, Sage, 2007.

Lawrence Machi, *The Literature Review: Six Steps to Success*, Corwin, 2008.

Soraya Coley, Cynthia A. Scheinberg and Yulia A. Levites Strekalova, *Proposal Writing: Effective Grantsmanship for Funding*, Sage, 2021.

〔美〕肯尼斯·S.博登斯、布鲁斯·B.阿博特:《研究设计与方法》(第6版),袁军等译,上海人民出版社2008年版。

〔美〕劳伦斯·F.洛柯等:《如何撰写研究计划书》(第5版),朱光明、李英武译,重庆大学出版社2009年版。

〔美〕斯蒂芬·范埃弗拉:《政治学研究方法指南》,陈琪译,北京大学出版社2006年版。

> **经典举例**

(一) 2022年国家自然科学基金"面上项目"模板

前面说过,每年的国家自然科学基金项目和社会科学基金项目申请书事实上都是研究计划书。下面是2022年国家自然科学基金"面上项目"的正文模板,包含了上面提到的研究计划书中一些主要内容,是一个好的学习撰写研究计划书的模板,供读者参考。

面上项目申请书撰写提纲

(2022版)

面上项目申请书由信息表格、正文、个人简历和附件构成。

一、信息表格:

包括项目基本信息、科学问题属性、主要参与者和预算表,填写时应按操作提示在指定的位置选择或按要求输入正确信息;预算表应按照《国家自然科学基金资助项目资金管理办法》《国家自然科学基金项目申请书预算表编制说明》认真填写,应保证信息真实、准确。

二、正文: 参照以下提纲撰写,要求内容翔实、清晰,层次分明,标题突出。请勿删除或改动下述提纲标题及括号中的文字。

(一) 立项依据与研究内容(建议8000字以下):

1. 项目的立项依据(研究意义、国内外研究现状及发展动态分析,需结合科学研究发展趋势来论述科学意义;或结合国民经济和社会发展中迫切需要解决的关键科技问题来论述其应用前景。附主要参考文献目录);

2. 项目的研究内容、研究目标,以及拟解决的关键科学问题(此部分为重点阐述内容);

3. 拟采取的研究方案及可行性分析(包括研究方法、技术路线、实验手段、关键技术等说明);

4. 本项目的特色与创新之处;

5. 年度研究计划及预期研究结果(包括拟组织的重要学术交流活动、国际合作与交流计划等)。

（二）研究基础与工作条件

1. 研究基础（与本项目相关的研究工作积累和已取得的研究工作成绩）；

2. 工作条件（包括已具备的实验条件，尚缺少的实验条件和拟解决的途径，包括利用国家实验室、国家重点实验室和部门重点实验室等研究基地的计划与落实情况）；

3. 正在承担的与本项目相关的科研项目情况（申请人和主要参与者正在承担的与本项目相关的科研项目情况，包括国家自然科学基金的项目和国家其他科技计划项目，要注明项目的资助机构、项目类别、批准号、项目名称、获资助金额、起止年月、与本项目的关系及负责的内容等）；

4. 完成国家自然科学基金项目情况[对申请人负责的前一个已资助期满的科学基金项目（项目名称及批准号）完成情况、后续研究进展及与本申请项目的关系加以详细说明。另附该项目的研究工作总结摘要（限500字）和相关成果详细目录]。

（三）其他需要说明的情况

1. 申请人同年申请不同类型的国家自然科学基金项目情况（列明同年申请的其他项目的项目类型、项目名称信息，并说明与本项目之间的区别与联系）。

2. 具有高级专业技术职务（职称）的申请人或者主要参与者是否存在同年申请或者参与申请国家自然科学基金项目的单位不一致的情况；如存在上述情况，列明所涉及人员的姓名，申请或参与申请的其他项目的项目类型、项目名称、单位名称、上述人员在该项目中是申请人还是参与者，并说明单位不一致原因。

3. 具有高级专业技术职务（职称）的申请人或者主要参与者是否存在与正在承担的国家自然科学基金项目的单位不一致的情况；如存在上述情况，列明所涉及人员的姓名，正在承担项目的批准号、项目类型、项目名称、单位名称、起止年月，并说明单位不一致原因。

4. 其他。

三、个人简历（根据申请人和主要参与者在线填写信息自动生成简历PDF文件，由申请人负责上传）

四、附件

（一）附件目录

在附件目录中列出所有上传的电子附件材料清单。

(二) 附件材料（逐项上传）

1. 提供5篇以内申请人本人公开发表的与申请项目相关的代表性论文电子版文件；

2. 根据项目申请的需要，附件材料还可能包含以下电子版扫描文件：在职攻读研究生学位的申请人的导师同意函、不具有高级专业技术职务（职称）且不具有博士学位申请人的推荐函、伦理委员会证明、加盖依托单位公章的国家社会科学基金结项证书复印件、依托单位生物安全保障承诺等。具体要求参见本年度《国家自然科学基金项目指南》"申请规定"和"科学部资助领域和注意事项"。

（二）〔美〕弗雷德里克·泰勒：《科学管理原理》，马风才译，机械工业出版社2007年版。

《科学管理原理》是管理学的经典著作。泰勒向美国机械工程师协会提交了两个研究计划书——《计件工资制》和《工厂管理》，他认为管理者并不知道计件工资的标准到底应该是多少。因此，泰勒征得了米德维尔钢铁公司总裁的同意，并成功获得资助，用来做各种工作所需时间的科学研究。

泰勒能够获得资助不仅是因为他的研究计划书，还有公司总裁对他的信任。其实在实际申请基金项目的时候，个人已有的成果带给评审专家的信任感往往也是至关重要的。

在进行具体研究计划的时候，泰勒采取的是先基于文献的研究，而后采用实验研究的方法。例如，在研究重体力活对头等工人的疲劳程度的影响时，泰勒第一步就是查阅所有的英、德、法文有关的文献，然后又由生理学家和工程师做了两项实验，由于实验结果没有得到有价值的结论，因此团队又自己进行相关的实验研究。此外，泰勒的研究还采用了观察的方法，并通过观察，详细记录和研究了工人的工作时间以及各个动作所需的合理时间。

总之，研究计划书虽然经常不会刊出发表，但却体现在每一部著作的字里行间，完善的研究计划书是一项研究成功的基石。

（三）〔美〕杰德·B. 图切尔：《监狱内高等教育对服刑学生社会资本和自我概念的影响》载〔美〕劳伦斯·F. 洛柯等：《如何撰写研究计划书》（第5版），朱光明、李英武译，重庆大学出版社2009年版。

洛柯等的《如何撰写研究计划书》的第三部分"计划书样例"提供了四个计划书的例子。在这里，我们主要介绍其中的一个，即《监狱内高等教育对服刑学生社会资本和自我概念的影响》。正如书中指出的，"该计划书是个典型的毕业论文资助申请,旨在获得大学内部的博士论文资助"。在这里分享,以供博士生申请相关资助进行参考,其他研究者或读者也可参考。

该研究计划书的题目是结合作者自身的研究背景拟定的。《监狱内高等教育对服刑学生社会资本和自我概念的影响》这个题目简洁明确,指出了研究的问题以及研究的自变量和因变量,使人一目了然。

该计划书对研究背景和意义从现实和理论两个方面进行了论述。首先,研究计划书通过具体数据介绍了研究问题的现实状况。例如,它指出,美国人口占世界总人口的5%,而美国210万入狱者则是世界上囚犯的25%。其次,通过对相关已有研究的描述明确了研究的理论背景和理论意义。例如,它指出,越来越多的人开始关注"起作用的改造实践"证据,这显示出了一些变化的希望。在监狱内开设高等教育的影响优于禁闭这一研究结果是令人振奋的,然而,结果的说服力不强。该研究提出将通过对已进行2年的监狱项目进行民族志研究来弥补这一缺憾。

该研究计划书的第二部分是研究问题,但是也涵盖了研究议题和理论阐释的大部分内容。这部分明确了研究问题、主要内容、目标、变量关系、研究假设等内容。例如,该部分通过文献研究提出了研究的潜在假设:从刑事学、犯罪心理学以及犯罪社会学来看,累犯是一个囚犯复原与否的良好测量指标。同时在大量文献论证的基础上明确研究的主要内容是:(1)描述囚犯学生的社会网络变化以及那些社会网络的质量;(2)对历时超过一年的囚犯学生对自己生命体验重新阐释的个人叙述进行分析。如果这两个领域中确定有明显变化,那么我们就会对学院参与和累犯率降低之间的关系有更进一步的实证的解释。需要指出的是,该计划书虽然没有明确的文献综述部分,但是在问题提出以及研究背景和意义的介绍部分,都对相关文献进行了整合、比较、论述以及评价。

研究计划书的第三部分是理论框架,说明选择叙述和社会网络这两种研究方法的原因。该部分既明确了相关的概念界定,也介绍了研究的主要方案。不仅对叙述、社会网络等具体使用到的方法进行了具体的阐释,也明确了自身研究该如何进行。

研究计划书的第四部分是研究设计概述,实际上是该研究的研究方案部分。这部分明确了研究的总体设计由三块内容组成。第一块内容"个人叙述"和第二块内容"社会网络"介绍了研究方法、资料收集、变量测量以及资料分析等内容。第三块内容"释放后的追踪研究"则是对于研究的局限性以及可能的解决方案进行了论述。例如,囚犯学生的社会网络外部低社会资本的局限性将会通过个人演示以及后续的访谈加以检验。

该研究计划书的第五部分是结论,指出了研究可能的贡献:提供正式教育在这个转变发生中扮演何种角色的证据。该研究计划书并没有明确指出研究计划、适用范围、研究创新、研究特色等具体条目，但是在计划书的论述中也或多或少有所涉及。研究计划书的结论之后是研究的附录部分，主要是研究的访谈提纲等研究所用到的资料，例如附件1就是研究者参与访谈问题样例。如：你有没有兄弟姐妹？如果有，你在成长的过程中和他们的关系好吗？你小时候和谁在一起的时间最长？你小时候有多少个好朋友，青年时候呢？成年时候呢？诸如此类。

该计划书的第六部分是研究的预算和说明。这里的预算是根据学校的具体要求和格式进行撰写的。此外，由于该研究计划书是毕业论文资助，因此对研究团队、基础条件等的介绍相对较少。研究计划书的参考文献部分也是按照学院具体要求进行撰写的。

总之，研究计划书是对自己研究规划的详细说明。研究计划书的撰写一般需要涵盖本章所提出的研究计划书的十三项基本内容或其中的大部分内容。至于结构安排，则不一定完全按照本章给定的结构模板，需要根据项目申请单位、攻读学位的学院等相关机构给定的模板进行适当调整，就像上面的毕业论文资助申请计划所展示的一样。

第八章 研究伦理

本章要点
- 研究伦理与研究道德、研究规范的关系;
- 遵循研究伦理的必要性;
- 研究伦理的判断标准和指导原则;
- 研究伦理的三个层次及其具体行为规范;
- 研究伦理的四种管理方法。

一、导　言

科学研究是为了获取真理、推动社会进步而从事的研究活动,但研究过程中,研究者经常面临着追求科学知识与遵循必要的伦理原则之间的冲突,并可能存在对研究对象欺骗、施压、贿赂甚至伤害等非道德行为。① 一项研究即使创新性再强、理论贡献再多,如果不符合研究伦理,也难以获得伦理审查委员会(institutional review boards, IRB)、学术共同体(academic community)甚至社会公众的认可。因此,在研究中如何始终遵循必要的伦理原则是每个研究者需要慎重思考的问题。

二、研究伦理的概念

(一) 伦理、道德与规范

在我国,伦理最早见于《礼记·乐记》:"凡音者,生于人心者也;乐者,通伦理者也。"这里,"伦理"是人伦道理之意。伦理(ethics)的英文来源于古希腊语。

---

① Karen S. Kitchener and Richard F. Kitchener, "Social Science Research Ethics: Historical and Philosophical Issues," in Donna M. Mertens and Pauline E. Ginsburg, eds., *The Handbook of Social Research Ethics*, Sage, 2009, pp.5-22.

《韦氏词典》将伦理界定为支配个人或群体行为的一套道德原则、价值理论或体系。可见,伦理与道德关系密切。皮奇将伦理定义为"探究我们该做或不该做什么、辨析何为对或错的问题"①。在这一定义中,伦理与行为规范也密不可分。

根据《韦氏词典》,道德是判断行为对错的标准,它表达并厘清了什么是正确行为,并为之确定了一系列标准;规范则是一种权威标准,或对群体成员具有约束力的权利行为原则,用于指导、控制或规范适当的和可接受的行为。

通过上述定义不难发现,伦理与道德都涉及善与恶、正当与否的评判问题②,且最终指向了具体的判断标准和行为规范。可见,伦理、道德与规范三者密不可分、相辅相成。细分来看,道德聚焦于个体层面,关注个体的道德判断、道德选择与个人品性等,主张基于个人视角看待社会道德规范问题;伦理聚焦于社会层面,强调个人应承担客观的社会责任,关注社会中的"人伦关系"及其秩序。③ 换句话说,伦理是一个高于个人道德的群体性概念,是在个体行为之上所确定的社会性规则。④

（二）研究伦理、研究道德与研究规范

将伦理、道德原则应用于科学研究中,就形成了研究伦理与研究道德(亦称学术伦理与学术道德)。如不特加区分,现有的部分研究也将研究伦理(research ethics)译为"研究道德"。行为规范具体到科学研究领域,就是研究规范(亦称学术规范),不讲研究规范的研究往往是不道德的,也违背了研究伦理,例如缺乏研究设计、收集与分析资料以及陈述研究成果时缺乏严谨性、刻意隐瞒或谎报部分研究结果等,这些都直接影响着研究质量,并直接关系到研究者的"学术生涯"。⑤ 因此,研究中所需要遵循的伦理、道德与规范,共同构成了研究伦理的概念。

美国学者劳伦斯·纽曼将研究伦理视为"界定了什么是正当的、什么是不正当的,或者说什么是'合乎道德'的研究程序"⑥。这一定义突出强调了研究伦理

---

① L. Peach, "An Introduction to Ethical Theory," in Robin Levin Penslar, ed., *Research Ethics, Cases and Materials*, Indiana University Press, 1995, p. 13.
② 文雯:《英国教育研究伦理的规范和实践及对我国教育研究的启示》,《外国教育研究》2011年第8期,第87—91页。
③ 郭云忠:《法律实证研究中的伦理问题:以刑事法为视角》,《法学研究》2010年第6期,第161—179页。
④ 〔美〕迪姆·梅:《社会研究:问题、方法与过程》(第3版),李祖德译,北京大学出版社2009年版,第56—64页。
⑤ 李荷:《社会研究的伦理规范——历史、哲学与实践》,《人文杂志》2011年第3期,第153—160页。
⑥ 〔美〕劳伦斯·纽曼:《社会研究方法:定性和定量的取向》(第7版),郝大海等译,中国人民大学出版社2021年版,第130页。

的"道德"属性。

与之相似,伯克·约翰逊等认为研究伦理是"帮助研究者决定如何开展合乎道德的研究的一系列原则"①。这一定义在突出研究伦理的"道德"属性的同时,强调了其对于实际研究工作的指导意义。

我国学者陈向明认为,研究伦理"不仅涉及所有与研究有关的人和机构,不仅贯穿于研究的全过程,而且本身具有十分丰富的内容层次",包括"自愿和不隐蔽原则、尊重个人隐私和保密原则、公正合理原则、公平回报原则"②。这一定义强调了研究伦理对于研究人员、机构以及整个研究流程的重要性,并指出了具体的行为规范与准则。

综合不同学者的定义,本书将研究伦理界定为,**研究者在科学研究中需要遵循与处理的,有关被研究者、研究资助者、学术共同体以及整个社会之间的关系的一套道德原则、研究规范与行为准则,其目的是在探求科学真理、保护研究对象的利益以及社会整体利益之间寻求平衡。**

三、研究伦理的起源和发展

(一)起源

研究伦理最早见于古希腊的《希波克拉底誓言》,其中规定了医生的职业道德。亚里士多德在《尼各马可伦理学》中提出了研究的价值导向,"与每种技艺与研究相同,人的每种实践与选择都应该以某种善为目的"③,这里善的目的是指"外物诸善,躯体诸善,灵魂诸善"④的道德品质。17—18 世纪,提倡个体自由与理性的启蒙运动,进一步催生了个人伦理学。⑤ 20 世纪 30 年代中期,生物医学领域的一系列侵犯人权的研究,例如美国公共卫生署的黑人梅毒患者实验、德国科学家以"优生学""种族卫生"的名义进行的人体实验等⑥,将处在弱势地位的研究对象作为"试验品",引发了伦理道德危机。针对这类问题,伦理学家积极提倡将封闭的经院伦理发展为能够指导研究实践的应用伦理,将晦涩神秘的道德理论转

---

① 〔美〕伯克·约翰逊、拉里·克里斯滕森:《教育研究:定量、定性和混合方法》(第 4 版),马健生等译,重庆大学出版社 2015 年版,第 91 页。
② 陈向明:《质的研究方法与社会科学研究》,教育科学出版社 2000 年版,第 427 页。
③ 〔古希腊〕亚里士多德:《尼各马可伦理学》,廖申白译注,商务印书馆 2003 年版,第 3 页。
④ Aristotle, *Politics*, Hackett Publishing Company, 1998, pp. 191-193.
⑤ Christine Halse and Anne Honey, "Unravelling Ethics: Illuminating the Moral Dilemmas of Research Ethics," *Signs: Journal of the Women in Culture and Society*, Vol. 30, No. 7, 2005, pp. 2141-2162.
⑥ 李荷:《社会研究的伦理规范——历史、哲学与实践》,《人文杂志》2011 年第 3 期,第 153—160 页。

化为能够解决实际问题的伦理行为准则,这些努力在理论上为研究伦理的产生奠定了基础。

社会科学中的伦理议题则兴起于20世纪中叶。① 这一时期,未经同意擅自闯入他人生活的田野研究者及其研究引起了较大的社会争议,并引起了学术界的反思与关注。社会科学研究需要回答两个基本的伦理问题:一是,何为伦理上合适的收集、处理和报告研究数据的方法?二是,社会科学家应该如何对待他们的研究对象?②

(二) 发展

二战结束后,《纽伦堡法典》(Nuremberg Code)和《赫尔辛基宣言》(Declaration of Helsinki)等一系列伦理准则相继出台,明确提出要建立伦理审查制度,并规定参与医学研究的受试者必须自愿和免受伤害。③ 1972年,塔斯基吉梅毒实验的曝光直接推动了1974年美国《国家研究法》(National Research Act)的出台。1979年,美国国会通过了具有广泛影响的《贝尔蒙报告》(The Belmont Report),明确人类研究需要遵循"尊重个人、善行、公正"三条基本伦理准则,还授权大学、研究院、医院以及其他机构建立地方性伦理审查委员会。④ 20世纪80年代末到90年代初,围绕研究对象的知情同意与隐私保护等基本权利,英国许多学术协会为其成员制定或修订了伦理声明。⑤

20世纪90年代起,我国开始关注研究伦理的建设,这一时期主要集中于医学领域,多为应对中外合作项目的伦理审查而进行的"程序性"工作,对于实际研究中的伦理问题并不敏感。⑥ 2007年,我国卫生部印发了《涉及人的生物医学研究伦理审查办法(试行)》。2022年,中共中央办公厅、国务院办公厅印发《关于加强科技伦理治理的意见》,强调要"制定生命科学、医学、人工智能等重点领域的科技伦理规范、指南",并"建立科技伦理审查和监管制度"。

---

① Karen S. Kitchener and Richard F. Kitchener, "Social Science Research Ethics: Historical and Philosophical Issues," in Donna M. Mertens and Pauline E. Ginsberg, eds., *The Handbook of Social Research Ethics*, Sage, 2009, p. 5.
② Ibid.
③ 张春美:《生命伦理的公共论坛:美国国家生命伦理委员会的历史发展及启示》,《自然辩证法通讯》2008年第5期,第1页。
④ 〔美〕埃文·塞德曼:《质性研究中的访谈:教育与社会科学研究者指南》,周海涛主译,重庆大学出版社2009年版,第62页。
⑤ 李荷:《社会研究的伦理规范——历史、哲学与实践》,《人文杂志》2011年第3期,第153—160页。
⑥ 黄盈盈、潘绥铭:《中国社会调查中的研究伦理:方法论层次的反思》,《中国社会科学》2009年第2期,第149—162页。

近年来,针对具体情境、品行、特殊群体等的伦理原则也得到了学者们的关注,并由此催生了情境伦理学、德行伦理学、女性主义伦理学等一系列具体的伦理学分支。发展至今,研究伦理学逐渐发展为一门独立学科,学习研究伦理也成为高校学生培养的重要环节,日益成为研究方法论教学过程中不可或缺的一部分。

四、遵循研究伦理的必要性

遵循研究伦理不仅仅是研究者的个人行为,也关乎研究对象、学术共同体、项目资助者、政府机构、社会大众等多元利益主体。具体而言,遵循研究伦理的必要性体现在以下五个方面。

(一) 保护研究对象的需要

各国的伦理原则都将保护研究对象放在第一位,这是对研究对象基本权益的尊重与肯定。[1] 防止研究权力的滥用,保护研究对象不受伤害,尊重其基本权利,甚至给研究对象及其群体带来帮助,既是研究者的责任[2],也是科学研究合理性、合法性与正当性的重要来源[3]。在研究过程中,有些研究者可能因过度聚焦于社会现象或问题,致力于挖掘个人、组织或群体的思想或行为的深层次含义,忽略甚至侵犯研究对象的基本权利。因此,遵循必要的伦理原则有助于保护研究对象,使其免于伤害。

(二) 确保研究质量的需要

违背研究伦理会直接影响研究质量。社会科学研究中,研究者需要研究对象的友好真诚合作来获取可信、可靠、丰富、充实的研究数据或资料,研究对象则需要根据其认知到的研究者的态度、研究伦理与研究规范来决定自身的配合程度。[4] 研究者与研究对象之间的互动质量直接影响研究过程的规范性与研究结果的可靠性。[5] 因此,遵循必要的伦理原则有利于保障研究过程的正当性与研究

---

[1] 文雯:《英国教育研究伦理的规范和实践及对我国教育研究的启示》,《外国教育研究》2011年第8期,第87—91页。

[2] 李荷:《社会研究的伦理规范——历史、哲学与实践》,《人文杂志》2011年第3期,第153—160页。

[3] 郭云忠:《法律实证研究中的伦理问题:以刑事法为视角》,《法学研究》2010年第6期,第161—179页。

[4] 〔美〕伊丽莎白·奥萨利文、加里·R.拉萨尔、玛琳·伯勒:《公共行政研究方法》(第四版),彭勃等译,上海财经大学出版社2008年版,第283页。

[5] Anthony D. Smith, *The Ethnic Origin of Nations*, Basil Blackwell, 1989, p. 8.

发现的科学性。①

(三) 维护学术共同体声誉的需要

在现代社会,个人只有在互动与联合的基础上形成共同体才能对社会产生更大影响,个人的言行举止又反作用于共同体。研究者与学术共同体之间的关系也一样:研究者为了对社会产生更大影响而建立或者加入学术共同体,学术共同体影响力的增强又离不开研究者良好的学术行为,其中,遵守研究伦理规范是必不可少的。研究者违背研究伦理不仅违反学术团体精神,也会损害学术共同体的声誉。例如,劳德·汉弗莱斯(Laud Humphreys)的"茶室交易"研究因欺瞒研究对象,违背了自愿参与与知情同意的伦理原则,不仅影响其个人声誉,也使其所在的社会学系失去了研究资助,进而影响了其他资深教员的学术生涯。②

(四) 维护社会与人类总体利益的需要

通过恪守学术道德来培养与维系研究者与其他利益主体的友好互助与合作关系,是研究者对整个社会与人类的责任。③ 正如让-马克·夸克(Jean-Marc Coicaud)指出的,"在科学领域放弃道德价值的理性所造成的结果就是损害价值在社会中的作用"④。从某种程度来说,科学研究可以被视为一场基于研究者的个人道德与学术共同体的价值观,在研究者、研究对象、资助机构、政府部门、社会大众以及那些控制着研究者获取信息渠道的人们之间发生着的平等协商与友好合作的对话。⑤ 因此,为了维护人类社会总体利益,有必要遵循研究伦理与规范。

(五) 体现个人德行和确保研究声誉的需要

作为一项社会性工作,科学研究处处体现着研究者的个人德行。研究者往往因违背研究伦理的行为承受心理不安的折磨与道德谴责。研究者大都享有较高的社会地位,自豪感与名誉感更强,也更加珍视与维护其德行和声誉。不仅如此,研究者的声誉往往与其身份地位和未来发展密切相关。这从主观层面要求科研

---

① 郭云忠:《法律实证研究中的伦理问题:以刑事法为视角》,《法学研究》2010年第6期,第161—179页。
② 〔美〕埃文·塞德曼:《质性研究中的访谈:教育与社会科学研究者指南》,周海涛主译,重庆大学出版社2009年版,第62页。
③ 李荷:《社会研究的伦理规范——历史、哲学与实践》,《人文杂志》2011年第3期,第153—160页。
④ 〔法〕让-马克·夸克:《合法性与政治》,佟心平、王远飞译,中央编译出版社2002年版,第247页。
⑤ 〔美〕迪姆·梅:《社会研究:问题、方法与过程》(第3版),李祖德译,北京大学出版社2009年版,第56—64页。

人员恪守研究伦理,维护其科研与学术前途。因此,研究伦理既是"铐在"研究者心里的一副道德"枷锁",也是维护其研究声誉与社会地位的关键一环。

五、研究伦理的判断标准和指导原则

(一) 判断标准

判断一项研究是否符合研究伦理,可从行为与结果两个方面入手。

1. 行为判断

行为判断将研究行为本身作为判断其是否符合研究伦理的依据,而不强调行为可能产生的结果或价值。在科学研究中,对于研究行为的伦理合理性的强调,意味着即使研究者以增进知识为己任,也不能无视参与者的权利、学术共同体甚至人类整体的利益,不能无视学术规范。这要求其在科研过程中要始终保持真实、正直、诚实与正义。①

2. 结果判断

结果判断即将行为结果作为判断善恶、是非以及是否具有合理性的标准,能够增进最大多数人的最大福祉的行为即为"善",而给大多数人带来最大消极影响的即为"恶"。②但需要注意的是,研究行为结果的善恶影响并不是绝对的,人们寻求的是"善的(或有利的)超过恶的(或有害的)的最大余额(或最小差额)"③。

在科学研究中,基于结果的判断主要关注研究结果是否产生了有益的知识,是否增进了研究对象、学术共同体以及整个人类社会(至少绝大多数人)的利益。在研究伦理判断过程中,过分强调研究结果容易将科学研究简化为追求研究成本与收益之间的差额,诱导研究者产生"只问结果好坏,不问手段对错"的思想。④然而,不正当的手段本身就否定了研究的合理性与合法性,也就无从谈起研究结果的意义与价值了。

因此,在科学研究中,研究者既需要关注研究行为本身是否符合研究伦理,也应关注研究结果的伦理合理性,实现两者的统筹兼顾。

---

① 李荷:《社会研究的伦理规范——历史、哲学与实践》,《人文杂志》2011 年第 3 期,第 156 页。
② 同上。
③ [美]威廉·K. 弗兰克纳:《善的求索——道德哲学导论》,黄伟合等译,辽宁人民出版社 1987 年版,第 73 页。
④ Lucinda Peach, "An Introduction to Ethical Theory," in Robin Levin Penslar, ed., *Research Ethics, Cases and Materials*, Indiana University Press, 1995, pp. 15-16.

（二）指导原则

研究伦理的指导原则能够帮助研究者自觉培养伦理意识，并加强自我约束与反思。① 《贝尔蒙报告》提出尊重个人、善行及公正三大原则。汤姆·比彻姆等则提出自主、善行、避害及正义四大原则。② 布鲁斯·塞尔斯和苏珊·福尔克曼则认为在以人为对象的研究中，应遵循五条基本伦理原则：尊重、行善与无害、公平、信任、真实与科学性。③ 在借鉴这些观点的基础上，本书认为，不管研究者所处的位置和环境如何，都要在科学研究过程中遵循**善行**、**关爱**、**尊重人权**、**务实与科学正直**四项基本原则。

1. 善行

善行（beneficence）是研究者从事科学研究的首要原则，指研究者"为善"的责任，它意味着研究对参与者不仅无害而且有益。所谓"无害"，是指研究者应该警惕研究本身可能对参与者造成的伤害。《贝尔蒙报告》认为要完全避免（尤其是研究对象身体健康方面的伤害）与尽可能减少伤害（即使要为获得具有重大研究价值的利益而甘冒伤害风险时）。以"无害"为基础和前提，科学研究还要力主"有益"，即促使参与者的收益最大化④，包括通过直接或间接路径扩大研究对象收益⑤，不吝惜地公开研究结果以为他人所用⑥，依法合规地满足资助者的要求等。

2. 关爱

关爱（principle of care）是指研究者通过关心和爱护的方法来对待研究对象或其他参与者的研究伦理指导原则。社会科学的研究对象并不是"冷冰冰的物"，而是现实生活中具有主观能动性与丰富感情的人。⑦ 这要求研究者关爱研

---

① 李荷：《社会研究的伦理规范——历史、哲学与实践》，《人文杂志》2011 年第 3 期，第 153—160 页。
② Tom Beauchamp and James Childress, *Principles of Biomedical Ethics*, Oxford University Press, 2013, pp. 3-5.
③ Bruce D. Sales and Susan Folkman, *Ethics in Research with Human Participants*, American Psychological Association, 2000.
④ 〔美〕约翰·J. 麦休尼斯：《社会学》（第 14 版），风笑天等译，中国人民大学出版社 2015 年版，第 47 页。
⑤ "Ethical Principle of Psychologists and Code of Conduct,"http://www.apa.org/ethics/code/index.aspx, 2023 年 4 月 18 日访问。
⑥ 〔美〕约翰·J. 麦休尼斯：《社会学》（第 14 版），风笑天等译，中国人民大学出版社 2015 年版，第 47 页。
⑦ 郭云忠：《法律实证研究中的伦理问题：以刑事法为视角》，《法学研究》2010 年第 6 期，第 161—179 页。

究对象,注重维护与研究对象的关系,并与之进行平等友好的对话与协商。德瓦尔特等人基于人际互动视角提出了"关系伦理"的概念,与强调符合伦理规范的程序性伦理不同,关系伦理提倡通过"女性主义"的关心和爱护的方法来对待被研究的弱势群体或边缘人群[①],强调研究者的关怀和责任,即将关爱作为一种劳动、一种态度、一种德行或是一种价值[②]。不只是弱势群体,一般研究对象也需要在研究过程中被关爱。秉持关爱原则既可以保护研究对象,也可以帮助研究者应对情境变化以推动研究顺利开展。

3. 尊重人权

法律赋予人们一系列基本的生存与发展的权利,包括生命权、知情权、隐私权、名誉权、财产权、尊严权、获助权、自由权、公正权和选择权等。其中,尊重参与者的知情权、隐私权与公正权是重中之重。参与者享有的"知情权"(right to know)体现在,参与者作为独立行为主体拥有知情同意、自愿参与、同意公开研究结果及其规则的权利[③];参与者享有的"隐私权"体现在参与者的匿名权与隐私权随其意志而得到保护,如匿名和保密;参与者享有的"公正权"体现在参与者在研究过程中得到平等参与的机会,享受公平对待和相同酬劳。研究者所尊重的人权是一个广义概念,研究者可"换位思考",由己度人,采取"己所不欲,勿施于人"的做法。

4. 务实与科学正直

务实与科学正直(pragmatism and scientific integrity)强调研究者的科研作风与科研精神。不论在哪一环节,如果研究者没有秉持求真务实与实事求是的精神,无法做到务实与科学正直,都可能违背研究伦理规范,进而阻碍科学的发展和进步。以实证研究为例,在研究设计阶段,如果研究者虚构研究问题,或因个人偏好选择了不适当的研究方法或数据来源,都会直接损害研究价值。在资料收集阶段,研究者如果为了便利或节省经费,可能会使用低质量与非结构化甚至虚假的研究资料。在资料整理阶段,如果研究者没有对资料如实编号与分类整理,就可能出现数据失实与作假的情况。在资料分析阶段,如果研究者为了个人利益刻意捏造数据、编造研究发现,就可能使其他研究者误入歧途。在结果汇报阶段,如果

---

① K. M. Dewalt, B. R. Dewalt and C. B. Wayland, "Participant Observation," in H. R. Bernard, ed., *Handbook of Methods in Cultural Anthropology*, AltaMira, 1998, pp. 259-299.

② 〔英〕梅拉尼·莫特纳等主编:《质性研究的伦理》,丁三东、王岫庐译,重庆大学出版社 2008 年版,第 112—113 页。

③ 《贝尔蒙报告》,http://research.bjmu.deu.cn/art/2009/5/13/art_1862_24976.html,2022 年 6 月 10 日访问。

没有客观公允地报道研究结果,就会误导读者,并直接影响到研究参与者、学术共同体的声誉。在研究公开发表阶段,如果没有在论文中载明研究者角色、经费支持与知识产权等信息,就可能会损害研究参与人员、研究资助方的利益,同时不利于读者理解研究成果的来源与合理性。因此,研究者应秉持务实与科学正直原则,开展高质量的科学研究,保证研究的真实性、科学性与有效性,并诚实地报告其研究发现。① 其中,遵从客观性或忠实研究原形是重中之重,因为"创造一幅最可能忠实于其研究现象的形象,其本身就是价值判断的一种表现,并也构成了实现价值判断的工具"②。

六、研究伦理的层次及其具体行为规范

(一) 研究伦理的层次

依据关注点的不同,可将研究伦理分为保护研究对象的研究伦理、符合人类价值和整体利益的研究伦理、作为研究规范的研究伦理三个层次。

1. 保护研究对象的研究伦理

保护研究对象的研究伦理所处理的是研究者与研究对象之间的关系。科学的研究对象既包括动物,也包括人。因此,研究伦理包括保护动物和人两个方面。

动物权利最早由英国学者亨利·索尔特提出。③ 1959 年,拉塞尔和伯奇提出了科学研究中善待动物的"3R"原则:一是减少(reduction),即减少研究所使用的动物实验对象数量;二是替代(replacement),即尽可能选择合适的替代动物实验的方法;三是优化(refinement),即科学合理地设计实验方案,优化技术手段,在保证实验结果的同时减少实验动物的痛苦。④ 总体而言,在以动物为研究对象的研究中,研究者也应保持人道主义与敬畏之心。

社会科学研究的对象往往是具有自主性的人,研究者与研究对象的"零距离"接触创造了研究者与研究对象之间特殊的互动博弈与合作关系,这就不可避

---

① 〔美〕拉里·克里斯滕森、伯克·约翰逊、莉萨·特纳:《研究方法、设计与分析》(第 11 版),赵迎春译,商务印书馆 2018 年版,第 96 页。

② 〔法〕让-马克·夸克:《合法性与政治》,佟心平、王远飞译,中央编译出版社 2002 年版,第 247—260 页。

③ Henry S. Salt, *Animals' Rights Considered in Relation to Social Progress: With a Bibliographical Appendix*, Macmillan, 1984, p. 1.

④ W. M. S. Russel and R. L. Burch, "The Principles of Humane Experimental Technique," *Medical Journal of Australia*, Vol. 1, No. 13, 1960, p. 500.

免地涉及伦理问题。① 相比于保护动物的研究伦理,以人为研究对象的研究中所涉及的伦理原则更为复杂,除了避免伤害外,还涉及研究对象的匿名、保密及隐私权、自由选择权等方面。

2. 符合人类价值和整体利益的研究伦理

符合人类价值和整体利益的研究伦理,需要处理科学研究与更广泛的物质世界和人类社会、现在和未来之间的关系。② 科学研究不仅关系到研究者个人、所在学术共同体的利益,更关系到国家利益,甚至人类的整体利益。致力于产生公共知识的公共社会学(public sociology),或者更广泛地说,社会科学,其目标是在社会学研究者和公众之间形成一种对话关系,双方实现价值与目标共享,互利互惠。③ 公共社会学的终极价值追求是创造一个美好的世界,捍卫人类利益。④ 因此,研究者在有限的时间与研究精力下,应考虑研究项目对人类社会的整体价值,具有基本的人文关怀和更大的研究格局。

3. 作为研究规范的研究伦理

研究规范是研究者应遵循的基本学术原则和行为准则,也是必要的研究伦理,所处理的是研究者与研究行为之间的关系。研究不规范,即学术不端(scientific misconduct),是指研究者的科研态度不端正,在数据收集和数据分析过程中为了得出特定的研究结论而造假,未经允许盗用他人的科研成果,或在论文的署名上弄虚作假。这些行为既不符合研究规范,也直接影响了研究本身的质量,会使研究的价值遭到质疑。

(二) 各层次的具体行为规范

1. 保护研究对象的研究伦理

本部分主要聚焦于以人为主要研究对象的伦理操作规范。

(1) 对参与者无害

对参与者无害(no harm to participants)是科学研究中最基本的伦理行为规范。不遵守研究伦理或不当的研究行为,都可能会对参与者造成人身伤害、心理

---

① 〔美〕伊丽莎白·奥萨利文、加里·R.拉萨尔、玛琳·伯勒:《公共行政研究方法》(第四版),彭勃等译,上海财经大学出版社2008年版,第283页。

② Kenneth D. Pimple, "Six Domains of Research Ethics: A Heuristic Framework for the Responsible Conduct of Research," *Science and Eengineering Ethics*, Vol. 8, No. 2, 2002, pp. 191-205.

③ Michael Burawoy, et al., "Public Sociologies: A Symposium from Boston College," *Social Problems*, Vol. 51, No. 1, 2004, pp. 103-130.

④ Michael Burawoy, "For Public Sociology," *American Sociological Review*, Vol. 70, No. 2, 2005, pp. 4-28.

第八章 研究伦理

伤害,或损害其社会地位、职业生涯或个人声誉。在实际研究操作中,对参与者无害要求研究者在其自身或研究对象感知到伤害或威胁时立即停止研究。①

人身伤害(physical harm)是指研究对象在参与研究的过程中,生命安全遭受侵害。研究者在研究设计阶段就应对研究环境的安全性以及研究内容的无害性进行充分考量,如果研究内容中包含了压力或刺激性内容,在选择研究参与者时应将高血压、心脏病等高风险人群排除在外。②

心理伤害(psychological harm)是指研究者在与参与者的互动中,将其置于心理压力环境下,造成参与者包括压力情绪、焦虑、窘迫、自尊心受挫等在内的心理创伤。③

> **扩展知识**
>
> **一篇博士论文引发的伦理争议**
>
> 2011年9月,北京大学社会学系博士研究生冯军旗在《南方周末》发表了《中县政治家族现象调查》一文,揭露了中部某县的"买官卖官""政治家族"等基层官场政治"黑幕",其研究在引发较大社会讨论的同时,也引发了较大的伦理争议。
>
> 《中县政治家族现象调查》是冯军旗博士论文《中县干部》中的关键章节。他为了收集论文数据,在中部某县进行了长达两年的挂职锻炼,收集了县、乡两级干部的学历、晋升调动、政绩造假、裙带关系等多方面的翔实信息。虽然论文对于所涉及的人名、地名进行了匿名化处理,但网友通过冯军旗在"中县"网站上的开会照片,以及中县的GDP、人口等基础数据,锁定了"中县"的"真实身份"。这给中县干部造成了较大的心理压力及舆论压力,也影响了其政治生涯。
>
> ——沙柳坡:《"中县政治"与学术伦理的尴尬》,《社会学家茶座》2012年第1期,第92—96页。
>
> 在冯军旗的论文中,虽然对人名、地名进行了匿名处理,但由于隐私保护工作的缺漏,仍然使研究对象被迫暴露在大众视野内,对研究参与者的职业生涯、个人声誉等造成了负面影响。这也警醒着研究者要时刻将对参与者无害的伦理行为原则放在第一位。

---

① 〔美〕约翰·J.麦休尼斯:《社会学》(第14版),风笑天等译,中国人民大学出版社2015年版,第47页。
② 〔美〕劳伦斯·纽曼:《社会研究入门:如何理解我们的日常社会生活》(第3版),刘佳昕译,九州出版社2021年版,第65—66页。
③ 〔美〕劳伦斯·纽曼:《社会研究方法:定性和定量的取向》(第7版),郝大海等译,中国人民大学出版社2021年版,第133页。

此外，在对社会敏感话题的研究中，如不小心泄漏参与者的个人信息，则可能对参与者的社会地位、职业生涯或个人声誉造成无法挽回的影响。例如，对于同性恋者的研究中，若对参与者的信息保护不当，可能会使其家庭关系受到影响，并使其遭受舆论压力。

需要说明的是，研究者对于参与者带来伤害的风险，因研究方法的不同而存在差异。研究者操控或介入研究过程的实验或准实验研究，相较于非参与式观察或访谈调研更容易给参与者带来伤害。① 同时，对参与者造成伤害的风险也会因研究主题的不同而存在差异。例如，询问参与者遭受家庭虐待经历比询问其职业经历，更有可能勾起参与者对其痛苦经历的回忆，对其造成情感伤痛或心理伤害。

（2）匿名、保密与隐私权

匿名（anonymity）作为一种伦理行为规范，是指无论研究者还是读者都无法知道研究中某个答案的具体作答者以及某个行为的具体参与者。②

保密（confidentiality）是指在研究者能够将参与者与其回答、参与者与其行为等一一对应时，不会将参与者的应答、反应或行为等信息进行公开的伦理行为规范。③

隐私权（privacy）是自己对个人信息的控制权。④苏珊·福尔克曼将研究对象的隐私权分为两个方面：一是个人有权决定自己是否分享个人信息，以及在何种环境下分享信息；二是个人可以拒绝接受有关自身的信息。⑤ 举例而言，在一项关于智商的测试中，研究参与者可能拒绝得知自己的测试成绩，这就属于第二个方面的隐私权。

匿名、保密与隐私权需要研究者在获得知识、保护参与者利益与改良社会中寻求平衡，当它们之间发生冲突时应该以参与者利益为上。具体而言，不得随意公开研究参与者的身份、个人资料或个人的研究结果。⑥ 除采用技术手段进行匿名处理外，还需要研究者有社会责任担当，更需要全社会提升伦理意识。在对相关研究进行报道、转述或开展学术争鸣时，应共同保护研究场域，替参与者保密，

---

① 〔美〕艾尔·巴比：《社会研究方法》（第13版），邱泽奇译，清华大学出版社2020年版，第37页。
② 同上书，第33页。
③ 同上。
④ 〔美〕拉里·克里斯滕森、伯克·约翰逊、莉萨·特纳：《研究方法、设计与分析》（第11版），赵迎春译，商务印书馆2018年版，第109页。
⑤ Susan Folkman, "Privacy and Confidentiality," in Bruce Dennis Sales and Susan Folkman, *Ethics in Research with Human Participants*, American Psychological Association, 2000.
⑥ 〔美〕艾尔·巴比：《社会研究方法》（第13版），邱泽奇译，清华大学出版社2020年版，第36页。

不应为了增加事件的新闻效应而对参与者进行二次伤害。①

（3）知情同意与自愿参与

知情同意与自愿参与是两条相生相伴的伦理行为规范，二者都是为了保护研究参与者的自主性，尊重其基本的知情权与选择权。

知情同意（informed consent）的前提是"知情"，即参与者充分了解研究项目的相关信息（研究目的、参与者的基本权利以及在研究中可能面临的风险等）②；然后是"同意"，即在了解这些信息后，自主做出参与研究的决定。换句话说，知情同意是指在任何以人为对象的研究领域，研究者需要充分告知研究对象或参与者研究项目信息，在此基础上获得研究对象或参与者同意的伦理行为规范。一般而言，知情同意书需要在研究正式开始之前签署，一份较为完整的知情同意书或知情同意声明应包含如下信息（见表8.1）：

表 8.1 知情同意书应包含的内容

1	研究基本情况介绍·研究者身份、研究目的、研究涉及的人员规模、研究程序、参与者完成研究预计花费的时间等
2	说明参与者可能会遇到的所有生理或心理的危险或不适
3	说明研究过程及结果的匿名性及保密性
4	说明研究可能的备选程序或方式
5	说明研究为自愿参与；在研究开始后，参与者也可以随时退出且不会受到任何惩罚措施
6	说明研究可能给参与者带来的益处；如果是有偿参与，应向参与者说明报酬数目及安排
7	安排研究联系人并向参与者提供联系方式，以便随时解答参与者的问题，保障其基本权利
8	如条件允许，应向参与者提供研究结果的总结

资料来源：〔美〕伯克·约翰逊、拉里·克里斯滕森：《教育研究：定量、定性和混合方法》（第4版），马健生等译，重庆大学出版社2015年版，第99页；〔美〕劳伦斯·纽曼：《社会研究入门：如何理解我们的日常社会生活》（第3版），刘佳昕译，九州出版社2021年版，第70页。

某些情况下，在研究实施前获取参与者的知情同意会影响研究效果。例如，

---

① 侯俊霞、赵春清：《社会科学实证研究方法应用中的伦理问题剖析》，《伦理学研究》2018年第2期，第114页。

② 文雯：《英国教育研究伦理的规范和实践及对我国教育研究的启示》，《外国教育研究》2011年第8期，第87—91页。

在隐蔽的田野调查或非介入式观察中,获取参与者的知情同意可能会影响参与者正常的行为活动,从而影响研究结果。"霍桑效应"就是指研究参与者感知到研究活动后所产生的个体行为偏差,并直接影响了研究结论。但即便如此,除特定原因外,研究者应努力获取研究参与者的知情同意,机构审查委员会保留能否免除研究知情同意的最终决定权。[①]

自愿参与(voluntary participation)是指研究的目标对象或目标群体在充分了解研究项目信息基础上,不受强制力、威胁、诱导等外在因素的影响,自主自愿地做出是否加入的决定,并在研究过程中保留随时退出的权利。举例而言,在期末考试的试卷后附带一份关于学生参加课外培训情况的调查问卷,并要求学生作答,就违背了自愿参与的原则。美国心理协会(American Psychological Association,APA)明确规定,研究者不得利用自身的监督权、评估权或任何其他权威来胁迫病人、学生、被监督人员、研究参与者或雇员等。[②]

(4)非必要不欺骗

有时候,研究者为了达成特定的研究目的,会使用欺骗(deception)手段。例如,我们想研究"从众效应",观察研究参与者是否会因为追随大众认知而放弃自己的真实想法,就可能会安排研究助手在研究中故意说谎。此外,当直接告知参与者真实研究目的会使参与者按照研究者的期望作答或行动,或故意隐藏自己的真实想法时,为了获得真实数据,研究者也会选择欺骗或说谎。

欺骗可能引发参与者对研究者的不信任,破坏双方关系,因此在非必要情况下,研究者不应使用欺骗手段。即使在必要使用欺骗手段的过程中,应尽可能将欺骗程度降低,且遵守严格的前提条件与操作规范。使用欺骗手段必须满足三个前提:一是欺骗行为具有清晰的方法论目的[③];二是无法找到其他可行的替代方法,且通过欺骗能获得重要的新知识;三是研究本身不会对参与者造成身体伤害或较为严重的心理伤害[④]。使用欺骗手段需要遵循以下操作规范:一是需要获得研究参与者的知情同意;二是应向研究参与者客观说明研究的潜在风险,并允许参与者自愿参与及退出;三是在研究结束后,应针对欺骗行为及原因等情况及时

---

① 〔美〕劳伦斯·纽曼:《社会研究入门:如何理解我们的日常社会生活》(第3版),刘佳昕译,九州出版社2021年版,第70页。

② American Psychological Association, "Ethical Principles of Psychologists and Code of Conduct," *American Psychologist*, Vol. 57, 2002, p. 1065.

③ 〔美〕劳伦斯·纽曼:《社会研究入门:如何理解我们的日常社会生活》(第3版),刘佳昕译,九州出版社2021年版,第69页。

④ American Psychological Association, "Ethical Principles of Psychologists and Code of Conduct," *American Psychologist*, Vol. 57, 2002, p. 1070.

向研究参与者进行说明。①

（5）事后解释

如果研究者使用了必要的欺骗手段，在研究结束后应尽快将实际情况告知参与者并解释原因，这就属于事后解释的工作范畴。事后解释(debriefing)，又叫任务报告，发生在研究完成后的研究者与参与者的会谈阶段，主要目标在于消除欺骗和脱敏。② 消除欺骗(dehoaxing)即将研究中所使用的欺骗方式及原因向参与者进行解释说明，以重建参与者对于研究者的信任。③ 如果在研究过程中，参与者产生了焦虑、紧张等情绪，研究者在事后就需要与参与者通过沟通和互动，消除其因研究产生的不适感，这就是脱敏(desensitizing)。④

（6）尊重与平等对待

尊重与平等对待不仅体现在研究者的口头承诺以及知情同意声明中，还应体现在研究者的行为举止、言谈表现上，更为重要的是研究者发自内心的尊重与平等意识。

尊重需要研究者做到以下两点：第一，尊重个体的自主性，即尊重研究参与者自由选择加入以及随时退出研究的权利；第二，尊重个体的自尊心与感受，避免对参与者的身心伤害，避免对参与者造成不必要的心理压力。

在平等对待中需要注重两个问题：对特殊群体的平等对待以及避免创造新的不平等。特殊群体(special population)是指处在弱势或边缘地位的群体，既包括老人、妇女、儿童、病人、残障人士等社会生活中的弱势群体，也包括学生、监狱囚犯等在研究对象关系中处在不利地位的人。⑤ 对于前者而言，他们在研究中的知情同意环节更容易被他人代理，因此在研究中如何保证参与者本人对于研究内容的理解、同意与配合是较为重要的环节；对于后者而言，他们更有可能出于权威、成绩、良好表现等原因，非自愿参与研究，所以如何保障其自主参与是较为重要的环节。避免创造新的不平等(avoid creating new inequalities)是指研究者应避免参与者由于参与研究，而无法享受某些服务或福利，进而造成其损失。⑥ 举例而言，

---

① 〔美〕劳伦斯·纽曼：《社会研究入门：如何理解我们的日常社会生活》（第3版），刘佳昕译，九州出版社2021年版，第69页。

② 〔美〕伯克·约翰逊、拉里·克里斯滕森：《教育研究：定量、定性和混合方法》（第4版），马健生等译，重庆大学出版社2015年版，第105页。

③ David S. Holmes, "Debriefing after Psychological Experiments：II. Effectiveness of Postdeception Dehoaxing," *American Psychologist*, Vol. 31, No. 12, 1976, pp. 868–875.

④ David S. Holmes, "Debriefing after Psychological Experiments：I. Effectiveness of Postexperimental Desensitizing," *American Psychologist*, Vol. 31, No. 12, 1976, pp. 858–867.

⑤ 〔美〕劳伦斯·纽曼：《社会研究入门：如何理解我们的日常社会生活》（第3版），刘佳昕译，九州出版社2021年版，第71页。

⑥ 同上书，第72页。

在一项关于新型抗癌药物治疗效果的临床试验中,实验组患者接受了新型药物的治疗,而对照组患者则不允许接受任何治疗。这就伤害了对照组患者接受正常治疗的权利,造成了新的不平等。

2. 符合人类价值和整体利益的研究伦理

(1) 捍卫人类尊严

捍卫人类尊严是研究者义不容辞的责任与使命①,也是其必须恪守的伦理原则与法律底线。康德将尊严视为人区别于动物的价值提升与崇高属性,是一种"绝对的、内在的和无与伦比的"价值。② 作为研究伦理和生命伦理的"人类尊严"中的"人"并不是生物学概念,而是道德概念。③ 两者的区别在于,后者承认受精卵、人体胚胎等潜在生命体的权利与利益,承认其具有的可能人格、内在价值与人类尊严,因此需要在法律上予以保护。④

在行为规范上,捍卫人类尊严意味着研究者应当保护和尊重人的生命与尊严,尊重人的主体性地位,不应通过基因编辑技术、克隆技术等生命技术手段对人(包括潜在生命体在内)进行改造、编辑。⑤ 这种将人类物化的行为,不仅破坏了人的尊严,也使业已形成的社会伦理关系受到挑战,并直接影响着整个社会的公平与正义。

(2) 承担社会责任

科学机构和科学家群体有着明确的道德义务或社会责任,即为实现人类价值与利益不懈努力。诚然,没有一个研究者能够独自承担社会责任,但每个研究者都有义务承担部分社会责任。⑥ 这些社会责任包括但不限于:与公众形成对话关系并为了公众诉求努力⑦,促进公共服务与公共教育,保护环境,从人类整体利益出发选择研究重点与优先项,不涉足被禁止的研究议题⑧等。

---

① 中国医学会医学伦理学分会:《中华医学会医学伦理学分会关于"基因编辑婴儿"事件的呼吁和建议》,《医学与哲学》2019年第2期,第27页。
② Immanuel Kant, *Kant's Gesammelte Schriften*, De Gruyter, 1900, p. 435.
③ Stephen Buckle, "Arguing form potential," *Bioethics*, Vol. 2, No. 3, 1998, p. 227.
④ Ibid.
⑤ 吴梓源、游钟豪:《缺失的一角:"生命伦理三角"中的尊严之维——兼议世界首例免疫艾滋病基因编辑婴儿事件》,《福建师范大学学报(哲学社会科学版)》2019年第4期,第103—116页。
⑥ Kenneth D. Pimple, "Six Domains of Research Ethics: A Heuristic Framework for the Responsible Conduct of Research," *Science and Eengineering Ethics*, Vol. 8, No. 2, 2002, pp. 191-205.
⑦ Michael Burawoy, "For Public Sociology," *American Sociological Review*, Vol. 70, No. 2, 2005, pp. 4-28.
⑧ Kenneth D. Pimple, "Six Domains of Research Ethics: A Heuristic Framework for the Responsible Conduct of Research," *Science and Eengineering Ethics*, Vol. 8, No. 2, 2002, pp. 191-205.

> **扩展知识**
>
> **基因编辑婴儿所引发的伦理争议**
>
> 2018年11月26日,原南方科技大学副教授贺建奎宣布利用成簇规律间断短重复序列(clustered regularly interspaced short palindromic repeats,CRISPR)技术对人类胚胎进行基因编辑,成功诞生一对名叫"露露"和"娜娜"的双胞胎女婴,其中一名婴儿通过基因编辑实现了对艾滋病的免疫。这一消息引发了国内外巨大的伦理争议,被《纽约时报》评价为"一项不道德的研究",是"使用强大的基因改动工具创造被编辑的人类的一次失当、鲁莽的展示"。中华医学会医学伦理学分会针对"基因编辑婴儿"事件发表声明,认为其"严重挑战了人类的道德底线"。广东省成立专项调查组,调查结果显示,贺建奎私自筹集资金并蓄意逃避监管,伪造伦理审查书并存在欺瞒实验志愿者的情况,严重违背了伦理道德及科研诚信。贺建奎本人也因此被南方科技大学解雇,并受到了刑事处罚。
>
> ——肖思思、李雄鹰:《广东初步查明"基因编辑婴儿事件"》,新华社广州2019年1月21日中文电;J. Eric, "Topol, Editing Babies? We Need to Learn a Lot More First," *New York Times*, Nov. 27, 2018。
>
> 基因编辑婴儿技术虽然属于新兴、前沿技术,但由于技术的不完善性,潜在风险的未知性,对于可能后果的价值、意义的分歧性,仍处在研究伦理甚至人类伦理道德的边缘。如果任其发展而不加约束,就会使整个社会面临巨大的风险。贺建奎不仅侵犯了参与者的知情同意权,基因编辑行为本身也将人物化,破坏了人的主体性与尊严。这种行为极大地侵害了人类价值和整体利益。

3. 作为研究规范的研究伦理

作为研究规范的研究伦理主要包括四个方面:端正的科研态度、避免研究造假、杜绝剽窃和正确地署名。

(1)端正的科研态度

端正的科研态度(right research attitude)是研究者在科学研究中所秉持的稳定的心理倾向。具体而言,研究者在从事社会科学研究时,应秉持高尚、严格的科学精神,以及求真务实、实事求是的研究态度。端正的科研态度是从事科学研究的前提,是对研究者的精神约束。

(2)避免研究造假

研究造假(research fraud)是指"研究者炮制假数据,虚构那些他并没有真正得到的数据,或者未能完全汇报他开展研究"①的情况。在研究各个阶段,研究者都应该杜绝造假行为,避免为了特定目的捏造或故意隐瞒关键信息。因此,研究者应真实地报告研究方法、过程、数据与结果等关键信息,并保证研究的可重复性。

(3)杜绝剽窃

剽窃(plagiarism)一般包含两种情况:一是在未经作者允许或未说明引用来源的情况下,使用其他研究者的研究问题、研究方法、研究数据、分析结果、研究观点等;二是盗用其他研究者、研究助手或学生的工作成果。② 不论是哪种情况的剽窃,都是对其他研究者及其研究成果的极大不尊重,应坚决杜绝。

(4)正确地署名

APA所发布的伦理准则中,对于署名问题进行了较为清晰的规定,这些要求在社会科学研究中同样适用:

① ……只对实际完成的或做出重大贡献的研究工作承担责任,并拥有署名权。

② 主要作者和其他参与者的署名应准确地反映其在相关科学或专业中的贡献,而无关乎其社会地位……对研究或出版物写作做出较小贡献的人员,也应在脚注或介绍性陈述等适当的位置被承认。

③ 除非在特殊情况下,任何主要基于学生博士论文的多作者文章,该学生都要被列为主要作者。③

七、研究伦理的管理方法

基于研究者的立场,根据由内而外、由己度人、范围由小到大的标准,可将研究伦理的管理方法划分为研究者的自我管理、学术共同体的监督与管理、研究对象的监督与管理、多元利益主体的监督与管理四种。

(一)研究者的自我管理

科学研究始于研究者,研究者的自我管理自然成为各种伦理管理方法之首。

---

① [美]劳伦斯·纽曼:《社会研究入门:如何理解我们的日常社会生活》(第3版),刘佳昕译,九州出版社2021年版,第63页。

② 同上。

③ American Psychological Association, "Ethical Principles of Psychologists and Code of Conduct," *American Psychologist*, Vol. 57, 2002, p. 1070.

科学研究的性质是复杂的,它既要求研究者获得有价值的发现,又希望其符合研究伦理与社会需要,这容易使研究者陷入两难境地。树立正确的伦理价值观并提倡研究者的自我管理是一条可选路径。研究者必须关注其研究行为与研究结果对社会产生的影响,并承担相应的责任。

在自律时期,研究者的职业伦理与个人德行都应该以"良心"的成熟为标志[1],当抽象的学术规范在实际问题面前束手无策时,研究者就需要通过具有事业心或使命感的自律与主观感知来提升自己的伦理意识[2]。当研究者"决心献身于某种事业或者职业的时候",外化的职业职责就会内化为研究者的"职业良心"与"人生职责",而研究伦理也就成为其内心遵循的"攻不破"的研究信念。[3] 因此,研究者自我管理与自律自觉是首要管理方法。

（二）学术共同体的监督与管理

当自律与道德的软约束难以遏制研究者的功利主义行为时,学术共同体的监督与管理就成为"第二道防线"。各高校和各行业协会普遍成立了专门审查与管理科研人员研究伦理的机构或部门,并制定了各种伦理制度与行为规范。

较为健全的伦理审查体系的职责包括对伦理审查资料的收集、发布和审核,尊重和保护参与者参与权益等。[4] 与之相对应,研究者在开始研究之前,要填写并提交"伦理协议申请书",说明在研究目的、资料收集、研究对象与方法选择、参与者人权保护与利益补偿以及研究影响等方面有可能产生的各种道德和利益冲突。[5] 此外,研究伦理原则和规范是抽象与静止的,而研究现实则是具体与变化的,因而需要发挥研究伦理审查机构的"能动性"。[6] 与研究者内心秉持的道德"软约束"相对,学术共同体建立的审查机构及其审查制度属于一种外界的"硬约束",是加于研究者的一种"研究定式"。

（三）研究对象的监督与管理

随着人们文化素质的提升,权力保护意识也日益高涨。虽然研究对象相较于

---

[1] 龚群:《社会伦理十讲》,中国人民大学出版社2008年版,第6页。
[2] Karen S. Kitchener and Richard F. Kitchener, "Social Science Research Ethics: Historical and Philosophical Issues", in Donna M. Mertens and Pauline E. Ginsburg, eds., The Handbook of Social Research Ethics, Sage, 2009, pp. 5-22.
[3] 龚群:《社会伦理十讲》,中国人民大学出版社2008年版,第6页。
[4] 李玲:《论质性研究伦理审查的文化适应性》,《比较教育研究》2009年第6期,第7—11页。
[5] 同上。
[6] 郭云忠:《法律实证研究中的伦理问题:以刑事法为视角》,《法学研究》2010年第6期,第161—179页。

研究者而言,处于相对弱势地位,但这并不影响研究对象对研究者及其所从事研究的监督与管理。为了避免麻烦,研究对象往往谨慎对待与作为陌生人的研究者之间的对话,尤其是在谈论敏感话题时。即使能够接受与陌生人的对话,研究对象也往往会选择谨言慎行。即使是受教育程度较低或权力意识较弱的研究对象,也依旧能够自主抉择其配合程度。

在科学研究过程中,研究者与研究对象根据对方的态度与反应进行互动与博弈,研究对象对研究者的研究态度、行为与研究伦理规范的审视结果,影响着其研究的参与及配合程度。而各种学术团体与学术管理机构制定的研究伦理规范又可以使研究对象的伦理监督有的放矢,包括审查研究者提供的身份证明、推荐信,或直接拒绝研究等。

(四) 多元利益主体的监督与管理

除学术共同体与研究对象之外,研究者还受到多元利益主体的影响,自然也受到其监督与管理。科学研究也非常依赖"控制钱包"的资助者,这就使得研究者常常受到资助者的意志或偏好的影响。[1] 研究对象的管理者,如医院、学校和社会服务机构管理者等,也"有权决定是否给研究者提供他们所请求的接触研究对象的途径"[2]。政府也因其自身诉求与公共利益等因素的影响而参与到对科学研究的伦理审查与管理过程中,而社会大众也会因为地缘关系或公共精神而参与其中。总的来说,研究者在现实的研究过程中所做出的伦理决策更像是研究者、学术共同体、研究对象、资助者、协助者、政府、社会大众等多元利益相关主体的一场"协商性"对话。在罗恩·伊福芬看来,合乎伦理标准的研究意味其既要做一个"好的研究者",又要做一个"好人"。[3] 为了做好研究与做个好人,更为宽泛的多元利益主体的审视与管理必不可少。

关键术语

| 研究伦理 | 善行 | 关爱 | 尊重人权 |
| 务实与科学正直 | 对参与者无害 | 匿名 | 保密 |

---

[1] 〔美〕迪姆·梅:《社会研究:问题、方法与过程》(第3版),李祖德译,北京大学出版社2009年版,第56—64页。

[2] 〔美〕伊丽莎白·奥萨利文、加里·R.拉萨尔、玛琳·伯勒:《公共行政研究方法》(第四版),彭勃等译,上海财经大学出版社2008年版,第283页。

[3] Ron Iphofen, *Ethical Decision-making in Social Research: A Practical Guide*, Palgrave, 2009, p. 150.

隐私权　　　　　　知情同意　　　　　　自愿参与　　　　　　事后解释
端正的科研态度　　研究造假　　　　　　剽窃

思考题

1. 研究伦理指的是什么？它与研究道德有什么区别？
2. 研究者在现实的研究中为什么要遵从研究伦理？遵从研究伦理有哪些好处？
3. 研究者所遵从的研究伦理层次包含几个维度？它们之间存在何种关联？
4. 研究者在现实的研究中有必要遵循哪些研究伦理原则？又应该如何操作？

延伸阅读

〔法〕E.迪尔凯姆：《社会学方法的准则》，狄玉明译，商务印书馆2007年版。
龚群：《社会伦理十讲》，中国人民大学出版社2008年版。
〔英〕梅拉尼·莫特纳等：《质性研究的伦理》，丁三东等译，重庆大学出版社2008年版。
〔美〕诺曼·K.邓津、伊冯娜·S.林肯主编：《定性研究（第1卷）：方法论基础》，风笑天等译，重庆大学出版社2007年版，第五章。
严祥鸾：《危险与秘密：研究伦理》，三民书局1998年版。

经典举例

（一）〔美〕威廉·富特·怀特：《街角社会：一个意大利人贫民区的社会结构》，黄育馥译，商务印书馆1994年版。

1. 主要内容

《街角社会：一个意大利人贫民区的社会结构》一书聚焦美国波士顿市意大利移民聚集的贫民区——科纳维尔。这里人口稠密、社区居住环境恶劣、社会秩序较为混乱，致使社会问题丛生。为了理解科纳维尔的社会生活，作者于1936—1940年深入当地开展田野调查，以"街角帮"成员的身份，与街角青年进行交往与互动，对其"生活状况、非正式组织的内部结构及活动方式，以及他们与周围社会（主要是非法团伙成员和政治组织）的关系"进行观察、记录与分析。

2. 研究伦理遵循

（1）匿名：作者对于研究中所涉及的地点（科纳维尔）、帮派名称（诺顿帮、阿芙罗狄蒂俱乐部等)及人名(多克、奇克、托尼等)均进行了匿名化处理,采用假名化的技术处理方式模糊了精确的地点信息及个人信息。

(2) 知情同意:参与行动研究具有其特殊性。为了保障研究发现的真实性,作者并未将研究目的告知全部研究参与者,但在进入研究现场之前,怀特向关键的研究参与者——诺顿帮领袖多克说明了研究目的与研究计划。在研究结束后,作者就研究手稿的内容征求了多克的建议,并进行了必要的讨论。

(3) 对参与者无害:在处理研究者与研究对象关系的过程中,怀特较为审慎地践行了对参与者无害甚至有益的原则。一方面,怀特坚持"人与人之间互惠的原则"来引导与研究参与者之间的关系。另一方面,在"附录二:怀特对一个弱者的影响"中,生活在科纳维尔的安杰洛·拉尔夫·奥兰代拉也说明了《街角社会》对于被研究群体生活的改变:"怀特完全、彻底地改变了我的生活。他拓宽了我的思路,使我能够更正确地评价和理解北区、北区的结构和社会模式……"

(4) 发表署名:在序言中,怀特对研究资助项目及资助信息进行了说明,同时报告并真诚感谢了对本书做出贡献的研究者。

3. 研究伦理争议

《街角社会》的研究伦理争议在于结果的不可重复性,它被认为违反了务实与科学正直的原则。学者拜欧伦(Byron)根据《街角社会》附录中个人背景、研究计划、田野经验等信息,采用重复实验研究方法进行了检验。拜欧伦在19年的时间内前后25次进出同一个田野展开实地研究,却描绘出一幅与《街角社会》所述完全不同的景象,也因此,她认为怀特在使用意大利文与错误的资料说谎,并伤害了《街角社会》一书中所提及的大多数人,由此引发关于知识论与研究伦理的争辩。①

(二) Laud Humphreys, *Tearoom Trade: Impersonal Sex in Public Places*, Aldine Transaction, 1975.

1. 主要内容

劳德·汉弗莱斯的《茶室交易:公共场所的非个人的性》(*Tearoom Trade: Impersonal Sex in Public Places*)关注男性同性恋群体在公共厕所(暗语为"茶室")的匿名性的"越轨"性行为。在1965—1968年间,作者通过参与式观察与访谈,对男同性恋群体进行了较为深入的了解,呈现了这一特殊群体在"茶室"的聚会、互动与交往。研究发现,参与者建立了一种彼此有益的交往模式,在与他人的协调行动中,每个人都保护了自己与其他参与者,并"建立双方都满足和服务于他人需

---

① 严祥鸾:《危险与秘密:研究伦理》,三民书局1998年版,第48页。

求的角色"。汉弗莱斯对特殊群体在特殊情况下的交往行为的模式化分析,增进了大众对于社会交往行为的理解。

2. 研究伦理遵循

(1) 匿名:作者在呈现访谈及观察内容时进行了匿名化处理,没有出现研究参与者的名字,而是统一以"受访者"(respondent)、在茶室中的角色或字母代替。

(2) 部分知情同意:在第一阶段的访谈中,汉弗莱斯与12位参与者建立语言关系并说明了研究目的,在征求他们同意后进行访谈与记录。①

(3) 保密:因为研究议题较为敏感,汉弗莱斯较为审慎地遵循了保密原则。一方面,对于研究涉及的城市、县、州名称进行了保密;另一方面,对于参与者信息进行了保密。汉弗莱斯将"总名单放在保险箱里。每张面试卡都被锁好并妥善保管,随着日程安排的完成而被销毁。问卷上不允许出现姓名或其他识别标签"。

3. 研究伦理争议

《茶室交易》引发了较大的伦理争议,被认为使用了欺骗的手段,侵犯了大多数参与者的知情同意和隐私权,并违背了参与者无害的原则。

(1) 欺骗:在观察"茶室"时,他没有解释自己的研究身份与研究目的,当其他人在"茶室"中发生性行为时,他假扮成当局的"瞭望员"(watchqueen)。② 在入户访谈中,他隐瞒了真实的研究目的,而是谎称进行"社区男性社会健康调查"。

(2) 侵犯知情同意与个人隐私权:汉弗莱斯秘密记录了进入"茶室"的人的车牌号,并通过机动车管理局的工作人员获得了他们的家庭住址,然后通过家访,获取了参与者的婚姻状况、职业等个人事务信息。

(3) 违背参与者无害原则:虽然作者对参与者的个人信息进行了匿名化处理与保密,但这种使参与者被迫卷入研究的行为,不可避免地给参与者带来了伤害。

(三)〔美〕詹姆斯·C. 斯科特:《弱者的武器》,郑广怀等译,译林出版社 2011 年版。

1. 主要内容

斯科特的《弱者的武器》一书从反抗与阶级斗争的视角,聚焦于东南亚社会

---

① 这 12 位参与者只是研究对象中的一部分,汉弗莱斯并未征求全部研究参与者的知情同意,因此只是部分知情同意,详见 Laud Humphreys, *Tearoom Trade: Impersonal Sex in Public Places*, Aldine Transaction, 1975, pp. 36-37。

② Kevin D. Haggerty, "Ethics Creep: Governing Social Science Research in the Name of Ethics," *Qualitative Sociology*, Vol. 27, No. 4, 2004, pp. 391-414.

的农民群体,通过对农民"偷懒、装糊涂、开小差、假装顺从、偷盗、装傻卖呆、诽谤、纵火、暗中破坏等"日常的抗争性行为的剖析,解释了农民群体"与试图从他们身上榨取劳动、食物、税收、租金和利益的那些人之间平淡无奇却持续不断的斗争"的根源与作用机制。作者在1978—1980年间用14个月的时间在马来西亚塞达卡展开深入的田野调查,通过与当地村庄居民的接触与互动发现,由于农民阶级的分散性、非正式组织性等社会结构特征,他们大都通过"个体的自助形式",采用"低姿态的反抗技术",这种无声的匿名性的集体行为在达成斗争目标的同时,避免了与权威群体之间的直接冲突。

2. 研究伦理遵循

斯科特关于研究过程的论述,体现了匿名、尊重与平等对待的伦理行为规范,并进行了较为规范的署名。

(1) 匿名:作者对塞达卡的家庭及居民都进行了假名化处理,模糊了精确的地点及个人信息,较为审慎地践行了匿名的伦理规范。

(2) 尊重与平等对待:在田野调查的过程中,斯科特与被研究对象互相尊重,双方建立了较为友好的合作关系。例如,他在前言中指出,"他们有着既嘲笑我同时又与我友好相处的非凡能力……他们的友善表明,相对于我适应了他们来说,他们更好地适应了我"。

(3) 正确地署名:作者对于在研究过程中给予指导建议、批评或帮助的研究者、研究机构进行了感谢,并对其贡献分别进行了说明。例如,在前言中,作者同时对研究资助者及资助项目进行了说明。

3. 研究伦理争议

虽然斯科特在研究过程中较为审慎地践行了研究伦理,但仍然存在一定的伦理争议。这主要表现在研究参与者的"被欺骗感"上。例如,作者指出,"我所欠甚多,这笔债之所以沉重,原因在于我所写的内容让不止一个人感到他们的友好被滥用了。当然,对一个专业的外来者而言,那是一种人性的困境,而我只能期待他们将会发现我是以诚实的努力和自己有限的学识来公正地对待我的所见所闻的"。

第三编 概念、逻辑、测量与资料收集和分析基础

【本编提要】

本编旨在对科学研究中的一些重要基础性要素——概念界定、研究逻辑、定性与定量资料的收集与分析基础——进行介绍,以帮助研究者打好进行科学研究的地基。特别地,和已有的大多数研究方法类教科书不同,为了强调"概念界定与逻辑选择"在所有研究中的重要性和基础性作用,我们在这里特别增加了"概念界定与逻辑选择"一章。概念界定和逻辑选择不仅是规范研究的基石和灵魂,也是实证研究和混合研究的基础。如果概念界定不清,逻辑混乱,一切研究也就无从谈起。但是,在多年的研究和教学生涯中,我们发现,这是很多研究者和学生经常忽视的问题,所以有必要在这里特别强调。至于测量以及资料收集和分析的基础性和重要性,在现代科学研究中也都众所周知,自不待言。在本编中,我们主要基于对测量和数据的定性和定量划分,对其进行分类和对比介绍。本编包括三章,分别是:

第九章 概念界定与逻辑选择

第十章 定性与定量测量基础

第十一章 定性与定量资料收集和分析基础

第九章 概念界定与逻辑选择

本章要点
- 概念和概念界定的定义；
- 概念的组织形式及其对度量方法和案例选择的影响；
- 逻辑的定义与分类；
- 推理逻辑的规律；
- 常见的论述模式；
- 常见的逻辑谬误。

一、导　言

研究问题的形成往往始于我们观察到的一种现象,阅读的一篇文献,与他人的一次沟通,抑或是一次灵光闪现。当问题在脑海中形成之后,我们需要明确问题中核心概念的含义,基于它来进行研究设计、实施研究以及组织最后的研究报告,并实现研究者与读者的沟通交流。然而,概念的界定和使用有时是不经意的,我们常常想当然地认为读者对某一概念的理解与自己对这一概念的理解是一致的。但事实上,我们有时自己都无法保证研究中使用的概念从始至终都是同一个含义。组织或界定一个完整的概念是需要按照一定结构和形式的。而概念的组织形式会影响研究论证(尤其对规范研究而言)和研究中案例或样本的选择(尤其对实证研究而言),进而影响研究结论及其可靠性。严密的概念亦能帮助读者与作者统一对研究中概念的理解,从而有助于后续的研究和同主题研究间的比较。

当概念界定清楚了,我们又会关心如何在其基础上组织论述。人的思维并不总是严密而有序的,经语言这个载体表达出来时,其本意可能会被进一步扭曲,往往表现为研究中的论述过程不连贯,使用的论据难以支持结论等现象。从恰当论据的选择到有效结论的推出,中间过程是有一定规则的。这种思维的规则通常被称为逻辑,它能够帮助我们组织好思维和语言,推理出真实有效的结论并将其准确地传达给他人。

本章将首先介绍概念的定义和组织形式,以及概念的组织形式是如何影响研究论证、研究中案例的选取乃至研究结论的,以期为研究者提供一个界定和分析概念的框架。之后介绍逻辑的定义和基本规律,以及常见的论述模式和逻辑谬误,以期帮助研究者保持研究中逻辑的连贯性和一致性。

二、概念与概念界定

(一) 概念和概念界定的重要性

概念不仅是人类思想活动和交流沟通的基础之一,也是研究者建构理论、假说、解释和预测的基石。[①] 在日常生活中,我们总要使用概念——哪怕是模糊的概念——来帮助我们思考和与他人进行沟通。同一个概念在不同人的脑海中或许有着不同的含义,这可能会导致不少误会,但没有概念的世界是难以想象的。在创造公共知识的科学研究中,我们更需要经过仔细建构和明确界定的概念,那是所有研究的基石。事实上,在研究的开始阶段,研究者就需要明晰欲研究问题的相关概念。只有在概念界定清楚的情况下,研究者才能确定问题的结构和范围,从而逐渐聚焦到自己关心的领域。在研究的过程中,研究者需要从所研究问题的核心概念出发,去收集和筛选信息。研究结束后,撰写论文或报告时,研究者亦需要清晰界定概念并保持概念使用的一致性,这样才能准确地传达自己的思想,并与读者进行有效对话。故而,罗伯特·A. 达尔(Robert A. Dahl)和布鲁斯·斯泰恩布里克纳(Bruce Stinebrickner)在《现代政治分析》(*Modern Political Analysis*)之中甚至将概念分析(conceptual analysis)看作是和规范分析(normative analysis,也就是本书所说的规范研究)、实证或经验分析(empirical analysis,也就是本书所说的实证研究)并列的三种"政治评价的基础"之一,并放在了第一位。[②] 之后,他们还特别引用了道格拉斯·W. 雷伊(Douglas W. Rae)在其名著《平等论》(*Equalities*)中对"平等"(equality)概念的分析进行说明。在本书中,我们仍然将雷伊这种主要基于规范研究方法进行的概念分析看作是一种规范研究。

[①] 〔英〕乔纳森·格里斯:《研究方法的第一本书》,孙冰洁、王亮译,东北财经大学出版社 2011 年版,第 20 页。

[②] 〔美〕罗伯特·A. 达尔、布鲁斯·斯泰恩布里克纳:《现代政治分析》(第六版),吴勇译,中国人民大学出版社 2012 年版,第 168 页。

(二) 概念和概念界定的定义

1. 已有概念定义介绍

不同的学科因为研究重心和研究方法不同,对概念有着不同的定义。

在哲学范畴内,关于概念是什么主要有三种理论①:(1)概念是意识和精神的表现(representation),是一种信念(belief);(2)概念是认知主体的独特能力;(3)概念是一种抽象事物,它由词语和意义组成,是语言、思想和现实参照物的中介。不同的理论反映出其支持者对于思维和语言的本质理解是不同的。

逻辑学范畴关心的是推理。推理的基础是命题,而命题的基础组成部分便是名词或者词项。所谓词项,是指"最小的能够独立运用的意义单位"。而概念则是"词项所具有的意义"或者"内涵"。因此,"词项"和它所具有的内涵——"概念",通常不必区分,可被视为同一个术语。② 这样,逻辑学在词项(概念)的基础上又发展了一系列学说。

本章关心的则是在社会科学研究的实践和论文写作中如何准确界定一个概念。因此,尽管本节所引用的观点或多或少有其不同的哲学根源,但都关注于社会科学研究的实践。下面将简单介绍几种对概念的已有界定。

乔万尼·萨托利认为概念由三部分组成③:一是名词(term),即概念使用的词汇;二是意义(meaning),即概念的内涵;三是参照物(referent),即概念在现实之中的对应物。萨托利强调名词的模糊性,指出同一名词在不同语境下或不同语言中可能具有不同的含义,进而可能会导致对同一概念的理解和使用不明确、不一致。

约翰·吉尔林则在前人研究的基础上,提出概念由四个部分组成④:一是名词,即由一个或几个词组成的语言标签;二是特征(attribute),即能够定义某种现象的属性,亦是概念的内涵;三是指标(indicator),即概念在现实中的指示,亦是概念的测量;四是被定义的现象(phenomena),即概念的外延。吉尔林进一步指出,概念的四个组成部分是紧密相连的,很难做到改变其中一个部分而保持其他部分不变。

---

① Eric Margolis and Stephen Laurence, "Concepts," *The Stanford Encyclopedia of Philosophy*, https://plato.stanford.edu/archives/spr2021/entries/concepts/,2023 年 3 月 17 日访问。
② 陈波:《逻辑学十五讲》(第二版),北京大学出版社 2016 年版,第 58—62 页。
③ Giovanni Sartori, "Guidelines for Concept Analysis," in Giovanni Sartori, ed., *Social Science Concepts: A Systematic Analysis*, Sage, 1984, pp. 97-150.
④ John Gerring, *Social Science Methodology: A Unified Framework*, Cambridge University Press, 2012, p. 116.

《社会科学研究方法百科全书》中写道："对一个问题的思考会导致确定一些能够捕捉这一研究现象的概念。概念……是指那些表征了某一现象的想法。"[1]并进一步指出概念的抽象程度是不同的，相对具体的概念可能作为相对抽象概念的指标。这一定义比较笼统，但该定义以抽象程度为标准，对不同概念进行了一定的组织，暗示了概念具有一定的内在结构。

艾尔·巴比则认为概念代表着人们通过交流对事物含义所达成的共识。他从如何测量真实存在的事物这一角度出发，认为概念本身并不存在于真实世界之中，所以无法直接测量，可以测量的是概念所概括的事物。[2] 为了对某一概念进行测量，就需要寻找并测量概念在现实中存在的标记，即指标。依据概念涵盖的众多方向，指标又可以归入概念下不同的维度。对同一概念下不同维度和不同指标进行研究，可以丰富我们对这一概念的认知。巴比对概念的定义是从概念化和操作化的角度给出的，认为重要的是测量真实存在的事物。因此，他认为概念所使用的名词就只是一个记号罢了，并不重要。巴比揭示了概念的一种结构，即概念本身、组成概念的维度以及各维度之下测量概念的指标。

袁方对概念的定义在一定程度上融合了上面的几种观点。他认为概念"是对研究范围内同一类现象的概括性表述"。概念是人们从相似事物中归纳并抽象出来的，是感性经验和理性认知的结合。就概念的结构而言，他认为概念是由名词、抽象定义和经验内涵三个部分组成。"概念的三个部分是紧密联系的；名词是对同一类现象的概括，抽象定义界定出这些现象的范围和主要特征，经验内涵是由名词所指示的那部分现象，它在经验层次上与名词和抽象定义相对应。"[3]袁方也指出各概念的抽象程度是不同的，抽象程度高的综合概念往往是由一些抽象程度低的低层次概念构成。这些层级之间按照一定的逻辑组织起来，按照这种逻辑，研究者在抽象层次中解释经验层次中的现象。袁方的定义强调概念是抽象与具体的统一，即抽象定义是由具体的经验现象作为支撑的；概念是研究现象的抽象工具，研究者应该注意从现象到概念之间的逻辑，也应注意由低层次概念组成综合概念的逻辑。

---

[1] 〔美〕米歇尔·刘易斯-伯克、艾伦·布里曼、廖福挺主编：《社会科学研究方法百科全书》（第一卷），沈崇麟、杨可、郑晓娟译，重庆大学出版社2017年版，第198页。

[2] 〔美〕艾尔·巴比：《社会研究方法》（第13版），邱泽奇译，清华大学出版社2020年版，第146—174页。

[3] 袁方主编：《社会研究方法教程》（重排本），北京大学出版社2013年版，第55—56页。

第九章 概念界定与逻辑选择

加里·戈茨(Gary Goertz)基于前人的研究,提出了以"三层次框架"为核心的概念界定与分析方法,试图在概念内部的组成部分之间建立起更紧密的逻辑关系。[①] 所谓"三层次框架",就是指概念是由基本层次、第二层次和指标层次这三个层次构成的。基本层次在科学理论和命题中使用,在认知中居于核心地位。之所以称之为"基本层次"而不是更易理解的"名词",在一定程度上是因为戈茨不赞成过分关注概念所使用名词的语义。第二层次是构成或导致基本层次的维度或因素,亦即概念的内涵。指标层次是操作化的层次,可以收集数据,以反映第二层次或基本层次。戈茨的思路是首先有意识地建构基本层次和第二层次,厘清它们之间的逻辑关系,然后选择适当的现实案例或样本,最后再利用指标层次进行测量。

经过了上述介绍和讨论,有必要对这些观点进行大致的整理和分类。以萨托利和吉尔林为代表的学者是从概念的语义出发来定义概念的。他们分析语义变化对概念各组成部分的变化的影响,将名词和概念中的其他部分相对机械地黏合在一起。《社会科学研究方法百科全书》和巴比则是从概念所抽象出的现象出发来界定概念的。他们认为概念是为现象服务的,只要概念的各维度和指标能够将现象界定好,那么概念所使用的名词是无关紧要的。因此,名词并不能算作概念的一部分。袁方的观点对上面两类观点进行了调和,既肯定名词是概念的一个组成部分,又强调概念是对客观现象的主观抽象。进一步地,袁方指出了概念界定(概念生成)的两种逻辑,即从现象到概念的逻辑和从"低层次概念"到"综合概念"的逻辑。他认为这两种逻辑都是抽象的过程。戈茨认为名词的语义是不重要的,这与巴比等人的观点接近。进一步地,戈茨尝试整合了袁方所讨论的两种概念生成逻辑。换句话说,他将概念的组成部分和概念间的层级关系进行了整合。具体而言,一个概念是由上述三个层次组成的。层次中固然会涉及其他概念,这些概念的抽象程度不同,但给定概念中真正的逻辑关系是层次间的因果关系或组成关系,而不是表面上的抽象程度差别。[②] 表9.1简要总结了上述分析。

[①] 〔美〕加里·戈茨:《概念界定:关于测量、个案和理论的讨论》,尹继武译,重庆大学出版社2014年版。

[②] 概念间的层级关系可以从两种角度出发进行分析:一种是如上文所讲,从给定的所谓"综合概念"的内部各层级来考虑;另一种则是分别考虑从每一个"低层级概念"到"综合概念"的过程,其表现为从特殊到一般的过程,而实际依然是由因果关系或构成关系决定。

表 9.1 概念定义的分类

学者/著作	概念的组成部分	概念间的层级关系
萨托利、吉尔林	名词、意义(特征)、指标、参照物(现象);任一部分的变化都会影响其他部分	意义(特征)中内容的增减导致抽象程度变化。概念间的层级关系表现为抽象程度的不同
《社会科学研究方法百科全书》、巴比	概念本身、概念的维度、维度下的指标;概念是对客观现象和事物的测量	表现为抽象程度的不同
袁方	名词、抽象定义、经验内涵;三个部分来自对客观现象的抽象,但三个部分本身也紧密相连	表现为抽象程度的不同
戈茨	基本层次、第二层次、指标层次;概念是客观现象的抽象;层次间由因果关系和构成关系决定	实际由因果关系和构成关系所决定

2. 本书对"概念"的定义

结合上面的介绍,本书认为,概念是对客观现象或事物的主观抽象,而概念界定就是客观现象或事物在人的脑海中形成主观抽象的过程。

关于概念的组成部分问题,特别是名词是否重要,本书认为,虽然不宜过分强调语义,咬文嚼字,但正如约翰·密尔所说,如果放弃了现今形成的各种语言来进行研究,那我们就相当于全盘放弃了前人的文明成果,这种想法和做法是异想天开的。① 事实上,包括巴比和戈茨在内,其所谓的"概念本身"或"基本层次"在实践中的功能与萨托利等人的"名词"作用相当。类似地,戈茨的"第二层次"与其他学者的"特征""维度"等并无本质上的差异;"指标层次"与其他学者的"指标"也无实质不同。再加上"概念"对应"现象"或"参照物",因此,本书认为概念由名词、内涵、指标和外延四个部分组成。其中,内涵可存在若干维度,各个维度共同导致或构成了对应的名词,这些维度则需要通过指标来进行测量。

3. 相关术语说明与辨析

在上面的论述中提到了概念的内涵(intension)和概念的外延(extension),下面我们将对其进行简要说明以便于后文的讨论。此外,在社会科学领域,常常与

---

① 〔英〕约翰·斯图亚特·穆勒:《逻辑体系》,郭武军、杨航译,上海交通大学出版社 2014 年版,第 18—19 页。

概念相伴出现的术语是变量,常常与概念混用的术语是构念(construct),本部分也将尝试对概念、变量和构念进行辨析。

(1) 概念的内涵和外延

所谓概念的内涵就是指概念所涵盖的某事物或现象的特征;外延则是指概念的经验覆盖面,即概念所适用的现实案例。一般来说,内涵决定外延,而外延不能决定内涵。①

(2) 变量

《社会科学研究方法百科全书》中写道:"变量是其值会发生变化的事物,同常量——总是有同一值——相反……变量是事物可观测的特征,可以取几个不同的值,或者可以被置入几个不同的类别。"②这一定义描述了变量的特征,初步指出变量和事物之间的联系,但没有直接解释概念与变量之间的关系。

陈昭全等则将概念和变量放在一起讨论,认为二者既有联系也有区别。他认为"变量是对概念的一种操作化和转化,使得原来抽象的概念能够被观察到并且可以被测量"。他指出,同一个概念可以有多个相对应的具体化变量,这些变量都是可观察和可测量的,它们从不同方面衡量了不可观测和测量的宽泛概念。③ 这一定义描述了概念和变量之间的关系,但概括性仍有所欠缺。

袁方认为"变量是概念的一种类型,它是通过对概念的具体化而转换来的"④,或者说"经过严格界定的概念称为变量"⑤。他进一步指出,变量对应于各种客观存在的事物,是可观察和可测量的,它反映了概念内涵不同维度在不同情况下的状态或属性。虽然变量是否为概念的一种类型尚需推敲,但袁方明确指出了变量与概念内涵之间的联系。

因此,综合上述定义,本章认为,变量是对概念内涵进行操作化和具体化的产物。变量反映了概念的不同维度,对变量的测量则需要通过指标完成。变量的使用是为了观测概念,亦是为了通过探寻变量间的关系,更便利地研究不同概念间的关系。

---

① 这是因为,不同的人观察同一事物(外延)时可能会形成不同的内涵。相关内容可参考〔美〕欧文·M.柯匹、卡尔·科恩:《逻辑学导论》(第13版),张建军等译,中国人民大学出版社2014年版,第111页。

② 〔美〕米歇尔·刘易斯-伯克、艾伦·布里曼、廖福挺主编:《社会科学研究方法百科全书》(第三卷),赵锋、王玥、马妍译,重庆大学出版社2017年版,第1423页。

③ 陈晓萍、沈伟主编:《组织与管理研究的实证方法》(第三版),北京大学出版社2018年版,第70—71页。

④ 袁方主编:《社会研究方法教程》(重排本),北京大学出版社2013年版,第56页。

⑤ 同上书,第129页。

（3）构念

罗胜强、姜嬛认为构念是研究者创造的，以便将现象理论化。[1] 他们认为构念具有以下四个特征：构念是研究者构造出来的；构念是抽象的、不可直接观察的；构念是与理论和模型相联系的；构念应该是清晰而明确的。这一定义强调构念的人造属性和它与研究的关系。

《社会科学研究方法百科全书》中写道，构念是社会科学家用于"解释某一现象的经验资料，或者将某个领域不可观察、不可测量的因素加以概念化，以建构一种理论"[2]。具体而言，作者认为构念有以下三种形式：一个不可直接观察或测量的理念或概念（也即某个理论的某一方面）；从经验资料中推论或建构出来的一个概念，用以从整体上解释一个现象；在其他可观测的经验概念或结果中显现出来的现象或概念的抽象（而非操作性的）定义。这一定义中，作者进一步使用概念来阐释构念的三种形式，暗示构念是概念的一种。

从上面两个关于构念的定义可以看出，在社会科学领域，构念和概念这两个术语有很大的交叉。结合之前对概念的讨论，本章认为，概念是一个更加宽泛的术语，它既可以是千百年来，人们在很大程度上具有共识的一些主观抽象，也可以是研究人员出于研究目的进行严格界定的主观抽象；既可以是可观测实体的主观抽象，也可以是不可观测现象的主观抽象。而构念这一术语则专指那些研究人员主动建构的不可观测事物的主观抽象。然而，在科学研究当中，研究人员虽然会需要使用构念，但常常也需要对人们生活中习以为常的概念进行严格界定。因此，本章主要使用概念这一术语。

表9.2对概念、变量与构念的区别和联系进行了总结。

表9.2　概念、变量和构念的辨析

	与概念的区别	与概念的联系
变量	总是可测量的，概念则不一定	是对概念的内涵进行操作化和具体化的产物；与内涵中的各项维度相近
构念	专指研究人员主动建构的不可观测事物的主观抽象	是概念这个更宽泛术语下的一部分

---

[1] 陈晓萍、沈伟主编：《组织与管理研究的实证方法》（第三版），北京大学出版社2018年版，第425—427页。

[2] 〔美〕米歇尔·刘易斯-伯克、艾伦·布里曼、廖福挺主编：《社会科学研究方法百科全书》（第一卷），沈崇麟、杨可、郑晓娟译，重庆大学出版社2017年版，第222页。

第九章 概念界定与逻辑选择

(三) 概念界定的方法

下面主要介绍界定概念时需要注意的问题。首先,介绍概念界定的原则;之后,介绍进行概念界定时常见的两种组织形式;最后,依据不同的概念组织形式,介绍与之相一致的概念度量方法。

1. 概念界定的原则

(1) 戈茨的三原则

戈茨的概念界定三原则,就是三层次框架的指导原则,即本体论、实在论和因果论。

① 本体论(ontology)。使用三层次框架理论所界定的概念关心的是所描述事物或现象的本质,即究竟是什么构成了这一事物或现象。举例而言,当我们界定什么是"铜"的时候,我们会想到铜的微红色。但是,将铜与其他物质区分开来的本质特征不是它的微红色,而是它独特的原子结构。其原子结构就是铜的本质特征,应该成为"铜"这个概念的核心。微红色只是反映其本质特征的一种指标。再举一个社会科学的例子:经济危机。在经济危机时期,我们总能观察到大量失业。如果我们认可凯恩斯(John Maynard Keynes)的观点,即经济危机发生的本质是供给相对过剩而有效需求不足,那我们就会明白,大量失业其实是反映供给相对过剩而有效需求不足的指标。"经济危机"这个概念的核心应该是"供给相对过剩而有效需求不足"。

② 实在论(realism)。三层次框架理论关心的是实际存在的事物或现象,以这些事物或现象作为概念的基础。三层次框架理论不认为某种事物或现象名字的变化会改变其本质。举例而言,把"铜"叫作"铁"并不会改变铜的原子结构。类似地,大不列颠及北爱尔兰联合王国虽然叫"王国",其实质却是符合西式民主概念的。从这个角度来看,三层次框架理论的实在论是与"唯名论"相对的,反对过分关注概念选用的名词。更进一步,三层次框架理论认为事物或现象的表面特征发生改变,也不会改变其本质。比如,把铜的表面漆成黑色,并不会改变铜的原子结构。类似地,若某西方民主国家将其总统制改成议会制,并不会改变其是一个西方民主国家的本质。

③ 因果论(causality)。概念的核心部分应该成为建构理论假设、解释现象以及推断因果机制的基础和出发点。举例而言,我们只有从铜的原子结构出发,才能解释铜的硬度,而不能通过它的微红色来解释。社会科学中,我们可以用"供给相对过剩而有效需求不足"来解释为什么经济危机中会出现大量失业,而使用股市暴跌来解释大量失业就未必合理。

（2）吉尔林的七原则

吉尔林的七原则相较于戈茨的三原则有所扩展，更加操作化。[①] 他认为，概念界定总是在下列七个原则之间进行权衡取舍：

① 共鸣（resonance）原则，即概念应与通常的用法接近，被人们所熟悉。

② 清晰范畴（domain）原则，即概念涉及的相关术语和概念的外延范围应该清晰而有逻辑。

③ 一致（consistency）原则，即在给定的语境中，同一概念的内涵应该基本保持一致，不能引起歧义。进一步地，在给定的语境中，概念的外延也必须与内涵保持一致，不能有矛盾。

④ 丰富而实在（fecundity）原则，即概念应该总结所涉及的现实事物中共同、实在而本质的部分。

⑤ 区别（differentiation）原则，即给定概念应该能够与其他相似概念区别开来。

⑥ 因果效用（causal utility）原则，即概念应该服务于因果推断。

⑦ 操作化（operationalization）原则，即概念应该是易于测量的。

2. 组织概念

在上述原则的指导下，对概念进行界定时常常采用以下两种形式：充分必要结构和家族相似性结构。

（1）充分必要结构

充分必要结构（necessary and sufficient condition concept structure）就是指概念内涵中的各项维度或条件和测量各维度或条件的指标都是必要的，联合起来则是充分的。换句话说，只要内涵或指标中的任一项条件不满足，概念也就不成立。但事实上，由于指标在实际研究中往往可以互换，并非缺一不可，因此很少出现严格满足充分必要结构的概念。更多的情况是要求内涵中的维度满足充分必要结构。以"国家"为例，那么内涵就包括"一定的政权组织形式""一定的领土""一定的人口"以及"国际社会的承认"。内涵中的每一项都是必要的，联合在一起是充分的，缺少任意一项的实体都不是国家。而指标往往可以互换，例如，不论某国的政权组织形式是君主专制还是民主共和，我们都认为它具有一定的政权组织形式。

观察充分必要结构概念的内涵与外延关系，我们会发现，增加内涵中的条件，

[①] John Gerring, *Social Science Methodology: A Unified Framework*, Cambridge University Press, 2012, pp. 117-131.

其外延会减小或不变;减少内涵中的条件,其外延会扩大或不变。萨托利用"抽象化之梯"(ladder of abstraction)来描述这种内涵与外延的关系。① 当减少内涵的时候,概念沿着抽象化之梯向上移动而变得更加抽象,其外延随之扩大;当增加内涵的时候,概念沿着抽象化之梯向下移动而变得更加具体,其外延随之缩小。戴维·科里尔和小詹姆斯·马洪则在萨托利的基础上,使用"概化之梯"或"一般化之梯"(ladder of generality)来替代抽象化之梯。② 这主要是因为,从语义上讲,抽象往往是与具体或实在相对应的;而一般往往是与特定或特殊相对应的。以"民主制"这个概念来说,当只保留内涵中有关政治制度的条件而去掉其他条件时,沿阶梯向上,我们能得到"政治制度"这个概念;而沿阶梯向下,在内涵中添加"政府首脑对议会负责"等条件,我们能得到"议会制民主制"。这三个概念在抽象程度上有所不同,但语义上更接近从一般到特殊的过程。通过类似的操作,我们可以得到"总统制民主制""半总统制民主制"等位于阶梯下端的概念。这些概念在语义上都表现为在原有概念上添加形容词,而实质上则是增加了原概念内涵中的条件。而在减少概念内涵中的条件时,并不一定会得到阶梯上端的概念,也有可能会使得概念向对立面移动。这时,新概念的内涵虽然与原概念的差别可能也只是少了一个条件,但并不能扩大外延,而是形成了一种全新的外延。这往往是因为去掉的条件是原概念的本质属性之一。以科里尔和史蒂芬·列维茨基关于"亚型民主制"的例子而言,当去掉内涵中公民自由的条件时,我们得到"非自由民主制";进一步去掉竞争性选举的条件时,我们就得到"非自由、控制性民主制";以此类推,最终我们会得到民主制的对立面——威权制或独裁制。③

(2)家族相似性结构

家族相似性结构(family resemblance concept structure)是指概念内涵中的各项维度或条件和测量各项维度或条件的指标并不一定都要成立,只要满足内涵中的一项或几项条件,概念就成立。也就是说,内涵的条件中并不一定有哪一项是必要的。以"福利国家"(welfare state)这一概念为例,其内涵中包括由国家提供的各种产品和服务。亚历山大·希克斯(Alexander Hicks)指出1930年前后的国家只要提供四种服务(失业补偿金、退休养老金、健康保险、工人补偿金)中的三

---

① Giovanni Sartori, "Concept Misformation in Comparative Politics," *The American Political Science Review*, Vol. 64, No. 4, 1970, pp. 1033-1053.

② David Collier and James E. Mahon, Jr., "Conceptual 'Stretching' Revisited: Adapting Categories in Comparative Analysis," *The American Political Science Review*, Vol. 87, No. 4, 1993, pp. 845-855.

③ David Collier and Steven Levitsky, "Democracy with Adjectives: Conceptual Innovation in Comparative Research," *World Politics*, Vol. 49, No. 3, 1997, pp. 430-451.

种就能被称为福利国家。①

对于家族相似性结构的概念,其内涵和外延之间的变化关系相对复杂。假设某家族相似性结构的内涵一共有 m 个条件,当满足其中 n 个条件时($n \leqslant m$),概念就成立。当 n 保持不变时,增加 m,外延会扩大或不变;减小 m,外延会减小或不变。当 m 保持不变时,增加 n,外延会减小或不变;减小 n,外延会扩大或不变。而当 n 和 m 同时发生变化时,外延的变化则不确定。再次以希克斯关于"福利国家"的定义为例。假设我们在失业补偿金、退休养老金、健康保险、工人补偿金这四个条件的基础上再添加一个条件——生育补贴,然后依然要求满足其中三个条件即可算作福利国家。那么,某些提供失业补偿金、退休养老金和生育补贴的国家现在就可以算作福利国家,而其原来是不满足条件的。类似地,当去掉工人补偿金这个条件,要求同时满足剩下三个条件时,容易明白,符合条件的国家数量大概率会减少。关于 m 不变时,n 变化的情况不再一一举例。需要简单说明的是,当 $n=m$ 时,我们就将一个家族相似性结构的概念转变为一个充分必要条件结构的概念。这说明了家族相似性结构与充分必要条件结构之间是用内涵中条件的可替代性联系起来的。

(3) 充分必要结构和家族相似性结构的联系

充分必要结构和家族相似性结构之间是通过内涵中条件的可替代性(substitutability)联系起来的。把充分必要结构放在可替代连续谱(continuum)的一端,另一端则是家族相似性结构。充分必要结构中的内涵和指标都是必要的,是不可替代的;而家族相似性结构中的内涵和指标没有哪一个是必要的,相互可以等效替代。在这两种结构中间,存在着广阔的灰色地带,即各种各样的混合结构。在界定这些混合结构时,我们可以通过对条件进行加权的方式来反映某一条件的可替代程度。假设在家族相似性结构的基础上,我们认为某一条件比其他条件更重要,对其赋予高权重,而对其他条件赋予一致或不一致的相对低权重。那么,我们事实上就构造出了由一个难以替代的条件加上若干较易替代条件组成的结构。在这种结构中,概念想要成立,要么需要满足高权重条件加上较少的低权重条件;要么需要满足众多的低权重条件。类似地,我们也可以在充分必要结构的基础上进行这种操作。举例而言,假设我们欲研究西式民主,认为直接普选制是其必要条件之一,对它赋予最高的权重1。但是,仅考察采取直接普选的国家并不能满足研究需要。退而求其次,我们认为由代表投票的间接选举也是可以接受的,用

---

① Alexander Hicks, *Social Democracy & Welfare Capitalism: A Century of Income Security Politics*, Cornell University Press, 1999. 转引自〔美〕加里·戈茨:《概念界定:关于测量、个案和理论的讨论》,尹继武译,重庆大学出版社 2014 年版,第 25 页。

它替代直接普选时,赋予的权重就要低于1,比如0.8。我们对概念进行度量时,通过调整权重,就可以在一定程度上反映出现实中的种种不同情况。后文将会详细介绍概念的度量与案例选择的问题。

(4)概念各部分间的逻辑关系

首先,指标与内涵或名词的关系。考察这组关系可以类比疾病和症状的关系。指标就像是症状,而内涵或名词就像是疾病。如果说咳嗽、流涕和打喷嚏是指标的话,它们构成的内涵就是上呼吸道感染,而名词就是"新冠病毒引起的疾病"。这样,指标和内涵或名词之间的逻辑关系就是因果关系,即因为先有了内涵,才出现指标。值得一提的是,各项指标既可能需要同时成立才能支撑内涵,也可能可以相互替代,满足其中之一或几项指标即可支撑内涵。

其次,内涵和名词所代表的概念的关系。内涵和名词所代表的概念之间的关系可能是本体论的,也可能是因果论的。换句话说,内涵可能是名词所代表概念的本质组成部分,也可能是内涵导致了名词所代表的概念。举例而言,西达·斯考切波认为"社会革命"(social revolution)是由国家变革、阶级起义和阶级变迁这三个单独来看是必要的、联合起来是充分的条件构成的。[①] 在这里,"社会革命"这个名词下,有三个条件构成其内涵,内涵和名词所代表的概念之间的逻辑关系是本体论的。但是,她认为,"社会革命"亦是由农民起义和国家崩溃直接引起的。因此,也可以将农民起义和国家崩溃视为内涵。在这里,内涵和名词所代表的概念之间的逻辑关系就是因果关系。

总之,概念内部各部分之间的逻辑关系是本体论的或因果论的。界定概念时,对不同逻辑的选择取决于客观事物或现象的性质,亦取决于研究目的。选用不同的逻辑关系和概念组织形式,对于研究中选取的案例有着顺流影响(downstream consequences)。

3. 概念度量

建构概念是为了研究客观事物或现象。那么,研究中的哪些案例应该被包含在所建构的概念之中,哪些案例属于所建构概念的对立面,哪些案例又是与所建构的概念完全不相关的呢?这些问题看似直观,但实际上都与概念的组织形式及度量方法息息相关。一定的概念组织形式应该使用与之相一致的度量方法。更进一步而言,案例选取得恰当与否,对于研究的因果推论具有重要的影响。

(1)概念度量的一致性

[①] Theda Skocpol, *States and Social Revolutions: A Comparative analysis of France, Russia, and China*, Cambridge University Press, 1979.转引自〔美〕加里·戈茨:《概念界定:关于测量、个案和理论的讨论》,尹继武译,重庆大学出版社2014年版,第156—158页。

在实践中,不同组织形式的概念有着与之相符的度量方式。使用与组织形式相一致的度量方式才能帮助我们恰当地确定外延。

第一,考察充分必要结构概念的度量。我们再次以"国家"这个概念为例。首先,假设内涵中的条件都是零一变量,即只有"是"与"否"的区别。那么,满足条件就取"1",不满足就取"0"。根据充分必要结构概念的要求,只有这些条件同时满足时,一个实体才能够被称为"国家",即内涵中所有条件的取值都为"1"时,概念的取值才为"1"。基于此,使用乘法对内涵的取值进行计算才是合理的,因为只要有一项取值为"0",相乘后的取值也就为"0"。乘法计算暗含着逻辑中"且"或者"与"的关系。进一步而言,如果我们允许条件有满足程度之分,即允许取值范围在[0,1]之间波动,乘法计算仍是有效的。例如"国际社会的承认"这一条件,某实体并不一定能得到所有国家的承认。如果由于某种原因,我们的研究需要囊括一些被绝大多数国家承认的实体,这时就不宜使用二分的零一赋值了。假设我们的标准是:只要被世界上90%以上的国家承认,我们就认为这个实体是"国家"。那么,我们关心的就是"国际社会的承认"这一条件取值为0.9或更高的实体。经过类似的乘法计算后,我们最终关心的概念取值也就不能低于0.9。可见,在这种乘法计算中,取值中的最小数起到了决定性作用。同理,反映内涵的指标也可以进行类似的计算。在更为复杂或争议更多的概念中,内涵中乃至指标中每一个条件的取值可能都不是二分的零一变量。根据我们划定的最终概念取值大小的不同,确定的案例也就不同。

第二,考察家族相似性结构概念的度量。我们继续使用希克斯界定的"福利国家"的概念。假设内涵中的条件都是零一变量,满足条件就取"1",不满足就取"0"。根据希克斯的定义,内涵中的四个条件满足其中三个条件就能被称为福利国家。基于此,使用加法对内涵中各条件的取值进行计算才是合理的。这样,只要某一案例的取值大于等于3,它就是一个福利国家。加法计算暗含着逻辑中"或"的关系。进一步而言,如果我们允许内涵中的条件有重要程度之分,即允许取值范围在[0,+∞)之间波动,加法计算仍是有效的。例如,假设我们认为成为福利国家最需要满足的条件是健康保险,对其赋值为6,其他三个条件均为2。再假设取值需要超过7才可以认定为福利国家。在对取值进行相加之后,我们就会发现,最终选取的国家都必须提供健康保险。因为其他三个条件相加以后也只是6,小于7,不满足福利国家的定义。可见,在这种加法计算中,取值的最大数起到了决定性作用。同理,反映内涵的指标也可以进行类似的计算。在更为复杂或争议更多的概念中,内涵中乃至指标中的每一个条件的取值可能都不是二分的零一变量。根据我们划定的概念的取值大小不同,确定的案例也就不同。因此,对家族相似性结构的概念进行度量时应该采用加法来进行计算。在加法计算中,各条

第九章　概念界定与逻辑选择

件取值的最大数起到了决定性作用。

（2）肯定性案例、否定性案例和不相关案例

对概念进行恰当的度量后，我们就需要依照度量结果选取恰当的案例。肯定性案例（positive case）能支持我们对所研究变量关系的假设；否定性案例（negative case）则通常是作为肯定性案例的控制组出现，选择否定性案例的目的是与肯定性案例进行比较以充分证明所研究的变量关系；而不相关案例（irrelevant case）则需要从研究中排除，以避免它们对变量关系的推断形成干扰。本部分将介绍这三种案例的区分与选择。

肯定性案例的总体就是概念的外延。正如我们在上文中看到的那样，肯定性案例的选择通常取决于对概念进行度量后的取值。否定性案例可以理解为肯定性案例的对立面。否定性案例中，概念的取值一定会低于研究者所划定的值。但也不是说所有低于划定值的案例都是否定性案例。低于划定值的案例还存在另外两种可能：第一种是不相关案例；第二种是介于肯定性案例和否定性案例之间的灰色地带。恰当地将肯定性案例、否定性案例和不相关案例区分开来，需要使用"可能性原则"和"范围条件"作为指导。

首先，所谓案例选择的可能性原则（possibility principle），是指选择那些可能解释所研究的变量关系却没有出现这种关系的案例作为否定性案例。这个原则又可以具体分为包容原则（rule of inclusion）和排除原则（rule of exclusion）。所谓包容原则，是指若某案例至少有一个自变量与因变量之间存在相关关系，就应该视为相关案例。再次以斯考切波的"社会革命"为例。斯考切波研究的是"国家崩溃"和"农民起义"这两个自变量，与因变量"社会革命"之间的因果关系。① 她选择了包括英格兰（1640—1689）在内的五个国家作为否定性案例。英格兰之所以是否定性案例，是因为它当时没有出现农民起义，但出现了国家崩溃。那么，基于包容原则，这个案例就应该被算作否定性案例。而所谓排除原则，是指若某案例至少有一个自变量的存在直接预测了所研究的关系不会出现，则该案例就应该被视为不相关案例。排除原则应是优先于包容原则的。再次以希克斯的"福利国家"为例。希克斯发现，贫穷国家中没有福利国家。② 那么，在研究影响福利国家

---

① Theda Skocpol, *States and Social Revolutions: A Comparative Analysis of France, Russia, and China*, Cambridge University Press, 1979.转引自〔美〕加里·戈茨：《概念界定：关于测量、个案和理论的讨论》，尹继武译，重庆大学出版社2014年版，第120—121页。

② Alexander Hicks, *Social Democracy & Welfare Capitalism: A Century of Income Security Politics*, Cornell University Press, 1999. 转引自〔美〕加里·戈茨：《概念界定：关于测量、个案和理论的讨论》，尹继武译，重庆大学出版社2014年版，第123页。

形成的因素时,贫穷国家的作用就是十分有限的。所以,需要将贫穷国家作为不相关案例排除出去。

其次,范围条件(scope condition)帮助我们排除因果模式不同质的案例。科学研究中的变量关系往往是有一定时空条件限制的。超出限制条件后,变量关系就发生改变,理论也就不再成立。经典的例子便是物理学中牛顿力学体系无法解释微观、高速状态下的运动。在社会科学中,继续以斯考切波为例。她说明了她所研究的社会革命不包括殖民地。即便一些殖民地也发生了相似的"社会革命"现象,但这与她所研究的变量关系不同质。

但是,可能性原则和范围条件在实践中有时难以区分。一种简便的区分方法是:可能性原则只从否定性案例中挑选不相关案例进行排除,而范围条件则同时在肯定性案例和否定性案例中寻找不相关案例进行排除。事实上,使用何种方法排除不相关案例并不重要,重要的是通过学习这些方法,深刻理解案例选择对分析变量关系的重大影响。做小样本的案例研究时,不恰当的案例会扭曲或误导我们的分析和推断;而做大样本的回归分析,可能会出现虚假的相关关系,也可能使本来相关的关系变得不再显著。

那么,案例选择和概念界定之间的关系又是什么呢?肯定性案例是概念的外延,否定性案例和不相关案例都是由肯定性案例引出的。而通过操作概念的内涵,可以改变其外延。所以概念界定的过程本身就是一个间接地选择案例的过程。这就是概念贯穿研究始终的顺流影响。

(四)研究中的概念应用

上文介绍了概念和概念界定的重要性及其定义,之后讨论了概念界定的方法。初学者常常忽视概念的重要地位,使用概念比较随意,给读者理解研究意图带来障碍,也给自己的研究留下漏洞。概念界定的方法能够帮助研究者有意识地组织核心概念。在研究中,应特别注意所使用的概念是否容易被理解,是否有清晰的定义,是否在整个研究中保持一致性。从认真使用概念开始,为研究打下坚实的基础。

三、逻辑与逻辑选择

(一)逻辑的重要性

如果说概念是建构思想活动和进行交流沟通的砖石,那么逻辑就是将这些砖石搭建起来的蓝图。即使概念是清晰的,如果言谈举止缺少逻辑,沟通的双方也无法理解彼此。在科学研究中,逻辑的功能既表现为协助研究者做出真实有效的推断,也表现为帮助研究者清晰流畅地将研究成果呈现出来。如果缺少逻辑,研究者将无法选取恰当的论据,不知如何组织论据,更无法得出结论,也就休要谈创造什么公共知识了。

（二）逻辑的定义和分类

在中文语境下,逻辑的含义很宽泛,主要有：客观事物的规律；某种理论、观点；思维的规律、规则；逻辑学或逻辑知识。① 本章关心的是逻辑作为思维的规律和规则。具体地说,可以分为推理的逻辑和论述的逻辑。

1. 推理的逻辑

关于推理的逻辑,我们将引入一部分逻辑学的知识。逻辑学作为"研究人类致知时诸般知性活动的科学"②,较为系统地对正确的思维规则,尤其是推理规则进行了阐释。进一步地,推理逻辑又可分为演绎推理和归纳推理。

（1）演绎推理

演绎推理(deduction)是指其前提必然推出结论的推理。"这种必然性不是一个程度问题,不以任何其他事物情况为转移。"③演绎推理有多种形式,如：

① 直言三段论。直言三段论是指由三个直言命题组成的推理形式,其中两个直言命题作为前提,一个直言命题作为结论。而所谓直言命题,则是陈述某类事物与另一类事物之间的关系。

举例：

> 没有知识分子是文盲。
> 有人是文盲。
> 所以,有人不是知识分子。

② 联言推理。联言推理是与联言命题相关的一种推理形式。而所谓联言命题,则是指"断定几种事物情况同时存在的复合命题"④。联言推理往往通过合成联言命题,或者分解和部分否定联言命题来推出结论。

---

① 陈波：《逻辑学十五讲》（第二版），北京大学出版社 2016 年版，第 26 页。
② 〔英〕约翰·斯图亚特·穆勒：《逻辑体系》，郭武军、杨航译，上海交通大学出版社 2014 年版，第 3 页。
③ 〔美〕欧文·M.柯匹、卡尔·科恩：《逻辑学导论》（第 13 版），张建军等译，中国人民大学出版社 2014 年版，第 35 页。
④ 陈波：《逻辑学十五讲》（第二版），北京大学出版社 2016 年版，第 88 页。

举例：

2 是偶数。

2 是质数。

所以,2 既是偶数也是质数。

③ 选言推理。选言推理是与选言命题相关的一种推理形式。而所谓选言命题,则是指若干种事物情况中至少有一种存在的复合命题。选言推理往往通过肯定或否定选言命题中的一部分来推出结论。

举例：

他今天要么开车去上班,要么乘地铁去上班。

他今天没有开车去上班。

所以,他今天乘地铁去上班。

④ 假言推理。假言推理是与假言命题相关的一种推理形式。而所谓假言命题,则是指"断定事物情况之间的条件关系的复合命题"①。根据充分条件、必要条件和充要条件三种条件关系的不同,假言推理的有效形式也不同。在此仅以必要条件这一形式举一例。

举例：

只有持有护照才能够出境。

他没有护照。

所以,他不能出境。

（2）归纳推理

归纳推理(induction)是指从前提只能或然地推出结论的推理。"这种或然性是一个程度问题,其程度受可能出现的其他事物情况的影响。"②归纳推理有多种形式,如：

① 类比推理。类比推理断定如果两个实体在某个方面类似,那么在其他某个或多个方面也相似。③

举例：

韩国在全面禁止营利性课外补习的经营活动以后,许多原有的经营者将

---

① 陈波:《逻辑学十五讲》(第二版),北京大学出版社 2016 年版,第 96 页。

② 〔美〕欧文·M. 柯匹、卡尔·科恩:《逻辑学导论》(第 13 版),张建军等译,中国人民大学出版社 2014 年版,第 35 页。

③ 同上书,第 702 页。

培训班转入地下,仍在暗处偷偷开班。因而,中国推出"双减"政策,禁止开展义务教育阶段营利性的培训班之后,有可能也会出现偷偷开班的现象。

② 因果推理。因果推理是指"某些结果由假定为其原因的事件所推出,或者某些原因由假定为其结果的事件所推出"①。进行因果推理的具体方法有:简单枚举归纳法、求同法、求异法、求同求异并用法、剩余法、共变法等等。其中,求同法、求异法、求同求异并用法、剩余法、共变法又被合称为"密尔五法"(也称"穆勒五法")。在此,仅简要介绍简单枚举归纳法。简单枚举归纳法是指,观察一个现象的若干实例,若其恒常地伴随有某一特定的事态,则推出这种事态和现象之间存在因果关系。简单枚举归纳法与类比推理十分相似,所不同的只是它形成的结论更为普遍。但是,也应注意,简单枚举归纳法无法解释例外情况,从而会削弱通过此法推出的因果关系。②

举例:

> 观察 100 位肝癌患者,他们都经常大量饮酒。所以,经常大量饮酒会导致肝癌。之后,又观察到 10 位肝癌患者,他们从不饮酒。因此,或许饮酒只是可能导致肝癌。

2. 论述的逻辑

关于论述的逻辑,本章则主要介绍科学论文写作中一般的思维规则。换句话说,是在撰写学术论文时,怎样通过有理有据、行文通顺的论述方式,让读者更容易从中获得信息。

(三) 逻辑的规律和规则

有效的论述逻辑来源于对推理逻辑的正确理解,因此,本部分将首先介绍推理逻辑的规律,再介绍论述逻辑的规则。

1. 推理逻辑的规律

逻辑学共有四大基本规律③:同一律、矛盾律、排中律以及充足理由律。这些

---

① 〔美〕欧文·M. 柯匹、卡尔·科恩:《逻辑学导论》(第13版),张建军等译,中国人民大学出版社2014年版,第707页。

② 同上书,第547—550页。

③ 亦有说法是三大基本规律,即同一律、(不)矛盾律和排中律。至于逻辑学究竟应该有三大基本规律,还是四大基本规律,甚至是根本就没有基本规律,不是本章讨论的主题。对三大规律的一些质疑和讨论,可参考〔美〕欧文·M. 柯匹、卡尔·科恩:《逻辑学导论》(第13版),张建军等译,中国人民大学出版社2014年版,第389—391页。

规律是逻辑学研究和正确思维的根本假定,一般被认为是不证自明的公理。

(1) 同一律

同一律(law of identity)是指"在同一思维过程中,一切思想(包括概念和命题)都必须与自身保持同一"[1]。这一规律要求我们在进行研究时保持三个同一,即概念使用的同一、断言使用的同一以及论题的同一。具体来说,我们在研究中使用同一个概念的时候,其内涵必须保持前后一致;在论述中作为前提或论据等形式使用的一些断言,必须保持前后一致,不能在论述过程中随意更改断言的内容;整个研究必须保持同一个论题,避免在论述过程中转移到其他的论题,以至于研究结论与一开始的研究主题和目的不符。

(2) 矛盾律

矛盾律(law of contradiction)是指"两个互相矛盾的命题不能同真,必有一假"[2]。换句话说,在同一条件下,没有命题是既真又假的。这一规律要求我们在进行研究时,要注意避免在论述过程中使用相互矛盾的论据。举例来说,我们不能既认为作为整体的研究对象中有若干共性,又认为整体中某些个体不具备上述共性。遇到这种情况时,要么整体中根本就没有这些共性,要么个体中都具有这种共性。

(3) 排中律

排中律(law of excluded middle)是指"两个互相矛盾的命题不能同假,必有一真"[3]。换句话说,在同一条件下,每个命题要么是真的,要么是假的,不存在其他可能。排中律看上去似乎和矛盾律是一样的,但矛盾律强调的是避免论述中的矛盾性,而排中律强调的是避免论述中的模糊性。也就是说,我们在研究中必须明确观点,在相互矛盾的观点之间不存在所谓的"中间地带"。另外需要说明的是,互相矛盾(contradiction)和互相反对(contrary)的命题是有区别的,两个互相反对的命题有可能同假。以回答 A 是什么事物这个问题为例:"A 是一把椅子"与"A 是一只凳子"是两个互相反对的命题,A 可能既不是椅子也不是凳子,即两个命题同假。"A 是一把椅子"和"A 不是一把椅子"则是两个互相矛盾的命题,此时这两个命题则必然一真一假,不存在"中间地带"。

(4) 充足理由律

充足理由律(law of sufficient reason)是指"在同一思维和论证过程中,一个思

---

[1] 陈波:《逻辑学十五讲》(第二版),北京大学出版社 2016 年版,第 47 页。
[2] 同上书,第 49—50 页。
[3] 同上书,第 52 页。

想被确定为真,要有充足的理由"①。这一规律要求我们在研究时必须为论点给出真实的论据,而且所给出的论据必须能够推出结论,避免空洞的断言和错误的推论。

2. 论述逻辑的规则②

我们在进行研究和撰写论文时,需要遵循论述逻辑的规则以顺利推进研究并准确表达观点。表9.3 总结了研究中常见的论述模式。

表9.3 七种常见的论述模式

论述模式	逻辑规则	适用条件
从因到果	任何原因都必然导致某种结果	论述的证据中包含造成所研究问题的直接原因
从果到因	任何结果都必然由某种原因引起	论述的证据中包含所研究问题引起某些结果的机制
预示	可辨识的征兆、信号或征象会先于某种结果出现	论述的证据中包含所研究问题的征兆
从个体到总体	对于个体成立的命题,对于总体也成立	论述的证据中所选择的个体具有代表性,能够代表研究问题所界定的总体
从总体到个体	对于总体成立的命题,对于个体也成立	研究问题所界定的个体具有代表性,能够代表证据中的总体
平行案例	当存在两个相似案例的时候,对于第一个案例成立的命题,对于第二个案例也成立	论述的证据中所选择的案例与研究问题所界定的案例足够相似
类比论证	如果两个事物相似,对于其中一事物的结论可以假定为另一事物也适用	论述的证据中所选择案例的某些性质,有助于解释和澄清研究问题所界定的案例中与之相似的性质

资料来源:〔美〕劳伦斯·马奇、布伦达·麦克沃伊:《怎样做文献综述——六步走向成功》,陈静、肖思汉译,上海教育出版社 2011 年版,第 69—73 页。

(1)从因到果

从因到果的论证模式是基于有因必有果的逻辑出发的。写作时,需要先明确提出所研究的作为结果出现的某种现象,再调用证据,仔细论证造成这种现象的原因。

---

① 陈波:《逻辑学十五讲》(第二版),北京大学出版社 2016 年版,第 54 页。
② 本部分参照〔美〕劳伦斯·马奇、布伦达·麦克沃伊:《怎样做文献综述——六步走向成功》,陈静、肖思汉译,上海教育出版社 2011 年版,第 69—73 页。

研究问题示例：

参加校外培训的学生数量增多的原因有哪些？

（2）从果到因

从果到因的论证模式是基于凡事必有因的逻辑出发的。写作时，需要先提出所研究的作为原因出现的某种现象，再调用证据，仔细论证这种行为引起结果的机制。

研究问题示例：

"减负"政策对校外培训市场的规模有何影响？

（3）预示

预示的论证模式是基于一些征兆会先于某种结果出现的逻辑出发的。写作时，需要先提出所研究的某种现象，再调用证据，论述这种现象出现之前的普遍征兆。

研究问题示例：

青少年抑郁症的早期征兆是什么？

（4）从个体到总体

从个体到总体的论证模式是基于对有代表性个体适用的情况，对总体也适用的逻辑出发的。写作时，需要调用证据，论述所选取的个体的各项特征，并证明其具有代表性，从而能够通过对个体的研究论述总体的情况。

研究问题示例：

中国一线城市中参与校外补习的中学生家庭收入如何？——以北京为例

（5）从总体到个体

从总体到个体的论证模式是基于对总体适应的情况，有代表性个体也适用的逻辑出发的。写作时，需要调用证据，系统论述总体的各项特征，从而能够通过对总体的研究，推出其中有代表性个体的情况。

研究问题示例：

科层式官僚组织的一般优缺点对完善某新设立的政府部门有何启示？

（6）平行案例

平行案例的论证模式是基于对某一案例适用的命题，相似的案例也适用的逻辑出发的。写作时，需要调用证据，比较和分析两个案例中相似的决定性因素，从第一个案例推论出第二个案例的情况。

研究问题示例：

韩国校外培训市场的治理政策对中国有何启示？

（7）类比论证

类比论证的论证模式是基于其他领域问题在特定层面上与所研究问题具有相似性质，从而可以帮助解释所研究问题的逻辑出发的。写作时，需要调用来自其他领域的证据，系统论述其特征，比较与所研究问题的相似之处，从而增进对所研究问题的理解。

研究问题示例：

小农精耕细作的生产方式与学生大量参与校外补习有何相似之处？

扩展知识

《墨子》中的论述逻辑

《墨子》是先秦散文从语录体向专论体过渡的一个代表作品。与《论语》和《孟子》不同，《墨子》中的文章结构严密、层次分明，有意识地运用了形式逻辑进行论述。《墨经》六篇明确提出了"类""故""悖""辟""援"等逻辑概念和论述方法，并在墨子的文章中使用。比如，在《非攻》上篇中，墨子应用"类"的方法，从偷鸡摸狗谈到杀人越货，最终谈到攻击他国。墨子认为，既然大家都知道偷窃与杀人是错误的，那攻击他国时掠夺和杀人无数，又怎能是正确和光荣的呢？文章由小及大，层层推进，为论说文的写作提供了有益的经验。

"三表法"也是《墨子》中常用的论述方法。所谓"三表"，是指"本""原""用"。"本"是指古代圣王的言论和做法；"原"是指百姓日常生活之中的感性认识；"用"则是指对国家和人民的实践意义。举例来说，墨子在《非命》中篇中论述"命"的有无。他先是谈到天下治乱与古代帝王的作为有关，而与天命无关；然后谈到古往今来，没有人见过"命"的形态；最后谈到，如果人人信"命"，那人们就不会再努力工作，天下将大乱。"三表法"虽然过于依赖直观的感性经验，有较大的局限性，但在一定程度上仍是有效的认识和检验真理的方法。

《墨子》作为先秦时期的著作，在逻辑和论述方法上尚不成熟，但仍给后世以巨大的启发。比较一下，《墨子》中使用的逻辑和论述方法，与当代社会科学论文中使用的逻辑和论述方法，有何异同。

在实践中,并不一定能严格区分这七种模式。一个复杂的研究往往会对不同模式进行混合使用或是多种模式交替使用。重要的是,这些论述模式能够指导研究者收集相应的证据,厘清论述的过程,使论述的逻辑前后一致,从而得出有效的结论。

(四)常见的逻辑谬误

为了保证研究中论述和推理的逻辑一致而有效,了解可能出现的逻辑谬误是很有帮助的。这里所讨论的谬误并不是一般意义上的与真理不符的错误,而是指逻辑学意义上,前提无法正确推出结论的错误推理。逻辑学家对这些谬误的不同类型进行了总结,它们通常可分为形式谬误(formal fallacy)和非形式谬误(informal fallacy)。形式谬误是违反形式逻辑推理规则的无效推理,非形式谬误则是指"结论不是依据某种推理形式从前提推出,而是依据语言、心理等方面的因素从前提推出,并且这种推出关系是无效的"①。谬误的数量繁多,尤其是非形式谬误,逻辑学家们对各种非形式谬误的命名和分类一直存在争议;而形式谬误则是与三段论逻辑形式紧密相关的。对谬误的详细论述不是本章的主题,但是,其中一些谬误常常出现在社会科学研究中,表现为研究中语言使用不准确、论据与论点不符、变量间关系的错误推断等,所以接下来我们选取了一部分常见逻辑谬误的基本形态进行介绍,以期研究者能够有所警惕。其中,在本章的语境下,形式谬误中选取的例子多为较单纯的推理谬误;而介绍非形式谬误所选取的例子则难以单纯地区分为推理谬误或论述谬误。这是因为非形式谬误中的很多情形往往是推理谬误导致的论述谬误。

1. 形式谬误

(1) 否定前件

否定前件(denying the antecedent)谬误的形式如下:

  如果 A 则 B
  非 A
  所以非 B

如果 A 只是 B 实现的充分条件而不是 B 实现的必要条件,那么否定 A 并不意味着 B 就不能实现。

---

① 陈波:《逻辑学十五讲》(第二版),北京大学出版社 2016 年版,第 297 页。

第九章 概念界定与逻辑选择

举例：

> 如果他会写小说，那么他识字。
> 他不会写小说。
> 所以他不识字。

（2）肯定后件

肯定后件（affirming the consequent）谬误的形式如下：

> 如果 A 则 B
> B
> 所以 A

与否定前件相似，如果 A 只是 B 实现的充分条件，肯定 B 并不意味着 A 一定发生。

举例：

> 如果他会写小说，那么他识字。
> 他识字。
> 所以他会写小说。

（3）中项不周延

"命题述及一个项所指称的全部对象，该项在命题中就是周延（distribution）的。"① 在三段论中，不在结论中出现的中项（middle term）需要至少在一个前提中是周延的，否则结论不成立。

举例：

> 所有教授都是知识分子。
> 所有大学生都是知识分子。
> 所以，所有大学生都是教授。

（4）大项不当周延/小项不当周延

三段论中，在结论中周延的项在两个前提中不周延，则结论不成立。

举例1：

> 所有的苹果都是水果。
> 没有橙子是苹果。

---

① 〔美〕欧文·M.柯匹、卡尔·科恩:《逻辑学导论》（第13版），张建军等译，中国人民大学出版社2014年版，第263页。

所以，没有橙子是水果。

在举例 1 中，"水果"在大前提中不周延，在结论中作为大项（谓项，predicate）周延，因此犯了大项不当周延谬误。

举例 2：

所有的苹果都是水果。
所有的苹果都富含维生素 C。
所以，所有富含维生素 C 的都是水果。

在举例 2，"富含维生素 C"在小前提中不周延，在结论中作为小项（主项，subject）周延，因此犯了小项不当周延谬误。

2. 非形式谬误

非形式谬误发生的原因多种多样，有些是因为语言作为论述和推理的载体本身不准确；有些是因为推理的前提有错误，或前提与结论之间关系很弱甚至完全无关。本节参考陈波[①]以及欧文·M. 柯匹和卡尔·科恩[②]对非形式谬误的分类，将非形式谬误分为三类：含混谬误、假设性谬误和关联性谬误。

（1）含混谬误

含混谬误（fallacy of ambiguity）主要是指有意或无意地使用不准确的语言造成了错误推断。具体而言，含混谬误可细分为概念混淆谬误和构型歧义谬误两种。

① 概念混淆谬误（fallacy of conceptual confusion）。该谬误是指同一个概念在不同语境下会有不同的意思，如果不严格界定就进行使用的话，会造成推理错误。例如，"人人生而平等，男人和女人都是人，所以竞技体育应该男女同组"。这里的"生而平等"原本指的是每个人的法定权利和义务是一样的，而不是每个人的生理结构都是一样的。

② 构型歧义谬误（fallacy of structural ambiguity）。该谬误是指同一句话由于断句不明、指代不明、施受关系不明等原因，形成了不同的理解，从而得出不同的推理。例如，《论语·泰伯篇》中的"民可使由之不可使知之"这句话，不同的断句方法会得出不同的结论。如果是"民可使由之，不可使知之"，其大意是：可以让人民按照统治者的命令行事，不必让人民知道为什么。以此为论据推出的结论便是应该加强政府的权力，不必教化民众。如果是"民可，使由之；不可，使知之"，

---

① 陈波：《逻辑学十五讲》（第二版），北京大学出版社 2016 年版，第 298—314 页。
② 〔美〕欧文·M. 柯匹、卡尔·科恩：《逻辑学导论》（第 13 版），张建军等译，中国人民大学出版社 2014 年版，第 136—194 页。

其大意是：人民要是懂得礼法，就放手不必管；人民要是不懂得礼法，就教导他们。以此为论据推出的结论便是应该教化民众，政府简政放权。

（2）假设性谬误

假设性谬误（fallacy of improper premise）主要是指推理的前提有误或前提中隐含着需要证明的论断，从而导致结论也是错误的。具体而言，假设性谬误可以分为非黑即白谬误、复杂问语谬误、以全概偏谬误、以偏概全谬误四种形式。

① 非黑即白谬误（black-or-white fallacy）。该谬误是指在不是互相矛盾的命题之间，强行进行二选一，忽视本来存在的中间地带。例如，在经济层面经典的政府计划与自由市场之争，一派认为政府应该全面计划各种经济活动，另一派则认为政府完全不应插手经济活动，应全面交给市场自发运行。然而，经过多年的实践，现今大多数国家都采用混合经济，政府计划和自由市场对于经济的健康发展缺一不可，并不是非此即彼的关系。

② 复杂问语谬误（fallacy of complex question）。该谬误是指提问者在问题中预设了一些实际上需要证明的假定，从而有意或无意地造成误导。比如，"富裕家庭积极参加校外补习会造成升学的机会不平等吗？"这个问题预设的假定是：第一，校外补习可以有效提升学生在升学考试中的表现；第二，收入相对高的家庭与收入相对低的家庭相比，在参加校外补习的起始年龄、参加的频次和时长以及课程的质量上，有显著的区别。换句话说，如果校外补习根本就没效果，收入不同的家庭在参不参加校外补习这个问题上根本就没差别，那这个问题也就没有意义。因此，在进行社会科学研究时，需要明确说明乃至论证所研究问题的前提条件。

③ 以全概偏谬误（fallacy of division）。该谬误是指将在总体中成立的命题推向个体时，忽视了对总体的界定，以至于选取的个体不典型或根本就不属于总体，从而导致推理不成立。比如，"中国人会讲中文，那个男婴是中国人，所以他会讲中文"。这一推理忽视了在会不会讲中文这个研究背景下，对"中国人"这个总体隐含着的众多限定条件之一，即语言表达能力完全。在本例中，"中国人"和"中文"作为总体其实都需要进一步界定。因此，在进行社会科学研究时，要严密界定所讨论的总体，仔细选取具体的个体，否则推理的结论就很可能站不住脚。

④ 以偏概全谬误（fallacy of hasty generalization）。该谬误是指当试图通过研究个体的情况来推断总体情况时，选取的个体太少或不典型，从而导致对总体的推理出现错误。比如，假设某发达国家的游客到北京或上海等一线城市旅行，他可能会觉得中国的经济发展水平已经接近或达到发达国家的水平了。但是，如果外国游客到中国西部的乡村或小城镇去旅行，他可能会觉得中国依然比较落后。

因此，在社会科学研究中，典型个案的选取需要仔细地论证和说明。

（3）关联性谬误

关联性谬误（relevance fallacy）主要是指前提与推理结论之间的联系很弱或根本就没有关联。关联性谬误可进一步细分为诉诸不当权威谬误、稻草人谬误、诉诸无知谬误三种。

① 诉诸不当权威谬误（fallacy of appealing to authority）。该谬误是指援引在另一领域权威人士的观点来证明这一领域的问题。科学研究往往是建立在前人研究的基础之上的，援引和讨论权威的观点几乎是研究中不可缺少的一步。但是，权威通常仅限于在特定的领域内拥有深入的认识，而在其他领域并不一定有正确的观点。因此，在论证中，只有在权威人士熟悉的领域中所发表的有依据的观点，才能成为有效的前提和论据。

② 稻草人谬误（fallacy of the straw man）。该谬误主要是指在与他人论辩时，不正面回应辩题，而是歪曲或简化对方的论点，另立一个容易驳斥的观点进行攻击。举例而言，有人提出观点"国家利益决定了国家间的关系"，反对者则说："利益不能决定一切，你和他人之间的关系难道只有利益吗？"在这个例子中，反对者并没有继续讨论是什么影响了国家间关系，而是将原来的观点歪曲成利益决定一切，并用人与人之间的关系替代了本来所讨论的国家间关系。

③ 诉诸无知谬误（fallacy of argument from ignorance）。该谬误主要是指受条件所限，无法被证明为假的命题被认为是真的，无法被证明为真的命题被认为是假的。无法证明真假的命题，应该暂时搁置对其判断。不能被证实不是证伪的理由，不能被证伪同样也不是证实的理由。举例而言，不能证明外星人不存在，不是外星人存在的理由；不能证明外星人存在，也不是外星人不存在的理由。在科学研究中，一旦使用无知作为论证的理由，就犯了诉诸无知谬误。

现实中的逻辑谬误还有很多，在这里，我们选取和介绍了一些在社会科学研究中常常出现的谬误，旨在帮助研究者做出真实有效的论证，减少错误的发生。

（五）研究中的逻辑应用

上文介绍了逻辑的重要性、定义和分类，之后介绍了逻辑的规律和规则以及常见的谬误。初学者的研究逻辑常常不清晰、不连贯、不一致。这可能是因为研究者没能事先按照一定逻辑设计好研究计划，抑或是研究者在撰写研究论文时想当然地省略了部分推理环节。学习逻辑学，能够帮助研究者把握思维的规律和规则。在研究中，应特别注意使推理逻辑有效而连贯，并保持论述逻辑一致。

第九章　概念界定与逻辑选择

关键术语

概念	概念的内涵	概念的外延	构念
充分必要结构	家族相似结构	逻辑	演绎推理
归纳推理	同一律	矛盾律	排中律
充足理由律	谬误	形式谬误	非形式谬误
含混谬误	概念混淆谬误	构型歧义谬误	假设性谬误
非黑即白谬误	复杂问语谬误	以全概偏谬误	以偏概全谬误
关联性谬误	诉诸不当权威谬误	稻草人谬误	诉诸无知谬误

思考题

1. 如何界定一个概念？
2. 从概念界定的角度来看，研究中应如何选取样本或案例？
3. 从概念度量的角度来看，如何理解回归分析中自变量前的系数？
4. 如何根据论据和研究目的选择论述逻辑？

延伸阅读

Giovanni Sartori, ed., *Social Science Concepts: A Systematic Analysis*, Sage, 1984.

John Gerring, *Social Science Methodology: A Unified Framework*, Cambridge University Press, 2012.

〔美〕D. Q. 麦克伦尼：《简单的逻辑学》，赵明燕译，浙江人民出版社 2013 年版。

经典举例

（一）〔美〕罗伯特·D. 帕特南：《使民主运转起来：现代意大利的公民传统》，王列、赖海榕译，中国人民大学出版社 2015 年版。

1. 研究背景、问题和结论

由于我们在第十四章"定量实证研究"的"经典举例"部分，也将以这本书为例来讨论定量实证研究的方法选择、研究设计与操作流程、质量保证等问题，并将对这本书的研究背景和问题进行较为详细的介绍，所以这里只做简单介绍。

1970年,意大利创设了地区政府。这一罕见的制度变化使得作者有机会从零开始,"长期地、系统地研究制度怎样发展以及怎样适应其社会环境的问题",即研究不同地区制度绩效不同的原因。作者发现,新创立的地区政府已经开始发挥作用,但意大利北部的制度绩效显著高于南部的制度绩效。在分析过经济、社会和历史因素以后,他认为,社会资本的不同是制度绩效在意大利存在南北差异的重要原因。

2. 核心概念的界定

作者先是在书中明确界定了"制度绩效"这一概念。书中所研究的制度是新创设的一级政府,所以作者研究的其实是政府绩效。然后,作者将政府绩效分为3个维度,3个维度又由共计12个指标进行测量。表9.4展示了作者对政府绩效的界定。

表9.4 政府绩效的概念界定

概念的组成部分	具体内容		
名词	政府绩效		
内涵	政策的制定	政策的颁布	政策的实施
指标	内阁的稳定性 预算的及时性 统计和信息服务	立法改革 立法创新	日托中心 家庭诊所 产业政策工具 农业开支能力 地方医疗保健单位支出 住房与城市发展 官僚机构反应的灵敏度
外延	意大利的20个地区政府		

资料来源:〔美〕罗伯特·D. 帕特南:《使民主运转起来:现代意大利的公民传统》,王列、赖海榕译,中国人民大学出版社2015年版,第72—83页。

3. 论述逻辑的选择

就研究的论述逻辑来说,作者主要使用了从因到果的论述逻辑。作者首先观察到新制度产出了绩效,便开始探究制度产生绩效的机制以及如何衡量绩效。进一步地,作者观察到不同地区政府的绩效有显著区别,于是作者开始探求和论述造成这种区别的现实原因和历史原因。

整本书观点清晰,语言流畅易读。作者对于政府绩效的概念界定清楚,对内涵中各维度和各项指标的选择都进行了相应的解释。作者的逻辑连贯,系统论述了现象和原因以及中间的传导机制,一步步环环相扣,让读者能够跟随作者的思路一同思考。

(二) 詹姆斯·M. 布坎南、戈登·图洛克:《同意的计算:立宪民主的逻辑基础》,陈光金译,上海人民出版社 2017 年版。

詹姆斯·M. 布坎南(James M. Buchanan)是当代美国著名经济学家,公共选择学派代表人物,1986 年诺贝尔经济学奖获得者。曾在佛罗里达州立大学、弗吉尼亚大学、弗吉尼亚理工大学、乔治·梅森大学等多所高校任教。布坎南一生著作颇丰,代表作有《同意的计算:立宪民主的逻辑基础》(*The Calculus of Consent: Logical Foundations of Constitutional Democracy*)、《公共物品的需求与供给》(*The Demand and Supply of Public Goods*)、《成本与选择:一个经济理论的探讨》(*Cost and Choice: An Inquiry in Economic Theory*)等。

戈登·图洛克(Gordon Tullock)是当代美国著名经济学家,公共选择学派代表人物。曾在南卡罗来纳大学、弗吉尼亚大学、弗吉尼亚理工大学、乔治·梅森大学、亚利桑那大学等多所高校任教。图洛克一生笔耕不辍,代表作有《官僚体制的政治》(*The Politics of Bureaucracy*)、《同意的计算:立宪民主的逻辑基础》、《寻租》(*Rent-Seeking*)等。

1. 研究问题

布坎南和图洛克意在建构一个集体选择理论。与传统政治学常以群体或阶级作为分析对象不同,他们建构的集体选择理论在方法论上是个体主义(个人主义)的,即以个人为分析对象,使用"经济人"假定,推演其参与集体行动时的行为。该理论推断,一个理性的人在决定是否将某种人类活动交由集体决定时,会考虑这一选择带来的决策成本和外部成本,并寻求将这两种成本最小化。不同的集体决策规则有不同的成本,理想情况下,只有当这种成本小于各个个体自由行事的成本时,集体行动才会发生。

2. 核心概念的界定

在这本书中,最为核心的概念包括个人、决策成本和外部成本。作为研究对象的个人,其内涵为:在交换中面临现实的选择时,会选择"更多"而不是"更少"的人。决策成本的内涵为:个人预期自己参与某项有组织活动而引致的成本。外部成本的内涵为:个人预期不受其控制的他人行动给自己造成的成本。由于这本书属于规范研究,核心概念的指标和外延并不是作者关注的重点,但并不代表这些概念无法找到指标和外延。以决策成本为例,衡量决策成本的指标可以是个人参与决策活动所花费的时间和金钱的数量。决策成本的外延则可以是各种各样的决策活动。

3. 研究逻辑

这本书在建构理论的过程中主要使用演绎推理。从个人"趋利避害"的基本假定出发，推出集体行动会在其成本小于个人自由行动时发生。进一步地，作者对集体行动中不同的决策规则进行分类，采用对个人同样的假定，推断在不同决策规则下个人行为的变化。

这本书为研究集体行动提出了一个经济学的理论模型，将人们在公共事务中的活动也看作一种考虑成本—收益的交易，开拓了一个全新的研究视角。它能够给读者以启发，使其重新思考日常各种集体行动背后的逻辑。

第十章　定性与定量测量基础

本章要点
- 理解测量的重要性及其要素;
- 明确定性与定量测量的异同;
- 掌握测量的基本方法和过程;
- 掌握测量质量评价和保证的基本方法。

一、导　言

测量是研究尤其是实证研究的重要步骤之一。测量的重要性不仅体现在资料收集和资料分析中,而且体现在其是研究尤其实证研究的基础。测量通过将抽象的理论概念逐层分解为具体的可量化或质性描述的指标,可以使抽象的、不可直接实际观测或描述的社会现象,以具体可测或可描述的方式表达出来,便于进行实证或经验研究。因此,测量的方法和技术也成为我们开展研究,尤其是实证研究不可或缺的利器。

一般来说,我们可以很容易地测量年龄、收入、性别、种族等,但是在研究中,很多抽象的概念是无法直接进行测量的,如公众态度、社会变迁、政府绩效、社会资本、政治参与等。因此,需要通过测量过程,将概念具体化为可测量的指标,从而进行研究。相比较而言,虽然在定量研究中测量的使用更加频繁,但这并不代表定性研究就不需要进行测量。在定性研究中,各种类别、类型化的分析或描述本身就带有初步或初级测量的意味,如果在其中使用相对更为清晰化的测量,就可以在一定程度上使研究结果更加准确和更有说服力。

二、测量的定义、要素和特征

(一)测量的定义

在日常生活中,我们随处可以接触到各种形式的测量(measures)。有一些测量比较简单,且易于执行,比如测身高、物品重量、水的质量等。这些测量所使用的测量工具是我们常用的,比如米尺、电子秤、量杯等,不需要专业的人员操作也可进行。有一些测量则比较复杂,比如测血常规,需要具备专业知识的医生使用专业化的设备进行测量。总之,以客观实体为对象的测量相对容易做到,也比较容易研发出精确、有效的测量工具。

但是,对很多抽象概念(例如人的心理感知、公众态度等)的测量就没有那么容易做到了,而这也是现代测量学者着重要解决的问题。一般来说,现代测量学的起源可以追溯到统计方法和心理物理学两个根源。统计学的不断发展使得社会科学的研究能够实现相对量化的分析。例如,统计学的早期开拓者之一阿道夫·凯特勒(Adolphe Quetelet)在他的犯罪研究中提到了"概念的操作化",并就人的"道德素质"概念提出操作化方案。[①] 同时,社会科学中测量的发展也借鉴了心理物理学,比如定量研究中态度量表的设计就来源于心理学。那么,什么是测量呢?

美国学者史蒂文斯认为测量是制定某种规则和统一标准,把数字或符号分派给调查对象。[②] 我国学者袁方认为,"所谓测量就是对所确定的研究内容或调查指标进行有效的观测与量度。具体地说,测量是根据一定的规则将数字或符号分派于研究对象的特征(即研究变量)之上,从而使社会现象数量化或类型化"[③]。风笑天也认为,"测量就是根据一定法则,将某事物或现象所具有的属性或特征用数字或符号表示出来的过程"[④]。

无论在定性研究还是定量研究中都需要测量,而且对很多研究对象的特征(研究变量)的初步的、定性化的分类描述(亦即初步测量)本身就是更具体和量化的定量化测量的基础,故我们认为测量的初步往往是对研究对象特征的类型化或符号化表示,之后才是定量研究更多关注的数字化表示。在此基础上,再借鉴和综合以上所列举的其他学者的定义,我们认为,**所谓测量就是研究者依据一定的规则(或法则)等使用符号或数字对研究对象的属性或特征(研究变量)进行描述的过程**。

当然,需要再次明确的是,在我们的定义下,无论定性还是定量实证研究都需要进行测量。在定性研究中,既可以像定量研究那样,测量性别、年龄、职业、宗教信仰、婚姻状况等个人基本信息,以辅助研究;也可以通过测量进一步明确研究的

---

① 袁方主编:《社会研究方法教程》(重排本),北京大学出版社2013年版,第32页。
② S. S. Stevens, ed., *Handbook of Experimental Psychology*, Wiley, 1951, pp. 1–49.
③ 袁方主编:《社会研究方法教程》(重排本),北京大学出版社2013年版,第122页。
④ 风笑天:《社会调查方法》(第二版),中国人民大学出版社2016年版,第54页。

各种变量及其相互关系,进而辅助研究过程中的理论建构,并使得定性研究的资料可以进行系统分析和比较。比如,在设计半结构化访谈提纲时,可以根据所测量的研究对象的特征和属性形成抽象概念,将其划分为不同维度,并随着整个研究过程的推进不断地进行补充和修正,从而发展新的概念和理论。

测量对于定量研究来说更是必不可少的环节。在定量研究中,通常通过测量将概念转化为可测量的指标,从而获得数据资料并进行统计分析。例如,在定量研究中,研究者如要测量人们对某事的态度,可以将其分为"非常支持、支持、无所谓、反对、非常反对"五个等级或更多等级,从而将"态度"这一抽象的概念量化为可测量的指标。同理,这一方法也可以用来测量政治参与、社会阶级、城市化规模、社会参与程度等抽象概念。

(二)测量的四要素

从上述定义中不难发现,测量必须具备四个不可缺少的要素:测量客体、测量内容、测量法则、符号或数字。故此,我们有必要对构成测量的四要素进行介绍。了解这四要素,也能帮助我们更好地理解测量的定义。

1. 测量客体

测量客体即测量的对象,回答的是"测量谁"的问题。测量的对象或客体往往是研究中研究者所要考察的真实存在的事物或现象,亦即研究对象,但是其特征或属性需要研究者使用符号或数字进行描述,以展开进一步的研究。举例来说,如要研究公务员对自身工作的满意度问题,则公务员就是测量客体。而且,在政治学与公共管理研究中,根据研究问题的不同,学校、社区、政府部门等组织机构以及消费者、老年人、退休职工等个体或社会群体等,都可以作为测量客体。

2. 测量内容

测量内容即测量客体所具有的某种特征或属性,回答的是"测量什么"的问题。虽然我们要对客体进行测量,但我们要测量的对象并不是客体本身,而是这一客体所具有的某种属性或特征。例如,将公务员作为测量客体,而公务员本身无法进行测量,构成测量内容的是公务员所具有的特征,比如职位、职级、经济收入、家庭情况等。再比如,虽然在政治学与公共管理研究中,我们可以将个人、社区、组织及社会群体等都作为测量客体,但我们要测量的却不是它们本身,而是它们所具有的某些特征或属性。

3. 测量法则

测量法则即使用符号或数字描述研究对象的属性或特征的统一标准,回答的是"怎么测量"的问题。而且,这一标准是在具体测量过程中所依照的标准。例如,衡量学生成绩可以采用百分制,这里的百分制就是测量法则。在政治学与公共管理学研究中,测量法则需要依照概念的界定和操作化来确定。例如,测量人们的婚姻情况和社会化程度采用的测量法则就是不同的。测量人们的婚姻情况时,可以用"是否结过婚以及是否仍然处在婚姻状态"的标准把婚姻情况划分为未婚、已婚(有配偶)、丧偶、离婚四种类型;测量人们的社会化程度既可以根据"人们社会化程度的高低"的标准将其划分为高、中、低三个等级,也可以从低到高将其分为1—5共五个等级。总之,测量四要素中最难的就是测量法则。法则不仅给研究者的测量以方向的指引,而且直接决定了研究者将得到的测量结果。

4. 符号或数字

符号或数字即可以用来表示测量结果的工具,回答的是"如何表示结果"的问题。一些测量的结果可以以文字或符号的形式进行表示,如公众对某事的态度(非常支持、支持、中立、反对、非常反对)、民族(汉、满、回等)。另一些测量结果则经常以数字的形式进行表示,如年龄、家庭成员数、身高、收入等。当然,为了便于统计分析,一些用文字表达的测量结果有时也可以被赋予数字形式;但是,需要注意的是,这样的数字不是真正的数值,不具备实际意义,不能进行运算。

(三) 社会测量的特征

与在自然科学研究中的测量相比,由于社会测量(包括政治学与公共管理学研究中的测量)经常需要测量的对象及其属性或特征都与人相关,因此具有明显的特殊性。具体而言,社会测量有如下几个比较明显的特征。

1. 社会测量具有一定的主观性

在自然科学中,测量的对象主要为客观实体;但在社会科学研究中,测量对象和测量者在很多情况下都是人,而人具有主观意识,这就使得社会测量不可避免地带有一定的主观性。比如,在进行访谈时,经常有受访者倾向于报告好的方面,而对不好的方面避而不谈;再比如,在进行研究时,测量的内容多为人们的社会行为及由这些社会行为产生的社会现象,它们本身就是在与环境、与群体等的互动过程中形成的。因此,与自然科学研究的测量相比,社会科学研究的测量更容易受到主观因素和外界环境因素的影响。

2. 社会测量的法则难以标准化和统一

由于社会测量的对象特殊、测量者的背景差异等诸多原因,社会测量的量化程度相对较低,可重复性也相对较差。① 特别地,在社会科学的建立和发展过程中,学界或学者们对很多研究对象尚未达成一致共识,也不具有适用多种情形的测量工具和标准。例如,对于什么是民主,人们往往就有多种不同的认识。因此,在这种情况下,就可能会出现不同的学者对同样的概念采取不同的测量法则的情形。

3. 社会测量量化和精确化程度有限

由于社会测量的法则和标准难以统一,故其测量往往也很难达到自然科学中所追求的那样高的量化和精确化程度。例如,在进行物理研究时,很多精密仪器测量出来的数值可以精确到小数点后的很多位,而这在社会科学中很难做到。而且,在社会科学研究中有大量的概念,如性别、婚姻状况、家庭结构等,对其测量后得到的测量结果都为定类变量,即只是进行一种类型的划分。

三、测量的类型

测量的类型既可以从测量的性质来划分,也可以从测量的层次来划分。一般而言,从测量的性质来划分,可以分为定性和定量测量两种类型;从测量的层次来划分,和本书第四章中所讨论的四种变量类型——定类变量、定序变量、定距变量、定比变量相呼应,可以分为定类测量、定序测量、定距测量、定比测量四种类型。

(一) 依据测量性质的划分

虽然定性和定量研究都会进行测量,但由于采用不同的研究方法和数据类型,它们经历的测量过程也不同。一般而言,在定性研究中,测量并不是一个单独的研究步骤,而是贯穿在资料收集的整个过程中;在定量研究中,测量是研究过程中的一环,一般在收集资料前就已设计好方法来测量变量。表10.1从测量发生时间、测量资料的形式、测量与概念和数据的连接三个方面对定性测量和定量测量进行了简单对比。

表10.1 定性测量与定量测量的比较

	定性测量	定量测量
测量发生时间	一般与数据收集同时进行	一般独立于且早于数据收集

---

① 风笑天:《社会调查方法》(第二版),中国人民大学出版社2016年版,第56页。

(续表)

	定性测量	定量测量
测量资料的形式	依靠定性资料,形式多样化,如数字、口述文字、图像、符号、影音等	依靠定量资料,大多以数字的形式呈现
测量与概念和数据的连接	一般在整个研究过程中都在考虑概念的测量,在研究中不断修正概念,用持续和相互作用的过程联结概念和数据	一般在收集资料前就考虑清楚测量问题,明晰概念,用测量技术连接概念和实证数值

(二) 依据测量层次的划分

1951年,美国心理学家史蒂文斯创立了被社会科学界广泛采用的测量层次分类法。他将测量尺度划分成了定类尺度、定序尺度、定距尺度和定比尺度这四种类型;与之相对应,也将测量层次划分为定类测量、定序测量、定距测量、定比测量四种类型。当然,依据这四种类型的测量而产生的相应的变量,就是本书第四章所讨论的定类、定序、定距、定比四种变量类型。

1. 定类测量

定类测量(nominal measures)是四种测量类型中的分类级测量,也被称为类别测量或分类测量,它是测量层次中最低的一种。定类测量在本质上是一种分类体系,即将研究对象的不同属性或特征加以区分,标以不同的名称或符号,以确定其类别。可以将定类测量分为两种:标记和类别。

标记可以作为识别研究对象的符号。当然,当数字被当作标记来使用时,它不能用来表示数量,也不可进行运算。例如,学生的学号就是用来区分学生的,不能进行运算。

类别可以对变量的不同状态进行度量,如性别(男、女)、职业(学生、公务员、教师、工人等)。与标记不同,类别区分可以表现出测量对象的某些本质特征。例如,测量到某名学生的学号是5号并不能因此加深对他的了解,但是如果我们能够测量到某人是男性或其籍贯,我们就能够了解到他的一些特征。当然类别也可以通过数字的形式表现出来,从而便于进行统计分析。此外,由于定类测量实质上是一个分类体系,因此需注意所划分的类别要兼具穷尽性和互斥性(详见第四章),以确保每一个对象都会包含在有且仅有一个类别里。在政治学与公共管理学研究中,有很多变量都是定类变量,因此分类测量是政治学与公共管理学研究最基础和最常用的测量操作。

2. 定序测量

定序测量(ordinal measures)是四种测量类型中的次序级测量,也被称为等级测量或顺序测量,它是对测量对象的等级或次序的鉴别。它比定类测量更高一个层次,获得的信息也更丰富,但是也只能够比较大小,不能够进行数学意义上的运算。定序测量可以按照某种特征或标准将研究对象排列出大小、高低、先后、强弱的顺序。

定序测量不仅能够区分研究对象的类别,而且能够反映研究对象的高低、大小、先后、强弱等在等级次序上存在的差异。同时,为了便于分析尤其是统计分析,可以使用数字来表示这种等级次序。例如,在了解人们的满意度时,用"1、2、3、4、5"来表示"非常满意、比较满意、一般、比较不满意、非常不满意"。当然,正如前面已经反复指出的,这些数字也并非数值,只是作为一个代号来使用。

3. 定距测量

定距测量(interval measures)是四种测量类型中的区间级测量,也被称为等距测量或区间测量。定距测量兼具定类测量和定序测量的特征,它不仅能够将研究对象区分为不同的类别和等级,而且可以确定不同等级的间隔距离和数量差别。此外,定距测量的每一等级间的间隔距离是相等的,其测量结果也可以用具体的数字来表示,可以进行数学上的加法和减法运算。例如,如果我们通过测量知道,人均月收入在2000年为1500元,在2010年为2500元;由于2500-1500=1000,那么我们就可以说,2010年的人均月收入比2000年增加了1000元。同理,我们还可以对人的智商等进行定距测量。

需要特别注意的是,定距变量无真正意义上的零点。这也就是说,虽然定距测量的结果也可以用0来表示,但这个0并不是数学意义上真正的零点。比如,测量出晚上8时北京的温度为0℃,这里的0并不表示"没有温度",而只是表示温度达到了水的"冰点温度"。① 当然,也正是因为定距测量没有真正意义上的零点,所以不能够进行乘法和除法的运算。

4. 定比测量

定比测量(ratio measures)是四种测量类型中的比率级测量,也被称为等比测量和比例测量。定比测量是对研究对象间比例或比率关系的测量。定比测量是测量层次中最高的,除了兼具定类测量、定序测量、定距测量的特征以外,还具有一个有实在意义的零点。因此,它的结果可以进行加减乘除的运算,运算结果也具有实在的意义。例如,测量年龄,甲的年龄为20岁,乙的年龄为40岁,那么可

---

① 风笑天:《社会调查方法》(第二版),中国人民大学出版社2016年版,第59页。

以算出乙的年龄是甲的年龄的 2 倍。再比如，A 城市的失业率为 7%，B 城市的失业率为 5%，那么可以通过运算得出，A 城市的失业率比 B 城市的失业率高 2%。同理，我们也可以使用定比测量来测量出生率、死亡率、民众支持率、国民收入总值、城市人口密度等。

在这四种测量层次中，定类层次最低，定比层次最高。一般认为，高层次可以兼具低层次的特征，可以获得比低层次更丰富的信息；反之则不然。但是，高层次的测量结果比低层次的测量结果的运算难度也更大。

另外，在测量过程中，我们还需要注意一个基本原则，就是一般来说，要尽可能地使用高的测量层次来进行测量，即能使用定比测量的尽量不用定序和定类测量，依次类推。因为高层次的测量不仅可以获得更丰富的信息，而且其结果也能很容易地转变为低层次的测量结果；反之则不然。但也要注意，在政治学与公共管理学的研究中，大部分研究对象都只能进行定类和定序测量。

当然，也并不是所有的研究对象都使用越高的测量层次越好。在选择测量层次时还需要注意以下几点：

① 根据测量对象的特征选择与之匹配的测量层次；
② 根据具体的研究条件选择适合的测量层次，以保证信息的质量；
③ 根据研究的精确度要求和可实现性选择测量层次。

四、测量的程序及方法

社会科学研究中所使用的概念与自然科学不同，经常是高度抽象和模糊不清的，如政治态度、权力、自由、民主、国家发展等。如果不能够将这些抽象概念进一步具体化和操作化，则很难对其进行有效测量。这时，就需要我们将概念逐步具体化和操作化，严格界定为变量，并建构可以直接测量变量的指标。当测量时，无形的概念和构想就可以与从经验上能观察到的技术、过程或者程序连接起来了。在定性研究中，在收集资料阶段，资料和构想结合起来；在定量研究中，一般是从抽象构想出发而以经验资料结束。这样的过程也就是测量的过程，如图 10.1 所示。

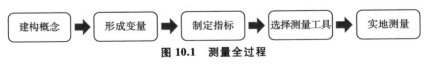

图 10.1　测量全过程

（一）建构概念

研究者在测量中，一般都要经历"概念化"和"操作化"的过程。其中，概念化

(conceptualization)是在现象、想法或构想之上采用赋予概念或理论定义的方式来加以提炼的过程。简单地说,概念也可看作是对事物本质的抽象概括,是人们对某一事物或现象的共识性认识,用来描述研究对象的"共同属性",如政治文化、政党、科层制等。概念的抽象程度存在差异:有的抽象程度相对较低,如性别、年龄、文化程度、收入等;有的抽象程度较高,如行为动机、工作能力、幸福感、选举等。通常,概念的抽象程度越高,理论解释力相对越强,但是对其测量也越困难。

在任何研究中,研究者在给出一个概念的具体定义前,一般都需要清楚了解这一概念的来源及其他学者的定义,并在此基础上明晰它的边界和范围,具体而言,既可以从已有研究中选择一个合适的定义,也可以给出一个新的定义。在政治学与公共管理研究中,由于研究对象本身的复杂性,且这些对象经常会随着社会发展和变迁不断变化,故而相同的概念具有不同内涵和界定的情形相当普遍。这就更需要研究者注意,即使是相同的概念,在不同的研究中,也可能由于分析单位等的不同而出现不同的界定和测量方式。

(二) 形成变量

如果说概念是对事物本质的概括,那么当概念具有两个及以上的取值或范畴时就变成了变量。也就是说,所谓变量就是"变化"的"量",是指概念及其属性所呈现出来的不同类型和状态。由于其对应着具体的事物,所以可被观察和测量。形成变量是进行操作化的关键步骤,尤其在定量研究中至关重要,是抽象概念的可被观察测量的直接体现,也是连接抽象概念与经验资料的桥梁,还是建构研究假设的前提。当然,相对变量而言,也存在单一、不变的常量。在这里,我们主要讨论变量。

依据不同的标准可以将变量划分为不同的类型。按照变量间的因果关系可以分为自变量、因变量和控制变量等。按照取值的分布可以分为连续型变量和离散型变量。所谓连续型变量是指随机变量 X 的所有可能取值不可以逐个列举出来,而是取数轴上某一区间内的任一点,例如城市科技创新指数、人口老龄化率等都是连续型变量;所谓离散型变量是指能按一定次序一一列出,其值域为一个或若干个有限或无限区间,取值只能取离散型的自然数的变量,比如,一次掷 20 个硬币,k 个硬币正面朝上。按照变量的测量层次又可以分为上面提到的定类变量、定序变量、定距变量和定比变量,这些在本书第四章已经有所讨论。当然还有一些其他分类标准。

一般情况下,变量是由概念的抽象定义来界定的,但是变量的测量是经验层次的。因此,要对其进行测量,就需要将抽象的变量定义进行操作化,进一步转化为操作定义。所谓操作定义是指建立一些具体的、可操作的程序和指标来说明如何测量一个概念(变量)。① 在操作化之后,一些抽象程度较低的概念可以直接测量,而一些抽象程度较高的概念则需要进一步建构指标。

(三) 制定指标

将概念界定清晰,并形成变量后,就明晰了概念内涵的大致范围。但由于政治学与公共管理研究中的大部分概念都是高度抽象的,转化为变量后其抽象程度仍较高,因此还需要通过进一步操作化,使其转变为与其内涵相对应的、具体的、可直接观察和测量的指标。所以,操作化通常包括解构概念维度和建立测量指标两个环节。

1. 解构概念维度

一个抽象的概念往往对应一组复杂的社会现象,而并非对应一个或一组简单的可直接观察的社会现象。因此,我们需要将概念划分为不同的维度,即将概念分为不同的层面。比如,可以将"精神面貌"这一抽象的概念划分为信心、乐观、诚意、一体感以及祸福与共的意愿这五个维度进行观察与测量。② 但需要注意,维度仍属于理论范畴,还需进一步下降到指标和量表这样的经验层次。

2. 建立测量指标

指标可以精细地描述研究对象的某一特征。将概念从抽象层次转化到经验层次就是要寻找一组指标来说明概念的特征。在这一环节,需要进一步考虑如何测量变量及选取哪些指标来进行测量。在政治学与公共管理研究中,一个变量往往可以使用不同的指标进行测量。对于抽象程度较低的概念,建立指标相对容易,而对于一些抽象程度较高的概念,则相对较难。除了采用实地观察和访谈等方法,以发展符合实际情况的测量指标外,在实际研究过程中,也常有很多研究者直接寻找和利用前人已有的测量指标。但是,这些指标和量表也可能并不适于自己的研究,这就需要研究者对其做进一步修改。例如,一些西方国家用来测量幸福感的量表就不适合直接用来测量中国人的幸福感,所以需要研究者根据中国的具体情况加以修正后,才可投入使用。

---

① 袁方主编:《社会研究方法教程》(重排本),北京大学出版社 2013 年版,第 176 页。
② 〔美〕劳伦斯·纽曼:《社会研究方法:定性和定量的取向》(第 7 版),郝大海等译,中国人民大学出版社 2021 年版,第 184 页。

（四）选择测量工具

在形成概念维度以及指标建构之后，我们通常需要设计一套测量工具来进行接下来的实地测量。这些工具可以是用于定性研究的访谈提纲、观察提纲等，也可以是用于定量研究的问卷、数据记录表等。这些工具或多或少都会涉及观察项目的设计、问题题项的设计、数据结构的设计等，这些设计过程都离不开对量表的运用。量表是政治学与公共管理研究中最常使用的测量工具，是研究人员对可变结构的强度、方向、水平或效力进行限定，并在连续体上安排相应的观测数据的一种测量工具。量表经常用来测量人们对社会行为及其产生的社会现象的态度和看法，量表中的内容一般是先前形成的测量指标，用以测量被研究者如何思考和感受某个事件或现象，有助于概念化和操作化的过程，尤其在定量研究中使用频率极高。常用的社会科学量表包括总加量表（李克特量表）、瑟斯顿量表、博加德斯社会距离量表、累积量表（古特曼量表）和语义差异量表。接下来，我们介绍在政治学与公共管理研究中常用到的三种量表，即总加量表、累积量表和语义差异量表。

1. 总加量表

总加量表（summated rating scale）是美国社会心理学家伦西斯·李克特（Rensis Likert）发明的，故也称李克特量表（Likert Scale）。总加量表的使用相当普遍，在调查研究中极为常见。该量表是由一组反映人们对某事物或现象的态度和看法的项目组成的量表，是提供有关个人态度定序等级的测量工具。回答者分别对量表中的问题发表看法并选择对应的强度，研究者根据其回答分别计分，最后将所有回答得分加总，所得到的结果表示回答者的态度和看法。这是将人们的态度和看法量化的一种方法。总加量表经常要求人们表示他们同意还是不同意某个陈述，其对应的答案可能是2个，也可能是5个或更多，主要以"非常同意、同意、一般、不同意、非常不同意"这5类或者"非常赞成、赞成、无所谓、反对、非常反对"这5类等形式呈现。接下来，我们用一个研究实例来说明总加量表的使用。该研究意图探索在荷兰的小学教育中，小学校长的官僚主义情况及其内外部影响因素，其中的测量环节就用到一组自我汇报的总加量表，用以测量校长们的个人官僚主义程度，量表详细问题见表10.2。

表10.2 总加量表举例

	非常不同意	不同意	一般	同意	非常同意
1. 即使学校里有些老师绩效表现非常糟糕，学校现有的规章制度也无法使他或她被开除					

(续表)

	非常不同意	不同意	一般	同意	非常同意
2. 在现有的学校规章制度下,很难评价教师的优劣,使得优秀的教师并不能获得更快的晋升					
3. 根据学校现有规定,学校教师的加薪更多是基于资历而不是绩效					
4. 根据学校现有关于工资结构的正式规定,很难给优秀的教师更多的奖金					
5. 学校的人事规则和组织管理程序更容易奖励表现优秀的教师					

资料来源:René Torenvlied and Agnes Akkerman,"Effects of Managers' Work Motivation and Networking Activity on Their Reported Levels of External Red Tape," *Journal of Public Administration Research and Theory*, Vol. 22, No. 3, 2012, pp. 445–471。

2. 累积量表

累积量表(Guttman scale)是心理学家路易斯·古特曼(Louis Guttman)提出的,所以也称古特曼量表。古特曼量表是单维的,量表自身问题条目结构中存在着某种由强变弱或由弱变强的逻辑关系。该种量表克服了总加量表的缺点,不会出现分数相同而态度结构形态不同的现象,每一个量表总分都只有一种特定的回答组合与之对应。通过古特曼量表能够寻找一种特定逻辑模式,如若被研究对象同意一种不容易被接受的观点陈述,那么必然会同意其他容易被接受的观点陈述。不同于李克特量表,它是研究者在收集资料之后用来评价资料的方法,这意味着我们必须以累积量表的技术来设计研究。累积量表的指标测量通常以简单的"是与否"或"存在与不存在"的方式进行,使用的指标可以是3—20个。累积量表的第一步是提出问题陈述和规定分数。提出的问题应是初步调查的结果,每个问题只需回答"是"和"不是"(或"同意"和"不同意"),可以规定"是"或"同意"得1分,"不是"或"不同意"得0分(当然也可以直接对是否的回答进行计数,不用赋值分数)。问题必须是单维的,且具有某种趋强结构。第二步,取小样本试测这些问题陈述的合理性。第三步,将检验的结果按照最赞成到最不赞成的顺序对问题陈述进行排序,并且去掉那些不容易辨别同意还是不同意的问题陈述。第四步,测量和制表。以制作的累积量表为工具,根据被测者回答,统计对每项陈述的频次及频率,并计算相应的系数,包括复制系数(coefficient of reproducibility, CR)和测量系数(coefficient of scalability, CS)。复制系数考察量表是否符合单维度特征,一般需要大于 0.9;测量系数考察被研究对象反应的强弱,反映了量表的一致性程度,一般需要大于 0.6。第五步,对反常现象进行解释。例如,在一项关于住房援助的调查研究中,研究者使用累积量表调查了负责社区发展补助金的行政人员(440 人),通过设置问题陈述,询问他们的社区是否经历过住房和城市发展部在推行住房公平的平权活动或住房援助方面的具体实施活动。这项调查确定了住房和城市发展部用于鼓励住房公平和住房援助的 11 项行动,这些行动形成了累积结构。(详见表 10.3)该量表最后测得的 CR 值分别为 0.928 和 0.921,符合单向维度,体现了问题陈述的强弱变化;测得的 CS 值分别为 0.531 和 0.631,量表一致性较好。

表 10.3 累积量表举例

实施行动	肯定的答复	
	住房公平	住房援助
1. 住房和城市发展部官员已经访问了这个城市并审查该市推行相关活动的表现	400(91%)	419(95%)
2. 住房和城市发展部官员特别强调了提高业绩的必要性	144(33%)	213(48%)
3. 城市收到了来自住房和城市发展部官员的关于需要改善业绩的信	124(28%)	195(44%)
4. 住房和城市发展部官员在随意的谈话中对城市的相关活动表现发表了不利的评论	116(26%)	145(33%)
5. 住房和城市发展部官员表示,除非表现有所改善,否则城市的补助金发放将有条件限制	81(18%)	106(24%)
6. 住房和城市发展部要求城市提供一个具体的时间表或计划来满足这一条件	72(16%)	117(27%)
7. 住房和城市发展部在收到社区发展补助金申请时设置了绩效条件	34(8%)	78(18%)
8. 住房和城市发展部官员表示,除非改善其活动绩效,否则该市将失去社区发展补助金	34(8%)	46(10%)
9. 城市在一次绩效审计中收到了来自住房和城市发展部的审计异常	29(7%)	61(14%)
10. 由于业绩,住房和城市发展部降低了该市的社区发展补助金水平	1(0.2%)	9(2%)
11. 由于业绩,住房和城市发展部不批准社区发展补助金申请	0(0%)	10(2%)

资料来源:J. Massey and J. D. Straussman, "Another Look at the Mandate Issue: Are Conditions-of-Aid Really so Burdensome?" *Public Administration Review*, Vol. 45, No.2, 1985, pp. 292-300。

3. 语义差异量表

语义差异量表（semantic differential scale）最初是由美国心理学家奥斯古德等人于1957年在研究中使用的，主要用来研究概念对于不同人的不同含义。[①] 在政治学与公共管理研究中，语义差异量表主要用于个人间差异、群体间差异、人们对事物或环境的态度与看法差异的研究等。语义差异量表主要由位于量表两端的两组意义相反的形容词组成，同时将每组形容词分为7—11个等级，通过对区间等级的选择来反映人们的态度和看法。该量表主要用于文化的比较研究、个人及群体间差异的研究，以及人们对周围环境或事物的态度、看法的研究等等。语义差异量表所采用的数对形容词要能够考察被调查者对研究对象的感觉和态度的各种要素或各种维度。例如，一项关于公共部门和私人部门员工收入和产出差异的研究使用了语义差异量表让被研究对象自评自己日常工作的感受并打分，详细测量问题见表10.4。

表 10.4 语义差异量表举例

如果从1到5打分，你认为过去一个月你典型的一天是怎样的？						
空闲的	1	2	3	4	5	忙碌的
无成效的	1	2	3	4	5	有效的
无聊的	1	2	3	4	5	使人兴奋的
工作草率的	1	2	3	4	5	工作过度的
不严格的	1	2	3	4	5	苛刻的

资料来源：Laura I. Langbein and Gregory B. Lewis, "Pay, Productivity, and the Public Sector: The Case of Electrical Engineers," *Journal of Public Administration Research and Theory*, Vol. 8, No. 3, 1998, pp. 391-412。

（五）实地测量

在测量方案设计已经准备妥当之后就可以展开实地测量，这实际上也就是实地收集数据资料的过程，而此过程一般是在前期设计好的测量方式的指导下进行的。在定性研究中，我们一般根据前期的概念化形成的概念与维度、操作化形成的观察提纲、访谈提纲、实物列表等工具，以指导实地的测量与数据收集。对于定性研究来说，通常都是自下而上的归纳研究，因此此处的测量方案仅仅作为参考或进入现场收集资料时的"提示"，实际的测量与资料的收集需要因地制宜、随机

[①] Charles E. Osgood, et al., *The Measurement of Meaning*, University of Illinois Press, 1957.

应变,来源于实际现象,扎根于实际资料。在定量研究中,实地测量和收集数据通常会严格运用前期设计好的测量工具来完成,且中途一般不做修正和改变,以保证数据结构、类型等方面的标准化。此外,在正式进行实地测量之前,一般需要对设计好的测量工具做一些检验,比如先进行一组小样本的测量,检测测量工具的信效度并做相关修正。

五、测量的信度和效度

通常,研究者建构的构想和概念是模糊的和难以直接观察的,所有研究者都希望自己的测量具备较好的信度和效度。信度和效度能够帮助我们判断并建立所发现概念的真实性、可靠性或可信性,是测量的中心议题。信度(reliability)是指可靠性或一致性,这意味着在完全一样或类似的条件下,相同的结果能够被复现。测量工具缺乏信度就会产生反复无常、不稳定或不一致的结果。[1] 效度意味着真实性,它指一个概念和真的现实之间"匹配"的程度。效度缺乏意味着我们用来分析社会的构想与社会现实是不匹配的。由于研究类型的不同,我们看待测量工具信度和效度的视角也是不同的。下面我们主要分析定性和定量研究两种情况。

(一)定性测量的信度与效度

1. 信度

定性研究者在收集资料的过程中,通过访谈、录音、照片等多种测量手段和技术来记录他们的研究过程与结果,以确保测量的一致性和稳定性。在研究过程中,由于受到诸多因素尤其是研究者与被研究者之间的互动关系的影响,不同的研究者采用相似甚至相同的测量工具和方法得到的研究结果也不可能完全相同。由于社会科学研究对象的复杂性和不确定性,定性研究并不完全按照定量研究的方式对社会现实进行标准、固定的测量,因此,测量信度往往伴随定量研究出现。

2. 效度

效度意味着真实性,真实性也就意味着可以通过收集社会现实中人们的观点来描述和说明社会生活。定性研究者将注意力投放到社会生活中,希望尽可能地

---

[1] 〔美〕劳伦斯·纽曼:《社会研究方法:定性和定量的取向》(第7版),郝大海等译,中国人民大学出版社2021年版,第184页。

去还原研究对象的真实面貌,尝试在自己的想法与现实发生的事情之间建立联系,从而使测量可以有效地反映出研究对象的特征。因此,在定性研究中,研究者坚持效度的核心原则和真实性特征,但更关注研究的真实性以及能否给出一个无偏的社会事实的陈述,而不是构想与经验的匹配程度或测量效度的计算。

(二) 定量测量的信度与效度

1. 信度

测量信度指测量资料与结论的一致性和稳定性,即测量工具能否稳定地测量出它所要测量的事物。这意味着测量指标产生的数字化结果不会因为测量过程的特性发生变化。定量研究中的信度主要有以下三种类型:

再测信度(test-retest reliability)是跨越时间的信度,指对同一组研究对象采用同一种测量,在不同的时间先后进行两次测量,根据两次测量结果计算相关系数,通过验证研究对象两次回答的一致性来确保研究的信度。理论上认为,研究对象两次测量获得信息没有变化,则重复测量的结果也应该具有一致性。但是实际使用中发现,两次测量间隙发生的事件或活动等会对测量结果产生一定的干扰,导致前后存在一些不一致。

复本信度(parallel-forms reliability)一般用于多重指标的情况中,是指采用两个或两个以上的测量复本对同一组研究对象进行两次或两次以上的测量,考察不同的指标是否能够得出一致的结果,根据反复测量得到的结果来计算相关系数。[①] 复本可以避免再测信度容易受测量间隙事件影响的缺点,但复本的设计非常严格,也不易做到。比较常用的如四六级考试中对同时考试的考生采用不同的卷子。一般按照折半法来检验复本信度,将一次测量的指标按照项目的单双号分成两组,使用这两组测量指标测量同一组研究对象,计算这两组结果间的相关系数。这需要在设计测量项目时就设置出两倍预计测量项目,一定程度上增加了准备工作,且对同一内容采用两种方式测量也会出现重复冗余的问题。

代表性信度(representative reliability)检验的问题是如果用同一个测量工具对不同的组群进行测量,是否会得到相同的结果。如果一组测量指标被用来测量不同组别的群体时(比如不同教育程度、性别、年龄段、职业等),得到的结果都相同,那么它就具有较高的代表性信度。

测量信度不可能完美,研究者只能通过一些技巧去提升信度。一般有四种方法可以提升信度:一是清晰地概念化所有的抽象构想;二是使用精确的测量层次;

[①] 董海军主编:《社会调查与统计》(第二版),武汉大学出版社2012年版,第61页。

三是对一个概念或变量使用多重测量指标;四是使用小规模样本初步实验或开展预调查。

2. 效度

测量效度是指测量资料与结论的准确性,即测量工具确能测量出它所要测量的事物的程度。效度意味着真实性,指一个有关现实的概念与真的现实之间的"吻合"程度。① 如果没有效度,那么研究就是没有意义的。效度的四种类型从不同角度说明了测量的真实性。

表面效度(face validity)指对测量内容的适当性的检查,并鉴别测量内容能否反映所要研究概念的基本内容。② 评估一种测量是否具有表面效度,首先要澄清概念,其次要确定收集的资料是否与该概念密切相关。表面效度是由外行对测验做表面上的检查确定的,即根据常识判断"表面上看起来"是可以测量的,它不反映测验实际测量的内容,只是指测验表面上看来好像是测量所要测的内容。

内容效度(content validity)指一项测验实际测到的内容与所要测量的内容之间的吻合程度。或者说,指测验题目对所要测量的内容范围的代表性程度。内容效度实质上是一个判断问题,判断由概念到指标、由抽象层次下降到经验层次的推演过程是否符合逻辑。内容效度一般是由专家详尽地、系统地对测验做评价、统计分析而建立的。

效标效度(criterion validity)又称预测效度、标准关联效度、准则效度,指由一些测量标准来确定的效度。对同一研究对象可能存在许多不同的测量方法,如果将其中一种确定为准则,另外一种测量方法就可以以它为标准进行比较以判断其效度,被确定为准则的即为效标(criterion)。需要注意的是,这里有一个前提,即原有的测量标准是有效的。效标效度又可以进一步区分为同时效标效度(concurrent validity)和预测效标效度(predictive validity)。同时效标效度指如果研究者的测量指标与效标的测量得分相近且高度相关,研究就具有同时效度。③ 预测效标效度指如果研究者"能够通过某个指标预测到逻辑上与某个构想有关的未来事件"④,则研究就具有预测效度。

构念效度(construct validity)又称理论效度或建构效度,指通过与理论假设的比较来判断测量工具是否反映了概念与命题的内部结构,即其表达、抽述或测量

---

① 董海军主编:《社会调查与统计》(第二版),武汉大学出版社2012年版,第62页。
② 风笑天:《社会调查方法》(第二版),中国人民大学出版社2016年版,第79页。
③ [美]劳伦斯·纽曼:《社会研究方法:定性和定量的取向》(第7版),郝大海等译,中国人民大学出版社2021年版,第193页。
④ 同上。

的准确性,它以变量之间的关系为基础。构念效度也可以进一步区分为趋同效度和区别效度。趋同效度(convergent validity)是指当测量同一概念时,使用不同的测量工具、不同的测量方法或不同的指标,所得到的结果应该一致或者趋同。①区别效度(discriminant validity)指当测量不同概念或命题时,测量的结果应该不相关。②

(三) 信度与效度的关系

一般来说,信度是效度的必要条件,也比效度更容易得到。需要注意的是,信度不是效度的充分条件,也就是某个概念的测量工具有较好的信度并不能保证其也有较好的效度。信度和效度有时是互补的,但有时也是互斥的,比如当增加效度时会遇到信度降低的现象,尤其对于那些高度抽象、不容易观察的概念来说,尽管测量工具体现了真实性,稳定一致的测量却变得更困难。图10.2用箭靶的类比来形容两者之间的关系。

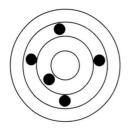 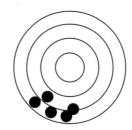 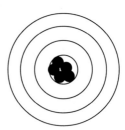

低信度,低效度　　　　　高信度,低效度　　　　　高信度,高效度

图 10.2　信度与效度之间的关系

资料来源:Earl R. Babbie, *The Practice of Social Research*, Wadsworth, 1986, p. 155。

1. 低信度,低效度

信度低的时候,效度一定低。如果在研究工作中所收集到的资料是失真的,不可信也不可靠,那么它必然不能够有效地说明它的研究对象。

2. 高信度,低效度

(1) 信度高,效度未必高。我们可能很准确、可靠地收集到了资料,但是它并不能够说明它的研究对象。例如,我们很准确地测量出了各个时期某城市的外来

---

① 〔美〕劳伦斯·纽曼:《社会研究方法:定性和定量的取向》(第7版),郝大海等译,中国人民大学出版社2021年版,第193页。

② 〔美〕伯克·约翰逊、拉里·克里斯滕森:《教育研究:定量、定性和混合方法》(第4版),马健生等译,重庆大学出版社2015年版,第138页。

务工人员数量,但是并不能够说明他们外来务工的原因。

(2)效度低,信度可能高。我们的测量结果虽然并不能够说明研究对象,但是或许很可靠。比如一项关于当地经济收入的测量未能有效反映某地收入结构,但它有可能可靠地测量出了某地的人均收入。

3. 高信度,高效度

当收集的资料和结论可以有效地说明研究对象时,那么该资料和结论一定也是可靠的和可信的。效度高的时候,信度也必然是高的。

(四)影响信度和效度的因素

1. 调查者

调查者个人的知识水平及偏见、执行测量标准的程度、是否对被调查者施加影响、调查内容记录的认真程度等都会对信度和效度产生影响。

2. 测量工具

测量的效度很大程度上取决于测量标准的效度,比如能否有效测验学生的学习效果很大程度上取决于试卷的效度。因此,在设计指标和量表时要谨慎地选择调查的内容和题目,并对概念的操作定义的有效性进行检查。

3. 调查对象

调查对象的耐心、专注、情绪等状态以及对测量内容的理解程度等也会影响调研的信度和效度。一般而言,调查的时间越长,问题越多、越复杂、越难,信度也会越低。

4. 环境因素及其他偶然因素

当研究者进入现场后,实证研究地点周围的环境、其他在场人员、附近噪声等都可能影响研究效果。

六、测量中应注意的其他问题

对于政治学与公共管理研究来说,测量的设计和实施都是一个比较困难的过程。在这个过程中,除了本章上述内容提到的关于测量的概念、过程和方法外,还需要注意很多其他的因素和原则。比如关于测量工具的问题,我们在测量一个概念或者一个变量时,需要考虑测量指标的互斥性问题:很多时候我们设计的概念维度或指标仍然是抽象的,甚至是相互涵盖的,这就会大大降低测量的信度和效度。此外,关于测量方式选择的问题,我们需要考虑现有的测量方案是否能够达到研究目标,是否能够收集到足够多的数据信息以形成证据和证据链,通常一项研究中会使用到多种测量方式。当然,我们还需要考虑测量结果反常的问题和原因,这在实地研究中十分常见。如何预见并解释测量的反常结果也是值得深思的问题。更细致地,我们将会面临如何记录、如何提问、如何使用测量工具、如何反馈等各种事项,这些在数据收集过程中也十分重要。

关键术语

测量	定类测量	定序测量	定距测量
定比测量	概念化	操作化	总加量表
累积量表	语义差异量表	测量信度	再测信度
复本信度	代表性信度	测量效度	表面效度
内容效度	效标效度	构念效度	

思考题

1. 测量的要素有哪些?请阐述它们的具体内涵。
2. 与自然科学相比,社会科学中的测量具有哪些特点?
3. 社会科学的测量可以分为哪些层次?在选择测量层次时需要注意哪些问题?
4. 测量的程序有哪些环节?如何理解测量指标和测量量表的关系?
5. 信度和效度之间的差别和联系是什么?
6. 如何提高定性测量和定量测量的信度与效度?

延伸阅读

Delbert C. Miller, *Handbook of Research Design and Social Measurement*, Sage, 1991.

Neuman W. Lawrence, *Social Research Methods: Qualitative and Quantitative Approaches*, Pearson Education, 2014.

〔美〕伯克·约翰逊、拉里·克里斯滕森:《教育研究:定量、定性和混合方法》(第4版),马健生等译,重庆大学出版社2015年版。

陈晓萍、沈伟主编:《组织与管理研究的实证方法》(第三版),北京大学出版社 2018 年版。

风笑天:《现代社会调查方法》(第六版),华中科技大学出版社 2021 年版。

袁方主编:《社会研究方法教程》(重排本),北京大学出版社 2013 年版。

经典举例

(一) 定性测量

Anthony M. Starke, "Poverty, Policy, and Federal Administrative Discourse: Are Bureaucrats Speaking Equitable Antipoverty Policy Designs into Existence?" *Public Administration Review*, Vol. 80, No. 6, 2020, pp. 1087−1099.

该研究于 2020 年发表于期刊 *Public Administration Review* 上,调查了官僚主义的行政话语是否如马丁·路德·金博士所设想的那样促进经济平等。作者根据对 1996 年《个人责任与工作机会调解法》颁布前后的国会证词数据的定性分析,探讨公共行政人员作为福利政策话语贡献者的角色,以及由此对争取平等和公民权平等的影响。研究发现,官僚主义的福利政策话语使弱势群体边缘化,尤其是非洲裔美国妇女。

1. 研究背景与问题

福利政策的话语涉及诸如公民、公平和民主等概念,而现有的关于福利政策话语与福利受惠者建构的研究缺乏对公共行政人员在政策制定过程中的话语贡献的足够认识,传统的公共管理将此范围限定在监管和对公共项目的管理上,这种做法使政治和行政之间错误的二分法永久化了。在实践中,公共管理者不只是执行政策和管理项目,还积极地塑造和制定政策。因此,对政策过程的研究不应低估公共行政人员作为决策者的关键作用。基于此,该研究讨论了公共行政人员作为福利政策话语贡献者的角色,以及由此产生的对争取平等和公民权平等的影响。

这项研究审查了参与 1996 年福利改革颁布前后政策讨论的 34 名联邦官僚的国会证词。报告发现,公共行政人员未能充分解决贫困的结构性障碍(如经济趋势、人口变化、低工资、劳动力发展等),却将弱势群体的行为描述为其贫困的主要原因,从而进一步边缘化弱势群体。

2. 研究方法选择

作者使用关键词"PRWORA"和"AFDC"对美国国会文献信息数据库进行了

在线搜索,生成了 1985 年至 1996 年期间公布的国会听证会总清单($N=2628$),据此形成抽样框,并采用定性比较分析方法(QCA)对文本数据进行分析。文本分析的过程包括以下几个阶段:初始工作、类别开发、第一次编码、类别编译、子类别创建、第二次编码和分析。

3. 变量的测量

该研究演绎编码框架的基础是政策设计理论和叙事式政策框架。政策设计理论将受政策影响的人称为"目标人群";叙事式政策框架将他们视为角色,受政策问题伤害的人为"受害者",造成伤害的人为"恶棍"。在福利改革的官僚话语中,目标人群包括受害者、受供养者、恶棍和越轨者,以及任何理论都无法充分定义的第三个群体,这类群体由交叉的社会身份组成。在研究者的编码框架中,一共形成四个待测量变量:(1)必要性,阐明政府行动需要(或缺乏)的因果论证;(2)适当性,上述行动与社会/文化价值观之间的一致性;(3)方法或途径,指拟议的政策干预;(4)接受者的社会建构,即人们或群体的特征、刻板印象、信念和/或形象。这些人或群体的行为和福利对公共政策产生影响。

进一步地,针对每一项概念,作者制定了多类子维度的测量概念或评价指标。"必要性"概念包含了(1)结构性:社会经济和其他体制因素;(2)道德:个人行为或行动维度。"适当性"概念包含了(1)个人主义:个人在自由市场经济和资本主义社会中能够获得成功;(2)社区主义:个体有义务互相帮助和支持维度。"方法和途径"概念包含了四个层面的剖析,分别是(1)威慑:使福利不易被穷人获得;(2)恢复:改变穷人的行为、态度和/或性格;(3)预防:试图在贫困发生前阻止它;(4)援助:向穷人提供现金和/或福利。"接受者的社会建构"概念包含了四个层面的概念剖析,分别是(1)争夺者:不应得和政治上强大;(2)优势的:应得的且政治上强大的;(3)依赖的:应得的和政治上弱势的;(4)反常的:不应得的和政治上弱势的。

(二) 定量测量

Sarah M. L. Krøtel, et al., "Weakening the Glass Ceiling: Does Organizational Growth Reduce Gender Segregation in the Upper Tiers of Danish Local Government?" *Public Management Review*, Vol. 21, No. 8, 2019, pp. 1213-1235.

该研究于 2019 年发表在国际知名期刊 *Public Management Review* 上,作者基于代议官僚理论(the theory of representative bureaucracy),通过定量研究方法探讨"组织扩大对公共部门上层社会性别隔离(gender segregation)的影响",具体来说即回答"组织扩大(招聘新的女性雇员)能否提高丹麦地方政府一般管理层和管理高层的性别代表性"这一问题。

首先,作者在阅读文献的基础上提出以下四个研究假设:

H1:组织扩大(雇员人数)与管理高层中女性比例呈正相关;

H2:当女性在新员工中占比较大时,组织扩大对管理高层女性占比的影响更大;

H3:当组织中现有女性管理者占比较低时,组织扩大对管理高层女性占比的影响更大;

H4:当组织中现有女性管理者占比较低,且女性在新员工中所占比例较大时,组织扩大对管理高层女性占比的影响更大。

其次,在收集数据时,作者采用丹麦劳动力市场研究综合数据库的相关数据,主要包括(匿名)个人雇主信息、工资、职级、工作时间,以及性别、年龄、种族和教育水平等人口统计信息。进入测量阶段,作者用"一年中非管理员工的数量除以上一年的员工数量",对自变量"组织扩大"展开精确测量,值为 1 则表示与去年相比员工数量没有增加或减少,低于 1 表示员工减少,反之表示员工增加。因变量"组织中高层的性别多样性水平",主要测量女性管理者的比例和薪酬水平达前 25% 的管理者中女性的比例。此外,研究还纳入了地方政府层规模、地方税基指标和政治领导等控制变量。

最后,在数据分析过程中,研究采用人口平均面板数据模型来估计组织中女性管理者的比例,通过模型验证上述假设,得出最终结论。

第十一章 定性与定量资料收集和分析基础

本章要点

- 定性资料和定量资料的基本形式和特点;
- 定性资料和定量资料的收集方式;
- 理解定性资料与定量资料分析的异同;
- 掌握定性资料分析的基础流程和方法;
- 掌握定量资料分析的基础流程和方法。

一、导　言

从最宽泛的意义上来说,无论是规范研究还是实证研究,事实上都需要收集资料或数据,并对收集到的资料进行分析。所不同的是,规范研究收集的大都是理论的、规范形式的、方法的数据,而实证研究所收集的资料则主要是经验数据。由于相比较而言,实证研究更依赖资料或数据,而且实证研究有关资料分析的方法在某种程度上也可以被借用到进行规范研究或规范和实证混合研究中,故而在这里我们主要讨论实证研究的资料分析,具体又包括定性资料分析和定量资料分析两种类型。

在实证研究中,研究者往往需要依赖文字、录音、影像、数字等丰富的资料。这些资料从理想类型的角度出发,又可以划分为定性资料和定量资料两种。可事实上,不仅很多资料本身就是混合的,即既有定性资料,也有定量资料,而且就是在定性资料和定量资料内部,也还有具有不同特点的不同资料形式。同时,在实证研究中,资料收集的方式也多种多样,而且往往资料收集方式也意味着研究者采用了不同的具体研究方法。

研究者收集资料的目的是对资料进行分析。因此,资料分析不仅是数据收集之中或之后的重要工作,也是持续推进研究进程的重要步骤。有效的资料分析不仅能够充分发挥资料和数据的价值,有利于研究目的和预期的实现;而且,资料分析质量的高低也直接影响了研究最终结论的可靠性与说服力。具体来说,在定性资料分析中,主要通过转录、整理、登录等手段将原始资料转化为可分析的资料,而后通过编码缩编、类属分析、情境分析等对资料进行深入分析,将资料从经验层次抽象到理论层次,从而建构理论框架,形成新的理论。在定量资料分析中,首先需要对资料进行初步的处理,厘清资料的有效范围,确保资料和数据的真实性、准确性与逻辑一致性,必要的时候可赋予所得资料一定的编码,以便于进行多向比较与统计分析。尔后展开描述性统计、相关分析、回归分析等统计分析和推断,为研究假设提供准确的检验,为研究结论提供有效的佐证。

本章旨在介绍定性资料和定量资料的基本形式、特点和收集方式以及定性资料分析与定量资料分析的异同的基础上,阐明科学研究中定性资料分析与定量资料分析的基础流程与方法,从而为相关研究者提供可操作的方法指南。

二、定性资料和定量资料的基本形式和特点

在介绍资料分析方法之前,我们首先对主要的定性资料和定量资料的基本形式和特点做简要的介绍。在后面章节关于各类研究方法的内容中,读者将会读到关于某种特定研究方法的资料收集方式的详尽叙述。

(一)基本形式

我们通常将资料收集的类型分为两大类,即定性与定量资料收集。简单来说,定性资料一般以文字、图片或实物的形式收集;定量资料一般以数字的形式收集。下面我们分别介绍定性与定量资料的基本形式。

定性资料可以以多种形式呈现,包括照片、地图、访谈记录、观察记录、方法记录、理论思考、备忘录、历史文字记录、档案记录、影像资料、物品等等。一般情况下,我们可以把这些基本的定性资料形式归为两类:一类是基于实地研究获得的资料,比如在民族志、参与式观察、深度访谈等实地研究中,通过主体间互动得到的资料;另一类是基于历史比较研究,观察过去某一段或某几段时间中的现象或文化,在此过程中获得各种不同来源的证据资料,比如现有的统计数据、书籍、日记、档案、照片、观察记录、访谈记录等。

相比定性资料,定量资料的形式比较单一,一般以数字为主,包括但不限于标准化的实验或测验数据、问卷数据、量化的访谈数据、量化的观察数据、二手或现有统计数据、大数据等。定量资料是统计性的,可以用数字进行计数、测量和表示,更加严格和明确。

(二) 特点

定性资料一般是非结构化或半结构化的描述性数据,很难进行统计分析。定性资料主要用于回答"为什么"的问题,例如解释因果关系的产生机理,从定性资料中生成可以用于解释、发展假设的初步理解。定性资料还具有一定的主观性,基于建构主义以及定性研究的主体间性,是带有主观建构色彩的对社会现实的描述。此外,定性资料的收集是建构的、循环的,与数据分析几乎同时发生,能够通过进一步的研究继续补充资料,捕获数字无法表现的内容,进而填补一些重要的空白。

定量资料通常本质是结构化的,是能够用数字进行数理统计的。定量资料能够回答"多少""多大程度"等这样的量化问题,具有较强的确定性和客观性,并适合生成结论性的信息。因此,定量资料具有更高的可靠性,且易于沟通和理解。此外,区别于定性资料的收集,定量资料的收集往往是事先设计好且需要在收集过程中按照测量标准严格执行的,以保证资料的一致性、可比性和标准化。

三、定性资料和定量资料的收集方式

资料收集的方式与研究方法紧密地联系在一起,通常来说,研究方法决定了资料收集的方式,反过来,在研究设计以及方法选择的时候就需要考虑到可行的资料收集方式。本部分主要从大类的角度概览性地介绍定性资料以及定量资料的收集方式。

(一) 定性资料的收集方式

定性资料的基本形式大致可以分成基于实地研究和历史比较研究得到的资料,所以定性资料收集方式也可以分为两大类,即基于实地研究的资料收集和基于历史比较研究的资料收集。实地研究中的资料收集通常是对一群研究对象进行一次或一段时间内的观察和访问,并与这群研究对象产生互动,在观察和访问中形成详细笔记,并进行思考与审视。我们常常提到的调查研究中的访谈和焦点小组的资料收集方法、民族志研究中的观察和非正式访谈、个案研究中的观察和访谈、现象学研究中对体验的深度访谈等,都属于这类资料收集方法。基于历史比较研究的资料收集方式是对相关类型的集合,主要体现为对二手或现有历史资料的收集。研究者们通常支持这样一种观点,即仅仅通过横剖法获得的资料无法很有效地解释研究问题,亦无法捕捉到长期性的动态过程,因此,包含长远历史资料和长期研究视角的解释是更优化的。现有历史资料是以前收集、记录或者遗留下来的资料,研究者必须先找到这些资料,才能基于资料来解释自己的研究问题。常见的收集方式包括查找私人文件、公文、物理资料、归档资料库等。

（二）定量资料的收集方式

定量资料的收集方式一般具有较强的结构和逻辑,主要包括实验(或测验)收集、调查收集,以及非反应研究收集等方式。实验的资料收集方式主要融合自然科学研究中的逻辑和原理展开,一般有十分明确的研究问题和研究设计指导资料收集的过程。实验资料收集可以在实验室中、自然环境中,或者通过问卷展开,一般只需要收集小样本的研究对象的实验资料,通过设计自变量、因变量、控制变量等设计实验组别,展开多组对照实验,从而收集到能够佐证某个变量水平是否对结果产生显著影响的证据资料。调查的资料收集方式在社会科学研究中最为常见,一般的调查研究以问卷为主。此外,定量访谈与定量观察也可以作为调查研究中定量资料收集的方式,这种方法可以在短时间内收集大样本的研究对象对某个观点的态度、行为等方面的信息。最后,非反应研究的定量资料收集主要指不通过实验条件的干预和人为提问的方式获得数据,包括非介入性研究、内容分析、现有统计资料分析、再次分析、大数据分析等研究方法,是一种非互动式的资料收集方式。

四、定性资料分析与定量资料分析的异同

谈到资料分析,人们往往关注较多的是定量资料分析,因为定量资料分析经常采用统计分析的方法来分析资料。相比较而言,定性资料分析一般不采用统计分析的方法。但是,这也并不意味着定性资料分析就没有方法,或者说可以不讲求方法。事实上,定性数据分析虽不强调对资料的统计分析,但也需要采用相当清晰、系统化并且讲求逻辑推理严谨性的方法。① 因此,也可以说,定性数据分析和定量数据分析既具有相似之处,也存在差异性。劳伦斯·纽曼强调了定性资料分析和定量资料分析的四个相同点和四个不同点。我们对这些相同点和不同点进行了重新分析,将其概括成从分析形式、分析方法、核心程序和避免事项四个角度分析的四个相同点以及从技术标准、分析时间、分析目的和资料形式四个角度分析的四个不同点。（见表11.1）

---

① 〔美〕劳伦斯·纽曼:《社会研究方法:定性和定量的取向》(第7版),郝大海等译,中国人民大学出版社2021年版,第453页。

表 11.1 定性资料分析与定量资料分析比较

	比较项	定性数据分析	定量数据分析
相同点	分析形式	两者的分析形式都涉及推论,都从社会生活的经验资料中推论抽象观点	
	分析方法	两者的分析都涉及一种公开的方法或程序	
	核心程序	都进行比较,且比较是核心程序	
	避免事项	都尽可能地避免误差、错误的结论和误导性推论	
不同点	技术标准	使用许多不同的、非标准的技术	使用一些共享的、标准的技术
	分析时间	收集资料的同时进行分析	资料收集完毕后进行分析
	分析目的	进行概念化并建立新的理论	检验已经存在的理论和假设
	资料形式	多是不精确的、含混的、相对具体的资料,且多以文字等形式呈现	多是精确和简洁的抽象资料,且多以数字形式呈现

资料来源:〔美〕劳伦斯·纽曼:《社会研究方法:定性和定量的取向》(第 7 版),郝大海等译,中国人民大学出版社 2021 年版,第 454 页,有改动。

五、定性资料分析的基础流程和方法

正如上面已经指出的,与定量数据分析更多依靠研究者的统计基础不同,由于定性数据不仅资料形式多样,而且内容更加丰富,因此对其的整理和分析不仅相对较为困难,而且较难进行标准化和程序化,需更多地凭借研究者的研究经验和个人经验。也可以说,定性资料分析实际上没有一套完全固定的且能适用于任何场景的程序。因此,具体到这里分析的"定性资料分析的基础流程",主要是介绍定性资料分析基础性的、必要性的流程,读者可针对具体情境以及研究目的选择合适的方法及视角。

考虑上文中提到的定性资料的基本形式和特征及其收集的方式,定性资料的分析需要做好充足的准备。首先,要认识到定性资料的整理和分析是同步进行、往复循环的,不是相互独立的两个部分;其次,由于定性研究往往获取的信息量很丰富,因此需要在阶段性的资料收集完成之后及时开展资料整理和分析,做好备忘录,以获得对资料的整体把握,并且快速计划下一阶段的数据收集方向;最后,正式分析文本等定性资料之前,需要对其进行初步整理归纳,给予必要的归档编号并建立编码系统,做好分析前的准备。

定性资料分析的基础流程是:按照一定的规则将原始定性资料打散,进行浓缩,并通过多种不同的分析策略与技术,将资料整理为一个有一定结构、条理和内在联系的理论系统。定性资料分析(尤其是文本资料)的基础流程一般是基于扎根理论的线性分析模式,即自下而上地扎根于原始定性资料,并通过编码等手段对资料进行逐步抽象,直至形成重要的概念和理论。(见图 11.1)

图 11.1　自下而上的线性资料分析模式

具体而言,首先是总结及包装定性资料。在这个过程中,我们可以将收集到的定性资料转化为统一形式的文件,比如文本资料,并提取文本资料中的重要原始概念,开展编码工作。接下来,在初步概念形成和编码的基础上重新包装和汇集资料,也就是说重新审视原始概念,辨析概念之间的类属关系,从而形成更抽象的概念,也就是类属。最后,基于抽象出的类属和类属关系进一步找到核心类属,构成解释框架或理论,也可以检验研究命题和研究发现。从具体的操作层面来说,定性资料分析主要包括资料整理、初步分析、编码、归类和深入分析、撰写备忘录、建构理论或理论框架等环节。(见图 11.2)

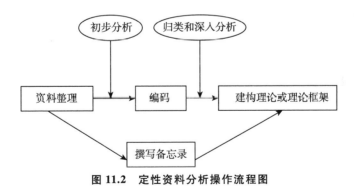

图 11.2　定性资料分析操作流程图

（一）资料整理

定性资料的整理主要包括资料转录、编号归档、阅读原始资料这几个环节,经过初步处理之后,将原始数据资料转换为便于查找的分析资料。定性资料的整理要求比较严格,收集到的资料需要一字不漏地记录下来,从而尽可能地还原情境和事件原貌。比如,在访谈完成后,要第一时间将录音内容逐字逐句地转录出来。有些在处理过程中被认为不重要的东西,可能在后续的分析研究中被发现具有重要价值,而如若在处理资料时未能及时地记录下来,则可能会被遗忘,从而造成损失。在具体分析资料前,可以根据资料类型、受访者的基本信息、资料收集的时间等对资料进行编号归档,便于后期查找。需要注意的是,在进行后续的资料分析前,应该保存一份原始资料,以备在后期分析过程中回溯和查找。定性资料分析要求研究者非常熟悉收集到的资料,因为文本形式的资料最为常见,所以研究者需要在展开后续深入分析之前熟读原始资料,放下个人偏见,全身心地投入资料,抱着"投降"的态度阅读原始资料。

(二) 初步分析

在整理与阅读定性资料之后,我们一般开展对资料的初步认识和分析,这个过程贯穿阅读原始资料始终。在阅读过程中和阅读之后,我们会对资料的内容、结构、主题、对研究问题的呼应、反常的现象、叙事情境、样本差异等有一个初步的全局分析,这对后续开展编码分析和归类分析起到铺垫和导向性的作用。

(三) 编码

1. 编码的概念

编码(coding)是定性资料分析最基础的工作。编码分析要做的就是检阅一组资料记录,有意义地切割它们,找到重要的原始概念,但要注意保留部分与部分之间的关系。① 编码分析形成的结果就是一组概念和其对应的码号(code),简而言之就是重要词句、概念的"标签",它们是文本意义的最小单位,一般可以用数字和字母的形式来表示(比如第一位被研究对象的第一个重要概念,标记为A01)。研究者要通过反复阅读和比较,把码号指定给收集到的描述性或推理性的资料。②

2. 编码的程序

编码至少要经历两个阶段。一个是初始阶段,将数据资料拆分成词语、句子或者片段,并贴上"标签",为其命名,形成初始码号。另一个是选择阶段,在该阶段使用重要的、出现频次高的码号对资料进行分类、重组等。这在一定程度上与扎根理论方法的基本思路相似。基于扎根理论的资料分析方法是最常用的定性资料分析方法之一,一般包括三个级别的编码:一级编码、二级编码和三级编码。基于扎根理论的分析思路,下面详细介绍每一级编码是怎么展开的。

---

① 〔美〕M. B. 迈尔斯、A. M. 休伯曼:《质性资料的分析:方法与实践》(第2版),张芬芬译,重庆大学出版社2008年版,第80页。

② 同上。

(1) 一级编码

一级编码也称为开放性编码(open coding),是将原始数据资料逐渐概念化和范畴化的过程。在开放性编码中要求研究者抱着开放的心态,尽量搁置个人偏见和已有见解,尽可能按照资料的原貌进行登录。这是一个将资料打散,赋予概念,然后再以新的方式重新组合起来的操作化过程。① 在该阶段可以采用逐词编码、逐句编码、逐个事件编码,以防遗漏新的标签和代码。例如,在某项学校改革研究中,研究者认为改革过程是"相互改变"的一部分,亦即老师们会改变新措施的特质,这些新措施再回过头来改变老师;修改班级中工作的安排,这些工作安排再回过头来影响这一措施可实行的程度……如此不断互动。研究先用一个代码"改变"来指这个转型过程,另外加上次级代码(改革中的改变)。针对该例子,表11.2 第一栏是对原始标签的抽象(形成副范畴),包括总类别与个别代码的全称,第二栏是代码对应的原始标签概念。

表 11.2 学校改革研究代码定义单

副范畴	概念
大事纪——官方版	改革初期与执行期间出现的大事,按时间排列。由改革实施者、行政人员,或其他应答者重新清点过
大事纪——民间版	改革初期与执行期间出现的大事,按时间排列。由改革实施者、行政人员,或其他应答者重新清点过。而且显示出(a)不同于官方版本,但具有相当共识的事件;或者是(b)与官方版本的事件相同,但说法不同
改革中的变化	人们认为:改革初期与执行期间,在教师与行政人员方面,出现在新措施或方案的成分之中的改变
对组织现状的影响	新措施或新方案对下列方面所产生的各项影响:(a)组织内的规划、监控、日常安排(如:人事、资源运用、同事间沟通);(b)组织之间的实作(如:和教育局、学校委员会、社区、家长团体之间的关系)
对教室现状的影响	新措施或新方案对班级事务之常规所产生的各项影响(如:教学计划与经营)
对实施者观念的影响	新措施或新方案对下列方面所产生的各项影响:教师与行政人员对于教、学、管理等的知觉、态度、动机、预设或理论(如:专业的自我形象;有关何者决定成绩与效能的革新观念;对于学生、同事的其他态度,以及对其他改革措施的立场)

资料来源:〔美〕M. B. 迈尔斯、A. M. 休伯曼:《质性资料的分析:方法与实践》(第 2 版),张芬芬译,重庆大学出版社 2008 年版,第 83—90 页。

---

① 陈向明:《质的研究方法与社会科学研究》,教育科学出版社 2000 年版,第 332 页。

（2）二级编码

二级编码也称为主轴性编码（axial coding），是建立概念与类属之间的逻辑关系，从而建立主范畴的过程。主轴性编码实际上是一个筛选数据的过程，研究者通过梳理初始代码间的逻辑关系，探究原因与结果、策略与过程等问题，将目光更加聚焦到最重要的、最频繁出现的代码上。该阶段研究者会对概念与主题间的相关性进行思考，会对相关性强的主题进行进一步的探究。在一级编码的例子中，迈尔斯和休伯曼对表11.2中的副范畴归纳形成"当地动态与改变"这一主范畴。除此之外，还有初始实施者的经验、对组织气氛的影响、执行的问题、关键事件、外部介入等主范畴。

（3）三级编码

三级编码也称为选择性编码（selective coding），是识别并确立核心范畴，确立研究主线的过程。在该阶段，研究者再次浏览先前编码，进行多项对比，进一步对主范畴进行缩编，建立起主范畴与核心范畴之间的联系，根据核心范畴之间的联系确立出一条主线。

3. 编码的注意事项

定性资料编码一般需要注意以下几个事项：（1）把握编码时机。编码的时机对于编码的质量至关重要，有些研究者到资料收集后期才进行编码，这会严重影响编码的质量。在资料收集的前期就应该初步编码，使得资料收集更有效率。（2）编码要详略得当。编码是为分析做准备的，因此，不应该建立过于复杂的编码系统，也并非每行、每段信息都要编码。（3）代码设置应该与其所代表的词在语义上尽可能接近，可使用经验层次的操作定义来界定代码；代码间应具有一定的关联性，可以放在一个框架结构里。

4. 编码的信度检验

由于研究经验和主观认知的多样性，不同的研究者对同一份定性资料的编码分析会存在差异。一般地，通过多人编码、相互探讨可以逐步使得编码定义更加清晰，资料的可信度也会随之提高。因此，可以通过验证不同的编码者对同一资料是否用同一编码来检测编码交互信度（intercoder reliability）。另外，编码者自己也应该进行内部归类一致性的检验，对同一份资料做两次编码，计算内部归类一致性以确保编码的可信度。克里彭多夫 α 系数（Klaus Krippendorff α）是最为广泛使用的、最知名的测量编码员间一致性或评估交互信度的方法。[1] 当观察者完

---

① 〔美〕劳伦斯·纽曼：《社会研究方法：定性和定量的取向》（第7版），郝大海等译，中国人民大学出版社2021年版，第324页。

全一致时,该系数等于1,信度最高;当观察者完全不一致时,该系数为0。具体的计算公式如下:

$$\alpha = 1 - \frac{D_0}{D_e}$$

其中,D_0是观察不一致编码的数量,D_e是预期的由于偶然性引起的不一致的编码数量。根据一般经验,使用该计算方式时,可接受信度在0.8或以上。

(四)归类和深入分析

在完成资料编码后,需要依据一定标准对数据资料进行归类和深入分析。归类指将相同的数据资料进行整合,对不同的数据资料进行区分,进而建立起资料间的相互联系。备忘录和图表是比较常用的归类方法。深入分析则指将资料进一步浓缩,找出资料中的主题或者故事线,建立必要的联系,得出初步的结论。

1. 归类分析

(1)分析类型

对资料进行归类分析主要有两种思路:类属分析(category analysis)和情境分析(scenario analysis)。类属分析指在数据资料中寻找反复出现的现象以及可以解释这些现象的重要概念的一个过程。[1] 情境分析则指将数据资料放置于研究对象所处的自然情境中,按照故事发生的时间顺序对人物和事件进行描述性分析。

类属分析的基础在于比较,通过比较来区分数据资料间的异同。在设定类属以后,还需要进一步识别类属间的关系。最后,在建立类属关系后,可以识别一个或数个核心类属。类属分析的优势在于可以突出资料间的异同,强调主题,但是无法反映数据资料所处的动态情境。

与类属分析相比,情境分析则更能反映资料的原貌和所处情境。情境分析的主要思路是把握资料中的重要信息,找到可以反映资料内容的故事线,发展出故事的情节,对故事进行详细的描述。[2] 情境分析主要包括以下三个步骤:第一,通读资料,发现核心叙事线索、发展线及主要的内容;第二,按照已有编码系统进行编码;第三,对资料进行归类。两种归类思路也可结合使用,从而达到仅仅使用一种分析思路无法达到的效果。情境分析可以充实内容,而类属分析可以在理清意义层次和结构方面提供帮助,从而使得分析更深入、更趋于完善。

---

[1] 陈向明:《质的研究方法与社会科学研究》,教育科学出版社2000年版,第290页。
[2] 同上书,第294页。

（2）操作手段

在计算机软件出现之前，归类主要以手工操作为主，多使用"剪刀+胶水"的方法对纸质的资料进行裁剪归类。随着技术的发展，研究人员可以在计算机上通过对电子化资料的"复制+粘贴"进行归类。当定性资料的规模比较大时，传统手工编码，或计算机 Word 编码的形式就显得比较低效了，此时，便需要使用一些计算机应用软件来辅助资料分析。NVIVO 是一款支持定性研究方法和混合研究方法的常用软件。研究者可以通过该程序转换原始数据资料，存储、整理和分析访谈、焦点小组、音频等多种资料，实现无纸化的编码归类，并绘制各类图表。通过 NVIVO 可以实现对上千份数据的编码，大幅提高了纸质的、手动的编码效率。

定性资料分析的另一个重要手段就是写备忘录（memos）。备忘录是关于编码程序的想法或概念的备忘和讨论，是给研究者自己看的记录。撰写备忘录是连接资料收集、资料分析与论文初稿撰写阶段的关键一环，贯穿整个资料收集与分析的过程。通过撰写备忘录可以在研究早期就着手分析资料和码号，将分析的过程记录下来，以便在分析码号、划分类属的抽象化过程中进行补充与完善。备忘录写作要自然而成，切莫过于机械化、形式化。备忘录的受众是研究者本人，撰写备忘录是为了抓住稍纵即逝的想法。因此，备忘录的形式、语言表达并无特定的要求。在撰写备忘录的过程中，研究者应时刻谨记备忘录是为了分析，为了推动思考，而不是进行正式交流。

此外，定性资料归类分析的常用操作手段还包括写日记、总结和内容摘要，相比备忘录，它们在时间上的密度更大，能够及时记录研究者在分析资料时的想法和感受。浓缩归类资料的方式除了写总结之外，还可以用图表来表示，所以画图表也是重要手段之一。另一个辅助性手段是保持与外界的交流，往往可以为研究者提供一些意想不到的启迪。

2. 深入分析的策略与技术

不论是写备忘录、做总结、画图表还是阅读文献，其中的分析工作都涉及研究者的思维和分析策略。所以，当研究者对定性资料进行深入分析时，除了应该注意一般的操作技巧和工作程序（如编码）外，还应该特别注意自己的分析策略和技术。下面主要从四个方面进行探讨。

（1）因果分析

对资料进行归类浓缩的一个十分重要的工作是寻找资料内容之间的因果关系。但与定量研究中的因果关系不同，定性研究是在探究特定时间发展过程中获得的,不是脱离实际的演绎。通过对定性资料的因果分析,回答"如何"的问题,我们可以发现不同事件发生的时间顺序、它们之间的相关性以及它们内部存在的各种因素,因而对事件之间的因果关系进行逻辑推理。

(2) 阐释循环

对资料进行深入分析的另一个策略是"阐释循环"。这主要有两个层面的意思:一是指在文本的整体和部分之间反复循环论证,以此加深对文本资料的理解;二是指研究者的阐释意图与阐释资料之间的循环,寻求两者之间的结合点。

(3) 回溯重组

对资料进行深入分析的另一个策略是回溯重组,即在回溯资料的过程中进行观点的重组。与上述策略在进程上有所不同,该策略一般是研究者对资料已经有了自己的理解和观点,采取回溯资料的方式,回想自己是如何获得这些结论的,有哪些资料可以形成证据支撑这些观点。这种策略特别适合资料非常多、非常繁杂时使用,可以使研究者跳出繁琐的资料细节的缠绕,但这并不意味着可以在资料中证实自己的观点,而是在回溯观点的同时,包容接纳其他可能的结论。

(4) 例证法

例证法使用经验证据来说明或支撑一个理论。使用该策略辅助深入分析时,研究者可以把某个理论应用到某个具体的事件中去,甚至根据先前的理论来组织资料,用大量个案的资料填充理论框架,从而形成通则化的解释。

(五) 建构理论或理论框架

虽然在定性研究中,有一些学者并不注重强调理论的作用,不刻意追求建构理论或理论框架,但是不可否认,建立理论不仅可以作为研究结果呈现,还可以为日后的研究提供帮助和指导。在定性研究的理论建构中,一般可以根据扎根理论方法的思路建构小型理论。扎根理论需要经验证据的支持,但是它并不停留在经验层次上,而是从中抽象出新的概念和思想。上面提到,扎根理论常用逐级编码的方式进行编码,展开归类和深入分析,找到重要概念之间的联系形成初步理论,并进行理论饱和检验,进而建构最终理论。理论饱和检验一般用访谈数据中的小部分(之前未分析过的)或者重新收集几份访谈数据,并且展开三级编码分析,检验是否持续有新的核心概念被提取;若没有,则通过理论饱和度检验,可以停止数据收集,形成最终的理论架构。与传统意义上的自上而下的理论建构模式不同,定性研究采用的是自下而上的模式,即从经验资料中逐渐归纳进而产生理论,是一个从具体层层上升为抽象的过程。其理论建构遵循图 11.3 的过程。

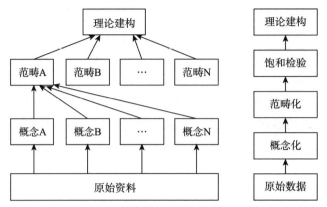

图 11.3 定性研究的理论建构过程图

六、定量资料分析的基础流程和方法

定量资料的分析要求对收集到的数字资料展开深入统计分析,这是一个复杂的知识领域,本部分主要介绍定量资料分析的基础流程,并不能取代针对定量分析的统计课程。定量资料最初获得的数字是以原始数据的形式记录在问卷、记录表或计算机文件中的,为理解这些数字资料传递了什么信息,解释了什么现象,还需逐步展开定量分析。以下从处理资料和分析资料两个环节简要介绍定量资料分析的基础流程,详尽的定量数据分析策略与技术请参见本书第十四章。

(一)处理资料

在对通过各种方法收集到的数据进行分析前,需要对数据进行处理,将原始数据转换为可进行统计分析的基本数据。定量数据处理主要包括审核与复查、编码、录入与清理这三个环节。下面将以问卷调查数据的处理为例进行详细说明。

第一步:审核与复查。首先,需要对原始数据进行审核。例如,处理问卷调查数据时,通过对错填、误答、漏填严重、缺答等问题的初步审查与核实,提高问卷的真实性和使用价值。审核的方法有两种:一种是实地审核,即边调查边审核;另一种是集中审核,即调查完成后统一审核。其次,在初步审核的基础上进行复查。可以抽选新的研究员或由研究者本身随机抽取部分个案进行第二次调查。当然,并非所有调查都可以很方便地进行复查,因此需要尽可能在初次调查时收集完整的信息。审核与复查可以在一定程度上确保数据的准确性、真实性、完整性、逻辑一致性等。

第二步:编码。编码是指赋予所设计的调查问卷中的每一个问题及答案一个数字作为代码。在问卷设计之初就应对此予以考虑,以确保问卷中的每一个问题和回答者的答案可以被平等地分析。例如,研究者在进行调查研究前会进行预编码,预编码是指将代码类别(例如,1 是男性,2 是女性)编进问卷,从而形成一个包含类别变量及其赋值方式的编码本。[①]

第三步:录入与清理。在完成数据编码后就可以将数据录入计算机了,可依据个人习惯选择直接录入原始数据后统一编码或者直接录入编码后的数据。在录入过程中仍会存在人为或者非人为的因素影响数据的有效性,因此录入完成后仍需要进行清理工作。首先,可以就编码后数据的有效范围进行清理,如将性别编为"男=1,女=2,无回答=0","3,4,5"的答案则为有效范围之外,应及时核对是错填还是录入者失误,随后进行相应处理。其次,根据问题的内在逻辑可以对回答者的答案逻辑一致性进行核查,如选择独生子女的选择项后,却在涉及兄弟姐妹的题项时有回答,这时需要进一步清理。

(二)分析资料

在我们对收集到的数据进行处理之后,就要开始对数据进行分析。本书第四章介绍了变量的多种类型,针对不同的变量类型可以采用不同的数据测量方法和分析方法。在一般的量化数据分析中,尤其是关于因果关系探究的量化研究中,描述性分析及推论统计等是必不可少的环节。接下来本章对几个必要的分析环节进行思路上的介绍,其中具体的操作方法、统计量、统计标准等请见本书第十四章。

1. 描述性分析

描述性分析(descriptive analysis)是量化数据分析的重要组成部分。描述性分析是指通过对数据进行简单的统计分析来描述数据的大体分布情况和特征,一般用到的描述性分析工具包括频数分布、集中趋势分析以及离中趋势分析等。

(1)频数分布

定量数据根据其所涉及的变量数量可以分为单变量、双变量和多变量。描述单变量最简单有效的方法就是频数分布(frequency distribution),此方法适用于定类、定序、定距、定比数据,可以通过原始计数、百分比频数、累计百分比等形式呈现出来。当然,为了直观起见,也可以使用频数表、直方图、饼图、条形图等统计图表的方式呈现。定类和定序数据可以直接计算其频数分布,而对于定距和定比数

[①] 〔美〕劳伦斯·纽曼:《社会研究方法:定性和定量的取向》(第 7 版),郝大海等译,中国人民大学出版社 2021 年版,第 384 页。

据,经常采用分组的方式来呈现其频数分布情况。

(2) 集中趋势分析

集中趋势(central tendency)是指用一个有代表性的指标来反映整组数据向这个指标值的集中情况。① 最常见的测量集中趋势的指标有:均值、众数、中位数。关于集中趋势更详细的内容请参阅本书第十四章内容。

均值(average)也称算数平均数,是最常用的一种测量集中趋势的指标。一般是将所有数值相加再除以数值的总个数,得到的值即为平均数。它只适用于定距或定比数据,且极易受到极端值的影响。

众数(mode)是最易用的一种测量集中趋势的指标。所有数值中最常出现的一个数值即为众数。无论定类、定序、定距还是定比数据都可以使用众数。

中位数(median)是指位于所有数据按大小排列后最中间的那一个数值,通常来讲,会有一半的数值位于其前面,一半的数值位于其后面。最简单的计算中位数的方法是将所有数值从小到大或从大到小依次排列,取其最中间的值。当数据个数为奇数时,如9个,则第5个数为中位数;当数据个数为偶数时,如12个,则第6个和第7个数的平均值为中位数。

(3) 离中趋势分析

离中趋势(dispersion tendency)是指用以描述数据间差异程度的统计指标。与集中趋势不同,离中趋势描述的是现象的差异性。常用的离中趋势指标有异众比率、极差、四分位差、方差与标准差。关于离中趋势更详细的内容请参阅本书第十四章内容。

异众比率(variation ratio)指除众数以外的变量值的总频数在总数中的比例。它是对众数的补充,异众比率越小,说明众数的代表性越好。

极差(range)是对定序及以上尺度的变量离散程度的测量。它指的是最大变量值与最小变量值之间的差值。极差越小,则表示数据的分布越集中。

把一组数据按顺序进行排列,然后将其均分成四个数据数目相等的段,各段分界点上的数叫作四分位数。② 四分位差(quartile deviation)就是第三个四分位数与第一个四分位数的差。四分位差的间距越小,说明中位数的代表性越大,数据分布越集中。

方差与标准差则只适用于定距变量。方差(variance)指实际值与期望值之差的平方的平均数③,标准差(standard deviation)则是方差的正平方根,一般用来度

---

① 风笑天:《社会调查方法》(第二版),中国人民大学出版社2016年版,第171页。
② 袁方主编:《社会研究方法教程》(重排本),北京大学出版社2013年版,第463页。
③ 董海军主编:《社会调查与统计》(第二版),武汉大学出版社2012年版,第200页。

量一组数据的离散程度。

2. 推论统计

受限于时间、精力、经费等因素,我们常常无法调查全部研究对象,因此便常使用抽样的方法,这就导致我们得到的是抽样数据但需要的是总体信息的情形。那么,我们能否通过已知信息来推论总体的情况呢?推论统计解决的正是这一类问题。在此,主要简单介绍两种单变量的推论统计:区间估计和假设检验。

(1) 区间估计

区间估计(interval estimate)是指在一定的概率保证下,或者说在一定的置信度下,给出的可能包含总体参数值(parameter)的一个置信区间。[①] 置信度(可信度)指的是这一估计究竟有多大的把握是可信的,而置信区间(confidence interval)则指其估计的精确性。所谓置信区间就是分别以统计量的置信上限和置信下限为上下界构成的区间,是一种常用的区间估计方法。这一区间的大小取决于我们在估计时所要求的置信度的高低。置信度越高,则总体参数值的置信区间越大;反之越小;置信度与置信区间呈正比。常采用的置信度有:95%、99%、99.9%。例如,对于一组给定的样本数据,其平均值为 μ,标准偏差为 σ,则其整体数据的平均值的 $100(1-\alpha)\%$ 置信区间为 $(\mu-Z_{\alpha/2}\sigma, \mu+Z_{\alpha/2}\sigma)$,其中 α 为非置信水平在正态分布内的覆盖面积,$Z_{\alpha/2}$ 即为对应的标准分数,可在正态分布表中查找对应值。

(2) 假设检验

假设检验(hypothesis test)指依据已有知识对总体的某一数量特征先做出假设,然后通过所得数据资料进行检验从而决定接受或者拒绝原假设。也可以说,假设检验实际上检验的是样本是否对总体参数值具有显著的代表性,因此假设检验也可称为显著性检验。在问卷调查研究中,假设检验通常是与抽样调查结合在一起的,包括参数检验(parametric test)和非参数检验(nonparametric test)两种类型。

假设检验的一般步骤如下:

第一步:提出原假设 H_0 和备择假设 H_1。

第二步:根据总体分布形态、样本规模及变量的测量层次,选择合适的检验统计量。

第三步:根据研究问题需要,确定显著性水平 α 及对应的临界值。

第四步:抽取样本并计算相应的检验统计量的值。

[①] 风笑天:《社会调查方法》(第二版),中国人民大学出版社 2016 年版,第 180 页。

第五步:根据样本统计量的观测值做出统计决策。

在假设检验中进行统计决策时易犯两类错误。第一类错误是弃真,指在原假设真实地反映了总体参数值的状况(即 H_0 为真时),拒绝了 H_0。第二类错误是取伪(也称为纳伪),指在原假设未真实地反映总体参数值的情况(即 H_0 为假时),接受了 H_0。弃真和取伪是相对立而存在的。

3. 列联表

列联表(contingency table)又称交互分类表,是适用于双变量的统计分析方法。交互分类是指同时根据两个变量的值对所研究的个案进行分类。列联表可以表示出每个因变量的取值对应的自变量的取值的频率。列联表可以用来检验变量间关系的有无、大小和关系的详细结构,通过列联表可以对不同类别的样本进行比较。例如,表 11.3 显示了某市内外居民是如何对县、市合并的提议做出回应的,研究者欲通过这一研究揭示市内和市外居民对这一提议的态度的区别。

表 11.3 居民对县、市合并的支持态度

支持合并与否	居民			
	市内		市外	
	N	%	N	%
支持	273	54	54	37
无所谓	134	27	34	23
反对	98	19	57	39
合计	505	100	145	100

注:合计时%取整数。

资料来源:〔美〕伊丽莎白·奥萨利文、加里·R. 拉萨尔、玛琳·伯勒:《公共行政研究方法》(第四版),彭勃等译,上海财经大学出版社 2008 年版,第 445 页。

4. 相关分析

相关分析(correlation analysis)指两个变量间存在联动关系,当一个变量值发生变化时,另一个变量值也随之发生相应的变化。在相关分析中通常使用相关系数来表示变量与变量间的关系。一般情况下,相关系数取值在 0—1,相关系数取值越大则相关程度越强。关于相关分析,更详细的内容请参阅本书第十四章的内容。

5. 回归分析

回归分析(regression analysis)是一种应用广泛的统计分析方法,它侧重于分

析变量之间的变化规律,通过回归方程反映这种关系,并对其发展趋势进行进一步的预测。① 其主要研究的是一个自变量(或多个自变量)对一个因变量的影响,包括线性回归分析和非线性回归分析。根据自变量的个数可以将回归分析分为一元线性回归分析和多元线性回归分析。

线性模型成立需要确保正态分布、等方差性、独立性、无自相关、自变量与误差项不相关这五个条件的满足。因此,线性回归方程的基本检验步骤主要涉及:(1)模型建立,包括总体回归模型、总体回归方程、样本回归模型、样本回归方程的建构;(2)模型的基本假定条件检验,包括随机误差项的期望值检验、随机误差方差齐性检验、随机误差自相关性检验、变量与随机误差相关性检验、变量间多重共线性检验、随机误差正态分布检验;(3)参数估计;(4)模型检验,主要指统计检验,包括模型拟合优度检验,判定系数 R^2 越大,说明自变量 X 对因变量 Y 的解释力越强,回归方程的显著性检验(F 检验),以及解释变量的显著性检验(t 检验),还有回归系数的置信区间计算。

在政治学与公共管理研究中,回归分析常用来进行因果关系验证、影响因素分析。在统计分析软件 SPSS 22.0 中,Linear 回归分析用来进行自变量和因变量皆为连续变量的线性回归分析,Logistic 回归分析用来进行因变量为分类变量的回归分析。更详细的介绍请阅读本书第十四章的相关内容。

6. 详析模式

详析模式(the elaboration model)是一种适用于社会科学研究的多变量分析方法,其目的在于将各变量间的实证关系加以"详细分析"以"阐明"这些关系。这一方法由拉扎斯菲尔德(Paul Lazarsfeld)在哥伦比亚大学任教时提出。研究者可运用详析模式,通过引入其他额外变量来解释两个变量之间的关系,借助类似于列联表的形式,更清晰地展现变量间关系的科学分析逻辑。有时候这种分析模式能够揭示因果关系发生的机制,有时候则可以证伪原有的因果关系。

详析模式的基本步骤如下:(1)形成两变量间观察得到的关系;(2)控制第三个变量,且将所有样本按照第三个变量的属性进行分割;(3)重新计算两个变量在每个新划分的次级群体内的关系;(4)比较两变量的原有关系和每个次级群体内所发现的关系,提供对原有变量间关系的更全面的解释。为了使大家更直观地认识详析模式,我们一起来看拉扎斯菲尔德在发展该模式时所分析的例子。在第二次世界大战期间,斯托弗(Samuel Stouffer)在美国陆军中组织并领导了一个特别社会研究部门,重点探讨影响军人战斗力的因素。他们试图检验一些普遍为人

---

① 董海军主编:《社会调查与统计》(第二版),武汉大学出版社2012年版,第286页。

所接受的命题,其中一个命题是关于士兵受教育程度与被征召入伍感到怨愤之间的关系(两变量原有关系:受教育程度较高的士兵比受教育程度低的士兵更倾向于对自己被征召入伍感到怨愤)。斯托弗决定用实证方法验证这两个变量间的原有关系,然而得到的结果却出乎意料,该命题没有被证实,反而发现受教育程度较低的士兵比受教育程度高的士兵更倾向于对自己被征召入伍感到怨愤。很多研究到这一步就打算做统计显著水平检验并发表结果了,但是斯托弗他们并没有就此止步,而是进一步探究"为什么"会有这样的结果,希望揭示其中的因果机制。他们发现这个答案似乎存在于"参照群体"这个概念中。简单地说,士兵并不会依据绝对的、客观的标准来评价他们在生活中所处的位置,而是根据他们相对于周围的人、朋友等所处的位置和所面临的情况来评价。结合当时的社会情况,许多工业生产线即农场上的工作从业者为受教育程度低的役龄男子,因此可以被免征召入伍或者缓征。斯托弗认为与自己的朋友相比,受教育程度低的被征召者比受教育程度高者更有可能感到自己被歧视,从而感到更怨愤。然而由于这些解释并非原有研究计划中的内容,尚缺乏实证资料验证。尽管如此,该逻辑为今后详析模式的发展提供了思路,即通过引入其他变量来揭示两变量之间的关系。后来,拉扎斯菲尔德等在考察斯托弗的研究方法时,利用详析模式的思路展开了一系列的假设,证明如果确实有实证资料,斯托弗的推论是可以得到证实的。在该案例中,自变量是士兵受教育程度,因变量是被征召接受程度,而引入分析两变量关系的额外变量就是士兵的朋友是否被缓征。拉扎斯菲尔德等围绕士兵有无朋友被缓征影响受教育程度与接受征召态度之间的关系这一假设建构了如表11.4、表11.5和表11.6所示的关系表格,并根据经验数据进行了假设资料的验证。表11.4、表11.5和表11.6内的假设资料证实了斯托弗在他的解释中所指明的关联性。第一,受教育程度低的士兵比受教育程度高的士兵更有可能拥有被缓征的朋友。(见表11.4)第二,有朋友被缓征会让士兵更有可能认为自己也应该被缓征。(见表11.5)第三,受教育程度对于应征接受程度并没有影响,受教育程度高者,是否愿意接受征召与有无朋友被缓征之间有很强的关系(63%对94%),同样的倾向也发生在受教育程度低者中。(见表11.6)因此,必须通过有无朋友被缓征这一媒介因素的作用,受教育程度才会影响个人接受征召的意愿,只有在这个意义上,斯托弗的观点才得到了支持。该案例最终得到的变量间解释是:受教育程度高的被征召者,较少会有被缓征的朋友,因此更倾向于接受自己被征召是公平的看法;受教育程度低者,有较多被缓征的朋友,因此,会更不愿意接受自己被征召是公平的看法。该结论并没有否定两变量原有关系(当受教育程度提高时,对自己被征召的接受度也随之增加),而是在引入"有无缓征朋友"这一额外变量的情况下,澄清了原有关系得以发生的机制。

第十一章 定性与定量资料收集和分析基础

表 11.4 受教育程度与缓征朋友之间的假设关系

有否朋友被缓征	受教育程度高(%)	受教育程度低(%)
有	19	79
没有	81	21
百分比合计	100	100
样本总量	1761	1761

表 11.5 朋友是否被缓征对自己被征召的接受程度之间的假设关系

	朋友被缓征	
	是(%)	否(%)
不应该被缓征	63	94
应该被缓征	37	6
百分比合计	100	100
样本总量	1819	1818

表 11.6 有无朋友被缓征影响受教育程度与接受征召态度之间关系的假设资料

	有朋友被缓征(%)		没有朋友被缓征(%)	
	高教育	低教育	高教育	低教育
不应该被缓征	63	63	94	95
应该被缓征	37	37	6	5
百分比合计	100	100	100	100
样本总量	335	1484	1426	392

资料来源:〔美〕艾尔·巴比:《社会研究方法》(第 13 版),邱泽奇译,清华大学出版社 2020 年版,第十五章。

关键术语

编码	开放性编码	主轴性编码	选择性编码
编码信度	类属分析	情境分析	备忘录
频数分布	集中趋势	均值	众数
中位数	离中趋势	异众比率	极差
四分位差	方差	标准差	区间估计

置信区间　　　　　假设检验　　　　　列联表　　　　　相关分析
回归分析　　　　　详析模式

思考题

1. 定性资料和定量资料在基本形式和特点上有哪些区别?
2. 调查研究中哪些方法可以收集定性资料,哪些方法可以收集定量资料?
3. 定性资料分析的基础流程包括哪些? 你认为定性资料分析的重点难点环节是什么?
4. 如何评价定性资料分析和定量资料分析得到的结果?
5. 定量资料分析中的描述性分析是必要的吗? 为什么?

延伸阅读

Anselm Strauss and Juliet M. Corbin, *Basics of Qualitative Research: Grounded Theory Procedures and Techniques*, Sage, 1990.

Barney Glaserand Anselm Strauss, *Discovery of Grounded Theory: Strategies for Qualitative Research*, Routledge, 1999.

〔美〕布莱洛克:《社会统计学》(修正第 2 版),沈崇麟等译,重庆大学出版社 2010 年版。

陈向明:《质的研究方法与社会科学研究》,教育科学出版社 2000 年版,第 18—20 章。

风笑天:《现代社会调查方法》(第六版),华中科技大学出版社 2021 年版,第 9—11 章。

〔美〕劳伦斯·纽曼:《社会研究方法:定性和定量的取向》(第 7 版),郝大海等译,中国人民大学出版社 2021 年版,第 12 章和第 15 章。

〔美〕M. B. 迈尔斯、A. M. 休伯曼:《质性资料的分析:方法与实践》(第 2 版),张芬芬译,重庆大学出版社 2008 年版。

经典举例

(一) 定性数据分析

N. D. Buckwalter, "The Potential for Public Empowerment through Governmentorganized Participation," *Public Administration Review*, Vol. 74, No. 5, 2014, pp. 573-584.

该研究于 2014 年发表在著名公共管理国际期刊 *Public Administration Review*（PAR）上，主要运用了定性的数据分析方法。作者运用扎根理论的研究方法，对与政府组织的公众参与相关的过程和结果之间的联系进行探究，推导出一系列可验证的理论命题。

1. 数据收集

本文对政府组织的公众参与的过程和结果之间的联系进行研究，特别关注影响公民—行政管理人员关系发展和维持的因素。为此，该研究调查了联邦授权的公民审查小组的工作及其与儿童保护机构管理人员的互动。

该研究的主要原始数据来自对州和地区级别的机构管理者和雇员以及 CRP 参与者进行的 52 次深入的个人访谈，访谈关注专家小组塑造机构决策和结果的看法和经验。数据收集过程还包括在不同情况下进行多次实地访问，并直接观察了小组培训。

2. 数据分析

采访的笔记仅由研究人员进行记录，每一组访谈笔记都被仔细地从手写格式转变成数字格式，对这些回答的开放编码也进行了相似概念的分类。研究人员在空间上对概念类别进行配对，并重新排序，来发现访谈中出现的处于主导地位的命题。经过编码分析，关于政府组织型的公众参与在增强公众权利的潜力方面，出现了三个广泛的理论主张：(1)官僚现实主义和参与者期望之间的差距可能成为相关公民和行政人员失望和沮丧的主要来源；(2)公民与管理者之间的相互联系程度影响着公民在参与过程中的影响力和赋权感；(3)有了合法的流程，获得授权结果的路径将通过"公民—管理员"关系来运行。进一步地，作者更详细地探讨了这三个命题，并给出一系列可验证的子命题。表 11.7 区分了三个州在不同标签概念中的特征区别，这些特征成为与确保行政支持公民审查程序有关的重要主题。

表 11.7 确保行政部门参与的重要因素

	宾夕法尼亚州	肯塔基州	犹他州
与机构的联系	通过外部协调员间接进行处理	通过联络调解	直接与管理员进行联系
司法管辖区	被分化的	明确结盟	明确结盟

(续表)

	宾夕法尼亚州	肯塔基州	犹他州
行政听众	多重和分散	单一的	单一的
在议程设置中的小组自主权	较高的小组自主权；寻求更多方向	较高的小组自主权；寻求更多方向	平衡机构方向的自主权
反馈回路长度	长(六个月)	中等(三个月)	近连续性

3. 研究结论

通过研究，作者认为，公民和行政人员都可以更好地识别出最有效地利用公众参与对塑造机构方向和决策所产生的影响的过程和结构。所得到的结论不仅对公共管理学者很重要，而且对通过正式组织的参与渠道相互参与的公民和行政人员也很重要。

(二) 定量数据分析

Sarah M. L. Krøtel, et al., "Weakening the Glass Ceiling: Does Organizational Growth Reduce Gender Segregation in the Upper Tiers of Danish Local Government?" *Public Management Review*, Vol. 21, No. 8, 2019, pp. 1213-1235.

本书第十章经典举例中已经介绍过该研究的主要研究目标、研究假设以及作者进行定量测量的方法，本部分主要介绍该研究量化数据分析的方法。

在该研究的数据分析过程中，作者研究采用人口平均面板数据模型来估计组织中女性管理者的比例，并进行了线性回归模型构建条件的测试，确定变量之间的多重共线性不会构成对模型的影响。首先，研究者对原始数据进行处理后展开了一定的描述性统计分析，以了解样本数据的集中趋势以及结构性特征。主要统计了各类条件下的计数，代表集中趋势的中位数、平均数，以及代表离中趋势的最小值、最大值。比如，从表11.8的描述性统计中可以明显看出，地方政府组织的高级管理人员中女性占比较低，在某些情况下，一些城市在其薪酬最高的管理人员群体中没有一名女性。

表 11.8 描述性统计分析

	人数	中位数	平均值	标准差	最小值	最大值
女性管理者的比例	490	0.555	0.551	0.072	0.273	0.737
女性管理者在高薪酬人群(前25%)中的比例	294	0.347	0.359	0.117	0	0.688

(续表)

	人数	中位数	平均值	标准差	最小值	最大值
人口规模	490	10.7	10.6	0.783	7.55	13.2
组织规模的变化(比率)	392	0.992	0.995	0.04	0.87	1.12
组织中女性雇员的比例	490	0.785	0.781	0.028	0.697	0.846
参加地方选举的女性选民人数	490	31.3	31.09	9.41	6.7	57.9
税基(人均)	490	148 136	156 530	28 364	119 112	288 553
领取社会福利的公民人数(每100人)	489	1.7	1.82	0.846	0.1	4.9
来自非西方国家的公民人数(每10 000人)	490	207	277	188	15	1309
具有大学学历的居民比例	490	20.33	22.98	8.3	13	50.5
社会经济指标	490	0.935	0.95	0.243	0.46	1.81
自由派市长	490	0	0.46	0.499	0	1
合并	490	1	0.663	0.473	0	1
上一年女性管理者所占比例	392	0.547	0.548	0.072	0.272	0.737
上一年女性管理者在高薪酬人群(前25%)中的比例	294	0.348	0.359	0.117	0	0.688
新雇员中女性所占的比例	490	0.732	0.73	0.04	0.54	0.918

利用上文提到的人口平均面板数据模型,研究者展开了回归模型的验证、参数估计假设检验,以及回归系数的判定。表11.9展示了数据回归分析的结果,作者构建了5个回归模型,用逐步回归的方式进行模型验证。在每一种情况下,女性管理人员的比例都是按照一般管理群体中雇用的女性比例来衡量的。以模型2中关于假设1的讨论为例,研究结果显示组织规模的变化(比率)与管理高层中女性比例呈正相关(相关系数=0.565,$p<0.05$),说明假设1成立。最终,通过模型验证,得出部分支持假设1、假设3和假设4,说明组织发展对减少性别隔离很重要,但主要是相对于较低的管理层而言。

表 11.9 回归分析结果

	模型 1 女性管理者的比例	模型 2 女性管理者的比例	模型 3 女性管理者的比例	模型 4 女性管理者的比例	模型 5 女性管理者的比例
居民人数	0.101 (2.75)**	0.087 (2.51)*	0.089 (2.54)*	0.026 (1.99)*	0.026 (2.48)*
组织中女性所占比例	1.672 (1.32)	0.717 (0.83)	1.170 (1.46)	1.145 (2.39)*	1.556 (3.20)**
参加地方选举的女性候选人数量	−0.000 (−0.08)	−0.003 (−1.04)	−0.003 (−1.04)	−0.001 (−0.58)	−0.001 (−0.88)
税基(人均)	0.000 (3.13)**	0.000 (3.26)**	0.000 (3.29)**	0.000 (2.19)*	0.000 (2.57)*
领取社会福利的公民人数(人均 100)	0.059 (1.72)	0.086 (3.08)**	0.086 (3.08)**	0.052 (3.19)**	0.047 (3.40)***
社会经济指标	−0.059 (−0.44)	−0.224 (−1.88)	−0.219 (−1.82)	−0.138 (−2.47)*	−0.106 (−2.31)*
自由派市长	0.030 (1.11)	0.031 (1.30)	0.031 (1.32)	0.003 (0.18)	0.009 (0.58)
合并	−0.082 (−1.22)	−0.067 (−1.03)	−0.075 (−1.22)	−0.0297 (−1.37)	−0.019 (−0.91)
组织规模的变化(比率)		0.565 (2.31)*	−2.174 (−0.68)	5.856 (2.40)*	−68.93 (−3.85)***
新雇员中女性所占比例			−4.121 (−0.89)		−95.87 (−3.81)***
组织规模的变化(比率)×新雇员中女性所占比例			3.899 (0.84)		101.4 (3.98)***
上一年女性管理者所占比例				13.25 (3.25)**	−109.7 (−3.48)***
新雇员中女性所占比例×上一年女性管理者所占比例					166.9 (3.70)***
组织规模的变化(比率)×上一年女性管理者所占比例				−10.11 (−2.40)*	121.2 (3.79)***

（续表）

	模型 1 女性管理者的比例	模型 2 女性管理者的比例	模型 3 女性管理者的比例	模型 4 女性管理者的比例	模型 5 女性管理者的比例
组织规模的变化（比率）×新雇员中女性所占比例×上一年女性管理者所占比例					−178.1 (−3.92)***
常数	−2.975 (−2.33)*	−2.284 (−2.61)**	0.213 (0.07)	−8.592 (−3.51)***	61.67 (3.52)***
相关系数	0.297	0.334	0.341	0.737	0.751
样本量	489	391	391	391	391

注：* <0.05；** <0.01；*** <0.001。

第四编　基础研究方法综论

【本编提要】

本编的目的在于对几种基础性研究方法（基本研究方式或基本的大类研究方法）进行综合性介绍，以帮助读者在对研究方法的基本分类有所了解的基础上，进一步对规范研究、定性和定量实证研究、混合研究这几种大类研究方法有更为系统、整体和清晰的认识和了解，以建立起更为系统的研究方法整体体系。本编主要有四章内容，分别是：

第十二章　规范研究

第十三章　定性实证研究

第十四章　定量实证研究

第十五章　混合研究

第十二章 规范研究[*]

本章要点
- 规范研究的定义和特点；
- 规范研究相对于实证研究的优势与劣势；
- 规范研究方法的适用范围与具体类型；
- 规范研究的一般研究设计方法、研究操作流程和应注意的问题；
- 严格形式规范研究的主要类型及操作流程等。

一、导　言

规范研究和实证研究作为两条重要的研究路径，为政治学与公共管理学的发展提供了方法层面的主线。相对于以经验为基础、主要依赖自然科学方法进行的实证研究而言，规范研究是不介入具体实证数据的主要依赖演绎方法的研究，其往往通过严密和系统的逻辑推理、特定或特殊的规范形式和严格形式化的方法进行研究。

规范研究具有悠久的历史、完善的逻辑或形式体系，在政治学与公共管理学中被广泛运用。了解规范研究，尤其了解其中运用广泛的形式规范研究方法，对政治学与公共管理学的发展具有重要意义。

二、定义、特点和优劣势

（一）定义

规范研究的定义是广泛而复杂的，在学界，依据研究侧重点的不同，规范研究有其不同的称呼。例如，一般而言，偏向于应然层面、价值讨论的规范研究，在学

---

[*] 本章部分内容改编自本章作者公开发表的论文，详见周强：《公共管理中的规范研究探析》，《中国行政管理》2014年第2期，第74—78页；其他部分的内容为杨立华和张耀之增加。

界往往就被直接叫作规范性研究或规范研究（normative research/normative study），也就是本书在第一章所强调的"价值规范研究"；而根据对整体研究二分的传统，学界也把与实证研究或经验研究（empirical research/ empirical study）相对的不介入具体实证数据的纯理论层面的研究称为"理论研究"（theoretical research/theoretical study）；后来，随着理论研究形式化的进一步发展，又提出了形式研究或形式理论（formal theory）研究。

可是，仅仅把与实证研究相对的研究命名为"理论研究"也存在问题，即这里的理论研究是否包括"规范研究"，以及规范研究和理论研究之间的关系究竟是什么。首先，如果理论研究包括规范研究，则广义的"理论研究"（包含了规范研究的理论研究）和广义的"规范研究"（包含了理论研究的规范研究，不仅仅是价值规范研究）在本质上是相同的，于是就可以同时使用理论研究或规范研究来指称与实证研究相对的研究方法。但是，这也带来了一个问题，即"理论研究"的说法容易引起误解，好像理论研究就只是讲理论而不用讲方法；同时也容易让人觉得，只有理论研究是讲理论的，实证研究就不讲理论。这就不仅容易导致对理论研究本身的误解，也容易导致对实证研究的误解。其次，如果规范研究和理论研究互不包含，那么规范研究就主要是指传统的"价值规范研究"，而整体的研究则可划分为三种主要类型，即规范研究、理论研究和实证研究。这种认识当然也不错，但是问题也同样在于上面已经指出的"理论研究"这一概念本身的模糊性和其容易引起的误解。所以，这种方法在逻辑上说得通，但在实际应用中则容易带来诸多问题。因此，本书采用了第三种界定方法，即在用语上规定，规范研究是同时包含了一般所说的理论研究的，而且同时将规范研究划分为"价值规范研究"（value-based normative research）和"科学规范研究"（scientific normative research，也就是"理论研究"）两种，之后再主要聚焦到"科学规范研究"来进行讨论。这么规定，从"规范"的英文词"normative"的原意来看，也是适合的。因为"normative"在英文中本来就是建立或依据一系列或一套"规则"和"标准"的意思，而这里的"规则"和"标准"显然也不仅仅指基于价值的规则和标准。

总之，在本书看来，广义的规范研究是在研究分析之前，以一定的价值规范标准（价值规范研究）或公理、公认的科学规则等（科学规范研究）为出发点，以一定的假定或"前置假定"（assumption）[①]作为基础，在分析时依据事物的内在联系，通过理论、逻辑的演绎推理等来推导结论，判断现实状态和理想状态符合与否、寻求改善措施的研究类型。更具体地，本章仍然坚持本书第一章的观点，和实证研究相对，将重点关注的科学规范研究定义为：**不介入具体实证数据的、主要依赖演绎**

---

① 蓝志勇：《也谈公共管理研究方法》，《中国行政管理》2014年第1期，第59—64页。

方法的研究,其往往通过严密和系统的逻辑推理、特定或特殊的规范形式和严格形式化的方法进行研究。坚持这一定义,一方面是因为本书主要关注的是科学研究,另一方面在于我们认为,涉及价值分析和判断的价值规范分析,事实上除了分析的价值立场和价值选择之外,也必须讲求科学规范的特定逻辑推理方法、方式、规则、程序和形式化方法等,甚至价值立场和价值选择也应该最大限度地寻求理性的支撑,而不能是完全没有理性的盲目选择或纯粹不合理的盲目信仰等。就此而言,更好地掌握了科学规范研究方法,也可以帮助研究者更好地进行价值规范研究,这也可以看作是本书不再专门讲述价值规范研究的一个重要原因。

(二) 特点

规范研究具有以下几个特点:

1. 依赖相关假定

规范研究往往建立在一些假定之上。研究自假定开始,在假定的条件下进行逻辑推理研究。其中,有一些比较经典且常用的假定,例如个体相对自利、个体理性、利己行为中的集体利益等。[1]

2. 注重逻辑推理与演绎

规范研究以逻辑推理为根本,并常用先验性的公理、假定、规则设定和数理模型等作为逻辑演绎的基础。与建立在实证主义哲学基础上的注重归纳、证据的实证研究不同,规范研究并不以经验资料、事实数据等作为论证的工具,而是用哲学思辨、演绎等方式论证。

3. 注重研究者的个人素质和学术共同体的建构

规范研究在实践中注重研究者的个人素质,包括个人思想性、累积性、领悟性、穿透力、认同感等,强调个人的学术储备和思辨能力;而且,规范研究也看重学术共同体的建构,强调学术问题的公认性、历史与逻辑的切入方式、正常的学术批评氛围、学术价值判断的独立准则等。[2]

4. 具有价值或理论前提

规范研究具有一定的价值或理论前提。规范研究流派众多,不同的理论学说对社会现状有着不同的认识和反思,也涵盖着不同的价值观或理论认识。尤其对

---

[1] 〔美〕珍妮特·M.博克斯-史蒂芬斯迈埃尔、亨利·E.布雷迪、大卫·科利尔编:《牛津政治学研究方法手册》(上),臧雷振、傅琼译,人民出版社2020年版,第37页。

[2] 任剑涛:《试论政治学的规范研究与实证研究的关系》,《政治学研究》2008年第3期,第76—81页。

价值规范研究来说,它并不一定遵从社会科学研究客观科学性和价值中立性两项原则,允许在坚持某种价值观的基础上进行研究。

（三）优势和劣势

总体来看,相对于实证研究,规范研究具有以下优势和劣势。

主要的优势为:①规范研究的历史更为悠久,更强调逻辑和模型的推演,对规律和理论具有更为深层的探索性;②相较于需要大量收集经验资料的实证研究来说,其一般具有较低的研究成本;③规范研究更适合用于思想创新。

主要的劣势为:①相比实证研究,规范研究具有较低的精确性和工具性;②规范研究不强调可证伪性,其理论起点和理论结果难以验证;③规范研究,尤其是价值规范研究,通常以一定的价值判断为标准,缺乏相应的客观中立性;④规范研究所得到的结果往往缺乏经验的支持。

三、起源和发展

政治学、公共管理学,以及更广泛的如经济学、社会学等在内的社会科学,其研究路径或者说推理方式大致有两类——演绎式推理和归纳式推理。而这两种推理的背后,起主导作用的科学哲学观是截然不同的。演绎式推理要求研究者事先认定世界是存在一套真理体系的,我们或许还没有完全认识以及清楚描述这套真理体系,但我们可以用各种形式尽最大可能总结概括这套真理体系。这些对于真理的概括就成为演绎式推理的基础,我们通常称之为公理、假定,或其他不证自明的论断。演绎式推理的目的有二:其一,用符合现有真理体系的语言解释我们遇到的新的现象、事物、事件等;其二,假如现有语言体系不能够解释新的问题,那么就需要对于构成了真理体系的公理、假定等进行修正,进而形成对于真理的更深层次认识。

归纳式推理则没有事先认定世界存在一套真理体系,或者认为即使有真理的存在,我们现有的对于真理的总结概括也太局限、偏颇,以致不能够真正指导我们的生活。归纳式推理的目的就在于通过系统地总结大量特殊具体的事例来推导出一般的原理、原则,从而一定程度上增加对于真理的认识。

演绎式推理方法构成了规范研究的方法起源和理论基础。可以看到,一般意义上的规范研究和常用的形式规范研究,都是演绎式推理的一部分。规范研究通常从不言自明的公理出发,按照严格的数理逻辑和设定规则推演出世界应该如何。当然,从整个研究体系而言,这些推演和对于应然状态的判断,如果有可能,则需要再反过来用实证的方法进行确认或者证伪。在本章最后一小节,我们将会指出,有一套先验的公理假定贯穿在形式规范研究之中,它们形成了不同研究者之间能够对话的基础。

简单分析一下规范研究的发展历史,我们可以看到,这是一种非常古老而又不断发展创新的研究方法。例如,早在中国古代,儒家、道家、法家等思想就已经带有了规范研究的色彩。在西方,带有规范思辨特色的学术探讨和知识体系在古希腊时期就已初步建立,如柏拉图的怀疑论和理想主义、亚里士多德的逻辑学等。在之后的古典社会当中,一直到文艺复兴以前,规范研究始终占据着方法论的主流地位。但在那时,人们通常主要从价值规范分析的角度来理解社会。文艺复兴之后,随着工业化、市场化等带来的巨大社会变化,人们的知识急剧增加,对世界的认识也发生巨大改变,从而使科学逐渐从哲学之中分化出来,这就不仅使得建立在哲学思辨和逻辑推理等基础上的规范研究和建立在经验科学基础上的实证研究成为分立并行的研究范式,而且规范研究自身逐渐摆脱了价值规范研究始终占据主体的状况,并带来了与价值规范研究相对的科学规范或理论规范研究方法的快速发展。20世纪以来,伴随着自然科学的发展,科学规范研究方法也得到了更多的发展,并逐渐占据了规范分析中的主流地位。时至今日,科学规范研究方法的进一步发展,使得具有形式化特色的严格规范研究,如效用理论、博弈论研究等,又逐渐成为社会科学中科学规范研究的主要流行方法。

四、适用范围与条件

与实证研究方法相区别,就具体研究工具而言,规范研究更偏向于采用价值判断、逻辑演绎和形式化方法进行研究;就内容范围而言,规范研究可以研究各种议题;就问题层次而言,规范研究也可以研究各种层次的问题。但比较起来,规范研究更适合研究具有如下特点的研究问题。

(一) 讨论"元问题"

"元问题"(meta-question)是每一门学科试图解决且无法回避的基本问题[①],它具有全局性、长远性、根源性、抽象性的特点。元问题通常包括对政治与公共管理的价值进行追问、对现象的本质进行探索等,且其研究的问题往往是深邃的,超越了对现实世界的客观描述。一般而言,这类"元问题"主要包括:①本质类问题,即透过现象看现象之间的联系,追求现象下的本质;②制度类问题,即考察社

[①] 任剑涛:《试论政治学的规范研究与实证研究的关系》,《政治学研究》2008年第3期,第76—81页。

会政治制度演变,追求社会发展的规律性;③价值类问题,即确立理想的价值观和社会蓝图,进而批判现实和改造社会。例如,对政治学与公共管理学而言,政治理想和伦理道德规范、政治体系的性质和目的、个人权利和义务的范围和基础,以及自由、平等、正义等规范性课题[1]始终是学科的核心命题。

(二) 理论批判与建构

规范研究具有反思性、批判性和探索性,它追求对既有理论和价值的超越,通过建构更好的理论,以优化政治和管理的价值观念和人类的生存现状,为政治与公共管理提供未来发展的方向。因此,相对于实证研究而言,规范研究时常更有利于追求概念的更新、理论的创新,乃至范式的变化和创新等。因此,反过来,如果研究者的研究目的具有这样的内容,也就更应该采用或借鉴规范研究的方法。

(三) 提供前提和标准

大多数的研究都是需要有理论前提和探讨基础的。实证研究模式虽然有利于检验理论,也能发展理论,但是它经常无法提供可对政治学与公共管理学进行价值或纯粹理论判断的基础[2];而规范研究虽然不能实证地检验理论,却可以为实证研究提供规范性的前提和标准,或者提供有待诸多实证研究进一步检验的命题和假设等。因此,如果研究者的目的是为其他研究提供前提和标准等,也适宜采用或参考规范研究方法。

五、类型

一般而言,规范研究遵循的是演绎的逻辑,而演绎的要素为演绎的前提、规则和结论。规范研究所讲的规范有两种:一是演绎前提的规范。例如,"两点之间线段最短"是一个公理,规范研究以这个公理作为前提来得出结论。二是演绎规则的规范。杨立华根据演绎规则的不同,将"规范研究"粗略地划分为一般规范研究、特殊规范研究和形式规范研究三种类型,形成了一个由左至右,规范性相对更强,研究形式相对更为具体、严格、程序化的规范研究谱系。(见图 12.1)

---

[1] 金太军:《规范研究方法在西方政治学研究中的复兴及其启示:兼论当代中国政治学的发展》,《政治学研究》1998 年第 3 期,第 11—19 页。

[2] 任剑涛:《试论政治学的规范研究与实证研究的关系》,《政治学研究》2008 年第 3 期,第 76—81 页。

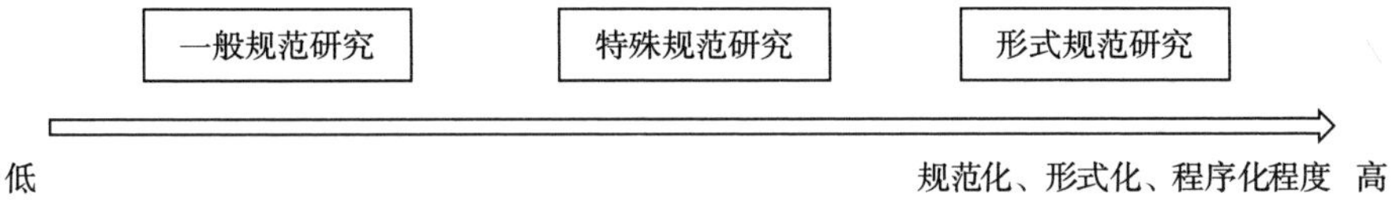

第十二章 规范研究

```
        一般规范研究         特殊规范研究        形式规范研究

  低                                      规范化、形式化、程序化程度    高
```

图 12.1 规范研究的谱系

首先,一般规范研究(general normative research)是指主要依赖一般逻辑思辨和推理方法的研究。这种逻辑即可能体现为研究的"大逻辑",如从总体到特殊的逻辑,先理论后应用的逻辑,问题—现状—对策的逻辑等;也可能体现为研究的"小逻辑",即一般的逻辑规则等。(可以参阅本书第九章的详细说明)此外,正如本书第一章所指出的,一般规范研究可分为两种:第一种是以理论为取向的研究,研究内容主要是理论的批判与构建,例如密尔的《论自由》、霍布斯的《利维坦》、奥斯特罗姆的《美国公共行政的思想危机》等,这些著作都依靠逻辑思辨论述,属于一般规范研究;再比如中国古代的儒家、道家、法家等分析思想,在一定程度上也可以看作一般规范研究。另一种一般规范研究是以现实为取向的研究,例如对现状、问题和原因进行对策性研究等。当然,这样的研究是不是能称为严格意义上的科学研究也是有争议的。

其次,特殊规范研究(special normative research)是依赖比一般逻辑思辨和推理方法更为特殊的规范程序进行的研究。相比一般规范研究,其在研究对象和内容方面都更为具体化,研究过程更为程序化。我们常见的批判主义研究、释义主义研究、现象学研究、制度研究等,都带有很强的特殊规范研究的色彩。批判性研究通过批判和揭露虚假的现实,进行自我反思,以实现启蒙与解放的目的,其特殊规范就是一系列"批判方法"。而现象学的口号是"回到事物本身",认为"现象"的本意就是显现出来的东西,而"事物本身"在传统哲学中一般被理解为隐藏在现象背后或深处的本体或本质,故而在以规范分析为主的规范现象学方法中,其特殊规范就是用来理解事物本身①的一系列"现象学方法"。当然,由于现象学本身是一种方法论,其既可以用来指导规范研究,也可以用来指导实证研究。这也显示了各种方法分类的非纯粹性,以及各种简单方法分类的权宜性和非绝对性。

最后,形式规范研究(formal normative research),也即形式理论研究,其一般有着严格、具体、程序化的研究形式和论证模式,并依赖于建立具体的数理、博弈等模型,来进行理论的建构和发展等工作。现在学界常用的主要表现形式包括效用理论、博弈分析和数理建模分析等。本章将在最后一节着重讨论这类严格形式化的规范研究。

---

① 蔡铮云:《从现象学到后现代》,商务印书馆 2012 年版,第 15 页。

六、研究设计及有效性

（一）研究设计

作为整体研究的一部分,规范研究设计的基本流程,也可以参考本书第六章提到的一般流程中规范研究的流程部分来进行。但在这里,我们主要强调规范研究设计中涉及的以下几个关键点：

1. 提出研究问题

研究问题通常来自研究者的研究兴趣,一般而言,规范研究的研究问题具有较强的理论特征。研究问题的类型也决定着研究者后续采用何种研究方法进行规范研究。

2. 明确研究目的

研究者应当在研究设计中明确进行规范研究的目的。通常规范研究的目的包括理论批判、理论建构、对策分析等,研究者需根据研究目的进行对应的研究设计。

3. 理论准备

由于规范研究通常在现有理论的基础上进行理论批判和理论建构,研究者在研究设计时要进行必要的文献综述和资料整理,与大量的理论进行对话。充足的理论准备有助于研究者进一步聚焦研究问题,提高理论创新的能力。

4. 明确研究假定

由于规范研究所研究的问题需要依赖现有的理论以及一般、特殊或形式规范等进行,但它们都有特定的使用条件,尤其越是严格的特殊和形式规范分析所要求的条件越严格。如果条件不满足,则往往无法使用或者使用错误现有理论以及各类规范。因此,在规范研究中,必须明确这些条件的满足情况,而这往往是通过研究假定来说明或实现的。故而,在规范研究设计中,明确说明研究的基本假定条件是非常重要的,也是研究使用现有理论以及各类规范的基本出发点。

5. 规范研究设计方案

根据研究问题和研究类型的不同,研究者需要设计不同的规范研究方案。与实证研究的研究设计不同,由于规范研究理论性和推理性更强,其研究设计更加依赖研究大纲。规范研究设计需要提前列出研究大纲以确定研究思路并且进行动态化的调整,大纲包含研究的各部分是什么,遵循什么样的论述逻辑,演绎推理的前提、过程和可能结果分别是什么等内容。

如果是一般规范研究,那么需要明确总体的研究逻辑是什么,研究的前提和演绎的规则形式是什么等问题;如果是特殊规范研究,那么需要明确选择某种特殊规范研究方法的理由、条件和有效性等;如果是形式规范研究,则应当明确如何建构相应的形式模型如效用模型、博弈模型、数理模型等问题。此外,研究者需要设计出一套切实可行的研究方案,来指导后续研究进行。

6.评估研究设计

在评估研究设计方面,可以就研究设计以及理论、特殊或形式规范选择或使用的合理性、可靠性、可行性、创新性、有效性等方面进行评估,不断地优化更新研究设计,不断排除一些研究质量的威胁,提高研究有效性。

(二) 有效性

本书第六章中所讨论的构念效度、内部效度和外部效度,在规范研究评价中仍然是适用的,只不过其具体的含义略有不同而已。例如,就构念效度而言,在规范研究中主要是强调概念或构念能否正确反映其所要表达、描述对象内容的程度,也可以将其定义为一个构念表达、描述内容的精确性程度,一般不涉及测量问题。就内部效度而言,在规范研究中主要指的是特定假定条件下,规范研究结论或因果推论符合特定条件下的特定研究对象的实际情况,虽然这些特定研究对象可能不是那些经过实际测量的研究对象。就外部效度而言,在规范研究中主要指从特定假定条件下得出的结论推广到其他非特定假定条件下的研究对象的可信度,或者也可以理解为规范研究是否具有更普遍意义的问题。

此外,由于规范研究往往依据现有理论、特殊或形式化规范等展开,其有效性还表现在所选择的理论、规范方法等是否合适,理论前提或假定是否合理,一般、特殊或形式规范分析方法使用是否准确,逻辑演绎是否完美、没有漏洞,结论是否正确且有价值等方面。除此以外,评价一个规范研究的有效性,还可以看该研究是否建构出了好的理论,包括理论的准确性、有用性、预见性、简洁性、繁衍性等等。

七、操作流程

规范研究可分为一般规范研究、特殊规范研究和严格形式化的规范研究,其研究的形式化和程序化程度是逐渐增强的。本部分主要讨论一般规范研究的操作流程。一般规范研究由于受到研究类型、研究目的、研究者主观性等要素的影响较强,很难总结出一套非常标准的研究程序,因此本部分将按研究的阶段顺序,即规范研究的准备、实施、成果汇报的阶段顺序,指出一般规范研究在各阶段所需注意的要点。关于特殊规范研究的操作流程,不同的特殊规范有不同的方法,这里暂不讨论,有兴趣的读者可以参考本书后面对一些特殊规范研究(例如批判性研究方法)的介绍;关于严格形式化的规范研究的操作流程可以参见本章相关介绍。

(一) 准备阶段

首先要提出研究问题,厘清问题所阐述的现象范畴,明确研究目的,并根据研究的主题进行相应的资料查证和理论准备。规范研究的理论性较强,因此要加强理论准备,从已有理论中获得启发,注重对既有理论、前人研究成果的引证、提炼总结,增加知识的累积。此外,在准备阶段还要进行研究设计,拟定研究方案,撰写研究计划书或研究大纲,并对研究的可行性进行评估。

(二) 实施阶段

规范研究的实施阶段一般遵循理论前提预设、论证和得出结论三个环节。首先是要确定假定和假设,确定研究需要遵守的价值标准和逻辑规定。特别地,由于规范研究经常是追求本质的,而这类本质无法被直接观察到,因而需要借助思维和逻辑的工具来探索[①],从而得出结论。逻辑分析的有关规则请参照本书第九章相关内容。

(三) 成果汇报阶段

一般规范研究报告,也就是规范研究的论文、书籍等研究成果,特别强调逻辑的清晰性和一致性、结构安排的合理性以及推论的严谨性、论证的充分性、结论的明确性、概念的明晰性、语言的精确性等方面。

八、质量评价和保证

(一) 前提的正确性

由于演绎推理是由一般到特殊的推理方法,是确实性的推理,其前提和结论之间存在着必然的联系,在推理过程符合逻辑的情况下,演绎的结论取决于演绎的前提。因此,采用演绎法的规范研究需要保证演绎前提的正确性。如果前提是

---

① 房宁:《规范性与经验性之争——试析政治学研究的基本方法》,《政治学研究》1997 年第 1 期,第 58—62 页。

错误的,那么所得到的结论也不会正确。要对研究的基本前提和原则进行清晰的描述,这样才能保证分析的系统和一致。一般来说,规范研究采用的前提是不证自明的。

(二) 逻辑和论证的严密性

通常规范研究采用的是演绎的方法,而保证演绎推理有效的重点之一是演绎的形式。演绎形式一般包括逻辑推理、数学推理等。最初的规范研究逻辑还包括语言逻辑。总之,规范研究需要通过严格的逻辑推理论证,来增强研究的说服力。研究者需要保证论证的逻辑是环环相扣、没有疏漏的,以高度的逻辑论证的严密性来保证研究的质量。

(三) 结论的正确性

规范研究需要保证结论的正确性。一方面,要保证结论具有逻辑可靠性,这依赖演绎前提和论证形式的正确这一必要条件;另一方面,要保证对结论进行清晰准确的描述,使结论紧扣前提与论证内容,确保结论在语言上、形式表达上准确无误,不存在模糊、歧义或其他问题;此外,也要保证结论是有意义的,例如结论能够解释现象、回答问题,具有理论价值、实践指导意义等。

九、使用中应注意的问题

(一) 注重规范方法的有效选择

一般规范研究、特殊规范研究和严格形式化的规范研究都有各自适用的研究范围和研究主题,所以在进行研究时,要根据研究的问题和目的来有效地选择相应的、最恰切的规范研究方法。

(二) 注重理论的深度、丰富度、创新度

规范研究适用于建构新理论、进行思想和理论创新的研究情形。研究者在建构新的理论时,需要具有批判和创新的精神,注意提高新理论的质量和科学贡献,建构有深度的、丰富的、有创新性的理论。

(三) 避免理论脱离实际的倾向,提高理论适用性

许多进行规范研究的学者热衷于演绎推理和理论建构,但却忽略了对现状的调查研究,致使其对政治和公共管理实际运行机制及其存在问题的认识不足,从

而导致研究过于抽象和空洞,使得理论与实践的结合情况较弱。① 因而,研究者不应过分沉迷于理论建构,应结合实践,提高理论的适用性。

(四) 注重规范研究的"规范"

许多规范研究并未注重研究规范,具体表现为研究方法不严谨、缺乏理论预设、缺少明确的研究问题、论证过程不严密、演绎逻辑存在漏洞等,致使研究质量存在严重问题。总之,研究者必须明白,不仅仅是实证研究需要严谨的方法,规范研究也同样需要采用严谨的研究方法,以提高研究质量。

十、形式规范研究介绍

由于严格形式化的规范研究具有研究方法和系统结构较为明晰、典范性和规律性较强的特点,容易投入使用,因此其适用范围日渐扩大,成为政治学与公共管理学研究中比较常见的一种规范研究方法。下面我们将对形式规范研究进行较为详细的介绍。

在我国,"形式规范研究"在不少关于政治学与公共管理学研究方法的讨论中还没有被单独列为一个类型。② 然而,也有一些学者已经开始用符合"形式规范研究"要求的方式写作。例如,杨立华构建了一个知识困境的博弈模型来理解如何通过提高博弈方对彼此知识的尊重和认同,同时加强相互之间的知识交流和沟通,来走出由于知识困境而导致的知识成员之间的矛盾、冲突和对立③;郭庆松讨论了如何通过分析劳动关系的博弈规则来确定劳动关系的博弈均衡,从而促进劳动关系利益主体效用函数的实现或预期收益的最大化④。

形式规范研究最大的特色就是用数理的模型来分析主体的行为。用数理模型来分析具有一定的优势。数学是符号逻辑,理论上讲日常语言可以表达的一切都能转化成数学这种符号逻辑。同时,数学相对于日常语言来说,其结构性、工具性、操作性更强,有利于沟通复杂现象,以及对事物的控制。就易于沟通而言,比如,一个普通中国人可能并不懂芬兰语,但如果有基本的数理训练的话,他很容易

---

① 颜海娜、蔡立辉:《公共行政学研究方法:问题与反思》,《公共管理学报》2008 年第 4 期,第 109—115、128 页。
② 何艳玲:《问题与方法:近十年来中国行政学研究评估(1995—2005)》,《政治学研究》2007 年第 1 期,第 93—104 页;刘晓峰、刘祖云:《我国行政学质性和量性研究方法的评价与反思——基于 2006—2008 年部分期刊文章的样本分析》,《甘肃行政学院学报》2010 年第 3 期,第 31—38 页。
③ 杨立华:《知识困境及其解决方式:以环境治理为例的博弈模型构建》,《中国行政管理》2010 年第 10 期,第 112—116 页。
④ 郭庆松:《论劳动关系博弈中的政府角色》,《中国行政管理》2009 年第 7 期,第 52—54 页。

就能理解芬兰人写的形式规范研究的模型。

一般认为,最早的形式规范研究见诸经济学的文献中,如古诺[1]、伯川德[2]和埃奇沃思[3]关于垄断定价和生产的论述。1944年,约翰·冯·诺伊曼和奥斯卡·摩根斯坦在《博弈论与经济行为》一书中更提出,大部分经济问题都应被当作博弈来分析[4],并引入了通用博弈理论的思想[5]。而在政治学与公共管理学界,四本知名著作可以被认为是较早应用形式规范研究的典范,即安东尼·唐斯的《民主的经济理论》、邓肯·布莱克(Duncan Black)的《委员会与选举理论》、威廉·赖克(William H. Riker)的《政治联盟的理论》,以及詹姆斯·布坎南与戈登·图洛克的《同意的计算:立宪民主的逻辑基础》。大批后来的学者则继续用形式规范研究的方法在各个方面发展理论。例如,关于经济和政治的发展有曼瑟尔·奥尔森(Mancur Olson)的《国家的兴衰:经济增长、滞胀和社会僵化》,关于官僚体系有威廉·尼斯坎南(William Niskanen)的《官僚制与代议制政府》,关于利益集团有奥尔森的《集体行动的逻辑》,关于民主理论有赖克的《自由主义反对民粹主义》,关于合作行为的演变有罗伯特·阿克塞尔罗德(Robert Axelrod)的《合作的进化》等。

(一)形式规范研究对于研究主体的基本假定

我们知道,实证统计分析的核心是归纳,也就是从繁多的资料中整理出相关变量间系统的联系。而形式规范研究的核心是演绎,即从设定的模型出发,推演出主体在模型约束条件下根据一定规则如何达到自己的目的。具体的形式规范研究有各自不同的模型,但所有模型基本都遵循两个假定:第一,模型的最基本分析单位应当有内在一致性;第二,基本分析单位的行为应当是理性的。

判断是否具有内在一致性的主要指标是分析单位有没有自己的行为目标。同一个分析单位在同一个时段内,行为目标应当是确定的。假如在研究的时段内,这一个分析主体的目标是游离的,那么这个主体就不应被作为规范模型的最

---

[1] Antoine Augustin Cournot, *Researches into the Mathematical Principles of the Theory of Wealth*, Macmillan, 1897.

[2] Joseph Bertrand, "Théorie Mathématique de la Richesse Sociale," *Journal des Savants*, Vol. 67, 1883, pp. 499-508.

[3] Francis Ysidro Edgeworth, "La Teoria Pura del Monopolio," *Giornale Degli Economisti*, Vol. 40, 1897, pp. 13-31.

[4] John von Neumann and Oskar Morgenstern, *Theory of Games and Economic Behavior*, Princeton University Press, 1944, p. 1.

[5] Drew Fudenberg and Jean Tirole, *Game Theory*, MIT Press, 1991.

基本单位。一个有内在一致性的分析单位(或主体)可以是一个人、一个群体或一个国家,甚至是一个国家联盟。但这些单位未必任何时候都有内在一致性。比如,如果一个人既有利己性,又有利他性,那么我们必须严格设定我们的规范模型到底是在描述利己时还是利他时的个人。这样,才能得到前后一致的模型。

(二) 形式规范研究的分类

常见的形式规范研究大致可分为两大类:一种是效用理论(utility theory),另一种是博弈论(game theory)。

效用理论同时也是博弈论的基础,它用数学理论来表达决策过程。[1] 对于一个理性的主体而言,他有趋利避害的本能。效用理论假定理性主体的偏好是不变的,它会首先设定理性主体的目标是什么,再指明主体的各种行动的后果是什么。因为主体对各种后果的偏好不同,可以用一组从小到大的数值来表明主体对各种后果到底有多么偏好,这些数值就是效用。把主体对各种后果的偏好与这些数值对应起来的公式就是效用函数。最后,各种后果的出现是有一定的概率的,主体会根据这些概率而冒着相应大小的风险来采取行动。效用理论这时就能够给我们一个科学的决策指南。我们可以将所有行动的效用与所有行动的风险分别相乘,以得到每个行动的预期效用。理性的主体将会选择产生最大预期效用的行动。

但社会科学里最流行的形式规范研究的类型还当属博弈论。与其他的研究方法如效用理论或统计分析相比,博弈论最大的特色是把分析主体的互动纳入模型中。这样,主体间策略性的行为就能被模型所解释:我的选择是如何因为你的选择而改变,与此同时你的选择又是如何因为我的选择而改变;为了实现目标,因为我预期你会如此行动,所以我策略性地没有选择短期内的最优行为;而你由于预期到我不会采取短期利益最大化的行为,也策略性地选择与短期利益最大化不同的另一套应对策略;如此这般。这样,博弈论的构架本身自然而然地迫使我们直面决策行为的"内生性":决策不是一成不变的,而是随着模型内其他变量的改变而不断变化。博弈论相信,当博弈终止、尘埃落定之时,理性的局中人已经把所有可能的信息纳入最终决策之中了。所以,最终各方的决策应当是均衡的,即没有任何一方愿意改变现状,从而进入重新一轮的博弈。虽然,根据博弈论,理性主体的行为最终将落在均衡路径之内,但博弈论的框架要求我们不得不考虑在均衡路径之外的、理论上不会发生的决策与行为。因为这样,我们才能得到模型的最

---

[1] James D. Morrow, *Game Theory for Political Scientists*, Princeton University Press, 1994, pp. 16-50.

终解答。

除此之外,近些年形式规范研究也开始向新的方向发展,值得注意的有两个方向。第一,形式规范研究开始注意与实验的方法相结合。[①] 形式规范研究大多是从一些基本的假定出发开始推演的,但当假定并不契合实际时,结论将会出现偏差。对于在受控的环境下的受试者,研究人员可以用多种方式检验假定及结论的可靠性,并利用这些反馈修正自己的形式规范研究模型。第二,政治学与公共管理研究中一种新兴的规范网络分析法(normative network analysis),也可以被视为形式规范研究的一种新尝试。[②] (见表12.1)这种规范的网络分析法明确地把主体放在一个社会关系的网络之中,主体的每一个社会关系都是网络中的一条线,主体本身是网络中的一个节点。关系的演变将依据研究者给定的假定与逻辑。由于任意一点都可能与多点相连,任意一点的决策将受到多种输入的影响,而这个决策也会反过来影响其他点,因此这种规范的网络分析法充分地体现了社会内主体间的相互依赖,对理解许多政治与经济问题有重要意义。这里所强调的规范网络分析方法和后面我们强调的一种主要偏向定量的实证社会网络分析方法的主要区别在于:规范网络分析的起点是"研究者给定的假定与逻辑",在此基础上探讨主体间关系的演变;而实证社会网络分析的社会关系是研究者基于实证研究进行调查、确认和研究的对象。

表12.1 形式规范研究的主要类型

形式规范研究类型	主要特色	主要研究对象
效用理论	通过效用函数计算预期效用	单一主体在决策中权衡不同选择
博弈论	模型化内生性问题	多个主体同时(或先后)行动,最终的均衡路径
与实验结合	利用实验反馈修正模型	受控环境下的受试者
规范网络分析法	以网络的形式分析社会关系	相互依赖的主体

(三) 博弈论初步介绍

刚刚我们已经提到,博弈论在社会科学研究中已得到广泛应用,在人们的日

[①] Rose McDermott, "Experimental Methods in Political Science," *Annual Review of Political Science*, Vol. 5, No. 1, 2002, pp. 31-61.

[②] Michael D. Ward, et al., "Network Analysis and Political Science," *Annual Review of Political Science*, Vol. 14, No. 1, 2011, pp. 245-264.

常生活与话语中也屡屡被提及,下面我们将对博弈论做一个简单的回顾与评估。先从几个最普遍的博弈论模型说起,再谈谈博弈论方法的局限性。

1. 著名的博弈论模型

最著名的博弈论模型恐怕非"囚徒困境"(prisoner's dilemma)莫属了。最原始的囚徒困境模型是两个囚犯被隔离讯问,招认就能减少刑期,不招会被罚,并假定只要一人招认,检察官就有足够证据能处罚两个人。(见表12.2)当两人都招时,两人都会中度受罚;但当两人都不招,则检察官只能轻罚两人。重点在于,如果只有其中一方招认,招的那一方就能获释,不招者则得到重度惩罚。每个人都会去想对方到底招不招,然后发现,不论对方招不招,自己招认的好处都大于不招,所以两人基于理性,就各自发展出主导策略,即都选择招认,因此两人都受到中度惩罚。

表 12.2 囚徒困境

囚犯一	囚犯二	
	合作	背叛
合作	(5,5)	(-10,10)
背叛	(10,-10)	(-5,-5)

注:括号内是两人的所得,越大的数字表明越大的所得。括号内左边的数字是囚犯一的所得,右边是囚犯二的所得。

但假如囚徒困境的情形要重复不断地进行,最理性的方式则是大家形成合作的默契,都不招认,因此都只受到轻度惩罚。假如默契不形成,两人每次都受到中度惩罚,显然不理性。不过,要是博弈只有一轮,基于不信任,大家就都会诉诸短期理性,宁可受到中度惩罚。囚徒困境模型证明时间是重要的因素,即博弈玩一次和玩无限次的结局是不一样的。如果是无限次,两人就会合作,因为考虑到博弈的次数 n 乘上两人合作的利得,远大于 n 乘上两人不合作的利得,所以两个人终究会学习合作。囚徒困境模型的目的,是说明人通过学习,即使基于自利而在短期内做出不利于自己的决定,但长期最终会回归最理性的方式,修正自己的行为选择。[1]

与囚徒困境一样有名的另一个形式规范研究的模型是懦夫游戏。(见表12.3)在这个模型的情境中,两人开车迎面撞来,怕死先闪开的一方就算输。和囚徒困

---

[1] 石之瑜:《政治科学中形式理论的运用与瓶颈——从赛局理论谈起》,《东吴政治学报》2003年第17期,第9页;David Kreps, *Game Theory and Economic Modelling*, Oxford University Press, 1990, pp. 5-8。

境最大的不同之处在于,当双方都不合作(不闪开)时,得到的结局对双方都是最凄惨的;而在囚徒困境中,两人都不合作时,得到的结果对双方都只是次凄惨的(中度惩罚),所以两囚犯才都有可能选择招认。

表 12.3 懦夫游戏

主体一	主体二	
	闪开	不闪开
闪开	(5, 5)	(0, 10)
不闪开	(10, 0)	(−5, −5)

注:括号内是两人的所得,越大的数字表明越大的所得。括号内左边的数字是主体一的所得,右边是主体二的所得。

在博弈论的建模过程中,每一种决策的效用值究竟有多大其实并不重要,真正重要的是每一种决策效用相对其他决策效用的大小。例如,在刚刚提到的囚徒困境与懦夫游戏这两个模型中,如果我们改变其中一个模型中效用值的相对大小,我们甚至可以把这个模型转换成另一个模型。

2. 博弈论的缺点

尽管博弈论是形式规范研究中非常有力的一个工具,但正如任何其他工具一样,博弈论也有自己的局限性。具体来讲,有如下几点。[①]

第一,博弈论通常假定博弈中的行为主体有相同的期待,即每个人都知道自己及他人的所有可能的策略,并以此为基础来决定自己的应对策略。但当相同期待的假定不能被满足时,博弈该如何进行呢?一个办法是允许行为主体在不断博弈中进行理性学习:从每轮博弈中,每个主体的期待通过观察其他人的应对而得到更新,更新后的期待成为下一轮博弈的基础。

第二,许多博弈论的模型会产生多重均衡点,而无论我们用何种解决办法,多重均衡的结果都无法消除。多重均衡意味着博弈的结果并不唯一,如何从多个均衡中选取我们需要的结果呢?博弈论中的"无名氏定理"可以帮助我们更好地理解多重均衡的现象,并给出选取唯一解的理由。

第三,博弈论通常假定相同的知识。字面上的理解自然是行为主体们都掌握同样多的信息,这意味着除了客观事实的信息外,主体们还知道其他的主体也知道这些客观事实,知道所有的主体都知道所有人都有相同的期待,知道所有人都是理性的,等等。在有限信息博弈论模型中,相同的知识这个假定可以放宽,即一

[①] James D. Morrow, *Game Theory for Political Scientists*, Princeton University Press, 1994, pp. 305−311.

些主体比另一些主体有更多的信息,但"信息不对称"这个信息却是行为主体们都知道的。

第四,博弈论通常会假定行为主体是理性的,可另外一个假定是"有限理性",即在追求特定结果的过程中,主体的推演能力是有限的。关于有限理性,文献中有三类可能的解决办法。①每个行为主体的策略都基于对手所有过往行动出现的频率;理性是有限的,因为主体只需要记住所有的历史。②每个行为主体的策略是基于"有限自动回复";主体没法记住所有历史,他的行动由固定的前几期的历史所决定。③进化模型:不同主体从各自的有限知识与分析能力出发得出不同的策略,这些不同策略在同一个平台下相互竞争、优胜劣汰,最好的策略自然会最终胜出。

(四)形式规范研究的隐含假定与基本操作框架

在用效用理论或博弈论来建立模型进行形式规范研究之前,研究者通常需要接受一些隐含的假定。第一,假定参与博弈的主体之间没有任何情感联系。这保证了各主体的行为是由纯粹利益的计算而决定的,所以不可观测的因素不会改变建模者的结论。比如,在囚徒困境中,假如两个囚徒是父子关系,那么我们对于即使只有一次博弈的结果,也极不可能得到两人相互背叛的结论。这就是说,模型本身没有考虑到的非直接的利益因素改变了模型的结果。第二,假定主体是利己而非利他的。这与之前提到的主体一致性相呼应,保证了建模者可以相对容易地推演出主体的效用函数。然而,这是对现实的极大简化,比如,在公共汽车上让座是我们常见的利他行为,但如果用形式规范研究的模型来解释这一点的话,往往会从建模本身的需要出发,把利他行为解释成为更好达到自己目标的利己行为。

在这些明显的或隐含的假定的基础上,可以勾勒出一个典型的形式规范研究的操作框架。(见图12.2)

图12.2 形式规范研究操作流程图

第一步,研究者应当提出要研究的问题。这是所有研究必须跨出的第一步,但通常也是最为困难的一步。好的开始是成功的一半,好的问题正是好的开始的核心。虽然也有灵光一闪的情形出现,但绝大多数的情况是,好的问题是在熟悉本领域文献,广泛阅读其他领域的材料,以及对社会、政治、经济、公共政策等众多领域内规律性的现象保持敏感并不断思考的基础上形成的。

第二步,根据提出的问题以及研究者本身的训练和偏好,研究者应当决定到底用效用理论还是用博弈论来研究这个问题。如前所述,博弈论的精髓在于研究多主体间互动中的策略性行为。因此,如果我们的研究对象是单一主体如政府,研究目标是这个单一主体应如何在给定的选项间选择,例如政府应打破垄断还是维持垄断,那么,这个研究目的决定了纯粹的效用理论可能是更适合的方法。所以,应当是研究问题决定了采用何种研究方法,而不是相反。

第三步,在确定了研究问题和适当的研究方法后,研究者要考虑在自己的模型中采用哪些假定。因为归根到底,大部分形式规范研究的结论在设定假定的那一刻起,其实就已经确定了。形式规范研究的过程是用一套符号逻辑的语言,清晰地告诉读者怎样可以从假定推导至结论。这样,形式规范研究的每一步都要符合逻辑,并经得起后来研究者的检验,如果存在问题,后来的研究者可以很容易地发现模型推演中的错误。

最好的假定应当是不言自明的,被绝大多数人和学术界所承认的。但通常仅有这些假定不足以得出研究想要得出的结论,因此,更多的假定不可避免。研究者要使用的新假定应当是存在较少争议的。这些假定最好有现实的经验作为依据,并有其他文献采用过相同或类似的假定。即便如此,研究者还是应当说明自己为什么要用这些假定,以及这些假定为什么是合理的。表12.4展示了形式规范研究常用的一些假定。

表12.4 形式规范研究常用的假定

编号	内容
1	分析单位有内在一致性
2	分析单位是理性的
3	分析单位之间没有任何情感联系
4	分析单位是利己而非利他的
5	其他被学术界所公认的,或有现实依据的假定

第四步,推演的过程。这通常是一个模型最显眼的部分,虽然对于有经验的建模者来说,之前的确定问题(并确立变量)和设立假定,恐怕才是最伤脑筋和凸显功力的步骤。社会科学规范模型的推演用到最多的数学知识有代数、微积分和概率论等。

(五) 评价不同的形式规范模型

当一个形式规范研究的模型被构建出来以后,我们如何把它和另一个形式规范研究的模型做比较,并评价孰优孰劣呢?像任何社会科学的模型那样,我们首先的评价指标是这个模型能否更好地帮助我们理解和解释我们关心的问题。正如克拉克和普里莫指出的那样,在政治学研究中,一个模型是否有价值,最重要的判断标准在于它是否有用。① 作为一种工具,形式规范模型有至少五种类型。(见表 12.5)

表 12.5 形式规范模型的类型与目的

模型类型	目的	例子
基础型	为同一类的问题提供洞见	立法部门里的谈判
结构型	组织起普遍实证现象或已知事实	政党标签与投票行为
启发型	产生可供进一步研究的有意义的新方向	有关预算的谈判
解释型	探索因果机制	通过反事实研究司法审查
预测型	预测事件或结果	预测总统大选的结果

虽然大多数的形式规范模型主要是实现某一种目的,也不排除个别的模型可以同时实现多个目的。对于某个问题,好的模型或者能把我们认为本该如此的观念用数理化、逻辑化的语言在一个严谨的框架内清晰地表达出来;或者能够在简单、无争议的假定的基础上,推演出反直觉的结论,从而弥补单纯靠观测、归纳的研究方法的不足。比如,斯托尔珀和萨缪尔森在公认的比较优势理论的基础上,推导出国际贸易使得一个国家里相对蕴含更丰富的生产要素获利更多的结论。② 这个结论与我们的一般直觉相反。一般的直觉告诉我们,稀缺的东西才能获取高价,充足供给的东西价格应当下跌才对。

形式规范研究的模型还应能自圆其说,也就是说,从假定到结论的推演是按照逻辑一步步进行的,从而保证读者对每一步的推演都是信服的。一个好的形式规范研究的模型还应当适用于多种情境。这个模型看似是在某一种很特殊的情境下分析主体的行为,但由于形式规范研究的特征,只要模型的结构和假定能够

---

① Kevin A. Clarke and David M. Primo, "Modernizing Political Science: A Model-Based Approach," *Perspectives on Politics*, Vol 5, No. 4, 2007, pp. 741-753.

② Wolfgang F. Stolper and Paul A. Samuelson, "Protection and Real Wages," *Review of Economic Studies*, Vol. 9, No. 1, 1941, pp.58-73.

保持,我们完全可以代入不同的主体,从而用同样的模型来研究不同的问题。比如,博弈论中的囚徒困境模型完全可以超越"囚徒"的选择这个最初的情境,而用来分析个人、企业、群体或国家在类似囚徒困境的结构中是如何用与囚徒类似的逻辑来理性决策的。事实上,国际关系研究中经常用到囚徒困境模型来分析国家间战争与和平的考量。又比如,政治学分析中常见的中间选民理论,最初是被用来解释为什么美国的选举候选人有向政党意识形态偏中间的选民靠拢的倾向。但随着这个理论逐渐广为人知,美国政治学领域以外的学者也开始用中间选民理论来解释其他领域的热门问题,如福利国家为什么会发生,或者为什么威权政体可能会转变为民主政体,等等。

形式规范研究与社会科学的其他研究方法一样,也应当尽量追求简洁有力。这就是指一个模型应当用尽可能少的变量或假定来解释尽可能多的变化。如果一个假定不能带来更强的解释力,那么这个假定就不应当被包括在模型中。①

(六) 构造形式规范研究模型的一般路径

那么,尤其对于一个初学者来说,该如何构造一个形式规范的模型?

第一种办法是自建一个模型。在这里,最重要的原则是"简单,简单,再简单"。比如,建模可以从写下行为主体一系列的选择开始:有什么选择;该什么顺序;选择时有什么信息;选择会产生什么后果。然后,考虑主体对这些后果的可能的偏好。接着,就可以写下决策树并算出这个模型的结果了。

第二种办法是修改一个现有的模型,比如改变现有模型的某个假定,或对现有模型的某(几)个变量进行取舍。从工作量上来说,这通常要比构建一个全新的模型要容易些。但同样地,我们还是在修改模型的过程中需要坚持"简单,简单,再简单"的原则。如果普通的方法可以解决问题,就没有必要用更复杂的方法。

(七) 一些形式规范研究模型的例子

最后,我们用几个经典的形式规范研究模型来演示形式规范研究的流程是如何在文献中体现的。

1. 合作的进化

罗伯特·阿克塞尔罗德在他的名著《合作的进化》一书中,对于合作的产生

---

① Gary King, Robert O. Keohane and Sidney Verba, *Designing Social Inquiry: Scientific Inference in Qualitative Research*, Princeton University Press, 1994, pp. 3-33.

和进化,利用博弈论进行了分析。通过重复囚徒困境(iterated prisoner's dilemma)这个博弈,他发现能够产生合作的最优策略,即"一报还一报"。这个策略同时是最简单的,因为它只有两步:第一步,与对手合作;第二步,做对手上一步所做的事。阿克塞尔罗德的研究符合我们列出的形式规范研究的流程。首先,有一个明确的研究问题:研究"合作行为"的产生及演化。其次,选择使用博弈论作为主要研究方法。再次,对于主体做了一系列假定,如主体的收益不必是可比较的,收益不必是对称的,决定是否合作不必顾及他人的看法,等等。[①] 最后,利用多种推演工具在这些假定的基础上进行演绎,这些工具包括数学推演,还包括计算机建模和运算。

2. 中位选民理论

中位选民理论(median voter theorem,或译为中间选民定理)在政治学与公共管理的研究中已经有悠久的历史[②],并被应用到多种情形之中[③]。中位选民理论认为,一个多数主义的选举系统将选择最为中位选民所青睐的政策结果。从形式规范研究的流程来看:首先,一个利用中位选民理论的研究的研究问题通常是什么原因导致了我们所观察到的政策结果。其次,中位选民理论结合了博弈论[④]和效用理论[⑤]的分析方法。再次,中位选民理论通常对于主体做两个基本的假定:第一,选民对于所有备选对象的偏好可以在同一个政治光谱中表达出来;第二,选民的偏好是单峰的,这就意味着,选民会选择距离他们的最优选择最近的那个备选对象。最后,中位选民理论将运用包括几何在内的多种数学工具进行推演。

3. 相互保证毁灭

在国际关系中,相互保证毁灭(mutual assured destruction,MAD)已演变为一种军事战略思想。众多战略家和决策者笃信,正是相互保证毁灭这种机制的存

---

① 〔美〕罗伯特·阿克塞尔罗德:《合作的进化》,吴坚忠译,上海人民出版社2007年版,第12页。

② Harold Hotelling, "Stability in Competition," *The Economic Journal*, Vol. 39, No. 153, 1929, pp. 41–57.

③ Anthony Downs, "An Economic Theory of Political Action in a Democracy," *Journal of Political Economy*, Vol. 65, No. 2, 1957, pp. 135–150; Keith Krehbiel, "Legislative Organization," *Journal of Economic Perspectives*, Vol. 18, No. 1, 2004, pp. 113–128; Allan H. Meltzer and Scott F. Richard, "A Rational Theory of the Size of Government," *Journal of Political Economy*, Vol. 89, No. 5, 1981, pp. 914–927.

④ 例如 Anthony Downs, "An Economic Theory of Political Action in a Democracy," *Journal of Political Economy*,Vol.65, No. 2, 1957, pp. 135–150。

⑤ 例如 Allan H. Meltzer and Scott F. Richard, "A Rational Theory of the Size of Government," *Journal of Political Economy*, Vol. 89, No. 5, 1981, pp. 914–927。

在,使得当今世界各国及其人民能够生活在危险但和平的境地之中。① 相互保证毁灭机制的基本设定认为,在核时代,拥核的双方或多方一旦进入全面使用其核武器的冲突阶段,那么无论是进攻方还是防守方都保证会完全毁灭。这一机制进一步假定,在认识到相互保证毁灭机制以后,没有任何一方会敢于发动第一击,因为对方的第二击将保证双方都会毁灭。基于这样的假定,相互保证毁灭机制的好处是敌对的双方(多方)将保有一种紧张但稳定的和平。使用形式规范研究流程图来审视相互保证毁灭这个战略思想的相关研究,我们发现:首先,这类研究的基本研究问题是能否以及怎样在核时代维持世界和平;其次,这类研究主要利用博弈论分析多主体在频繁互动的情况下在众多约束条件下的选择;再次,相互保证毁灭机制的研究有一系列假定,如存在有效的第二击的能力,存在完美的侦查以及确认攻击方身份的能力,国家主体完全理性,以及无法有效防御核攻击,等等;最后,这类研究用一系列工具在上述假定的基础上进行推演。

关键术语

元问题　　　　　一般规范研究　　　特殊规范研究　　　形式规范研究
效用理论　　　　规范网络分析法　　囚徒困境　　　　　中位选民理论
相互保证毁灭

思考题

1. 规范研究与实证研究有什么区别?
2. 不同的博弈论模型之间有什么共同之处?
3. 应该如何评价不同的形式规范研究模型?

延伸阅读

Antoine Augustin Cournot, *Researches into the Mathematical Principles of the Theory of Wealth*, Macmillan, 1897.
Drew Fudenberg and Jean Tirole, *Game Theory*, MIT Press, 1991.
Duncan Black, *Theory of Committees and Elections*, Cambridge University Press, 1958.

---

① Herman Kahn, *On Thermonuclear War*, Princeton University Press, 1961.

Francis Ysidro Edgeworth, "La Teoria Pura del Monopolio," *Giornale Degli Economisti*, Vol. 40, 1897, pp. 13-31.

James Buchanan and Gordon Tullock, *The Calculus of Consent: Logical Foundations of Constitutional Democracy*, University of Michigan Press, 1962.

John von Neumann and Oskar Morgenstern, *Theory of Games and Economic Behavior*, Princeton University Press, 1944.

Joseph Bertrand, "Théorie Mathématique de la Richesse Sociale," *Journal des Savants*, Vol. 67, 1883, pp. 499-508.

Mancur Olson, *The Rise and Decline of Nations: Economic Growth, Stagflation, and Social Rigidities*, Yale University Press, 1982.

Mancur Olson, *The Logic of Collective Action*, Harvard University Press, 1968.

Robert Axelrod, *The Evolution of Cooperation*, Basic Books, 1984.

William H. Riker, *Liberalism Against Populism*, W. H. Freeman, 1982.

William H. Riker, *The Theory of Political Coalitions*, Yale University Press, 1962.

William Niskanen, *Bureaucracy and Representative Government*, Aldine Atherton, 1971.

经典举例

(一)〔英〕约翰·密尔:《论自由》,许宝骙译,商务印书馆1959年版。

1. 论著简介

《论自由》是约翰·密尔的代表作。密尔是19世纪英国的唯心主义哲学家、逻辑学家、经济学家,资产阶级自由主义的典型代表人物之一。《论自由》是自由主义思想的重要著作。该作品主要讨论公民自由,或称社会自由,探讨个人与社会权利的边界。全书分为"引论""论思想自由和言论自由""论个性为人类福祉的因素之一""论社会驾于个人的权威的限度""本书教义的应用"这五个章节。

2. 使用的方法

密尔的《论自由》也具有一般规范研究的色彩,采用了系统完整的论述逻辑,遵循了"总—分—总"以及"理论和应用"的总体论述模式。

3. 方法使用具体流程

作者在第一章"引论"中对自由的概念进行了辨析,界定了自由的内涵,同时提出了自由的边界;在之后的章节中,依照所提出的自由的内涵,依次对思想言论自由、个性自由、社会对自由的控制这些内容进行了讨论,从而强调了个人自由的重要性。

在最后一章,即第五章"本书教义的应用"中,作者提出了两条公理:"第一,个人的行为只要不涉及他人的利害,个人就有完全的行动自由,不必向社会负责;他人对于这个人的行为不得干涉,至多可以进行忠告、规劝或避而不理。第二,只有当个人的行为危害到他人利益时,个人才应当接受社会的或法律的惩罚。社会只有在这个时候,才对个人的行为有裁判权,也才能对个人施加强制力量。"

这也是这部作品的主要论点,这两条公理不仅划定了个人与社会权利的边界,而且建立了划分边界的普遍原则。之后,作者又再次运用演绎的方法,利用这两条公理,来逻辑性地推论、考察若干具体的问题,特别是社会中一些涉及自由的有争议的问题,从而进一步探索和阐明自由的意义和界限。

4. 研究质量保证

该作品采用了严密的论述逻辑和诸多论据,从而保证了结论的有效性。总之,密尔的《论自由》中阐述的自由概念和自由主义的思想对西方乃至全世界产生了重要影响,对社会权威与个人自由之间的权利限度和政府的发展方向具有较强的指导意义。

(二)〔美〕安东尼·唐斯:《民主的经济理论》,姚洋、邢予青、赖平耀译,上海人民出版社 2010 年版。

1. 论著简介

安东尼·唐斯的《民主的经济理论》一书是现代政治科学的经典之作。此书的开创性在于它首次将经济学中基本的"理性人"假定引入对政府行为的实证分析中,并由此在经济学与政治学之间建立了一种统一性。从广义上说,这代表了对人类行为内在统一性的一种哲学信念。

2. 使用的方法

作者采用形式规范研究的方法,使用现代经济学的标准分析方法"一般均衡方法论",将经济学中的"理性人"假设作为前置假定和分析的基础,通过建构模型来解释民主政体中政党的行动逻辑和选民的投票逻辑,得出经验上可检验的结论。分析过程采用了形式规范研究方法,具有严格具体的研究形式和论证模式,体现了公理化方法与实证方法的结合。

3. 方法使用具体流程

全书分为四部分:第一部分建构模型,阐述政党和选民作为"理性人"的行动逻辑;第二部分处理不确定性下的政府行为,使模型更加符合实际;第三部分阐释由不确定性引发的信息成本对选民的影响;最后一部分对关于政府行为的传统经济理论扼要评述,并对全书分析得到的可检验的结论做了一个总结。

"理性人"是现代经济学的核心假设之一,"理性人"在资源和各种条件的约束下总是追求自身利益最大化,"在自己的知识限度内,运用单位价值产出的最少的稀缺资源投入来达到自己的目的"。模型中理性的政治当事人各自具有不同的追求,"理性的"形容的是他们的手段,而非目的。在该书中,假定民主制度下选举的政治功能就是挑选政府,若将政治工具用于非政治目的就称之为"无理性的"。选民支持当选后能够给他们带来最多利益,或称"最大效用流"的政党,而非简单地支持政党或政策本身。政党是由理性人组成的团队,政党成员追求收入、权力、声望等私利,只有通过政党当选才能实现成员的私人目的,因此所有政党成员的首要目标都是当选。制定政策、履行政府职能对政党成员来说只是实现个人私利的手段,"他们的唯一目标只是获得执政本身的报酬"。作为一个整体,政党追求获得最多选票以成功当选。政府和政党的区别在于是否执政,执政的政党即为政府,制定政策,履行职能;在野政党给出承诺,政治行为以下一次选举当选为目标。该书通过设定模型前提,不断修改和完善模型条件,在给定条件下运用一般均衡分析方法,检视在不同的条件下理性的政治行为者的可能行为,以及这种行为能否产生稳定的均衡状态,分析均衡状态时的福利状况。

4. 研究质量保证

该书将现代经济学的理性选择的方法应用于政治科学,进行实证分析。该书的分析是演绎性的,它假定了一个基本规则,以此为基础经过分析引申出结论;分析同时也是实证性的,试图描述在给定的条件下,如果人们的政治行为是合乎理性的,可以预期会发生什么。

与此前传统的政治科学相比,安东尼·唐斯的工作引入了两个全新的成分:(1)将全部理论分析置于一个基本的行为假定("理性人"假定)之上;(2)从基本的行为假定出发,得出经验上可检验的结论。他通过这两种方式,将理论与实际行为相结合,提高了研究的逻辑性、可验证性,保证了研究的质量。

(三)〔美〕约翰·罗尔斯:《正义论》,何怀宏等译,中国社会科学出版社 1988 年版。

1. 论著简介

《正义论》是美国当代著名哲学家、伦理学家和政治学家约翰·罗尔斯的代表作。《正义论》的出版标志着规范性政治哲学理论的复兴,而该书被誉为二战之后政治哲学领域最重要的经典著作。《正义论》运用社会契约论和自然法学说的精神,旨在提供一种新的对正义的系统解释,以代替功利主义正义观。《正义论》共有三编:第一编是"理论",阐述了作为社会制度的首要价值的正义,分别论证了两项正义的基本原则,描述了正义原则赖以产生的原初状态;第二编是"制度",说明了正义原则在政治和经济的基本制度中如何实行,是正义理论的制度化运用;第三编是"目的",讨论了善、正义感、道德等问题,试图回答正义理论是否具有稳定性,正义原则是否符合人类的道德情感与志趣。

2. 使用的方法

罗尔斯的《正义论》属于一般规范研究,采用了建构主义的论述逻辑,遵循理论建构和实际应用的论述模式。正义论的理论部分主要集中在第一编,罗尔斯对正义理论进行了规范分析,明确了两条正义原则,并构建了论证正义原则的一套完整程序。

3. 方法使用具体流程

罗尔斯认为,正义的主要问题是社会基本结构,即分配基本权利和义务,决定社会合作产出的利益如何分配的社会主要制度。他的正义观是"作为公平的正义",用于评价社会的主要制度。罗尔斯论证正义理论的思想是,要达到某种确定的正义观,就要考虑人们在平等的原初状态中会一致认同何种正义原则。为此,罗尔斯以思想实验"模拟各方的思考",将社会契约论模型作为理论建构的主要工具。

罗尔斯首先总述了正义的两项原则。第一项原则是"每个人对与其他人所拥有的最广泛的基本自由体系相容的类似自由体系都应有一种平等的权利"。第二个原则是"社会的和经济的不平等应这样安排,使它们被合理地期望适合于每一个人的利益;并且依系于地位和职务向所有人开放"。这两项正义原则是一般的正义观的一个专门方向,这种正义观就是"所有社会价值——自由和机会、收入和财富、自尊的基础——都要平等地分配,除非对其中的一种价值或所有价值的一种不平等分配合乎每一个人的利益"。正义的两项原则被概括为平等自由的原则,以及机会的公正平等原则和差别原则的结合。这两项原则分别对应社会基本结构的两部分,前一项对应公民的政治权利部分,后一项对应公民的社会经济利益部分。

接着,罗尔斯借助社会契约论,用"原初状态"代替传统社会契约论的"自然状态",以思想实验的形式论证了其作为公平的正义观的合理性。在公平的"原初状态"中,人们会一致同意选择上述两项正义原则。罗尔斯假定的"原初状态"是一种恰当的最初状态,这种状态下人们达成的契约是公平的。原初状态的一个重要假设是"无知之幕",相互之间关系冷淡的人们在"无知之幕"下制定社会契约。"无知之幕"遮盖了一切可能导致契约制定陷入纷争的信息,人们不知道自己在社会上处于何种地位,不知道自己的阶级、出身、先天资质、能力、智慧、体力等,每个个体的理性选择得以被充分考虑。由于人们不知道自己的现实境况和地位,每个人都可能是社会中的最少受惠者,因此制定社会契约时必须采取最大最小值规则,即在所有可供选择的方案中选择最少受惠者受益最大的一种。正义原则要符合最少受惠者的最大利益,由此就排除了对功利主义的选择。在与功利主义的比较中,罗尔斯论证了人们在原初状态下会一致同意选择两个正义原则。选择第一项原则可以保证人们无论处在社会的何种地位都是基本平等和自由的;选择第二项原则意味着不平等的分配只能发生于给最少受惠者带来补偿利益,使得社会和经济可能出现的不平等可以为所有人接受的情况下。两项正义原则可以公平地分配基本权利和义务,以及社会合作产出的利益和负担。

4. 研究质量保证

罗尔斯的《正义论》从原初状态出发对两个正义原则进行了社会契约式论证,论证过程采用了演绎推理的规范分析方法。罗尔斯采用了严密的论述逻辑,不断完善各类论据,从而保证了结论的有效性。

用于分析的原初状态与真实的社会历史是截然分开的,仅仅是一种假设的理想状态。罗尔斯通过对原初状态设置种种条件,模拟了各方在理想的公平状态下的合理推理。他提供了备择方案的简短"清单",接着推理人们在公平的原初状态下会做出的理性选择,着重与功利主义的原则进行对比,论证了人们会一致同意选择两项正义原则。在这种公平的原初状态下得出的正义原则就是"作为公平的正义",其能够产生有关社会基本结构的公平契约,进而产出公平的结果。

第十三章 定性实证研究*

本章要点

- 定性实证研究的定义、特点和优劣势；
- 定性实证研究的适用范围；
- 定性实证研究的主要类型；
- 定性实证研究有效性的基本类型；
- 定性实证研究的基本操作流程；
- 定性实证研究质量评价的基本指标。

一、导　言

定性实证研究方法是社会科学的"经典"方法①之一，在政治学与公共管理领域也有着广泛应用。21世纪初，张梦中和马克·霍哲曾对两家美国较有影响的公共管理杂志（《公共管理学季刊》和《公共管理学研究与理论》）所发表的一百多篇论文进行过统计分析，他们发现：用定性方法的论文远超用定量方法的论文，且用两者组合方法的论文也远超过"纯粹"定量的论文。② 事实上，在政治学与公共管理发展史上的很多实证性的经典著作，其使用的也大都是定性实证研究方法。

然而，在我国政治学与公共管理领域，定性方法还远未获得其应有的地位，学界在对其的认识及使用上，也还存在诸多误区。例如，有不少学者常常简单地把不能对所收集的资料做量化分析，只能以文本形式进行描述的研究，都看作是"定性研究"，甚至将"定性实证研究"常常等同于"规范研究"。目前国内相当多明确

---

* 本章部分内容改编自本章作者公开发表的论文，详见杨立华、何元增：《公共管理定性研究的基本路径》，《中国行政管理》2013年第11期，第100—105页。

① Samuel Yeager, "Classic Methods in Public Administration Research," in Jack Rabin, W. Bartley Hildreth and Gerald J. Miller, eds., *Handbook of Public Administration*, Marcel Dekker, 2007, pp. 683-794.

② 张梦中、马克·霍哲：《定性研究方法总论》，《中国行政管理》2001年第11期，第39—42页。

声称采用了定性方法的研究,却没有严格遵循定性实证研究的科学和规范要求,就是与其基本标准相比,也还有相当大的差距。① 因此,在我国政治学与公共管理领域,加强对定性实证研究方法的讨论和应用,具有重要的意义。

由于定性实证研究事实上是很多种不同研究方法的整体性归纳,也属于研究方法的大类分类。在实际中,定性实证研究大类下还包括名目繁多的具体的定性实证研究方法。故此,在借鉴和整合已有研究的基础上,本章将结合我们对定性实证研究的理解,对定性实证研究的整体性定义、特征、优劣势、使用范围与条件及其基本类型、研究设计、有效性保证、操作流程等问题进行概括性介绍,以帮助读者对定性实证研究有个较为系统和整体的认识。

二、定义、特点和优劣势

(一) 定义

定性实证研究,也就是定性研究方法,也常被译为质的研究、质性研究等,尤其在我国台湾、香港地区,"质的研究"的译法更普遍;但在大陆地区的社会科学领域,尤其是政治学与公共管理领域,"定性研究"的说法更为普遍。因此,本章和本书还是遵循学界的惯性,主要使用定性研究的译法,但同时也不排斥其他译法。

邓津(Norman K. Denzin)和林肯(Yvonna S. Lincoln)在国际上较早对定性研究方法提出了较为完整的定义,他们认为:"定性研究是一种将观察者置于现实世界之中的情境性活动。它由一系列解释性的、使世界可感知的身体实践活动所构成。这些实践活动转换着世界。它们将世界转变成一系列的陈述,包括实地笔记、访问、谈话、照片、记录和自我的备忘录。在这种程度上,定性研究是一种对世界的解释性的、自然主义的方式。这意味着定性研究者是在事物的自然背景中来研究它们,并试图根据人们对现象所赋予的意义来理解或来解释现象。"②

金、基欧汉和维巴在《社会科学中的研究设计》中将定性研究方法与定量研究方法联系起来讨论,认为相对于定量研究而言,"定性研究所使用的方法大都不

---

① 颜海娜、蔡立辉:《公共行政学研究方法:问题与反思》,《公共管理学报》2008年第4期,第109—115页。

② 〔美〕诺曼·K.邓津、伊冯娜·S.林肯主编:《定性研究(第1卷):方法论基础》,风笑天等译,重庆大学出版社2007年版,第4页。

依赖于数量化测量。采用该方法的研究者通常集中在一个或若干个案例上,通过集中访谈或对历史资料的深入分析开展研究。定性研究倾向于使用推论方法,注重对事件或个体进行全面和综合的分析"①。

克雷斯威尔(John W. Creswell)在《质性研究技能三十项》中总结了质性研究应该具备的要素:报告研究对象的声音;进入研究情境收集资料;看研究过程如何展开;专注少数人群或场所;自由开放的研究方式;发展复杂的理解;鼓励边缘群体发声;创建观察现象的多维视角;比较看待现象的不同视角等。②

我国学者陈向明认为,质(定)性研究是"以研究者本人作为研究工具,在自然情境下采用多种资料收集方法,对社会形象进行整体性探究,主要使用归纳法分析资料和形成理论,通过与研究对象互动对其行为和意义建构获得解释性理解的一种活动"③。

具体来说,我们还可以从这几个方面来进一步理解定性研究。从科学方法来看,定性研究是探究性的,或遵循"自下而上"的研究方法,即研究者基于实地研究所得的数据生成或建构知识、假设和扎根理论。④ 从研究目标来看,定性研究常见的目标是进行定性、主观的描述,研究和理解特殊群体及个体。其研究的焦点集中于体验现象的广度与深度,获得对研究对象的更深入了解。从研究环境来看,定性研究是在自然环境下,使用实地体验、开放式访谈、参与型和非参与型观察、文献分析、个案调查等方法对社会现象进行深入细致和长期的研究的方法。⑤ 从研究过程来看,定性研究主要收集文字、图片等定性资料,使用描述性的数据,倾向于依赖科学方法中的归纳法,最终报告的格式常常明显区别于定量研究使用的统计报告,而是非正式的陈述性报告。⑥ 定性研究通过观察,研究自然条件下的群体和个人,试图理解局内人的观点、含义和视角。在定性研究中,研究者的角色具有重要作用。研究者本人是研究的工具,通过在研究中与被研究者互动,从

---

① Gary King, Robert O. Keohane and Sidney Verba, *Designing Social Inquiry: Scientific Inference in Qualitative Research*, Princeton University Press, 1994, p. 4.
② 〔美〕约翰·W. 克雷斯威尔:《质性研究技能三十项》,王锡苓译,格致出版社、上海人民出版社2018年版,第9—10页。
③ 陈向明:《质的研究方法与社会科学研究》,教育科学出版社2000年版,第12页。
④ 〔美〕伯克·约翰逊、拉里·克里斯滕森:《教育研究:定量、定性和混合方法》(第4版),马健生等译,重庆大学出版社2015年版,第34页。
⑤ 陈向明:《社会科学中的定性研究方法》,《中国社会科学》1996年第6期,第93—103页。
⑥ 〔美〕伯克·约翰逊、拉里·克里斯滕森:《教育研究:定量、定性和混合方法》(第4版),马健生等译,重庆大学出版社2015年版,第347—349页。

主体视角理解被研究者的行为,提供一种独特的局内人的观点。[①]

结合以上的分析,我们把定性研究看作是**主要依赖定性化或属性化数据资料或经验进行研究的一种实证研究方法**。在这个定义中,之所以最后的落脚点是"一种实证研究方法",就是要明确强调定性研究实际上首先是一种和"定量研究"相对的"实证研究方法",而不是规范研究方法,以防止有学生和研究者将其和规范研究混同,从而产生对方法的错误认识和错误使用。

(二) 特点

本书第一章从两个方面分析了定性实证研究和定量实证研究的相同点,从十五个方面分析了不同点。这些不同点可以看作定性实证研究的特点。我们将定性研究的主要特点概括如下,以帮助读者从另一个角度加深对定性实证研究特点的再认识。

1. 实证性

定性研究首先是一种必须依赖数据资料(或经验)进行的实证研究方法,这是它和规范研究或其他非实证研究的最大区别,也是它在大类或整体的研究方法体系中所展现的最大特点。了解了这一点,也就不太容易将定性研究和规范研究等非实证研究相混淆了。

2. 属性化

虽然定性研究是必须依赖数据资料或经验等进行的实证研究,但是在定性研究中,研究者往往更多关注的是资料的属性化或类别化等定性化特征,而不是量化或数量化特征。

3. 归纳性

与定量研究在很多情况下需要更多地依赖演绎逻辑不同,定性研究往往需要从定性化资料中进行归纳,以发现新现象或提出新的理论。

4. 人文性

定性研究不仅深受研究传统中人文主义传统的影响,而且也经常依赖研究者的人文情怀,并常常在科学性之外,强调对研究问题、对象等的人文关怀。

5. 自然性

定性研究不仅强调在自然情境下而非人工控制环境中对研究对象进行深入

[①] 陈向明:《质的研究方法与社会科学研究》,教育科学出版社2000年版,第12页。

研究,而且特别注重自然情境与真实世界的复杂性、多样性、动态性、开放性等。这是它与定量研究经常强调的有效控制和变量简化等所不同的地方。

6. 实地性

和很多定量研究可以依靠实验和问卷调查等方法而不用到实地收集数据不同,很多定性研究资料不仅需要研究者亲临研究实地才能进行数据采集,而且定性研究特别强调研究者在实地的亲身体验和体悟,以发现更多定量研究不能发现或容易忽视的问题。

7. 多元性

与定量研究强调研究问题、过程、数据、结果、观点的单一性和一致性等不同,定性研究往往可以同时研究一个问题的不同方面,同时通过多个过程、多种方式和依靠多种数据进行研究,也可以同时展示更为丰富的研究发现和形成更为多样化的理论。

8. 价值性

和定量研究往往要求或强调研究者保持价值中立不同,定性研究不仅经常会受到研究者自身的独特体验、价值判断等的影响,而且更适合于研究带有价值倾向性的问题,其研究成果也可能更具或更容易强调价值取向。

9. 深描性

和定量研究注重采用计算或统计(如回归分析、路径分析)等方法来报告研究发现不同,定性研究更注重用语言文字等对研究现象进行"深描",以揭示更多的细节、过程和实质性内容。

10. 理解性

定性研究不仅强调研究者要深入理解研究问题、研究对象、研究过程、研究资料、研究发现和结论等,而且强调研究者需要从当事人(研究对象)的视角去理解其行为的意义和其对事物的看法,并在此基础上建立理论[①],还强调研究者和研究对象之间的相互理解,甚至心灵沟通。

11. 反思性

定性研究强调,研究者要想更好地选择问题、推进研究、理解研究对象和发现、形成结论和理论等,必须时刻具有反思精神,并在不断反思中获得新的理解和认识。

[①] 陈向明:《社会科学中的定性研究方法》,《中国社会科学》1996 年第 6 期,第 93—103 页。

12. 互动性

与定量研究强调研究者尽量不要介入研究对象不同,定性研究不仅重视研究者和研究对象之间的关系建构,而且认为,在很多情况下,二者之间的关系是互动的,且研究的展开和对研究者、研究问题等的理解,也都是在这样的互动中逐步深入的。

13. 主观性

与定量研究经常追求客观性不同,定性研究虽然也强调客观性,但却认为客观性和主观性并非截然分开的。有时,不仅主观性能够显示部分客观性,而且也可以通过主观性了解和理解客观性。因此,定性研究往往不仅不排除主观性,而且会更多地依赖研究者的主观性、能动性、个人经验和能力等来选择研究问题、展开研究、形成研究结论和理论等。

14. 开放性

和定量研究更多强调研究问题、过程和结果的一致性、客观性、严谨性与严密性等不同,定性研究往往更加灵活,强调时刻保持对研究问题、过程和结果等的持续开放性,以便找到更为科学的问题,不断优化研究过程,得到更真实和更有价值的研究成果。

15. 理论性

与定量研究更有利于确定变量间的相关关系和因果关系及进行理论检验不同,定性研究更有利于深入理解社会现象,并进行理论建构和创新。

16. 独特性

与定量研究强调尽可能从更具有普遍性的研究对象得出更具有普遍性的研究结论不同,定性研究虽然在很多情况下也强调从样本到总体的结论推广,强调样本和案例选择等的典型性和代表性,但是除了一般性目的之外,定性研究也可能专注研究独特的个体或研究对象,以解决具有独特性的问题,形成独特性结论和理论。这是其与定量研究非常不同的地方,也是它的一个突出优势。

17. 演化性

与定量研究往往需要控制研究对象、研究过程等不同,定性研究由于其问题、研究过程、研究结果、理论等的相对多元性、开放性、互动性等特征,其在整体上还会显现出一种有别于定量研究的不断发展的演化性特征。

（三）优势和劣势

1. 优势

总体而言，定性研究具有以下几个优势：

第一，适合在自然条件下观察和研究人们的态度和行为。

定性研究的自然性特点也是其优点。定性研究由于强调对研究对象的研究要在自然情境下进行，因而能够贴近研究对象，使研究者能够利用其开放性思维，深描真实世界的复杂性。这是具有抽离化、简约化倾向的定量研究难以做到的。

第二，重视研究关系与研究对象，更能体现人文精神。

定性研究强调从当事人（研究对象）的视角理解其对事物的看法和行为的意义，给予研究对象允分的关注与尊重。定性研究重视研究者与研究对象之间的互动，要求研究者要在与研究对象的互动之中获得对问题的认识。研究者在研究过程中可以培养开放性思维和田野精神，融入自然环境之中从事研究。这种研究方法拉近了研究者和研究对象之间的关系，体现了社会科学研究中的人文精神。

第三，适合研究现象发展变化的过程及其特征，深入描述研究对象。

定性研究将研究视为对多重现实（或同一现实的不同呈现）的探究和建构过程。研究过程是动态的，研究者与被研究者、研究的抽样方法、资料收集的方向、资料分析的重点、结论的建构方式等都可能发生变化。社会生活就是一系列交互关联的活动。定性研究的演化性要求研究者关注变迁及变迁背后的过程机制，以便在动态中观察现象发展变化的各个过程，深描和探究研究对象。

第四，方式比较灵活，相对更易为数学不太好的研究者掌握。

相较于定量研究而言，定性研究更易被数学不太好的学生或研究者掌握，具有实施便捷、运用灵活、效用实际等优点。不熟悉定量研究方法的研究者可以结合自己的研究工作，使用定性研究方法。但是，要真正把定性研究做好，研究者也必须不断学习、不断积累经验，因为定性研究的研究过程和研究质量保证等也更依赖研究者个人的能力、经验和素质等。

第五，适合做探索性研究，有助于发现隐藏的研究问题。

定性研究可以通过观察、访谈、实物收集等多元方法对问题进行深入研究，适合对特定的个别事物进行微观层面的动态描述和分析。相较于定性研究，定量研究则常常囿于变量和复杂的分析过程，容易丧失一些微小但有意义的研究信息，对个别事物的描述分析也缺乏深入性。而且,定性研究对微观层面的关注及其多元的研究方法有利于进行探索性研究,有利于发现新问题,提出新思考、新猜想、新理论等。

2. 劣势

定性研究的劣势可以主要归纳为以下几点:

第一,不易把握关键问题或现象。

在定性研究过程中,研究者是浸入式的,要捕捉现象的特征,站在研究对象的视角和立场来理解现象的内部意义。此时,研究者既要真实记录现象发生的情境,又要渗透到情境中,这就会导致研究者难以发现和把握现象的关键成因。

第二,容易对研究对象产生影响。

在定性研究中,研究者要借助和研究对象之间的互动来对研究对象进行探究。但是,在这一互动过程中,研究者也有可能对研究对象施加影响,从而改变其意识、价值观和行为等,导致研究失真或扭曲。因此,在定性研究中,研究者在对研究资料进行分析时,不仅要反思个人的角色、身份、立场、思想等,也要反思其对研究对象的潜在影响。

第三,研究结果受研究人员的经验、能力影响较大。

定性研究中的研究者角色是多重的:研究者既要充当观察者、记录员,又要作为谈话者、访谈者与研究对象互动,还要对研究资料进行分析。而且,定性研究过程中的大部分工作都是高度个人化的,这就使得研究者自身也变成了研究的重要工具,使得研究结果难免会受到研究者的经验、能力等的影响。

第四,研究质量、信度和效度难以保证。

定性研究往往通过在现实的和开放的自然情境中对研究对象进行观察、访问等来深入分析研究问题;定性研究过程中的研究者和研究对象的互动是动态和微观的,且会影响研究问题、过程和结果等;定性研究的主要分析方式是描述、释义或阐释、批评、评估等,相对难以保证确切的因果关系;定性研究在描述信息时可能流于表面,缺乏内在联系;定性研究还经常会受到环境、研究者价值观以及主观性等的影响;如此等等。所有这些,都会导致定性研究的质量、信度和效度等难以保证。

第五,结果适用性有限,一般不能由样本推断总体。

定性研究采用归纳法,因而其研究结果往往只适用于特定的条件和情境。这也就是说,我们一般不能依据定性研究的结果从统计意义上推断总体情况。

三、定性研究的起源、发展和理论基础

（一）起源与发展

1. 起源

定性研究在西方社会的现实起源主要分为两个部分。第一个部分是在19世纪末的英国，工业化和城市化进程剧烈改变了人们的生活，引发了诸多社会矛盾，凸显了城市中劳工和中下阶级面临的许多问题。针对这些社会问题，英国出现了"社会工作"的学术领域，产生了"个案工作""团体工作""社区工作"等社会工作方法。定性研究就脱胎于探讨改善社会中弱势群体生存境遇的方式。定性研究的第二个起源是1960年开始的对于顽固和僵化的量化研究程序做出的激烈反击。彼时量化研究有一系列程式化的步骤，包括实验性的研究设计，变项操作化，实验组和对照组的测量和比较，复制、接受或推翻假说，以及由样本的研究结果去推论母体的特性等。而这样一套"标准化"的研究方法，引起了许多研究者的讨论和质疑。定性研究提出了一个对抗量化研究的范式。更重要的是，定性研究者所提出的呼吁与主张，在很大范围内是针对量化研究所形成的方法论霸权而做出的深刻的、批判性的反思。①

2. 发展

对于定性研究方法发展的历史分期，学术界尚无统一定论，本章采用邓津和林肯的分类，将定性研究分为五个阶段②：传统阶段（1900—1950）、现代主义阶段（1950—1970）、领域模糊阶段（1970—1986）、表述危机阶段（1986—1990）、后现代主义阶段（1990年至今）。

在传统阶段，定性研究的研究传统来源于非西方人种与文化民族志研究，研究的指导思想是实证主义。研究者是发达地区的学者，研究对象是相对于研究者而言的远方奇特的、陌生的社会。研究者以研究"殖民社会"的田野经验为基础，对研究对象进行"客观""真实"的描述和分析，追求研究的"客观性"和"真实性"。

现代主义阶段也被称为定性研究的黄金时期，涌现了各种社会思潮与研究方法，研究的指导思潮主要是后实证主义，研究方法也趋于多样化、规范化、严谨化。此时，定性研究的研究对象范围扩大，不再局限于殖民社会。而且，虽然研究者仍然追求研究的客观性，但也意识到对研究对象的认识可能是有限的、部分的，因此

---

① 李晓凤、佘双好编著：《质性研究方法》，武汉大学出版社2006年版，第22—23页。
② N. Denzin and Y. Lincoln, *Handbook of Qualitative Research*, Sage, 1994, pp. 7-11.转引自陈向明：《质的研究方法与社会科学研究》，教育科学出版社2000年版，第31—45页。

采用了不同的研究方法对研究对象进行多方面的观察研究。具体而言,研究者采用的研究方法包括开放型访谈、半结构型访谈、参与式观察、开放问卷等,而且在研究方法的使用、资料收集与分析的过程中注重标准化。此外,这一时期的定性研究还受到现象学、阐释学、民族志、扎根理论、批判理论、女性主义等理论范式或思潮的影响,主张为社会下层的人发声。

与黄金时期的定性研究具有统一的规范和标准不同,领域模糊阶段的定性研究转而表现出含混、解释、多元的特点。特别地,此时的定性研究受到更具有反省性和批判性的新范式的指导,这使得社会科学各学科之间以及社会科学与人文学科之间的界限被模糊。领域模糊阶段的定性研究使用的主要研究方法有扎根理论、个案研究、历史研究、专技研究、民族志行动研究、临床研究等。

表述危机时期的定性研究者开始反思定性研究的写作方式,反省表述上出现的危机。女性主义理论、批判理论以及有色人种知识论等,让研究者认识到以往定性研究中表述出的"客观现象"实际上隐含着性别、种族、阶层意识,这促使他们重新关注研究的信度、效度和客观性。而且,此时的定性研究不再被视为对"客观现象"的呈现,而是对现实的各种版本的建构。

进入后现代主义时期后,受第二次世界大战之后诞生的后现代主义社会思潮的影响,定性研究的研究内容和研究方法更趋多元化。这一阶段的定性研究不再一味追求客观性,逐渐开始重视研究的主体间性,即认为主体是由他存在于其中的结构中的"他性"来界定的,而这种"他性"也就是主体间性,亦即人对他人意图的推测与判定。此时,研究者不再是研究中的旁观角色,而是在研究实践中具有行动取向的核心人物。特别地,在后现代主义时期,行动研究在定性研究中取得了重要地位。①

(二) 理论基础

除了受到现象学、释义主义等基本研究范式的影响外,定性研究方法在哲学上还有三大理论基础,分别是后实证主义、批判理论和建构主义。② 有些时候,这三类理论基础也被称为"另类范式"(alternative paradigms),它们是对科学理性主义的一种反动,认为知者和被知者之间的彼此互动构成了研究的探究过程。这里所谓的知者也就是研究者,强调研究者本人的主观意识、看待问题的主体视角、研

---

① 陈向明:《质的研究方法与社会科学研究》,教育科学出版社 2000 年版,第 32—45 页。
② 〔美〕诺曼·K. 邓津、伊冯娜·S. 林肯主编:《定性研究(第 1 卷):方法论基础》,风笑天等译,重庆大学出版社 2007 年版,第 205—206 页。

究所处的自然环境、与被研究者之间的关系都会影响研究的进程与结果。① 从总体上看,可以从本体论、认识论和方法论三个方面,对这三个理论基础进行简单介绍。

首先,从本体论而言,后实证主义是现实主义的,认为现实是"真实的",可以被全部或至少部分地了解;批判理论则是历史现实主义的,认为真实的现实是由社会、政治、文化、经济、种族和性别等价值观念塑造的,并在时间中结晶形成;建构主义则是相对主义的,认为现实具有地方性的特点,是被具体建构出来的。

其次,从认识论而言,后实证主义认识论是二元论的和客观主义的,认为研究结果是真实或可能真实的;批判理论的认识论是交往的、主观的,认为研究结果会受到价值观念的过滤;建构主义认识论也是交往的、主观的,但不同于批判理论,它认为研究结果是创造出来的。

最后,从方法论而言,后实证主义采取自然主义的方法,强调在现实生活情境中尽可能收集真实的资料;批判理论和建构主义则采用对话的、辩证的方法论,强调研究者与被研究者之间的辩证对话,通过双方的交往互动在研究过程中达成理解。②

四、适用范围与条件

研究者在什么条件下使用定性研究方法,主要有如图 13.1 的几个考虑因素。

图 13.1 定性研究适用范围与条件

(一) 问题类型

这是最重要的一个因素。一般而言,虽然定性和定量研究都能够而且需要有变量思维,也都能够而且需要研究变量间的因果关系,但是,相比较而言,定量研究更擅长处理大规模研究对象间的精确的量化关系或量化因果关系类问题,而定性研究则更擅长处理更易受到自然和社会环境影响③、本身研究对象不多或比较

---

① 陈向明:《质的研究方法与社会科学研究》,教育科学出版社 2000 年版,第 15 页。
② 李晓凤、佘双好编著:《质性研究方法》,武汉大学出版社 2006 年版,第 17 页。
③ 〔美〕J. A. 麦克斯韦尔:《质性研究设计》,陈浪译,中国轻工业出版社 2008 年版,第 94—95、134 页。

特殊、处于自然环境而无法进行有效控制或数据采集、具有复杂却相对类型化的模糊因果关系、具有特殊社会意义、具有复杂社会后果,以及需要更多人文关怀、因果机制、过程类型的问题。前者需要对涉及的变量进行"是否""有多少""在多大程度上"以及"……的关系是否存在"之类的精确化测量[①],并需要探讨不同变量间的精确化的量化关系;而后者则往往涉及更为复杂的环境和问题、更为有限或特殊的对象、更为自然的环境、更为类型化或相对模糊的因果关系、更具体和丰富的社会含义、更为复杂的社会后果、更多的理解和同情、事件与行为如何发生与演变、内在机制如何等。因此,如果是后一类问题,则相对适合采用定性研究。

(二) 研究目的

研究者是想通过对个别事物或现象进行细致、动态的考察来获取丰富的描述、深刻的理解,还是想通过对事物进行大规模的研究来证实普遍情况?一般而言,如果前者,则适合定性研究;如果是后者,则适合定量研究。

(三) 数据特征

研究者已有的数据主要是描述性的文字材料(如实地笔记、访谈记录等),还是结构化的量化资料(如统计数据)?如果是前者,则适合定性研究;如果是后者,则适合定量研究。

(四) 实施条件

为获取对事物的深入理解,定性研究经常需要直接接触研究对象,并对研究对象进行系统、深入和开放式的实地访谈和长期的参与或非参与式实地观察等。因此,如果研究者可以相对容易地到达实地,也能相对容易地找到适合访谈和观察的对象,那么也适合进行定性研究。

五、定性研究的类型

定性研究在发展过程中不仅受到来自人类学、社会学、哲学、心理学等多种学科发展的影响,也受到了诸如上面所提出的实证主义、建构主义、批判理论等多种理论范式或思潮的影响。基于不同的视角,会得出对定性研究的不同分类结果。例如,特施(Renata Tesch)依据研究的不同目的,划分了 27 种定性研究类型。(见图 13.2)

[①] 〔美〕J. A. 麦克斯韦尔:《质性研究设计》,陈浪译,中国轻工业出版社 2008 年版,第 94—95、134 页。

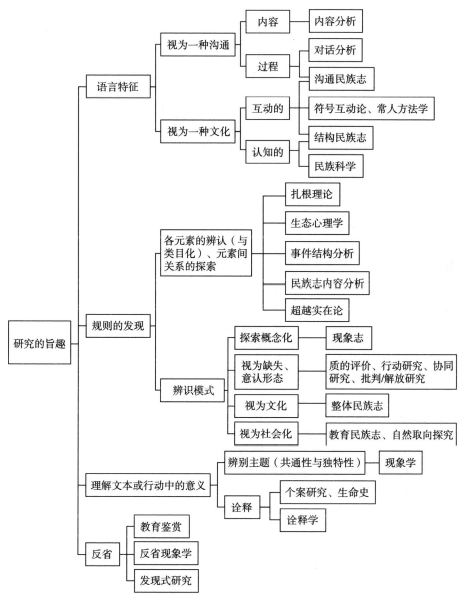

图 13.2 特施的定性研究分类

资料来源:〔美〕M. B. 迈尔斯、A. M. 休伯曼:《质性资料的分析:方法与实践》(第 2 版),张芬芬译,重庆大学出版社 2008 年版,第 10 页。

沃尔科特依据收集资料的方法划分定性研究,并通过一棵树形象地展示了定性研究的诸多类型。(见图 13.3)

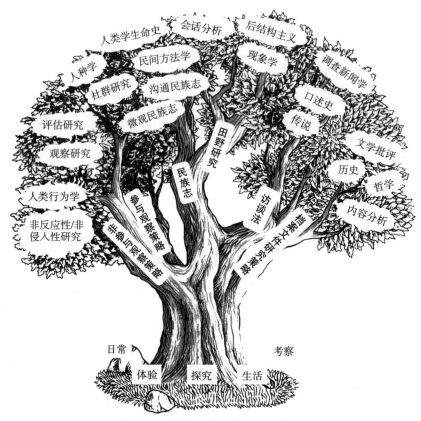

图 13.3 沃尔科特的定性研究分类

资料来源：Harry F. Wolcott, "Posturing in Qualitative Inquiry," in Margaret LeCompt, et al., eds., *The Handbook of Qualitative Research in Education*, Academic Press, 1992, pp. 3—52。

陈向明总结了学界对定性研究的五种分类方式[①]：

第一类是按研究对象的范畴分类，又可分为按研究问题分类和按研究范畴分类两种。例如，依据按研究问题分类的原则，莫斯(J. Morse)把问题分为意义类、描述类、过程类、口语互动和对话类、行为类五类，并将定性研究的主要策略划分为现象学、民族志、扎根理论、常人方法学/言语分析法、参与型观察、定性生态学六类。依据按研究范畴分类的方法，米勒(W. Miller)和克莱伯特利(B. Crabtree)将定性研究的范畴划分为生活经验(生活世界)、个人、行为/事件、社会世界、文化、交流/说话、实践与过程七类，并据此将定性研究的不同具体方法归类于不同

---

① 陈向明：《质的研究方法与社会科学研究》，教育科学出版社2000年版，第46—60页。

的学术传统。①

第二类是按研究目的分类,又可分为按研究者兴趣分类和按研究者意图分类两个子类别。例如,图13.2所展示的特施的定性研究分类就是按照研究者兴趣的分类。依据研究者意图分类的原则,邓津和林肯则将定性研究分为批判民族志、后现代主义民族志、女性主义民族志、历史民族志四个分支。

第三类是按"传统"分类。例如,通过追溯质性研究的"传统",美国学者雅各布(E. Jacob)追溯了定性研究的五个传统:生态心理学、整体民族志、交流民族志、认知人类学、象征互动主义。②

第四类是按类型分类。例如,英国学者阿特肯森(P. Atkinson)把英国教育界存在的定性研究划分成了七种类型:象征互动主义、人类学的方法、社会语言学的方法、常人方法学、民主评估、新马克思主义民族志、女性主义研究方法。③

第五类是认为定性研究"无法分类"。这种观点的依据是:定性研究具有综合、多元的特性,无法进行精准的分类;与其以"传统""类型"等分类方法限制定性研究者的研究方法,不如将定性研究视为一种折中、多元、综合的方法。④

本章不拘泥于单一的分类视角,在整合相关文献的基础上,我们从方法名称、分类标准、学术传统、研究焦点、资料收集、资料分析、成文形式、应用领域举例等八个方面入手,列举对比了15种较常用的定性研究方法(见表13.1),以帮助读者对定性研究方法有一个相对整体的认识。表13.1列举的有些方法,由于既可根据研究设计和资料类型等进行定性研究分析,也可进行定量研究和分析,故同时兼具定性和定量两种功能。本章主要强调其定性研究功能。例如,内容分析和荟萃分析就既有定性内容分析、定性荟萃分析,也有定量内容分析和定量荟萃分析。事实上,定性和定量的划分本身就是相对而言的,很多情况下并不存在泾渭分明的分界线。

下面,我们对表13.1所涉及的15种方法依次进行简单介绍。

(一)民族志

民族志是研究者通过田野作业,对文化及有关的各类行为方式、价值、互动等展开系统、情境式描绘与解释的一种质性研究方法。民族志起源于人类学,也是人类学发展的基础与动力。民族志关注对人群的研究,试图理解一群人如何共同

---

① 陈向明:《质的研究方法与社会科学研究》,教育科学出版社2000年版,第49页。
② 同上书,第53页。
③ 同上书,第58—59页。
④ 同上书,第60页。

表 13.1　定性研究方法类型

方法名称	分类标准	学术传统	研究焦点	资料收集	资料分析	成文形式	应用领域举例
1. 民族志	描述类	人类学	整体地描述一个社会文化群体或系统	主要使用长时间的田野观察	描述、主题分析、解释	描述个体或群体的文化行为	部落、社区和社团组织等
2. 扎根理论	过程类	社会学	从田野资料中发展出理论	多次田野访谈	开放性编码、主轴性编码、选择性编码	构造理论或理论模型	个体之间的行动、互动和社会过程
3. 叙事研究	经历类	文学	详细地描述个体故事	访谈法、文献法	讲述或重构故事、指出主题、描述背景	按照时间顺序呈现故事主题	官员的升迁故事
4. 现象学	意义类	哲学	描述某类现象及其体验之本质	主要使用访谈法	陈述语句、分析意思、描述体验	描述体验的"本质"	对腐败行为的看法
5. 常人方法学	对话类	社会学	通过打破常规来揭示规则	对话（录音、录像）	谈话分析	对社会生活中隐含的共识的描述	日常对话
6. 案例研究	个案深描	人类学	对一个或多个个案进行深度分析	多元资料收集方式	描述、分析主题、陈述命题	深度描述一个或多个案	个案可以是个人、组织、事件等
7. 女性主义研究	性别差异	社会学	关注性别差异，将女性置于中心位置	文本解读和经验考察（如访谈等）	反思与批判性分析	反思性总结和概括的理论	女性的政治权利
8. 行动研究	改善行动	社会学	解决实际问题、改善社会行动	访谈、讨论、问卷调查、观察等	归类、编码、内容摘要、共同分析	行动建议报告	组织管理、社区发展
9. 生态心理学	发现规律	心理学	自然情境下人的行为及其与环境的关系	隐蔽式观察	着重分析个体行为的特征、规律	对个体行为及规律的描述	对执法人员执法行为的观察
10. 符号互动论	符号系统	社会学	个体赋予物体、事件的主观意义（符号）	开放式访谈、参与式观察	话语分析	对语言及其他符号系统的描述	日常生活中的互动

（研究问题类型：1–5；研究的兴趣：6–10）

（续表）

方法名称	分类标准		学术传统	研究焦点	资料收集	资料分析	成文形式	应用领域举例
11. 交流民族志	研究的兴趣	交流模式	人类学	文化群体之间的互动	录音、录像、观察	主题分析	对人际交流方式的描述	政府部门会议、公共场合的人际交往
12. 认知人类学		文化认知	人类学	作为文化的人的思维方式	访谈、观察	领域、类别、成分与主题分析	对思维方式的描述	对少数民族地区行政文化认知的研究
13. 内容分析		传播媒介	传播学	对传播媒介（报纸、电视节目等）的研究	收集文本资料、观察	对显性和隐性的内容的编码	对传播内容进行编码并分析描述	对新中国成立以来《人民日报》头版内容变迁的分析
14. 比较历史分析	研究的数据来源	历史记录	历史学	社会的历时和对不同社会的比较	各种原始文档资料（个人的、组织的、政府的等）	历时分析、比较分析	在对历史记录进行比较分析的基础上描述	社会变迁、经济制度变化、社会与宗教比较领域
15. 荟萃分析		文献或二手数据	医学	对已有研究数据的再次分析	收集主题相关的实地研究或文献资料	综述分析、整合分析	综述基础上的系统描述	对公共池塘资源的综述或荟萃分析研究

注：访谈、观察在这里被看作资料收集方式。

资料来源：参考［美］戴尔伯特·C.米勒、内尔·J.萨尔金德：《研究设计与社会测量导引》（第6版），风笑天等译，重庆大学出版社2004年版等文献自制而成。

形成并维持一种文化。文化是民族志的核心概念,也是最重要的研究内容。民族志的资料种类非常丰富,包括谈话、采访、生活记录、仪式观察、互动、历史文献、新闻、图片、影像、日记、文物等。几乎所有田野中的行为、文本、器物均可作为民族志资料。研究者需要用专业手段进行资料收集,其中最重要的是参与观察、访谈与问卷调查。民族志的资料分析包括多个层次,基本遵循质性研究分析方法。民族志的成果阶段主要是民族志写作的完成研究者只有写出民族志报告、书籍或是论文才能真正完成一项民族志研究。

(二) 扎根理论

扎根理论指的是研究者通常不预先确定具体问题和研究假设,也不拘泥于对研究现象的描述和解释,而是通过数据收集和资料分析自下而上归纳形成概念和类属,并进一步在概念和类属间建立联系以形成理论。扎根理论的目标是通过生成理论去解释与参与者有关,或涉及与参与者的行为模式。研究者可以通过参与式观察、访谈、焦点小组、文本等多种方式获取研究数据,几乎所有质性研究收集资料的方式都可以为扎根理论所用,其中"深度访谈"最为常用。数据分析部分涉及扎根理论的核心概念——编码。质性研究中的编码并不是将数据量化以便于统计、计算分析,而是进行有效的分类与概括,以便提炼概念、展示意义、明确关联。编码的科学性和有效性直接决定了扎根理论最终的解释力。扎根理论的研究报告主要包括几个部分:①提出问题并进行文献评述,建立研究框架;②详述研究设计,包括为什么选用扎根理论、数据收集的过程等;③复杂的编码过程,但在写作中通常只展示最后的三级编码或二级编码表,并根据需要展示关联关系;④对建构的理论进行详细讨论,回应最初提出的问题,得出研究结论;同时,对本研究的成就和局限性的阐述及对未来的展望也应提及。

(三) 叙事研究

叙事研究指的是运用或分析叙事材料的研究。叙事材料可以是一些故事,也可以是其他方式收集到的材料;可以作为研究对象或研究其他问题的媒介,也可以用来比较不同的群体,了解某一社会现象或一段历史时期,或探索个人发展史。叙事研究最早是作为叙事学应用在文学领域的,因此其学术传统起源于文学。叙事研究尤其强调对个体的研究:收集有关个体的故事,记录个体的体验,并分析这些体验对于个体的意义。叙事研究以访谈法、文献法为主要研究方法,通过讲述或重构故事、指出主题、描述背景来分析资料,最终成文按照时间顺序呈现故事主题。

(四）现象学

现象学的定义有狭义与广义之分。狭义的现象学是指胡塞尔本人的现象学,而广义的现象学不仅包括胡塞尔哲学,还包括以胡塞尔哲学为思想基础衍生而来的一系列现象学原则和方法的体系。它是一种哲学思潮,学术传统来源于哲学。尽管现象学的方法在胡塞尔之后演变出各种不同进路,但其核心是本质还原法。所谓本质还原,就是摆脱一切具体的、经验的、外在的、偶然的细节,在本质直观中直接把握现象的本质规定。研究焦点是描述某类现象及其体验之本质。在资料收集方面,现象学主要使用访谈法,对收集到的资料通过陈述语句、分析意思、描述体验进行分析,最终的研究结果描述体验的"本质"。

(五）常人方法学

常人方法学是研究人们了解和创造社会秩序的学问。常人方法学又称为常人方法论、本土方法论、人种学方法论、民族学方法论、俗民方法学,作为一种定性研究方法由哈罗德·加芬克尔(Harold Garfinkel)首先提出,并在西方国家得到广泛应用。常人方法学在批判传统社会学的基础上建立起来,因而其学术传统来源于社会学,并具有跨学科特征。这种方法的研究焦点是通过打破常规来解释规则,研究目的不在于解释,而在于描述,其研究主题是人们理解日常生活的方法。常人方法学通过随意的或深入的交谈、参与性观察研究、档案资料演绎法和民族方法学"实验"等资料收集方式来收集关于人们日常生活的各种行为的资料与数据。常人方法学对收集到的资料进行谈话分析,谈话分析的研究程序包括选择研究主题、提出假说、收集语料、转写语料、分析语料、得出结论、偏常案例分析、修正结论。最终,在资料收集和分析的基础上形成对社会生活中隐含的共识的描述。

(六）案例研究

案例研究是案例研究者在研究问题和理论的指导下,通过严谨的研究设计,综合运用多重资料收集方法和多元资料分析技术对案例进行分析、概括和总结,从而实现描述、解释、探索或评估一个或多个事物(或现象)的一种研究策略。案例研究的焦点是对一个或多个个案进行深度分析。资料收集是社会科学研究者从事案例研究的一个主要环节,研究者需要获取多种资料来源,运用多元资料收集方式,收集文献、档案、访谈、观察等多元资料。案例分析应遵循一套规范、严谨的资料分析步骤,具体包括资料的记录、描述、编码、分析等。案例研究的成文形式是对一个或多个个案的深度描述,个案既可以是个人,又可以是组织、事件等。

(七)女性主义研究

该方法将女性的视角贯穿各种方法之中,关注性别差异,将女性置于中心位置,以女性的经验作为社会分析的来源,研究的目的是为女性发声。社会学方法论较早受到来自女性主义研究思想的冲击,因而女性主义研究方法的学术传统可以追溯到社会学。女性主义方法论强调女性的发言权,并以女性的主观经验作为重要的资料来源,因此,女性主义研究者倾向于使用定性研究方法,但是他们并不局限于严格地使用某一种方法,定量分析与实验方法也不断出现在女性主义研究成果中。评价报告是女性主义研究的最终成果形式。评价报告本身就包含批判的意味,一般会形成反思性总结和概括的理论。

(八)行动研究

行动研究是一种方法技术,也是一种新的科研理念、研究类型。行动研究基于这样一种假设:所有参与者都会受到研究进程中必然产生的问题的影响,也会对这个问题本身产生影响。研究的焦点是解决实际问题,改善社会行动。行动研究常常采用访谈、讨论、问卷调查、观察等方法收集资料,再对资料进行归类、编码、内容摘要和共同分析,完成行动建议报告。这一研究方法的最大特点是在自然条件下进行实践研究,优点是使日常工作、改革、科研同步运作,研究者(行动者)可以自行操作,并对实践进行不断反思。常用的方法是以实务工作者在专业实务上的反思为基础构思出研究过程。

(九)生态心理学

生态心理学起源于心理学,是心理学的一个分支,将生态学的理论、方法引入了心理学研究中。生态心理学强调自然情境下人的行为及其与环境的关系,注重自然观察和现场研究,主要通过隐蔽式观察来获取研究资料。在研究过程中,生态心理学吸取了生态学的研究方法,着重分析个体行为的特征、规律,并对此进行描述。这种研究方法可以应用于对执法人员执法行为的观察。

(十)符号互动论

符号互动论是一种通过观察个体之间的互动来研究群体行为的理论。符号互动论初创于社会学领域,理论基础包括实用主义哲学、行为主义心理学、芝加哥学派的社会学等理论。符号互动论认为事物对个体社会行为的影响,在于事物本身相对于个体的象征意义,"符号"就是在一定程度上具有象征意义的事物。符号互动论主要通过开放式访谈、参与式观察收集研究资料,采取话语分析方法对所得资料进行分析,最终形成对语言及其他符号系统的描述。

(十一) 交流民族志

交流民族志将语言、说话视为人们主要的交流手段和人类的社会活动。这一研究方法起源于语言人类学,主要研究文化群体之间的语言互动,将人们的交流事件作为研究对象。交流民族志主要依靠录音、录像、观察等方式收集人们的言说或交流,进行主题分析,最终形成对人际交流方式的描述。这一方法可以用于分析以言说为主的政府部门会议,以及公共场合交流事件中频繁的人际交往。

(十二) 认知人类学

认知人类学作为一种研究方法,以人类思维及特定场景(文化)之关系为研究对象,综合运用语言学、民族学、心理学等研究手段,以期尽可能描绘特定场景的文化知识体系原貌。认知人类学的研究立足于较大单位而非个体,在研究对象上关注思维内容胜于思维过程,研究扎根于自然背景而非实验场景,操作流程较为复杂。认知人类学主要采用非正式、半结构化、结构化观察与访谈等方法收集资料,对资料进行成分分析或主题分析,撰写的报告主要是对思维方式的描述。

(十三) 内容分析

该方法起源于传播学,是一种科学的实证研究方法,它以"内容"为观察对象,按照一定的标准、步骤与规则对"内容"进行客观系统的分析推理,并从中获得结论。主要的研究对象是报纸、电视节目等传播媒介。在实际运用内容分析法时,需要对收集到的显性和隐性的内容进行编码。编码的结果既可以定量的方式呈现,如频次、字数等,也可以定性的方式呈现,如类别、褒贬含义等。当然,内容分析既是定性的内容分析,也可以是定量的内容分析,在这里我们主要强调的是定性的内容分析。

(十四) 比较历史分析

该方法融合了政治学与历史学,是一种通过对历史案例,特别是案例时间与过程维度的深入分析和比较,从宏观结构的视角揭示制度变迁的动因、过程与结果的研究方法。其典型特征是选择一系列恰当的案例进行对比分析,研究焦点是社会的历时变化和对不同社会的比较。比较历史分析通过收集各种原始文档资料,进行历时分析或比较分析。研究过程包括四个关键步骤:确定问题和研究视角、选择研究对象、进行分析考察和归纳建构理论。

(十五) 荟萃分析

荟萃分析是获取和评价大量文献的一种系统性文献综述方法,它既可以是一种定性的文献综述分析方法,也可以是一种定量的文献综述分析方法,但在大多数情况下是一种定量的乃至是统计分析的方法。我们在这里主要强调其定性的一面。荟萃分析以原始研究结果为单位,强调对有关研究进行全面的文献检索,对具有共同研究目的的相互独立的多个研究结果给予定性或定量分析,剖析研究的差异和特征,综合评价研究结果。

六、研究设计及有效性

在定性研究领域,不同学者对研究设计存在着不同的看法。后实证主义者主张对研究设计进行完整系统的规划;非实证主义者认为定性研究是一个不断发现的过程,过早、过多或过于僵硬的设计会妨碍研究者的创造力。[①] 对定性研究新手而言,事先进行严谨的设计是很有必要的,但是这并不意味着研究设计就一成不变,它会随着研究的进程而调整。所以,研究设计仍应保持一定的弹性。

定性研究设计的基本逻辑与定量研究类似[②],即通过对研究过程的合理规划,以确保研究的效度,保证结论的科学性。与定量研究一样,定性研究也要确保自变量、中介变量、调节变量、控制变量与因变量之间的逻辑关系,只是这些变量关系并不像定量研究中的那样明显。(见图 13.4)

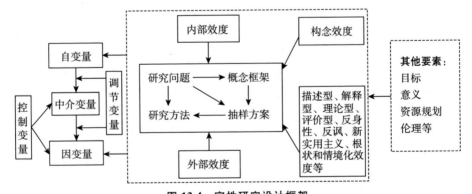

图 13.4 定性研究设计框架

[①] 陈向明:《质的研究方法与社会科学研究》,教育科学出版社 2000 年版,第 67 页。
[②] Gary King, Robert O. Keohane and Sidney Verba, *Designing Social Inquiry: Scientific Inference in Qualitative Research*, Princeton University Press, 1994, pp. 3-6.

定性研究设计的基本任务是:提出研究问题、建立概念框架、制订抽样方案、选择研究方法、讨论研究效度。研究问题是指研究者想通过研究回答和了解什么。研究问题至关重要,直接决定着概念框架、抽样方案和研究方法。概念框架是有关研究事物的一个解释框架,包含关键因素、概念或变量及其之间的关系,通常用图形表示。抽样方案是指对研究场所、人物、事件或过程的选择。定性研究通常都采用立意抽样,而且抽样并不是一次完成,需要在研究过程中对研究对象不断地聚焦以及再抽样。研究方法包括研究拟采用的主要方法、资料收集与分析的方式、研究结果的成文形式等。研究效度(有效性)是指研究结论的描述或解释的正确性与可靠性。[1] 定性研究主要强调的研究效度有构念效度、内部效度、外部效度三种。需要指出的是,纯粹定性研究一般不考虑统计结论效度,但如果是定性与定量结合的研究则需要考虑。此外,除了构念、内部和外部效度之外,定性研究还特别强调描述型效度、解释型效度、理论型效度等其他各种效度。[2](见表13.2)这些效度既是评价定性研究的效度,也是定性研究设计时必须考虑以保证研究有效性的效度。

表 13.2　定性研究设计中的其他效度问题

效度类型	含义	有效性的保证	举例
描述型效度	对可观察到的现象进行描述的准确程度	保证所描述的现象或事物是具体的;保证所描述的现象或事物是可见可闻的	调查市场价格时不能用市场价格很高这类模糊性表达,应具体报道其价格,不然容易失真
解释型效度	研究者理解被研究者对事物看法的确切程度	研究者必须站在被研究者的角度,探索研究对象的文化习惯、思维方式和行为规范;通过访谈和观察等多种方式调查不同的人,以获得被调查者的真实想法	被调查者分不清韭菜和蒜苗,说田里种了很多韭菜,实际上种的是很多蒜苗。这种情况下就需要站在被调查者的角度去探究他真实想表达的内容

---

[1] 〔美〕J. A. 麦克斯威尔:《质性研究设计》,陈浪译,中国轻工业出版社 2008 年版,第 94—95、134 页。
[2] 陈向明:《质的研究方法与社会科学研究》,教育科学出版社 2000 年版,第 391—397 页。

(续表)

效度类型	含义	有效性的保证	举例
理论型效度	研究所依据的理论以及研究所建立的理论是否客观、真实地反映了研究的现象	明确概念以及概念之间的因果关系	如要研究老师对"坏学生"的看法。如果老师认为成绩差就是坏学生,而不考虑学生的品行等方面,由此建构的理论就缺乏一定的理论效度
评价型效度	研究者对研究结果做出的价值判断是否确切	尽可能从多个视角、多种渠道进行研究,避免因个人价值观所导致的价值判断失误	在研究青少年犯罪时,研究者会下意识认为犯罪的青少年是坏孩子,先入为主地对其行为进行价值判断,导致研究过程中忽略一些研究者自认为不重要的东西,而有意无意地关注可以用来支持自己观点的材料
反身性效度	研究者对研究过程、决策行为等的反思程度	不断对自己的研究过程和决策行为进行反思,并挑战自己获得结果的合法性	应该不断反思自己是否对研究对象施加了影响,从而改变了研究结果
反讽效度	从不同角度使用多元复制方式揭示研究结果的程度	从不同角度、使用多元方法检验研究结果的有效性	使用访谈获得的结果,可以用观察等方式检验;或基于现象学的结果,可用民族志方法来检验
新实用主义效度	对具有异质性的话语和意见进行比较和对照的程度	倾听不同的话语和意见,时刻警惕研究者作为知识或真理的主人地位的倾向	在研究中和研究后让不同参与者发言,并倾听不同参与者的意见
根状效度	通过非线性的、具有多中心和多元声音的文本将研究对象对问题的定义表达出来的程度	打破研究结果的中心化,从多元角度展示研究结果	使用多种形式(文字的、声音、音像的)展示研究结果

（续表）

效度类型	含义	有效性的保证	举例
情境化效度	在特定情境下检测研究的真实性的程度	转变情境检验研究结果	基于男性立场等进行的研究,可以在女性情境下检验

资料来源:参考陈向明:《质的研究方法与社会科学研究》,教育科学出版社 2000 年版,第 391—396 页,作者自制。

而且,在效度的类型体系中,除了我们上面提到的效度之外,还有诸如设计效度、域效度、时间效度、干预效度、总体效度、实践效度等等。这些效度,有些无论在定性还是定量研究中都要考虑,有些则主要在其中一种研究中进行考虑。

总之,有效性是研究设计的关键问题,研究者应详细讨论研究可能面临的各种有效性威胁及其消除办法,只有这样才能确保结论的科学性。[1] 当然,除了以上几个基本任务外,研究设计还应考虑研究的目标、意义、资源规划、伦理等影响因素。

七、操作流程

定性研究的操作流程是怎样的？不同学者在表述上存在较大差异。如大卫·希尔弗曼(David Silverman)将之分为开始研究、分析资料、保持联系、写作、发表五部分。[2] 陈向明认为其包括:确定研究现象、陈述研究目的、提出研究问题、了解研究背景、构建概念框架、抽样、收集材料、分析材料、提出结论、建立理论、检验效度、讨论推广度和道德问题、撰写研究报告等。[3] 本书认为,不同类型的定性研究在具体操作步骤上会有所不同,不必强求完全一致的操作流程,但以下四个基本步骤是不可缺少的,它们分别是研究设计、资料收集、资料分析和撰写报告。(见图 13.5)

（一）研究设计

研究设计要完成的主要任务是:确定研究问题、建立概念框架、制订抽样方案、选择研究方法、讨论研究效度。

---

[1] William R. Shadish, Thomas D. Cook and Donald T. Campbell, *Experimental and Quasi-Experimental Designs for Generalized Causal Inference*, Houghton Mifflin, 2002, pp. 33-96.

[2] 〔英〕大卫·希尔弗曼:《如何做质性研究》,李雪、张劼颖译,重庆大学出版社 2009 年版,第 8 页。

[3] 陈向明:《社会科学中的定性研究方法》,《中国社会科学》1996 年第 6 期,第 93—103 页。

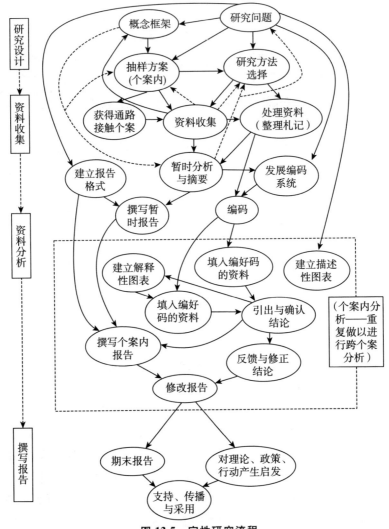

图 13.5 定性研究流程

注：实线表示主要路径，虚线表示次要路径或辅助图示。

（二）资料收集

完成定性研究设计之后，就得着手进入实地，开始资料的收集。定性研究的资料收集方式有访谈、观察以及实物收集等。访谈适合收集有关人的观念、态度与生活经历类资料；观察适合收集有关人的行为及其规律的资料；实物收集则包括收集相关的文字、图片、音像、物品等。定性资料收集通常都会产生回溯力，使研究者回头反思研究设计的内容。

（三）资料分析

资料收集完成后，需要对其进行整理分析，如形成暂时的分析与摘要，撰写暂时报告、发展编码系统等。其中，编码是定性资料分析中最重要的一种方式。"编码意味着对数据片段用一个简短的名称进行归类，同时也对每部分数据进行概括和说明。"① 定性编码通常包含以下几个步骤：首先是进行初始编码（又叫开放式/开放性编码），对原始材料中包含的基本范畴（概念）进行概括。② 然后是轴心（主轴性）编码，对在初始编码中形成的范畴加以精练和区分，从中选出值得进一步分析的范畴（主轴范畴）。最后是选择式（选择性）编码，即在更高的抽象水平之上继续进行轴心编码，目的在于找出核心范畴。③ 例如，在一项关于劳工阶级生活的研究中，研究者发现"婚姻"这个词在许多对话中出现，于是他首先将一大堆田野笔记都编进婚姻这一范畴之下（初始编码）。然后，随着对资料的进一步分析，他将婚姻分成几个一般性的范畴，如订婚、结婚、离婚等（轴心编码）。最后，经过进一步分析，研究者决定以性别作为核心范畴，找出男人与女人在谈论订婚、结婚、离婚时的差异（选择式编码）。④ 在一项关于行政人员升迁意愿及其应对策略的研究中，专家们可能会提出一份编码清单（见表13.3），这些清单可以用来定义代码或用作寻找新代码的参考。编码完成后就可以进行资料展示了，展示的方式有两种：一种是建立描述性图表，从中引出描述性结论；一种是建立解释性图表，从中引出解释性结论。两种结论都应该通过研究对象的反馈予以确证或修改。

表 13.3　编码清单举例

编码名称	概念	举例（行政人员的升迁意愿及其应对策略）
过程	时期、阶段、进展、经过、顺序	行政人员的升迁经历
程度	规模、程度、强度、水平、临界值	行政人员的升迁意愿程度
类型	种类、类别、原型、分类	行政人员升迁的类别
策略	策略、战略、技术、机制、管理	应对升迁的策略

---

① 〔英〕凯西·卡麦兹：《建构扎根理论：质性研究实践指南》，边国英译，重庆大学出版社2011年版，第56页。
② 陆益龙：《定性社会研究方法》，商务印书馆2011年版，第154页。
③ 〔德〕伍威·弗里克：《质性研究导引》，孙进译，重庆大学出版社2011年版，第252—253页。
④ 〔美〕劳伦斯·纽曼：《社会研究方法：定性和定量的取向》（第五版），郝大海译，中国人民大学出版社2007年版，第563—565页。

(续表)

编码名称	概念	举例（行政人员的升迁意愿及其应对策略）
互动	互动、相互作用、对称、仪式	升迁意愿和应对升迁的努力之间的相互作用
认同性	认同性、自我、自我概念、他人形象	行政人员的社会形象和自我形象
质性飞跃	界限、临界点、质性飞跃	行政人员步入升迁过程的开端
文化	准则、价值、社会共享的态度	行政人员有关职场升迁的价值体系
共识	协议、协调一致	遵从上级的指示

资料来源：参考〔德〕伍威·弗里克：《质性研究导引》，孙进译，重庆大学出版社2011年版，第253页，作者自行设计。

（四）撰写报告

最后是撰写报告。报告应依据研究对象的反馈进行修改。如果研究的是多个个案，需要完成每一个个案的分析，再引出跨个案的结论，所有的结论（跨个案的、个案内的）都应放入最终报告。最终报告中应讨论结论对理论、政策与行动的意义。最后，还应依据读者需求与研究意图，将研究发现推广运用。

八、质量评价和保证

对定性研究的质量评价主要有三种观点：第一种观点主张将定量研究中的"信度""效度"直接用于定性研究，或者根据定性研究的特点对它们做出重新表述；第二种观点主张发展与定性研究特点相符合的新标准，如坚定性、可靠性、可转移性等；第三种观点主张超越标准之外去寻找可以保证定性研究质量的方法。本书认为，为了保证定性研究的质量，确立一定的标准是有必要的，定性研究质量评价标准可以将"信度""效度"等传统标准与新标准进行融合。（见表13.4）当然，在必要的情况下，定性研究评价也还必须考虑表13.2所强调的各种效度。

表13.4 定性研究的质量评价指标

评价指标	指标内涵	审视的相关问题
外在信度/客观性/坚定性	研究的中立性	研究是否受到研究者的偏见影响？研究结论是否基于研究对象与研究情境而得？研究是否具备可复制性？

（续表）

评价指标	指标内涵	审视的相关问题
信度/可靠性/可稽核性	研究步骤的一致性	在不同时间、由不同研究者来做，研究步骤是否具备一致性？研究问题是否清晰？研究设计是否适合研究问题？研究者的角色是否被说清楚了？
内部效度/真实性/确定性	研究结论的真实性	研究发现合理吗？确定吗？用不同的方法与资料来源所做的三角检测，是否产生了大体一致的结论？是否考虑过竞争性解释？是否寻找过负面证据？
外部效度/可转移性/相适性	研究结论的可推广性	研究发现可否转移至其他情境？能类推到多大的范围？是否检查了推广可能存在的威胁？
实用效度/应用性/行动导向性	研究结论的应用性	研究所提供的知识属于哪一层级？是否提出了行动或政策建议？建议有助于解决相关的实际问题吗？

资料来源：根据〔美〕M. B. 迈尔斯、A. M. 休伯曼：《质性资料的分析：方法与实践》（第2版），张芬芬译，重庆大学出版社2008年版及相关资料整理。

九、使用中应注意的问题

本章内容为研究者提供了了解和使用定性研究的简便途径，可以使研究者对定性研究的定义、特征、应用条件、研究设计、操作流程、方法类型等有一个基本认识。本章对定性研究方法的介绍只是一个全景式的简化描述，研究者在使用定性研究方法时应注意以下几个问题：

第一，本章关于定性研究及其使用的介绍，并未涵盖其所有方面，特别是对各种具体方法（如民族志、扎根理论等）的讨论不多。研究者若想对各种具体方法有深入理解，需参照本书其他章节。

第二，本章讨论的主要是定性研究的各种方法的共性，并未过多地讨论其差异性。研究者在进行具体研究时应将共性与差异性结合考虑。

第三，定性研究的操作流程各阶段之间具有较强的互依性，研究者应该重视这种互依关系，以一种整体而非割裂的方式来看待和灵活使用定性研究方法。这也符合定性研究循环反复、不断演化的特征。

第四，伦理问题是社会研究无法回避的问题，对于定性研究尤其如此。定性研究的每一个阶段都会遇到伦理问题，都应遵循基本的伦理准则。在综合现有文献的基础上，表13.5展示了一项定性研究的伦理准则的基本框架。

表 13.5　定性研究伦理准则

研究阶段	伦理准则
研究开始	知情同意：告知研究对象有关研究的基本信息，并征得其同意
资料收集	隐私与保密：尊重研究对象的个人隐私，并承诺为其保密； 避免伤害、无理与勉强：避免对研究对象造成伤害，以礼貌的方式对待研究对象，避免任何强迫； 诚信：与研究对象坦诚相待、相互信任； 报酬：给予研究对象一定的物质回报
撰写报告	匿名：研究报告不能出现能识别研究对象身份的信息资料； 公正：对研究对象的描述持客观公正的态度； 诚信与质量：保证研究资料与描述是真实可信的，保证研究是科学严谨的
研究结束	合理使用：保证研究发现被合理地使用，并被用于正当目的； 回报反馈：给予研究对象以反馈，并为其提供一定精神或物质回报

资料来源：根据〔美〕M. B. 迈尔斯、A. M. 休伯曼：《质性资料的分析：方法与实践》（第 2 版），张芬芬译，重庆大学出版社 2008 年版及相关资料整理。

关键术语

描述型效度　　解释型效度　　理论型效度　　评价型效度
反身性效度　　反讽效度　　　新实用主义效度　根状效度
情境化效度

思考题

1. 什么是定性研究？规范研究是定性研究吗？
2. 和定量研究相比，定性研究具有哪些突出的特点？
3. 在何种情况下适宜使用定性研究？
4. 定性研究有哪些主要类型？
5. 定性研究设计的主要任务是什么？
6. 如何提高定性研究设计的有效性？
7. 定性研究的操作流程是怎样的？请举例说明。
8. 如何确保定性研究的质量？

延伸阅读

Gary King, Robert O. Keohane and Sidney Verba, *Designing Social Inquiry: Scientific Inference in Qualitative Research*, Princeton University Press, 1994.

〔美〕M. B. 迈尔斯、A. M. 休伯曼:《质性资料的分析:方法与实践》(第 2 版),张芬芬译,重庆大学出版社 2008 年版。

陈向明:《质的研究方法与社会科学研究》,教育科学出版社 2000 年版。

经典举例

〔美〕格雷厄姆·艾利森、菲利普·泽利科:《决策的本质:还原古巴导弹危机的真相》,王伟光、王云萍译,商务印书馆 2015 年版。

格雷厄姆·艾利森(Graham T. Allison)的代表作《决策的本质:还原古巴导弹危机的真相》(*Essence of Decision: Explaining the Cuban Missile Crisis*)是第二次世界大战后政治学领域最有影响力的著作之一,而菲利普·泽利科(Philip Zelikow)参与了这本书第二版的撰写。这本书第二版加入了更多与古巴导弹危机有关的历史资料,运用新的学术研究成果重新解释了古巴导弹危机发生前后的理论与事件,以独特的视角分析了这一美苏冷战时期最严重的正面对抗事件。

1. 研究背景与问题

该书研究的根本问题是如何理解政府行为,对历史上真实发生的古巴导弹危机事件进行了个案深描,力图还原政府决策的本质。1959 年,古巴取得了人民革命的胜利,推翻了巴蒂斯塔独裁政权,成立古巴共和国。此后,美古关系恶化,古巴与苏联的关系日益亲密。在 1961 年的猪湾事件爆发后,古巴向苏联求助。同时,为了对抗美国在意大利和土耳其布设的核导弹,扭转战略核力量劣势,苏联决定在古巴部署导弹。于是,在同年 10 月 15 日至 28 日这十四天内,美苏双方都在核按钮旁徘徊,使人类空前接近毁灭的边缘,世界局势千钧一发。庆幸的是,该事件最后以美苏双方的相互妥协而告终。

古巴导弹危机是国际关系史上的经典案例,美苏两个超级大国在此事件中的国家行为被广泛研究。在解释国家外交行为时,传统方法是将政府的行为类比为个人有目的的行动,认为如此就可以有效理解政府的大部分行为。但是,这本书认为,这种简化分析掩盖了一个关于政府的事实:"国家政策的'决策者'明显不是一个能思考的个人,而是由一些大型组织和政治行为体构成的集合体。"在现有资料的基础上,该书运用基于单案例研究的定性研究方法,提炼了三种决策模式——理性行为体模式(rational actor model)、组织行为模式(organizational behavior model)和政府政治模式(governmental politics model),并分别将关注点置于拟人行为体的理性决策、组织常规与政治博弈上。该书的基本观点是:"外交事务的专业分析人员和政策制定者(以及一般的公民),是根据大部分隐藏着的概念模式来思考外交和军事政策方面的问题的;这些模式对于分析或思考具有重要影响。"

2. 研究方法选择

总体而言,该书使用的是典型的基于单案例研究的定性研究方法,通过对古巴导弹危机的案例分析,说明政府决策的过程及其本质,以理解国家的政策选择和行动。

具体来看,如就研究过程而言,该书采用的是理论建构主义案例研究模式。理论建构主义案例研究模式以"元理论"为中心,就研究者感兴趣的新的社会现象、社会领域、社会问题等进行探讨,以建构新理论。对这本书而言,正是作者对古巴导弹危机这一重大历史事件的浓厚兴趣,才使得其试图探索并解释这一典型危机案例中决策者的决策过程,还提炼建构了外交决策的三个模型。

如从研究任务而言,则该书采用的又是解释性案例研究。因为这本书研究的任务是还原古巴导弹危机的真相,解释政府决策的过程和本质。解释的基本逻辑要求是:既要确定所研究案例的具体条件,又要根据以往经验确定涉及此案例的经验通则。只有把具体条件与规律性结合起来,才能对现象和问题进行有效解释。除了对资料的阅读、收集和分析外,作者还使用"概念透镜"审视资料,以更好地理解人们在思考如古巴导弹危机这样的事件时,如何在各种范畴和假设之间进行重要而又经常被忽视的选择。

3. 研究过程

该书分别归纳了理性行为体模式、组织行为模式、政府政治模式三种决策模式,将古巴导弹危机案例中的决策过程相应分为三个截面进行阐释。

理性行为体模式把国家视为理性的一元化行为体。与传统的理性人相似,国家可以建构出一种利害计算过程,经过利害考虑后选取利益最大化的目标或方案。因此,政府在决策时会采取最大化其战略目的与目标的行动,作为应对某一战略问题的解决方案。在古巴导弹危机中,苏联领导人赫鲁晓夫决定在古巴部署战略性进攻导弹,是为了快速增加苏联的导弹力量,取得战略平衡;达到核力量均势后可以进一步解决柏林危机,赢得外交上的胜利。赫鲁晓夫希望借外交胜利挽回对内的权威。对赫鲁晓夫和苏联政府而言,"效用函数"是权力最大化,最佳选择就是在古巴部署核导弹。美国采取封锁的策略应对苏联在古巴的导弹部署,是为了避免在柏林招致苏联的反攻和减少危机升级为战争的危险。对于肯尼迪及其幕僚而言,"效用函数"是威胁最小化,最佳选择就是采取封锁策略。面临美国在核力量和常规力量上的双重优势,迫于美国可能采取进一步行动的威胁,苏联最终撤走了导弹,这标志着危机关键阶段的结束。

组织行为模式认为,政府是由各种组织构成的集合体,政府行为是"各个大型组织根据组织的标准运作程序的运作而产生的输出"。组织行为的突出特点是活动的程式化,即基于事先已有的常规做出行动。因此,"要解释政府的行动,就要研究这些组织的常规,并要注意这些常规逐渐发生的偏移"。组织行为模式关注构成政府的各类组织的逻辑、能力、文化,以及一系列正式或非正式规范对组织的塑造。利用组织行为模式,该书研究在古巴导弹危机中体现出的大型组织的程式与常规对国家行为的影响,关注相关政府组织能做什么,不能做什么,以及在没有上级干预的情况下,其通常会做些什么。在古巴导弹危机中,苏联存在一些无法用理性行为体模式解释的自相矛盾的行为,比如对美国 U-2 侦察机可能发现其部署行动表现得满不在乎。从组织行为模式来看,苏联政府现有的组织标准运作程序在提供有关国际环境、威胁和机遇的信息方面存在限制。苏联没有在国外部署过导弹,但仍按原有程序在古巴安置导弹,这些原有程序使得苏联在古巴的组织缺乏有关其他组织行动的信息和对全局性行动的了解。美国的行动中同样存在难以解释的目标与行为不一致的现象,其政府组织的标准运作程序对其能够选择的行动选项形成了限制。为控制组织输出,政府领导人与组织之间需要进行斗争,组织固有的例行常规给领导人决策的执行带来了诸多细节问题,而这些细节问题"既可能是获得巨大成功的关键要素,也可能会是引发灾难的潜在导火索"。

政府政治模式认为,政府的行为既不是单一行为体的选择,也不是组织输出的结果,而是博弈者讨价还价的结果。政府政治模式集中关注那些参与博弈的行动者、影响博弈者偏好和立场的因素、决定博弈者对结果的影响的因素以及决策博弈的行动路径。美国发现在古巴的弹道导弹后,立刻组织了一个由总统顾问组成的非正式的内部小组。这个内部小组中的总统顾问就是参与博弈的行动者,每个顾问的认知、偏好和立场不同,对于美国应该采取何种应对行动产生了分歧。博弈者之间"一系列相互重叠的讨价还价的博弈既决定了发现苏联导弹的日期,也决定了这个发现将对政府造成的影响"。美国发现古巴导弹的时机是以麦康为主的一方和以腊斯克与邦迪为主的另一方之间拉锯战的结果。在美国政治博弈最为激烈的时候,美国恰巧掌握了苏联在古巴境内有核导弹的最终证据。肯尼迪在美国政府内部的政治博弈中担任了"形成共识的工程师"的角色:在做出最终决定之前,使大部分人同意了封锁的方案。从政府政治模式来看,美国的封锁决策是多个政治行动者经过博弈、反复拉扯的最终合成物。

苏联内部参与博弈的行动者主要是赫鲁晓夫和最高主席团的成员。得知美国已发现在古巴部署的导弹后,最高主席团提出向西柏林施加压力来对抗封锁。在实际行动中,赫鲁晓夫背离了最高主席团的决定,让装有中远程弹道导弹的船停了下来。然而,苏联军官违背了赫鲁晓夫的意愿,根据他们自己对命令的理解采取了行动,击落了美国的U-2飞机。这几乎必定招致美国的进攻,好在肯尼迪谨慎地制止了美国对苏联的报复性打击,避免了事态进一步升级。肯尼迪和赫鲁晓夫作为最高领导人同样肩负着对核战争后果的责任。这种过分重大的责任导致最高领导者和身边其他参与者看待问题的角度不同,也使得肯尼迪和赫鲁晓夫单独结合在一起。对两位统治者而言,"每个人都能够使双方失败;如果他们想成功,每个人都必须进行合作"。在这场避免核灾难的博弈中,他们最终只能走向合作。

4. 质量保证

首先,该书尽可能使用了所能接触到的所有古巴导弹危机的相关证据材料,包括已解密的档案、回忆录、口述历史、刚公开不久的秘密录音带等,并使用采访的方法收集了新资料。书中使用的研究资料尽可能全面、真实地反映古巴导弹危机的真相,从而保证了研究的构念效度。

其次,该书采取了三角互证法,运用三种理论模式对古巴导弹危机这一单案例进行研究,增强了研究的效度;尊重案例本身的客观事实,不是先验地带着理论假设界定问题,而是从不同的分析方式、侧重点出发进行细致分析。

最后,该书在每一种模式的分析过程中总结了这段历史的经验教训,对这一经典国际关系案例的分析为今后类似案例的定性分析提供了参考和借鉴。

第十四章 定量实证研究*

本章要点
- 定量研究方法的主要特点；
- 定量研究方法的优势和劣势；
- 定量研究方法的适用范围和条件；
- 定量研究方法的主要数据采集方法；
- 定量研究方法的主要数据分析方法；
- 定量研究方法研究设计和数据采集质量保证的基本方法。

一、导　言

定量实证研究(也常被简称为定量研究)在政治学与公共管理研究中应用较为广泛,但是完成一项好的定量研究非常不易。采用定量研究方法要综合考虑多种因素,尤其是在纷繁复杂的数据分析技术中,如何选择合适的分析方法,如何使这些方法在运用过程中获得质量保证等问题常常困扰着研究者。

本章在文献梳理和整合的基础上,对定量研究的特点、优劣势进行归纳,重点厘清若干种常用的定量研究方法的适用情境、应用条件,并对保证定量研究质量的原则、途径和方法做出总结和强调,供读者学习参考。

二、定义、特点和优劣势

(一) 定义

定量实证研究是指主要收集用数量表示的资料或信息,并对数据进行量化处理、检验和分析,从而获得有意义的结论的研究过程。它通过按某种标准对研究

---

* 本章的主体内容为严洁撰写,杨立华补充了第七和第九部分内容,并参与了全章修改。

对象的特征做量化的比较来测定对象特征数值,或求出某些因素间的量的变化规律。由于其目的是对事物及其运动的量的属性做出回答,故称定量研究。

与定性实证研究不同,定量实证研究侧重计算和统计分析,其研究建立在对一些现象特定方面的数量化测量上。这种方法从个别现象出发,将个别现象加以概念化以便归纳出一般性的描述或以此检验因果假设;同时,该方法一般使用那些能被其他研究者复制的测量和分析技术。①

(二) 特点

2012 年,《纽约时报》刊文宣告"大数据时代已经到来",与此相关的当代社会科学研究方法也以"大数据"为标志展现出明显的划时代特征。大数据时代的来临在很大程度上改造了社会科学的研究对象和研究方法。② 如果以大数据的兴起作为划分定量研究时代的标准,那么,大数据时代之前的定量研究的核心关键词是**理论、测量和统计**。也就是说,大多数定量研究要从理论假设出发,通过对社会现象/事物进行高质量的测量,获得数据资料,并使用统计分析的技术来探索和解释数据资料中的关系,从而获得对理论假设的检验结果,最终得出理论推论。

大数据兴起之后,定量研究的逻辑过程不仅包含演绎逻辑,而且包含归纳逻辑,与此相关的研究也有了数据驱动型,即从数据资料出发,事先不做任何理论假设,利用大数据分析技术归纳出数据资料背后所反映的社会现象/事物之间的关系。在以大数据分析方法为主的定量研究中,核心的技术不仅有统计、计算,还有人工智能。人工智能(artificial intelligence, AI)是研究、开发用于模拟、延伸和扩展人的智能的理论、方法、技术及应用系统的一门新的技术科学。其研究范畴包括自然语言处理、知识表现、智能搜索、推理、规划、机器学习、知识获取、组合调度问题、感知问题、模式识别、逻辑程序设计软计算、不精确和不确定的管理、人工生命、神经网络、复杂系统、遗传算法等等。

根据已有分析,我们归纳出定量研究具有如表 14.1 所示的几个特点。

表 14.1 定量研究方法的主要特点

维度	特点
哲学基础	实证主义
研究范式	科学范式

---

① 〔美〕加里·金、罗伯特·基欧汉、悉尼·维巴:《社会科学中的研究设计》,陈硕译,格致出版社、上海人民出版社 2014 年版,第 2 页。

② 李强:《专题研究:主持人语》,《清华大学学报(哲学社会科学版)》2015 年第 3 期,第 15 页。

（续表）

维度	特点
逻辑过程	以演绎逻辑为主；大数据兴起后，也常用归纳逻辑
理论模式	理论驱动、数据驱动
主要目标	确定相关关系、因果联系，进行描述、解释和预测
资料收集	实验与准实验、调查、大数据
分析方法	统计分析技术、大数据分析技术
核心技术	测量、统计、计算机模拟、人工智能
研究特征	客观、价值中立

资料来源：根据风笑天：《社会研究方法》（第四版），中国人民大学出版社2013年版，第13页；孟天广、郭凤林：《大数据政治学：新信息时代的政治现象及其探析路径》，《国外理论动态》2015年第1期，第46—56页，作者自制。

也有学者认为大数据方法是超越定量和定性之上的研究方法。本章基于定量研究的核心特征——实证主义取向、数量化描述研究对象的属性特征、基于对数据的计算与统计，将其归为定量研究方法。在更广泛的意义上，甚至连本书认为主要是常用规范分析方法的博弈论有时也被认为是定量研究；带有部分规范分析特征的社会网络分析也常被看作定量研究。

在此需要说明的是，我们要明确的不是某些方法应该属于哪种具体分类，而是了解这些方法的适用情境、使用条件、主要特征，以及如何运用其来解决要研究的问题。由于本书有专门的章节讲述博弈论、社会网络分析以及大数据分析，故本章在概括常用定量研究方法的基本特征时对这三者不再赘述。

（三）优势与劣势

由于当前社会科学实证研究方法按照研究性质主要分为定性、定量两种，因此，在评估定量方法的优、劣势时的参照对象是定性研究。概括来讲，定量研究具有以下优势：

第一，发现社会现象之间多数情况下的普遍规律。

定量研究的优势之一在于它可以基于大量的观测数据，发现社会现象之间多数情况下的普遍规律。例如，利用抽样调查的方法，以样本的观测数据去推断较大的未知总体，可以通过统计分析获知社会现象/事物之间的关系，进而发现一般规律。当然，追求多数情况下的一般规律也就意味着放弃了特殊案例，为此需要有案例研究作为补充。

第二，较高的信度与效度。

定量研究的测量和分析技术可以复制，从而使研究获得较高的信度和效度。定量研究坚持客观立场，希望能够发现社会现象之间在多数情况下的一般规律。为达到此研究目的，测量工具需要尽可能结构化，能在相同条件下测量出相同的结果；采集数据的过程要求透明，可复制；在数据分析时用的数据和模型必须能够得到学术共同体的检验，这样才能使得研究结论稳健。

第三，定量研究技术发展迅速。

定量研究新技术迅速产生，不断拓展着研究者发展理论的能力。在一个多世纪的时间里，定量研究技术产生了多种多样的分析技术，而且新技术的产生频率要远远高于定性研究。以多水平模型为例，打开 Stata16 统计软件的帮助手册，会发现有分层线性模型、多水平 Logistic 回归、多水平计数变量回归、多水平结构方程模型、多水平事件史分析模型、多重混合效应互补重对数回归等[1]，而这些方法都是在最近半个世纪产生的。大数据的分析技术更是大大扩展了研究对象的范围，提升了研究者的分析能力和拓展理论的能力。

同时，定量研究也具有一定的劣势：

一是，可获得高质量测量的研究对象有限。

构成理论假设的要素有概念或变量、命题或假设、机制或原理，以及边界条件。概念是对现象的一种抽象，它是一类事物的属性在人们主观上的反映。人类想要研究的对象多种多样，有人、家庭、组织、人为的社会事实（如书画作品、建筑物、交通事故、辩论、网络互动）等。其中，许多研究对象难以抽象出来，或者说难以概念化（概念化是指厘清概念的内涵外延的过程）；也有一些研究对象尽管有清晰的概念，却难以定量操作化（操作化是指将概念的属性特征转换成可以测量的变量和变量取值），例如文化。总之，难以高质量测量的概念不适合做定量研究。

二是，不是所有的社会现象/事物都能够用统计技术发现关系。

差异化不足的现象不适合定量研究。例如，纵向上想研究的社会现象/事物变化缓慢，类似于亘古不变；横向上在不同组群中看不到差异。由于观测不到足够的变异，也就很难用统计的方法去解释，而作为定量研究核心技术的统计分析是要基于差异进行的，即统计学研究的是随机事件而不是恒定不变的、可知固定结果的事件。

---

[1] Stata Corp, *Stata Multilevel Mixed-Effects Reference Manual Release 16*, Stata Press, 2019, p. 1.

三是,所研究的社会现象/事物虽具有统计关系,但不意味着就具有现实或者理论意义。

一方面,理论假设中的研究对象从统计上可以描述、解释或者预测它们之间的关系,但是背后的机制或原理却说不清楚,这样的研究也难以形成有价值的新知识、新理论或者新思想;另一方面,一些具有统计关系的社会现象/事物在现实中却没有多大价值,例如,发现啤酒销量与乌鸦死亡数量具有线性相关性就没有多少应用价值。

四是,实验环境与现实世界有差异。

定量研究中的实验法是检验变量因果关系的有效方法,但是经常遇到实验环境是否真的在现实世界可复原的质疑,从而降低了研究的外部效度。

五是,需要投入大量的成本。

定量研究的成本包括人力、时间、物力等诸多方面。例如,抽样调查在采集数据阶段不仅需要大规模的受访对象,还需要有采集数据、核查质量、清理数据的大量人员投入。帕特南在《使民主运转起来》的研究中,连续进行了 20 年的长期观测,才获得理论上的突破,时间和精力投入不可谓不巨大。当然,这些都是相对而言,也仅指部分定量研究。事实上,有些定性研究也需要投入大量的成本。

三、起源与发展

定量研究的哲学基础是实证主义,其资料的收集方法主要有实验、调查和大数据法等,而资料分析的核心技术是统计。它们的起源和发展构成了定量研究方法起源与发展的核心内容。由于本书对实验与准实验研究、社会调查法、大数据法有专门章节阐述,这里只梳理和归纳实证主义和统计分析技术的起源与重要发展节点。

(一)实证主义的起源与发展

实证精神可以说是社会研究的精髓所在。[①] 它从古希腊的亚里士多德、英国的培根和休谟的经验论等逐渐发展而来,经过了早期或经验实证主义、逻辑实证主义、实用的实证主义和后实证主义等发展阶段。

早期实证主义的主要代表人物是孔德和密尔。孔德、密尔的实证主义也被称

[①] 袁方主编:《社会研究方法教程》(重排本),北京大学出版社 2013 年版,第 30 页。

为经验实证主义。孔德实证主义的核心关键词是观察,主张以科学的经验研究代替主观臆测。早期实证主义的另外一个重要代表人物是英国哲学家密尔,他在1843年的著作《逻辑体系》中系统地阐述了他的归纳逻辑和因果理论,其中包括五种"实验研究方法"(methods of experimental inquiry),即差异法(或求异法)、契合法(或求同法)、契合差异并用法(或求同求异并用法)、共变法和剩余法。这五种方法也常被人们称为"探求因果关系的方法"或"比较分析的方法"。密尔在实证主义中的主要贡献是,提出了科学的任务就在于探明现象间的因果关系即自然因果律;而且他将归纳法从寻求一般意义缩小为在经验范围内寻求因果关系,为后世研究奠定了重要的方法论基础。

1923—1929年,维也纳学派①(Vienna school)发展出了逻辑实证主义,主要代表人物有石里克(Moritz Schlick)和卡尔纳普(Rudolf Carnap)。逻辑实证主义更加重视经验和逻辑,坚持经验的"可证实性"。逻辑实证主义通过概率理论为归纳法重新赋予了意义,也为当代的定量分析方法奠定了基础。

到20世纪40—50年代,出现了实用的实证主义(instrumental positivism)。它注重实用性与可操作性,在研究过程中尽可能去除主观性,其中坚力量是一大批活跃在美国、加拿大学术界的社会科学方法论家和研究者。多种多样的高质量的测量技术和统计分析技术在这一时期被格外重视。直至20世纪70年代初,实证主义的方法在社会科学研究领域里一直占据着非常重要的地位。②

到了20世纪70年代中期,以调查和统计为主要手段的实证主义范式面临极大的危机,整个社会科学领域掀起了定量法与定性法之争。20世纪80年代是双方争论最激烈的时期;到90年代初,局势基本明朗,即双方求同存异,趋于以后实证主义为统一。③后实证主义认为,客观中立是可疑的,价值与事实应该相结合,衡量社会科学研究价值的高低并不以其是否运用了严谨的科学方法为判断依据,而是看其是否促进了新知识、新理论和新思想的产生,那些仅仅追求数理统计方式而没有对已有知识做出新贡献的研究被认为是无价值的。在后实证主义中,定量分析不再是唯一技术,很多经常被看作是定性研究或研究范式意义上的方法,例如案例研究法、历史/比较分析法、诠释法(或释义法)、批判理论、民族志研究方法、女性主义方法等得到重视。这些方法研究的主旨都是通过主体间关系重新解释和理解人类行为。

---

① 1929年维也纳小组成员共同起草《科学的世界观:维也纳小组》,正式宣告维也纳学派成立。
② 〔美〕沃野:《论实证主义及其方法论的变化和发展》,《学术研究》1998年第7期,第36页。
③ 陈炜:《实证主义与西方公共行政研究:发展、反思与超越》,《广东行政学院学报》2013年第6期,第9页。

（二）统计学的起源与发展

统计学是一门关于数据的科学，也是关于数据的收集、整理、描述及分析的一般方法论。一般而言，统计学包括描述统计学（descriptive statistics）与推断统计学（inferential statistics）。描述统计学主要通过图形、列表、数量化度量等方法描述样本数据基本特征，其作用是对样本数据进行初步概括；而推断统计学则是基于样本信息对总体进行推断的方法论科学。

就统计学的起源而言，17世纪中叶，政治算术（political arithmetic）学派在英国创立，威廉·配第（William Petty）明确提出要用"数字、重量和尺度的词"来描述英国的社会经济状况，这标志着统计学的诞生。[①] 到1660年，德国的"国势学"诞生。这个学派所使用的 statistik 一词，后来英译为 statistics，成为"统计学"的冠名。以配第为代表的政治算术派与国势学派最重要的区别是：政治算数派将统计学提高到了"方法论"的高度，而国势学派基本停留于统计数字的应用上。塔巴克（John Tabak）则认为统计学的开端来自英国商人格朗特（John Graunt）1662年的著作《关于死亡表的自然和政治观察》，这是首个系统地分析公告，然后从数据中提取信息，并用数学揭示数字之间关系的研究。因此，塔巴克认为格朗特是用统计思考的第一人。[②]

有关统计学发展的历史，学者们有很多讨论。例如，中国学者陈希孺撰写的《数理统计学简史》总结并梳理了统计学和概率论的发展历史；美国学者斯蒂格勒撰写的《统计探源：统计概念和方法的历史》讲述了皮尔逊、凯特勒（Adolphe J. Quetelet）等人为统计学理论做出的划时代贡献，以及若干重要的统计概念的产生，从中我们可以梳理出统计学的历史；美国学者萨尔斯伯格撰写的《女士品茶：统计学如何变革了科学和生活》一书也讲述了统计学的发展历史，介绍了若干近代数理统计研究者在统计学技术及包括实验设计法在内的研究方法论上的贡献。

基于对上述著作和其他文献的总结归纳，我们认为，统计学的发展可分为三个阶段，即古典统计学时期、近代统计学时期和现代统计学时期。

[①] 张小劲、孟天广：《论计算社会科学的缘起、发展与创新范式》，《理论探索》2017年第6期，第34页。

[②] 〔美〕约翰·塔巴克：《概率论和统计学——不确定性的科学》，杨静译，商务印书馆2007年版，第122—125页。

1. 古典统计学时期(17世纪中叶至18世纪中叶)

古典统计学时期的主要成就是概率论的形成,而概率论与统计学极为密切。概率论是研究随机现象或不确定现象的科学,它起源于对赌博的研究。英文中与概率同义的一个词 stochastic(随机的),就是源自古希腊文,指一个人能预测未来。1645年,法国贵族德梅尔向巴斯噶(Blaise Pascal,也译帕斯卡)提出一个在赌博中遇到的有关丢骰子的问题。巴斯噶又写信去问费马(Pierre de Fermat)这个问题,进而展开两人之间著名的"巴斯噶—费马通信"。他们之间的探讨刺激了欧洲不少数学家也开始讨论类似的问题。如,荷兰的数学家惠更斯(Huygens)为此在1657年写出了《论赌博中的计算》(也译《机遇中的规律》)一书,成为概率论学科中最早的一部著作。之后,瑞士数学家雅各布·伯努利(Jakob Bernoulli)在1713年出版的《推测的艺术》中提出了伯努利大数定律,这本书也被称为推断统计学的起点。法国数学家棣莫弗(Abraham de Moivre)在1718年出版了《机遇论》,并提出了较早的中心极限定理。《机遇论》与伯努利的《推测的艺术》、法国数学家拉普拉斯(Pierre-Simon marquis de Laplace)的《概率的分析理论》被并称为早期概率史上具有里程碑意义的著作。① 而大数定律和中心极限定理奠定了以推断为目的的概率论的基础。

2. 近代统计学时期(18世纪中叶至19世纪末)

在近代统计学时期,统计学逐步成为揭示事物内在规律、可用于任何科学的一般性研究方法。一些重要的统计概念也在这一时期提出,例如误差理论、正态分布曲线、最小二乘法等。1764年,英国学者托马斯·贝叶斯(Thomas Bayes)的遗作《机遇理论中一个问题的解》正式发表。在这篇著名的文章中,贝叶斯建立起了逆概率理论,即今天以其名字命名的贝叶斯法则。之后,数学大师拉普拉斯将概率论建立在坚固的数学基础之上。从1771年起,拉普拉斯发表了一系列重要著述,并在1810年发现了比棣莫弗的中心极限定理更一般形式的中心极限定理。他在1812年出版的《概率的分析理论》,对古典概率论进行了强有力的数学综合,叙述并证明了许多重要定理。1809年,高斯在其发表的《天体绕日运行理论》中论证了观测误差服从正态分布,并利用拉普拉斯的逆概率方法证明了后验概率最大化与最小二乘方法的等价性。高斯的这一成就使18世纪以来的推断统计学研究达到了巅峰。② 之后,比利时统计学家凯特勒将统计学引入了社会科学

---

① 陈希孺:《数理统计学简史》,湖南教育出版社2002年版,第30页。
② 于忠义:《推断统计学起源探析:谨以此文悼祭一代统计学宗师陈希孺院士逝世三周年》,《统计与信息论坛》2008年第10期,第89页。

领域,于 1831 年提出"平均人"的概念,并于 1835 年出版了《社会物理学》,用统计学分析社会问题的方法为比较社会调查研究确立了理论框架。①

3. 现代统计学时期(20 世纪初至今)

现代统计学的重心为推断统计。美国学者斯蒂格勒在《统计探源:统计概念和方法的历史》中曾提到,1933 年是统计学发展的关键节点,并认为现代统计学起始于这一年。② 英国统计学家皮尔逊(Karl Pearson)为现代统计学做出了突出贡献。20 世纪初,他发明了标准差、成分分析、卡方检验(1900 年提出)、相关系数,并在高尔顿(Francis Galton)、韦尔登(Raphael Weldon)等人关于相关和回归统计概念和技巧的基础上,建立了极大似然法。另一位现代统计学的奠基人是英国著名统计学家费希尔(Ronald Aylmer Fisher)。他提出了基于概率论和数理统计的随机实验设计、方差分析、小样本推断等一系列推断统计理论和方法。而且,在这一阶段,主成分估计、非参数估计等方法应运而生。计算机兴起之后,一系列统计方法迅速涌现,如 MCMC 模拟计算、Jackknife(大折刀法)、Bootstrap(自助法)等。而在进入互联网和大数据时代之后,伴随着分布式和并行计算(云计算核心技术)的快速发展,Bag of Little Bootstraps 算法(2012)、Memory-Efficient Tucker Decomposition(2008)、基于 MapReduce 的 K-means 算法(2009)、基于 MapReduce 的并行 Apriori 算法(2012)等一系列面向大数据的抽样、分类、聚类、关联分析方法应运而生。③ 总之,当前统计学正面向高维海量数据进行研究,一系列面向高维数据的统计分析方法也相继产生。

四、适用范围与条件

一般而言,一项研究是不是适合采用定量研究方法,可从以下四个方面进行考察。

(一)分析单位的类型

研究首先要确定分析单位,分析单位和观察单位需保持一致。在人类社会中,可研究的分析单位有很多,既可是人、家庭、组织、机构等,也可是人为事实,例

---

① 〔美〕斯蒂文·M. 斯蒂格勒:《统计探源——统计概念和方法的历史》,李金昌等译,浙江工商大学出版社 2014 年版,第 41 页。

② 同上书,第 120 页。

③ "大数据中的统计方法"课题组:《大数据时代统计学发展的若干问题》,《统计研究》2017 年第 1 期,第 7 页。

如建筑物、书画作品、交通事故、人与人之间的关系、机构之间的关系等。在这些分析单位中，定量研究要研究的是现实世界中可量化观测的现象或者事物。

（二）研究目的

一般而言，定性研究是想通过对个别事物或现象进行细致、动态的考察来获取丰富的描述，而定量研究则想通过对事物进行大规模的观测和分析来发现普遍情况和一般规律。因此，相对而言，定量研究更擅长对社会现象/事物以及不同社会现象/事物之间的关系的"差异"进行研究，而定性研究擅长对"过程"进行研究。

（三）数据特征

已经拥有或可以采集的数据的特征也影响定量研究方法的选择。一般而言，如果已有的数据是结构化的量化资料，如统计数据或他人的调查数据等，则适合用定量研究方法。若研究者可以通过实验、调查、大数据等方法获得大量的数字资料，研究也适合采用定量方法。

（四）实施条件

定量研究的实施条件包含两个方面：一个是从数据收集的角度而言，主要指是否可以收集到适合进行定量研究的高质量的和足够的量化数据——如果能，则适合进行定量研究；一个是从研究者的自身条件和能力而言，主要指其是否具有进行定量分析的能力和技术——如果有，则适合进行定量研究。

五、分类

和对定性研究的分类一样，定量研究的分类也非常复杂，并没有公认的维度和模式。一般而言，定量研究方法可以从数据采集、数据分析和研究整体模式三个维度进行分类。

（一）从数据采集维度的分类

从数据采集的维度来看，首先可以根据数据来源是二手数据还是一手数据将定量研究方法划分为两种类型：基于二手数据的定量研究方法和基于一手数据的定量研究方法。

在基于二手数据的定量研究方法中，又可根据二手数据的类型以及对二手数据关注内容等的不同分为不同的类型，常见的有定量文献分析（又包括文献计量分析和文献荟萃分析等)、定量内容分析、定量比较分析等。当然,由于文献分析、内容分析、比较分析等同时也可以进行定性研究,故一般在讨论到文献综述、内容分析和比较分析等方法的时候,其既可是定量的研究,也可是定性的研究。

在基于一手数据的定量研究方法中,又可根据一手数据采集方法的不同分为不同的类型,主要有实验与准实验法(包括问卷实验法)、定量问卷调查法和大数据法等。表14.2总结了这三种方法各自的基本特点和优劣势。需要说明的是,很多大数据相对于研究者而言本身就是事先已经生成的,所以,若从研究者需要进行大数据采集的角度而言,这些数据是可以视为一手的,但如从数据本身是事先已经生成的角度而言,其又可视为二手的。可见,这些分类也都是相对而言的。

表14.2 常用的采集定量数据的方法

方法	基本特点	优点	缺点
实验与准实验法	随机化分组(含抽样)、前后两次或多次的重复测量(使用结构化问卷、物理测量工具)、施加刺激(也称干预,即自变量)、用统计技术分析干预效应(自变量对因变量的影响)	容易进行因果推断;自变量可控(在现实中非普遍存在的自变量,通过调查法难以发现,可以通过实验法进行);成本低于调查法	社会科学实验中控制其他影响因素较难;外部效度不易获得;实验威胁因素较多
定量问卷调查法	始于理论、针对随机抽取的样本进行测量(使用结构化问卷、物理测量工具)、用统计技术分析变量之间的关系	以样本推断大规模总体,经济且有效;可测现象广泛	需要较大样本量,成本高于实验法和大数据法;调查过程容易产生各种人为误差,质量控制难
大数据法	抽样(有时需要)、数据结构化或半结构化、海量数据的降维、计算、统计、人工智能、仿真模拟	全数据、数据量大、时间点密集;用计算机解决复杂问题	数据噪音多;有大数据的变量有限,分析多种现象之间关系受限;技术门槛高;成本高低取决于大数据源、软件、硬件的配置情况

上面列举的三种方法主要是定量研究方法(尤其是实验与准实验法和大数据法),但有时也可以进行定性研究。比如,就问卷调查法而言,就有定量调查问卷法和定性问卷调查法(如采用访谈问卷的访谈法)之分,而且在某些情况下,也可以通过将采集的定量数据定性化后进行定性研究,或将采集的定性数据定量化后

进行定量研究。

总之,从数据来源或数据采集的角度划分定量和定性研究方法并不很严谨。尤其是随着方法的不断演进,在定性或定量方法之外,又发展出定量定性混合方法,从而使得原先可以理所当然地视为定性或定量的方法,变成了既有可能是定性也有可能是定量的方法。

(二) 从数据分析维度的分类

由于定量研究的核心是统计,所以研究者也常从统计分析技术的维度将定量分析方法划分为统计描述(statistical description)和统计推断(statistical inference)两种类型。

统计描述和统计推断最根本的区别在于:统计描述只对要描述的数据本身进行概括性的归纳,不论数据是样本还是总体,只各自进行描述,不会在样本和总体之间构建桥梁。例如,经过抽样调查得到 2000 个样本的有关居民参与社区公共事务的数据,那么统计描述只是概括出这 2000 个样本的特征,如样本的居民参与社区公共事务的比例、男女参与的频率差异、居民参与概率与居民的年龄及教育间的关系等。

统计推断则是用样本数据来推断总体的特征。例如,经过抽样调查得到的 2000 个样本的有关居民社区公共事务参与的数据,代表的是北京市的全体常住成年居民,那么,统计推断就需要借助这 2000 个样本的特征来推断北京市全体常住成年居民的特征,如北京市全体常住成年居民中居民参与社区公共事务的比例、男女参与的频率差异、居民参与概率与居民的年龄及教育间的关系等。

统计推断包括参数估计和假设检验两类。参数估计[①]包括点估计和区间估计。所谓点估计就是指用样本统计量来估计总体参数,例如用样本均值推断总体均值。样本统计量(sample statistic)是指概括样本特征的数值,包括样本均值、样本方差、样本中两组人群的方差比等。总体参数是指概括总体特征的数值,例如总体均值、总体方差、总体中两组人群的方差比等。区间估计是指在一定的置信水平下,总体参数所处的范围。假设检验讨论的是如何运用样本信息对总体未知参数的取值或总体行为做出的事先假定进行验证,从而得出结论。

总结起来,本章认为,一些常用的统计分析方法包括对集中与离散趋势及峰度与偏度的描述、方差分析、相关分析、回归分析、基于回归分析解决内生性问题

---

① 参数检验时需要对总体分布做出假定。非参数的方法在进行参数检验时不对总体分布做出任何假定。

的常用方法、基于回归分析的复杂模型、变量浓缩和样本分类的方法等。所有这些都将在本章"常用的统计分析方法"部分依次进行简单介绍。

(三) 从研究整体模式维度的分类

虽然研究者谈到定量研究,往往都是从其数据来源或数据分析的维度进行分类,但是定量研究也有其他分类维度。之所以数据来源和数据分析维度是其分类的最重要维度,乃是因为相对于定性研究而言,定量研究不仅规范性更强,而且其优势也突出体现在分析定量数据方面,故而其更多关注数据来源和分析维度的分类。在数据来源和数据分析维度之外,分析定量研究类型最重要的维度乃是研究整体模式的维度。我们这里所谓研究整体模式是一个比较笼统的说法,是说这些类型的研究虽然在整体上也经常被看作定量分析方法,但其方法的突出特点和命名方式不是表现在数据来源或数据分析方面,而是表现在其研究整体模式、方法论、范式、风格、研究设计等方面,或者是从这些方面来进行命名的。例如,定量文献综述、文献计量法、文献荟萃分析(或元分析)、实验和准实验室法、问卷调查法、大数据法、层次分析法、模拟分析、社会网络分析等。当然,就社会网络分析而言,虽然其在有些情况下也有可能采用定性的数据和方法,但在整体上更偏向于定量。

总之,和对定性研究方法的分类一样,定量研究不仅每种分类下面都会有不同的子方法,而且这些子方法也可能在不同的分类维度下出现交叉,从而形成定量研究方法庞大而复杂的类型体系。

六、常用的统计分析方法

正如上面已经指出的,由于定性研究的规范性和一致化程度相对较弱,因此研究者总是试图发展各种可以弥补其规范性不足缺陷的方案来解决相关问题,也就催生了多种多样的定性研究方法或方法论。相反,定量研究由于其数据可以定量化,所以除了关注定量数据收集方法和研究整体模式等之外,也更聚焦于各种定量分析技术尤其是统计分析方法或技术的发展和应用。为此,在这一部分,我们将按照从统计描述到统计推断的顺序,对一些常用的统计分析方法进行介绍。

(一) 集中与离散趋势、峰度与偏度的描述

在统计分析中,描述的对象包括因变量、自变量(含中介变量、调节变量),以及关键的控制变量;描述的目的是协助研究者了解所研究现象/事物的基本特征和分布状况;描述的内容主要有变量的集中趋势和离散趋势、峰度和偏度。

1. 集中趋势和离散趋势

集中趋势用来表示一组数据的一般水平、平均水平或中心位置。常用的集中趋势指标有平均数、中位数、众数。但是，仅仅用集中趋势来描述数据的分布特征是不够的，因为研究中经常碰到平均数相同的两组数据，但其离散程度有很大差异的情况。一组数据的分布可能比较集中，差异较小，则平均数的代表性较好；另一组数据可能比较分散，变异较大，则平均数的代表性较差。为此，在描述数据的时候需要将集中趋势和离散趋势一起分析和展示。

离散趋势反映一组数据的分散程度。常用的离散趋势指标有方差、标准差、变异系数、极差、异众比率、四分位差等。其中，方差和标准差更具有统计价值，反映数据在平均数附近聚集或离散的程度。

表 14.3 列举了集中趋势指标和离散趋势的定义和优缺点。需要提醒读者特别注意的是，表 14.3 中各指标的优缺点比较均基于数据的单峰分布而言，若是双峰或多峰分布则需要分组描述。

表 14.3　常用于描述集中趋势和离散趋势的指标

		定义	优点	缺点
集中趋势	平均数	有算术平均数、调和平均数和几何平均数等。算术平均数最常用，它等于一个变量的所有观测值之和除以观测值的总个数	无异常离群值时，是集中趋势的最优良代表；对信息利用最充分；在统计推断中，随机抽样条件下，随着样本量增大，样本均值是总体均值的无偏估计	两端异常离群值会降低平均数对集中趋势的代表性
	中位数	各观测值按其数值由小到大的顺序排列后，处于数列中间位置上的观测值	与平均数相比，它不受异常离群值的影响；对于数据分布不规则的情况，中位数是数据集中趋势的较合理指标	反映一般水平不如平均数精确；若各观测值不聚集在中位数附近，中位数也不是集中趋势的优良指标
	众数	各观测值中出现次数最多的数值	众数不会受到极端离群值的影响	不是每一组观测值都有众数；异众比率小，众数才有代表性

（续表）

		定义	优点	缺点
离散趋势	方差	总体方差等于各观测值与平均数的离差平方和除以观测数据的总个数 N；样本方差以 $n-1$ 为分母	反映数据离散趋势的优良指标；在随机抽样条件下，随着样本量的增大，样本方差是总体方差的无偏估计	异常离群值对它的影响要比极差小一些，但是它本身也会受到异常离群值的影响
	标准差	方差的正平方根；标准差越小说明数据越聚集于平均数	反映离散趋势的最优良指标；与方差相比，它与观测值的单位一致；用于确定总体参数的区间范围	受到异常离群值的影响
	变异系数	如果是总体数据，它等于标准差与均值的比值；如果是样本数据，它等于均值标准误与样本均值的比值	标准差有测量单位，变异系数无单位，可以用于比较多组测量单位不同的数据之间的离散程度	同时受平均数和标准差两个统计量的影响
	极差	观测值中的最大值和最小值之差	计算简单；是对中位数的补充	信息利用率低；受异常离群值的影响很大
	四分位差	观测值中的第三个四分位数与第一个四分位数的差	受异常离群值的影响比极差小；四分位差越小，中位数的代表性越好	忽略了全部观测值之间的差异
	异众比率	非众数观测值的总个数与所有观测值总个数的比	对众数的补充；异众比率小，众数代表性好	仅考虑了频次，只辅助于众数

资料来源：参考卢淑华编著：《社会统计学》（第五版），北京大学出版社 2021 年版，第 43—59 页；〔美〕肯尼思·J. 迈耶、杰弗里·L. 布鲁德尼：《公共管理中的应用统计学》（第五版），李静萍等译，中国人民大学出版社 2003 年版，第 72—101 页，作者自制。

此外，对于定距、定比变量来说，计算集中和离散趋势通常需要先检查并处理离群值之后再进行。而对于定类、定序变量来说，常用的描述方法是计算各个类别的百分比。还有一种方法是将定类、定序变量转换成虚拟变量①（以 1，0 编码

---

① 多分类变量转换虚拟变量需要将每一个类别作为一个新变量，变量取值"1，0"来代表"是、否"选择该项。例如，调查数据中学历变量有三个取值，1＝小学及以下，2＝中学，3＝大学及以上，将它们转换成三个虚拟变量，即为是否为小学及以下学历，是否为中学学历，是否为大学及以上学历。每个变量中，1 代表是，0 代表否。然后用统计软件可以计算出这三个变量的集中和离散指标。

表示属性),然后计算均值、标准差等指标。在这里,转成虚拟变量是必备的步骤,不能直接用原始变量计算平均数或者标准差,因为用原始变量中的数字代码直接计算的平均数没有现实意义。例如,假定原始变量 1 代表男性,5 代表女性,且有 100 个男性,120 个女性,合计 220 个样本。此时,如用原始变量中的数字代码进行计算,平均值是 3.18,但这个数字没有任何现实含义。相反,如假定用 1 代表男性,0 代表女性,样本量同上,用虚拟变量计算出的平均值是 100/220,等于编码为 1 的那一类占样本总数的比例,那么这个值就有现实含义了。

2. 峰度和偏度

在研究中,我们有时会发现,即使两组数据具有相同的集中程度和离散程度,但它们的分布的尖削度和偏斜度也可能是不一样的。因此,除了描述数据的集中趋势和离散趋势之外,还应描述数据的偏度(skewness)和峰度(kurtosis)。表 14.4 列举了偏度和峰度的定义和特点。

表 14.4 描述数据偏度和峰度的指标

	用途	分布形状
偏度	用来描述数据分布偏离对称的程度。偏态分布以正态分布为基准,偏度大于 0,为正偏态;小于 0,为负偏态;等于 0,为对称	$E(\xi)$ 代表均值
峰度	用来描述数据分布陡缓的程度。以正态分布为基准,峰度为 0 表示与正态分布的陡缓程度相同;峰度大于 0 表示与正态分布相比较为陡峭,为尖峰;峰度小于 0 表示与正态分布相比较为平坦,为扁平峰	Ⅰ 尖峰；Ⅱ 正态峰；Ⅲ 扁平峰

资料来源:参考卢淑华编著:《社会统计学》(第五版),北京大学出版社 2021 年版,第 108—109 页,作者自制。

(二)方差分析

方差分析(analysis of variance,简称 ANOVA)用来检验不同组的因变量平均数是否有显著的差异。均值比较的方法除了方差分析之外,还有单样本 t 检验[①]、

---

① 如果要检验样本平均数是否等于某个值,在未知总体方差时,使用单样本 t 检验。

独立样本 t 检验①等,而方差分析通常用于比较多个独立总体的平均数是否有显著的差异。方差分析由英国统计学家费希尔首创,为纪念他,人们将方差分析使用的统计量以 F 命名,故方差分析又称 F 检验(F-test)。

方差分析要求因变量是定距、定比变量,而且要求平均数有良好的代表性;自变量(也称为因素)是定类或定序变量。方差分析并不直接比较各组的平均数,而是把因变量的总方差分解为组间方差和组内方差(按照自变量分组),然后比较组间均方差和组内均方差,从而获得 F 值,之后根据 F 值出现的概率来判断是接受还是拒绝原假设(原假设是各个组的因变量的平均数都相等)。

方差分析还包括单因素方差分析(一个因变量、一个自变量)、多因素方差分析(一个因变量、多个自变量)和多元方差分析(多个因变量、多个自变量)。在定量数据分析过程中,单因素方差分析通常用来描述组间差异(between-group variation),进而为下一步的解释变量之间的因果关系打下基础;多因素方差分析和多元方差分析则通常是以分析均值差异为主要研究目的。

(三)相关分析

相关分析用来检验变量之间的相互依存关系,不分因果。首先,按照变量数量来划分,相关分析可分为简单相关、多元相关和典型相关。简单相关用于分析两个变量之间的关系,多元相关反映一个变量与多个变量之间的相关,而典型相关分析则是要反映两组变量之间的相关关系。② 其次,按照计算相关系数的方法划分,相关分析可以分为简单相关分析和偏相关分析③(在排除某个因素后,计算两个变量的相关程度)。

相关分析用相关系数(correlation coefficient)来表达关系的强弱程度和方向。相关系数的符号表示方向,绝对值的大小表示关系的强弱程度。相关系数的绝对值在 0 和 1 之间,越趋于 1,表示相关程度越强;越趋于 0,表示相关程度越弱。相关系数首先要经过假设检验才能表达强弱程度。相关系数假设检验中的原假设通常是相关系数等于 0。

---

① 如果要比较两个不同总体的平均数是否有显著差异,在未知总体方差时,使用独立样本 t 检验。
② 郭志刚主编:《社会统计分析方法:SPSS 软件应用》(第二版),中国人民大学出版社 2015 年版,第 320 页。
③ 偏相关分析:也称净相关分析,是指在研究两个变量之间的线性相关关系时,将与这两个变量有联系的其他变量控制不变的统计方法。根据控制变量的个数,偏相关分析分为零阶偏相关分析、一阶偏相关分析、二阶偏相关分析等。其中,零阶偏相关分析是指没有控制变量的相关分析,即一般的相关分析;一阶偏相关分析是指有一个控制变量的相关分析;二阶偏相关分析是指有两个控制变量的偏相关分析。偏相关系数在描述时的解读方法为"当在其他自变量固定不变时,某个自变量分别同因变量的线性相关程度"。偏相关系数的取值范围在 -1—$+1$ 之间。

在进行相关分析时，还需要注意相关系数的选择。首先，对于定距、定比变量，如果要检验线性相关关系，则使用皮尔逊（Pearson）相关系数（又称皮尔逊积矩相关系数，由英国统计学家卡尔·皮尔逊提出）。计算皮尔逊相关系数要求：变量服从正态分布、变量是相互独立的连续型变量、两个变量在散点图上有线性相关趋势、样本容量大于 30。其次，当两组变量值以等级次序表示时，即是定序变量时，可以用斯皮尔曼（Spearman）等级相关系数反映变量间的关系密切程度。它将两个变量的观测值按大小顺序排列位次（秩，rank），以位次代替原始的观测值数据来计算相关系数，又称秩相关系数。斯皮尔曼等级相关对数据条件的要求没有皮尔逊相关系数严格，只要两个变量的观测值是成对的等级评定资料，或者是由连续变量观测资料转化得到的等距资料，不论两个变量的样本容量大小，都可以用斯皮尔曼等级相关来进行研究。Gamma 等级相关系数利用排序数据中的同序对、异序对的数量来反映变量之间的关系。Somer's d 等级相关系数和 Gamma 等级相关系数相比，增加了能够区分 x 和 y 方向的同分对。肯德尔（Kendall）等级相关系数也是利用排序数据中的同序对、异序对、同分对的数量，与 Somers' d 系数的计算公式只是在分母中对同分对的处理方法不同。最后，如果变量是定类测量尺度，可以用 Lambda(λ) 系数、Goodman & Kruksal Tau-y 系数、Cohen's kappa 系数、Yule's Q 系数、Yule's Y 系数来表达变量之间的关系（见表 14.5），这种用于表达列联表中变量关系的系数称为列联强度系数。

表 14.5 变量之间的列联强度系数与相关系数

定类与定类	定序与定序	定距/定比与定距/定比
Lambda	Spearman	Pearson r
Goodman & Kruksal tau-y	Gamma	Spearman（定距变量之间）
Cohen's kappa	Somers' d	
Yule's Q、Yule's Y	Kendall's tau-b/tau-c	

资料来源：参考卢淑华编著：《社会统计学》（第五版），北京大学出版社 2021 年版，第 292—335 页；〔美〕戴维·K. 希尔德布兰德等：《社会统计方法与技术》，社会科学文献出版社 2005 年版，第 213—254 页，作者自制。

（四）回归分析

回归分析是研究自变量和因变量之间数量变化关系的一种分析方法。它主要是通过建立因变量 Y 与影响它的自变量 X 之间的回归模型，衡量自变量 X 对因变量 Y 的影响能力，进而预测因变量 Y 的发展趋势。

回归这一名词起源于 19 世纪生物学家高尔顿进行的遗传学研究。回归分析的核心技术之一是"最小二乘法",该方法在 18 世纪就已经被高斯应用于行星轨道的测定。①

回归分析中自变量如果是定类或定序测量尺度,需要转换成虚拟变量来使用。常用的统计软件可以自动进行转换。

在回归模型中,研究者以规定因变量和自变量的方式确定变量之间的因果关系,加以量化描述,并根据实际观测数据求解这一模型的各个参数,评价回归模型是否能够很好地拟合实际观测数据,检验各自变量的作用是否符合预先的构想。但是,因果关系不可能完全根据统计分析来证明。因为,严格来说,回归分析在研究中所起的作用不是确证因果关系,而是确认因变量和自变量的统计关系是否存在。因此,在理论驱动型的研究中,回归分析必须依赖理论和经验的支撑,在研究方法论的指导下展开。例如,用于解决内生性的方法包括倾向值匹配法、工具变量法、差分法、断点回归法等,都是基于回归模型,试图构建因果关系的方法。

回归分析因为变量的测量尺度、分布状况、变量的层次结构而分为多种回归模型。针对截面数据(cross-sectional data,也称静态数据,是描述对象在同一时间点或时间段的数据)、纵贯数据(longitudinal data,包括趋势数据和固定样本追踪数据,是描述对象在不同时间点或时间段上的数据,反映对象随时间变化的状态)有不同的模型,后者会加入时间因素,例如事件史分析、面板数据(panel data)分析等。表 14.6 概要介绍了基于截面数据的几种常见的回归模型的适用情境、技术要点和注意事项。

表 14.7 介绍了几种常用的事件史分析模型。事件史分析是研究事件发生的方式和相关因素的一种方法,也称为生存分析。事件史分析相比截面数据的一般线性回归分析(也称为 OLS 回归,因采用最小二乘法计算回归系数而得名),其优势在于可以处理删截(censoring)的情况和随时间变化的解释变量。删截②是指有些样本尚未发生所研究的事件。例如,研究初婚年龄与教育、性别、收入之间的关系,如果做 OLS 回归分析,那么纳入分析的都是已经结过婚的人,那些未婚人士的信息则被浪费掉了。此外,如果结过婚的人的收入比未婚人士的收入高,那么

---

① 郭志刚主编:《社会统计分析方法:SPSS 软件应用》(第二版),中国人民大学出版社 2015 年版,第 35 页。

② 删截分为左删截和右删截。用 T 代表事件,C 代表调查时间,若 $T>C$,即事件发生于观察结束之后,也就是调查时很多样本尚未发生该事件,那么这些样本属于右删截。右删截在社会科学研究中比较普遍。左删截是指在研究开始之前,事件就已经发生过了;对于这些样本,研究之只知道事件发生了,但是不知道发生的时间。

表 14.6 常用的回归分析方法概要（截面数据、单水平回归的情境）

	适用情境	表达变量关系的主要指标	表达整体解释力的主要指标	应用注意事项
线性回归（OLS 回归）	线性关系；因变量是定距或者定比测量尺度（离散或者连续型，近似正态分布。例如，因变量可以为居民的家庭收入、学生的高考成绩、地方政府的经济发展绩效指数等。$y_i = \beta_0 + \beta_1 x_i + \varepsilon_i$	回归系数；标准化回归系数；均需要报告标准误	确定系数；调整的确定系数	对异常值（outliers）和杠杆值（leverage）非常敏感；要分析是否存在有权势影响的观测案例；要进行回归诊断，即线性、多重共线性的假定条件，要满足线性回归的假定条件，即线性、零均值、等方差、误差项与自变量独立、误差项之间独立，误差项符合正态分布
多项式回归	如果回归方程中的自变量的指数大于 1，就是多项式回归，表达自变量和因变量之间的曲线关系。$y_i = \beta_0 + \beta_1 x_1 + \beta_2 x_2 + \beta_3 x_3 + \cdots + \varepsilon_i$	回归系数；需要报告标准误	确定系数；调整的确定系数	高次多项式可能导致过拟合，须特别注意尾部的曲线，看其形状和趋势是否合理
稳健回归	与 OLS 回归使用情境类似，唯一区别是因变量有离群值，可以抵抗离群值对回归线的拉力。$y_i = \beta_0 + \beta_1 x_i + \varepsilon_i$	回归系数；需要报告标准误	确定系数；调整的确定系数	在不存在离群值的情况下，稳健回归的效率比 OLS 回归低；OLS 回归和稳健回归的结果不一致是发现离群值影响和残差非正态分布的一个信号

（续表）

方法	适用情境	表达变量关系的主要指标	表达整体解释力的主要指标	应用注意事项
分位数回归	与OLS回归使用情境类似,唯一区别是因变量有离群值。可以抵抗离群值对回归线的拉力,可以对因变量的任意分位数拟合线性模型来进行建模。$Q_i(Y\|X=x)=x^i\beta_0$	回归系数；需要报告标准误	类确定系数	效率比OLS回归、稳健回归低,具有更大的标准误
计数变量回归	因变量是定距或定比测量尺度。因数据是离散型,因变量取某个值的概率分布符合泊松分布或者负二项分布。例如,因变量可以为最近一年内高校教师发表论文的数量,三年内居民经历民事纠纷的次数。$\log(\gamma_i)=\beta_0+\beta_1 x_i$ 其中,γ 为一段时间内事件平均发生的次数,也称发生率(incidence rate)	回归系数；发生比率(odds ratio),也称相对风险比；需要报告标准误	对数似然函数值；似然比卡方；类确定系数	因变量的分布等离散(equidispersion)时使用泊松回归；过度离散较多的,不会永远为0,并且0有两种情况(永远为0)时,使用零膨胀的泊松回归,或者零膨胀的负二项回归；要做残差分析对回归模型进行诊断

（续表）

	适用情境	表达变量关系的主要指标	表达整体解释力的主要指标	应用注意事项
Logistic 回归	因变量是定类或者定序测量尺度。例如，因变量为公民是否参与投票，社会保障、就业三者当中，公民希望政府优先做哪一项工作。 二分类：$\log(\frac{p_i}{1-p_i}) = \beta_0 + \beta_i x_i$ 有序：$\log(\frac{p_r(y \leq M)}{p_r(y > M)}) = \tau_m + \beta_i x_i$ 多分类：若因变量取值有 K、W、M 三类，则 $\log(\frac{p_r(y=M)}{p_r(y=M)}) \beta_a + \beta_i x_i = 0$ $\log(\frac{p_r(y=K)}{p_r(y=M)}) = \beta_b + \beta_2 x_i$ $\log(\frac{p_r(y=W)}{p_r(y=M)}) = \beta_c + \beta_3 x_i$	回归系数； 发生比率； 需要报告标准误	对数似然函数值； 似然比卡方； 类确定系数	应该包括所有重要的变量；需要较大的样本量；要求不存在多重共线性。 在二分类因变量中，如果事件发生概率很小，需要使用罕有事件 Logistic 回归[*] 有序 Logistic 中包含平行回归假定（也称比例优势比假定）[**]，若不满足该假定，可使用多分类 Logistic 回归。 多分类 Logistic 回归中包含无关选项独立假定，即 IIA 假定，该假定要求各个类别之间的差异很大

注：* 引自 Gary King and Langche Zeng, "Logistic Regression in Rare Events Data," *Political analysis*, Vol. 9, No. 2, 2001, pp. 137–163.
** 引自 J. Scott Long, *Regression Models for Categorical and Limited Dependent Variables*, Sage Publication, 1997, pp. 140–142.
资料来源：参考[美]丹尼尔·A. 鲍威斯、谢宇：《分类数据分析的统计方法》（第 2 版），任强等译，社会科学文献出版社 2009 年版，第 252、254—255 页；郭志刚主编：《社会统计分析方法：SPSS 软件应用》（第二版），中国人民大学出版社 2015 年版，第 41—44、64—65、71—72 页，作者自制。

表 14.7 常用事件史分析方法概要（纵贯数据、单水平回归的情境）

	适用情境	表达变量关系的主要指标	表达整体解释力的主要指标	应用注意事项
离散时间 Logit 模型	事件史分析方法之一，属于离散时间模型。因变量是每一个案例在所研究事件发生前经历的时间，即所谓的"生存时间"。$\log\left(\dfrac{p(t)}{1-p(t)}\right) = \beta_0(t) + \beta_1 x_1 + \beta_2 x_2(t)$ 其中，$p(t)$ 是一个案例在时间点 t 发生事件的概率。	回归系数；风险比（表示相对基准风险率的比例变化，基准风险率是指所有自变量为 0 的观测案例的风险）	对数似然函数值；似然比卡方	依赖于事件史类型的数据。模型设定时要区分是离散时间型还是连续时间型。
Cox 比例风险模型	事件史分析方法之一，属于连续时间模型。因变量是某一事件发生前每一个案例所经历的时间，事件可以是失败、晋升、迁移、投票等等。$\log h(t) = \beta_0(t) + \beta_1 x_1 + \beta_2 x_2(t)$ 其中，$h(t) = \dfrac{在时间\,t\,和\,s\,之间事件发生的概率}{(s-t)(时间\,t\,以后事件发生的概率)}$	回归系数；风险比	对数似然函数值；似然比卡方	依赖于事件史类型的数据。模型设定时要区分是离散时间型还是连续时间型。事件发生的时间要转化为从观察起始时间点到事件发生的时间间隔。许多文献中事件的发生称为"失败"。在数据格式方面，每一个样本的状态 1 = 事件发生，0 = 删截。发生率 = 发生人数/人/月
Weibull 回归	事件史分析方法之一。也是比例风险模型中的一类。至事件发生时的时间可服从 Weibull 分布时使用。$\log h(t) = \beta_0(t) + \beta_1 x_1 + \beta_2 x_2(t) + \beta_3 \ln t$	回归系数；风险比	对数似然函数值；似然比卡方	假定存活时间服从 Weibull 分布，与 Cox 回归的区别在于基准风险 $h_0(t)$ 的界定不同。不要求失败率对基准保持不变，允许其随时间均匀地增大或减小。当存活时间同服从指数分布或 Weibull 分布时，指数回归和 Weibull 回归比 Cox 回归更可取。若不符合该分布，则会出现误差。

资料来源：参考郭志刚主编：《社会统计分析方法：SPSS 软件应用》（第二版），中国人民大学出版社 2015 年版，第 386—388 页；[美] 戴维·K. 希尔德布兰德等：《社会统计方法与技术》，社会科学文献出版社 2005 年版，第 535—554 页。

OLS 回归估计出来的收入对初婚年龄的影响就会有偏。基于截面数据的 OLS 回归的另一问题是不能很好地处理随着时间变化的解释变量。例如,收入在随时间而变化,这个变化对于因变量的贡献在 OLS 回归中无法很好地解析。[①] 在这种情况下,进行事件史分析就是必要的。

在事件史分析中,还有风险集和风险率的问题。风险集(risk set)表示一批可能在不同时点上经历某一事件风险的个体的集合。风险率(hazard rate)也常简称为风险。对于离散时间的情况,风险率可解释为在特定时间某一特定的个体发生某一事件的概率;对于连续时间的情况,风险率可以解释为每一个体在时间 t 到 s 这一时间间隔内发生某一事件的概率。两种风险率的前提是这个特定的个体在这一时间有可能经历事件,即处于风险集中。离散时间与连续时间的区别主要表现在时间单位上:如时间单位很大,称之为离散时间;如时间单位小,称之为连续时间。离散时间通常是年或更长的时间单位。如果时间单位是月、星期或者更小的单位,则称为连续时间。确定了时间,就可以运用离散或连续的时间模型了。

(五) 基于回归分析,解决内生性问题的常用方法

因果关系的推断或因果推断是社会科学定量研究的主旨。因果关系的金律可用下面的几个关键词来表达:因先果后、因变果变、排除外因。在常规的回归分析中,想进行因果推断,经常会遇到这样的难题:要么是无法排除可能影响结果的其他因素,要么是缺乏反事实案例。正如前面章节已经指出的,反事实是指相反情境下的状态。例如,想研究上大学是否带来高收入,如要厘清其他因素的影响,对于上大学的人,就应该去和他们不上大学的情况时对比收入的高低。但是在社会科学中,反事实是不能观察的,即在一次性采集样本信息的情况下:样本 A 如果上了大学,就不知道他不上大学的情况。为建构一个反事实的框架,定量研究中出现了倾向值匹配法、断点回归设计等方法。

在因果关系的推断中,除了要解决反事实问题以外,还要解决内生性的问题。内生性主要由遗漏变量、互为因果、观测误差、样本选择偏差这几个因素导致,其表现特征是代表原因的自变量与误差项相关,内生性的后果是无法厘清谁是谁的因。

在以因果推断为目的的回归模型中,与误差项相关的自变量称为内生变量(endogenous variable),与误差项不相关的自变量称为外生变量(exogenous varia-

---

[①] 郭志刚主编:《社会统计分析方法:SPSS 软件应用》(第二版),中国人民大学出版社 2015 年版,第 386 页。

ble)。如果自变量与误差项相关,则导致回归模型的假定条件无法满足,无法获得对总体回归系数的无偏估计。

遗漏变量通常是指在回归模型中遗漏了不可观测的解释因素或者是理论假设不完整,直接后果就是导致自变量与误差项相关。

互为因果也称"联立偏差",指的是两个变量 X 和 Y,分不清楚谁是原因,谁是结果。当 X 和 Y 相互作用,相互影响,互为因果时,可用联立方程组的形式来描述它们之间的关系。否则,如果采用单一线性方程形式,以 Y 为被解释变量,X 为解释变量,就会导致自变量与误差项相关。

不论是现场调查还是二手数据,都不可能避免"观测误差"。如果解释变量 X 出现测量误差,并且测量误差与某个或某些解释变量相关,OLS 回归估计出来的回归系数的绝对值将变小,并趋近于 0,称为"衰减偏差"(attenuation bias)或"向 0 衰减"(attenuation toward zero);如果因变量 Y 出现测量误差,后果却不严重,可能增大误差项的方差。而观测误差的存在会导致估计偏差。

样本选择偏差是指干预组和控制组在干预之前就存在系统差异。实验研究中,实验对象被随机地分为干预组和控制组,干预组接受干预,实验的逻辑是对比干预前后干预组和控制组的差异变化,从而得知干预的效应。用调查数据也可按照实验逻辑进行分析。例如,如把收入作为因变量,把是否上大学作为自变量,分为上大学和没上大学两组人群,而上大学就类似于干预。此时的样本选择偏差则可能是上大学和没上大学的人在未接触干预(上大学)之前,就已经存在系统化差异。例如,人的智商和努力程度在上大学之前就存在差异,这就导致无法厘清高收入究竟是上大学的结果,还是智商或者努力程度的结果。

总之,正因为存在这些内生性问题,所以简单的回归方程无法进行有效的因果推断,这才出现了倾向值匹配法、差分法、断点回归设计、工具变量法、固定效应模型等用于解决因果推断难题的方法。下面将对前四种方法进行简单介绍,固定效应模型需要面板数据,可参考计量经济学相关教材。

1. 倾向值匹配法

倾向值匹配法(propensity score matching,PSM)主要用于解决因果推断中建立反事实框架(counterfactual frame)的难题,以解决样本选择性偏差和混淆变量(confounding variable)的干扰。混淆变量也称"共变量""协变量",是指同时影响自变量和结果变量的因素。样本选择偏差和共变量的存在会导致无法排除其他影响因素对因变量的解释,无法确定自变量究竟是不是导致因变量的原因。

倾向值匹配法最早由保罗·罗森鲍姆和唐纳德·鲁宾在1983年提出。[1] 倾向值匹配法的出发点是建构反事实。假设现在进行一项上大学是否影响收入的抽样调查,通俗地说,倾向值匹配法就是在没有上大学的那一组人群中,给上大学的人找"双胞胎",找到"双胞胎"的则纳入分析,找不到"双胞胎"的则不纳入分析,然后比较两组人群的收入差异。那么,怎样确认"双胞胎"呢?方法是参考一系列共变量建立一个Logit或者Probit回归模型[2],用来预测每一个样本"上大学"的概率,在上了大学的样本组中和没有上大学的样本组中,概率相近的匹配为"双胞胎"。这就相当于做到了实验设计中的随机化分组的工作。而利用共变量来预测样本接触到"干预"(treatment)的概率,就相当于控制了影响因变量的其他因素。当然,根据不同的匹配法,也可以找"多胞胎"。

用共变量预测出来的样本接触到"干预"的概率就是倾向值得分。然后,根据倾向值得分综合采用分层匹配、半径匹配、核匹配、临近匹配等方法进行匹配,之后进行平衡性检验、重合度检验、敏感性检验。在检验结果都达标的情况下,计算实验组的平均干预效应ATT(average treatment effect for the treated)和自助法(bootstrap)得到的标准误,完成因果检验过程。[3]

当然,使用倾向值匹配法也有一系列条件要求,包括有一期截面数据、个体之间独立、已知干预是如何分配的、样本量大、关键的共变量尽可能观测到等。

2. 差分法

1985年,美国学者奥利·阿申费尔特和戴维·卡德在发表的对政府培训项目效果评估的研究[4]中第一次引入差分法。差分法(difference-in-difference,DID,也称倍差法)基于自然实验(natural experiment)的原理,根据政策实施上的差异将研究对象分为干预组和控制组——干预组接受相关政策实施,控制组则未接受。在此情况下,采集两组研究对象在政策实施前后的数据,并基于两组前后数据的比较,将自然增长的差异识别并剔除,就可获得政策实施的"净效应"。表14.8展

---

[1] Paul R. Rosenbaum and Donald B. Rubin, "The Central Role of the Propensity Score in Observational Studies for Causal Effects," *Biometrika*, Vol. 70, No. 1, 1983, pp. 41–45.

[2] Probit回归与Logit回归类似,因变量是1,0编码的变量,对于回归系数和发生比率的解读也与Logit回归一致,主要的不同之处在于,Probit回归假定随机扰动项的先验服从正态分布,Logit回归则假定随机扰动项的先验服从Logistic分布。

[3] 苏毓淞:《倾向值匹配法的概述与应用:从统计关联到因果推论》,重庆大学出版社2017年版,第69页。

[4] Orley Ashenfelter and David Card, "Using the Longitudinal Structure of Earnings to Estimate the Effect of Training Programs," *Review of Economics and Statistics*, Vol. 67, No. 4, 1985, pp. 648–660.

示了一个简单的示例。在这个例子中,D_0^1 和 D_0^0 分别表示干预前实验组和控制组的数值,D_1^1 和 D_1^0 分别表示干预后实验组和控制组的数值。假设某地在 2020 年实施了一项措施,在该措施实施前,研究变量的取值为 165 分;在措施实施后,研究变量的取值为 180 分;前后对比增加了 15 分,如果这期间并没有其他措施,那么这 15 分也不能等同于这项措施的成效,因为有"自然增长"的因素干扰。为此需要找到控制组,对控制组的取值进行干预前后的对比,发现增加了 8 分,那么这项措施的实际成效是 15−8=7 分,即进行两次差分而得的值,故名双重差分。

表 14.8 双重差分分析思路

	干预前	干预后	差异
实验组/干预组(有干预)	$D_0^1 = 165$	$D_1^1 = 180$	第一层差分=15
控制组/对照组(无干预)	$D_0^0 = 150$	$D_1^0 = 158$	自然增长=8
差异			双重差分=7

如以回归方程的形式展现双重差分,则其模型如下:

$$Y_{it} = \beta_0 + \beta_1 T_{it} + \beta_2 G_i + \beta_3 (T_{it} \times G_i) + \varepsilon_{it} \qquad (14-1)$$

其中:i 表示个体,t 表示时间,G 表示干预变量(1=干预,0=没有干预),T 表示时间变量(1=后测,0=前测),β_0 表示截距项(也称常数),β_1 至 β_3 表示回归系数,ε_{it} 是回归模型的随机误差项。

在这个回归方程中,回归系数 β_3 就是干预的效果。如表 14.9 所示,对于干预组($G_i=1$)来说,干预后($T_{it}=1$)和干预前($T_{it}=0$)的结果相减,得到的差异(ΔY_t)等于 $\beta_1+\beta_3$;对于对照组($G_i=0$)来说,干预后和干预前的结果相减,得到的差异(ΔY_c)等于 β_1;双重差分的结果($\Delta\Delta Y$)等于 β_3。

表 14.9 双重差分回归模型中的回归系数

	干预前	干预后	差异
实验组/干预组(有干预)	$\beta_0+\beta_2$ ($G=1, T=0$)	$\beta_0+\beta_1+\beta_2+\beta_3$ ($G=1, T=1$)	$\Delta Y_t = \beta_1+\beta_3$ (干预后−干预前)
控制组/对照组(无干预)	β_0 ($G=0, T=0$)	$\beta_0+\beta_1$ ($G=0, T=1$)	$\Delta Y_c = \beta_1$ (干预后−干预前)
差异			$\Delta\Delta Y = \beta_3$ (干预组的前后变化−控制组的前后变化)

需要指出的是,差分法基于平行趋势假定,即在没有干预的情况下,各组平均变化相同。如图 14.1 所示,干预组实线和对照组实线在干预时点之前平行变化;在干预时点之后,干预组如果未接受干预,也会如虚线表示的那样与对照组保持平行,只有满足这个假定时,回归系数 β_3 才能代表干预的效果。

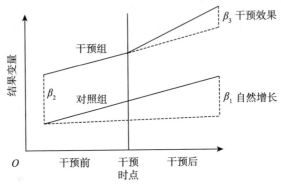

图 14.1 差分法的平行趋势假定示意图

另外,差分法要求干预组和对照组的组成对于重复横断面设计是稳定的,即干预组和对照组的前测和后测都得是观测来的数据,而且对照组样本不能跑到干预组去。差分法还要求没有溢出效应(spillover effect)。这里举一个溢出效应的例子。例如,分别处于干预组和对照组的两个县是邻居,干预会通过两者的互动,进而影响到对照组里本来不应该被影响的单位。而且,使用差分法还要求有至少 2 期的重复的截面数据,或者固定样本追踪数据。

前面提到的倾向值匹配法、差分法均依赖于可观测来的变量,如果干预变量不可观测,且不随时间变化,那么,该如何评估干预的效果呢?将匹配法与差分法相结合的基于匹配的差分法(PSM-DID)是其中的一种解决办法。PSM-DID 要求有固定样本追踪数据。比如干预组和对照组分别来自两个不同区域,这两个不同区域的地质结构特征有差异,但是在研究中未能观测到,而这个地质结构特征可能会影响干预变量,这就导致了选择性偏差,这种情况下,使用 PSM-DID,则可以排除选择性偏差,比单纯使用一般的差分法得到的结论更可靠。

断点回归设计、工具变量法、固定效应模型均可处理由不可观测变量所带来的问题。

3. 断点回归设计

断点回归设计(regression discontinuity design,RDD,以下简称"断点回归")是

美国学者唐纳德·坎贝尔于1958年首次提出的。① 1960年,唐纳德·西斯尔思韦特和唐纳德·坎贝尔正式发表了第一篇使用断点回归设计的文章。② 断点回归主要用来解决选择性偏差问题。

我们仍然以检验"上大学(X)是否带来高收入(Y)"为例来说明断点回归的基本思路。假定上大学与否(干预变量 D_i)完全取决于高考成绩(分配变量 X_i)是否超过500分,即分界点(cutoff point,简称 C)。对于高考成绩为498分、499分、500分、501分、502分的考生,我们认为他们在各方面(可观测变量和不可观测变量)没有系统差异。因为可以假定,高考成绩1—2分之间的差异在很多时候可能取决于偶然因素,而与个人特征完全无关。但是,现实的情况却是:成绩的这些些微差别却导致500分以上的学生上了大学,且进入了干预组;而低于500分的落榜生,则进入了对照组。在这种情况下,高考制度的存在,就相当于对高考成绩在500分上下的考生进行了随机分组,因而可将其视为准自然实验。这时,如果研究发现,结果变量(在这个例子中就是收入)确实在500分上下存在一个明显跳跃,那我们就可以断定其唯一的原因只能是上大学所产生的干预效应。(见图14.2)

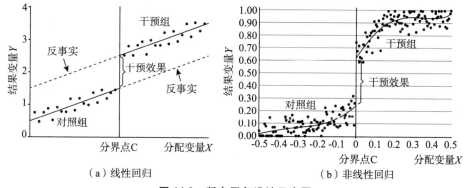

(a) 线性回归　　　　　　　　　　(b) 非线性回归

图 14.2　断点回归设计示意图

资料来源:参考 David S. Lee and Thomas Lemieux, "Regression Discontinuity Designs in Economics," *Journal of Economic Literature*, Vol. 48, No. 2, 2010, pp. 281-355 的图1和图11进行整理。

在断点回归设计中,由于存在随机分组,并且分界点左右通过趋势推测能够建构反事实或"潜在的结果",因此可一致性地估计 $X=C$ 附近的局部平均干预效

---

① 余静文、王春超:《新"拟随机实验"方法的兴起:断点回归及其在经济学中的应用》,《经济学动态》2011年第2期,第125页。

② Donald L. Thistlethwaite and Donald T. Campbell, "Regression-discontinuity Analysis: An Alternative to the Ex-post Facto Experiment," *Journal of Educational Psychology*, Vol. 51, No. 6, 1960. pp. 309-317.

应(local average treatment effect,LATE)。

断点回归分为精确断点回归(sharp RDD)和模糊断点回归(fuzzy RDD)两种类型。

需要指出的是,断点回归要求潜在结果变量(Y)在分界点处是连续的,这意味着个体不论在哪一组,干预的结果和不干预的结果是固定的,即给定分配变量X,结果变量独立于干预变量D;同时,要求在分配变量上有一个明确的分界点,分界点附近就是类似于随机(like random)机制,即个体无法精确操纵分配变量,且在分界点也没有其他分配机制;另外,使用断点回归设计要求有1期的截面数据即可。

最后,还需要指出的是,由于断点回归设计仅推断在断点处的因果关系,并不一定能推广到其他取值的样本,故其外部有效性相对有限。

4. 工具变量法

工具变量原理最早出现在菲利普·赖特(Philip G. Wright)于1928年出版的《动植物油关税》(*The Tariff on Animal and Vegetable Oils*)里。工具变量法(instrumental variable,IV)用于解决观测误差、遗漏变量、联立偏差(互为因果)、样本选择偏差。工具变量法的基本思路是:既然观测误差、遗漏变量、联立偏差(互为因果)、样本选择偏差均能表现为自变量与误差项相关,那么就应想办法解决这个问题;如能将内生变量X分成两部分,一部分与误差项相关,另一部分与误差项不相关,就可用与不相关的那部分得到一致估计。而这种分离常借助"工具变量Z"来实现,且工具变量法获得的也是局部干预效应。

工具变量法对工具变量Z提出了很高的要求。一方面,Z与X高度相关,而且只能通过X对Y发生影响;另一方面,Z与误差项ε不可争议地无关,这样才能通过Z将X中与ε无关的部分分离出来,从而识别出X对Y的边际影响,并使这个结果具有一致性。例如,霍克斯比在2000年发表了一项关于"公立学校之间的竞争是否有利于学生和纳税人"的研究[1],该研究中教育质量是因变量,学区数量是自变量,理论假设是一个城市的学区越多,学区间竞争越激烈,越有利于提高教育质量。由于学区数量具有内生性[2],为此,该研究选择城市的河流数量作为该城市学区数量的工具变量。作者在文中指出:一方面,在历史上,如果一个城市的河流越多,则妨碍交通的自然障碍越多,进而导致城市设立更多的学区,故河流数

---

[1] Caroline Hoxby, "Does Competition Among Public Schools Benefit Students and Taxpayers?" *American Economic Review*, Vol. 90, No. 5, 2000, pp. 1209-1238.

[2] 陈云松:《逻辑、想象和诠释:工具变量在社会科学因果推断中的应用》,《社会学研究》2012年第6期,第198页。

目和学区数量高度相关,满足相关性要求;另一方面,河流数目不会直接影响教育质量,故满足外生性要求。于是,就可以用河流数目作为工具变量预测出学区数量,然后用预测出的学区数量去解释因变量。在这个过程中,预测的学区数量与误差项无关,因此,内生性问题解决了。

工具变量法经常使用两阶段最小二乘法(two stage least square)或广义矩估计法(generalized method of moments)估计总体参数。两阶段最小二乘估计量分两阶段计算:第一阶段把 X 分解成两部分,即与回归误差项相关的一部分以及与误差项无关的一部分;第二阶段是利用与误差项无关的那部分进行估计:

第一阶段回归:$x_1 = \alpha_0 + \alpha_1 Z_1 + \alpha_2 Z_2 + \cdots + \nu_i$ (14-2)

第二阶段回归:$y_i = \beta_0 + \beta_1 \hat{x}_1 + \beta_2 x_2 + \cdots + \varepsilon_i$ (14-3)

其中,x_1 是内生自变量,x_2 是外生自变量,Z_1 和 Z_2 是工具变量,$\hat{x}_1$ 是用工具变量通过回归方程式(14-2)得到的 x_1 的预测值。

由于工具变量法对工具变量的要求很严格,因此要使用工具变量必须进行一系列检验:一是自变量 X 是否具有内生性的检验;二是不可识别检验,即使用工具变量能否估计出回归系数的检验;三是弱工具变量检验,即工具变量相关性的检验;四是过度识别检验,即工具变量外生性的检验。

此外,使用工具变量法要求有 1 期的截面数据即可。

表 14.10 分别总结了倾向值匹配法、差分法、断点回归设计、工具变量法对数据的要求、对随机分配的要求及其应用技术要点。

表 14.10 PSM、DID、RDD、IV 应用要点比较

	对数据的要求	对随机分配的要求	应用技术要点
PSM	1 期截面数据	已知干预是如何分配的	足够的共变量获得可靠的倾向值得分;多种匹配方法共同使用;通过平衡性检验、分布重合检验、敏感性检验方可给出统计结论
DID	至少有 2 期重复的截面数据或面板数据	不知干预是如何分配的	务必满足平行趋势假定;要求有至少 2 期数据,干预组和对照组内的观测对象不能换组,不能互相影响
RDD	1 期截面数据	已知干预是如何分配的	分配变量上有一个分界点,潜在结果变量在分界点是连续的;分界点附近的样本足够多;分界点附近无其他作用机制,被观测的个体不可干预分配,即可视为随机分配

(续表)

	对数据的要求	对随机分配的要求	应用技术要点
IV	1 期截面数据	已知干预是如何分配的	寻找一个好的工具变量解决内生性问题;工具变量与自变量高度相关,且与误差项不相关;要进行不可识别检验、过度识别检验、弱工具检验、内生性检验

(六)基于回归分析的复杂模型

基于回归分析的复杂模型通常由多个互相有关联的方程组成。在社会科学的定量研究中,比较常用的有多水平模型和结构方程模型。

1. 多水平模型

多水平模型在政治学与公共管理中比较常见,主要是因为这两个学科的研究比较关注宏观因素及其影响,如某地自然环境、社会环境、政府政策等对微观个体(组织、机构)行为或态度的影响。再比如,公众对区县级政府的满意度,除了受到他自身的获益情况、对政府的信赖程度的影响之外,也受到他所处的区县政府治理绩效的影响;而一个区县政府的治理绩效除了与本地政府的努力有关,也会受到省一级宏观政策的影响。表 14.11 概要列举了多水平模型的适用情境和要求。

表 14.11 多水平模型的适用情境和要求

维度	要求
研究目的	关注宏观因素对微观结果的影响
数据特点	观测数据在单位上具有嵌套(nested)关系;同一单位内的观测,具有更大的相似性;组内相关系数 ICC>0.1
样本容量	一般要求组数 30 个以上,每组有一定的样本;宏观因素的作用越大要求组数越多;如果宏观因素解释能力占比=0.3,则需要 50 个组,每组有 25 个个体

使用多水平模型时,第一个困扰研究者的问题是第 2 水平的因变量是什么。第 2 水平中的因变量要么是第 1 水平中的截距项,要么是某个或者某几个自变量的回归系数。如果研究者假设第 1 水平中的截距项在不同宏观单位中有差异,则可以在第 2 水平建立一个回归方程,用宏观单位的特征来解释为什么截距项有差

异。同理,如果研究者假设第 1 水平的某个回归系数在不同宏观单位中有差异,则可以在第 2 水平建立一个回归方程,用宏观单位的特征来解释为什么这个回归系数有差异。

举例来说,假定第 1 水平的观测单位是学生,因变量是学生的学习成绩,自变量有学习时间、智商等,即回归方程式(14-4);第 2 水平的观测单位是学校,自变量有师资水平、管理方式、招生策略等。回归方程式(14-5)用来解释,当学生个人特征的自变量都为 0 时,为什么各个学校的学生平均成绩不一样,是不是学校的招生策略和师资水平对其产生影响。因为因变量是第 1 水平中的截距项,为此也称回归方程式(14-5)为截距项方程。方程式(14-6)则是解释为什么学习时间对成绩的影响在各个学校之间有所不同,是不是受到学校管理方式和师资水平的影响。因为因变量是第 1 水平中的回归系数,且在不同宏观单位中有变化,为此也称回归方程式(14-6)为随机系数方程。

第 1 水平回归方程式:
$$Y_{ij} = \beta_{0j} + \beta_{1j} X_1 + \beta_{2j} X_2 + \varepsilon_{ij} \quad (14-4)$$
第 2 水平回归方程式:
$$\beta_{0j} = \gamma_{00} + \gamma_{01} W_1 + \gamma_{02} W_2 + u_{0j} \quad (14-5)$$
$$\beta_{1j} = \gamma_{10} + \gamma_{11} W_1 + \gamma_{12} W_3 + u_{1j} \quad (14-6)$$

上述回归方程中,ij 表示第 j 个学校中的第 i 个学生。ε_{ij}、u_{0j}、u_{1j} 分别表示式(14-4)、式(14-5)、式(14-6)中的误差项。

式(14-4)中的 Y_{ij} 表示学生的学习成绩,X_1 表示学习时间,X_2 表示智商;β_{0j} 表示截距项,即当自变量 X 均为 0 的时候,第 j 个学校的学生平均成绩;β_{1j} 表示在第 j 个学校中,学习时间与学习成绩之间的回归系数;β_{2j} 表示在第 j 个学校中,学生智商与学习成绩之间的回归系数。

式(14-5)中,W_1 表示学校的师资水平,W_2 表示招生策略;γ_{00} 表示该方程中的截距项,即当学校层次的自变量 W 均为 0 的时候,各个学校的截距项的均值;γ_{01} 表示学校师资水平的回归系数;γ_{02} 表示学校招生策略的回归系数。

式(14-6)中,W_1 表示学校的师资水平,W_3 表示管理方式;γ_{10} 表示该方程中的截距项,即当学校层次的自变量 W 均为 0 的时候,各个学校的回归系数 β_{1j} 的均值;γ_{11} 表示学校师资水平的回归系数;γ_{12} 表示学校管理方式的回归系数。

如果有 3 个水平的解释变量,如在上例中再增加城市的特征作为解释因素,那么第 3 水平的方程中的因变量来自第 2 水平的截距项或者回归系数,以此类推。

第二个困扰研究者的问题是究竟应该选择多水平的线性回归,还是多水平的泊松回归,抑或是多水平的 Logistic 回归? 回归方法要根据第 1 水平中因变量的测量尺度、分布状态等要素来选择。如表 14.6、表 14.7 所示,如果第 1 水平采用线性回归,加上第 2 水平之后,就称之为分层线性模型。如果第 1 水平采用 Logistic 回归,加上第 2 水平之后,就称之为多水平的 Logistic 回归。以此类推,有多水平的计数变量回归、多水平的结构方程模型(GSEM)等。

多水平模型输出的回归系数,发生比率等指标与表 14.6、表 14.7 所述的回归分析中的输出指标用法一致,对模型整体评价的指标也类似。

2. 结构方程模型

结构方程模型(structural equation modeling,SEM)不仅可以探索和验证数据结构,简化数据,还能检验潜变量(指无法直接观测的变量)之间的关系。例如,想要分析居民的环保行为是否受到环境价值观、环保意识和环保知识的影响,而这些变量无法使用单项测量的方式获得,需要采用复合测量的方式,此时,就可以使用结构方程模型来检验理论假设。

事实上,多元回归、路径分析、因子分析、协方差分析等方法都可以看作结构方程模型中的一个特例。结构方程模型利用联立方程组求解,没有很严格的假定限制条件,同时允许自变量和因变量存在测量误差。[①] 结构方程分析还能同时处理多个因变量,并可比较及评价不同的理论模型。

结构方程模型的使用包括模型设定、模型识别、模型估计、模型评价、模型修正等环节。此处暂不进行具体介绍。

(七) 变量浓缩和样本分类的方法

在研究中,可能需要对复合测量得来的多个变量进行浓缩,例如法治意识、环保知识、政府公共服务绩效这类变量通常需要通过一系列可以直接观测的单项测量,采用量表法或指数法来浓缩而成,浓缩之后再用其进行后续的回归分析。这种情境下,可以采用因子分析来进行变量浓缩。

也有的研究在原始数据中,没有对研究对象进行分类,但是在研究过程中需要根据一些辅助变量将其划分为不同的类型。例如,研究对象是 300 多个城市,研究者想依据城市的经济发展水平、社会发展水平、政府治理水平将城市分为不同的类型,然后再分析不同类型的城市对数字化转型的需求。在这种情境下,可

[①] 郭志刚主编:《社会统计分析方法:SPSS 软件应用》(第二版),中国人民大学出版社 2015 年版,第 345 页。

采用聚类分析的方法对城市进行分类。

1. 因子分析

因子分析(factor analysis)的目的是浓缩变量,通过研究众多具有相关关系的变量之间的内部依赖关系来探究观测数据中的基本结构,并将众多的观测变量浓缩成少数几个潜变量,这些潜变量在因子分析中也称为"公因子",从而达到数据化简的目的。

因子分析又可分为探索性因子分析法(exploratory factor analysis,EFA)和验证性因子分析法(confirmatory factor analysis,CFA)两种类型。如果研究者事先对观测数据背后存在多少个潜变量,以及哪些观测变量是反映某个潜变量的情况一无所知,则可以使用探索性因子分析;相反,如果研究者能根据某理论或其他先验知识对潜变量的个数或观测变量与潜变量之间的关系结构做出假设,则可以使用验证性因子分析来检验这个假设。当然,也有的研究是先进行探索性因子分析,再做验证性因子分析。

还需要指出的是,因子分析需要较大容量的样本。虽然精确的样本量要随着观测值和模型的因子数变化而变化,但一般来说,一个标准模型至少需要200个样本。

因子分析常使用因子负载、公因子方差或测量残差、因子贡献率等常规指标来反映变量之间的内部关系结构;除此之外,还有组合信度系数、因子的平均变异萃取量、因子区分度等指标。表14.12总结了这些指标的含义和判断测量质量的标准。

表14.12 因子分析的参数含义及用于判断测量质量的标准

指标	含义	判断测量质量的标准
因子负载 (factor loadings)	观测变量和公因子之间关系的密切程度;符号用 λ 表示	$\lambda>0.70$ 为优秀;$\lambda>0.55$ 为良好;$\lambda>0.32$ 为及格
公因子方差 (communality)	观测变量方差中由公因子决定的比例	越接近于1越好,公因子方差要大于0.55
测量残差 (uniqueness)	观测变量中没有被公因子解释的比例;残差=1-公因子方差	越接近于0越好
因子贡献率 (contributions)	每个公因子所解释的方差占所有观测变量总方差的比例	选取的公因子数应使累积因子贡献率达到70%以上

(续表)

指标	含义	判断测量质量的标准
组合信度系数（composite reliability, CR）	等于真实分数的变异除以变量的总变异量；真实分数＝观测分数－误差分数	CR>0.8 为优良，CR>0.5 则可以接受
平均变异萃取量（average variance extracted, AVE）	一个公因子能被一组观测变量有效估计的聚敛程度	AVE>0.8 为优良，AVE>0.5 则可以接受
因子区分度（factorial discriminant validity）	表示公因子的区分效度，即不同的概念之间必须能够有效分离	比较两个潜变量平均变异萃取量的平均值是否大于两个潜变量相关系数的平方；如果小于，那么说明没有区别力
验证性因子分析的模型适配度指标（goodness-of-fit）	用一系列指标对整体模型与实际观测数据之间的拟合情况进行评估。常用的有卡方、拟合指数 GFI、正规拟合指数 NFI、比较拟合指数 CFI、近似误差均方根指数 RMSEA、标准化残差均方根指数 SRMR、赤池信息指数 AIC、贝叶斯信息指数 BIC 等	卡方检验的 $p>0.05$；GFI>0.90；NFI>0.90；CFI>0.95；RMSEA<0.05；SRMR<0.08；AIC 和 BIC 越小越好

资料来源：参考邱皓政、林碧芳：《结构方程模型的原理与应用》，中国轻工业出版社 2009 年版，第 88、101—107 页内容，作者自制。

在进行探索性因子分析时，因子的提取方法有多种，主要有主成分方法、不加权最小平方法、极大似然法等，研究者可以根据需要选择合适的因子提取方法。其中，主成分方法是一种比较常用的提取因子的方法。在这一方法中，当存在两个或以上的公因子时，要进行因子旋转，因子旋转的目的是使得因子结构可以朝理论上能够得到合理解释的方向趋近。这些工作完成后要解释因子结构，最后得到的因子结构使每个观测变量仅在一个公因子上有较大的因子负载值，而在其余公因子上的因子负载值则比较小。但需要注意的是，对因子结构要有理论上的解释，不能仅仅依靠统计上的关系。

此外，在进行验证性因子分析时，还需要事先设定因子个数、观测变量与公因子之间的关系结构，然后才能依据观测数据的方差协方差矩阵来计算出各个参数。在这之后，还要评价模型是否恰当，而这也是验证性因子分析的核心。

2. 聚类分析

聚类分析（cluster analysis）是根据研究对象的特征对研究对象进行分类的技

术。在聚类分析中,研究者事先对事物的类别并不清楚,甚至在事前连总共有几类都不能确定。聚类分析把分类对象按一定规则分成类,这些类不是事先给定的,是根据研究者提供的辅助变量的数据特征计算而得。在同一个类里,研究对象彼此相似,而在不同类之间,研究对象不相似。

聚类分析的核心技术是计算"相似性"。计算相似性的方法有相关测度(如皮尔逊相关系数)、距离测度(如马氏距离)和关联测度(如 Gower 系数)等。

而且,聚类分析也有很多种方法,常用的有层次聚类法(hierarchical clustering method)和迭代聚类法(iterative partitioning procedures)。层次聚类法又可分为聚集法和分解法。聚集法是首先把每个样本各自看成一类,先把距离最近的两类合并,然后重新计算类与类之间的距离,再把距离最近的两类合并,每一步减少一类,一直持续到所有的样本归为一类。分解法则与此相反。[①] 迭代聚类法的程序是:先指定要形成的类别数,然后对所有样本进行初始分类,计算每一类的中心,之后计算每个样本到各类中心的距离,把每个案例归入距中心点最近的那一类,再重新计算每一类的中心;之后,重复这些步骤,直到没有样本可以再调整分类为止。[②]

七、研究设计与操作流程

本书第六章"研究设计"提供的科学研究设计的一般框架也适合定量实证研究。而且,由于定量实证研究本身的相对规范性,该框架中的基本要素事实上在大多数情况下也是以定量实证研究为基础的,所以它更好地体现了定量实证研究设计的几乎所有重要因素。因此,在这里,我们不再对定量实证研究设计进行更为详细的说明。

就有效性而言,在定量研究设计中,最重要的是保证四种效度,即构念效度、统计结论效度、内部效度和外部效度。这些效度概括起来讲,就是需要基于对现实世界的观察,提出有贡献的可以解释事物或社会现象之间关系的假设,通过精度高且准确的高质量测量,在满足统计关系成立条件的情况下,做出有利于解释现实的描述推论或因果推论,并且要能够将此研究结果推广到同类的其他群体、时间和情境中。

就各种更为具体的定量实证研究方法而言,其相对具体和特别的研究设计及操作流程需要根据这些定量实证研究方法的具体要求进行。

[①] 郭志刚主编:《社会统计分析方法:SPSS 软件应用》(第二版),中国人民大学出版社 2015 年版,第 120 页。

[②] 同上书,第 127 页。

八、质量保证

由于定量研究包含提出理论假设、设计测量工具、选取数据采集对象、进行数据采集和数据分析、得出研究结论等环节,故要保证整个研究的质量,需要保证每一个环节的质量。

(一) 研究设计的质量保证

如前所述,定量研究要保证有效性,需要满足构念效度、统计结论效度、内部效度和外部效度。构念效度用来保证测量的准确性,统计结论效度用来保证推论的正确性,内部效度用来保证结论的真实性,而外部效度则用来保证结论的推广性。为实现这四种效度,在研究设计环节需具备以下工具或条件:

1. 厘清因果关系的理论假设

理论假设要明确变量之间的关系。特别地,要想在设定理论假设时厘清因果关系,需要注意五点:第一,需要确定因果时序,即原因要在结果之前。第二,要排除其他因素的影响。这就要求在理论假设中,除了重点考虑自变量之外,还要有足够的、关键的控制变量。第三,要达到因变果变,即有这个原因就会有这样的结果,没有这个原因就不会有这样的结果,用专业术语讲就是要建构反事实框架,用实验设计的术语讲就是要实现随机化分组,不能出现样本选择偏差。第四,要在设计理论假设时考虑到内生性发生的可能性,要事先决定是用工具变量法、倾向值匹配法、差分法,或者其他方法来解决内生性的问题。第五,要厘清中介变量、调节变量,并且要注意避免出现本书前面已经讨论过的目的论和同义反复的错误。

2. 明确且一致的分析单位和观测单位

除了极少数的情况,在大多数情况下,"研究中的分析单位通常就是观察单位"[①]。因此,要保证研究有效性,不仅要保证清晰明了的分析单位和观察单位,而且应该保持分析单位和观察单位的一致性。同时,要避免用一个分析单位得到的结论去解释另一个分析单位,即要避免区位谬误或简化论(具体解释见本书第六章)。

3. 可概念化和操作化的研究内容

在确立理论假设时,要格外注意:定量研究离不开数量化的测量。如果理论

---

① 〔美〕艾尔·巴比:《社会研究方法》(第13版),邱泽奇译,清华大学出版社2020年版,第89页。

假设中的某个自变量或者关键的控制变量过于抽象、复杂,难以定量操作化,则需要重新选择研究方法。因为,对于无法操作化的概念,定量研究无法获得可靠的研究结论。

4. 高质量的测量工具

高质量的测量工具对于获得稳定可靠的数据至关重要。以调查问卷为例,在设计时,为了解决敏感问题、社会期许偏差的测量难题,需要使用合适的测量方法来降低受访过程中被访者所感受到的社会压力[1],所以不能直接提问,可以使用列举实验法(list experiment)、随机化回答技术或者计算机辅助的语音自助访问[2]。要采用控制评价参照系偏差的办法,给受访者设计统一的参照系。哈佛大学加里·金教授提出的虚拟情境锚定法(anchoring vignettes)[3],将虚拟情境法和评价参照系相结合,发挥二者的优势来解决抽象、复杂概念的测量问题。这些设计问题的方法和要求从一个侧面反映了调查问卷设计必须遵循严谨、细致的要求。

在调查问卷中,除了设计好每一个题目,还要考虑到其他影响测量误差的因素,如无应答、题目之间的顺序效应、题目选项中的首位效应等。对于无应答的处理,虽然在数据分析阶段有多重插补、单一插补的技术,但是在研究设计阶段还是要采集足够关键的、能够解释无应答影响因素的变量,否则,无应答处理会导致"无米可炊",无应答误差则会导致有偏估计。

此外,在定量研究的测量工具中,还有物理测量工具,例如,测量人们身高、体重的仪器,测量血压、血糖的仪器等。在有关医疗服务政策与疾病负担的研究中,人们自报的身高体重不可信,为此需要借助物理测量工具来采集数据。所以,在选择物理测量工具时,仪器的精密度、稳定度则成为必须考虑的因素。

5. 科学、严谨、可操作化的抽样方案

尽管很多研究在研究设计环节都会使用到抽样,但是定量研究往往对抽样的要求更严格,经常会需要随机抽样。这时,制定科学、严谨、可操作化的抽样方案则成为从样本推断总体时能获得无偏、有效、一致性估计的必要条件。在制定抽样方案时,不仅要注意抽样框、抽样方法的选择,还要保证足够的样本量。

在抽样框的质量保证方面,需要考虑抽样框总体与目标想要推断的总体之间

---

[1] Allyson L. Holbrook and Jon A. Krosnick, "Social Desirability Bias in Voter Turnout Reports," *Public Opinion Quarterly*, Vol. 74, No. 1, 2010, pp. 37—67.

[2] 严洁:《政治学研究中的抽样调查:难点、问题与方法创新》,《政治学研究》2018年第3期,第20—23页。

[3] Gary King, "Anchoring Vignettes Overview," https://gking.harvard.edu/vign, 2022年3月15日访问。

的差距。例如,想要研究中国某地的常住居民,那么使用居民户籍资料册作为抽样框就会遗漏虽常住此地但户籍不在此地的居民,从而导致覆盖偏差。因此,研究者为避免覆盖偏差,经常采用住宅地址抽样。但是,采用这种方法抽样需要先构建住宅地址抽样框,再抽取住宅地址。虽然这样的抽样设计会优于户籍抽样,但是构建住宅地址抽样框的过程,如果质量控制不严格,则可能产生较多的人为误差,例如遗漏登记若干地址,或者没有识别地址是否商用、是否空房等等。

在抽样方法的选择方面,也要多加注意。例如,对于所要研究的社会现象/事物,如果发现它呈现出一种组间差异大、组内差异小的特点,那么使用分层抽样会比直接使用简单随机抽样质量高。各种具体抽样方法请参阅本书第六章的相关内容。

足够的样本量是保证统计推断质量的一个重要因素。统计学中通常以30为界,把样本分为大样本(30个个案及以上)和小样本(30个个案以下)。之所以这样区分,是因为当样本规模大于30个时,其平均值的分布将接近于正态分布。但是,需要特别注意的是,30个个案对于社会科学的定量研究来说是不够的。因此,统计学中的大样本与社会研究中的大样本并不是一回事。袁方教授在《社会研究方法教程》中提到,按照95%的置信水平、5%的允许误差,如果采用一阶段简单随机抽样的话,至少需要384个个案。① 如果总体很大,需要使用多阶段抽样,而多阶段抽样的误差会比简单随机抽样高,为此,样本量的计算中还要乘以抽样设计效应(design effect),这就使得样本量远不止384个。此外,许多复杂的回归模型也对样本量提出了要求。例如,在多水平模型中,如果组内相关系数ICC在0.3左右,则需要50多个组,每个组25个个体;结构方程模型也要求样本量至少200个。

6. 严谨且高质量的数据采集方案和程序

在定量研究设计中,光准备好测量工具、确定好调查方法和抽样方案还不够,还需要有严谨和高质量的数据采集方案和程序,它规定了数据采集队伍的组织、职责分工、培训要求和内容、执行调查或实验的每一个步骤,以及如何保证数据采集质量的措施和操作流程等。

对于很多较大规模的研究而言,对数据采集队伍的专业培训是保证数据采集质量的前提条件。例如,在定量调查法中,访员的行为就有可能影响数据结果,包括轻易接受拒访,或者诱导受访者等。所以,如果在培训中能详细规定访员行为规范,并且提高访员的访问技巧等,则能够有效提高访员的数据采集质量。

---

① 袁方主编:《社会研究方法教程》(重排本),北京大学出版社2013年版,第167页。

在数据采集方案和程序中,严格制定质控方案是保证数据采集过程质量的必要条件。在质控方案中不仅要设计质控内容(即通常所说的核查点,如录音核查某道题目是否发生诱导)和核查工具(如录音核查问卷),还要确定核查样本的入选规则(如单题用时低于合理用时则进入核查样本池),确定核查的数量(如随机抽15%,加上定点核查所有存疑样本)、策略(如是否需要扩大核查样本,要核查某位访员的第5份问卷还是第30份问卷)和核查方式(例如,是电话核查、录音核查、GPS定位还是其他),以及核查结果的运用(如重访、再培训)。

另外,在数据采集方案和程序中,还需要设计如何采集"并行数据"(paradata)[①],以便为评估测量质量提供辅助变量。并行数据是关于调查过程的数据,包括:联系记录数据(访员每次联系受访人的时间、次数、联系结果等)、访员观察数据(如对拒访程度的观察、对社区环境的观察、对采访情境的观察、对受访对象本人及家庭的观察等)、访问录音数据、访问痕迹数据(使用计算机设备进行采访或自答时,采访系统可以自动记录键盘的敲击顺序、鼠标移动的轨迹、每道问题的起始/结束时间、功能键的使用情况等)、样本调配数据(样本在不同访员之间调配的相关信息),以及质量干预过程的数据(如督导对访员进行再培训的时间、内容,访员在不同时段工作质量变化的特点等)。这些数据既有助于提高访问过程的质量,也有助于识别测量误差的大小。为此,在研究设计阶段就需要事先设计要如何采集并行数据,采集哪些种类的并行数据,以及如何使用这些并行数据。

(二)数据采集的质量保证

数据采集的质量保证主要是指过程质量。库珀和利伯格提出,对于社会调查质量的评估可以从三个层面入手[②]:第一个是产品层面,也就是说产品是否具有设计者或使用者所要求的品质。第二个是过程层面。因为产品质量在很大程度上取决于生产过程,如果生产过程很随意,产品质量将很难保证。第三个是组织层面。组织机构的管理和组织成员的能力会决定生产过程的质量,进而影响到产品质量。而且,他们认为这三个层面相互交织,但过程质量是核心。

---

① 并行数据一词最早由库珀(Mick P. Couper)提交给1998年美国统计协会的联合统计会议的研究报告中提出。他把社会调查的数据分为三大类:调查数据是关于研究现象的数据,也就是采集的调查问卷数据;元数据是关于调查数据的数据,有助于解读调查数据;而并行数据是关于调查过程的数据。参见 M. P. Couper, "Measuring Survey Quality in a CASIC Environment," paper presented at the Joint Statistical Meetings of the American Statistical Association, Dallas, August, 1998.

② M. Couper and L. Lyberg, "The Use of Paradata in Survey Research," in Proceedings of the 55th Session of the International Statistical Institute, Sydney, Australia, 2005.

我们认为,尤其在调查数据采集过程中,要保证数据采集的质量,需要处理好三大要务。第一要务是控制访员效应。访员效应(interviewer effect)是指由访员差别带来的调查结果差异[1],其来源除了性别、个性特征等不可变因素外,也来源于访员的不规范访问行为等。访员的不规范访问行为主要包括各类形式的非随机取样(如替换或访错地址、替换或访错个人)、不规范访问(如臆答[2]、诱导、提问不完整、关键词不重读、举例不完整、追问不足、捷径跳转)和不规范操作(如未使用答案卡、未能面对面)等。其中,非随机取样在抽样调查中危害非常大,有可能直接带来统计推断的偏差,需要对此进行严格控制。不规范的访问行为和不规范的操作则会带来较多测量误差,降低测量工具的信度和效度。总之,如果不能有效消除系统性的访员效应,将直接危害研究者事后的统计推论和因果关系识别。[3]

第二要务是降低无应答可能引起的估计偏差。无应答分为单元无应答和选项无应答两种。前者指在一次调查中,无法从样本单位那里获得任何一项回答;后者指样本单位虽然接受了访问,但是对某个调查问题没有提供答案。高的无应答率一直挑战抽样调查法的效度,因为高比例的无应答非常有可能带来统计推断上的偏差。因此,在调查数据采集过程中,降低无应答率、识别回答人群和无应答人群的差异是保证过程质量的重要任务。

第三要务是及时纠正错误。特别地,计算机辅助的访问模式可以帮助研究者及时获得数据,并对数据及时进行分析,在过程中及时纠偏。例如,若通过问卷数据的分析发现态度量表题目的方差在控制了受访对象特征之后存在访员效应[4],此时就需要及时再培训访员,或者停止访员的工作,并对有质量问题的样本进行重新访问。

(三)数据质量的评估

在研究设计和数据采集之后,数据分析之前,还需要对数据进行质量评估。

---

[1] Jennifer Dykema, James M. Lepkowski and Steven Blixt, "The Effect of Interviewer and Respondent Behavior on Data Quality: Analysis of Interaction Coding in a Validation Study," in Lars Lyberg, et al., eds., *Survey Measurement and Process Quality*, John Wiley and Sons, Inc., 1997, pp. 287-310.

[2] 臆答,即访员不问自填。参见严洁、邱泽奇等:《社会调查质量研究:访员臆答与干预效果》,《社会学研究》2012 年第 2 期,第 168—181 页。

[3] Colm O'Muircheartaigh and Pamela Campanelli, "The Relative Impact of Interviewer Effects and Sample Design Effects on Survey Precision," *Journal of the Royal Statistical Society: Series A (Statistics in Society)*, Vol. 161, No. 1, 1998, pp. 63-67.

[4] 严洁:《政治学研究中的抽样调查:难点、问题与方法创新》,《政治学研究》2018 年第 3 期,第 26—27 页。

质量评估的对象应是每一个变量。通俗地讲,"一项调查整体质量好,不见得你要用的那几个变量质量也好"。因为,质量评估中用到的抽样误差指标与样本量有关系,一个变量所需的最低样本量是根据它所反映的社会现象的离散程度来计算的,一项调查的总样本量是在综合考虑各个变量需求之后得到的一个相对较优的数量,不一定能够满足每一个变量对样本量的需求。此外,每一个变量也有各自的无应答率,而无应答误差也是质量评估中的一个指标,所以需要对每一个变量逐一进行质量评估。

对抽样调查获得的数据而言,其质量评估需要从两方面入手,即样本推断总体的精度和准确度,亦即"样本代表性"与测量工具的信度和效度。如图 14.3 所示,从抽样的角度来看,抽样调查中的各种误差按照抽样流程有:覆盖误差(由抽样框总体与要推断的目标总体不一致导致)、抽样误差(由抽样方法、样本量、抽样过程等导致)、无应答误差(由样本无应答导致)、调整误差(由加权方法、事后分层调整等导致)。从测量的角度,抽样调查中测量工具可能存在的问题有:效度问题(概念操作化导致)、测量误差(由受访对象、访问员导致)、过程误差(由离群值处理、无应答处理、数据整理方法等导致)。所有这些误差均需要进行评估,因为只有在质量优良的数据基础上进行数据分析才可保证研究质量。在进行数据质量评估后,对于质量较低的变量则需要放弃。这个过程经常会导致想研究的问

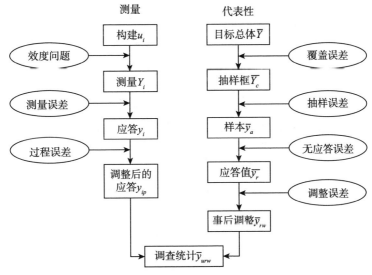

图 14.3 抽样调查中的各种误差

资料来源:〔美〕罗伯特·M.格罗夫斯等:《调查方法》,邱泽奇译,重庆大学出版社 2017 年版,第 41 页。

题、想检验的理论假设无法继续进行,使得研究者不得不放弃这项研究。当然,研究者必须有"测量失败"的心理准备。至于具体的评估方法则有信度评估和效度评估(参见本书第十章)、各类与抽样有关的误差的计算方法(如覆盖误差①、无应答误差②、标准误、偏差等)。

对于实验法获得的数据,质量评估则需要评估实验是否遭受到威胁因素的影响。例如,实验对象的被试选择偏差、成熟、干预的传播与污染、霍桑效应、需求特性、新奇效应等。有关这些威胁因素的具体内容和评估方法的其他分析请参阅本书第六章的相关内容。

在分析通过大数据法获得的资料之前,不仅需要对数据噪音进行排除,而且需要对人工智能识别技术的准确度进行评估。例如,李锋、孟天广在对网络文本进行分析时,通过比较机器学习和人工编码的一致性,对机器学习进行文本分类的结果准确度进行了评估。③

(四) 数据分析的质量保证

要保证数据分析质量,也要处理好四大要务。第一要务是选择合适的分析方法。方法没有高低之分,只有适合与否之分。本章前面的部分梳理了一些常用的统计分析方法的适用情境,读者们可以参考。但是,统计分析的技术非常多,每一种情境下的每一大类方法的细分程度也非常高。以一元单因素方差分析为例,在使用这种方法时,不仅要考虑本章提到的均值差异比较、因变量的测量尺度和分布状况等要求,还要看样本数据是否由重复测量而得。这些细节上的要求,建议读者参考常用统计软件的帮助手册。例如,Stata 软件的帮助手册里面的细分程度,就要高于一般的统计分析技术的教材。

第二要务是对"是否满足各种分析方法的前提假定条件"做细致的检验。例如,OLS 回归在政治学与公共管理学中应用较多,但是许多已发表的文献并未展示或者提及这一回归模型假定条件的检验。其实,OLS 回归的假定条件非常严格,有零均值、等方差、误差项之间独立、误差项与自变量无关、误差项正态分布等。再比如,工具变量法也有至少四种检验需要做:不可识别检验、过度识别检验、弱工具检验、内生性检验。可以说,每一种统计分析方法都有自己的假定条件,只有满足了这些假定条件,才能获得统计意义。总之,建议读者在学习统计分

---

① 影响覆盖误差的是未覆盖总体与目标总体的比例,以及抽样框总体和未覆盖总体变量值的差异。
② 影响无应答误差的是无应答样本与目标样本的比例,以及回答者和无应答者在变量值上的差异。
③ 李锋、孟天广:《策略性政治互动:网民政治话语运用与政府回应模式》,《武汉大学学报(人文科学版)》2016 年第 5 期,第 124 页。

析方法时,格外注意各种假定条件的要求及其检验方法,并在数据分析过程中自觉进行严格检验。

第三要务是检验研究者本身"是否存在模型设定错误"。虽然模型设定错误通常是理论建构中没有将变量之间的关系理清楚导致的,但这种错误常常是在研究过程中被发现的。例如,在进行统计分析的时候,经过多次探索才发现,回归模型中缺少了调节变量或者某个重要的控制变量。当然,这种错误也有可能在研究设计中就存在,但是未被研究者发现。为了避免模型设定错误,有的统计分析技术会对研究结论的敏感性进行分析,例如倾向值匹配法中的敏感性检验、断点回归设计中的安慰剂检验等。但是,更常见的方法是对研究结论的外部效度进行检验,并参与学术共同体的讨论。

第四要务是将统计意义与理论意义、现实意义相结合。统计上的关系要能够用于解释现实世界中的关系,要有利于推动人类知识的积累、新理论或新思想的产生。正如本书序言中所述,研究的真正目的"是产生新的知识、新的理论和新的思想,而不是显示方法的高超和华美",而且"科学精神>想象力>知识、理论和思想>方法"。坚持这些原则,才能获得高质量的研究。

九、使用中应注意的其他问题

在定量实证方法的使用中,还应该注意如下几个问题。

第一,必须始终围绕新知识、理论和思想生产的根本目的。正如前面已经指出的,任何研究的真正目的都是要"产生新的知识、新的理论和新的思想",定量实证研究也不例外。因此,无论在任何时候,都必须注意思考研究是否有利于"推动人类知识的积累、新理论或新思想的产生",而不能仅仅聚焦于方法的精致和华美,出现本末倒置、目标置换的错误。

第二,必须始终注意选择最合适的和最有效的研究方法。"方法没有高低之分,只有适合与否之分",且很多方法都有自己的适用情境。因此,研究者必须根据问题本身的性质选择最合适的研究方法,而不能简单地将方法分为三六九等,进而迷恋所谓的看上去比较复杂、精致、好看或者比较流行、新潮的方法,而导致方法的乱用、错用,或者将研究变成了研究方法的堆砌或炫耀。

第三,对研究思路、过程和结果的逻辑推理和理论阐释至关重要。由于定性实证研究对于数据的相对精确性以及方法的相对规范性和科学性等的要求,研究者往往会将注意力的焦点投放到方法和技术本身,而忽视推理逻辑及其理论阐释。但事实上,和其他研究一样,在定量实证研究中,对研究思路、过程和结果的逻辑推理和理论阐释至关重要。如果离开了严密的逻辑推理和深度的理论阐释,则定量研究就变成了纯定量技术的展示，而不是真正的科学研究。对于这个问题的处理，读者可以参考本章后面的"经典举例"中关于帕特南的《使民主运转起来》这个例子，看看究竟如何对定量实证研究的研究思路、过程和结果等进行令人信服的逻辑推理和理论阐释。

第四，必须时刻注意研究伦理问题。研究伦理是几乎所有研究都必须高度关注的问题，而对于政治学与公共管理学的定量实证研究，这一问题尤为重要。这不仅因为定量实证研究经常会涉及采集研究对象的信息和数据的问题，而且因为在政治学与公共管理学的研究中，这些数据和信息可能相对敏感。因此，在政治学与公共管理学的定量实证研究中，必须在研究选题、研究总体设计、研究对象选择、研究数据采集、数据分析和处理、研究汇报等的每个环节，都高度重视研究伦理问题。至于研究伦理的具体内容，请参阅本书第八章"研究伦理"。

关键术语

统计描述　　　统计推断　　　截面数据　　　纵贯数据
测量　　　　　内生变量　　　外生变量　　　样本统计量
标准误　　　　偏差　　　　　假设检验　　　参数检验
非参数检验　　多元回归模型

思考题

1. 定量研究的适用范围与条件是什么？
2. 定量研究的局限性有哪些？
3. 定量研究中评估政府公共政策绩效使用哪种方法最佳？
4. 定量研究中建立多个联立回归方程是为了解释什么样的社会现象？
5. 如何确保定量研究的质量？

延伸阅读

Donald Campbell and Julian Stanley, *Experimental and Quasi-experimental Designs for Research*, Houghton Mifflin, 1963.

Edward G. Carmines and Richard A. Zeller, *Reliability and Validity Assessment*, Sage, 1979.

Gary King, Robert O. Keohane and Sidney Verba, *Designing Social Inquiry: Scientific Inference in Qualitative Research*, Princeton University Press, 1994.

Janet M. Box-Steffensmeier, Henry E. Brady and David Collier, *The Oxford Handbook of Political Methodology*, Oxford University Press, 2008.

R. Michael Alvarez, *Computational Social Science: Discovery and Prediction*, Cambridge University Press, 2016.

〔美〕戴维·K. 希尔德布兰德等:《社会统计方法与技术》,社会科学文献出版社2005年版。

〔美〕丹尼尔·A. 鲍威斯、谢宇:《分类数据分析的统计方法》(第2版),任强等译,社会科学文献出版社2009年版。

郭志刚主编:《社会统计分析方法:SPSS软件应用》(第二版),中国人民大学出版社2015年版。

〔美〕加里·金、罗伯特·基欧汉、悉尼·维巴:《社会科学中的研究设计》,陈硕译,格致出版社、上海人民出版社2014年版。

〔美〕肯尼思·J. 迈耶、杰弗里·L. 布鲁德尼:《公共管理中的应用统计学》(第五版),李静萍等译,中国人民大学出版社2003年版。

〔美〕劳伦斯·纽曼:《社会研究方法:定型和定量的取向》(第五版),郝大海译,中国人民大学出版社2007年版。

卢淑华编著:《社会统计学》(第五版),北京大学出版社2021年版。

〔美〕罗伯特·M. 格罗夫斯等:《调查方法》,邱泽奇译,重庆大学出版社2017年版。

〔美〕斯蒂文·M. 斯蒂格勒:《统计探源——统计概念和方法的历史》,李金昌等译,浙江工商大学出版社2014年版。

经典举例

〔美〕罗伯特·D. 帕特南:《使民主运转起来:现代意大利的公民传统》,王列、赖海榕译,中国人民大学出版社2015年版。

由于在第九章"概念界定与逻辑选择"的"经典举例"部分,我们已经选择本书讨论其概念界定问题,并在那里对本书作者的相关情况进行了介绍,故这里不再赘述。下面主要从定量实证研究的角度对其进行介绍,包括研究背景与问题、研究方法选择、研究设计与具体操作流程、质量保证四个部分。

1. 研究背景与问题

1970年,意大利进行了一场制度变革实验,打破了统一后形成的长达一个世纪之久的中央集权模式,前所未有地把权力和资源下放到全国20个地区政府。这种大规模的制度创新在20世纪西方民主国家中是罕见的。作者意识到这个实验提供了一个不同寻常的研究机会,即由于这些新机构的建立在意大利各地都是从零开始,可以使作者能够长期地、系统地研究制度怎样发展,以及怎样适应其社会环境的问题。

这次调查共持续了25年,覆盖了意大利全境的20个地区。严密的调查使作者发现,意大利北部与南部在民主实践中体现出的制度绩效有着相当大的差异:北部地区走上了温和、稳定的民主道路,而南部地区的民主制度却还虚弱。这就引发了作者的思考,并促使他进一步探寻其深层次的原因。

该研究通过一个实验,长期地、系统地研究了"制度怎样发展以及怎样适应其社会环境",核心问题是"为什么有些民主政治成功了,而另一些则失败了",亦即"民主制度绩效的不同是由什么原因造成的"[①]。具体而言,研究以20世纪70年代后的意大利作为个案,通过研究意大利地区的公民生活来探索某些根本性的、普遍性的民主政治理论问题。作者选择意大利作为研究对象的原因是:意大利曾是专制独裁国家,第二次世界大战结束后,意大利人民及国际社会一致致力于其政治民主化进程,并在20多年的时间内基本确立了民主政治的框架。但是,民主政治的建立和发展不可能一蹴而就,需要持续推进。20世纪70年代的政治改革打破了意大利整整一个世纪的中央集权模式,将前所未有大的权力和资源转托给了新的地方政府,从而促使整个意大利的民主政治开始脚踏实地向前发展。可在这样一个特殊的国度中如何才能实现真正的民主政治?这本身不仅是一个政治学的理论问题,更是一个现实问题,因此它引起了国际政治学界的广泛关注。[②]

帕特南等人从20世纪70年代初开始,就一直跟踪研究意大利民主政治的发展轨迹,试图从过去20年意大利某些地区所从事的制度改革实验中得出相应的经验和教训。尽管他们的探索深入公民的生活、集体行动的逻辑和中世纪意大利的历史等,但研究始终围绕着以下这些重大的民主理论问题而展开:为什么有些民主政治成功了,而另一些却失败了?社会制度是怎样影响政治与政府实践的?如果人们对这些制度加以改革,会产生什么样的实践后果?制度行为依赖于它周围的社会、经济和文化环境吗?如果我们移植民主制度,它们会在新环境中原样

---

① 谢宇:《回归分析》,社会科学文献出版社2010年版,第1页。

② Robert D. Putnam, "The Prosperous Community: Social Capital and Public Life," *The American Prospect*, https://prospect.org/article/prosperous-community-social-capital-and-public-life, 2022年3月15日访问。

般成长起来吗？可见，意大利20年制度发展的历史延续性所提出的这些理论问题，远远超越了意大利本身的界限，而是涉及具有普遍意义的有关民主、经济发展和公民生活的根本问题。①

2. 研究方法选择

虽然这本书的研究方法从整体上而言，是一个以意大利为个案的案例研究，但是具体到此个案例研究，作者则采用了系统的实证研究方法。作者所采用的具体数据收集方法有访谈法、问卷调查法、实验法等，之后则对这些数据进行了包括多元回归分析在内的多种统计分析，同时又辅助以一些更具体的案例内的案例研究（即在整体上以意大利为一个研究案例的同时，也在意大利内部选择其他更具体的案例进行研究）。因此，也可以说，本研究虽然在整体上是更偏向于定量实证的研究，但事实上也具有很多定性和定量混合研究的色彩。具体而言，作者主要采用的一些方法如下：

在1970—1989年，对6个地区的地区委员会委员进行4次个别访谈；并在将近20年的时间里，总共进行了700多人次的采访。

在1970—1989年，对上述6个地区的社区领袖进行了3次个别访谈，还于1983年在全国范围内对社区领导人做了一次信件调查。

在1968—1988年，在全国范围内进行了6次任务明确的问卷调查，还进行了几十次对投票者的问卷调查，并对20个地区的制度绩效用多种统计方法做了详细考察。

在1983年，对20个地区做了一次特殊实验，检验政府对"街头"市民要求的反应灵敏度。

在1976—1989年，对6个选定地区做了制度运行和地区规划的案例研究，还对1970—1984年间所有20个地区产生的立法机构进行了一项详细的研究。

3. 研究设计与具体操作流程

（1）核心概念及其测量

要解决研究提出的核心问题——"制度绩效的不同是由什么原因造成的"，就必须首先说明，相同的制度在不同的地区确实存在绩效差异。而要说明制度绩效存在差异就必须有一个标准来衡量是否存在差异，这就是要求确定核心概念并对其进行有效测量。通过对意大利20个地区民主制度绩效的实证比较研究，帕特南及其同事发现，社会资本（social capital）是决定民主制度绩效的关键变量。

---

① 俞可平:《社会资本与草根民主——罗伯特·帕特南的〈使民主运转起来〉》，《经济社会体制比较》2003年第2期，第21—25页。

因此,在研究中,他们对制度绩效和社会资本两个关键变量进行了界定和测量,构成了研究的逻辑起点。

因变量:制度绩效

"科学开始于描述世界的概念的形成。"[1]作为因变量的制度绩效是一个内涵丰富而复杂的多维概念。在书中,帕特南认为,"一个高效的民主制度应该既是回应性的又是有效率的:对选民的需要很敏感,同时,在应用有限的资源解决这些问题的时候富有效率"。在进行概念的厘清后,作者认为制度绩效的概念事实上建立在一个很简单的治理模型上:社会的需求—政治互动—政府—政策选择—实施,政府制度从它们的社会环境中获得输入,然后输出结果以对那个环境做出反应。因此,应该从政府决策者的视角和普通公民的视角来对制度绩效进行衡量。其具体衡量指标如表14.13:

表14.13 制度绩效的测量维度及其操作化指标

测量维度	分类	操作化指标	说明
政府决策者的视角	政策制定	内阁稳定性	1975—1985年各个地区就任内阁的数量
		预算的及时性	各地区预算拖延的时间
		统计和信息服务	统计和信息机构的设置
	制定过程	立法改革	1978—1984年各区域在经济发展、区域和环境规划以及社会服务方面立法的全面性、连贯性、创造性
		立法的创造性	对模范法律复制的速度
	政策实施	日托中心	正在运行的由地区支持的日托中心数量
		家庭诊所	正在运行的家庭诊所的数量
		产业政策工具	6项在实际应用中产业政策工具
		农业开支能力	实际使用的资金/分配给该地区的资金
		地方医疗保健单位的支出	各地人均"地方医疗保健单位(USL)"的支出
		住房和城市的发展	地区实际支出的资金/中央拨付的资金
普通公民的视角	官僚机构回应	官僚机构反应的灵敏度	官僚机构对于3种虚拟问题的回应效率

---

[1] 〔美〕阿兰·艾萨克:《政治学的视野与方法》,张继武、段小光译,南京大学出版社1988年版,第97页。

自变量:社会资本

作者将社会资本描述为"社会组织的特征,诸如信任、规范和网络,它们能够通过合作,来提高社会的效率"。其中,关系网络是基础,是推动公民之间合作的关键机制。而且,关系网络又可以分为正式的和非正式的两种:正式的社会网络主要表现为社团参与;非正式的社会联系尽管缺乏组织性和目的性,却更具自发性和灵活性。同时,正式的社会网络又可进一步分为横向和垂直两种:前者将具有相同地位和权力的行为者联系在一起;后者则将不平等的行为者结合到不对称的等级和依附关系之中。

总之,通过层层辨析和分解,作者建立了社会资本的操作性定义,并将其转换为4项测量指标:社团生活的活跃程度、公民读报率、公民政治参与程度、特别支持票的投票率。(见表14.14)

表14.14 社会资本的测量维度及其操作化指标

测量维度	操作化指标
市民团体的广度和深度	社团生活的活跃程度
	公民读报率
公民政治行为	公民政治参与程度
	特别支持票的投票率

(2)指标构建解释力

作者认为没有一个指标能够单独涵盖所要研究因素的一切差异,对制度绩效和社会资本两个概念的测量也是一样。例如,对制度绩效的测量必须同时满足四个方面的要求:全面性(指标体系涵盖经济社会发展的诸多领域)、内在的一致性(指标体系注重整体效率而不偏废任何一个方面)、可靠性(指标体系须是持续可靠的)、指标体系与制度的支持者(选民)的评价和目标相一致。而从社会研究方法的角度看,这四项要求实际上就是内部一致效度和外部效度问题。

但是,经过计算,作者发现衡量制度绩效的12个指标有着非同一般的高度一致性,同时为了减少任何一个指标存在的有偏颇的影响,又将不同的指标综合起来成为一个指数。经过这样的概念界定、指标化构建和指数化过程以后,作者就可以用量化研究的方法来考察制度绩效和社会资本在意大利各地区的实际情况,进而可以在此基础上进行比较分析,并得到结论。

(3)逻辑推理和理论阐释

根据该书的结构安排,可以看出其基本推理逻辑或思路是:先描述事实(地方政府绩效不同);再说明原因(公民性强弱不同),并排除其他事实(经济发展水平不同);进而进一步说明原因的原因(路径依赖);最后再进一步说明原因的原因的原因(社会均衡),并进行理论总结(社会资本理论)。

描述事实:南北制度绩效确实不同

该研究要解决的核心问题是:制度绩效的不同是由什么原因造成的?众所周知,影响制度绩效的自变量很多,作者怎样确证社会资本与制度绩效存在内在的因果关联呢?这种联系会不会是一种"伪相关"呢?

在确定核心概念的衡量标准,并采集数据进行统计分析之后,作者发现,相同的制度在不同的地区确实存在绩效差异,新制度在南北方实行后,北方地区政府的绩效高于南方。可在确认了这一事实后,还需要解释其原因。

解释原因:公民性造成了南北制度绩效的差异

迄今为止对制度绩效的动力的解释主要有三种模式:制度设计决定论、社会经济因素决定论和政治文化决定论。也就是说,这些模式把制度绩效的差异归结为不同的根源。作者认为,只有将制度设定为一个常数,才能更可靠地考察其他因素对制度绩效的影响。其统计分析结果显示,社会经济因素对制度绩效的解释有一定的局限性,因为高水平的经济发展程度与高绩效的制度紧密相关,然而两者之间的关系并非必然。由此作者引入政治文化的因素,考察各地区社会资本的状况发现:经济发达地区的政府之所以比较成功仅仅是它们有更强的"公共精神"。

在公民性强的地区,政治领导人更热心支持政治平等,更愿意妥协;公众也可以期望别人遵守规则,而且社会网络和政治网络的组织方式是横向的、互惠合作型的。相反,在公民性弱的地区,公共事务在公众眼里是别人的事务而不是自己的事务,政治参与的动机是个人化的依附或私人贪欲,而不是出于集体目标,而且每个人都觉得软弱无力、受剥削和不幸福,因此人们不得不依靠垂直的庇护—附庸网络寻求和保障自己的利益。由此,作者设计了公民共同体指数来衡量南北方公民性程度的不同,并且证明制度绩效之间的差异确实与公民性强弱之间存在对应关系。

研究到此一般就可以结束了,但作者并没有满足于此,他还进一步探讨了公民性强弱又是由什么决定的,为什么不同地区公民生活的发达程度不同的问题。

探索因果:路径依赖造成了公民性强弱

通过回到历史中去寻找解释,作者发现,公民性强弱、公民共同体的不同是由历史造成的,即路径依赖。大约在1100年,意大利半岛出现了两种截然不同的政治制度:南方成为专制集权国家,而北方和中部地区则出现了自治的城市共和制。北方的自治城市起源于由邻里街坊组成的自发组织,它们依靠横向的合作网络而相互帮助,而且人们赖以谋生的金融和商业促进了彼此的信任。与此相反,南方人则在庇护——附庸的垂直网络中寻求对自身利益的保护,其政治冷漠和等级制不仅制约了公民参与,也抑制了自发和横向的社会合作组织的出现。

总之,南北方的城市共和制以及延续近千年的政治影响造就了公民精神的差异。作者指出,"公民传统惊人的应变力和持续性,证明历史具有力量"。而且,南北方的区别不在于是否有社会联系,而是在于南方垂直的依赖、剥削性联系与北方横向的互相合作性联系之分。

阐述理论:历史传统通过社会资本塑造制度绩效

作者又进一步探究了为什么历史传统能如此稳定持久地存在着,且如何影响制度绩效。书中,作者主要利用集体行动和社会资本理论进行解释。作者指出,每个社会都存在共同利益,因此任何社会都会面临合作的问题。为此,人们的选择要么是自愿的合作,要么是第三方监督,要么是投机行为。但是,第三方监督成本高,而且本身就是公共物品,受制于它要解决的问题。故而,在很多情况下,人们采取的往往是投机行为,即在所谓的囚徒困境之下,人们往往选择背叛而不是合作策略,最终导致集体行动失败。作者的研究表明,自愿合作的情况也是有可能出现的,但这取决于人们之间是否存在信任。因此,在第三方监督不存在的情况下,如果要解决合作的问题,就只能寄希望于社会信任。

那么,又是什么原因造成了路径依赖下的社会信任的形成?作者继续深入探索原因并提出,社会信任产生于互惠规范和网络。互惠规范是教育灌输的结果,依靠内部惩罚维系;网络则是社会交换的产物,网络的性质不一样,社会信任也不一样。在垂直的庇护——附庸型网络中,社会信任难以建立;而横向的参与型网络,则有助于社会信任的产生,且信任、互惠规范和网络就是解决自愿合作的社会资本。因此,人们解决社会合作问题就存在两种均衡:恶性的均衡和良性的均衡。在缺乏社会资本的地方,恶性均衡占主导;在社会资本存量丰富的地方,良性均衡占统治地位。这两种均衡都具有自我增强性和可积累性,由此形成恶性循环和良性循环,路径依赖由此产生。

4. 质量保证

首先,帕特南将社会调查法、实验法、案例分析法、多元回归、历史主义等多种方法结合起来进行研究,每一步都有严谨的逻辑论证和相对全面的证据支持,使得要检验的理论假设中的各种变量之间的关系得以明确。

其次,该研究体现了科学精神、对现实和理论的关切,以及对理论的贡献。这充分说明定量研究离不开理论。

最后,这是一个单一国家的研究,其结论不一定在其他国家适用,但是这些结论可以用在对其他国家的调查研究时的假设或比较材料上。

第十五章 混合研究[*]

本章要点

- 混合研究方法的定义、特点及其优劣势；
- 三角互证的基本含义和类型；
- 混合研究方法的适用条件；
- 混合研究方法的基本类型；
- 定性和定量混合实证研究的三种设计策略；
- 衡量定性和定量混合实证研究有效性的不同效度；
- 定性和定量混合实证研究的操作流程。

一、导　言

政治学与公共管理学的很多研究实际上都使用了混合研究方法。这里所说的混合研究方法是区别于单一方法而言的。例如，相对于单一规范研究或实证研究而言，一个混合研究可能既使用了规范研究方法，也使用了实证研究方法。具体来说，一项先理论建模再实证检验的研究就是典型的规范和实证研究的混合。

然而，混合研究方法这一概念在中国政治学与公共管理领域并没有被广泛采纳。政治学与公共管理学界对混合研究方法的研究设计和使用策略也仍然存在着认识上的不足和偏差。例如，在一些相关研究中，虽然混合研究方法的使用已经很常见，但是混合研究方法的概念却常不为人知。而且，即使有时人们认识到了混合研究方法的存在，也常常把混合研究方法仅仅看作是实证研究中定性和定量研究方法的简单相加，没有认识到除了实证研究方法内部的混合外，还有规范研究方法内部的不同方法的混合，以及规范和实证研究方法的混合，更没有形成科学、规范的混合研究路径。因此，加强混合研究方法在中国政治学与公共管理

---

[*] 本章部分内容改编自杨立华、李凯林：《公共管理混合研究方法的基本路径》，《甘肃行政学院学报》2019年第6期，第36—46页。

领域的讨论和研究,具有重要的现实意义。

构建政治学与公共管理领域混合研究方法的基本路径需要综合考虑多种因素:什么情况下适合使用混合研究方法?在确定使用混合研究方法之后,应当选择哪种具体的方法类型?如何进行混合研究设计?研究设计完成之后应当如何操作与实施?在操作实施的过程中,混合研究的质量应当如何保证?这些都是在构建混合研究的基本路径前必须首先解决的问题。本章在文献分析与整合的基础上,试图对以上几个问题进行回答,并在进一步归纳和总结的基础上,构建政治学与公共管理混合研究的基本路径,供政治学与公共管理领域的研究者学习参考,以推动我国政治学与公共管理混合研究的规范化和科学化。

二、定义、特点和优劣势

(一) 定义

混合研究方法,顾名思义,就是将不同研究方法混合起来进行的研究方法。就目前学界流行的一般看法而言,混合研究方法常指的是定性和定量研究方法之间的混合。例如,在伯克·约翰逊等看来,混合研究方法就是研究者将定性研究与定量研究的方法与技术等因素混合在一起[①],以获得更有广度和深度结论的一种研究方法[②]。但是,这只是狭义上的混合研究。事实上,不同定性方法或定量方法内部的混合、不同规范研究方法之间的混合,以及规范研究和实证研究之间的混合也属于混合研究方法。而本章所讲的混合研究是从后一种较广义角度出发的混合研究,这也是对混合研究更全面的理解。

(二) 特点

相较于其他研究方法,混合研究方法具有综合性强、对比性强、互补性强三个基本特点。

1. 综合性强

混合研究方法作为一种非单一研究方法,具有非常强的综合性。举例来说,研究者要实现不同方法之间的混合,可能不仅要熟练掌握规范研究方法,还需要掌握实证研究方法;不仅要掌握此种规范研究方法,也要掌握彼种规范研究方法;

---

① 〔美〕伯克·约翰逊、拉里·克里斯滕森:《教育研究:定量、定性和混合方法》(第 4 版),马健生等译,重庆大学出版社 2015 年版,第 398 页。

② Burke Johnson, et al., "Toward a Definition of Mixed Methods Research," *Journal of Mixed Methods Research*, Vol. 1, No. 2, 2007, pp. 112-133.

不仅要掌握定性实证研究方法,也要掌握定量实证研究方法。

而混合研究之所以能够具有这种综合性,是因为不同的研究方法之间虽然有所差异,但都遵循相同的推论逻辑,可以实现混合。①

2. 对比性强

混合研究方法可能是两种研究方法的混合,也可能是多种研究方法的混合。就其方法本身的多样性来看,混合研究方法实施的过程就是不同研究方法进行对比的过程。

3. 互补性强

一般来说,使用混合研究方法很重要的一个原因就是希望能够通过两种或多种研究方法的互补,获得更有深度和广度的结论。如果研究的混合设计比较完善,那么就能够实现不同方法之间的取长补短,在发挥某种研究方法优势的同时,用另一种研究方法弥补其劣势。因此,一个良好的混合研究设计具有较强的方法互补性。

(三)优势和劣势

具体来说,混合研究方法具有以下几种明显优势:

第一,有利于解决复杂问题。由于混合研究可以使用多种方法一起进行研究,故而其有利于解决单一研究方法无法解决的复杂问题。这也是混合研究方法最突出的优势之一。

第二,有利于实现多重目的或维度的研究设计。由于可以使用多种方法,并使用不同的方法实现研究设计的不同目的,故而可以在一项研究中实现多种研究设计目的或维度。例如,可以为理论或假设检验研究(解释性研究)提供探索性维度,亦可以为探索性研究增加理论或假设检验维度(解释性维度)。②

第三,有利于实现不同研究方法之间的优势互补。通过弥补单一方法的不足,混合研究方法能够使不同研究方法实现优势互补。比如说,规范研究和实证研究的混合,既能保证研究的理论高度,也能保证研究的可检验性和正确性。

第四,有利于实现不同数据之间的相互印证。由于不同的研究方法往往也伴随着不同类型的数据采集,故而混合研究方法也有利于不同数据之间的互补和相互印证。例如,可以在一项研究中同时包含较为主观的定性数据和较为客观的定

---

① Joanna Sale, et al., "Revisiting the Quantitative-Qualitative Debate: Implications for Mixed-Methods Research," *Quality & Quantity*, Vol. 36, No. 1, 2002, pp. 43-53.

② 〔美〕拉里·克里斯滕森、伯克·约翰逊、莉萨·特纳:《研究方法设计与分析》(第11版),赵迎春译,商务印书馆2021年版,第330页。

量数据。

第五,有利于实现不同测量方法之间的相互印证。基于使用不同方法获得的不同数据,混合研究方法可以为相同的变量进行多维度测量,实现不同测量之间的相互印证或纠错,从而不仅提高测量的准确性,避免测量误差,而且可以为测量赋予更为丰富的意义。

第六,有利于提高论证或研究的全面性和正确性。混合研究方法由于可以提供多种论证或分析视角(例如,可以同时提供一个主位/内部视角和一个客位/客观局外人视角[①]),提供多重论证证据,提供多种论证方法,实现对多种研究效度的保证,故而可以提高论证、研究过程及其结论的全面性、正确性和科学性,并提高从研究结论进一步得出新推论的能力,即可"提供更强的推论"[②]。

第七,有利于提高研究解释的全面性和正确性。多种研究视角、多重证据、多种论证方法、多种有效性保证等的同时存在,不仅保证了研究论证或研究的全面性和正确性,而且为研究做出更为全面和正确的解释提供了便利。例如,混合研究方法不仅可以"提供更完整、更深入、更复杂和更全面的解释",或从"不同方面说明"同一现象,而且可以"帮助减少某项发现的替代性解释",或帮助补充某些容易被单一方法遗忘的解释。例如,一项定性和定量混合研究就有助于"阐明在单纯的定量研究中可能忽视的主观含义"[③]。

第八,有利于提高研究理论联系实际的水平和能力。多种研究方法的混合使用,能够使一项研究在进行理论研究的同时,也提高其理论联系实际的水平和能力,或者可以被用于"核查一项研究的执行情况(包括它对于参与者的意义)"[④]。

与此同时,因为混合研究方法相较于单一研究方法来说,操作难度更大,所以在实施过程中也存在一定的劣势。

一是,对研究者的要求较高。在混合研究设计实施的过程中,研究者要同时熟练掌握多种不同研究方法。例如,规范和实证研究的混合需要同时掌握规范研究方法和实证研究方法;其他具体混合则需要同时掌握研究中使用到的各种研究技术和研究策略。这就对研究者自身的研究能力和水平提出了更高的要求。

二是,如操作不当可能导致劣势更加明显。如果没有较为完善的混合研究设计,混合研究方法最后可能不仅无法实现不同研究方法之间的优势互补,还有可

[①] 〔美〕拉里·克里斯滕森、伯克·约翰逊、莉萨·特纳:《研究方法设计与分析》(第11版),赵迎春译,商务印书馆2021年版,第330页。

[②] 同上。

[③] 同上。

[④] 同上。

能使得每一种研究的劣势都更加明显,从而失去混合研究的意义,导致研究的失败。

三是,可能面临新的有效性问题。这不仅包括不同研究方法之间的先后顺序安排所引起的有效性问题,也包括不同方法之间的转换可能引起的有效性问题,这些我们将在后面讨论有效性时进行具体分析。同时,在定性和定量混合实证研究中,还存在不同类型数据转换可能引起的有效性问题。例如,如果只有单一数据,可能需要进行定性(或质性)数据的量化(conversion of qualitative data to quantitative data)或者定量数据的质化(conversion of quantitative data to qualitative data),而在数据的转化过程中也有可能出现新的有效性问题。

四是,时间和其他成本都相对较高。由于要在一个研究中混合使用多种方法,所以相对于其他单一方法的研究来说,混合研究往往需要花费更多时间成本、人力、物力和财力等进行研究设计、资料收集和资料分析等。

五是,规范和标准化的程序有待进一步开发。正如拉里·克里斯滕森等指出的,作为一种相对新的研究方法,混合研究方法的"许多设计、执行和分析的程序尚需进一步开发"①,这就为其设计、执行和分析等带来了困难。而且,我们认为,由于混合研究方法本身的综合性及由其综合性带来的复杂性、权变性和适应性等特点,即使进一步发展了相对规范和标准化的系统程序,其规范化和标准化程度也不会如某些单一的方法那么高。这也给其实施带来了难度。

三、混合研究方法的起源、发展和理论基础

(一)起源

混合研究方法主要起源于狭义混合研究中对定性和定量研究之争的弥合。而对定性和定量研究之争的弥合又主要缘起于实证主义与建构主义之争,形成于实用主义哲学基础的确立阶段,发展于研究步骤与策略的突破时期。② 特别地,聚焦于定性和定量两种实际中使用的实证研究策略,实证主义研究范式强调定量研究方法,建构主义则更加注重定性研究方法。因此,关于这两种研究范式的争论,亦被称为定性和定量之争。但是,单纯的范式之争,只会让两种方法都走向极

---

① 〔美〕拉里·克里斯滕森、伯克·约翰逊、莉萨·特纳:《研究方法设计与分析》(第11版),赵迎春译,商务印书馆2021年版,第330页。
② 尤莉:《第三次方法论运动——混合方法研究60年演变历程探析》,《教育学报》2010年第3期,第31—34页。

端。因此,在两大范式的争论下,"和平主义者"或称"实用主义者"开始逐渐形成。在这一时期,相当多的理论家开始运用"范式相对主义"来看待问题,这就不仅使得两大范式之争的激烈程度有所下降,也促使很多研究者不再拘泥于某一种特定研究方法,而转向以研究问题为主导,在适合研究目的的总体考虑下,选择最适合的方法。①

（二）发展

关于混合研究方法的发展,有学者认为经历了缘起、形成与发展三个阶段②；也有学者将其分为形成时期（20 世纪 50—70 年代）、范式争论时期（20 世纪 70—80 年代）、程序发展时期（20 世纪 80—90 年代）以及加速发展时期（2000 年以后）③。本章更倾向于第二种观点。

20 世纪 50—70 年代实证主义思想盛行,诺曼·邓津等对三角互证法的提出促使了混合研究方法的出现与应用④；随着定性研究方法（扎根理论⑤、编码技术⑥等）不断发展,出现了后来的定性和定量研究的范式之争,争论双方都认为定性和定量是不同的研究方法,是不能结合在一起使用的；一直到混合研究设计相关论文发表⑦,混合研究方法的发展才进入程序发展时期,不同类型的混合研究设计开始出现,定性和定量研究方法的结合也逐渐有了相应的设计模型；随着研究设计的不断发展,混合研究方法在 21 世纪有了新的发展,不少学者也提出将混合研

---

① 〔美〕阿巴斯·塔沙克里、查尔斯·特德莱：《混合方法论:定性方法和定量方法的结合》,唐海华译,重庆大学出版社 2010 年版,第 1—38 页。

② 尤莉：《第三次方法论运动——混合方法研究 60 年演变历程探析》,《教育学报》2010 年第 3 期,第 31—34 页。

③ 蒋逸民：《作为"第三次方法论运动"的混合方法研究》,《浙江社会科学》2009 年第 10 期,第 27—37 页。

④ Norman Denzin, *The Research Act: A Theoretical Introduction to Sociological Methods*, Aldine, 1970, p. 297. 转引自〔德〕伍威·弗里克：《三角互证与混合方法》,郑春萍译,格致出版社、上海人民出版社 2021 年版,第 12 页。

⑤ Yvonna Lincoln and Egon Guba, *Naturalistic Inquiry*, Sage, 1985. 转引自蒋逸民：《作为"第三次方法论运动"的混合方法研究》,《浙江社会科学》2009 年第 10 期,第 27—37 页。

⑥ Anselm Strauss and Juliet M. Corbin, *Basics of Qualitative Research: Grounded Theory Procedures and Techniques*, Sage, 1990. 转引自蒋逸民：《作为"第三次方法论运动"的混合方法研究》,《浙江社会科学》2009 年第 10 期,第 27—37 页。

⑦ J. C. Greene, et al., "Toward a Conceptual Framework for Mixed-method Evaluation Design," *Education Evaluation and Policy Analysis*, Vol. 11, No. 3, 1989, pp. 255-274.

究方法作为独立于定性和定量方法的第三种研究方法①,从而使得混合研究方法开始加速发展起来。

(三) 理论基础

混合研究方法的理论基础主要是实用主义和三角互证。

1. 实用主义

实用主义和其不同方法间的相容理论为混合研究方法提供了基础理论支撑。实用主义者并不追求形而上学的理论,而是将"起作用的东西"看作"真理"。在实用主义者看来,定性和定量研究方法是相容的,同一项研究中可以同时使用这两种实证研究方法。而且,随着相容理论的发展,更多的学者也指出,事实上,无论是定性还是定量研究,它们都"坚持现实是多样的和建构的、相信知识是会有错的,以及相信事实无法为理论提供充分的证明"②。总之,实用主义的发展为定量和定性两种实证研究的相容和混合使用提供了理论支持。

2. 三角互证

除实用主义外,三角互证(triangulation,也被称为三角校正、三角测量)也为混合研究方法提供了理论基础。事实上,在混合研究正式出现之前,三角互证已经被应用在社会科学研究中了。诺曼·邓津最早对三角互证的概念进行了系统性的阐述,并将三角互证视为"研究同一现象时多种方法论的结合"③。可见,"三角"只是一种形象的说法,并不表示必须只是"三种方法",其实也可以是"四种""五种",乃至更多种,但是二种是最少的。三角互证作为一种研究策略,在综合利用多源研究数据、多种研究方法、多维理论分析视角和不同研究者的基础上,能够有效避免研究者的主观偏见,提高研究效度,并保证研究质量。④ 根据策略的不同,三角互证又可以分为数据三角互证、研究者三角互证、理论三角互证和方法

---

① 如 John Creswell, *Research Design: Qualitative, Quantitative, and Mixed Methods Approaches*, Sage, 2003。

② 〔美〕阿巴斯·塔沙克里、查尔斯·特德莱:《混合方法论:定性方法和定量方法的结合》,唐海华译,重庆大学出版社 2010 年版,第 12 页。

③ Norman Denzin, *The Research Act: A Theoretical Introduction to Sociological Methods*, Aldine, 1970, p. 297. 转引自〔德〕伍威·弗里克:《三角互证与混合方法》,郑春萍译,格致出版社、上海人民出版社 2021 年版,第 12 页。

④ Sandra Mathison, "Why Triangulate?" *Educational Researcher*, Vol. 17, No. 2, pp. 13–17.

三角互证四类。①

数据三角互证(data triangulation)：使用不同来源的数据对同一现象进行验证，而非使用多种方法生成同一数据。② 数据三角互证也被劳伦斯·纽曼等学者称作测量三角互证，即对同一现象进行多维度、多重的测量。③ 举例而言，如果研究者想要了解学生的心理健康状况，他可以通过心理健康量表获取学生自评数据，也可以通过访谈其家人、同学、老师了解其心理健康状况，亦可以通过与学生个人开展深度访谈收集其心理健康的信息。这些数据都可以反映被研究者心理状况的不同侧面，帮助研究者获得更加全面的信息。

研究者三角互证(investigator triangulation)：在同一项研究中不同研究者共同参与，以最大限度降低研究者的主观偏见对研究的影响。在社会科学研究中，尤其是政治学与公共管理学的研究中，研究者个人经常深度参与到对研究对象的访谈、观察与调查等资料收集的过程中，致使资料收集甚至研究质量均不可避免地受到研究者个人因素的制约。研究者三角互证的策略，能够使不同研究背景与研究视角、不同个人背景乃至不同社会特征的研究者参与到同一研究中，进而提供多元的研究视角，有效降低由于单一研究者的技能缺乏、个人偏见、粗心等原因所造成的研究局限性。④

理论三角互证(theory triangulation)：研究者使用多种理论分析视角规划研究、收集资料或分析资料，从而为研究打好理论基础。每种理论分析视角都有其假设与概念，而使用理论三角互证策略可以避免将研究者的研究思路局限于单一理论或假设中，忽视其他可能的解释。⑤ 在存在较大理论争议的领域，理论三角互证的重要性更加凸显。理论三角互证通过对不同理论分析视角的对比性评价，对竞争性的理论模型进行了证伪，并在理论之间竞争的基础上，促进了理论的整合、深化，实现理论和研究的发展。⑥

---

① 〔美〕阿巴斯·塔沙克里、查尔斯·特德莱：《混合方法论：定性方法和定量方法的结合》，唐海华译，重庆大学出版社2010年版，第39—42页。

② Norman Denzin, *The Research Act: A Theoretical Introduction to Sociological Methods*, Aldine, 1970, p. 301.

③ 〔美〕劳伦斯·纽曼：《社会研究方法：定性和定量的取向》(第7版)，郝大海等译，中国人民大学出版社2021年版，第179—181页。

④ 同上书，第152页。

⑤ Norman Denzin, *The Research Act: A Theoretical Introduction to Sociological Methods*, Aldine, 1970, p. 306.

⑥ Ibid., p. 307.

方法三角互证(method triangulation)：在研究中使用了不同的方法，以实现不同方法之间的互补。方法三角互证可以进一步细分为方法内三角互证(within-method triangulation)和方法间三角互证(between-methods triangulation)。[1] 例如，"在一份调查问卷中使用不同的子量表来回答同一个研究问题"[2]就是典型的方法内三角互证。方法间三角互证则是指使用不同的研究方法开展研究，以避免单一研究方法所带来的局限性。

虽然三角互证法并没有被认为是混合研究方法，但是其研究思路跟混合研究方法是类似的。二者都强调多元研究方法的综合，并且三角互证也已经涉及不同类型资料的混合、不同类型操作方法的混合等方面。但是，三角互证更加偏重通过数据、研究者、理论和方法等的互证来实现"研究结果的趋同、相互验证与一致性"；而混合研究方法则更加强调研究方法之间的互补和发展。[3] 因此，目前所说的混合研究方法，经常被看作是对三角测量法的超越与改进。

四、混合研究方法的适用条件

一般来说，当研究者期望解释过于复杂的研究问题、发展新的测量方法和理论模型[4]、解释或深化已有的结果[5]以及推广已有的研究发现时，混合研究方法都是适用的。

（一）解释过于复杂的研究问题

例如，就一项实证研究而言，如果研究中需要解释的现象过于复杂，需要大量的数据支撑，而单一的定量或者定性数据并不能满足研究的需要，这时候就需要考虑使用定性和定量混合的实证研究方法。[6] 例如，大部分的公共卫生问题或社

---

[1] Norman Denzin, *The Research Act: A Theoretical Introduction to Sociological Methods*, Aldine, 1970, p. 307.

[2] 〔德〕伍威·弗里克：《三角互证与混合方法》，郑春萍译，格致出版社、上海人民出版社2021年版，第14页。

[3] J. C. Greene, et al., "Toward a Conceptual Framework for Mixed-method Evaluation Design," *Education Evaluation and Policy Analysis*, Vol. 11, No. 3, 1989, p. 259. 转引自〔德〕伍威·弗里克：《三角互证与混合方法》，郑春萍译，格致出版社、上海人民出版社2021年版，第14页。

[4] Lawrence Palinkas, et al., "Mixed Method Designs in Implementation Research," *Administration and Policy in Mental Health and Mental Health Services Research*, Vol. 38, No. 1, 2011, p. 44.

[5] 〔美〕约翰·W. 克雷斯维尔、薇姬·L. 查克：《混合方法研究：设计与实施》（原书第2版），游宇、陈福平译，重庆大学出版社2017年版，第5—8页。

[6] Joanna Sale, et al., "Revisiting the Quantitative-qualitative Debate: Implications for Mixed-methods Research," *Quality & Quantity*, Vol. 36, No. 1, 2002, pp. 43-53.

会干预措施问题较为复杂,要实现对其全面研究,就需要使用定性和定量混合的实证研究方法。

(二)发展新的测量方法或理论模型

如果一项研究希望在已有研究的基础上进行操作方法的创新,那么也可以考虑使用另外一种研究方法来进行研究。通过两种研究方法的对比,可以验证新的方法是否有效。而且,新的理论模型的构建,也经常需要使用混合研究方法。因为,一般来说,新的理论模型的构建都需要进行实证检验,这种理论模型构建和检验的过程就是规范研究和实证研究混合的过程。

(三)解释或深化已有的结果

如果一项研究的初步结果需要进一步解释,也可以采用混合研究方法。在这种情况下,可以使用另一种研究方法对已经取得的初步结果进行解释,从不同的角度对问题进行再研究,从而获得更加全面和更加深入的研究结果。

(四)推广已有的研究发现

为了证明一项研究发现的可推广性和适用性,也可以使用混合研究方法。如果一项研究在某一种研究方法下的正确性已经得到验证,那么对其进行推广将是下一步的重点工作。如果使用有别于最初的研究方法仍然能得到相同的发现,那么研究发现的适用性就得到了增强,研究结果也可以被进一步推广。

五、混合研究的类型

虽然,目前学术界关注和应用较多的混合研究主要是定性和定量方法的混合,但实际上,除了定性和定量的方法的混合之外,还有不同规范研究内部的混合、规范研究和实证研究的混合。(见图 15.1)而且,由于混合研究的普遍性,事实上,我们也可以说"几乎所有的研究在本质上都是混合研究"。这也是我们经常强调的。

(一)规范研究的混合

前面指出,规范研究可以划分为一般规范研究、特殊规范研究和形式规范研究三种基本类型。所谓规范研究的混合,既可以是这三种不同规范方法之间的混合,也可以是它们内部的不同方法之间的混合,例如不同特殊规范研究的混合。仍以一般、特殊和形式三种规范研究的划分为依据,且根据不同方法在研究中所

第十五章 混合研究

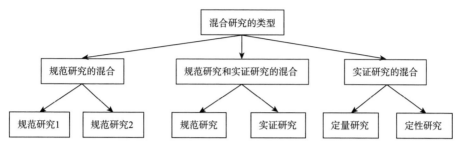

图 15.1 混合研究的三种主要类型

注：规范研究 1 和规范研究 2 只是简单表示不同规范方法之间的混合，并不意味着只是两种方法的混合，其实也可以是三种、四种，乃至更多种方法的混合。

占据的主次地位的不同，以及先主再次或先次再主的混合次序安排，可以把这三种方法之间的混合研究方法用图 15.2 表示。

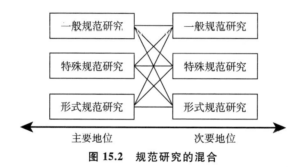

图 15.2 规范研究的混合

（一）实证研究的混合

实证研究方法的混合主要是指定量和定性研究方法的混合。对混合实证研究方法的分类，学者也有不同的观点。最简单的一种分类就是将混合实证研究方法看作是定性和定量的简单重叠[①]，并以两种方法的不同比例为依据进行类型划分。这种分类方法把混合实证研究方法分为"定性为主的混合""均衡状态"和"定量为主的混合"三种基本类型。虽然这种划分在一定程度上能够对混合研究方法进行区分，但过于笼统。

巴顿（Michael Quinn Patton）则依据设计维度（又分自然主义式调查、实验式研究设计）、测量维度（又分定性资料收集、定量资料收集）和分析维度（又分内容分析、统计分析）三个维度，将混合实证研究划分成了四种不同的混合路径：自然

---

① 臧雷振：《政治社会学中的混合研究方法》，《国外社会科学》2016 年第 4 期，第 138—145 页。

主义式调查下的定性资料收集和统计分析的混合路径、定量资料收集和统计分析的混合路径;实验式研究设计下的定性资料收集和统计分析的混合路径、定量资料收集和统计分析的混合路径。(见图15.3)

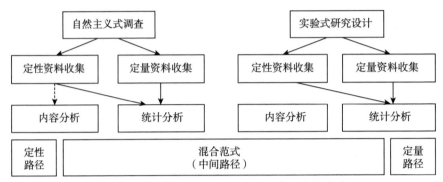

图 15.3　巴顿对纯粹研究和混合形式研究的分类

注:虚线表示纯定性或纯定量研究;实线表示混合研究。

资料来源:〔美〕阿巴斯·塔沙克里、查尔斯·特德莱:《混合方法论:定性方法和定量方法的结合》,唐海华译,重庆大学出版社2010年版,第50页。

塔沙克里(Abbas Tashakkori)则进一步对巴顿关于纯粹研究和混合形式研究的分类进行了详述。在塔沙克里的分类标准中,巴顿的设计维度被扩展为研究类型的维度,与原有设计维度相比,研究类型维度增加的一条标准是研究是否有预设(探索型研究、确证型研究);巴顿的测量维度(定性资料收集、定量资料收集)被扩展为定性资料的收集与操作、定量资料的收集与操作;巴顿的分析维度(内容分析、统计分析)被扩展为定性分析及定性推论、统计分析及统计推论。以扩展后的三个维度为分类标准,则可以获得6种不同的混合方法类型。①(如图15.4)在这6种混合类型中,确证型混合类型被命名为混合类型Ⅰ和混合类型Ⅱ;探索型混合类型被命名为混合类型Ⅲ和混合类型Ⅳ;本身是确证型研究,但却是定量资料/操作的定性分析和推论的被命名为混合类型Ⅴ;本身是探索型研究,但却是定性资料/操作的统计分析和推论的被命名为混合类型Ⅵ。相对于巴顿的分类,塔沙克里的分类方式更加全面和详细。具体而言,在巴顿的分类中,混合类型Ⅴ和混合类型Ⅵ是不存在的。因为,在巴顿的分类模式中,定量数据并不能进行定性分析;但塔沙克里对测量维度和分析维度的扩展,使得这两种混合模式成为可能。

---

①　〔美〕阿巴斯·塔沙克里、查尔斯·特德莱:《混合方法论:定性方法和定量方法的结合》,唐海华译,重庆大学出版社2010年版,第54页。

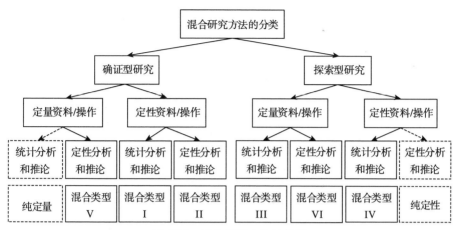

图 15.4 混合研究方法的分类

注：虚线表示纯定性或纯定量研究，实线表示混合研究。

资料来源：改编自〔美〕阿巴斯·塔沙克里、查尔斯·特德莱：《混合方法论：定性方法和定量方法的结合》，唐海华译，重庆大学出版社 2010 年版，第 54 页。

（三）规范和实证研究的混合

规范研究和实证研究的混合类型相对简单。我们认为，按照规范和实证研究的操作顺序可以将规范研究和实证研究的混合划分为结果比较、理论检验和理论升华三种混合形式。结果比较是同时使用规范和实证研究，以使二者的研究结果相互印证比较；理论检验是指先进行规范研究得出相应的理论模型，然后用实证研究进行检验；理论升华则是指先进行实证研究，证实猜想，然后再进行规范研究，提高原有研究发现的理论高度。（见图 15.5）

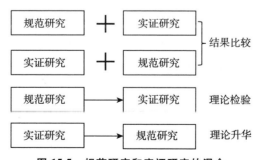

图 15.5 规范研究和实证研究的混合

如果不仅考虑规范和实证研究方法在同一研究中的时间先后顺序，而且考虑两种方法的地位是平等的还是具有主从关系，则又可将规范和实证研究的不同混合,划分为如图 15.6 所示的九种类型。而且,不同类型的混合研究又适用于三种不同的研究目的:结果比较、理论检验、理论升华。

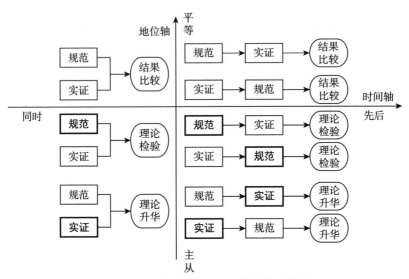

图 15.6 规范研究和实证研究的混合类型

注:时间轴左边表示先使用该方法,右边表示后使用该方法,上下并列意味着同时进行;加粗意味着该方法处于主导地位。

扩展知识

历来处理科学的人,不是实验家,就是教条者。实验家像蚂蚁,只会采集和使用;推论家像蜘蛛,只凭自己的材料来织成丝网。而蜜蜂却是采取中道的,它在庭院里和田野里从花朵中采集材料,而用自己的能力加以变化和消化。哲学的真正任务就正是这样,它既非完全或主要依靠心的能力,也非只把从自然历史和机械实验收来的材料原封不动、囫囵吞枣地累置在记忆当中,而是把它们变化过和消化过而放置在理解之中。这样看来,要把这两种机能,即实验的和理性的这两种机能,更紧密地和更精纯地结合起来(这是迄今还未做到的),我们就可以有很多的希望。

——〔英〕培根:《新工具》,许宝骙译,商务印书馆 1984 年版,第 75 页。

从以上所引材料可以清楚地看出,虽然培根没有明确提出规范和实证混合研究的说法,但是在他那里,实际上已经有了将规范和实证研究混合起来的基本思想。

六、定性和定量混合实证研究的设计策略和有效性

由于各种混合研究中,最常为研究者关注的是定性和定量混合实证研究,故此,下面将以定性和定量的混合设计为重点,介绍混合研究方法的研究设计和操作流程。

(一)设计策略

混合研究需要严格的方法设计来实现研究方法和各种数据分析程序的集成,以便在质和量的方法上无缝传递证据。① 在混合研究中,就方法的地位而言,不同方法既可以是同等地位,也可以有主次地位之分;在时间取向上,不同方法既可以顺序使用,也可以同时使用或者以夹层模式使用。② 针对定性和定量混合研究,不同学者对于混合研究的设计策略也提出了不同的建议。例如,克雷斯威尔认为混合设计可以分为基础设计方案和高阶设计方案,其中基础设计方案包括聚敛式设计、解释性序列设计、探索性序列设计;高阶设计方案又可以进一步分为干预设计、社会正义设计和多阶段评估设计。③ 塔沙克里在同等地位设计、主次设计两种设计之上,又分出了多层次路径设计。④ 伯克·约翰逊根据定量研究和定性研究的时间方向(并行或顺序)和范式强调两个维度,定义了一个混合方法设计矩阵,得出四大类设计类型。⑤ 里奇和奥韦格布兹的分类与约翰逊的分类有些许类似,只是在时间和范式的维度之上添加了部分混合和全部混合这个维度。⑥ (见表15.1)

---

① Felipe Castro, et al., "A Methodology for Conducting Integrative Mixed Methods Research and Data Analyses," *Journal of Mix Methods Research*, Vol. 4, No. 4, 2011, pp. 342-360.

② Margarete Sandelowski, "Combining Qualitative and Quantitative Sampling, Data Collection, and Analysis Techniques in Mixed-method Studies," *Research in Nursing & Health*, Vol. 23, No. 3, 2000, pp. 246-255.

③ 〔美〕约翰·W. 克雷斯威尔:《混合方法研究导论》,李敏谊译,上海人民出版社2015年版,第39—55页。

④ 〔美〕阿巴斯·塔沙克里、查尔斯·特德莱:《混合方法论:定性方法和定量方法的结合》,唐海华译,重庆大学出版社2010年版,第42页。

⑤ 〔美〕伯克·约翰逊:《教育研究:定量、定性和混合方法》(第4版),马健生等译,重庆大学出版社2015年版,第403—406页。

⑥ Nancy Leech and Anthony Onwuegbuzie, "A Typology of Mixed Methods Research Designs," *Quality & Quantity*, Vol. 43, No. 2, 2009, pp. 265-275.

表15.1 定性和定量混合研究的设计策略

学者	混合方法设计
塔沙克里	1.确证研究、定性数据、统计分析、推理;2.确证研究、定性数据、定性分析、推理;3.探索研究、定量数据、统计分析、推理;4.探索研究、定性数据、定性分析、推理;5.确证研究、定量数据、定性分析、推理;6.探索研究、定量数据、定性分析、推理;7.并行混合模型;8.顺序混合模型
克雷斯威尔	聚敛式设计、解释性序列设计、探索性序列设计、干预设计、社会正义设计和多阶段评估设计
约翰逊	同等地位—并行关系;同等地位—顺序关系; 主从地位—并行关系;主从地位—顺序关系
里奇和奥韦格布兹	部分混合(同等地位并行、主从地位并行、部分混合顺序同等设计、部分混合顺序主从设计); 全部混合(同等地位并行、主从地位并行、全部混合顺序同等设计、全部混合顺序主从设计)

虽然不同学者对定性和定量混合设计的分类方式和设计策略不尽相同,但是都强调一定的设计标准。例如,塔沙克里的设计策略注重不同研究方法的范式,同时提出了多层次混合研究;克雷斯威尔的设计策略注重不同研究方法的时间取向;约翰逊和里奇、奥韦格布兹的设计策略则同时考虑了定量和定性研究方法的范式和时间取向。

综合以上几种设计标准,本章将定性和定量混合研究设计的设计策略分为三种:聚敛式设计、探索性设计、解释性设计。聚敛式设计有两种:同等地位—并行关系设计、同等地位—顺序关系设计。探索性设计有三种:定性为主—并行关系、定性为主—顺序关系、探索性嵌入设计。解释性设计有三种:定量为主—并行关系、定量为主—顺序关系、解释性嵌入设计。(见图15.7)

1. 聚敛式设计

在聚敛式设计(convergent design)中,定性和定量研究方法处于同等地位。在同等地位下的并行关系混合设计中,定性研究方法和定量研究方法相互独立,既没有使用顺序的先后之别,也没有地位的高下之分,从而在研究的推论中实现两种研究方法的互补。同等地位—顺序关系混合设计则是在同等地位下的并行关系混合的基础之上区分了二者的使用顺序。在使用一种研究方法之后,可以根据研究的实际情况,选取另一种研究方法弥补之前的不足,或者对之前的推论进行细节性的验证。

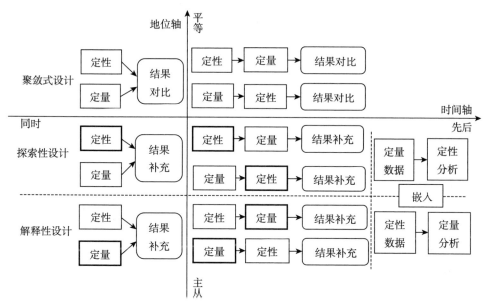

图 15.7 混合研究方法的设计策略

2. 探索性设计

探索性设计(exploratory design)从研究类型上可以划归为探索性研究,在这种混合研究中定性研究占据主导地位。探索性设计中,定量研究为定性研究的分析补充精确的数据,为定性研究的结果进行确证性的补充验证。定性为主—并行关系、定性为主—顺序关系这两种探索性设计只是在定性和定量两种方法的使用顺序上有所差别,定性研究的主导地位没有改变。探索性嵌入设计则是指在探索性研究中对已有的定量数据进行定性分析,从而得出研究结果。这跟麦克斯韦尔(Joseph A. Maxwell)的"分解式"结合研究策略在本质上是一致的,即将不同方法中的要素进行分解,然后对其中某些要素进行整合。① 探索性嵌入设计涉及数据的质化,即将定量数据转换成词语主题或类别,例如将年龄 50 岁的组群转换成中年人。

3. 解释性设计

解释性设计(interpretive design)在研究类型上属于解释性研究,而在设计策略上定量研究占据主导地位。解释性设计中,定性研究为定量研究进行个体主观细节的补充。定量为主—并行关系、定量为主—顺序关系只是在定性和定量两种方法的使用顺序上有所差别,定量研究的主导地位没有改变。解释性嵌入设计是

---

① Evan Lieberman, "Nested Analysis as a Mixed-Method Strategy for Comparative Research," *American Political Science Review*, Vol. 99, No. 3, 2005, pp. 435-452.

在"从数据到分析"的过程中划分出的一种混合设计,数据的收集采用定性研究方法,数据的分析采用定量研究方法。解释性嵌入设计涉及数据的量化,即将定性数据转换成数值形式,例如对事件进行频数统计。

(二)有效性

定性和定量混合研究方法的中心假定是,定性和定量方法的混合使用比单一方法更有助于理解和解决研究问题。[①] 因此,该方法的设计原理也是要实现定量研究和定性研究的优势互补。[②] 但是,在具体应用中,这种优势互补也可能导致新的有效性问题。因此,混合研究方法既要考虑定性和定量研究方法的有效性,也需要考虑两种方法结合所导致的新的有效性问题。具体来说,就定量研究而言,要考虑构念效度、内部效度、外部效度、统计结论效度等[③];就定性研究而言,除了考虑略有不同的构念效度、内部效度、外部效度外,还需要考虑描述型效度、解释型效度、理论型效度以及评价型效度等[④](可参阅本书第六章)。同时,为了解决两种方法结合所产生的新的有效性问题,还需要进一步考虑顺序效度、转换效度和劣势最小化效度。[⑤](见表15.2)

表 15.2 混合研究设计的有效性

效度	有效性的保证	举例
顺序效度	保证混合研究设计的完善和合理;按不同顺序重复操作定量与定性方法,保证研究的准确性	完善自己的研究设计,进行案例编码和问卷调查的重复操作保证研究的准确性
转换效度	保证定量数据质化的合理性和准确性;保证定性数据量化的合理性和准确性	通过研究者和研究资料的三角互证,保证定性数据编码的准确性
劣势最小化效度	选择合适的混合研究设计;选取两种方法的优势,弥补彼此的不足	用访谈资料丰富数据的描述性分析;用数据资料完善编码的实证性结果

---

① 蒋逸民:《作为"第三次方法论运动"的混合方法研究》,《浙江社会科学》2009年第10期,第27—37页。
② 张绘:《混合研究方法的形成、研究设计与应用价值——对"第三种教育研究范式"的探析》,《复旦教育论坛》2012年第5期,第51—57页。
③ 陈晓萍、沈伟主编:《组织与管理研究的实证方法》(第三版),北京大学出版社2018年版,第118—120页。
④ 陈向明:《质的研究方法与社会科学研究》,教育科学出版社2000年版,第392—395页。
⑤ 〔美〕伯克·约翰逊、拉里·克里斯滕森:《教育研究:定量、定性和混合方法》(第4版),马健生等译,重庆大学出版社2015年版,第260页。

1. 顺序效度

顺序效度(sequential validity)是指因定性和定量研究方法的使用顺序不同可能导致的研究结果的差异程度。例如,如果研究设计是先完成定性阶段研究,再完成定量阶段研究从而得出结果;那么,如果先完成定量阶段再进行定性阶段研究,结果是否不同?如果存在不同,那么混合设计就存在顺序效度较低问题。

2. 转换效度

转换效度(transformational validity)是指定性和定量数据转换过程中数据转换的准确程度。例如,混合研究中需要考虑:定性数据数字化的过程中在多大程度上做了准确转换,如果在定性数据转换成定量数据的过程中存在准确性问题,那么研究设计也会存在转换效度较低的问题。同理,如果定量数据转化为定性数据过程中存在准确性问题,那么研究设计也会存在转换效度较低的问题。

3. 劣势最小化效度

劣势最小化效度(disadvantage minimization validity)是指一种研究方法的劣势被另一种研究方法的优势所弥补的程度。例如,定量测量可以带来准确的数值结果,但是在对主观细节的把控上较为欠缺。与此同时,定性深度访谈可以较为深入和全面地了解受访者的主观态度和思想,但是样本量却很有限。那么在定量研究与定性深度访谈的混合研究中,定量方法就可以弥补定性研究样本量较小的劣势;可是,如果用于定量研究的样本量依旧很小,那么即使是混合研究设计,其劣势最小化效度也会很低。

七、定性和定量混合实证研究的操作流程

塔沙克里认为,一项完整的定性和定量混合实证研究主要包含抽样及确定数据来源、变量及其测量、程序和资料分析技巧四个部分。[①] 伯克·约翰逊等则认为定性和定量混合研究过程存在着八个迭代步骤:确定混合设计是否合适、确定使用混合设计的基本原理、选择或者构建一个混合研究设计和混合抽样设计、收集数据、分析数据、不断地验证数据、不断地解释数据和结果、撰写研究报告。[②] 政治学与公共管理学中的定性和定量混合研究方法的使用流程,虽然存在一些差

[①] 〔美〕阿巴斯·塔沙克里、查尔斯·特德莱:《混合方法论:定性方法和定量方法的结合》,唐海华译,重庆大学出版社2010年版,第59页。

[②] 〔美〕伯克·约翰逊、拉里·克里斯滕森:《教育研究:定量、定性和混合方法》(第4版),马健生等译,重庆大学出版社2015年版,第260页。

别,但是都应当包括以下五个核心步骤:确定研究方法、选择研究设计、数据收集、数据分析、结果汇报。(如图 15.8)

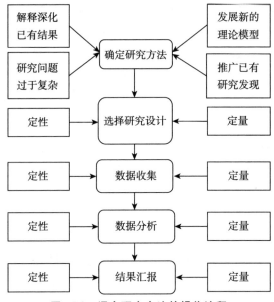

图 15.8　混合研究方法的操作流程

(一)确定研究方法

对于混合研究方法的适用情况在本章第一部分已经进行了介绍,这些情况对于定性和定量实证研究也是适用的。

(二)选择研究设计

研究者可以根据研究目的、研究想采取的特定范式、自身的研究条件等,因地制宜地选择合适的定性和定量混合研究设计策略。如果只是想进行结果的互证,就可以选择聚敛式混合设计;如果想要进行探索性研究和解释性研究,就可以分别选择探索性混合设计和解释性混合设计;而如果研究涉及多层次研究对象,则可以考虑多层次混合设计。

(三)数据收集

定性和定量混合研究同时涉及定性和定量两种数据的收集,这些具体的数据收集方法和一般的定性和定量数据收集并无太大区别。例如,就数据获取方法而言,定性数据大多采用访谈、日记、期刊、观察和开放式问卷来获取,定量方法则倾向于使用测试和封闭问卷①;而混合研究方法的数据获取则是依赖于定性和定量方法的数据获取方式,且不同的获取方法体现在混合研究的不同阶段。

但是,定性和定量混合研究同一般的定性研究或定量研究不同的是,它往往需要根据抽样的不同方式来确定数据收集方式。故此,在这里,我们将对定性和定量混合研究的抽样策略进行必要的介绍。就抽样策略而言,配额抽样、滚雪球抽样等非概率抽样方法常用于定性数据的收集,分层抽样、系统抽样、整群抽样等概率抽样方法常用于定量数据的收集。② 但是,这种区分也并不是绝对的,定量数据也可以从非抽样策略中产生,概率抽样策略也同样适用于定性数据的收集。③ 混合抽样设计则是定性和定量两种抽样设计的整合。伯克·约翰逊等认为,混合抽样设计的分类有两个标准:定性阶段和定量阶段的时间取向,定性样本和定量样本之间的关系。其中,时间取向有同时发生和按顺序发生两种表现形式;样本间关系主要有相同、互斥、嵌套和多重四种表现形式。④ 表15.3 展示了上述组合的八种混合抽样策略。

表 15.3 混合抽样策略

样本关系	时间取向	
	同时 (定性阶段和定量阶段同时发生)	顺序 (定性阶段和定量阶段依次发生)
相同 (定性和定量数据来自相同的样本。例如,被试者既参与了问卷调查,又接受了访谈)	同时且相同 (两种数据同时收集于同一样本)	顺序且相同 (两种数据依次收集于同一样本)
互斥 (定性和定量的数据收集选自同一总体的不同样本。例如,定性阶段和定量阶段选择不同学校的高三学生作为样本)	同时且互斥 (两种数据同时收集于同一总体的不同样本)	顺序且互斥 (两种数据依次收集于同一总体的不同样本)

---

① Mohammad Zohrabi, " Mixed Method Research: Instruments, Validity, Reliability and Reporting Findings, " *Theory and Practice in Language Studies*, Vol. 3, No. 2, 2013, pp. 254-262.
② 李志、潘丽霞主编:《社会科学研究方法导论》,重庆大学出版社 2012 年版,第 88—108 页。
③ Lawrence Palinkas, et al., " Purposeful Sampling for Qualitative Data Collection and Analysis in Mixed Method Implementation Research, " *Administration and Policy in Mental Health and Mental Health Services Research*, Vol. 42, No. 5, 2013, pp. 1-12.
④ 〔美〕伯克·约翰逊、拉里·克里斯滕森:《教育研究:定量、定性和混合方法》(第 4 版),马健生等译,重庆大学出版社 2015 年版,第 224—230 页。

(续表)

样本关系	时间取向	
	同时 (定性阶段和定量阶段同时发生)	顺序 (定性阶段和定量阶段依次发生)
嵌套 (一个阶段选择的样本是另一个阶段所选样本的子集。例如,定量阶段选择整个年级学生,定性阶段选择90分以上学生)	同时且嵌套 (两种数据同时收集,且一种数据收集的样本是另一种数据收集样本的子集)	顺序且嵌套 (两种数据依次收集,且一种数据收集的样本是另一种数据收集样本的子集)
多重 (不同阶段选择不同层次的样本。例如,定量阶段样本为学生,定性阶段样本为老师)	同时且多重 (两种数据同时收集,但是选自不同层次的样本)	顺序且多重 (两种数据依次收集,但是选自不同层次的样本)

(四) 数据分析

定性和定量混合研究方法的数据分析是定性和定量方法数据分析的整合,既可以分别进行分析,在解释过程中整合,也可以在分析和解释过程中都进行整合。[1] 混合数据的分析可以从数据类型和分析类型两个维度进行。[2] 数据类型包括定性数据、定量数据、定性数据和定量数据;分析类型包括定性分析、定量分析、定性分析和定量分析:由此可组合出七种混合数据分析策略。(如表15.4)而且,在数据的混合分析策略中,定性和定量数据可以转换成量化或质化的数据类型进行分析[3],也就是之前提到过的数据的质化和量化的问题。

表15.4 数据的混合分析策略

	定性分析	定量分析	定性分析和定量分析
定性数据	—	数据的量化	定性数据的定性、定量分析

---

[1] J. C. Greene, et al., "Toward a Conceptual Framework for Mixed-method Evaluation Design," *Education Evaluation and Policy Analysis*, Vol. 11, No. 3, 1989, pp. 255-274.

[2] Martyn Denscombe, "Communities of Practice: A Research Paradigm for the Mixed Methods Approach," *Journal of Mixed Methods Research*, Vol. 2, No. 3, 2008, pp. 270-283.

[3] Valerie Caracelli and Jennifer Greene, "Data Analysis Strategies for Mixed-Method Evaluation Designs," *Educational Evaluation and Policy Analysis*, Vol. 15, No. 2, 1993, pp. 195-207.

(续表)

	定性分析	定量分析	定性分析和定量分析
定量数据	数据的质化	—	定量数据的定性、定量分析
定性数据和定量数据	两种数据的定性分析	两种数据的定量分析	定性和定量数据的定性和定量组合分析

（五）结果汇报

在对定性和定量混合研究方法的结果进行汇报之前,研究者需要首先对其在研究过程中所使用的研究方法进行具体的介绍与说明,并对其中所涉及的特定研究术语进行相应的界定,毕竟不是所有人都能够精通定量与定性两种研究方法。在结果陈述方面,如果混合研究设计是同等地位混合设计,那么混合研究报告的结果部分就需要有定量和定性两项研究结果的分别陈述。如果所使用的是主从地位的混合设计,结果汇报部分应以占主导地位的研究方法的研究结果为主,并将占次要地位的研究方法的研究结果作为补充。(见图15.9)

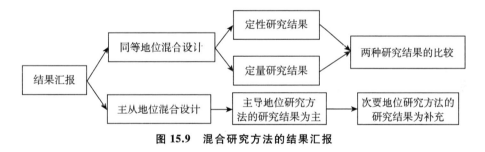

图 15.9 混合研究方法的结果汇报

八、定性和定量混合实证研究的质量保证

在定性和定量混合实证研究中,不管是资料的收集、分析方法的使用,还是研究的推论,都要求研究者在掌握定性和定量研究方法的基础上,严格遵循混合研究设计的标准。一般而言,混合研究方法的质量保证需要综合考虑以下几个方面:

（一）混合研究设计的修正

混合研究设计不同于单一的研究设计,在研究的过程中,混合研究设计本身

可能需要进行相应的修正。比如,定量和定性研究的先后顺序或者主从地位等。因为研究过程中可能会有新的发现,而这些发现可能会对混合研究设计提出新的要求。

(二) 数据的分析与转换

混合研究方法有多种研究类型和设计,不同的研究设计对数据分析的要求也不尽相同。对于主从类设计和顺序型设计来说,数据分析方法跟单一研究方法并没有区别;但是对于嵌套类研究设计而言,就不得不考虑数据的转换。特别地,虽然定量和定性数据可以进行相应的质化或者量化,但是必须保证定性数据的编码和定量数据的词语描述的准确性。

(三) 妥善处理研究结果不一致的情况

在并行混合设计中可能会出现定性研究结果和定量研究结果不一致的情况,这时就需要研究者反复操作两种研究方法,分析研究结果,探明导致研究结果不一致的原因。如果是操作问题,就需要及时修正混合研究设计;如果确定结果无误,则需要考虑结果是否具有互补性。结果不一致问题的解决,不仅能够增强研究的稳健性,而且能够得到超越单一方法的研究结果,证明混合研究设计的优越性。[1]

九、使用中应注意的问题

混合研究方法作为不同研究方法的混合,对研究者的专业技能具有一定的要求。不管是规范混合研究方法、实证混合研究方法,还是规范与实证研究相结合的混合研究方法,都要求研究者掌握至少两种具体的研究方法。如果存在对任何某一种研究方法掌握不熟练的状况,都会影响混合研究方法的质量和有效性。

而且,在两种方法混合的混合研究中,两种研究方法的主次地位才是影响研究类型的决定性因素。例如,就定性和定量混合实证研究而言,如果一项混合研究中的定量研究占据主要地位,即使定性研究在定量研究之前进行,并且有较大的篇幅,那该研究也是解释性研究,而定性研究只是为了辅助或者佐证定量研究的结果。

---

[1] Suzanne Moffatt, et al., "Using Quantitative and Qualitative Data in Health Services Research: What Happens When Mixed Method Findings Conflict?" *BMC Health Services Research*, Vol. 6, No. 1, 2006, p. 28.

第十五章 混合研究

关键术语

三角互证	数据三角互证	研究者三角互证	理论三角互证
方法三角互证	顺序效度	转换效度	劣势最小化效度
聚敛式设计	探索性设计	解释性设计	定性数据的量化
定量数据的质化			

思考题

1. 混合研究与三角互证有什么区别与联系?
2. 能否针对政治学与公共管理学学科中的规范研究的混合、定性与定量研究的混合、规范研究与实证研究的混合,各举一个例子进行具体说明?
3. 混合研究中的主次地位和时间的先后顺序有什么区别与联系?
4. 在不止有一种数据的情况下,是不是都适宜于使用混合研究方法?
5. 如何保证混合研究设计的有效性?

延伸阅读

Burke Johnson, et al., "Toward a Definition of Mixed Methods Research," *Journal of Mixed Methods Research*, Vol. 1, No. 2, 2007, pp. 112-133.

Felipe Castro, et al., "A Methodology for Conducting Integrative Mixed Methods Research and Data Analyses," *Journal of Mix Methods Research*, Vol. 4, No. 4, 2011, pp. 342-360.

J. C. Greene, et al., "Toward a Conceptual Framework for Mixed-method Evaluation Design," *Education Evaluation and Policy Analysis*, Vol. 11, No. 3, 1989, pp. 255-274.

Joanna Sale, et al., "Revisiting the Quantitative-Qualitative Debate: Implications for Mixed-Methods Research," *Quality & Quantity*, Vol. 36, No. 1, 2002, pp. 43-53.

John Creswell and Vicki Plano Clark, *Designing and Conducting Mixed Methods Research*, Sage, 2011.

Martyn Denscombe, "Communities of Practice: A Research Paradigm for the Mixed Methods Approach," *Journal of Mixed Methods Research*, Vol. 2, No. 3, 2008, pp. 270-283.

Mohammad Zohrabi, "Mixed Method Research: Instruments, Validity, Reliability and Reporting Findings," *Theory and Practice in Language Studies*, Vol. 3, No. 2, 2013, pp. 254-262.

〔美〕阿巴斯·塔沙克里、查尔斯·特德莱:《混合方法论:定性方法和定量方法的结合》,唐海华译,重庆大学出版社 2010 年版。

〔美〕伯克·约翰逊、拉里·克里斯滕森:《教育研究:定量、定性和混合方法》(第 4 版),马健生等译,重庆大学出版社 2015 年版。

〔德〕伍威·弗里克:《三角互证与混合方法》,郑春萍译,格致出版社、上海人民出版社 2021 年版。

〔美〕约翰·W. 克雷斯威尔:《研究设计与写作指导:定性、定量与混合研究的路径》,崔延强主译,重庆大学出版社 2007 年版。

〔美〕约翰·W. 克雷斯维尔、薇姬·L. 查克:《混合方法研究:设计与实施》(原书第 2 版),游宇、陈福平译,重庆大学出版社 2017 年版。

经典举例

(一)〔美〕埃莉诺·奥斯特罗姆等:《规则、博弈与公共池塘资源》,王巧玲、佐睿译,陕西人民出版社 2011 年版。

2009 年诺贝尔经济学奖得主埃莉诺·奥斯特罗姆和其合作者的《规则、博弈与公共池塘资源》一书,是一本政治学与公共管理学领域的重要著作。该书从制度理论角度出发,研究了公共池塘资源问题。书中运用制度分析与发展(IAD)框架,通过采用理论的、实验的与实地的三种方法的混合,对公共池塘资源问题进行了系统考察。

从宏观层面来看,这本书使用了规范研究和实证研究的混合方法。例如,该书第二章的前半部分属于规范研究,利用制度分析与发展框架,构建了全书的研究框架。而在接下来的部分,书中通过实验和实地研究相结合的实证研究,对这种框架或模型进行了验证。从微观层面来看,该书也使用了不同规范研究的混合。例如,该书第二章和第四章分别使用了制度分析和博弈分析,实现了这两种规范研究的混合。

(二)〔美〕约翰·W. 金登:《议程、备选方案与公共政策》,丁煌、方兴泽,中国人民大学出版社 2017 年版。

《议程、备选方案与公共政策》是美国著名政策科学家和政治家、密歇根大学政治学系教授约翰·W.金登的代表作。在该书中,作者进行了247次广泛且深入的访谈(在1976—1979年间)和23项案例研究,该书体现了访谈研究和案例研究的有效混合。

同时,除了访谈和案例研究的混合之外,该书还进行了对质性资料的量化。例如,除了对一共247次的访谈进行了不同的统计之外(卫生领域访谈133次,运输领域访谈114次;访谈对象的21%是国会办事人员,34%是行政部门的人员,其余45%是政府外部的人员),还对访谈得来的质性资料进行了量化编码。在编码的过程中,作者对相关问题按照非常重要、有点重要、不太重要、从未提及等七个梯度进行划分,实现了质性数据的量化。而且,他还使用合并和突增规则的联合效应(突增是指相互独立的编码者之间产生分歧而导致的极端数值;合并是指将一批不同类型的数据合成一个类型,如把"1.非常重要:自动提及"和"3.有点重要:自动提及"这两个类型合并成为"重要"的单一类型),计算了编码者分歧产生的数据误差,从而保证了编码的有效性。

(三) Lihua Yang and Jianguo Wu, "Scholar-participated Governance as an Alternative Solution to the Problem of Collective Action in Social-ecological Systems," *Ecological Economics*, Vol. 68, No. 8, 2009, pp. 2312-2425.

有别于中央集权(政府)、私有化和自治三种已有的经典模型,该研究提出了解决集体行动困境问题的新模型——专家学者参与型治理。研究在整体上采用了博弈理论分析和实地调查研究相结合的混合研究方法,并以博弈分析为主、实地调查研究为辅。

从其对混合方法的使用来说,该研究属于本章所讨论的典型的"发展新的理论模型"范围,特别适合运用混合研究方法。研究不仅在整体上属于规范与实证混合研究,而且采用了先通过规范研究建立模型,然后使用基于实地调查的实证研究进行验证的基本方法。

(四) Lihua Yang and Jianguo Wu, "Knowledge-driven Institutional Change: An Empirical Study on Combating Desertification in Northern China from 1949 to 2004," *Journal of Environmental Management*, Vol. 110, 2012, pp. 254-266.

该研究探讨了中国北方荒漠化治理中的制度变迁问题。从宏观上来看,该研究采用了规范研究和实证研究的混合,既有对制度变迁等的规范研究,又有对荒漠化治理制度变迁影响因素等的实证研究。

从主体部分看,该研究又主要采用了定性和定量混合研究方法。具体的混合策略是定量研究占主体地位、定量和定性研究同时进行的解释性混合设计。其中,主要的定量研究方法是问卷调查($N=1974$),主要的定性研究方法是深度访谈($N=78$)、观察和案例研究。

在数据分析方面,该研究不仅采用了对定量和定性数据各自分析的方法,还对基于50个案例的定性数据进行了编码量化分析,并在此基础上进行了统计分析。

在结果汇报上,研究采用的是定性研究补充定量研究的方式。在主体是定量研究结果汇报的情况下,通过对部分深度访谈和案例分析数据的汇报,不仅佐证了定量分析的结果,也增加了分析的生动性。

第五编　研究汇报

【本编提要】

本编的目的是介绍研究汇报或科学论文的写作结构,为研究者的研究写作工作提供一定的指导。本编包括一章内容:

第十六章　研究汇报

第十六章 研究汇报

本章要点

- 研究汇报的定义和基本要素;
- 研究汇报的不同形式;
- 研究汇报的不同类型;
- 研究汇报的基础结构;
- 研究汇报的基本写作步骤;
- 研究汇报质量的评价标准;
- 研究汇报中需要特别注意的伦理问题。

一、导　言

研究汇报(research report)是研究者为实现知识的交流与积累,通过规范化的语言、格式与结构向特定群体传递其研究发现的书面文献。研究汇报是科研成果的基本载体,是对科研活动成果的文字表达。[1] 科学研究者通过撰写和发表研究汇报,实现向学界和公众传达学术研究新数据与新观点、为整体学科贡献新知识、启发并引导相关问题后续研究的目的。[2] 作为科学研究中十分关键的一步,研究汇报对学科的发展也至关重要。

虽然人类社会很早便通过文字来记述研究的发现,但真正规范化的研究汇报格式起源于科学快速发展的 17 世纪的欧洲。以研究汇报中最常用的期刊论文为例。在 17 世纪,由于科学期刊才刚刚出现,主要的汇报格式还通常以描述性和叙述性方式为主。[3] 到 19 世纪下半叶,由于科学发展日趋复杂,研究方法变得愈发

---

[1] 陈兴良:《论文写作:一个写作者的讲述》,《中外法学》2015 年第 1 期,第 13—21 页。

[2] 〔美〕艾尔·巴比:《社会研究方法》(第 13 版),邱泽奇译,清华大学出版社 2020 年版,第 446—447 页。

[3] A. J. Meadows, "The Scientific Paper as an Archaeological Artifact," *Journal of Information Science*, Vol. 11, No. 1, 1985, pp. 27-30.

重要,研究汇报的格式也进一步结构化。此时,法国生物学家路易斯·巴斯德(Louis Pasteur)在建立细菌理论时,为确保实验的可操作性,记录了整个实验的过程,从而催生了科学论文的高度结构化的 IMRAD(introduction methods results and discussion)写作格式。① 二战之后,科学技术迅速发展,科学期刊编辑的审稿压力也随着科学论文数量的急剧增长而显著增大。此时,IMRAD 写作格式因为结构清晰和语言简洁等优点,逐渐被编辑接受,成了最为流行的期刊论文写作格式[②],并持续至今。

同时,学科的发展现状也深深地影响着学科的研究汇报的格式、内容、结构等要素。例如,梅多通过对比不同时期科研论文的标题、引用文献、正文内容后发现,科学论文的组织形式反映了一定时期内科学共同体(scientific community)的特定需求,并且论文的组织形式会随着科学共同体的变化而变化。③

本章将对研究汇报的含义和要素、主要形式、主要类型、基础结构、写作步骤、质量评价标准以及需要特别注意的伦理问题依次进行简单介绍。

二、研究汇报的含义和要素

从特定的视角出发,学者们对研究汇报进行了不同的界定。一般而言,根据汇报写作形式的差异,可将研究汇报分为狭义、广义和最广义三个层次。狭义的研究汇报是指以标准格式的科学论文形式在科学期刊上对原创性研究进行的陈述;广义的研究汇报则不仅包括狭义的研究汇报,而且包括以其他类型的文章和论著(如综述型论文、专著、学位论文等)形式进行的科学交流。最广义的研究汇报则不仅包括广义的研究汇报,也包括科研人员为任何科学交流(如基金申请、口头推介、海报等)目的而撰写的文章。④ 就本章而言,我们主要聚焦在狭义的研究汇报,同时兼顾广义的研究汇报。

要进一步理解研究汇报,就有必要理解研究汇报的一些基本要素。表 16.1 总结了狭义和广义的研究汇报的六个基本要素,并简单说明了其含义。

---

① 〔美〕罗伯特·戴、巴巴拉·盖斯特尔:《科技论文写作与发表教程》,曾剑芬译,电子工业出版社 2006 年版,第 7 页。

② L. B. Sollaci and M. G. Pereira, "The Introduction, Methods, Results, and Discussion (IMRAD) Structure: A Fifty-Year Survey," *Journal of the Medical Library Association*, Vol. 92, No. 3, 2004, pp. 364-367.

③ A. J. Meadows, "The Scientific Paper as an Archaeological Artifact," *Journal of Information Science*, Vol. 11, No. 1, 1985, pp. 27-30.

④ 〔美〕罗伯特·戴、巴巴拉·盖斯特尔:《科技论文写作与发表教程》,曾剑芬译,电子工业出版社 2006 年版,第 2 页。

表 16.1 研究汇报包含的要素

要素类型	含义
创作主体	研究汇报的创作者,既包括科研工作者,也包括相关的实际从业人员
实际功能	记录并传播学术界的研究成果,起到促进知识积累、普及、交流的作用
写作内容	研究成果或研究者的新观点、新发现
出版形式	包含期刊论文、会议论文、学位论文、书籍、调查报告、科普文章等多种类型
写作规范	汇报的写作和发表要遵循特定的结构、体例和规范
汇报客体	汇报的读者群,主要包括同行研究者、实际从业者、研究生、普通读者等

三、研究汇报的形式

由于研究汇报的读者群不同,研究汇报的形式也常常不同。一般而言,可把研究汇报的读者群分为专业读者和非专业读者两种类型,而专业读者中最常见的主要包括同行学者和学位答辩委员会两种,非专业读者中最常见的主要包括实务工作者和社会公众两种。如此,根据这些读者群的不同,可把常见的研究汇报形式及其主要汇报内容归纳如表 16.2。

表 16.2 针对不同读者群的研究汇报形式及内容

读者群		汇报形式	汇报内容
专业读者	同行学者	专著、期刊论文、会议论文	新的研究发现 数据资料的分析 结果的讨论
	答辩委员会	学位论文	理论和新方法的掌握 整个研究过程的各种投入 论文可能产生的理论贡献
非专业读者	实务工作者	研究报告	研究结果对于实际问题的回应 研究结果所暗示的解决方案
	社会公众	非学术类的文章或书目	研究领域内产生的新知识 研究结果与现实生活的关联性

资料来源:〔美〕罗伯特·K. 殷:《案例研究:设计与方法》(原书第 5 版),周海涛、史少杰译,重庆大学出版社 2017 年版,第 210—212 页。

在诸多研究汇报形式中,就当前的社会科学研究来说,最常见的形式是期刊论文形式。同时,期刊论文不仅形式较为固定和成熟,而且往往是其他各种汇报形式的基础,或者说其他汇报形式也可参考期刊论文形式汇报。例如,就专著和学位论文而言,大都可以看作是一篇大论文或长论文,故其在整体上也可以甚至应该遵循比较规范的期刊论文形式进行汇报。因此,本章的剩余部分将主要以期刊论文为例,介绍研究汇报的写作类型、结构、写作步骤、评价标准和研究伦理等内容。

四、研究汇报的类型

除了不同的学者群需要不同形式的研究汇报之外,不同的研究类型也经常需要不同类型的研究汇报。因此,我们把基于不同研究类型影响的研究汇报的形态简称为研究类型。当然,由于研究类型划分不同,研究汇报类型也会不同。例如,由于根据研究目的的不同,可将研究划分为探索性研究、描述性研究和解释性研究三种,故而研究汇报类型也可划分为探索性研究汇报、描述性研究汇报和解释性研究汇报。[1] 再比如,根据研究方法的不同,可将研究划分为规范研究、实证研究混合研究三种类型,故而研究汇报类型也可划分为规范研究汇报、实证研究汇报和混合研究汇报三种类型。当然,也有学者同时将几种类型结合起来进行划分。例如,大卫·希尔弗曼将研究汇报类型划分为提出某些理论洞见的理论研究、发展新方法的方法研究和实证研究三种。[2] 这里的理论研究实际就是上面说的规范研究。不过他在强调了规范研究和实证研究的同时,虽也强调了相对独立的方法论文章(methodological paper),但没有强调规范与实证混合的研究。美国心理学协会则将研究汇报类型划分得更细,包括实证性研究汇报、文献综述性研究汇报、理论性研究汇报、方法论文章、案例研究汇报以及其他较少刊登的文章。[3] 这一分类除了强调规范或理论性研究汇报、实证性研究汇报外,还强调了文献综述性研究汇报(可简称为综述研究汇报)、方法论文章、案例研究汇报以及其他较少刊登的文章。由于案例研究在事实上也可看作一种特殊的实证研究[4],较少刊登的文章可暂时不考虑,故结合本书对三种基本研究方法的分类(规范、实证、混合)以及这里特别强调的综述性研究、方法论文章两种类型,本章把研究汇报的基本类型划分为规范研究汇报、实证研究汇报、混合研究汇报、综述研究汇报、方法论文章五种类型。(见图16.1)

---

[1] 〔美〕艾尔·巴比:《社会研究方法》(第13版),邱泽奇译,清华大学出版社2020年版,第448页。
[2] 〔英〕大卫·希尔弗曼:《如何做质性研究》,李雪、张劼颖译,重庆大学出版社2009年版,第259页。
[3] 美国心理学协会编:《APA格式:国际社会科学学术写作规范手册》,席仲恩译,重庆大学出版社2011年版,第6—8页。
[4] 〔美〕罗伯特·K. 殷:《案例研究:设计与方法》(原书第5版),周海涛、史少杰译,重庆大学出版社2017年版,第21页。

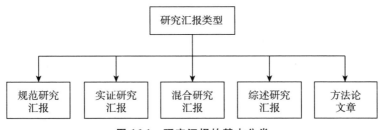

图 16.1　研究汇报的基本分类

五、研究汇报的基础结构

一篇完整的研究汇报通常都由若干特定的模块组成。举例来说,就现在常见的期刊论文而言,一般包括题目、作者姓名和单位、摘要、关键词、导言、正文、致谢、参考文献、表格与数据、附录等十个部分。当然,就正文而言,根据不同的汇报类型,又会有所不同。例如,前面提到的 IMRAD 格式就是实证性论文的基本格式。下面将先对除正文之外的、主要的共性部分进行介绍,之后再对不同的正文结构进行介绍。

(一)除正文外的共性基础结构

1. 标题

标题和摘要是研究汇报的开头部分,读者通过这一部分可对研究目的、研究内容、主要发现等有一个直观的了解。通过对该部分的阅读,读者能够确定本研究汇报是否契合自己的研究兴趣和阅读目标,从而决定是否进一步深入阅读。因此,标题和摘要需要有极强的概括性,将文章的发现以简短的篇幅进行概括。

标题的主要功能是帮助读者了解研究的主要问题,以及便于收录与检索。[1]标题是否清晰以及是否能够提供有用的信息,将影响读者决定是否阅读文章的重要因素,因此,标题部分应当尽可能地清楚、准确,并包含与正文内容高度相关的关键词。[2] 研究汇报的标题可包括主标题和副标题两部分,而且通常标题的长度不应超过 20 个字。此外,主标题中一般不能出现不常见的缩略词、英文缩写、字符、代号和公式等。此类信息如果必要的话可以在副标题当中展示。

---

[1] 闫其涛等:《浅析提高科技论文的可读性》,《编辑学报》2014 年 A1 期,第 30—32 页。

[2] P. F. Kotur,"How to Write a Scientific Article for a Medical Journal," *Indian Journal of Anaesthesia*, Vol. 46, No. 1, 2002. pp. 21-25.

2. 摘要

摘要是对研究问题及其解决方式的简要描述,通过向读者提供全文内容的简要概括以帮助读者判断该研究是否与自身需求相关以及是否有必要对全文进行阅读。① 因此,从这一功能性角度来看,好的摘要应该能清晰、全面而简洁地展示研究的主要内容,以帮助读者更加便捷、准确地判断这篇研究汇报是否包含他想要了解的信息,并通过引人入胜的写作吸引读者继续阅读研究的详细内容。要实现这一目标,需要在摘要的写作中注意以下问题:首先,摘要的整体结构要逻辑连贯、层层递进,研究主题和研究结果要清晰明确。其次,摘要应该涵盖一个简短而完整的故事所必需的全部组成部分,通常包括研究背景或目的、明确的研究问题、研究方法、研究发现(重点内容,一般又可分几点讲)、研究结论与意义(理论贡献与创新以及政策价值和建议)等。这就是说,摘要中既要阐述研究的理论框架和研究假设,又要介绍所用的研究方法和得到的结果,最后通常还要点出研究结论以及研究的理论贡献和实践意义。② 结构化的摘要通常能够提供更高质量的信息。③ 在 IMRAD 结构的研究汇报中,摘要就像是一个压缩版本的 IMRAD,或者说是全文的一个"缩写",但它更强调结果和讨论部分。④ 最后,在保证摘要内容全面、完整的同时,还需注意摘要的篇幅不宜过长。这就要求研究者在写作摘要时要语言简练、具有概括性且对各部分内容有所取舍。当前主流的期刊大都要求摘要用 200—250 字的篇幅清楚阐述研究背景或目的、研究问题、研究理论、研究方法、研究发现、研究结论及意义。⑤ 研究汇报摘要写作具体结构及内容参见表 16.3。如果论文的整体结构是后面将要讲到的包含"理论"部分的 ITMRAD 或 ITMRDC 框架,则摘要部分还需要对相关的理论阐释或理论建模进行介绍,故其摘要结构也会是 ITMRAD 或 ITMRDC 结构。

---

① R. A. Day, "How to Write a Scientific Paper," *IEEE Transactions on Professional Communication*, Vol. PC-20, No. 1, 1977, pp. 32-37.
② 陈晓萍、沈伟主编:《组织与管理研究的实证方法》(第三版),北京大学出版社 2018 年版,第 704 页。
③ S. Sharma and J. E. Harrison, "Structured Abstracts: Do They Improve the Quality of Information in Abstracts?" *American Journal of Orthodontics and Dentofacial Orthopedics*, Vol. 130, No. 4, 2006, pp. 523-534.
④ J. Wu, "Improving the Writing of Research Papers: IMRAD and beyond," *Landscape Ecology*, Vol. 26, No. 10, 2011, pp. 1345-1349.
⑤ Chittaranjan Andrade, "How to Write a Good Abstract for a Scientific Paper or Conference Presentation," *Indian Journal of Psychiatry*, Vol. 53, No. 2, 2011, p. 172.

表 16.3 研究汇报摘要写作结构

组成部分	汇报内容
研究背景或目的	已有研究中该主题的研究现状是什么; 该主题中存在哪些尚可进一步研究的问题; 本研究要采取什么研究思路; 研究的目的是什么
研究问题	指出主要的研究问题是什么
研究理论	研究使用了什么理论; 发展了什么理论模型
研究方法	研究选择了什么样的方法; 资料是如何收集并分析的
研究发现	尽可能详细地说明研究发现了什么(重点内容)
研究结论和意义	研究发现能得出怎样的结论; 研究带来哪些理论(理论贡献和创新)和现实(政策价值和建议)上的意义或启示

资料来源:参考 Chittaranjan Andrade, "How to Write a Good Abstract for a Scientific Paper or Conference Presentation," *Indian Journal of Psychiatry*, Vol. 53, No. 2, 2011, pp. 172-175 相关内容,作者进行了系统修改、完善和补充,尤其增加了有些摘要可能有的研究理论部分。

此外,对于不同类型的研究汇报,其摘要的基本格式也会存在一定差异。摘要的写作格式可大致分为报道性摘要、指示性摘要和混合型摘要三种。① **报道性摘要**(report type abstract)常用于创新性较强的研究,它类似于故事梗概,研究者直接开门见山地交代研究汇报各个部分的主要信息,包括研究的背景、目的、意义、采用的方法、主要的发现以及最终的结论等,每一部分均用一句话将该部分最核心的内容概括出来。**指示性摘要**(indicative abstract)常见于综述性研究。在这类摘要中,研究者只介绍该研究汇报主要包括哪些部分,但是对于每一部分的具体内容并不做交代,类似于小说当中的引子,只抛出文章框架而不展示框架当中的内容。**混合型摘要**(mixed abstract)则适用于既包含综述又包含对某一具体问题进行研究创新的研究汇报。在混合型摘要中,研究者通常采用对重要部分的内容进行概括与交代,对非主要部分的内容一笔带过的摘要写作格式。

---

① 张洪亭编著:《科研论文撰写》,中国纺织出版社 2013 年版,第 20—22 页。

3. 关键词

摘要之后,通常需要提供 3—6 个关键词。关键词是从研究汇报中选取出来的最核心的、最能够代表全文主题内容的几个术语、词语或短语,是文献检索的重要标识。合适的关键词能够帮助目标读者在搜索文献时更便捷地检索到研究汇报,促进研究成果的广泛传播,或者帮助读者在阅读正文前更快速地了解文章内容,进而判断这篇研究汇报是否契合其阅读兴趣。

不同的期刊可能会对关键词有着差异化的要求,例如是否可以使用缩写或者原创词语等。但是,关键词的选取通常也要遵循一些共性的标准。第一,关键词应尽量避免使用缩略语,除非这一缩略语在本领域内有着清晰的定义并且已经被广泛使用;第二,关键词应语义明确,没有歧义;第三,关键词不要选择语义过于宽泛且未加限定修饰的术语①;第四,关键词应能够全面地涵盖研究汇报的内容。

4. 表格与图

无论是实证类还是非实证类的研究汇报,在写作时可能都会涉及表和图的制作问题。同研究汇报的其他部分一样,表和图通常也需要遵循一定的格式规范,下面将逐一进行介绍。

为了便于读者理解与接受,研究汇报通常会采取表或图的形式展现研究所得的大量信息。通常情况下,研究者如果希望表现数据的准确性,表比图会更加合适;而如果希望展示数据变化的趋势或形状,则可以使用图的形式来展示数据。② 具体来说,表格有以下作用:为读者总结要点,快捷而简便地呈现相关信息,呈现作者认为重要的信息,呈现数据的趋势或变化,为其他研究者提供后续分析使用的数据。③ 图应该对正文有补充作用,并且只呈现易于阅读和理解的基本事实,且图中的所有元素都要有清楚的标注和解释。④ 尽管表与图的形式便于信息的展示,但是研究者需要仔细斟酌哪些信息值得用表或图的形式展现,以防图表过量、破坏文章整体线索、排版困难以及沟通不畅等问题出现。⑤ 不同的格式

---

① E. E. Gbur and B. E. Trumbo, "Key Words and Phrases: The Key to Scholarly Visibility and Efficiency in an Information Explosion," *The American Statistician*, Vol. 49, No. 1, 1995, pp. 29-33.

② Robert A. Day and Barbara Gastel, *How to Write and Publish a Scientific Paper*, Greenwood Press, 2006, pp. 106-107.

③ 〔美〕阿德尔海德·A. M. 尼科尔、佩妮·M. 皮克斯曼:《如何呈现你的研究发现:表格制作实践指南》,张明等译,重庆大学出版社 2013 年版,第 1 页。

④ 〔美〕拉里·克里斯滕森、伯克·约翰逊、莉萨·特纳:《研究方法、设计与分析》(第 11 版),赵迎春译,商务印书馆 2018 年版,第 423 页。

⑤ 美国心理学协会编:《APA 格式:国际社会科学学术写作规范手册》,席仲恩译,重庆大学出版社 2011 年版,第 121 页。

标准都要求表与图必须有标题,表的标题一般在上,而图的在下(即所谓的"表上图下")。此外,表与图在研究汇报中应当按照顺序分开编码,起始编码为1,如"表1""表2","图1""图2"。① 在使用表格展示信息时,通常使用三线表,但同时也要注意投稿的期刊、硕士或博士学位论文等对表格的格式要求。例如,美国心理学协会的出版刊物要求表格遵守APA格式。表16.4中列举了表格主要组成部分的内容及注意事项。

表16.4 表格主要组成部分的内容及注意事项

主要组成部分	内容及注意事项
表号	每一个表格都应有一个序号(APA格式建议表格的序号使用阿拉伯数字),且当包含多个表格时,表格的序号应是连续、不重复的
表题	表的标题一般放在表上方。表题是对表格呈现内容的总结,而不是对列头或行头的简单重复。好的表题应当简明扼要且易于理解
表标目	表标目是表格的副标题。当表格中有一个以上分类或分组的情况时,可以使用表标目来表示列头和行头都不能区分的内容
列头和行头	列头和行头是对列或行内容的区分。需要注意,列头和行头不应存在不必要的重复;表意要清晰;应当按照重要性、表题中的呈现顺序、字母顺序排列等逻辑顺序来呈现
表体	表格中原始数据构成的单元。需要注意表格中的字体、格式、行间距以及跨页等是否符合要求
表注	表注一般放在表格下方,按照一般性表注、针对表格内容的具体表注、概率的表注的顺序呈现。需要注意的是,每类表注都需要独立一行呈现

资料来源:〔美〕阿德尔海德·A.M.尼科尔、佩妮·M.皮克斯曼:《如何呈现你的研究发现:表格制作实践指南》,张明等译,重庆大学出版社2013年版,第2—5页。

同样,图的制作也要遵守目标期刊或出版社等的格式要求,表16.5中列举了图的主要组成部分的内容及注意事项。

表16.5 图的主要组成部分的内容及注意事项

主要组成部分	内容及注意事项
图号	与表格一样,每一张图片也都应有一个序号(APA格式建议表格的序号使用阿拉伯数字),且当包含多个图时,图的序号应是连续、不重复的

---

① 〔英〕马修·戴维、卡罗尔·D.萨顿:《社会研究方法基础》,陆汉文等译,高等教育出版社2008年版,第354页。

（续表）

主要组成部分	内容及注意事项
图标题	图标题既是图的名称,也是对图的简要解释,通常是一个简洁又具有描述性的短语。在描述性短语后,通常还要有解释说明中未介绍的单位、符号等,例如,图中的误差条代表标准差还是置信区间,显著性标记对应的概率值等。图标题一般在图的下方,并且不能放在图片中
图说明	图说明是对图中所用符号的解释或说明,通常置于图中。说明要足够大,以便读者阅读,例如文字通常在 8—14 磅。图说明和图标题中使用的符号、缩写及术语等要与正文或其他图表保持一致
图形	分辨率要足够高;图中每一个元素(文字、线条、标签等)都要足够明显;要考虑图中各元素的权重,以使最重要的元素最显眼;要保持图形简单、图面整洁,不要使用太多阴影层次

资料来源:美国心理学协会编:《APA 格式:国际社会科学学术写作规范手册》,席仲恩译,重庆大学出版社 2011 年版,第 143—153 页。

5. 致谢

作者可以通过致谢部分感谢在研究过程中提供帮助和支持的个人或者机构等所做出的贡献。这些贡献既包括贡献者为研究提供的物质资助,如基金、合同或奖学金等,也包括那些不符合作者资格标准的人为研究汇报提供的数据收集、写作、语言等方面的帮助。所有这些帮助应当在征得贡献者的许可后,在致谢部分列出,并且应准确介绍各个主体的具体贡献内容。不同期刊对致谢的要求也不尽相同,例如致谢在研究汇报中的位置、是否应该在致谢中感谢匿名审稿人等。通常,致谢放在正文部分之后、参考文献列表之前的单独一节中。但也有期刊要求将致谢置于标题页的单独一节中。

6. 参考文献

在正文之后,一个完整的研究汇报还应包含"参考文献"部分。在这个部分中,研究者应当标记出整个文档中所有引用过的文献(包括学术著作、期刊论文、报纸文章、网页链接等任何形式)[①],在表示对他人劳动成果尊重的同时也表明自己参考、借鉴并发展了哪些人的理论。参考文献需要选取与研究问题密切相关的经典学术文献或者能够反映最新研究成果的最新文献。[②] 研究者既可以直接引

[①] 袁方主编:《社会研究方法教程》(重排本),北京大学出版社 2013 年版,第 525—526 页。
[②] 胡庚申、申云桢:《英语论文写作与发表之失误例谈(九):参考文献》,《科技与出版》2006 年第 2 期,第 52—53 页。

用参考文献的原文,也可以间接引用参考文献的观点①,两种引用方式的区别在于引号的使用与准确性的差别:直接引用的原文需要用引号注明,而观点的引用则无须用引号标出;直接引用要与原文一致,而间接引用可以是对作者观点的概括。当然,研究者也可在符合学术规范和实事求是的前提下引用自己的研究成果,但是出版或发表的盲审制度要求在自我引用时避免泄露作者信息。此外,参考文献的引用格式常因出版单位而异。例如,国内出版社除了有自己的一些特定格式外,通常主要参考国家标准格式;常见的国际主流参考文献格式则主要包括芝加哥格式(又包括"作者—年"和"注释—文献"两种版本②)、美国心理学协会格式、哈佛格式三种。表 16.6 以期刊文献的引用格式为例,比较了以上几种格式的差异。

表 16.6　参考文献格式表

格式名	文中注释格式	录用条目格式
国标(GB/T 7714—2015)	……[1]	主要责任者.题名[J].期刊名,出版年,卷号(期号):页码.
芝加哥格式(作者—年版)	(作者姓,出版年,页码)……;作者(出版年,页码)……	作者姓,作者名.出版年."文章标题".*期刊名*卷号,期号:页码.
芝加哥格式(注释—文献版)	……1	作者姓,作者名."文章标题".*期刊名*卷号,期号(出版日期):页码.
美国心理学协会格式	(作者姓,出版年,页码)……;作者(出版年)……	作者姓,作者名.(出版年).文章标题.期刊名,卷号(期号),页码.
哈佛格式	(作者姓,出版年)……	作者姓,作者名.(出版年).文章标题.期刊名,卷号(期号),页码.

7. 附录

许多情况下,研究汇报还包含一些基本的支持性材料,且这些材料不适合放进研究汇报的正文,这时可以在附录中呈现这些材料。③ 例如,有些图表所呈现的并不是研究汇报的核心结果,则可以将其放在附录中,以免淹没研究的主要结论。又或者,有些非主体内容的技术性推导篇幅过长,且对于一般读者来说过于

---

① 仇立平:《社会研究方法》,重庆大学出版社 2008 年版,第 369 页。
② 〔美〕凯特·L.杜拉宾:《芝加哥大学论文写作指南》(第 8 版),雷蕾译,新华出版社 2015 年版,第 151—152 页。
③ 同上书,第 482 页。

晦涩难懂，同样可以将其放于附录中，以免影响研究汇报正文的连贯性及可读性。附录材料的类型多种多样，不仅包括图片、表格、公式、案例、问卷等可以印刷的材料，还包括视频、音频等不能印刷的多媒体文件。当然，通常附录只包含这些材料类型中的一种或几种。有些研究汇报并不需要附录。

和研究汇报的正文部分一样，附录也可以有自己的题名、各级标题，其中的图表也要进行编号，以便在研究汇报的其他部分进行指称。① 如果附录内容过多或者同时包含多种类型的材料，则可能需要多个附录。这时，需要对每个附录进行编号，例如"附录 A""附录 B"等。相应地，附录中材料的编号也要与之对应。例如，"附录 A"中的表格可以编号为"表 A1"，公式可以编号为"公式 A1"等。

扩展知识

自 1665 年诞生以来，科技论文经历了许多变化。前两个世纪论文的结构和风格并不规范，书信形式和实验报告形式并存。方法描述在 19 世纪下半叶日渐发展，出现了"理论—实验—讨论"的组织结构。在 20 世纪初，随着研究报告中文学风格的减弱，论文写作规范开始标准化。研究发现，1935 年时还找不到 IMRAD 文章，而到了 1950 年，以这种现代形式发表的文章比例在所有期刊中都超过了 10%。此后，IMRAD 文章比例显著增加，直到 20 世纪 70 年代达到 80%以上。在 20 世纪的进程中，包含导言、方法、结果和讨论 IMRAD 结构被逐渐确立、采用并沿用至今。

——L. B. Sollaci and M. G. Pereira, "The Introduction, Methods, Results, and Discussion (IMRAD) Structure: A Fifty-Year Survey," *Journal of the Medical Library Association*, Vol. 92, No. 3, 2004, pp. 364-367。

回溯历史，我们能够发现科技论文的写作最初并没有固定的结构，而现在普遍采用的 IMRAD 结构是在历史的实践中逐渐发展出来并逐步确立的。结构化科学写作的优势在于，合理而固定的结构能够避免遗漏重要元素，有助于快速检索信息，并能够提升论文的可读性，从而有助于学术交流。同时，IMRAD 结构的演变历程也说明，论文的结构或格式并非一成不变。随着科学和信息技术的不断进步，IMRAD 这样的论文结构无疑也会不断发展。②

---

① 美国心理学协会编：《APA 格式：国际社会科学学术写作规范手册》，席仲恩译，重庆大学出版社 2011 年版，第 35 页。

② J. Wu, "Improving the Writing of Research Papers: IMRAD and beyond," *Landscape Ecology*, Vol. 26, No. 10, 2011, pp. 1345-1349。

（二）正文部分的结构

正文部分是研究汇报的主体部分，此部分汇报研究者的主要研究过程、研究发现以及研究结论等内容。当前，学术界流行的最基本的研究汇报正文写作结构是 IMRAD 结构，包含导言、方法、结果、讨论四个固定组成部分，以及既可以独立呈现也可以作为讨论的一部分的结论部分。

从总体上来看，研究汇报的写作结构应当像图 16.2 中的沙漏，即由宽到窄又由窄到宽。① 在导言部分，研究者首先将研究放在广阔的社会背景当中进行讨论，然后在分析既有研究的基础上逐步聚焦到要研究的问题。在方法和结果部分，研究者始终围绕着研究问题进行研究的设计、操作与分析，并展示研究结果，这也对应着沙漏结构中最为狭窄的部分。在讨论部分，研究者需要将研究结果与现有的知识相联系，提出新的观点回应导言部分的问题，并从针对问题研究结果的分析进一步扩散到在更广阔空间中的阐发与讨论。在结论部分，研究者再次总结研究发现，阐明该项研究对理论发展的意义、研究的局限性与不足等问题，以启发后续研究者的进一步研究。这部分也属于较为广阔的讨论空间。

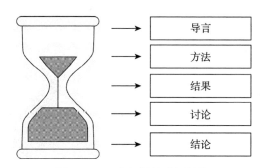

图 16.2　研究汇报的沙漏结构

正文部分的内容及结构安排要根据研究的具体类型进行选择。通常情况下，研究汇报主要有规范研究汇报、实证研究汇报、混合研究汇报、综述研究汇报、方法论文章，这五种类型研究汇报的正文写作格式有较大的差别。此外，本节还特别介绍了政治学与公共管理领域的研究汇报的正文结构。不同类型的研究汇报在知识的产生与发展中发挥着不同的功能，并且具有差异化的写作结构。各类型的研究汇报正文均可通过在 IMRAD 结构基础上进行适当的调整与变化得到。为

---

① 袁方主编：《社会研究方法教程》（重排本），北京大学出版社 2013 年版，第 512 页。

进一步明确不同类型研究汇报的正文写作结构,本部分以 IMRAD 框架为基础,根据每种研究汇报的具体特点,构建了不同的 IMRAD 框架变体(如表 16.7),下面将对各类研究汇报正文的框架进行逐一介绍。

表 16.7　研究汇报的类型、功能与写作结构

研究汇报类型	研究汇报功能	写作结构
规范研究汇报	判断现实状态和理想状态符合与否,并寻求改善措施	导言、理论建构、结论
实证研究汇报	检验或建立中层理论	导言、方法、结果、讨论、结论
混合研究汇报	建立原创性理论并进行检验	导言、理论建构、方法、结果、讨论、结论
综述研究汇报	总结梳理已有研究现状,指明该领域问题进一步的研究方向	导言、综述与回顾、结论
方法论文章	介绍新的方法或对已有方法进行改进	导言、方法论、结论

资料来源:改编自美国心理学协会编:《APA 格式:国际社会科学学术写作规范手册》,席仲恩译,重庆大学出版社 2011 年版,第 6—8 页。

1. 规范研究汇报

规范研究汇报是以一定的价值规范标准(价值规范研究)或公理、公认的科学规则(科学规范研究)等为出发点,以一定的假定或"前置设定"作为基础,在分析时依据事物的内在联系,通过理论、逻辑的演绎推理等来推导结论,判断现实状态和理想状态符合与否、寻求改善措施的研究汇报类型。规范研究汇报的正文部分包括导言、理论建构和结论三部分(如图 16.3),可简单概括为 ITC 框架。

导言:理论研究的导言部分首先向读者展示该研究领域中前人的研究成果。随后,研究者要交代当前研究存在的理论争议问题或有待解决的问题或领域。最后简要交代本研究的研究问题,厘清问题所阐述的现象范畴,并从本研究如何解决该领域存在的问题或如何完善当前研究等角度说明研究的意义。

理论建构:该部分结构安排应十分严密。一般而言,其写作思路从前到后遵循着元理论简介、理论改进过程、改进后理论正确性证明、改进后理论先进性说明的逻辑[①],但是所建立的理论必须具有内部的一致性和外部的有效性。由于规范

[①] 吴勃编著:《科技论文写作教程》,中国电力出版社 2006 年版,第 83—84 页。

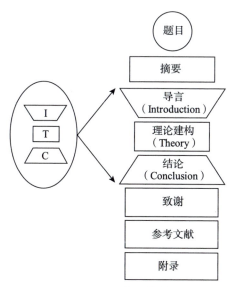

图 16.3 规范研究汇报结构图

注:实线部分代表研究汇报的主体部分,虚线部分代表研究汇报的非主体部分。

研究所依赖的现有理论以及一般、特殊或形式规范等都有特定的使用条件,故而需要明确说明研究的基本假定条件、使用这些假定的原因以及假定的合理性,以保证现有理论以及一般、特殊或形式规范的正确使用。此外,根据研究问题和研究类型的不同,理论分析部分的结构安排也有所不同。对于一般规范研究,需要在这一部分依照一定的逻辑规则形式进行思辨论述,并进行理论的批判与建构或对现状、问题和原因进行对策性研究等;对于特殊规范研究,需要在这一部分介绍选择特殊规范研究方法的理由、条件、有效性以及如何运用这一研究方法分析论证等;对于形式规范研究,则应当介绍如何运用分析方法进行理论建构和发展等。

结论:研究者根据正文部分的分析在结论部分提出研究结论;除此之外,研究者还需要对该理论研究的价值及其创新性进行进一步的说明。

2. 实证研究汇报

实证研究汇报的主体内容包括导言、方法、结果、讨论以及结论;前四部分为固定组成部分,而结论部分既可以单独呈现,也可以作为讨论的一部分。这一写作格式即前面所说的 IMRAD 格式,也是当前国际科学写作的主要格式。随着信息技术的进步和论文数量的增多,研究汇报又逐渐发展出了摘要、关键词、声明、致谢、参考文献、附录等其他内容,总体结构如图 16.4 所示。

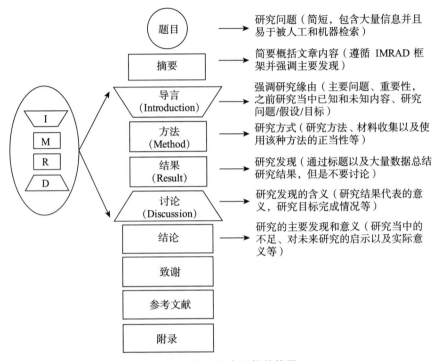

图 16.4 实证研究汇报结构图

资料来源：J. Wu, "Improving the Writing of Research Papers: IMRAD and beyond," *Landscape Ecology*, Vol. 26, No. 10, 2011, pp. 1345-1349。

具体而言，各个主要部分的写作内容如下：

导言：不同论文的导言部分形式各异。但是一般而言，导言部分通常都包括这些内容：研究的现实背景和目的、适当的文献回顾（不一定明确说明是文献综述，但都要说明特定研究领域的进展以及目前存在的有待解决的问题）、明确的研究问题与内容、研究意义等。如果结构不是常用的结构，该部分可能会对论文之后的结构安排有所提示。

方法：方法部分的内容事实上就是要阐述本书第六章所讲的研究设计的重要内容。不同的研究可能根据实际需要会有所不同。但是一般而言，主要包括研究设计、具体研究方法和与之相关的技术路线（粗略来说，也就是不同方法之间的相互关系）、变量测量方法、数据分析方法等。

结果：直接汇报基于研究得出的研究结果，不做讨论。不同研究的结果汇报也会有不同形式，但是一般而言，需要注意这样几点。其一，研究汇报内容往往需要和研究问题及假设（如有）等相呼应，甚至要做到一一对应，以有效回答研究问题;其二,实证研究汇报的结果部分往往需要通过表和图的形式直观、清晰地汇报研究数据及其分析结果。

讨论:讨论部分往往需要把研究结果和目前已有的知识相联系,与现有理论、看法、观点和文献等进行对话,以明确阐述研究结果的理论价值和意义。因此,一般而言,讨论部分具有这样几个特点:其一,讨论往往和研究结果相呼应,甚至是对研究结果的逐一讨论,而且由于研究结果往往和研究问题呼应,故而讨论也往往与研究问题和研究结果相呼应;其二,讨论部分由于要加强和现有研究的对话,故而往往和论文导言的文献综述部分一样,会有比较多的文献;其三,很多时候,讨论部分不仅往往会对研究的理论进行进一步总结和升华,而且可能会提供一些其他的资料性证据,例如一些基于问卷调查的研究可能会在相关论述后提供一些访谈数据作为支撑;其四,很多研究除讨论研究的理论价值和意义之外,也会讨论其实践和政策价值,甚至会给出相应的对策建议等。

结论:不同论文的结论方式往往不同。但是,一般而言,很多研究的结论会包括这样一些内容:其一,和导言相类似但和导言不一样,遵循论文汇报的沙漏结构,会从更广阔的空间总结研究的理论和实证成果,除对研究进行总结之外,也会进一步升华研究的理论和现实价值。其二,说明研究的局限性。这不仅是对读者的一种提示,以免其误解误读,而且也可看作是对研究本身的一种预防性保护机制。其三,对相关后续研究进行展望或说明。

还需指出的是,由于实证研究种类复杂,所以不同类型的实证研究在 IMRAD 框架中的汇报内容也存在差异。根据资料的收集和分析方式的差异,可以将实证研究分为定性研究和定量研究两种。① 当然,定性与定量研究之间的界限也并非绝对的,二者之间存在一定的灰色地带:定性资料可以利用定量技术进行分析,定量资料也可以利用定性技术进行解读。② 但整体来说,定性研究更侧重于从"质"的方面(含义、类型、特征等相对粗疏、模糊甚至大概的属性化表示)进行探究,而定量研究则更侧重于从"量"的方面(程度、多少、大小等更具体、细分和精确的数量化表示)进行探究。这一差异,在定性研究和定量研究的研究汇报中也有所体现。定量研究的研究汇报大体是依照研究计划执行步骤的次序展开的③,其写作结构比较成熟,模式也较为固定。相较而言,由于定性研究在研究问题、研究对象

---

① 〔英〕马修·戴维、卡罗尔·D. 萨顿:《社会研究方法基础》,陆汉文等译,高等教育出版社 2008 年版,第 356—365 页。
② 蓝志勇:《也谈公共管理研究方法》,《中国行政管理》2014 年第 1 期,第 59—64 页。
③ 〔美〕劳伦斯·纽曼:《社会研究方法:定性和定量的取向》(第 7 版),郝大海等译,中国人民大学出版社 2021 年版,第 493 页。

上的特殊性,以及在研究方式和研究方法上的多样性,其在研究结果的表达方式和研究汇报的写作上没有统一固定的格式①,并且定性研究汇报涉及的规则较少,结构要求不多②。表 16.8 显示的是定量和定性研究汇报的不同之处。

表 16.8　定量和定性研究汇报的不同之处

要素	定量研究汇报	定性研究汇报
写作目的	将研究结果以恰当的形式组织起来、表达出来	将研究结果以恰当的形式组织起来、表达出来
框架结构	结构和格式比较固定,通常包括导言、方法、结果、讨论及结论几部分	结构和格式比较灵活,每一部分的基本内容也没有明确的规定和规律
表达方式	更接近自然科学的研究汇报,往往以各种统计数字和图表展示主要结果,强调语言表述的客观性和准确性。多用第三人称或无人称代词,例如"统计结果表明""研究者发现"等	更具主观色彩,较少使用数字和统计图表。多以第一人称进行表述,例如"我了解到""我觉得"等。通过"讲故事"的叙说特点、恰当的写作和叙述,让读者能够身临其境
写作程序	通常先有数据分析结果,再开始撰写研究汇报	定性资料的分析和研究汇报的写作不存在明显的先后顺序,通常是交织、融合在一起的

资料来源:风笑天:《社会研究方法》(第五版),中国人民大学出版社 2018 年版,第 382—384 页。

当然,在实证研究汇报中,除了相对比较纯粹的定量或定性研究汇报之外,也有定性与定量混合研究的汇报。这种汇报方式往往结合了定量研究汇报和定性研究汇报的特点,但由于混合的方式和方法不同,具体的汇报形式也会有所不同,这里就暂不具体介绍了。

3. 混合研究汇报

混合研究汇报(这里的混合研究汇报主要指规范研究汇报和实证研究汇报的混合)既有规范性的理论建构,也有实证性的研究,因此混合研究汇报正文的写作结构是规范研究和实证研究的结合,主要包括导言、理论建构、方法、结果、讨论以及结论,我们把其简称为 ITMRDC(或 ITMRAD)框架。(如图 16.5)

---

① 风笑天:《社会研究方法》(第五版),中国人民大学出版社 2018 年版,第 382 页。
② 〔美〕劳伦斯·纽曼:《社会研究方法:定性和定量的取向》(第 7 版),郝大海等译,中国人民大学出版社 2021 年版,第 495 页。

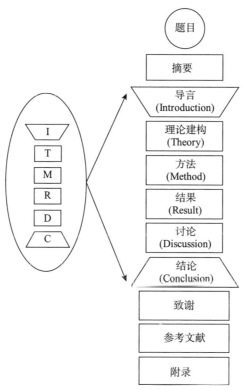

图 16.5 混合研究汇报结构图

其各个部分的具体写作内容如下：

导言：这部分的内容和一般的规范研究汇报或实证研究汇报的导言的内容没有太大区别。但是，由于混合研究的前半部分主要是建构理论，因此在导言部分应首先指出该领域存在的研究争论，随后点明该领域存在的待研究问题或不足之处，最后简短介绍本研究的解决思路。此外，由于混合性研究涉及实证检验部分，所以有时也会在导言部分对理论检验的具体方法进行简单介绍。

理论建构：此部分的写作规范遵循规范研究汇报正文部分的安排。同时，除了规范研究汇报部分提及的组织思路外，研究者还可以运用数学、博弈论、仿真分析等规范研究方法发展理论模型，建立研究命题。

方法、结果以及讨论：这三部分与实证研究汇报的结构相同，研究者需要根据定性研究、定量研究或定性定量混合研究的差异交代每部分的研究内容。

结论：本部分内容也是规范和实证研究汇报结论部分的综合。研究者在此部分不仅要交代该研究得出的主要研究结论以及理论价值，还需要对研究的局限性、新发现以及需要进一步完善的地方进行解释。

4. 综述研究汇报

综述研究汇报主要分析特定研究主题的发展现状。① 通过构思、塑造、修改，文献综述成为一份可以准确传递研究内容，让目标读者明白研究问题的书面资料。② 良好的综述研究汇报通常主要包括导言、综述与回顾及结论部分，可以简称为IRC框架。（如图16.6）

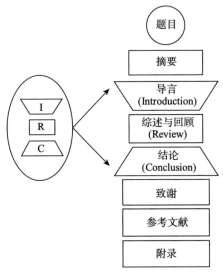

图16.6　综述研究写作结构图

其各个部分的具体写作内容如下：

导言：综述研究汇报的导言与其他类型的研究汇报导言内容无较大差异③，研究者在此部分首先应当交代研究背景以及必要性；在此基础上，研究者指出所要研究的具体问题，例如该主题存在的理论争议、历史发展脉络、不同的理论流派等。

综述与回顾：本部分即研究的正文部分，研究者按照特定的写作思路梳理和评论该领域当前存在的各种理论并回应导言中提及的研究问题。评述的主要思路包括：按照该主题的不同构成部分综述、按照主题不同部分的逻辑关系综述、根据主题的不同理论观点和思想流派综述、根据该主题研究的不同历史阶段综述。④

---

① Peh W. C. G. and Ng K. H., "Effective Medical Writing," *Singapore Medical Journal*, Vol. 49, No. 7, 2008, pp. 522—524.
② 〔美〕劳伦斯·马奇、布伦达·麦克沃伊：《怎样做文献综述——六步走向成功》，陈静、肖思汉译，上海教育出版社2011年版，第4页。
③ Chris Mack, "How to Write a Good Scientific Paper: Structure and Organizations," *Journal of Micro/Nanolithography, Mems and Moems*, Vol. 13, No. 4, 2014.
④ 秦宇、郭兵：《管理学文献综述类文章写作方法初探》，《外国经济与管理》2011年第9期，第59—65页。

结论:完成文章的主体部分之后,研究者需要根据综述总结和概括该主题的研究现状、发展脉络、存在的问题、预测和展望未来研究的前景与趋势,并在此基础上提出该研究主题中有进一步研究价值的子课题。①

5. 方法论文章

方法论文章写作的主要目的是将新的研究方法介绍到某研究领域,或指出现有方法运用存在的不足与问题以进行改进。该类型的研究汇报正文部分包含导言、方法论以及结论三部分(如图16.7),可概括为IMC框架。

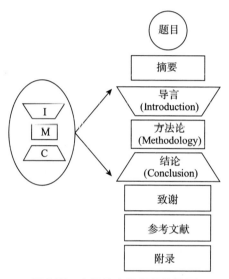

图 16.7　方法论文章写作结构图

各个部分的具体写作内容如下:

导言:一般而言,该部分可说明三项内容。首先,向读者介绍该种方法是什么;其次,说明该方法的价值或在运用中存在的问题;最后,介绍该篇文章的主要目的。

方法论:对围绕该方法的具体研究内容进行详细介绍。特别地,研究者需要尽可能提供详尽的细节以帮助读者考虑是否可以将该方法运用到自身领域。②

结论:在这部分,除总结研究结论外,研究者也可以根据需要对研究方法的使用价值、适用范围、存在问题及解决方法做进一步说明或强调。

---

①　刘萍:《综述型科技论文的构成和特点》,《科技与出版》1998年第3期,第36页。
②　美国心理学协会编:《APA格式:国际社会科学学术写作规范手册》,席仲恩译,重庆大学出版社2011年版,第6—8页。

6. 政治学与公共管理研究的实证研究汇报

在讲了研究汇报的正文的五种基本结构之后,还需要对政治学与公共管理学的实证研究汇报的正文结构进行特别说明。和其他社会科学一样,政治学与公共管理学的研究目的在于产生理论或力争对理论有所贡献,而且其研究也往往需要具有充足的先期理论支撑才能为研究设计和研究的具体展开提供扎实的基础。因此,在政治学与公共管理学的实证研究汇报中,除了 IMRAD 结构的五个部分外,往往在方法之前,还有一个专门篇幅讨论理论部分。这样,其结构就变成了包括导言、理论、方法、结果、讨论以及结论在内的六部分,即 ITMRDC 框架。

可见,这一结构和前面所讨论的混合研究汇报的结构是一致的。这也说明,政治学与公共管理学的实证研究汇报往往类似于规范研究汇报和实证研究汇报相混合的混合研究汇报。只不过,在一般的政治学与公共管理学的研究汇报中,对理论分析或理论建构部分的要求,没有特别强调理论建构乃至没有建模的混合研究汇报的要求那么高。具体而言,和混合研究汇报要求在理论部分进行科学和严格的理论建构或理论建模不同,一般的实证研究汇报的理论部分往往只需要对研究所涉及的相关理论问题进行说明。在大多数情况下,这一部分往往又主要包括概念界定、文献综述、理论基础和研究框架或理论建构这四部分。具体而言,概念界定部分需要对研究中所涉及的重要概念及概念间的关系进行梳理和展示;文献综述部分需要归纳当前学者关于这个问题已经进行了哪些研究、研究主要集中在哪些方面以及目前的研究还存在哪些缺陷;理论基础部分需要说明研究所涉及的主要理论及其适用性;研究框架或理论建构部分则是研究的框架思维或所建构的新理论在研究汇报中的体现。当然,就研究框架而言,又可具体分为本书第六章所讲的四种框架,包括研究框架、概念框架、理论框架和分析框架,这里不再赘述。

至于这一结构中的导言、方法、结果、讨论及结论等其他部分,其写法和上面实证研究汇报部分讲到的写法大同小异,这里亦不再赘述。总结起来,在政治学与公共管理学的研究汇报中,研究者往往既需要很好的理论论证,也需要很好的实证论证,而且无论在理论还是实证论证部分经常还需要或最好从正反两方面去说。

六、研究汇报的基本写作步骤

研究汇报虽然分为多种类型,但无论何种类型的研究汇报在写作时都需要遵循特定的写作步骤。学者们对研究汇报的写作步骤有不同的界定。例如,纽曼将研究汇报撰写步骤分为确定读者、风格语气、组织思路、重新寻找文献、撰写稿件、重写①;风笑天将研究汇报的写作步骤分为确定主题、拟定提纲、选择材料和撰写报告②;仇立平将研究汇报的写作步骤分为建立写作提纲、进入写作、修改文章、讨论并再修改③。本章认为,尽管研究汇报写作步骤没有定式,但是这几个基本步骤是不可或缺的:确定读者群、拟定提纲、撰写初稿和修改。(如图 16.8)这里主要分析这四个基本步骤的主要内容。当然,研究者在不同阶段应当分别考虑不同的问题。

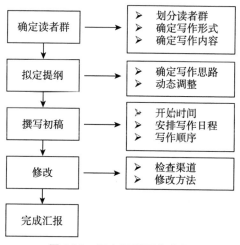

图 16.8 研究汇报写作步骤

(一) 确定读者群

研究汇报的读者群类型多种多样,所以研究汇报需要根据特定的读者群确定不同的写作形式。艾尔·巴比将读者群分为同行和一般读者,并根据不同的读者将研究汇报的形式划分为:为研究资助者准备的报告、工作论文、会议论文、学术期刊论文、著作。④ 本章在前面把研究汇报的读者群分为专业读者和非专业读者两种类型:专业读者中最常见的又主要包括同行学者和学位答辩委员会两种,非

---

① 〔美〕劳伦斯·纽曼:《社会研究方法:定性和定量的取向》(第 7 版),郝大海等译,中国人民大学出版社 2021 年版,第 488—491 页。
② 风笑天:《社会研究方法》(第五版),中国人民大学出版社 2018 年版,第 275—276 页。
③ 仇立平:《社会研究方法》,重庆大学出版社 2008 年版,第 360—362 页。
④ 〔美〕艾尔·巴比:《社会研究方法》(第 13 版),邱泽奇译,清华大学出版社 2020 年版,第 446—447 页。

专业读者中最常见的又主要包括实务工作者和社会公众两种。不同的读者群体在阅读诉求、知识背景等方面都存在显著的差异,因此研究者在撰写研究汇报时,要根据各个读者群的特点安排合适的研究汇报形式和内容。

(二)拟定提纲

拟定提纲的过程就是将自己所要研究的核心问题和分析线索勾勒出来,并且在勾勒的过程中要实现对各种资料的分配。[①] 以标题、子标题以及段落的形式列举研究汇报的各个部分是撰写提纲的有效手段。[②] 研究者可在完成提纲之后,将提纲当中的每一个要点按照自己的思路拓展成完整的段落。[③] 通常情况下,写作提纲是可以根据写作进展和思路的变化不断调整的。

(三)撰写初稿

研究者可以在之前材料的基础之上进行研究汇报初稿的撰写。关于初稿开始写作的时间问题,有些研究者习惯在所有研究工作结束后再着手写作,但是通常研究汇报有一条"早鸟写作"的原则,即应当尽可能地提早撰写初稿,甚至是在研究进行的时候就开始写作,这样可以帮助研究者"通过条理分明的方式,清楚罗列出你已经知道的、你需要知道的,以及你计划如何获得你所需要知道的"[④]。在很多时候,尽早撰写初稿能够帮助研究者发掘更多从未想到的事物,但也应该意识到,初稿只是探索性的,最初的版本在后续的写作过程中仍需经历多次修改打磨,初稿所写的许多部分可能最终并不会保留。[⑤]

在初稿写作中,有一个需要注意的问题是:在写作的过程当中,研究者还要尽可能地抽出大段的时间来进行研究汇报的写作,尽可能地做到一气呵成,避免因为中断而使得写作思路接不上。[⑥] 在着手写作时可以从不同部分入手。部分研究者在撰写研究报告的时候经常会出现因为第一句话不知道从何处入手而陷入僵局,迟迟得不到进展最后陷入无限焦虑的情况。对于这一问题,最好的办法就

---

① 仇立平:《社会研究方法》,重庆大学出版社 2008 年版,第 361 页。
② Sue Jenkins, "How to Write a Paper for a Scientific Journal," *South African Journal of Physiotherapy*, Vol. 41, No. 4, 1995, pp. 285-289.
③ Christopher D. G. Harley, et al., "Scientific Writing and Publishing-A Guide for Students," *Bulletin of the Ecological Society of America*, Vol. 85, No. 2, 2004, pp. 74-78.
④ 〔美〕哈利·沃尔科特:《质性研究写起来——沃尔科特给研究者的建议》,李政贤译,重庆大学出版社 2017 年版,第 27 页。
⑤ 〔美〕韦恩·布斯等:《研究是一门艺术》,陈美霞等译,新华出版社 2009 年版,第 179 页。
⑥ 风笑天:《社会研究方法》(第五版),中国人民大学出版社 2018 年版,第 276 页。

是先从自己熟悉的部分着手,然后逐步地扩展到其他部分。通过这样逐渐写作的方式,研究者会发现自己的思路越来越顺畅。①

(四) 修改

完成初稿部分的写作之后,研究者还需要对初稿进行修改,不断提高写作质量,直到研究汇报达到发表或出版的水平。对于研究汇报内容的修改主要包括自我修改和外部建议两部分。

研究者首先要进行自我修改。要检查自己在研究汇报当中的观点是否表达清晰;仔细通读汇报全文,检查其中是否有语病。检查语病的有效方法之一是寻找一个没人的地方大声通读全文,然后标出其中不通顺的地方进行修改。

当经过多遍自我修改并难以再发现问题时,研究者可以向外部读者寻求建议。这些外部读者可以是自己的同事、相关领域的专家,也可以是自己的学生、家人等非专业人士。研究者依据不同视角提的问题,修正研究汇报内容,从而提高自己研究汇报的写作水平。特别地,在现代科学研究领域,研究者也经常通过参加学术会议的方式汇报自己的研究初稿,以听取参会专家的修改意见。

七、写作质量评价标准

在撰写研究汇报的过程中,研究者需要清楚什么是好的研究汇报。只有高质量的研究汇报才能够促进学术交流,并形成有效的知识积累。关于研究汇报的质量评价,国内外都进行了一些相关的研究。有些主要从研究汇报的语言风格和研究的逻辑层次来论述②,有些则认为研究是否具有创新性是评价研究汇报好坏的标准③;有些认为研究汇报要从批判性、一致性、简洁性、清晰性和完整性五个方面来评价④;有些则从宏观角度提出研究汇报要从质、功、形三个方面进行评价⑤。本章在整合相关文献的基础上,认为可以从研究质量、写作结构的规范性以及语言风格三个方面对研究汇报质量进行评价与修正。(见表 16.9)

---

① 〔英〕马修·戴维、卡罗尔·D. 萨顿:《社会研究方法基础》,陆汉文等译,高等教育出版社 2008 年版,第 356 页。
② 〔美〕艾尔·巴比:《社会研究方法》(第 13 版),邱泽奇译,清华大学出版社 2020 年版,第 452 页。
③ 朱大明:《初审编辑鉴审科技论文创新性的几个途径》,《中国编辑》2007 年第 1 期,第 42—43 页。
④ 黄合来:《科研思维与论文写作之"5C"法则》,《学位与研究生教育》2011 年第 6 期,第 23—25 页。
⑤ 钟细军:《学术论文稿件的质、功、形评价及在初审中的应用》,《出版发行研究》2010 年第 1 期,第 71—74 页。

表 16.9 研究汇报质量评价标准

	注意事项
研究质量	1. 具有良好的写作角度和切入点、能够运用恰当的理论支撑论点以及运用较为先进的研究方法对理论进行科学的验证。 2. 创新性。具有创新性的研究汇报应当提出新的问题、创造新的角度、运用的新方法、采用新的材料或者得出新的结论。 3. 研究汇报具有清楚明确的问题意识,能够对该学科存在的理论和实践问题有所回应。 4. 包含充分论证研究目标所需要的必要证据
写作结构的规范性	1. 对研究背景、目的、问题、方法、结果、讨论和结论都有清楚的交代。 2. 遵循特定的写作规范(如投稿须知、特定的论文写作要求),排版规范美观。 3. 标题通常不超过 20 个字,并且应当题文相符;围绕着论文的主题、方法和结论的某一部分及其组合撰写,清楚地体现出论文的中心内容或论点。 4. 摘要部分应通过 200—300 字介绍研究的主要目的、方法、结果和结论,以帮助读者迅速了解研究的主要内容。 5. 引用具有较高引用率的、全面的,并且由国内、国际权威性期刊和出版社发表或出版的文献。 6. 用表与图的形式对资料和数据进行分类整理,使资料数据条理化
语言风格	1. 运用书面、规范、专业、简练、准确的词句诠释概念,避免口语化与一词多义。 2. 借助判断、推理和论证等逻辑手段组织语言,对研究进行议论与叙述。 3. 语言风格客观、流畅、凝练、说服力强、表达清晰。 4. 修辞多样性。在遵守严格精确的逻辑的基础上,运用类比、隐喻等手段形成合理有效的科学陈述。 5. 条理性,即合理分配研究汇报的各个部分,使之完整统一

八、研究汇报中的研究伦理

在研究汇报的撰写过程中也要遵循特定的伦理价值。本书第八章已经对研究过程中涉及的伦理道德规范进行了较为系统的论述,在此不再赘述。本章主要关注研究汇报撰写过程中应遵循的一些伦理规范。

美国心理学协会认为研究汇报的伦理主要集中在保证科学知识的准确性、研究参与者权利的保护以及知识产权保护三个方面。美国管理学会(Academy of Management, AOM)则认为,研究汇报伦理主要包含责任、诚信以及对于个人权利和尊严的尊重。本书在借鉴美国心理学协会对于研究伦理类型划分的基础上对具体的研究伦理做了进一步梳理,提出了一份研究伦理核查清单(见表 16.10),以供研究者在撰写研究汇报过程中进行快速核查核对。

第十六章 研究汇报

表 16.10 研究伦理核查清单准则

类别	注意事项或评价准则
保证研究质量	1. 妥善保存研究数据资料,向有需求的读者提供数据与资料。 2. 如实汇报研究的过程,保证研究的可重复性和可操作性。 3. 提供真实有效的数据,不能为了研究结果而刻意伪造、切割数据。 4. 研究汇报发表后,如果发现错误应当立即刊登错误声明、修正研究。 5. 与其他研究者共享数据的时候需要删除研究对象的个人信息,保护研究对象的隐私。 6. 不可将完整的研究拆分成几份研究分开发表。 7. 严禁未经引用直接借鉴别人或自己的观点或成果
保护受试者权利和考虑社会影响	1. 研究者获取资料和数据应当在研究对象知情并同意的前提下进行。 2. 研究汇报当中应当包含对于资料收集履行标准的声明。 3. 描述材料应当在征得研究对象同意与过目之后进行发表,保护研究对象的个人信息。 4. 对于存在潜在利益冲突的活动和关系要提前交代。 5. 在对媒体或公众进行汇报时,应当如实汇报研究的进步性和局限性,而不应当片面夸大研究成果的意义
保护知识产权	1. 研究汇报的作者必须是对研究具有实质性贡献,而不是获得经费、收集数据或者监督研究实施的人。 2. 当研究涉及多个研究者的时候应当在研究之前根据对研究贡献的大小,对作者顺序进行排名,以避免不必要的纠纷。 3. 研究汇报的出版和发表应当在所有作者的共同商讨之后进行。 4. 研究者只有在接到出版社或期刊的退稿声明之后才能够将研究汇报投到其他的出版社或期刊社,以避免"一稿多投"的现象。 5. 在撰写研究汇报的过程中,如果需要借鉴已经发表过的表格或图片,应当联系版权所有者以获得使用授权。 6. 编辑不得以审稿目的之外的任何理由引用、传阅受审论文。 7. 在研究汇报正式出版之前,研究者就已经具有了对文章的著作权,期刊社或出版社未经作者许可不得将研究者的论文随意挪用

资料来源:美国心理学协会编:《APA 格式:国际社会科学学术写作规范手册》,席仲恩译,重庆大学出版社 2011 年版,第 8—17 页;Marshall Schminke and Maureen Ambrose, "Ethics and Integrity in the Publishing Process: Myths, Facts, and a Roadmap," *Management and Organization Review*, Vol. 7, No. 3, 2011, pp. 397-406。

关键术语

研究汇报　　　　报道性摘要　　　　指示性摘要　　　　混合型摘要
规范研究汇报　　实证研究汇报　　　混合研究汇报　　　综述研究汇报
方法论文章

思考题

1. 研究汇报有哪些形式？不同的汇报形式在读者群和内容上有什么差异？
2. 研究汇报有哪些类型？不同类型的研究汇报在结构上有什么差异？
3. 研究汇报的写作步骤有哪些？
4. 如何评价一项研究汇报的好坏？
5. 研究汇报写作与发表过程中需要注意哪些伦理规范？

延伸阅读

Christopher D. G. Harley, et al., "Scientific Writing and Publishing-A Guide for Students," *Bulletin of the Ecological Society of America*, Vol. 85, No. 2, 2004, pp. 74-78.

J. Wu, "Improving the Writing of Research Papers: IMRAD and beyond," *Landscape Ecology*, Vol. 26, No. 10, 2011, pp. 1345-1349.

P. K. R. Nair and V. D. Nair, *Scientific Writing and Communication in Agriculture and National Resource*, Springer, 2014.

〔美〕哈利·沃尔科特：《质性研究写起来——沃尔科特给研究者的建议》，李政贤译，重庆大学出版社2017年版。

〔美〕凯特·L.杜拉宾：《芝加哥大学论文写作指南》（第8版），雷蕾译，新华出版社2015年版。

〔美〕罗伯特·A.戴、芭芭拉·盖斯特尔：《科技论文写作与发表教程》（第6版），曾剑芬译，电子工业出版社2006年版。

美国心理学协会编：《APA格式：国际社会科学学术写作规范手册》，席仲恩译，重庆大学出版社2011年版。

经典举例

（一）〔美〕埃莉诺·奥斯特罗姆：《公共事物的治理之道：集体行动制度的演进》，余逊达、陈旭东译，上海译文出版社 2012 年版。

这是埃莉诺·奥斯特罗姆获得诺贝尔经济学奖的名著。我们以它为例，介绍一本专著的写作结构。在该著作中，埃莉诺·奥斯特罗姆事实上也运用了较为标准的 IMRAD 写作框架。

导言：导言和第一章是研究背景部分。奥斯特罗姆首先在导言中交代了研究的原因和研究的问题。研究的中心问题是："一群相互依赖的委托人如何能自己组织起来，自主治理，在面对搭便车、规避责任或其他机会主义行为的诱惑下，取得持久的共同收益。"第一章说明了全书的研究框架，并明确了研究目标和研究对象。

研究方法：为了研究不同场景中制度对行为以及结果的影响及重要意义，作者从丰富的理论文献中收集与研究相关的案例，并对这些案例进行编排存档。然后，作者对这些案例进行系统筛选，从中选出部分个案进一步研究，并阐明理论。

结果：正文部分进一步比较展示案例分析的结果。第三章案例分析主要关注承诺和相互监督的问题。第四章案例分析主要关注制度供给问题。地下水流域的制度变迁是渐进、连续和自主转化的过程。第五章案例选取公共池塘资源治理失败的案例。失败案例在制度上缺乏上述设计原则或缺乏进一步制度发展，即存在制度脆弱性。

讨论与结论：总结了研究的发现，并回归到了理论讨论，对从案例分析中获得的公共池塘资源环境自主组织理论进行总结、反思与梳理。奥斯特罗姆指出，原有的集体行动理论不适用于分析小规模公共池塘资源中的制度变迁。新制度能否替代旧制度主要取决于收益—成本比较。她明确了收益评估、成本评估需要确定的一系列环境变量，指出共有规范以及其他机会评估通过影响贴现率来影响制度的收益和成本。

（二）Lihua Yang and Jianguo Wu, "Knowledge-driven Institutional Change: An Empirical Study on Combating Desertification in Northern China from 1949 to 2004," *Journal of Environmental Management*, Vol. 110, 2012, pp. 254-266.

这篇论文我们在第十五章的"经典举例"部分已经提过，并对其混合研究方法进行了介绍，这里主要介绍其论文汇报结果。

导言：介绍了研究背景，回顾荒漠化治理相关文献，并明确研究问题。

研究方法：介绍了研究资料收集过程中所使用的研究方法。在所选取的 21 个案例研究对象中，对 7 个治沙典型县开展问卷调查、访谈和参与式观察，对其余

14个地区主要采用问卷调查、访谈、参与式和非参与式观察、随机采访的方式收集信息。同时,根据区域分布、荒漠化治理的代表性、异同点以及文献的可及性,选取了29个文字案例进行了荟萃分析。

结果:在结果部分汇报了文章的研究发现。研究结果表明,本土知识、科学知识和学者参与在荒漠化治理的制度变迁中起着重要作用。研究发现两种知识驱动型制度变迁:基于当地人的自学或本地知识和经验积累的自愿性的制度变迁(voluntary institutional change);基于本地和外部的学者、专家、政府与相关主体知识的强制性的制度变迁(imposed institutional change),总结了强制性的知识驱动型制度变迁的工作规则。

讨论:从知识驱动型制度变迁的定义和意义,以及自愿性的知识驱动型制度变迁的意义对研究发现进行了讨论,并对强制性的知识驱动型制度变迁的八项工作规则做了进一步解释。

结论:结论部分总结了三点研究发现:一是,除自然因素之外,制度和制度变迁是解释荒漠化治理相关政策的不同结果的主要因素。二是,知识驱动型制度变迁发挥重要作用,包括自愿和强制性的制度变迁。三是,越严格遵循八项工作规则来治理荒漠化,制度变迁越成功。结论的最后指出了该研究的局限性和对下一步研究的展望。

(三)杨立华、陈一帆、周志忍:《"公共均衡与非均衡"冲突新理论》,《中国社会科学》2019年第11期,第104—126页。

该论文采用了定性与定量相结合的混合研究方法,并采用混合研究典型的ITMRAD汇报结构。

导言:导言部分介绍了研究背景,指出现有冲突研究的不足。

理论建构:理论建构包括两部分内容。一是对于现有理论的评价,为研究提供了理论参考。二是新理论的建构。文章选取了六个核心变量,从"控制—对抗"基本理论逻辑出发,重构群体冲突理论。

方法:第三部分模型检验方法和数据收集部分即文章的方法部分,对于数据收集及模型检验方法进行了介绍,并汇报了问卷调查过程和结果。

结果:模型检验的结果部分包含两方面。一是描述性统计分析,展示了各类群体的事前、事后公共均衡值分布情况。二是模型的回归检验结果,结果表明六个因素均对环境群体性事件发生与否有显著影响。

讨论与结论:本文的讨论与结论凝结成一部分,阐述了新理论的意义与局限。

关键术语解释汇编

第一编　科学研究概论

第一章　科学研究的重要性、定义和分类

逻辑：思维的规律、规则、程序方法等。

推理：从一个或几个已知判断或前提推出新的判断或结论的思维过程。

演绎：从前提命题出发，运用逻辑规则，导出另外的命题或结论的过程，是一种由一般原理推演出特殊结论或特殊情况的思维方式或逻辑推理方法。

归纳：与演绎相对的一种思维方式或逻辑推理方法，它强调由一系列的事实或从许多个别事物中概括出一般性的概念、原则、原理和结论等。

科学：人类有意识地运用严谨的研究方法，在严密的逻辑推理或充分的数据资料分析等的基础之上，遵循严格的研究程序，累积和发现公共性知识或普遍真理（包括本质和规律等）的一种求知途径，以描述、解释并预测自然或社会现象及不同现象间的关系。

科学研究：从待理解和认识的自然现象/问题或社会现象或问题出发，人类有意识地运用严谨的研究方法，在严密的逻辑推理或充分的数据资料分析等的基础之上，遵循严格的程序，累积和发现公共性知识或普遍真理（包括本质和规律等）的一种求知过程，其目的在于描述、解释并预测自然或社会现象及不同现象间的关系。

批判主义研究：也叫批判性研究，是指基于自我反思的逻辑，以启蒙和解放为导向，并致力于实现改造社会现实的规范研究类型。

诠释主义研究：也叫诠释性研究，有时在我国也被翻译为释义主义或释义性研究，是一种旨在提高人类对于社会场景中的行动者的语言和行动的理解的研究类型，其目标是发展一种对于社会关系的更加全面的理解。

实证主义研究：也就是实证研究或实证性研究，是当今社会科学研究中的常用类型，它的主要逻辑是描述、解释和预测社会事件与结果，并最终达到控制社会事件的目的。

非介入性研究：一种在不影响研究对象的情况下进行研究的方法。

介入性研究：一种在影响研究对象的情况下进行的研究。一般而言，这种研究主要是实证研究。

规范研究：不介入具体实证数据，以一定的价值规范标准（价值规范研究）或公理、公认的科学规则（科学规范研究）等为出发点，以一定的假定或"前置设定"作为基础，在分析时依据事物的内在联系，通过理论、逻辑的演绎推理等来推导结论，判断现实状态和理想状态符合与否、寻求改善措施的研究类型。

价值规范研究：规范研究的一种类型，又叫道德规范研究。它往往基于一些基本的价值（道德）立场或前提等进行研究，而且往往依赖特定"价值判断"或"道德判断"的"价值规范"或"道德规范"。

科学规范研究：规范研究的一种类型，和价值或道德规范研究相对。它往往基于一些公理或科学的知识或理论前提，而且主要依赖某种特定的、严密的逻辑推理方式、方法、规则或程序等（"科学规范"）进行研究。

实证研究：基于或依赖各种现实数据资料或经验并同时使用归纳或演绎方法进行的研究，因此也常被称为"经验研究"。

定性实证研究：也常被简称为定性研究、质性研究、质的研究或质化研究，是主要依赖定性化或属性化数据资料或经验进行研究的一种实证研究方法。

定量实证研究：也常被简称为定量研究或量化研究，是主要依赖定量化数据资料或经验进行研究的一种实证研究方法。

混合研究：相对于其他较为纯粹类型的研究来说，按照某些特定规则，同时使用了两种或两种以上的类型研究方法的研究。

基础性研究：侧重于建立或验证理论、增进特定的自然和社会世界基本知识的研究。

应用性研究：侧重于现实自然和社会问题、提出特定的对策和政策的研究。

应用基础研究：兼具基础性和应用性，是针对特定领域的问题或目标，以获取应用原理性知识成果为目的的独创性研究。

探索性研究：研究者对一个大家尚不熟悉的领域进行探索和研究，目的是希望对该领域有所了解，为日后更为周密、深入的研究提供基础和方向。

描述性研究：也称叙述性研究，以客观准确地描述总体或现象的特征或全貌为目的，其任务是收集资料、发现情况、提供信息，从杂乱的现象中描述出主要的规律和特征，其研究的重点不在于理解为什么会存在这样的规律、特征或分布状况，而是对此进行准确的概括。

解释性研究：也称因果性研究、释因性研究，顾名思义，就是阐释自然或社会现象的原因,预测事物的发展趋势或后果,发掘现象之间的因果关系,从而对现象的产生和变化的原因进行解释的研究。

第二章 科学研究的方法论哲学和发展路径

方法论自然主义:一种有关科学研究的方法论哲学思想,认为现实世界的发展及演变顺应着自然规律,且这种自然规律是可以被认识和理解的。基于此,方法论自然主义区分了科学和宗教,并划定了科学研究的边界,认为科学研究对象只能是自然社会中的存在,而不涉及形而上的超自然存在以及终极真理,如上帝就不属于科学研究对象。

实证主义:一种有关科学研究的方法论哲学思想。所谓"实证",与信仰、哲学等相比,意味着真实性、有用性、确定性与准确性。实证精神的核心内涵,即"对自然界和人类社会作审慎缜密的考察,以实证的真实事实为依据,找出其发展规律"。

实用主义:一种有关科学研究的方法论哲学思想。它把确定信念作为出发点,把采取行动当作主要手段,把获得实际效果当作最高目的,主要关注行为、行动是否能带来某种实际的效果,也就是关注直接的效用、利益,甚至认为,有用即真理,无用即谬误。

逻辑实证主义:一种有关科学研究的方法论哲学思想,又称"逻辑经验主义",是传统的经验主义和逻辑分析方法相结合的产物。"逻辑"和"实证"加起来,就是要么可用数学(或逻辑)推导出来的结果,要么可用客观的观察验证的知识。

结构主义:一种有关科学研究的方法论哲学思想,认为经由感官所了解到的自然和社会现象只是表面的,而非真实的事实,隐藏在表面现象背后的深层次结构才是科学家应该了解的真实知识。

后实证主义:一种有关科学研究的方法论哲学思想,认为仅依靠归纳总结规律不是真正的科学,区分"科学"与"非科学"的一个重要标准是:理论是否具有"可证伪性"。不存在被证伪可能性的理论,就不是科学理论。

证伪:科学哲学家波普尔提出的划分科学和非科学的一个原则,他认为衡量一种理论的科学地位的标准是它的可证伪性或可反驳性或可验证性。简单而言,就是"在逻辑上有可能假设一个可以使理论错误的可验证的情况"的意思。

范式:科学哲学家库恩强调的一个概念。一般认为,它是一个成熟的科学共同体在某段时间内所认可的研究方法、问题领域和解决问题的源头活水。

科学研究纲领:科学哲学家拉卡托斯强调的一个重要概念。一般认为,它是由四个相互联系着的部分所构成的理论体系:由最基本的理论构成的"硬核"、由许多"辅助假说"构成的"保护带"、保卫硬核的反面启示规则——反面启发法、改善和发展理论的正面启示规则——正面启发法。

无政府主义知识论：以科学哲学家法伊尔阿本德为主要代表人物的一种科学哲学思想。这种思想包含两个关键词：一是"方法论多元主义"，即否定存在唯一的方法论，主张什么方法都可以使用；二是"理论增生"，即理论本身及其来源可以是多元的，不必拘泥于既有理论。

第三章 科学研究的一般目的和理论建构

理论：人类基于实践或研究而产生的逻辑上相互联系的一组系统性的、可检验的知识性陈述或命题，以描述、解释并预测自然或社会事实、现象、规律等。

宏观理论：又称宏大理论或一般性理论，是一个高度复杂的、极其抽象和系统的知识体系，通常以所有自然或社会现象及行为作为研究对象，并据此给出一个高度概括的解释与分析框架。

微观理论：又称细微理论或操作性假设。微观理论较为具象，一般聚焦于几个有限的概念，由一组陈述若干概念之间关系，并在逻辑上相互联系的命题所构成，这些命题大部分能够通过经验研究证实或证伪。

中观理论：也被称为中层理论，是介于宏观理论与微观理论中间的理论体系，以某一类社会现象、行为或群体为研究对象，基于一种相对具体的分析框架，以期解释具有一定复杂程度的现象背后的规律。

概念：对客观现象或事物的主观抽象，它是研究者在经验观察过程中，从相似的某类事物中归纳、提炼的共同属性。

变量：或称为变项，是对概念内涵操作化和具体化的产物。变量，顾名思义，即变化的量，是具有一个以上不同取值（不同的子范畴、不同的属性，或不同的亚概念）的概念。

命题：对于一个概念的特征或多个概念间关系的陈述。命题的主要类型有公理、定律、假设、经验概括等。

假设：命题的一种特殊形式，也是社会科学研究中最为常用的命题形式。假设是为了得到逻辑性的或经验的结论并加以检验而做的尝试性假说。

条件式陈述：其表达形式为"如果 x，则 y"，其中 x 代表前提或先决条件，y 为结果。这种方式通常表示两个变量之间存在因果关系，但有时也指代相关关系。

差异式陈述：其表达形式为"A 组与 B 组在变量 x 上无（或有）差异"。在统计学中，无差异假设即"零假设"或"虚无假设"。

函数式陈述：其数学表达式为 $y=f(x)$，即 y 是 x 的某种函数。它说明，如果变量 x 发生变化，则 y 也相应发生变化，反之亦然。

开创理论：在经验研究过程中，研究者偶然间发现的、不同寻常却对解释研究总体有着重要意义的资料，为创造新的理论提供了重要条件。

重整理论：致力于发现"迄今被忽略的相关事实，这些事实要求扩展概念系统"。重整理论的核心是对现有理论体系和概念体系的重新整合与改造。

扭转理论：扭转理论的关键特征是，经验研究中新的研究技术与方法的应用促成新的理论兴趣中心。

廓清理论：廓清理论功能即促使核心概念的澄清。清晰的概念是理论建构的基础和前提，并促进相关领域的研究者针对同一概念或社会现象形成共识。

理论建构：指研究者采用规范、实证或混合研究方法等，经由逻辑推理或经验概括，有步骤地设计和建立一个新的理论，并系统、逻辑地解释说明变量之间、命题之间关系的过程。

演绎：从一般到特殊的过程，即将笼统的、一般性的原则推演到具体的事例。

演绎式理论建构：研究者从所希望检验的一般性理论开始，使用逻辑推理、形式分析等规范研究方法，以检验处于一般性理论下的特殊性理论和命题的过程。

归纳：通过对一组相似事件的总结，从中发现具有一般性规律的过程。

归纳式理论建构：研究者以经验观察为起点，通过一组具体的观测结果和经验数据，从中推论出具有普遍意义的理论发现的过程。

假设演绎法：也叫假说演绎法。由猜想得出的假设本身缺乏经验基础，据此演绎得出的推论也是脆弱且充满挑战的，因此，根据假设演绎发展而来的推论，需要被经验观察与经验事实进一步证实，以对假设进一步确证。

理论评估：研究者对理论解释水平和适用性的分析。

理论检验：也叫理论验证，是研究者以现有的理论为起点，依靠逻辑推理与经验推演，对理论进行操作化，形成可检验的研究假设，并选择适当的研究方法检验理论的正确性及其解释力的过程。

逻辑判定：指研究者通过归谬法、反证法、选言推理等逻辑分析方法来判定理论发现正确性的过程，带有前验性质。

逻辑推演：指研究者基于演绎的逻辑，从抽象的公理或理论出发，推导出定义或理论命题并加以检验的过程。

经验推演：把理论假设中的概念与经验变量和指标联系起来，然后在经验层次上建立工作假设的过程。

理论深化：指研究者在现有理论（T1）的基础之上，通过增加有效变量、细化理论作用机制等方式，发展出新理论（T2），使得现有理论更加全面、严谨、精确与充分，并获得更多的经验数据支持与更好的预测能力。

理论繁殖：指研究者借助其他领域中的某个理论的观点，并将其适用于一个新的领域。

理论竞争：指针对同一类现象或问题，研究者提出与原有的理论（T1）存在本质差异的新理论（T2）进行解释与预测。

理论整合：在两个或两个以上已经建立起来的理论的基础上创造一个新的理论模型。在理论整合阶段，研究者可以采用深化、竞争或繁殖的方法来进行。

第四章 研究中的变量、变量间关系与因果关系

变量：顾名思义，即变化的量，具有一个以上不同取值。概念的一种类型。

客观事实变量：指客观存在的，可以直接测量的变量。

心理测量变量：指个人心理层面的，不能够直接测量的变量。

定类变量：有些时候也被称为称名变量，是对事物、个案或研究对象进行类别划分的变量。

定序变量：对事物、个案或研究对象进行等级次序排列的变量。

定距变量：有些时候也被称为间距变量，是描述事物、个案或研究对象等的变量的取值具有"距离"特征的变量。

定比变量：有些时候也被称为比值变量，它具有定类、定序和定距变量的所有特征，且具有一个真正实在意义上的绝对零点（表示真正没有）。

自变量：因果理论和研究假设中的先行变量，即原因变量。

因变量：因果理论和研究假设中的结果变量。

控制变量：也是研究中的先行变量，但并不是本研究中想要研究的变量，由于无法消除其对于因变量的影响，因此被作为控制变量纳入分析。

调节变量：也称条件变量，是影响自变量和因变量关系的方向、强度的定性或定量的变量。

中介变量：介于自变量和因变量之间的变量，是因果理论解释中作为中间现象的变量。

相关关系：变量间关系的一种。当一个变量的取值"随着"另一个变量取值的变化而同步发生改变，就可认为这两个变量之间存在相关关系。相关关系有强有弱，有正有负。

因果关系：变量间关系的一种。当一个变量的变化"引起"或"导致"另一个变量的变化时，即二者相互依存时，就形成了某种因果关系。具有因果关系的两个变量需要同时满足三个条件：(1)原因必须先于结果；(2)原因必须与结果有关；(3)除了原因之外，找不到其他合理的解释，即不是其他因素导致的结果。

虚无关系：变量间关系的一种。此时两个变量之间不存在真实的联系，即从一个变量的变化，无法预估到另一个变量的规律性变化。

直接因果关系：因果关系类型的一种。指一个因素对另一个因素直接发生作用。

间接因果关系：因果关系类型的一种。指一个因素对另一个因素的影响是通过第三个(中间或中介)因素实现的。

直接和间接因果关系：因果关系类型的一种。指一个因素可以通过直接和间接的双重路径对另一个因素发生影响。

受到调节的因果关系：因果关系类型的一种。一个因素对另一个因素的影响受其他因素的调节作用的影响。

多重因果关系：因果关系类型的一种。就是一果多因，即不同的原因影响同一结果的情况。

对称与非对称因果关系：因果关系类型的一种。在保持其他条件不变的情况下，当自变量(X)增减同样的数值，对于因变量(Y)造成的增加或减少的幅度是对称的或者可逆的，二者之间就具有对称的因果关系；反之，则是非对称因果关系。

新休谟方法：确定变量间因果关系的途径之一。是一种将判定因果关系的重点放在寻找原因与结果之间恒常联系的规律性的方法。

INUS 条件：原因是条件不充分(I)但必要(N)的一部分，而条件对结果而言是不必要(U)但完全充分的(S)。简而言之，原因是结果的充分条件组中的一个必要组成部分。

反事实方法：确定变量间因果关系的途径之一。该方法首先假设推定的原因和其结果均已发生，则第一个反事实陈述是：如果推定的原因发生，那么结果发生。在此基础上考虑第二个反事实陈述：如果推定的原因没有发生，那么结果也不会发生。如果两个陈述均正确，则认为推定的原因和结果之间存在因果关系。

同义反复：因果关系解释中的潜在错误之一。即循环论证，通俗来讲，同义反复意味着某人好像是在说一些新的东西，但实际却是重复已说过的话。

目的论：因果关系解释中的潜在错误之一。指以因果推论的最终目的作为逻辑起点。目的论无法被经验验证，因为它违背了因果关系中原因发生在结果之前的时间顺序要求，且缺乏真实的自变量。

层次谬误：因果关系解释中的潜在错误之一。也被称为区位谬误、区群谬误、体系谬误等，是研究者将不对称的因果分析单位错误配对造成的。

简化论：因果关系解释中的潜在错误之一。也叫不对等谬论，是指用具体的、低层级的归纳，来看待和解释所有事物。

虚假相关：因果关系解释中的潜在错误之一。指两个变量间看似具有因果关系,但实际上这种关系并非真实的。

因果推断:又叫作因果推理,是基于反事实推理思想,以因果知识为基础,利用试验性研究数据或观察数据,挖掘研究变量间的因果关系,进而估计因果效应的方法。

混淆偏差:因果效应估计中常见的偏差之一。指解释变量 X 与被解释变量 Y 共同受到其他变量影响,导致 X 与 Y 存在相关关系但并非因果关系。

过度控制偏差:因果效应估计中常见的偏差之一。如果解释变量对被解释变量的影响不仅存在直接路径,还通过中介变量间接影响被解释变量,一旦控制中介变量,将削弱解释变量的影响效应,从而产生过度控制偏差。

对撞偏差:因果效应估计中常见的偏差之一。也称内生选择偏差。要理解对撞偏差,首先需要理解对撞变量的概念。对撞变量指由两个互不相关变量(A 与 B)产生的结果变量(C)。对撞偏差是指,对撞变量的存在导致原本互不相关的变量产生虚假的相关性。

有向无环图:描述变量相互关系的影响路径图,也称为因果图。

第五章 因果机制

因果关系:主要回答"为什么"的问题,即什么因素(X)导致或影响另一因素(Y)发生什么样的变化(正向的、负向的或曲线形的)。

因果机制:主要回答"怎么样"的问题,即 X 如何影响 Y。

覆盖律模型:由逻辑经验主义代表人物亨普尔提出。该模型认为,解释就是基于一系列前提演绎推导出一个结论,并将现象的发生与出现归结于普适定律或统计定律。

中层理论:由美国社会学家默顿提出。既非日常研究中广泛涉及的微观但必要的工作假设,也不是尽一切系统化努力而发展出来的用以解释所能观察到的社会行为、社会组织和社会变迁的一致性统一理论,而是指介于这两者之间的理论。

现代国家建构:由查尔斯·蒂利等西方学者从西欧近代民族国家的演进过程中提炼出来的重要分析框架。指现代化过程中以民族国家为中心的制度与文化整合措施、活动及过程。

理性选择理论:强调寻找宏观现象的微观基础,即通过找出行动者(可以是非个人的集体),界定其利益和偏好以及可选择的策略(在情境机制作用下),进行成本收益分析,然后选择最佳策略。

第二编 研究设计、研究计划书与研究伦理

第六章 研究设计

研究设计:为了实现研究目的,而对研究课题的研究背景和意义、主要科学问题、主要内容、主要目标、总体研究方案、具体研究设计和方法、预期研究成果以及有关研究有效性、研究可行性、研究特色和创新之处、进度和经费预算安排等研究全过程的多方面内容,进行详细梳理、说明或规划,旨在制订一项研究的计划、方案、蓝图或指南,保证研究的可行性、有效性和科学性。

研究框架:一个比较宽泛的概念,往往展现一项研究的总体思路和系统逻辑。

概念框架:一个相对浅近的概念,主要是对理论分析、理论构建或检验过程中所涉及的相关概念及概念间关系的梳理和展示,侧重点是概念间的逻辑关系。

理论框架:侧重于分析研究中所涉及的各种核心要素在理论层面的关系的框架。

分析框架:侧重于描述分析逻辑或分析方法间关系的框架。

假定:研究中为了排除某些从属因素的干扰,而对相关研究因素进行的限定。

假设:研究者提出的试验性假说,是研究者根据已有的事实、理论、相关知识等对研究自变量和因变量之间的关系进行推测性判断而形成的陈述或命题。

分析单位:也常被称为研究单位,是界定不同研究所描述、分析的对象时,用来对其进行区分和比较的标准量。

时间维度:指所研究对象的时间控制在哪个阶段。

研究区域:指研究者所研究问题的区域限定在什么地方。

研究层次:指研究者所研究的问题属于哪个层次,例如乡、县、区/市、省、全国/中央、国际、全世界等。

研究尺度:主要指研究特定的空间和时间等范围的大小,也即时空等范围。

系统变异:指由于自变量变化而引起的因变量的变化幅度。

外生变异:除自变量之外其他各种本研究不特别关注的可能因素(外生变量)所导致的因变量的变化幅度。

误差变异:各种除自变量、外生变量之外的随机因素所导致的因变量的变化幅度。

要素:研究所要收集信息的单位和进行分析的基础。

总体:研究对象的全部要素、个体或研究对象的集合。

样本:从总体中选择的部分个体或要素的集合。

抽样:从研究总体中选择部分个体或要素作为样本的过程。

抽样框：抽样时用到的总体要素的列表或准则表。

抽样单位：抽样时所使用的基本单位。

非概率抽样：研究者基于现有理论、主观判断、实际情形等抽取样本的方法。

概率抽样：按照概率理论和随机抽样原则抽取样本的方法。

样本规模：又称为样本容量，指样本中所包括的要素、个体或个案的多少。

样本代表性：样本对总体的代表性程度。一般而言，当样本的各种集合特征越接近于总体的集合特征，样本的代表性越好。

抽样误差：指样本统计量和总体参数之间的数值差异。

构念效度：指一个构念能够正确反映其所要表达、描述或测量对象内容和特征的程度，或者也可以定义为一个构念表达、描述和测量的精确性。

内部效度：指基于特定研究对象而得出的结论本身符合特定研究对象实际情况的程度；而对探求精确因果性关系的定量研究而言，则是基于特定研究对象得出的变量（或构念）间因果关系的推论符合特定研究对象实际情况的程度，也即其因果关系推论对特定对象本身而言的可信度。

外部效度：指将从特定研究对象得出的研究结论推广到具有不同分析单位、时间维度、研究区域、研究层次、研究尺度等的其他研究对象的可信度。

统计结论效度：指通过统计检验对假设关系进行解释的可信度。

第七章 研究计划书

研究计划书：一项研究的规划、蓝图和说明书，它不仅是一项研究的正式起点，是一项研究正式开始前的准备工作，是对研究过程和方法等的详细规定，是对研究具体内容和规划的总体呈现和概括，还是整个研究过程的指导书，统领和贯穿整个研究过程。

研究计划安排：对整个研究内容和时间进度的规划。计划安排不仅要明确在不同的时间段完成什么样的工作，还需要说明研究过程中的阶段性成果。此外，研究计划安排还应包括雇用研究人员、订购设备物资、启动设备物资、接洽其他院校机构人员、获得研究被试、积累数据、分析数据和撰写研究报告等阶段的时间安排。

经费预算：是一项研究的经济支撑和基础。

第八章 研究伦理

研究伦理：研究者在科学研究中需要遵循与处理的，有关被研究者、研究资助者、学术共同体以及整个社会之间的关系的一套道德原则、研究规范与行为准则，其目的是在探求科学真理、保护研究对象的利益以及社会整体利益之间寻求平衡。

关键术语解释汇编

善行：研究者从事科研的首要原则。它意味着研究对参与者不仅无害而且有益。所谓"无害"，是指研究者应该警惕研究本身可能对参与者造成的伤害；所谓"有益"，是指研究者在研究过程中要尽可能促使参与者的收益最大化。

关爱：指研究者通过关心和爱护的方法来对待研究对象或其他参与者的研究伦理指导原则。

尊重人权：指研究者尊重研究参与者的知情权、隐私权、公正权等关键权利的研究伦理指导原则。

务实与科学正直：强调研究者需要秉持严谨、科学的科研作风与科研精神，开展高质量的科学研究，保证研究的真实性、科学性与有效性，并诚实地报告其研究发现的研究伦理指导原则。

对参与者无害：科学研究中最基本的伦理行为规范。不遵守研究伦理或不当的研究行为，都可能会对参与者造成人身伤害、心理伤害，或损害其社会地位、职业生涯或个人声誉。

匿名：作为一种伦理行为规范，是指无论研究者还是读者都无法知道研究中某个答案的具体作答者以及某个行为的具体参与者。

保密：指在研究者能够将参与者与其回答、参与者与其行为等一一对应时，不会将参与者的应答、反应或行为等信息进行公开的伦理行为规范。

隐私权：自己对个人信息的控制权。

知情同意：在任何以人为对象的研究领域，研究者需要充分告知研究对象或参与者研究项目信息，在此基础上获得研究对象或参与者同意的伦理行为规范。

自愿参与：指研究的目标对象或目标群体在充分了解研究项目信息基础上，不受强制力、威胁、诱导等外在因素的影响，自主自愿地做出是否加入的决定，并在研究过程中保留随时退出的权利。

事后解释：具体伦理操作规范的一种。又叫任务报告，发生在研究完成后的研究者与参与者的会谈阶段，主要目标在于消除欺骗和脱敏。

端正的科研态度：研究者在科学研究中所秉持的稳定的心理倾向。具体而言，研究者在从事科学研究时应秉持高尚、严格的科学精神，以及求真务实、实事求是的科研态度。

研究造假：一种学术不端行为，指研究者炮制假数据，虚构那些他并没有真正得到的数据，或者未能完全汇报他开展研究的情况。

剽窃：一种学术不端行为。一般包含两种情况：一是在未经作者允许或未说明引用来源的情况下，使用其他研究者的研究问题、研究方法、研究数据、分析结果、研究观点等；二是盗用其他研究者、研究助手或学生的工作成果。

第三编 概念、逻辑、测量与资料收集和分析基础

第九章 概念界定与逻辑选择

概念:对客观现象或事物的主观抽象。概念具有一定的内部结构:某一概念可以细分为多个维度,而维度下又可以使用不同的指标进行衡量。

概念的内涵:概念所涵盖的某事物或现象的特征。

概念的外延:概念的经验覆盖面,即概念所适用的现实案例。

构念:研究人员主动建构的不可观测事物的主观抽象。

充分必要结构:一种概念组织形式,指概念内涵中的各项维度或条件和测量各维度或条件的指标都是必要的,联合起来则是充分的。

家族相似性结构:一种概念组织形式,指概念内涵中的各项维度或条件和测量各项维度或条件的指标并不一定都要成立,只要满足内涵中的一项或几项条件,概念就成立。

逻辑:指思维的规律和规则。

演绎推理:指其前提必然推出结论的推理。

归纳推理:指从前提只能或然地推出结论的推理。

同一律:在同一思维过程中,一切思想(包括概念和命题)都必须与自身保持同一。

矛盾律:两个互相矛盾的命题不能同真,必有一假。即没有命题是既真又假的。

排中律:两个互相矛盾的命题不能同假,必有一真。即不存在介于真和假的中间地带。

充足理由律:在同一思维和论证过程中,一个思想被确定为真,要有充足的理由。

谬误:指前提无法正确推出结论的错误推理。

形式谬误:违反形式逻辑推理规则的无效推理。

非形式谬误:指结论不是依据某种推理形式从前提推出,而是依据语言、心理等方面的因素从前提推出,并且这种推出关系是无效的。

含混谬误:指有意或无意地使用不准确的语言造成了错误推断。

概念混淆谬误:指同一个概念在不同语境下会有不同的意思,如果不严格界定就进行使用的话,会造成推理错误。

构型歧义谬误:指同一句话由于断句不明、指代不明、施受关系不明等原因,形成了不同的理解,从而得出不同的推理。

假设性谬误：指推理的前提有误或前提中隐含着需要证明的论断，从而导致结论也是错误的。

非黑即白谬误：指在不是互相矛盾的命题之间，强行进行二选一，忽视本来存在的中间地带。

复杂问语谬误：指提问者在问题中预设了一些实际上需要证明的假定，从而有意或无意地造成误导。

以全概偏谬误：指将在总体中成立的命题推向个体时，忽视了对总体的界定，以至于选取的个体不典型或根本就不属于总体，从而导致推理不成立。

以偏概全谬误：指当试图通过研究个体的情况来推断总体情况时，选取的个体太少或不典型，从而导致对总体的推理出现错误。

关联性谬误：指前提与推理结论之间的联系很弱或根本就没有关联。

诉诸不当权威谬误：指援引在另一领域权威人士的观点来证明这一领域的问题。

稻草人谬误：指在与他人论辩时，不正面回应辩题，而是歪曲或简化对方的论点，另立一个容易驳斥的观点进行攻击。

诉诸无知谬误：指受条件所限，无法被证明为假的命题被认为是真的，无法被证明为真的命题被认为是假的。

第十章 定性与定量测量基础

测量：研究者依据一定的规则（或法则）等使用符号或数字对研究对象的属性或特征（研究变量）进行描述的过程。

定类测量：指将研究对象的不同属性或特征加以区分，标以不同的名称或符号，以确定其类别。

定序测量：指对测量对象的等级或次序的鉴别。

定距测量：指对测量对象之间不同等级的间隔距离和数量差别的确定。

定比测量：指对研究对象间比例或比率关系的测量。

概念化：在现象、想法或构想之上采用赋予概念或理论定义的方式来加以提炼的过程。

操作化：连接概念与一套测量方法或程序。

总加量表：由一组反映人们对某事物或现象的态度和看法的项目组成的量表，回答者分别对量表中的问题发表看法并选择对应的强度，研究者根据其回答分别计分，最后将所有回答得分加总，所得到的结果表示回答者的态度和看法。

累积量表：量表自身问题条目结构中存在着某种由强变弱或由弱变强的逻辑关系。该种量表克服了总加量表的缺点，不会出现分数相同而态度结构形态不同的现象,每一个量表总分都只有一种特定的回答组合与之对应。

语义差异量表:主要用来研究概念对于不同人的不同含义。在政治学与公共管理研究中,语义差异量表主要用于个人间差异、群体间差异、人们对事物或环境的态度与看法差异的研究等。

测量信度:指测量资料与结论的一致性和稳定性,即测量工具能否稳定地测量出它所要测量的事物。

再测信度:指对同一组研究对象采用同一种测量,在不同的时间先后进行两次测量,根据两次测量结果计算相关系数,通过验证研究对象两次回答的一致性来确保研究的信度。

复本信度:指采用两个或两个以上的测量复本对同一组研究对象进行两次或两次以上的测量,考察不同的指标是否能够得出一致的结果,根据反复测量得到的结果来计算相关系数。

代表性信度:检验的问题是如果用同一个测量工具对不同的组群进行测量,是否会得到相同的结果。

测量效度:指测量资料与结论的准确性,即测量工具确能测量出它所要测量的事物的程度。

表面效度:指对测量内容的适当性的检查,并鉴别测量内容能否反映所要研究概念的基本内容。

内容效度:指一项测验实际测到的内容与所要测量的内容之间的吻合程度。

效标效度:又称预测效度、标准关联效度、准则效度,指由一些测量标准来确定的效度。

构念效度:又称理论效度或建构效度,指通过与理论假设的比较来判断测量工具是否反映了概念与命题的内部结构。

第十一章 定性与定量资料收集和分析基础

编码:定性资料分析最基础的工作。编码分析要做的就是检阅一组资料记录,有意义地切割它们,找到重要的原始概念,但要注意保留部分与部分之间的关系。

开放性编码:将原始数据资料逐渐概念化和范畴化的过程。

主轴性编码:建立概念与类属之间的逻辑关系,从而建立主范畴的过程。

选择性编码:识别并确立核心范畴,确立研究主线的过程。

编码信度:指编码者对定性资料主题归类的一致性程度。

类属分析:指在数据资料中寻找反复出现的现象以及可以解释这些现象的重要概念的一个过程。

情境分析:指将数据资料放置于研究对象所处的自然情境中,按照故事发生的时间顺序对人物和事件进行描述性分析。

备忘录：关于编码程序的想法或概念的备忘和讨论，是给研究者自己看的记录。

描述性分析：指通过对数据进行简单的统计分析来描述数据的大体分布情况和特征。

频数分布：描述单变量最简单有效的统计方法，此方法适用于定类、定序、定距、定比数据，可以通过原始计数、百分比频数、累计百分比等形式呈现出来。

集中趋势：指用一个有代表性的指标来反映整组数据向这个指标值的集中情况。

均值：将所有数值相加再除以数值的总个数，得到的值即为平均数。

众数：所有数值中最常出现的一个数值即为众数。

中位数：指位于所有数据按大小排列后最中间的那一个数值。

离中趋势：指用以描述数据间差异程度的统计指标。

异众比率：指除众数以外的变量值的总频数在总数中的比例。

极差：对定序及以上尺度的变量离散程度的测量。它指的是最大变量值与最小变量值之间的差值。

四分位差：把一组数据按顺序进行排列，然后将其均分成四个数据数目相等的段，各段分界点上的数叫作四分位数。四分位差就是第三个四分位数与第一个四分位数的差。

方差：指实际值与期望值之差的平方的平均数。

标准差：方差的正平方根。

区间估计：指在一定的概率保证下，或者说在一定的置信度下，给出的可能包含总体参数值的一个置信区间。

置信区间：指单变量的区间估计中，总体参数值的可能的范围，即分别以统计量的置信上限和置信下限为上下界构成的区间。

假设检验：指依据已有知识对总体的某一数量特征先做出假设，然后通过所得数据资料检验从而决定接受或者拒绝原假设。

列联表：又称交互分类表，是适用于双变量的统计分析方法。交互分类是指同时根据两个变量的值对所研究的个案进行分类。

相关分析：指两个变量间存在联动关系，当一个变量值发生变化时，另一个变量值也随之发生相应的变化。

回归分析：一种应用广泛的统计分析方法，它侧重于分析变量之间的变化规律，通过回归方程反映这种关系，并对其发展趋势进行进一步的预测。

详析模式：一种适用于社会科学研究的多变量分析方法，其目的在于将各变量间的实证关系加以"详细分析"以"阐明"这些关系。

第四编　基础研究方法综论

第十二章　规范研究

元问题：每一门学科试图解决且无法回避的基本问题,它具有全局性、长远性、根源性、抽象性的特点。

一般规范研究：规范研究的一种类型,是主要依赖一般逻辑思辨和推理方法的研究。

特殊规范研究：规范研究的一种类型,是依赖比一般逻辑思辨和推理方法更为特殊的规范程序进行的研究。相比一般规范研究,其在研究对象和内容方面都更为具体化,研究过程更为程序化。

形式规范研究：规范研究的一种类型。形式化的规范研究,也即形式理论研究,其一般有着严格、具体、程序化的研究形式和论证模式,并依赖于建立具体的数理、博弈等模型,来进行理论的建构和发展等工作。

效用理论：效用理论假定理性主体的偏好是不变的,它会首先设定理性主体的目标是什么,再指明主体的各种行动的后果是什么。因为主体对各种后果的偏好不同,可以用一组从小到大的数值来表明主体对各种后果到底有多么偏好,这些数值就是效用。

规范网络分析法：明确地把主体放在一个社会关系的网络之中(主体的每一个社会关系都是网络中的一条线,主体本身是网络中的一个节点),以"研究者给定的假定与逻辑"为起点,进而规范性地探讨主体间关系演变的研究方法。

囚徒困境：博弈论中非零和博弈的一个代表性例子,描述了两个被捕囚徒由于相互不信任而导致合作困境的情形。

中位选民理论：一种分析选民投票行为的理论,该理论认为一个多数主义的选举系统将选择最为中位选民所青睐的政策结果。

相互保证毁灭：一种讨论核时代"恐怖平衡"现象的军事战略理论。该理论认为在核时代,拥核的双方或多方一旦进入全面使用其核武器的冲突阶段,那么无论是进攻方还是防守方都保证会完全毁灭。

第十三章　定性实证研究

描述型效度：对可观察到的现象进行描述的准确程度。

解释型效度：研究者理解被研究者对事物看法的确切程度。

理论型效度：研究所依据的理论以及研究所建立的理论是否客观、真实地反映了研究的现象。

评价型效度:研究者对研究结果做出的价值判断是否确切。
反身性效度:研究者对研究过程、决策行为等的反省程度。
反讽效度:从不同角度使用多元复制方式揭示研究结果的程度。
新实用主义效度:对具有异质性的话语和意见进行比较和对照的程度。
根状效度:通过非线性的、具有多中心和多元声音的文本将研究对象对问题的定义表达出来的程度。
情境化效度:在特定情境下检测研究的真实性的程度。

第十四章 定量实证研究

统计描述:选取一定的统计量对收集到的样本数据进行概括。
统计推断:用样本数据来推断总体特征。
截面数据:也称静态数据。是描述对象在同一时间点或时间段的数据。
纵贯数据:描述对象在不同时间点或时间段的数据,反映对象随时间变化的状态。
测量:对事物的特征或属性进行量化测度。
内生变量:由模型内部的因素所决定的已知变量。
外生变量:由模型以外的因素所决定的已知变量。
样本统计量:概括样本特征的数值。
标准误:抽样分布的标准差,或者说,是样本统计量的标准差。
偏差:统计估计中估计值与真实值之间的系统性离差。
参数检验:在总体分布形态已知的情况下,利用样本数据对总体分布形态的参数进行推断的方法。
非参数检验:在总体分布形态未知或信息较少的情况下,利用样本数据对总体分布形态而非总体分布形态的参数进行推断的方法。
多元回归模型:包含多个自变量的回归模型。

第十五章 混合研究

三角互证:研究同一现象时多种方法论的结合,是在综合利用多源研究数据、多种研究方法、多维理论分析视角和不同研究者的基础上,能够有效避免研究者的主观偏见,提高研究效度,并保证研究质量的一种研究策略。
数据三角互证:使用不同来源的数据对同一现象进行验证,而非使用多种方法生成同一数据。
研究者三角互证:在同一项研究中不同研究者共同参与,以最大限度降低研究者的主观偏见对研究的影响。

理论三角互证：研究者使用多种理论分析视角规划研究、收集资料或分析资料，从而为研究打好理论基础。

方法三角互证：在研究中使用了不同的方法，以实现不同方法之间的互补。

顺序效度：不同方法（如定性和定量）使用顺序不同可能导致的研究结果的差异程度。

转换效度：不同数据（如定性和定量）转换过程中数据转换的准确程度。

劣势最小化效度：一种研究方法的劣势被另一种研究方法的优势所弥补的程度。

聚敛式设计：在定性和定量混合研究设计中，定性和定量研究方法处于同等地位。

探索性设计：在定性和定量混合研究设计中，定性研究方法占主要地位的，用定量研究结果对定性研究结果进行验证的混合设计。

解释性设计：在定性和定量混合研究设计中，定量研究方法占主要地位的，用定性研究结果对定量研究结果进行补充的混合设计。

第五编　研究汇报

第十六章　研究汇报

研究汇报：研究者为实现知识的交流与积累，通过规范化的语言、格式与结构向特定群体传递其研究发现的书面文献。

报道性摘要：一种开门见山地交代研究汇报各个部分主要信息，每一部分均用一句话概括核心内容，类似于故事梗概的摘要写作格式，常用于创新性较强的研究。

指示性摘要：一种只介绍该研究汇报主要包括哪些部分，而对于每一部分的具体内容并不做交代的摘要写作格式，类似小说当中的引子，只抛出文章框架而不展示框架当中内容，常见于综述性研究。

混合型摘要：一种对研究重要部分的内容进行概括与交代，对非主要部分的内容一笔带过的摘要写作格式，适用于既包含综述又包含对某一具体问题进行创新研究的研究汇报。

规范研究汇报：以一定的价值规范或公理、公认的科学规则等为出发点，以一定的假定或"前置设定"作为基础，通过理论、逻辑的演绎推理等来推导结论，判断现实状态和理想状态符合与否、寻求改善措施的研究汇报类型。

实证研究汇报：指运用科学、规范的操作方法从现实中收集、分析资料，在此基础上检验或建立某种假设、命题，并形成理论贡献的研究汇报类型。

混合研究汇报:指将规范性研究汇报和实证性研究汇报混合的研究汇报类型,一般先进行理论建构,再进行实证检验。

综述研究汇报:指总结梳理领域内的研究现状,并为该研究领域的发展指出未来研究方向的研究汇报类型。

方法论文章:指介绍新的研究方法或改进现有研究方法的研究汇报类型。

后　记

从 2002 年准备出国留学时就动了在学成归国后要写一本研究方法方面的教材的念头算起,到今天已经超过 20 年了。真可谓"光阴似箭,日月如梭"。就是从归国后,正式开始着手编写这几本方法论的书算起,到如今也竟然 10 余年过去了。可真是应了那句老话——"十年磨一剑"。但这十年,对真正已经磨出"宝剑"的人来说,确实可以有一种终于"大功告成"的愉悦和放松的心情;但于我而言,则仍然满怀忐忑和不安,总觉得还做得不够、做得不好,真心希望能有更多的时间继续学习,好好打磨和不断提高书的质量。但是,时不我待,这么多年过去了,不仅本书及其姊妹篇的很多撰稿者早就期望这些书能够尽快面世,就是我的很多学生也希望能够尽快看到它们的出版。因此,虽然我仍然对本书及其姊妹篇还有不少不满意的地方,但也只能先让它们出版了。

忆往昔,可真说是,恰同学少年,风华正茂;到如今,不觉间,已人到中年,发白日疏。从大纲的编制、作者的选择到书稿的撰写,每一步早已不知道经过了多少波折,修改了多少回合。中间之辛苦和曲折,自不待言。但更让我感动和感慨的是:参与本书及其姊妹篇写作的每个人都没有一句怨言。虽然大家都特别忙,但每当我提出新的修改意见时,所有的作者都欣然接受,不厌其烦地认真修改,都本着极其认真的学术精神和科学态度,把这当作一项事业来做。在此,我向他们表示最诚挚的感谢,感谢他们的鼎力相助和理解包容!

感谢我的爱人以及我的两个孩子,她们的理解、支持和无私的爱,是我在无数次艰难的时刻,依然能够坚持完成本书及其姊妹篇的最大动力!

感谢北京大学出版社社会科学编辑室的徐少燕主任、梁路编辑等,正是因为她们的辛勤付出和认真负责,才使本书及其姊妹篇能够最终面世。她们的专业水准和学术素养让本书增色不少,在此表示真挚的感谢!

虽然我们立志以最大的努力和诚意来编写这三本教材,并经过了多次修改,还请不同专家多次提意见和进行把关，亦在不同年级的教学中经过多轮使用，但本书及其姊妹篇依然可能存在这样那样的疏漏和错误之处。真诚希望学界同人和所有使用本书及其姊妹篇的老师和学生，能多多批评指正，并不吝赐教，以帮助我们今后有机会时修改完善！再次感谢大家！

杨立华

2022 年 5 月 4 日

教师反馈及教辅申请表

北京大学出版社本着"教材优先、学术为本"的出版宗旨,竭诚为广大高等院校师生服务。

本书配有教学课件,获取方法:

第一步,扫描右侧二维码,或直接微信搜索公众号"北大出版社社科图书",进行关注;

第二步,点击菜单栏"教辅资源"—"在线申请",填写相关信息后点击提交。

如果您不使用微信,请填写完整以下表格后拍照发到 ss@pup.cn。我们会在 1—2 个工作日内将相关资料发送到您的邮箱。

书名		书号	978-7-301-	作者	
您的姓名				职称、职务	
学校及院系					
您所讲授的课程名称					
授课学生类型(可多选)	☐ 本科一、二年级 ☐ 高职、高专 ☐ 其他_____			☐ 本科三、四年级 ☐ 研究生	
每学期学生人数	_____人			学时	
手机号码(必填)				QQ	
电子信箱(必填)					
您对本书的建议:					

我们的联系方式:

北京大学出版社社会科学编辑室

通信地址:北京市海淀区成府路 205 号,100871

电子信箱:ss@pup.cn

电话:010-62753121 / 62765016

微信公众号:北大出版社社科图书(ss_book)

新浪微博:@未名社科-北大图书

网址:http://www.pup.cn